一觸即發

一位非常時期美國國防部長的回憶錄

Mark T. Esper
馬克・艾斯培

A SACRED OATH

Memoirs of a Secretary of Defense During Extraordinary Times

美國國防部聲明

應美國國防部要求，凡符合該部「出版前審閱歷程」規定之作者作品，需加註以下聲明：

本書觀點純屬作者個人，並不必然反映美國國防部、美國政府正式政策與立場。國防部審閱內容後同意本書出版，並不代表國防部認同本書內容，亦不代表本書內容與事實相符。

作者聲明

本書部分及絕大部分內容，係經由超過十位現役與備役四星上將，以及超過十二位獲參議院同意任命之高階文官——包含內閣層級官員——之審閱。本書內容亦經許多熟悉書中記載事件人士審閱。因為有這些人士的協助，本書的正確性、公平性、完整性方得確立。我在此對他們表達高度謝意。

（按，本書原文各章節散見黑色塊，遮蔽部份內容，係美國國防部審查之結果。繁體中文版忠於原貌未加更動，依樣刊出。）

導讀

具備道德勇氣的軍事領導人——品格的力量

李喜明　前參謀總長

身為軍事領導人，面對政治壓力，抉擇立場的關鍵因素是什麼？為什麼軍事領導人的「品格」及「道德勇氣」對於國家安全的決策如此重要？

翻開書頁，映入眼簾的，居然是美國國防部與作者艾斯培的併列聲明，這種現象實屬罕見，可想而知，兩造之間在出書前恐怕有過不少的折衝樽俎，這種官方聲明及敏感文字遮蔽的方式顯然是最終妥協的結果，這反映出了美國是如何在國家安全及言論自由上取得平衡，使之能夠兼容並緒，當然這也預示了本書的內容必然精彩可期。

踏上崎嶇的正道

本書主要在描述艾斯培擔任國防部長期間，美國在面臨國內人民騷亂和國外強敵挑戰的情況下，在決定重大國安政策時，他與同儕之間的折衝協調，以及面臨川普總統屢次施加政治壓力時的艱難應對。其中令我最動容的，是在討論是否行使《反叛亂法》以應對美國多起示威、抗議和騷動的問題時，面對總統的激烈抨擊，艾斯培以冷靜平穩的口氣、理性而不失節的態度，堅守自己的立場，終使美國避免陷入可能的巨大動亂，安然度過了此一艱難時刻。

而這種為了避免軍隊成為政治工具，所展現出的正直品格及道德勇氣，在書中隨處可見。艾斯培在書中也自述，這些都源自於他在就讀西點軍校所奠定的價值觀。也正如西點軍校的〈學生祈禱文〉所述，祈求上帝「幫助我們選擇崎嶇的正道，而不是平坦的歧途」。艾斯培很自豪地認為，他選擇了「崎嶇的正道」。

文人領軍的實踐

艾斯培出身西點軍校，服役期間最高軍階僅官拜中校，不過最終他擔任過陸軍部長及國防部長兩任文職領導人，這是他最引以為傲能夠奉獻國家的職務。在民主國家，文人領軍的觀念從未遭到質疑，依照美國的規定，除非經過國會特別准許，國防部長必須是至少在七年內未加入任何現役美軍部隊的平民。二〇〇二年我國國防二法開始施行，其中一個重要的立法精神就是文人領軍，不過與美國不同的是，國防二法施行二十多年，除了兩位任期極為短暫的文人外，我們國防部長概由退役上將擔任。從這個角度來看，這與我國當初立法時所期望的「文人領軍」目標相去甚遠。根據我本人過往參與政軍決策的經驗，我衷心以為，上將資歷實在不需要是擔任國防部長的「必要條件」，否則我們永遠無法落實文人領軍的精神。

永恆的價值

艾斯培將這本書獻給美國國防部的所有同仁，我也強力推薦吾輩軍人仔細研讀，尤其是年輕的一代，經由本書的啟發，有朝一日成為國家軍事領導人時，如何展現正直的品格及道德勇氣。其實這個答案早在我們就讀官校時就已經習得，「國家、責任、榮譽」必須是我們永恆的價值，不變的信念，它能在挫折時給予勇氣、喪志時給予信心、孤獨時給予希望、怯弱時給予力量。

基於榮譽與責任，就如同本書原文的書名：「一個神聖的誓言（A Sacred Oath）」，毫無懸念，我們向憲法宣誓，效忠國家，而非任何國家領導人或黨派。

台灣如何安度驚濤駭浪

最後我想談談，在美中競爭的國際局勢下，台灣應該如何看待本書所呈現的訊息？

作為一個對台灣安全及自我防衛能力議題的關切者，在閱讀本書之前，我內心充滿期待，在艾斯培這位前美國國防部長的任內回憶錄中，必定會讀到我最想看到的、美國政府內部有關協助台灣自我防衛的構想或計畫。不過令我失望的是，書中大篇幅描述中國的威脅及該如何遏制，然而對於如何具體協助台灣加強防衛能力，卻著墨甚微。

這就無意中顯示出，美國的台海政策是基於「遏制中國為中心，而非支持台灣為中心」的戰略思維。由此角度觀之，在台灣不論任何黨派的執政者都需要冷靜深思的是：如何在美國抗中的戰略脈絡下，找出最能優化台灣自身核心利益，又能最大程度降低風險代價的道路。這才是我們這葉扁舟如何能在大爭之世的驚濤駭浪中安度萬重山的北斗方針。

國家撕裂，社會對立的描繪

黃奎博　國立政治大學外交系副教授、對外關係協會祕書長

有關川普總統時期美國國家安全與外交決策的資料逐漸出現。圈內人寫的，常常顯出川普的輕忽、獨斷、不好奇、口是心非、不可預測性，以及當時美國政府內部決策過程的驚滔駭浪。

在不到一年半的任職國防部長期間，艾斯培顯然受夠了這位最高領導人，但他選擇繼續留在崗位上，因為他認為「離開」是對國家不好的事情——例如他認為他是服務國家，而非服務個人；又例如他不知道會是誰來接他的位子，以及這個人會不會只是川普的應聲蟲，而不能忠實地執行國防部長的任務。

艾斯培書裡的描述，比絕大多數的新聞報導、專家評論和稗官野史都更有權威性，即使其中並非全然真實或者與事實略有出入，但仍能協助讀者進一步了解川普政府的決策運作。

在決策分析經典著作中，其中一部就是艾里森（Graham T. Allison）於一九七一年首次出版，一九九九年待理論模型精進與國家檔案解密後再版的《決策的本質》（*Essence of Decision*）。這本以一九六二年美蘇古巴飛彈危機為基礎的決策研究專書，提出了「理性決策」、「組織行為」、「政府政治」三個主要模式。

這三個模式都不太考慮最高領導人如果是「非典型」或屬於學理上「非理性」時的狀況。那樣做會

讓決策分析的複雜性「雪上加霜」。

「理性決策」模式強調的是政府乃單一行為者，相關官員應該做成本與利益的考量，希望能將決策的價值最大化。艾斯培的書中似乎顯示，在川普政府中，要做到這樣是很困難的，因為有些具影響力的官員並非如此做決策，而是在揣摩、迎合上意，或試圖以自己的利益觀、價值觀去影響決策的方向。這些人看來還不是少數。

作為最後拍板定案或為其屬意的決策建議背書的川普，在艾斯培眼中，則顯然很難是個經過設定目標、梳整資訊、列出方案、比較得失，才做出政策選擇的理性行為者。例如川普親自操刀的推特，直接與北韓金正恩互嗆桌上的核武按鈕大小，還釋放因情勢危急而可能要先撤離駐南韓美軍眷屬的消息，並不會等待他的決策團隊進行一兩次理性評估和沙盤推演。

而且，我們不能假設絕大多數的主要決策官員對於「什麼是國家利益」，以及「達成國家利益的方法」有著趨同的認知，遑論其他變數，包含各情報部門所蒐羅的情資究竟正確率為何、情資被如何解讀、最關鍵情資是否在層層篩選後及時送達最核心決策圈等。所以「理性決策」模式本就知易行難，而對於川普政府而言，可能是難上加難。

「組織行為」模式聚焦於組織本身既有的能量、文化與作業模式，政策問題被拆解給不同部門去處理，有怎樣的組織就容易有怎樣的決策產出。艾斯培在組織部門的描述不多，主要可能因為他最清楚的只是國防部及所屬單位，對於其他相關部門的了解有限。在國防部內，例如艾斯培權衡當時及未來十餘年的作戰需求，要求軍方在印太地區進行常態性的內部兵力調整，就受到組織既定的能量、文化與作業模式的影響，但他仍然堅持推動。

但就全書有關川普政府重大國安與外交決策的過程觀之，「組織行為」模式似乎較少發揮，因為拍板定案前的討論，官僚個人的特性與觀點似乎扮演了最關鍵的因素，也就是「政府政治」模式。

「政府政治」模式主張，政府決策是各決策要角談判、角力的政治結果，要看哪些人有接觸或建言的合法或政治管道，哪些人比較具有影響力或說服力，再加上「位置決定腦袋」，組織利益、國內利益與個人利益常會影響決策官員立場，所以決策不一定是理性的。

根據艾斯培的回憶，狙殺伊朗聖城旅指揮官蘇萊曼尼之前的決策過程，似較符合「政府政治」模式。那是一個根據情資臨機應變的過程，在獲知蘇萊曼尼可能即將發動針對海外美國人的大規模攻擊後，美國決策官員從意見分歧，經過多次討論，隨著情資內容而逐漸傾向於採取積極行動以先發制人。川普常專注傾聽，最後接受了國安與外交團隊的集體建議，下令美軍發動攻擊。

但川普政府的決策過程不會那麼「順利」。艾斯培口中「好戰鷹派」、「煽動總統採取行動」的國安顧問歐布萊恩，加上其他逐漸進入川普決策圈的「死忠人士」，讓川普的喜好和觀點被放大，「即使他們不知道川普的觀點到底是什麼」。這些掌握「行動渠道」（action channel）的官員，讓許多相關政府組織感到為難或擔憂，因為前者會影響（或敢於影響）總統對於特定官員的看法，導致總統可能開除或調離某些與「死忠人士」意見不合的官員，所以逢迎拍馬或寒蟬效應愈來愈多。此點在川普連任之路開始明顯不順，更加重視身邊官員的忠誠度時更加明顯。

艾斯培對於同屬國安團隊的歐布萊恩和其他幾位參贊機要的官員，有許多直接、不太正面的評論，甚至把國務卿龐佩奧對歐布萊恩的不滿，及後悔推薦歐布萊恩出任國安顧問的事直接托出。

不過艾斯培花了更多了力氣在描繪最高決策領袖川普，他認為川普不是一個合格的國安與外交最高決策者。川普我行我素、諸法皆空的推特，造成的各種政治影響早已不是新聞，艾斯培更驚人地判斷，前任國防部長馬蒂斯可能盡量少待在華府地區，是因為他受不了川普，最後在無法苟同川普堅持從敘利亞北部撤軍的情況下主動辭職。

敘利亞撤軍問題也顯示川普在軍事行動上的傲慢自大與不可預測性。川普受到聯邦眾議院壓力，邀請國會朝野領袖開會討論敘利亞情勢，但最後非但沒有任何協調，反而不歡而散；川普在敘利亞撤軍的決策上，在跨部門的匯報中忽而堅持忽而退縮，造成共識圈的縮小，決策官員難以解讀總統真正意圖。

川普的善變與不專業，如果拿來有創意地、不循規蹈矩地質疑既定政策背後的基本假設，會讓他具有成為良好決策者的其中一個特質；川普有時不願在涉外議題中投入美國的資源，也就是希望「美國第一」在他認為不重要的領域可以不作為。如果他可以花時間好好詮釋美國的不作為，只要有明確的戰略基準做依據，將是相對明智的決定，會讓他成為更讓人信服的決策者。

像美國這樣的超級大國，國安與外交決策往往不是簡單的線性過程，所面臨的是一片迷霧。因為資訊不可能完整，又存在時間壓力，加上官僚及其組織爭取資源與影響力的特性，導致決策過程隨時調整是常態。

在決策迷霧中，艾斯培面對要求絕對忠誠，自我直覺常常高於專業討論，想動用政府武力鎮壓若干城市示威抗議民眾的川普總統，同時要和相對好戰但又無參戰經驗的若干國安團隊成員周旋，又要因為中國軍力快速崛起而須進行諸多易遭內部阻力的國防改革。艾斯培也面對了「道德困境」（請辭還是留任）的長考，但他因為不想違背了就任國防部長時的誓言，所以留任到川普開除他為止：「支持及捍衛美國憲法，……對憲法懷抱真正的信心和忠誠，……沒有任何心理上的保留及逃避的目的……」，以合適且忠實地履行他及將肩負的職責。

最後，艾斯培書中所描繪的人性、人身攻擊、本位主義、組織制度等諸多因素，不僅讓川普政府的決策迷霧更加擴大，也讓美國國家撕裂，社會階層更加對立。這確實就是我們近年來所看到的美國。

國家優先，守護道德底線

翁履中　美國山姆休士頓大學政治系副教授

華盛頓特區的朗沃斯眾議院大樓，美國眾議院中國特別委員會主席蓋拉格（Mike Gallagher）的辦公室裡，可以見到海軍陸戰隊的徽章在入口的牆上迎接訪客。如他這樣挺川普的鷹派政治新星，正以驚人的速度在華府崛起。

然而，即使像蓋拉格這樣的美國新生代政治領袖，面對二〇二〇年總統大選後的國會騷亂事件，他第一時間表示無法接受衝入國會的行為。只是後來卻還是為了川普，在國會調查騷動事件的提案中，投下反對意見。

政治人物明知是非，卻因為擔心流失基本選民，導致社會對立，把國家利益放在政黨和人民之前，因而創造出充滿不確定的素人總統。

素人川普執政四年，給美國和世界都帶來不少騷動。可是也沒有誰能想像到，面對示威抗議者，總統會真的開口要求開槍驅趕？這種場景如果發生在非民主國家，或許不太令人意外，可是，在二十一世紀的美國，擔任國防部長，居然需要回應這樣的指令？

真實發生在白宮橢圓形辦公室以內的故事，透過美國前國防部長馬克·艾斯培的回憶，深刻反應出美國甚至是全世界，在川普執政的四年，究竟經歷了多少檯面上看不出暗潮洶湧的混亂時刻。在擔任美國總統之前，從來沒有任何政治經驗的川普，藉著美國社會對政治人物的失望，加上獨特的個人特質，以及多年媒體經驗累積出的表演技巧，不僅站上了政治舞台，甚至一舉拿下了全球政治中最有影響力的寶座。

只是川普執政的這四年，彷彿掀開了潘朵拉的盒子，為美國保守派勢力解除了封印。在美國境內，白人種族優越主義分子在川普的鼓勵之下，將極端的言行加以合理化；原本朝著全球化發展的貿易機制，也因為川普的美國優先立場，使得保護主義再次成為美國的主流；中美原本已在貿易和科技上展開競爭，再加上源自中國的全球疫情，讓川普進一步把兩強對抗推升到對立的位置，此舉徹底改變了華府風向，扭轉多年來美國對中政策的互利競爭基調，取而代之的是強硬抗衡的新冷戰模式。也因此，美中走進了兩強終須一戰的「休昔底德陷阱」，難以抽身。

川普的威力，讓擁有兩百多年歷史的美國民主制度，經歷整整四年巨大的震撼；而已經宣布在二〇二四年再度挑戰總統大位的川普，對美國的影響，短期內恐怕仍然揮之不去。也許很多人會說，川普連任失敗，美國民眾重新給了拜登這樣的傳統政治人物執政機會，代表民眾已經學到了教訓；未來美國可望逐步回歸正常，因為美國民主制度在設計上就使得政治人物必須遵循，這樣的民意變化反映出民主制度的韌性。可惜，這樣的說法，恐怕只理解了一半。因為制度雖然可以限制行為，但規則是死的，人是活的。如果政治人物心中沒有那一條道德底線，再好的制度恐怕都很難真正對政治人物產生約束。

透過艾斯培的記憶，讓我們看見了即使在制度良好的體制之內，政治人物如果恣意妄為，會對國家甚至世界帶來怎樣的傷害。不過，若從正向來思考，我們同時也看見了體制之中，只要有人願意守住道德底線，民主機制或許就不至於全面崩潰。

當今世界上的民主國家，幾乎全都面對著民粹主義抬頭，民主逐步倒退的危機。外界普遍認為，民主制度的挑戰來自於政治極化，以及網路時代流傳快速的假訊息。然而艾斯培的回憶錄，以決策圈中的經歷為證，再次提醒人們：民主制度真正的挑戰，恐怕還是取決於握有權力者的心態。

世界上沒有完美的民主制度，規則訂的再多，也擋不住真心想要鑽漏洞的人。想要守護民主，法治只是輔助，能不能有更多人願意堅持對國家的神聖誓言，以國家利益為優先，超越黨派，才可能真正守護民主！

如何面對執政者失格的要求

施孝瑋　軍情與航空網站主編

民主國家中，軍隊與執政者或執政黨之間的關係，是從屬關係，還是超越從屬？成為國家民主政體的後盾？責任、榮譽、國家——我們非常熟悉的西點軍校校訓，也是民主國家軍人三大信念，是如何對一個美國現役與備役軍人，甚至是退伍人員發揮如同DNA般的影響力？擔任國防部長的政務官，面對執政者失格的要求，是服從？還是思考如何捍衛民主國家體制？

國防部長不僅要面對執政者的各種壓力，在機構內部的軍文關係，還得面對美國行政部門與軍事指揮體系的考驗。在軍事體系內，軍人是實際操作者，但是在文人的領導下，軍人和文人之間應當如何合作，如何接受文人的領導，在在考驗著民主政體中軍隊如何接受文人領導而運作。

馬克．艾斯培是川普政府正式任命的國防部長，接任馬蒂斯之後，擔任了十八個月的美國國防部長。川普總統先後任命的兩位主要國防部長都具有軍人背景：馬蒂斯是退役的四星上將；艾斯培畢業於西點軍校，曾擔任陸軍軍官並參加沙漠風暴行動。

而艾斯培擔任部長期間，更是美中關係正式走向競爭的關鍵時期。艾斯培正好就在這關鍵階段，見證了美中關係全面改變的轉折點，以及美國國防部對中國的各種政策調整與轉向。

艾斯培接下的美國國防部，是個打了近二十年反恐戰爭、讓原本主要任務為「與大國決戰」的美軍，轉化為一個「專門在住民地，進行貓捉老鼠式反恐戰爭」的美軍。美國為了反恐戰爭投入的預算和裝備，相當程度改變了美軍的走向。在反恐優先的政策主導下，美軍雖然仍保有各軍種質的優勢，但在數量與先進裝備上，卻和新興挑戰者的中華人民共和國，以及亟思在歐洲恢復舊日榮光的俄羅斯，差距日漸接近。因此對於在「軍事事務革新」中，藉由軟硬體及思維革新在波灣戰爭後戰無不勝的美軍，在下一場戰爭中是否依舊能夠站在戰略制高點？面對著想要迎頭追上，但是在意識形態上完全歧異的中國與俄羅斯，美軍在軍事上依然保有決定性的優勢？

對於艾斯培來說，上述問題的挑戰難度不下於「二次軍事事務革新」，而且必須化解來自體制內的阻力。不僅要找出正確的建軍方向，還必須讓接受變動與創新本來就比較緩慢（相對民間企業而言）的軍隊，能夠心悅誠服地接受文人領導，且不能陽奉陰違。這就考驗著領軍的文人對於軍事事務的熟稔程度，以及貫徹革新的決心。

「軍隊必須絕緣於政治外」更是一個國防部長領軍的重要指標。軍隊忠於國家、服從文人領導，但不能成為政爭工具，這是一個民主國家維繫運作的基本要務，也是美國軍隊長時間保持專業與聲譽的重要因素。在這本書裡，艾斯培以歷史見證者的角度指出，面對執政者失格的要求，負責領軍的文人政務官應該如何堅守捍衛民主政治，才更顯現民主政治超越其他政治體制的珍貴價值。因為軍隊維護的，不是一個政權，而是國家可長可久的制度，成功、穩定且能自省的制度，才是一個國家能保持強大的原因。

目錄

獻給我的妻子、也是最好的朋友莉婭，和我們的孩子路克、傑克與凱特。

獻給西點軍校一九八六年班所有同學；他們和我一樣，在一九八二年七月一日第一次宣誓服從憲法，並且「不灰心、不喪志」。

同時，也獻給美國國防部所有同仁，他們日復一日實踐他們的神聖誓言，扛起這個偉大國家的存亡、安全與未來的重責大任。

我，馬克．艾斯培，鄭重宣誓，我支持美國憲法，並保衛美國憲法不受國內外任何敵人侵害；我也相信並服從憲法。我擔負此一職責係出於自願，絕無心口不一或藉口逃避；我就職後將會忠實善盡職守。懇求上帝助我一臂之力。

馬克・T・艾斯培宣誓就任國防部長

白宮，華盛頓特區

二〇一九年七月二十三日

一次難以置信的會議

他說：「你就不能拿槍對著他們打嗎？只要瞄準腳、或是別的地方，都可以。」

我簡直不敢相信美國總統竟然要求美軍對著首都街上的同胞開槍。那一刻非常超現實。他坐在橢圓形辦公室的「堅毅桌」（Resolute Desk）後，漲紅著臉，大聲抱怨正在華盛頓特區進行的抗議活動，而他這樣的念頭令空氣凝滯。

去年同意接下國防部長一職時，我知道將會面對許多棘手問題——例如戰爭與和平。但是，我從來沒想過得面對像這種事。好消息是，這問題不難決定；壞消息是，我必須想個辦法，既能避免我不希望看到的混亂，又能把川普帶回現實。我從來沒想到，二〇二〇年六月的第一週或任何一週的第一天，是這麼開始的。

二〇二〇年六月一日，星期一。這一天和其他大多數週一一樣，我先去健身房，到了五角大廈時還很早。我快速瀏覽當天的情報摘要，然後逐一看過早上八點的會議要先閱讀的資料。每週一早上舉行的「部長政策檢討週會」，或稱之為swipper*的會議，與會者都是國防部的軍職及文職主管，包含國防部

*譯註：swipper是將該會議的英文Secretary's Weekly Policy Review字首字母「SWPR」變形為容易發音的自造縮寫字。

長辦公室、聯合參謀部、陸軍部、海軍部、空軍部部長及其軍職主管，亦即陸軍、海軍、陸戰隊、空軍和太空軍的四星主管。

疫情未爆發前，我們開會的地點位於五角大廈E環我辦公室對面的農恩—盧格大會議室。與會人士圍坐著一張大木桌，國防部副部長坐在我右手邊，參謀首長聯席會議主席坐在我左側，然後助手和助理依階級排列靠牆而坐。那張桌子勉強可以坐二十四人。但是在新冠疫情期間，我們是在各自的辦公室透過安全視訊開會。

我在就職的第一週就啟動swipper會議。這個由國防部軍、文職主管組成的會議，重要功能除了檢討國防部的優先工作，還要解決因故延宕的問題、以及處理當前事件等較緊迫的任務。這個會議也協助我打破過去一段時間以來出現的軍文隔閡。六月一日的swipper會議進行到大約一半時，我的保密電話響了幾聲，然後就停了。

我當時想，一定是行政辦公室某位助理接了電話。沒多久，我就看到馬克・米利（Mark Milley）將軍起身後隨即從螢幕上消失——這位參謀首長聯席會議主席會出現這種舉動，頗不尋常。接著我的電話又響起來。我這才明白他突然消失的原因：米利急忙離開，是因為他收到緊急訊息。

馬克・米利將軍出身波士頓地區，是一位雙眉濃密、胸闊厚實的軍人。他學生時代是出色的曲棍球員，一九八〇年從普林斯頓大學畢業後進入裝甲兵部隊服務。他在陸軍服役四十年，多次奉派執行作戰任務，習戰且善戰。他面容嚴峻，掩蓋了他睿智幽默的一面；他聲如洪鐘，一開口滿室皆默；言談間喜好以感嘆語法表達情緒，並且慣用難解的習語與比喻。連看人總是重外貌的總統，也經常說他「很稱頭」。

我將會議交給我的副手主持，去接聽主席的電話。電話另一頭的米利聲音急促，頗不尋常，不過倒也理所當然。他說，總統幾分鐘前打電話給他，對於昨晚華府街頭發生的狀況非常火大。那時，不僅在華府，全國都有民眾集會抗議喬治・佛洛伊德*（George Floyd）遭到殺害事件。在華府的千餘名抗議人潮穿街過道，最後在白宮正對面的拉法葉公園聚集。有人放火燒東西，有些人打碎窗戶，有些人遭到抗議群眾施暴受傷。電視上一再播出的混亂場面影片，肯定引起了川普注意——他覺得他的政府「看起來很弱」，要米利想點辦法。

我請米利將軍到我辦公室來。川普會打電話給他，顯得事不尋常，而米利在電話中轉述他和川普的對話雖然簡明扼要，我卻覺得不對勁。我迫不及待想和他促膝對坐，引導他說清楚川普告訴他的一字一句。將軍很快就到了。在我面前表情嚴肅、臉色鐵青。我不禁懷疑，這可能是他數十年的軍旅生涯中，極少數如此肅穆的一次。

「總統真的很火大，」米利說。「他覺得昨晚發生的事很丟臉。他要我們出動一萬兵力制止暴力。我跟他說，我得先和你談談。」

我問：「一萬兵力？他真這麼說的？」

他回答：「是的。」表情依舊嚴肅但眼睛瞪大了些。「一萬。」

我搖搖頭，難以置信。我知道部分抗議者已經出現暴力行為，也造成了傷害，包括白宮正對面、歷史悠久的聖公會教堂也是受害者。破壞行為絕對無法容忍，但施暴人士只是一大群民眾中的極少數。執法單位以及一些當值支援他們的華府國民兵因此受傷；但是，他們依舊掌握事件進展。我整個週末都收到事態進展的最新報告，但沒有收到緊急增援的要求。

我問米利：「一萬這個數字從那裡來的？」他不知道。但我和米利都明白，將現役部隊部署到國家首都是一個糟糕至極的主意，別的不說，這舉動很可能引發更多暴力。我們也明白不可能在十二小時內

＊譯註：非裔美國人喬治．佛洛伊德於二〇二〇年五月在美國明尼蘇達州被三名濫用職權的警員暴力執法致死，由此引發多起群眾示威抗議。

派出這麼多兵力。即使我們最精銳的部隊能達到這個要求，也必須花「好幾個小時」才能調動完成，而他們是我們戰備程度最高的部隊。

幾分鐘後，一名部屬進來通知我們，總統臨時在上午十點半召開會議，討論如何應對這些示威抗議。我和米利原本上午十一點在白宮要與各州州長就持續不止的騷動混亂舉行視訊會議。我們看了看對方，無可奈何地做了個鬼臉，心照不宣地默認，我們即將迎接另一個有趣的早晨。

那天早上，我和米利拖著沉重腳步前往賓夕法尼亞大道一六〇〇號的白宮，隨即與總統開展了一次非常激烈的遭遇戰，當場大聲爭執、對立，甚至有些不真實。但我們終於盡力避免了一個可怕結果——川普想要的結果。可是我們身心俱疲。當時甚至還不到中午。

當我們如釋重負地離開會議室，跨過門檻走入總統的行程祕書工作的外辦公室時，米利的拇指緊貼食指、湊近他自己的臉，俯身向我低聲說，他「就差這麼一點點」當場辭職。我也是。

♜

那天的情況，讓我對我們國家領導人和他所做的許多決定深感不安。我對我們的民主憂心忡忡。當時，我擔任川普的國防部長一年多，看過許多危險信號、警告和許多矛盾；但現在，我們似乎就在墜入絕境的邊緣。我們曾經多次接近民主危機的門檻，但都不如這次的危機來得重要；而且，對危機如此憤怒，也是第一次。

每次遇上這種狀況，我總是問自己為什麼不辭職。這是川普政府的生存問題：為什麼即使在總統建議或迫使我們做一些魯莽、愚蠢、甚或完全錯誤的事情之後，好人依然駐留？為什麼即使在他發表了令人髮指的或虛假的陳述，甚至詆毀我們的人民、我們的部門、或是我們之後，我們還依然留下來？

在我擔任國防部長期間，尤其在六月一日事件之後的幾個月裡，我經常苦思這些問題。我必須深刻內省，回溯我的成長過程、我在西點軍校所學，以及我在陸軍接受的訓練；我還必須研究前例、向兩黨的前任部長請益、認真思考我的誓言，並與我的妻子就此深談。莉婭不止一次對我說：「作為你的妻子，請辭職。作為美國公民，請留下。」

在盛怒下辭職會讓我當下感覺良好，還可以免於承受大量的壓力和批評。新聞媒體和社交媒體可能會讚許我是「抵抗運動」的英雄。但是，我認為，對國家來說，這不是該做的事。正如我在卸任前對一位記者所說，形勢艱難時，「我的士兵更不會放棄」；所以，我也不會放棄。儘管如此，我還是很掙扎。我們許多人都很掙扎。

另一個我必須考量的重點是：誰會接替我的位置？由總統提名、再交由參議院聽證任命一位新的國防部長，時間恐怕不夠。川普當然可以任命一位真正的保皇派人士代理部長，假以時日，這種安排可能就會造成真正的傷害。川普在二〇二〇年初任命理查・格雷內爾（Richard Grenell）擔任代理國家情報總監，我們就看到這個現象。政府中有不少人願意唯川普之命是從，甚至他發出的一些更極端的指示也會照做。我對此深感憂心。

本書讀者將會了解，我擔任國防部長近十八個月期間，總統或他的一些白宮高層助理，曾經多次提議在某國境內、或針對其他國家採取某種軍事行動。另有一些提議更粗糙，更容易造成衝突。部分議及的行動尚未解密，但有些提議甚至可能導致戰爭。每次討論到這類提議時，總是會有腦袋清醒的人把我們從戰爭邊緣拉回。我不禁想，要是我們都辭職了，會發生什麼事？

我相信，五角大廈領導階層在我辭職後所做的一些決定、另一些曾規劃但未完成的行動，甚至，據報導白宮在（二〇二〇年）十二月中旬曾討論為了重新計票不惜動用軍隊等事件，必將證實我的擔憂不假。當然，再沒有什麼會比二〇二一年一月六日那宗令人髮指、由川普煽惑的攻擊國會山莊事件更讓人驚心動魄。

我留下來，是因為我不想讓我們的軍隊政治化，更不用說朝人民開槍或監視計票。我也不想引發任何不必要的戰爭、破壞任何聯盟、或危害國家安全。我留下來，是因為我認為這是正確的事，因為我知道只要我還是國防部長，我們就會盡最大的努力做正確的事。其實我並不願意如此形容我的決定，因為我知道，有些人可能覺得我們往自己臉上貼金，但這就是我所相信、所感受到的。畢竟，我們立誓的對象是憲法，而不是總統或某政黨，誓言關係到我們的國家和信仰的價值。

最終，答案總是會歸結到留下來，並打好這美好的一仗，這必須的一仗。運用我能把握的時間，為國家和軍隊興利；我們也這麼做了。此外，我也要防患於未然；我們也曾多次阻止傷害發生。我從不擔心會遭到開除，只擔心過早遭到開除。這是我在投票日前必須戰戰兢兢走過的高空鋼索。為了做到這一點，並讓國防部遠離政治、讓軍隊遠離選務，我在二〇二〇年六月一日之後必須規劃一套新的遊戲規則，而唐納．川普也不會對此善罷甘休。

這本書講的就是這個故事，就是我身處美國現代歷史上最混亂、最艱難和最重要的時期，我做了哪些決定，我的觀點又是什麼的故事。在這段非常時期中，我們與一場百年未見的全球疫情對抗；處理了兩代人從未目睹、最大規模的國內動亂；迎戰不友善強權和全球恐怖組織的挑釁；同時，在大國競爭的新時代，與美國實力旗鼓相當或接近之敵*所帶來的新挑戰正面交鋒；以及依據新出爐的《國家防衛戰略》（National Defense Strategy，NDS），開始進行美軍轉型工程。而我每天從早到晚努力工作，處理上述每一件事的時候，還得和一位行為乖張、難以預測、沒有原則的三軍統帥打交道。

♜

我是在匹茲堡市東南方四十六哩的一個煤礦小鎮長大的。在我成長過程中，從來沒有想過有朝一日會出任這個職位。我的出生地聯邦鎮（Uniontown），是在一七七六年七月四日建鎮，距離喬治．華盛頓在法國－印地安人戰爭期間建造的一個圓形小寨必需堡（Fort Necessity）不遠。出身該地區的第二代子弟中，最為當地人津津樂道的一位是在聯邦鎮出生和長大的喬治・馬歇爾（George C. Marshall）將軍。他家的房子後來成為美國海外作戰退伍軍人協會（VFW）當地分會，距離我最初住的地方不到四分之一哩。我常想，馬歇爾和我還是小男孩的時候，都曾在分隔我們兩家的那條溪裡玩水，只不過我們涉險入溪的時間，前後相隔了九十年。

聯邦鎮的人口在一九六〇年代大約有一萬七千人，各種禮拜場所遍布全鎮，相當多元。每個禮拜場所各有其虔誠敬拜的族裔，會眾將各自的食物、習俗、語言和歷史帶進我們這個關係緊密的社區。這是個藍領地區，居民普遍保守、愛國、勤奮工作。我們在一九八〇年代被認為是支持雷根的民主黨人。但不幸的是，在上一個十年已經露出敗象的鋼鐵業開始崩潰，當時嚴重打擊了該地區的經濟，許多煤礦業也遭波及，導致數千個工作機會消失。這是一個具有歷史意義的變化：賓州西南部的大多數小鎮從此一蹶不振。

我已故的父親湯姆是賓州州政府的福利社工。他的家人在世紀之交從黎巴嫩移民過來。他有七個兄弟姐妹，都說阿拉伯語，並承襲了部分家鄉傳統。我的母親波莉是家庭主婦，她的先祖可以追溯到愛爾蘭的科克郡；娘家姓雷根，她自稱娘家與十九世紀下半葉移居到美國、後來出了美國第四十任總統的雷根家族系出同源。我並不太相信這個故事，但我也不會說我老媽在編故事。況且，某種程度上與最終會

*原書註：二〇一九年七月出版的《美國陸軍準則2.0版——情報篇》，將「旗鼓相當之威脅」（此處或可稱為「旗鼓相當之敵」）描述為「有能力和實力在跨越全球若干作戰地域、或在某一特定地域，擁有相對優勢以遂行其反美目的的對手或敵人。這些與美國旗鼓相當的威脅，其地理位置比較靠近他們與美國的衝突區，並且在該區的戰力與美國約略相當。」本世紀初期時，多數國安專家認為中、俄兩國在能力或實力上都有不足之處，無法在物力供應上挑戰美軍；因此，相較於美國，這些國家至多只能說是接近美國，還稱不上與美國旗鼓相當。但最近這批專家中不少人有感於中、俄在國防現代化上投注的心力（中國的表現尤其惹眼），開始將中、俄並稱為與美國「旗鼓相當之威脅」，或至少認為其中一國已經與美國並駕齊驅，構成威脅。

是我們最偉大總統之一的人有點關係，這種想法我還滿喜歡。我的母親是同卵雙胞胎之一，另有七個兄姐。她們一家人聚會時，就和馬戲團一樣熱鬧。

我出生於一九六四年，和我的三個妹妹佩蒂、唐娜和貝絲・安一起長大。那時越戰已經進入尾聲，當地經濟搖搖欲墜，但至少美式足球隊匹茲堡鋼鐵人的戰績一直領先。我讀的是公立學校，整年都參加多種校隊運動。在賓州西部，這些運動指的是美式足球、籃球和徑賽。我是成績介於B+和A-的學生，但從未加入全美高中榮譽生會（National Honor Society, NHS）。然而，當我無意間在學校輔導員辦公室看到一份西點軍校簡介小冊時，我的生命就此改變。我並非來自軍人家庭，差得遠了。而且我家附近也沒有重要的軍事基地，我和軍隊毫無淵源。然而，我確實讀過軍事史，看過如《巴頓將軍》和《最長的一日》等經典二戰電影，和朋友在後院玩遊戲時扮演官兵。我和軍事的關係僅此而已。當我讀到那份簡介，穿著灰色制服的學生照片、暑假接受軍事訓練、秋天上工程課的承諾都呼喚著我，更不用說以身為「軍官和紳士」為國服務的吸引力了。前途、挑戰以及西點校訓「責任、榮譽、國家」，都在我內心深處產生共鳴。我在那一刻立即明白，這是我必去之地和應去之地。西點軍校是我唯一要申請的大學。

一年多後，一九八二年七月，頂著剛剪的頭髮、穿著歪七扭八的制服，充實地度過我忙碌紛亂的入學報到第一天；我舉起右手、第一次宣誓支持並保衛美國憲法不受任何敵人侵害。我和來自全國各地一千多位不知所措的男女青年，在那個炎熱的夏日，在那塊被稱為「平原」的大草坪上相會。對我們所有人來說，那都是重要的一刻。西點軍魂就此延續。

幾十年後，我能勇於起身反對一位破壞我們國家制度和傳統、不尊重真理或道德規範、認為自己高於一切的總統，得自我在西點軍校四年打下的基礎。西點培育我們的目的，在於培養出重視正直、並且將國家和使命置於首位的「品格領導人」，同時西點的〈學生祈禱文〉（the Cadet Prayer）也請求上帝：「幫助我們選擇崎嶇的正道，而不是平坦的歧途。」西點教我的每一件事，都和唐納・川普的經商理念背道而馳。

西點軍校也灌輸我們一些永恆價值觀。在我擔任公職多年期間，不論軍職或文職、在美國或海外、戰時或平時，它們的重要性不斷強化*。這些價值觀在我身上完全內化的時間，遠早於我在二〇一七年回到五角大廈出任公職前，也更早於我不停對抗美國四十五任總統之前。我在歷史上最艱困的時期，在美國歷史上最動蕩不安的政府中從事最艱鉅的工作時，這個道德、倫理與專業的指南針指引我選擇了崎嶇的正路，這個世界因此將會變得完全不同。

*原書註：有關我的生活和職涯的更多詳細資訊，請參閱我的網站：marktesper.com。

第 1 章

就任陸軍部長初期，預警

川普總統於二〇一七年一月上任時，與北韓開戰的可能性確實存在。但是，在我通過聽證任命程序成為第二十三任陸軍部長時，並沒有完全意識到這一點，我也沒有完全體會到川普當時正漫不經心地玩火，可能引發一場自上次韓戰以來全世界最大的衝突，或至少會是一場結果和上次韓戰一樣慘烈的衝突。

參議院是在十一月中旬以八十九票對六票確認我為陸軍部長。我很感激日益少見的跨黨派支持；隨即於二〇一七年十一月二十一日宣誓就職。我曾在國會山莊、尤其在參議院工作多年，在民間公司工作時也處理過一些政策議題，不論在國會或是私部門工作，我都頻繁出訪，與外國領導人會面，近距離解決問題。此外，我當然曾在部隊服役。也就是說，我當時就替這個職務帶進我在國防、外交政策以及商業等領域超過二十年的大量工作經驗，這還不包括我在部隊服役的時間。再者，因為我認識很多參議員，所以我也相信，聽證任命的投票結果，反映了我無黨派之私、穩健與理性的聲譽。我自認為是個傳統共和黨人，認同財政政策保守、社會政策溫和、國防政策鷹派等傳統觀點，相信自由但公平的貿易、保護環境、合法移民以及能夠捐棄黨派成見的政府。

走進位於五角大廈E環二樓歷史悠久的陸軍部長辦公室，感覺就像回家。我還記得，一九九〇年代中期，我還是個年輕上尉，在「戰爭計畫辦公室」當參謀；對我來說，「部長辦公室」當時簡直是聖地。我那一段時間去過的辦公室中，階級最高的是陸軍負責作戰的副參謀長，一位三星將領。二十一年後，我重回舊地，坐在碩大、雕飾精美的「塔虎特桌」（Taft desk）*後，辦公室牆上，有我同鄉英雄馬歇爾將軍的幾張相片盯著。我感覺很榮幸能夠再次為國服務。誰能想得到呢？

任何組織成功的關鍵，除了有看法一致的優良團隊外，團隊成員還要能共事無礙。組織內最資深層級尤其如此。老天安排萊恩．麥卡錫（Ryan McCarthy）擔任陸軍部次長，米利將軍擔任陸軍參謀長，吉姆．麥康維爾（Jim McConville）將軍擔任陸軍副參謀長。這個組合帶來脫胎換骨的改變，也是我們四人共事十九個月期間達成每一項成就的關鍵。看看我們思考、討論、決策和行動的速度有多快，就可以知道我們帶進了哪些觀念。

萊恩．麥卡錫在芝加哥長大，大學就讀維吉尼亞軍校。畢業後任步兵軍官；隨後進入陸軍突擊兵部隊，並在阿富汗服役。他之後在私人單位工作了幾年，還在國會短暫工作一陣子，就到五角大廈報到，擔任國防部長鮑勃．蓋茨（Bob Gates）的特別助理。他於二〇一一年離開國防部，到一家國防企業出任高級職務。六年後，在四十多歲的年紀擔任陸軍部次長。

萊恩身材中等，頭髮剪得很短，全心投入我們共同面臨的挑戰。一有問題發生，他總會悄悄把我拉到一邊，傾身向前，輕聲說：「部長先生，我有件事需要和你談談……」我很重視他及早發現問題、釐清問題，並提出解決方案的能力。

吉姆．麥康維爾在陸軍的領導團隊歷練完整。他來自麻州的昆西市，一九八一年畢業於西點軍校，其後不久成為飛行軍官。他說話帶著濃重的波士頓口音，並總是瞇著一雙藍眼睛。他曾在多個不同層級的部隊擔任指揮職，參與伊拉克和阿富汗戰爭；他是一〇一空降師任期最長、作戰能力最強的指揮官之

*譯註：「塔虎特桌」指美國第二十七任總統塔虎特擔任美國戰爭部（美國陸軍部前身）部長時用過的辦公桌。

一。麥康維爾帶來的是他擔任五角大廈陸軍人事以及國會聯絡兩個部門主管的寶貴經驗。麥康維爾和米利過去在陸軍歷練時曾共事多次，兩人早已建立了牢固的工作關係。

然而，這個團隊最重要的關係是陸軍部長和陸軍參謀長的相處。兩人的辦公室隔著一扇既大又重的木門，剛好可以用來比喻這兩個職位的關係。部長與參謀長公開爭吵或從不交談的荒唐故事，曾經不絕於耳。這時，文件櫃、大型盆栽或任何可以阻礙直通兩人辦公室過道的大型物品，經常使得大門動彈不得。受到傷害的是陸軍，原本應該不分你我、一體運作的軍、文職參謀，也劃出戰線，開始對峙。

我和米利不同。我們協議那扇門要一直敞開。隔一段時間，我們會把這兩個職務的關係推升到新高度，我們經常一天多次來回穿梭兩個辦公室，或討論問題、分享訊息，或規劃推進一些棘手事務的方法。後來，我們將這種緊密關係帶進國防部長與參謀首長聯席會議主席之間，但很少有人能理解或讚賞。而我認為，我與米利的關係，對照歷史上的國防部長和參謀首長聯席會議主席的關係，應該是獨一無二的。

麥卡錫、米利、麥康維爾和我很早就明白，我們四個人間的特殊化學作用，將可能讓我們有機會在陸軍做一些大事，一些睽違已久，該做卻一直未做的事。我們只需要專注於這個任務、齊心合力即可。因為一些相同的經歷將我們綁在一起：我們都在陸軍服役；我們都是戰鬥兵科；都曾經參與作戰任務；為了提升陸軍的戰備狀態，並決定陸軍在未來戰爭中的定位，我們都願意為所當為。

我們之間唯一的分歧是，米利和麥康維爾都出身波士頓，也都是愛國者隊的球迷，我來自匹茲堡，支持鋼鐵人隊。計算兩隊在美式足球超級盃的輸贏紀錄，以及每週兩隊勝負變化情形，變得愈來愈重要。更重要的是，有時候我們甚至在工作之餘聚會，通常也會有太太們同行。這種相處關係，在很多方面的感覺就像是一群又回到營級部隊服務的資淺軍官：團隊為重、任務優先，並且樂在其中。

然而，十一月我就任時，我們的焦點並非陸軍的未來。眼前的挑戰是朝鮮半島局勢、駐南韓美軍的戰備狀況，以及非常可能和朝鮮民主主義人民共和國（或稱DPRK，也就是北韓較正式的簡稱）開戰的現實。

二〇一七年七月，也就是我上任前四個月，北韓發射了第一枚射程足以到達美國的飛彈。要是他們當時有能力在其中一枚飛彈上安裝核彈頭，就是非常嚴重的威脅。駐南韓首爾的美軍採取了對等行動，對北韓年輕的獨裁領導人金正恩發出警訊，但並未能威懾他停止繼續試射飛彈。北韓在當年秋天除了繼續試射飛彈，還加碼在九月初進行了一次核試爆。

隨著川普和金正恩之間公開叫陣愈來愈頻繁、愈來愈尖銳，五角大廈的計畫和準備工作開始加快步伐，並且微調對應的軍事選項。由於川普先稱呼對方是「小火箭人」，北韓官員反脣相譏，稱呼川普是「邪惡的總統先生」。這種點名侮辱不僅顯示兩人小鼻子小眼睛，還相當危險，對解決兩國的分歧無濟於事。緊張情勢一直持續到秋季。十一月下旬，我到職一週，北韓又進行了另一次飛彈試射。

米利將軍幾乎每週都和陸軍參謀舉行戰備會議，以確保安排在韓國作戰的部隊都已準備就緒。我們也和盟友一起在南韓進行現地演習、電腦模擬和各種訓練活動。陸軍還暗地裡賦予駐本土的作戰部隊領導幹部臨時任務，去「熟悉」他們可能部署的作戰區域。

這一切都非常真實，形勢也非常嚴峻。米利和代理部長麥卡錫（因為當時國會尚未就我的任命案展開聽證）在我到任前幾個月就準備妥善，我一上任就可以進入狀況。儘管如此，還是有很多工作尚待完成，而且這些工作不限作戰單位。我們必須採購彈藥並運送到戰區、演練平民疏散計畫、測試通信網路，並確保後勤系統在戰事激烈時還能運作。後勤系統要移動每一件東西，從前運彈藥、食物、備份零件與其他物品，到後送死傷人員、受損裝備和其他物品。我早在二十二年前就參與擬定作戰計畫，所以看到這次的戰爭計畫如此急迫地更新和演練，覺得有點奇怪和不安。

一月下旬，大約是在上任陸軍部長兩個月後，我到阿拉巴馬州亨茨維爾市的紅石兵工廠視察並討論一些事情，但主要目的是會見美國陸軍物資指揮部的指揮官格斯·佩爾納（Gus Perna）將軍，也就是後來擔任對抗疫情的「曲速行動」（Operation Warp Speed）的首席執行官；我希望深入了解陸軍的後勤準備以及若與北韓開戰的備戰狀況。

當時，我正坐在佩爾納的辦公室裡開會，一通從五角大廈打來的緊急電話打斷我們的談話。我記得我還自問：難道出了什麼事？電話那一頭的人告訴我，總統剛下令駐南韓美軍的親屬全數撤離，他也會在下午宣布此事。我簡直不敢相信！我問他，韓國出了什麼事？金正恩朝夏威夷發射飛彈嗎？北韓裝甲部隊朝非軍事區（Demilitarized Zone, DMZ）進發？他們擊沉了一艘美國軍艦嗎？平壤朝美國發射了一枚彈道飛彈？到底發生了什麼事？

不過幾個星期前，川普和金正恩還在推特上你來我往，嘲諷對方的核武庫。而當時嚇到全世界的那則推文，出自美國總統之手。他在二〇一八年一月三日發出的一連串推文中，最驚世駭俗的一則是這麼寫的：「請任何一位在他（金正恩）那個百姓缺糧挨餓、一窮二白的高壓政權中生活的人告訴他，我也有發射核武器的按鈕，但是，我的按鈕比他的更大，更有力；而且，我的按鈕是真的！」[1]

結果是，現在我們有一個可能執行、也可能不執行的疏散命令，而且沒有解釋原因，也沒說會如何執行。我請他們就這些核心問題「與國防部長辦公室核實」，並且「開始全力研究此一問題」，我會在一小時後回電，聽取他們回報與各關鍵首長辦公室聯繫後的進度。我掛上電話，把這個消息告訴佩爾納。他也嚇呆了。

當時駐韓美軍至少有二萬八千人，另有約七千名親屬。將這兩批人與其他一萬一千名國防部非戰鬥人員一起撤離，是相當艱鉅的挑戰。我在兩星期前訪視駐韓部隊時，指揮部向我簡報戰備狀況，其中包括從南韓撤離所有美國人的方案，總計接近十九萬人。[2]這是一個複雜、浩大的艱鉅任務，而且需時甚久，沒有人認為可行。我在陸軍物資指揮部收到的訊息，並未顯示撤離駐韓美軍親屬的時程；即使如此，比起眼前更大的問題，這還算小事一樁。

撤離所有駐韓美軍親屬，這一步是如此出人意表，又突如其來，許多人可能會將其解釋為就算戰爭不是迫在眉睫，至少勢在必行。這大概會引發恐慌，影響南韓經濟、股市、航空運輸和一連串其他活動。在韓國的美國公民也會想離開，並且很可能要求美國政府協助。許多其他國家可能會跟進，進而升高從南韓到整個亞太區域的恐慌。

最重要的是，北韓會怎麼想？金正恩可能會認為美國撤離是衝突的前奏。就算他對此沒有十成十的把握，但出於謹慎，他也會下令北韓軍隊提高警戒、艦船離港疏泊、空軍機隊轉場疏散。因此，關鍵在於金正恩究竟會如何反應？降低戰備等級、緩和情勢？談判？進行更多的飛彈測試？進行緊急軍事演習？或者，他會先出手，以首爾為目標，展開血腥殺戮？甚至可能在美國調集足夠兵力應對之前，就奪取了這個擁有一千萬人口的城市，然後主動談和？就像第一次世界大戰初始時一樣，導致我們陷入另一場長達數年的血腥衝突？沒有人知道，但這是一場危險的「膽小鬼博弈」（the game of chicken），核戰也是如此。如果總統宣布實施撤離，我們就要為戰爭做好準備。

就在這個警訊傳到身在阿拉巴馬州的我之後，它也即刻消失了。此後我再也沒收到任何明確解釋，顯然有人說服總統不要發推文宣布美國人將從南韓撤離。危機化解了，也避免了戰爭。但我那時對於剛發生的事情目瞪口呆，為什麼在至關重要且會帶來嚴重後果的議題上，會出現反覆決定。

我後來擔任國防部長期間的經歷，讓我能夠想像白宮裡的某位幕僚，甚或是福斯新聞網某位談話性節目主持人，鼓動總統採取一系列可能導致戰爭爆發的舉動。結果是，我不得不與這些狀況纏鬥，並盡力在這些你來我往的惡鬥中穩舵行船十八個月。此外，太多人太常迎合總統的天馬行空，願意思考這些異想天開的下兩步、三步和四步後果的人似乎不多。倒下的不會只有川普推倒的那個骨牌，而可能是一連串朝不同方向倒下的黑色牌子；同時，其他玩家如北韓或中國，將能夠推倒其他組骨牌，甚至可能會造成更多麻煩的骨牌。因此，這些事態需要與國會和我們的盟友共同仔細磋商。但這根本不是白宮運作的方式。

我擔任陸軍部長期間，與北韓開戰仍然是我最關心的國際議題，緊隨其後的是阿富汗，而我的工作是確保我們地面作戰部隊的人力、訓練與裝備都已到位，並準備好打一場血腥暴力的戰爭。沒有人知道下一條引發世界末日的推文何時會出現。我們必須做好準備。

幸運的是，川普在二〇一八年初透過更多外交途徑與金正恩打交道，東北亞與北韓的緊張關係隨即開始和緩。核試爆停止了，長程飛彈測試也停止了。這種新調在二〇一八年六月於新加坡舉行的北韓和美國領導人首次會晤時達到高峰。許多人抱怨，川普給了金正恩想要的東西，也就是一次高調會晤，提高他的地位，卻沒有得到任何回報。從許多不同角度觀察，的確如此，但川普的投入確實讓我們不必走上戰爭一途，局勢到他任期結束前也都得到控制。這是一件好事。我在一九九〇年代初期看到柯林頓、小布希和歐巴馬總統嘗試以類似的方法應對，但並沒有收到實質效果。那麼，何不嘗試不同的外交策略，尤其是核武器擺在檯面的時候？

那件在我就任初期突如其來，關於美國政府工作人員及其家眷可能被迫從朝鮮半島緊急撤離的事件告一段落後，我開始專心擬定一份清晰、簡明、兩頁長的陸軍願景文件，說明我任職期間想帶領陸軍前進的方向，接著發展計畫執行這個願景。我認為，陸軍必須大幅且長足的進步，為我們現在就可以看到的艱難未來做好準備；如果艱難未來意味著我們要和中國或俄國作戰，現在更需要做好準備。

第2章

陸軍重生

那場獨立戰爭好幾年來一直沒有停過，成千上萬美國人非死即傷，大家都累了。衝突稍歇之後，美國人最不願聽到的，就是下一次戰爭又要來了，又得準備避禍了。儘管如此，一七九〇年一月八日，喬治·華盛頓總統向國會發表了他的第一次年度國情咨文；咨文內容是他對畢生經驗總結所得到的一些關於戰爭與和平的重要教訓。

他告訴國會：「為戰爭做好準備，是維護和平最有效的方法之一。」華盛頓不是好戰人士，他看過的死亡和毀滅比任何人都多。然而，為了確保這個年輕國家的安全，他了解，擁有一支常備、並有能力擊敗敵人的軍隊的重要性，藉此在戰爭初始嚇阻他人染指的圖謀。

近兩百年之後，另一位偉大的美國總統，隆納德·雷根將華盛頓這句準則轉化為一句言簡意賅的政策：「有實力才有和平。」（Peace Through Strength.）我們的第四十任總統依靠這個指導原則，在一九八〇年代重建美國軍隊對抗蘇聯；結果，冷戰在雷根就任後不到十年即結束。

美國陸軍在一九九一年波斯灣戰爭中盯死蘇聯，並擊敗當時世界第四大軍隊，伊拉克領導人海珊的武力。到了近三十年後的二〇一七年，這支陸軍並沒有準備好和那些會對美國造成最嚴重傷害的幾個國家作戰。事實上，中、俄兩國都在進行軍隊現代化的目的，就是擊敗美軍，但我們的高端作戰優勢卻不斷流失。十六年來，美國陸軍經歷了阿富汗與伊拉克的動亂與衝突、在歐洲和中東等地來來回回部署旅級戰鬥隊，以及一次大幅度、分年執行的國防預算刪減，陸軍已經累了、破了和老了。我們的能力還在，但我們已經無法將兵力投射到需要我們出現的地方、無法走在正確的道路上、無法維護和平、無法戰勝如中國這樣的國家，更無法在下一個三十年維持美國向來在世界上擔任的角色。

二〇一五年八月，馬克・米利將軍一就任陸軍參謀長，就將提升戰備作為首要任務。當時，陸軍的「非部署率」，亦即無法執行作戰任務的軍人比率高達十五％，令人無法接受。不高於百分之五是務實可行的目標。此外，陸軍五十八個旅級戰鬥隊（BCT，陸軍的標準戰鬥機動部隊）中，可視為全戰備的BCT只有個位數。平均一個BCT旅有四千至五千名士兵，我們希望至少有五十％旅級戰鬥隊能夠維持全戰備。但時局艱難，未來也不看好。

與此同時，陸軍仍然嚴重依賴雷根總統於幾十年前規劃生產的基礎作戰系統：艾布蘭戰車、布萊德利戰鬥車、阿帕契攻擊直升機、黑鷹通用直升機和愛國者防空系統。陸軍主管多年來一直在改進它們，但系統升級有其限制；陸軍曾嘗試引入新系統，但在十字軍機動火砲系統和「未來戰鬥系統」系列車輛等項目中慘敗。陸軍部浪費了數十億美元，付出這些金錢和心力，卻幾乎沒有換來任何拿得出成績的產品。主要終端項目的採購作業一直背負著以下因素所構成的可怕傳統：官僚制度、貪得無厭的超量需求導致專案無法承擔、低效率流程和薄弱的商業文化。

陸軍在過去十六年中，轉變成一支非常擅長打擊叛亂分子和恐怖分子的部隊。為了因應時代需求，過去瓦解北韓甚或中國與俄國威脅的關鍵戰鬥單位類型，如重裝甲部隊、火砲部隊和防空系統部隊，都必須學會像輕騎兵一樣作戰。對許多人來說，武器保養、火砲射擊和機動訓練等日常任務都遭到冷落了，聯合兵種編組的戰鬥力萎縮了，擔心敵方戰機、電子監視和長程飛彈成長的程度也降低了。過去十五年的日常是與反恐、車隊安全、徒步巡邏和開設檢查站相關的任務。

更糟糕的是，陸軍有時會降低招募標準。如此可以解決因為伊拉克和阿富汗衝突衍生的立即人力短缺問題；但在維持戰備、服從命令與嚴明紀律方面，卻帶來更多深層的挑戰。

萊恩・麥卡錫和我是在二〇一七年上任，他和米利是我們的軍職對口；我們甚至在國會沒有完成聽證任命前，就一起制定了解決上述問題以及其他議題的計畫。國防部長詹姆斯・馬蒂斯的工作重點是提高部隊的戰備和殺傷力。川普總統將公布他增加國防預算的計畫，以及在國會協助之下，預算可望連續提高三年。我們也明白，這筆得來不易的資金要發揮功能，只有一個目標，就是不斷改進目前的戰備，同時將部隊改頭換面，成為現代化的勁旅。

陸軍多年來沒有清晰願景，軍、文職同仁在工作上也不存在夥伴關係。我擔任陸軍部長將滿六個月之際，完成了陸軍新願景文件。[*1]這份文件由米利將軍和我共同簽署，意在顯示陸軍的軍、文職主管對於願景規劃的方向並無二致。

在短短兩頁中，我不僅規劃了我們在二〇二八年前希望實現的目標，還陳述了實現目標的方法和途徑。願景並強調美國軍人及其領導人的中心地位，以及我們將持續維護並信守陸軍價值的重要性。我們還談及我們必須將部隊擴編為現役官兵超過五十萬名，不僅要藉此加強戰鬥力，還可以藉此分散頻繁部署的負擔，減輕官兵及其家人的壓力。一般來說，部署周期是派駐海外九個月的工作結束後，開始下一個階段十八個月派駐國內的工作；結束後再派駐海外，為期九個月。[*2]為了提升官兵的專業資歷和生活品質，我們計畫實行一套以市場為基礎和以人才為中心的新人事制度，以優化陸軍的人力資源。此一計畫讓官兵在工作地點、工作內容以及搬遷頻率上擁有更大的發言權，長此以往，陸軍可以留住更多官兵為國服務。

願景清楚表明，我們現在面臨一連串新的未來威脅。首先是中國，我們的訓練焦點要放在受到經常

---

*1 原書註：請見附件A，「陸軍二〇一八年願景」。

*2 原書註：軍方將部署周期簡稱為「派駐海外與國內服務比」（deploy-to-dwell ratio）。就是希望現役部隊海外部署與回國服務的時間比例能達到「外一內三」，而且不少於「外一內二」；國民兵部隊和陸軍後備役部隊的比例更高，以維持戰備需求。

性偵查的高強度戰爭上，來自解放軍的經常性偵查是我們與解放軍發生衝突時的特點。這種戰爭型態與我們過去十六年多以來進行的低強度戰爭完全不同。對美軍來說，戰爭型態從低強度轉為高強度，不僅來得遲，而且來得出乎意料。

多個促成轉變的挑戰都可反映出以下事實——那就是技術變革正在加速進行，但我們卻面臨預算持續下修的壓力。這是正在我們眼前發生的事實。有鑑於此，我希望陸軍做好準備，進行必要的改革，從而能騰出時間、金錢和人力，以備重新投入我們的首要任務。此外，為了取得成功，這個願景更堅定了我們成立一個新指揮部的目標，該指揮部將專注於陸軍的採購任務，以落實部隊現代化，這也就是我們面臨的最大挑戰。

願景聲明將是陸軍「重生」的路徑圖，我們還會用它作為衡量任務進展的指標。我很自豪，我們已開始推進願景中包含的所有主要項目，並且在有限的時間內完成了其中許多項目。然而，這並不容易，尤其是當世界和華府發生了那麼多其他大事之際。

♜

美國陸軍在二〇一八年沒有達成年度募兵目標，這是十幾年來第一次。我們可以簡單地將這個結果歸因於就業市場非常強勁，因為一般來說，強勁的就業市場，對於同樣想招募十八歲高中畢業生進入軍中服務的軍方是不利的；但還有其他因素存在。

陸軍可能因為前一年擴編太快，取得過高的成果，沒有認知到持續膨脹的經濟為美國年輕人提供了更多機會所帶來的挑戰。我在二〇一七年十一月到任時，陸軍現役官兵的目標員額是四十八萬三千人，相當於每年要招募八萬人。國會後來下修這個數字，但陸軍二〇一八年的募兵結果，依然沒有達標。[1]

我深入研究這個問題時，對於數據以及一些與華府無關的人所告訴我的事情感到不安。我們犧牲質量來換取數量。陸軍招募兵員動輒開放一些限制條件，導致現在軍中有太多士兵有吸毒前科、行為不良、違法，以及身體甚至心理健康有狀況。這種做法總有一天會出問題。對我來說，質一定重於量，絕對沒有例外；也就是說，即使堅持這個原則的結果是只能編成一支小一點的陸軍，也不要緊。因此，如果要達成我們訂定的每一項募兵目標，就需要更創新並投入更多資源。尤其重要的是，降低標準不是達成目標的答案。人都相信他們是特殊事物的一部分，就算他們不是獨一無二，也是菁英的一部分。我們的答案是提高標準。

傳統上，陸軍每年招募錄取的人員中，至少有九十五%是高中畢業學歷，就是素質最好的類別。這個類別中，智力測驗成績前五十%的受測人員中，有三分之二在語言表達和數學能力傾向上表現較佳。但是，國防部同意每年招募列為最低級別、也稱為「第四類」的人員，不能超過招募總數的四%。我們立即將其減半，僅同意每年招募第四類新兵比率最高為二%。此外，若未能通過藥物測試，代表入營資格自動失效，現在也做到了。我們還取消了出現心理健康問題如「自殘」或有自殺傾向的新兵以及有重罪前科年輕人的入營資格。這些措施和其他改進辦法，大致解除了我對陸軍人員素質的憂慮。

我們也注意防範任何形式的極端主義進入軍中，影響基層人員。陸軍在招募階段，會仔細過濾身體上有無任何顯示加入或支持極端組織的刺青或標記。我們還會合法進行社交媒體和其他形式的背景查核。陸軍過去有一些不好的經驗，每年都會遇到少數特殊案例；我們迅速處理這些案例，盡力排除那些腐蝕性的觀點和行為以免影響基層官兵。我們希望美國軍人保證效忠一個組織：美國陸軍；無論官兵的種族、民族和性別，都忠於同袍，忠於保家衛國；並宣誓支持美國憲法。就這麼簡單。

在招募人數無法達成既定目標的年度裡，找出招募過程出問題的環節同樣慢了一拍。問題的開端就在五角大廈。我們發現了管理不善、領導不力和資金濫用等問題，這些問題也引起國會議員的注意。一些行銷構想的投資報酬率很低。我們一一查證上述所有問題，最後展開全面檢驗並充分改進招募作業，耗費了很長一段時間才處理完。但我們的招募工作在這段期間依然困難。

最終，團隊提出了一系列的建議，徹底整頓招募業務；包括聘用另一家行銷公司、推出新廣告，加上推動其他變革，讓我們至少可以和競爭對手，亦即其他軍種的招募成績不相上下。

我們還面對一些讓人心驚的人口統計數字變化。這些數字對我來說是警訊，對國家領導人而言應該也是警告。研究告訴我們，在美國三千四百萬的十七至二十四歲年輕人中，有七十一%的人不符合軍方訂定的入營條件，常見原因是肥胖、毒品、身心健康問題、不當行為或能力傾向不適合。更糟的是，其餘二十九%的年輕人中，符合條件的人只有大約一%有興趣從軍。打打算盤就知道，這代表陸軍、海軍、空軍和海軍陸戰隊都在爭取同一批為數三十萬到四十萬之間的年輕美國人。[2] 因此，一旦考量陸軍的行銷、品牌與吸引力都不如人的事實，陸軍的招募實際上處於不利地位。

我們還察覺，父母和其他「影響者」如老師、輔導員、教練、和牧師，愈來愈不支持孩子進入陸軍。我們認為原因是伊拉克和阿富汗的長期戰爭，以及太多電視節目、故事和電影把將軍人描繪成必須與嚴重的戰鬥傷害和創傷後症候群搏鬥的「破碎英雄」。這並不準確，並且產生負面影響。

我們知道，如果要保持領先趨勢，我們就必須修正論述並尋找新戰場。這意味要徹底改革我們的行銷活動，多著墨陸軍需要的非戰鬥技能，例如醫療技術人員、機械人員、廚師、卡車司機；這些技能通常不那麼危險、也更有趣，或者可以提供年輕人更好的過渡環境，以備未來進入平民就業市場更順利。這也意味全面上網、進入所有形式的社交媒體、要求招募作業人員使用Instagram。使用網路進行招募工作的決定，例如減少電視廣告，轉到Facebook和Twitch等能夠針對目標投放廣告的網站等，要等到二〇二〇年許多招募辦公室因新冠肺炎肆虐而關閉，才收到效果。此外，我們還將預算交給招募指揮部的一個團隊，由他們提出一些非傳統點子，例如，組建一支競爭力強的陸軍「混合健身」（CrossFit）隊伍，到成立一支參加各種電玩比賽的「陸軍電競種子班」；這些都讓從軍看起來更酷、更有吸引力。

當我推動陸軍「重生」的想法時，我們都相信，恢復二戰時期的「粉紅與草綠」制服*——那個最偉大世代的代表性陸軍軍服——對提振陸軍士氣大有助益。它可以提醒每一個人我們的輝煌歷史，有助於提升陸軍的人氣，並強化我們與社會的聯繫。陸軍總士官長丹・戴利（Dan Dailey）是這項倡議的真正領導者；他主張，第一批換發這套經典制服的對象應該是新兵。戴利是對的。我在陸軍部長任內，最懷念的日子之一是批准這件具有歷史意義的制服再現。

為了發揮對本鄉本土的了解，提高在地招募隊伍的人氣，陸軍招募團隊的組成也需要改變。我們開始調派招募指揮部的軍、士官回到他們成長的鎮、市和州工作。但是，別以為調派工作地點很簡單。我在波士頓與一位來自紐約市的招募同仁談話時，他說，他想調派到他熟悉的老地方，但他的同事，諷刺的是還是一位出身自波士頓的同事，已經在紐約了。現在，你知道調職沒有那麼簡單了吧。

我們還需要更多女性和少數族裔進入招募隊伍。我有一次與負責大丹佛地區的招募隊伍會面。當時，負責那個大都會區的隊伍中只有一名女性。難以想像吧？但是，並非每個招募辦公室都像大丹佛一樣。我巡視洛杉磯的一個招募分部時，就很高興看到工作人員的組成非常多元。

最後，我們需要擴大招募區域並接觸更多人口統計類別。我們標榜自己是「美國陸軍」，果真如此，那麼我們在代表我們宣誓捍衛的同胞這件事上，還有不足之處。比如，長久以來，我們一直面對一些事實，卻不知如何是好，而且，到現在還是不知如何是好。首先，近八十％的新兵都至少有一位親屬曾經服務軍旅，這表示當兵在某種程度上已成為家庭參與的事業。其次，過多新兵（四十一％）來自南方。[3]這點說明了我們需要擴大招募範圍的原因。

我們在二〇一八年秋天展開「二十二城」計畫，意即我們去美國二十二個大城市進行招募新兵的工作。我們選定的城市是年輕人較多，尤其是許多高中畢業生正在尋找有更多不同工作機會的城市。我們

*譯註：此暱稱來自這套軍服的男褲與女褲、裙都織入些許玫瑰色。

可以藉此將影響力擴及其他地區，以及許多對美國軍方認同不大或接觸不多的州。我們知道這需要時間，但我們總要在某個時間點、從某個地方開始，也要趕在招募對象人才庫變得太狹窄、太地區化和太難進行之前。

陸軍派出各級主管到這二十二個城市。我親自視察了從波士頓、匹茲堡、克利夫蘭、亞特蘭大，或是到丹佛和洛杉磯等地，聽取當地招募人員的看法，與市長、州長和其他官員會談，並與當地媒體交流。經過近兩年的努力，從二〇一七年開始，陸軍在這些城市招募到的人數每年成長了十五%。這是一個好的開始。

長遠看來，我當時提到、而且到今天依然相信，我們國家未來面臨的最大挑戰之一，是確保不到一%人口的現役美國軍人，以及其他九十九%我們宣誓捍衛的美國人民，這兩個群體是否能建立牢固的聯結。符合從軍資格又對軍人職責感興趣的美國青年愈來愈少，以及我們招募對象人才庫的全國代表性不足，再加上從軍愈來愈像家庭參與的事業，我們的風險是，雖然軍隊服務的美國公眾群體愈來愈大，軍隊與這個群體的距離卻愈來愈遠。我們需要由民選公職、體育明星、名流、藝人和其他知名影響者與軍方共同努力，在全國各層面一致解決這些問題。如果軍民關係是一個銅板，民的那一面太重要、影響也太重大，千萬要避開軍民關係惡化帶來的危機。

我在五角大廈工作前後超過四分之一個世紀，曾擔任多個職務，迄今為止最有趣、成果最豐碩、回報也最值得的職務是陸軍部長。這個工作讓你前一天有機會與年輕士兵打成一片，第二天轉個身，可以決定影響陸軍未來數十年的政策，不僅樂趣無窮，也是一份榮幸。

我的妻子莉婭也有同感。我們有機會利用我二十一年服務軍旅的經驗，為官兵及其家屬帶來改變。無論是改善配偶就業機會、擴大托育能量，或僅僅是確保新媽媽分娩後在陸軍醫院獲得需要的休養時間，莉婭總是不畏困難，在我身邊幫助推動事情的進展。對我來說，她是軍人家庭的聲音和良心，我永遠感激她在華府和我一起度過的時光，以及在各基地與其他軍人配偶會面、聽取簡報，和開發新方法照顧軍人眷屬。

部隊戰備狀況很大程度上取決於四個因素：時間和資源是否足夠訓練部隊達成上級交付的任務；部隊官兵人數與專長是否足以遂行任務；部隊的裝備數量與型號是否為遂行任務所需；以及部隊是否能夠維持裝備在堪用水準。綜合以上評估再加上指揮官評估，即構成部隊的戰備水準。二〇一七年初，三十一個現役旅級戰鬥隊中，只有少數幾個的戰備等級達到隨時可接受派遣和執行部署任務的水準。為了快速改進這一點，我們深入研究構成備戰的每一個因素。[4]

從我在一九九〇年代初期任職步兵連連長迄今，強制性訓練——通常是指上級（包含國會）要求實施的訓練課程和交辦任務——已經多到離譜。現在，一般部隊至少需要四十天才能完成所有交辦任務。我也曾在陸軍國民兵部隊和陸軍後備部隊服役。一般來說，後備軍人傳統上在一年中只有大約三十八天的部隊訓練時間。如果國民兵部隊和後備部隊需要先花近六週的時間完成強制個人訓練，他們哪有時間進行部隊訓練？不可能的事。

有些強制性訓練完全沒有必要。大多數訓練課程也無法配合單位的特殊性進行調整，而且部隊指揮官對此幾乎沒有發言權。底下的官兵也因此非常沮喪。我們要求他們願意在戰時為國家而戰，甚至為國捐軀，但是我們對待他們卻就像對待和平時期的孩子一樣。其實，只要上一級指揮機構想從上而下集權管理，就會發生這種情況，並且這些課程與指導經常是為了反應（或過度反應）某一個偶發事件或趨勢而生。

我最喜歡的「鬼扯淡訓練」和非必要強制要求的例子，是一個稱為「旅行風險規劃系統」（Travel Risk Planning System，簡稱TRiPS）的指導計畫。多年來，好心的官僚迫不及待要幫助官兵，減少他們在一般日子的行程中（例如搭乘交通工具到某處或在長週末假期時開車回家）發生意外事故，制定了一份清單，協助官兵評估週末休假計畫，而且強制要求所有官兵放假前都必須進行TRiPS評估，即使他剛好住在附近不遠的城鎮、放假的目的是探望父母，也要自我評估。幾乎所有人都在抱怨TRiPS。它已經變成了怪物。

我在陸軍部期間，從來沒管過這檔子事。那時候誰休假？誰拿了假條週末離營？掌握人員動態是士官的事，他們覺得有必要才會找我商量。有一次在國外的長途飛機上，我請參謀上網找到TRiPS評估網站。我的目的是申請一張週末離營假條，親自體驗這個評估計畫是不是像官兵告訴我的那樣糟糕。我登入以後，開始回答一系列問題。十三分鐘後——是的，你沒看錯，是十三分鐘——系統拒發假條給我，還命令我去找我指揮鏈的上一級指揮官報到。我單位的TRiPS就在那天壽終正寢了。

從二〇一八年春季開始，我們取消了數十項強制性訓練、檢查、報告和其他要求。這個決定對部隊訓練時間影響很大，也讓我們在表達對基層主管領導統御的信心時，產生了很大影響。但要把這些計畫和心態從官僚系統中清除，仍然需要一段時間。太多人不喜歡改變，還有更多人害怕承擔可控風險，即使微小的可控風險都不願意擔責。

我們接著花費了一番力氣改進「集體訓練」（collective training）。這是個軍事術語，意思是以團隊為單位進行訓練。國家訓練中心是美國陸軍首屈一指的訓練基地，在加州沙漠區擁有數千英畝的開闊地。陸軍旅級部隊在兩週有餘的訓練期程中，模擬迎戰另一支使用俄式戰術戰法的重裝甲部隊。這個中心是在一九七〇年代開發，目的是訓練陸軍與蘇聯作戰。它是最接近實戰的訓練機會。

幾十年前，我還是中尉軍官時，曾在第一〇一空降師服務，並有一次機會輪替到國家訓練中心訓練，所以我了解部隊在該中心訓練的壓力有多大。大多數人都同意，國家訓練中心是陸軍在一九九一年「沙漠風暴」行動中，迅速擊敗世界第四大軍隊的關鍵因素。然而，在過去十年中，國家訓練中心調整他們的計畫，以滿足部署到伊拉克和阿富汗的部隊需求。這段期間沒有像過去一樣多的「高強度」訓練在輪替；此外，我們已經進入了與中國和俄羅斯展開大國競爭的時代，目前該中心能提供的高強度訓練能量肯定遠遠不夠。就此而言，應有的計畫方向是回到重裝備作戰訓練，同時吸取俄國在烏克蘭和其他地方的作戰經驗（例如：納入無人機），擴大國家訓練中心運轉能量，直到該中心所能提供的輪替訓期飽和為止。

這些是我們推動的一些主要計畫。若加上訓練和其他預算異動大幅增加，例如改變人事政策，讓模組化的單位可以共事更長時間，到二〇一八年底，隨時可以執行部署任務的旅級戰鬥隊數量就增加了四倍。

♜

我從西點軍校畢業後，先到喬治亞州班寧堡的步兵軍官初級班進修。為期約五個月的初級班課程奠定我領導一個四十多人的排的基礎。之後，我在突擊兵學校學到了許多領導統御和步兵戰術知識，其實多仰賴我先前從傘兵學校畢業並成為一名合格傘兵，在探路者（Pathfinder）學校、空中突擊學校以及後來接受叢林作戰訓練的經歷。換句話說，我在一九八七年春天初任步兵排長之前，已經接受了近一年的個人教育，替我未來的工作做好充分準備。但對陸軍最新入伍的士兵來說，就不是那麼回事了，這從他們接下第一個任務的表現就看得出來。

經常發生的情況是，許多年輕的二等兵到軍旅生涯第一個單位報到時，都還達不到陸軍旅級戰鬥隊的執勤要求。許多人體能跟不上、缺乏該有的技能，而且通常不太了解戰術，這給負責督導他們的士官帶來負擔。我們需要投入大量的時間和心力，才能等到他們準備充分。米利將軍和我有一個與眾不同的願景、一個簡單的願景：確保菜鳥兵在他們到第一個單位報到的當週就可以執勤。

為了達到這個目的，我們必須徹底改革基礎訓練，並增加資金和人力。後來，這成為自一九七四年以來步兵基礎和進階訓練的最大改變，也是陸軍「重生」的重要部分。成果令人印象深刻。

若要達成我們的目標，代表基礎和進階訓練的時間需要延長至少五十％，也就是至少二十二週。果真如此，就算這不是全世界最長的基礎訓練，也是最長的基礎訓練之一。二〇一九年初的初步報告顯示，人員損耗和受傷減少了一半，在體適能、地面導航和射擊技能方面的成績顯著提高。訓練時間增加和教育班長與學員比例顯著降低，是促成上述結果的因素。[5]

二〇一八年十一月，我到班寧堡親自觀察新的訓練規劃。看到受訓人員學習使用所有的步兵武器、進行徒手格鬥訓練，以及執行對現代戰爭至關重要的各種其他任務。我站在一整排沒有屋頂的房間上置放的一道架高十二呎（約三百六十五公分）的長踏板上，看著由四名年輕步兵為一組的攻堅隊伍，抵住混凝土牆、一個疊一個，做好準備，然後各組對指定目標進行室內實彈戰鬥，非常不可思議。他們入屋後射擊，每一發子彈都精確命中目標，看起來像是經驗豐富的專業士兵，而不是新兵。他們有資格在下部隊的第一天就和我帶過的傘兵並肩作戰。

這種改變讓人非常振奮。我幾個月後得知分配到這批新兵的現役部隊對他們的表現同樣印象深刻。我收到的報告指出，他們很快就融入該部隊，因為他們和老手一樣適任，幾乎精通所有武器、了解戰術，也掌握了基本的士兵技能。這是翻天覆地的變化。我們決定迅速擴大其他兵種的基礎訓練，例如裝甲騎兵。

雖然基礎訓練和進階訓練的改變，需要一段時間才能在全軍擴大，但我們在新的步兵基礎訓練和進階訓練中加入體適能訓練的結果證明了這一點，並替全陸軍戰鬥體適能的重生鋪平了道路。

從一九八〇年以來，陸軍使用由伏地挺身、仰臥起坐和跑步兩哩等三個項目構成的「陸軍體適能測驗」（Army Physical Fitness Test, APFT）衡量官兵的體適能狀況。這個測試很簡單，可以在任何地方進行，準備或取得優異成績並不難。不過比較麻煩的是，它與官兵在戰時需要的體適能幾乎沒有關聯。這點必須改變。

在我任職陸軍部長前幾年，陸軍就開始以他們在伊拉克與阿富汗的戰時經驗為基礎，實驗APFT的替代方案。他們從「戰士十要會和戰訓七要學」中分析出一百多種肢體動作，還研究了多種現代健身方案。陸軍由此還獲得了有關官兵如何、在何處以及為何遭受身體傷害的扎實數據。例如，我們知道肌肉骨骼受傷如骨折、肌肉拉傷和軟骨撕裂等而要求戰場後送傷員的案例，比起因接敵行為受傷後送的案例更多。類似情形在官兵訓練期間也會發生。結果是戰區地面部隊的部署率降低、戰力減損。但是，只要學習適當的技巧、重複練習和利用其他強化手段，許多肌骨傷害並非不能預防。陸軍推出改良版體適能計畫，最終可以協助部隊維持更高的戰備水準、效能以及可部署程度。

「陸軍戰鬥體適能測驗」（Army Combat Fitness Test, ACFT）就是從上述研究和評估中誕生的。ACFT的六個測試項目，模擬官兵戰鬥時的技能、運動以及其他會牽動肢體的任務，測試過程中要測量六個項目的爆發力、敏捷度、耐力和速度等屬性。APFT的項目只有三十％左右與戰時的動作和可能會從事的任務相關，而ACFT則遠遠超過七十％。[6]

我們還安排ACFT測試標準不考慮年齡和性別因素，測試成績只反映受測官兵與其軍事專長的關聯。這與國會指示我們的方向一致，但一些自由派參議員似乎無視這一事實，一直在想辦法推遲ACFT實施的時程並要求降低標準。[7]儘管如此，新測試反映了現代戰場的真實需求，在年輕官兵中也得到很好的反響。我們知道許多官兵可以達到測試的高標準，此外，只要加把勁並配合適當的訓練，幾乎所有官兵應該都能達標。我看到幾個屬於這種情況的案例，讓我對推動ACFT的決定充滿信心。我手下一名女士官，體重應該不超過五十公斤，剛開始幾乎無法通過測試，經過幾個月的訓練，最後在幾個項目都超過步兵標準。要達到標準，只要有時間加上努力和毅力，通過測試不成問題。

ACFT只是我們改變陸軍體能文化計畫的一個層面。我們還希望將運動教練、物理治療師、營養師和其他專家納入我們的旅級和營級單位，幫助各單位和個人都能到達最佳體能。我們將這個計畫命名為「整體健康和體適能」，計畫目標是「最佳化官兵的戰備狀態、降低受傷率、加強傷後復建，並提高陸軍的整體效能。」[8]

簡而言之，我們將陸軍視為一支職業運動隊伍。我們形容他們是「戰術運動員」。他們需要了解營養、睡眠、力量訓練、柔韌性和有氧健身的重要性，才能成為現代戰場上最致命和最有準備的戰士。

二〇一八年夏天，我參加並通過新的體能測驗之後，批准了ACFT，我相信它和「整體健康和體適能」計畫都會達成規劃的目標。我在陸軍部長任內，經常到各部隊視察，並與官兵一起進行晨間體能訓練。我發現，一般來說，年輕官兵對新測試的接受度比較高，他們當中有不少人在成長時期就做過「混合健身」和其他高強度訓練。年長官兵對ACFT就不那麼熱衷與在意——這並不奇怪，因為對他們來說，這是生活裡的重大變化。因此我們將實施日期設定為數年後，讓每位官兵都有足夠時間進行訓練。無論如何，歸根結底，我們必須確保所有官兵不僅健康，而且體適能也都符合現代戰爭的要求。

陸軍也需要改頭換面，為將來與中國和俄羅斯發生高強度衝突做好準備。過去十五年來，全球各地發生的動亂，導致美國陸軍較不重視如戰車旅等「重型」部隊，以及短程防空和長程火砲等作戰系統。

殺傷力最強的陸軍地面部隊編裝是裝甲旅級戰鬥隊（Armored Brigade Combat Team, ABCT）。一個ABCT編制超過四千五百人、八十五輛艾布蘭戰車和一百五十輛布萊德利戰鬥車，打擊力相當大，並將在一場主要的地面戰鬥中擔任領導作戰的角色。步兵旅級戰鬥隊（Infantry Brigade Combat Team, IBCT）部署速度較快，但火力或機動性不如ABCT。因此，我們為了重新平衡兵力結構，將兩個IBCT換裝為ABCT。同時展開建立長程火砲系統和機動防空營的新計畫，並研究ABCT能夠再加強火力的其他方法，例如在其編裝中增加更多的機械化步兵連，同時強化電子戰和網路戰的戰力。

我們還準備恢復第四軍在歐洲的總部，以改進指揮管制能力，並幫助北約盟國籌劃作戰計畫和作戰準備。二〇一三年，歐巴馬政府繼十八個月前宣布從歐洲撤出兩個旅和七千名官兵之後，撤銷了駐德國的第五軍，即使第五軍有其功能。一年後，俄羅斯吞併克里米亞，占領烏克蘭東部。二〇二〇年二月，陸軍宣布恢復第五軍，並以肯塔基州的諾克斯堡為基地，幾個月後我們在波蘭開設了一個小型前進指揮部，並且舉行揭旗儀式。這是幾十年來美軍在歐洲最大規模的部署，我們的北約盟國很高興，我們也是。

然而更重要的是，我們還得修正部隊結構和準則。我們成立了一個新的「多域特遣部隊」（Multi-Domain Task Force）並在印太地區展開試驗。這支部隊的設計是基於對抗中國，而整合傳統軍事能力以及網路戰、資訊戰與電子戰功能。我們並開始研究，是否重組以及如何重組戰鬥部隊的結構。我們該持續旅級戰鬥隊的編裝方式嗎？或是回到一九八〇年代的師級建制？或是轉向全新的結構？如果我們要在未來幾年後獲勝，這些都是需要深入研究的重要議題。

截至二〇一九年三月，我們看到戰備水準已經大幅進步。陸軍的「非部署率」降至六%，現役旅級戰鬥部隊的戰備率高達七十四%，所有旅級戰鬥隊（包括陸軍和國民兵部隊）的半數可視為全戰備。與此同時，我們在擴大基礎訓練、新體適能測驗和健康方案、更多裝甲旅以及其他變革的投資，都是在為未來重塑陸軍，讓人寄予厚望。

♜

雖然陸軍對戰鬥訓練很在行，但在部隊現代化方面並沒有很好的實績。雷根政府在一九八〇年代初期引進的五大（Big 5）武器系統，是針對要打贏蘇聯而設計的。雖然這些系統兩次擊潰了伊拉克，但從引進以來已經使用了三十多年。陸軍需要以新方式組合速度、殺傷力、生存能力和機動性；這種要求，只有機器人和人工智慧等現代技術才能提供。

為了避免重蹈覆轍，我們還需要一個可以發揮功能的新採購系統。這就是我們提出「陸軍現代化六大優先目標」的背景和成立「陸軍未來指揮部」（Army Futures Command, AFC）的原因。兩者都是陸軍戮力實現重生的關鍵支柱。

說起透過訓練以提升戰備這件事，米利將軍是天生領導者。然而談到軍隊現代化問題，萊恩・麥卡錫則是不二人選，他真正全身心地投入到這個課題之中，將他的熱情、知識、經驗和決心與這項任務確切結合。

二〇一八年，AFC在德州奧斯汀市成立。這是從一九七三年起，陸軍組織結構四十多年來曾進行的最大改變。我們在麥卡錫帶領下，花了幾個月研究組織的目的和結構、角色和職責及系統和流程等的關係，一路研究到我們該如何組織跨功能團隊，以幫助各團隊領導各自負責的現代化優先目標。我還必須選擇指揮部的指揮官，最後由能力非常強的邁克・默里（Mike Murray）將軍出線。這是陸軍史上第一次由指揮官推動開發概念、確定需求、設計組織、科學與科技研究以及開發解決方案。

這個改變得來不易。陸軍內部有很多阻力，包括一些負責採購的專業人員，他們認為這次改變威脅到他們負責的計畫和特權。一些沒有如願以償的人士放話給國會議員或媒體，用各種邪惡理由預言AFC日後一定會失敗以及它會如何傷害陸軍。鬼話連篇的結果，便是造成不必要的延宕和嫌隙。

陸軍過去有這麼多主要計畫失敗，原因之一就是採購系統崩壞。不是沒有好想法、缺少有能力的專業人士、或是缺乏超凡的努力——這些，我們都有。但是總體而言，採購系統的本能是規避風險，比較會對新想法說不、對更多流程說是，所作所為不斷顯示出保護自己的地盤和預算的典型官僚主義傾向。然而，最終會替這種行為付出代價的是陸軍的能力和士兵的效能。

我們必須解決的另一個課題是今天的需求和明天的需求之間的持續緊張關係。軍事現代化在過去遭到傷害，因為那些負責思考未來戰爭及其需求的組織，背負著現實中他們必須解決的諸多問題，在伊拉克的作戰或在阿富汗的衝突，面對的都是一樣的問題。簡而言之，就是：現在不斷在排擠未來。

為了解決這種狀態，我們在成立AFC之際就決定，所有負責未來戰爭、找出敵方科技趨勢和投資、研究先進作戰觀念等任務，必須移交給AFC處理，AFC也不會獲准處理正在進行中的計畫。AFC只能處理超出「未來五年國防計畫」的課題和計畫。這不是一條硬性的黑線，卻是一個很好的分界點，可以保護未來免於受到現在的影響，反之亦然。

為了指導AFC的工作，陸軍制定了一套明確的現代化優先目標，我們公開承諾這些優先目標不會改變。我在國會和國防工業工作多年，各軍種經常調整已經確定的優先目標並不足為奇。這種風氣使得私部門很難成為優良及樂於助人的合作夥伴。

我從多年資深國防事務執行軍官的經歷上學到一課，經營國防產業的公司需要的是一個可預測的、清晰的、一諾千金的國防部，意即國防部要有明確的目標、實現目標的長期計畫、以及為期數年的專項資金。有了這些東西，產業界會更願意把自己的錢花在研發、聘雇合適的人才、改造工廠，與進行所有對競爭、獲勝和履行合約至關重要的事情。當國防部——或者擴大點，把國會也算在內——無法提供這些東西時，國防部會面對更大的風險，因為這種情形代表只有少數投標人，而且他們都傾向在標案中投入更多時間和成本，以抵消不確定性。對於五角大廈來說，這種情形多半意味著價格更高和進度延誤。無庸置疑，這些就是陸軍一些宏偉壯觀的現代化計畫失敗的癥結。

對陸軍現代化至關重要的六個優先目標，我簡單陳述於下。首先是長程精確火力，重點是改善在印太地區作戰所需的火砲和飛彈的射程、精確性和殺傷力。其次是下一代戰鬥車，我們需要一種新的、人力接手操作只是備選的履帶戰鬥車系統，取代布萊德利戰鬥車；這些戰鬥車對於我們估計會愈來愈激烈的城鎮戰至關重要。第三優先目標是垂直起降能力，如果我們要在西太平洋對抗中國的防空系統，就需要一支航程更遠、速度更快、生存能力更強的新型直升機機隊。第四是陸軍網路，「網路」在此是廣義形容我們必須確實掌握一個既有彈性又有安全性的戰術通訊網路，可以對抗俄羅斯和中國的干擾和攔截訊息，這是伊斯蘭國和塔利班從未具備的兩種能力。防空和飛彈防禦是第五個優先目標。過去，因為在伊拉克和阿富汗的戰爭需要更多的步兵，而既然我們的敵人並沒有空中武力，所以我們分食了這些單位，騰出員額和預算給其他部隊；但這種做法非常短視。因此陸軍現在需要重建防空與飛彈防禦能力。此外，在巡弋飛彈和無人機群的時代，我們需要「導能武器系統」（directed energy system）；以能量為彈藥，效果既深、成本也低，飛彈根本無法比擬。現代化六大優先目標的最後一項是士兵殺傷力。一般來說，戰場上傷亡人數最多的是步兵，我們必須盡全力改變這種情形，提供官兵先進步槍、下一代視覺系統和更好的防彈衣。

為了找到足夠資金協助我們完成這六個現代化優先目標以及相關的三十一個計畫，我們不能只依靠新資金。我在二〇一八年六月公布的陸軍願景聲明中明確表示，我們未來將面臨預算壓力；並兩度表示，在支出方面，我們必然會面對一些艱難的決定。

我敢肯定，很多人會覺得我這番表白是隨口說說。其實，我在華府已經待了很長一段時間，也了解有關國家債務、年度赤字和未來趨勢等影響預算成形的因素。到二〇二一年初，美國國債已經超過國內生產總值（GDP）的百分之百，接近二十八兆美元。多年來，聯邦政府每年的支出都比收入多，造成了年度赤字，長此以往，更形成國家整體債務。

而債務問題益形惡化的原因來自一個事實，即隨著美國人口高齡化和健康照護成本持續上升，每年花費在醫療照顧、醫療補助和社會保障等項目的聯邦資金愈來愈高。此外，美國政府為這筆債務融資所支付的利息也在增長。二〇一九年，所有這些所謂的強制性支出，即依法必須自動調整的項目，占政府支出的一半以上。

國防支出約占GDP的三．三％，占所有聯邦支出大約十五％，這些數字被進一步壓低只是時間問題。而這一切都發生在我們正在改造美國軍隊之際。在這個歷史瞬間，我們需要每年都能夠獲得合理的國防預算，並且穩健地維持十年。但是，我很難看出未來的國防支出水準如何能夠逐年維持充裕，更不必提我的主張有實現的可能。即國防預算每年實質增長幅度應維持在三％到五％；也就是說，我們需要的是一筆不會變卦的、合理的、以及準時撥款的（意指在新的財政年度一開始）預算。

與此同時，中國的國防預算以每年不低於六％到八％的幅度持續增加。

這些，是我努力推動陸軍改革和做出艱難選擇的動力。我總是說，修屋頂的最佳時間是太陽出來的時候；而在川普任總統的初期，天氣都很好。糟糕的是，這也是大多數單位開始鬆懈，以至於他們覺得這些問題（如果他們看得到的話）沒那麼急迫，不必急著處理。為了能夠維持陸軍重生計畫，我們需要想盡辦法對系統施壓和加熱，盡可能多找經費。這甚至可能是一個讓陸軍學到一些更好的預算編列習慣的機會，同時期待這個教訓與改革的動力都能夠持續。

我在二〇一八年初參加第一次預算會議時，一位參謀軍官攤開一張大紙，上面有一個五顏六色的大方塊。大方塊裡面是許多正方形及長方形的小方塊，每個小方塊裡面都有一個顏色，區分這個方塊代表的金額。看起來就像是一個有各種顏色、尺寸和形狀的大型俄羅斯方塊遊戲。一位負責簡報的參謀指著這張圖，一項一項地告訴我，我們每年一千八百二十億美元的預算中，有多少是人員維持費、作業維持費又有多少，軍事工程、海外緊急部署、基礎訓練和現代化以及醫療照護的預算金額又各是多少。我直挺挺地端坐著，聽那位軍官告訴我哪些預算可以調整，哪些我不能調整，還有哪些甚至連試都不該試著去調整。會議既乏味又複雜，但有必要理解。畢竟，你把時間和金錢放在哪個地方的決定，就完全說明了你的優先目標。

「好的，」簡報完畢後，我說：「我們為陸軍現代化六大優先目標中的三十一個項目預列了多少資金？」在場眾人目光呆滯地看向大桌另一端的那位參謀軍官。他哼哼啊啊、張了嘴又停下來，猶豫了一下，終於開始說：「這件事……您看……我們已經為這個預算工作了將近一年，一開始錢總是很緊，比如說我們對這個……」因為所以、諸如此類、等等、等等。我的「屁話碼表」發作了。我攔住他說：「告訴我數字就行了。」聽到這只是我們該年度全部預算的一小部分，真是令人震驚。

這事情發生的原因，正是米利稱之為「那部機器」的官僚文化接管預算後，做了與前一年、再前一年、和三年前一樣的事情。在這裡添加一點，在那裡削減一點，然後收工。沒有真正的優先次序、沒有大膽改變、似乎沒有人意識到陸軍的未來岌岌可危。簡而言之，當我和麥卡錫、米利、麥康維爾在鼓吹改造陸軍、將旅級戰鬥隊現代化以及準備將來與中國作戰時，官僚文化從不參與，每個人都在保護他或她的計畫和既得利益。

「你們得再來一次。」我對大家說。「回去以後，把我們部裡的五百多個現代化計畫，依照優先順序排出來。然後回來告訴我，為什麼這五百多個計畫每一個都比『新現代化目標』更重要。」我接著說：「原因是，從今天開始，這三十一個現代化項目將優先得到資助。我們把事情弄簡單一點。從這五百多個項目最後面的項目開始往前刪除或削減預算，一直到我們可以負擔全部置頂的三十一個項目為止。」房間裡鴉雀無聲；在場的人坐在椅子上，緊繃著身體，互相用眼角餘光緊張地瞥了一眼。昏暗的大房間裡，張力值從零上升到一百。

我還告訴他們，不要以為只要在需求更多資金的項目中找到省錢方式就以為沒事了。換句話說，如果我們需要增加採購經費，那麼，我們將先看看採購部門有沒有可以動用的經費，如果必要的話，我們也會檢討作業維持費、人員維持費和其他項目。我說：「每個項目都要訂出優先次序，都要拿出來檢討，都要攤在陽光下。不講情面。」米利、麥卡錫和麥康維爾三人都支持我，這是成敗的關鍵。

相關部門的參謀與幕僚匆匆離開，幾個星期後再開了一次預算會議。我們開始審查清單上第一個項目時，一位負責國會事務的幕僚大聲說：「部長，某某眾議員很重視這個項目。如果你動了這個項目，那我們就要準備打一架了。」我沒有提醒在座的人，我曾在國會山莊工作了好幾年，只用實事求是的語氣回答他：「我明白了。」我相信「幾乎我們的每個項目都有某種類型的國會利益啦、某種協助或支持或贊助啦，或某些特殊角度啦」都言之成理。我告訴他們：「但是，如果我們允許政治成為一個決定性因素，我們永遠都不可能刪除或削減項目，永遠不可能釋出資金，也永遠無法改革。」

因為這個緣由，我們下班後討論預算的舉動就此掛上了「夜間開庭」之名。

我們開始檢討這幾百個項目，一週又一週、一小時又一小時。我們取消、大砍、小刪、延後，並盡可能提出問題以獲得真正的事實。各單位負責簡報的人不只一位將級軍官、不只一位上校，偶爾也會有少校起身簡報。我們無情地拷問他們，我們讚許一些人、批評其他人；每個人都有機會發言。我們一直在問這些問題：你為什麼需要這個？它和前六項現代化優先目標的好壞如何比較？為什麼你需要新的？舊的還能用多久？作戰計畫上寫了我們要這麼大的量嗎？為什麼？為什麼？為什麼？

我們學到了很多關於陸軍的種種。那台「機器」不由分說地自動駕駛，只因為某些裝備出現在組織圖上就決定購買，就這樣花掉幾十億美元。他們已經買了成千上萬輛自卸卡車、推高車和拖車，現在又要求購買新型，而所有這些採購要求，都是為了取代目前在車輛集用場中多半已經生鏽、很少發動的現有車輛。我們從作戰經驗可以得知，我們很少有機會用得到每一形式的車輛。比如，推高車通常由地主國提供，或者可以長期租用。我們要考慮的是這類選擇方案，而不僅是購買更多。我經常說：「布萊德利戰鬥車已經有幾十年的歷史了，而且壽期也快到了。如果我們十年後要和俄羅斯開戰，或者二十年後跟中國人打一仗，你要有新的戰鬥車，還是一輛新的推高車和自卸卡車？」

我們將陸軍各型船隻減少了一半，取消採購新橡皮艇和能夠防止網路入侵的測量儀器，仔細審查陸軍博物館和研究單位，凍結聘用文職人員。我們審查時沒有預設立場，正好相反，我們的探究既深且廣。比如說，我們很努力研究了軍事工程項目，發現那裡實際上也沒有真的優先目標。所有的項目似乎都是參考過去的預算編列情形，估算下個年度哪個人的預算可能會增加，或哪一個他們想要的計畫可能會過關，而不是陸軍需要什麼以進行戰備整備，或贏得下一次作戰。

幾個星期後，透過平均每個人貢獻五十小時的個人時間在「夜間開庭」，雖然會計作業尚未完成，但我們在五百多個項目中，找到至少可以省下二百五十億美元的預算調整空間。我們刪除或削減了一百八十六個項目預算，來資助現代化計畫，以及如擴大基礎訓練、新招募活動和全面改革我們的體適能計畫等。

現在，最困難的是遊說國會接受這份預算。為此，我同意麥卡錫在預算公布前幾個星期前往國會山莊，向國會議員簡報預算內容。這種做法並非常規，事實上，這並不符合標準作業程序。但我們需要在行政單位將預算送交國會前，通知委員會主席及該委員會少數黨資深委員。這樣，我們就可以將一百八十六個項目刪除案送交所有議員，私下、不聲張但坦率地解答他們的疑慮。向他們提供我們的數字和緣由，也將會幫助他們抵擋媒體、沮喪的同事、憤怒的選民、私部門說客以及其他人。

到了二〇一九年三月十一日預算送達參、眾議院時，我們計算五年內最終可以省下三百一十億美元。計畫中六個新的現代化優先目標下的三十一個項目都獲得了所需資金。這一切都是為了實現我們自己對陸軍的願景。大多數立法者都尊重這一點，我們也因此爭取到足夠的議員人數支持我們的計畫。

最後，國會支持一百八十五項我們提議刪除和削減預算的項目。唯一的遺憾是，儘管現有的事實和數據告訴我們，我們真的不需要Block II CH-47「契努克」（Chinook）直升機，我們還是計畫延後，等到五年後再決定購買與否。在我們努力讓陸軍為了可能與中國或俄羅斯發生的高強度衝突做好準備時，我們需要一種新型的運輸直升機。它的航程必須更遠、速度更快、負載更大、不易受現代防空系統攻擊的飛機。在我看來，CH-47並不合適。

不要誤會我的意思，我對契努克直升機沒有任何怨言。這是一型能力非常強的戰機。一九九一年沙漠風暴行動的地面攻勢展開的前幾天，就是它把部隊載到伊拉克戰線後面，我也是其中一員。然而，我們認為，它像許多其他陸軍系統一樣，恐怕在未來戰爭中的表現會不夠好。此外，該型機庫存已經比需求多十%。我們決定，與其在我們不需要的飛機上繼續投資幾十億美元，不如將資金用於開發新的直升機。遺憾的是，一些國會議員的想法不同。無論我們多想將官兵與戰備放在優先地位，現實中也只能做到這個程度了。

我們的努力能得到國會支持，其重要性遠高於我們為未來騰出多少預算空間。國會支持是一個發給陸軍的重要訊息，即我們的努力、艱鉅的任務以及艱難的決定會得到回報。這點對於排除制度中的壞習慣，並設法適應好習慣相當有幫助。

那一年，陸軍部的「夜間開庭」活動一直持續到秋天，到了二〇一九年初依舊繼續辦理。那年春天，就在我出任國防部長前幾個月，我們取消了另外四十一個項目，並延後或削減三十九個項目的預算，挪出了額外的一百三十五億美元。值得高興的是，它們原本都是很好的計畫，我們也從未在其中發現詐欺或浪費的情事。我們要做的，只是把挪出來的預算投入到更優先的項目上。由於陸軍的預算相對持平，約為一千七百八十億美元，我們明白必須持續深入挖掘，否則未來就有風險。[9] 我們的努力正在取得成效。

♜

隨著二〇一九年到來，我們的現代化計畫也順利推進。我希望新的一年，推動以「人才管理」為基礎的人事系統，取代笨重的陸軍人事系統。我們需要從「能晉升或離職」轉變為「有表現或離職」的理念。這對陸軍來說是重大變革；因為人事是重生的一根支柱，但是，人事制度改革是早該做的事，而且是急事。人事改革也會對我們提倡的官兵優先信念往前邁進大有助益。

陸軍副參謀長麥康維爾對人才管理問題非常投入，這使他成為改革人事制度的完美戰友。他不僅將戰士的觀點帶進改革過程，也擔任過陸軍人事部門主管，是一位有人事實務背景的專家。

在麥康維爾和我的指導下，我們成立了人才管理專案工作組，目標是將我們四個人經常描述為「工業時代的人事系統」轉變為二十一世紀的數位化系統，並且承諾人事政策會做得更好，以滿足士官兵、家庭、指揮官和軍隊的需要。我們著手建立一個以市場為基礎、以人才為中心的模式，從軍官團開始，讓指揮官（買家）和官兵（賣家）在他們的職業生涯規劃、時間排程和被指派的工作上，有更多發言權。

陸軍的需求還是必須放在首位，但在這個軍事制度限制下，我們也沒有理由阻止同仁把握更多機會自主規劃職業生涯。過去的研究和正在進行的先導方案都印證，與現行的命令指示人事制度相比，以市場為基礎的人事安排制度，同仁工作會更有效率，滿意程度也會更高。

人事制度並沒有完全崩壞，但應該可以改善很多。全募兵制的官兵可以用腳投票，我們留不住表現頂尖的人才，而且這種事屢見不鮮。二〇一八年時，官兵已經不會以考慮職業前途的發展決定去留；現在，他們的工作地點、配偶的工作前景以及孩子就讀的學校都是影響因素。

如果同仁的配偶在當地有一份不錯的工作，他們喜歡孩子的學校或居住的社區，或他們住的地方離年邁雙親不遠，那麼，只要他們同意，我們應該讓他們有機會在目前的職務地點工作超過三年。與願意搬家和更想多方面體驗陸軍的同儕相比，他們的競爭力可能會因為比較顧家而降低，但他們是成年人也是專業人士，這是他們的決定。

莉婭和我在一九九〇年到一九九五年間搬了四次家。如果全家除了夫妻和一個小小孩，以及一間公寓大小的生活物品時，這種經驗還算不錯。但是，當你得要求青春期的大小孩轉學兩到三次，才真的很難。當然，莉婭無法找到一份與學位和工作經歷相稱的全職工作。那些公司知道她嫁給一名陸軍軍官，就根本不想把時間花在可能幾年後就不得不離職的人身上了。這些都是我們調整人事制度時需要考慮到的現實。

到二〇一九年五月，陸軍的領導團隊已經公開討論「陸軍人才調整程序計畫」，讓軍官能夠搜尋全陸軍的空缺和申請工作。他們也可以把履歷以及任何與他求職相關的資料貼在網路上。另一方面，指揮官也看得到求職人的資料，有更好的依據決定某人是否適才適所。他們也可以貼出自己的指揮理念、訓練方案以及對下屬的期望等訊息來吸引頂尖人才。我們在二〇一九年上半年開始這個計畫的首輪反覆測試，初期反應非常好。

那年夏天，我們還參考了國家美式足球聯盟舉辦的「新秀綜合測試週」，試行一種選拔營長的新方法。受測軍官需要連續多日接受「一系列認知、非認知和身體機能評估」，例如體適能、口頭和書面溝通技能，以及與資深軍官組成的小組雙盲面試。[10]我們知道，營長是通往陸軍重要指揮職和資深主管的第一個主要職務，因此，獲選參加測試的軍官就是第一批領導人才庫，對陸軍未來至關重要。我們必須正確抉擇，選出不僅在營級指揮職務上能表現出色，而且具備成為四星級將領潛力的軍官。事實證明，改變選拔方式的結果已經超過預期，不僅出人意表，而且是具有歷史意義的改變。

我們推動的其他幾項措施如下：讓官兵有機會休一年的無薪假，並且不會遭到懲處。官兵能在正規軍、國民兵和陸軍後備部隊間無縫接軌。我二十一年的職業軍人生涯中，在這三種部隊都服務過，但是每次轉變都會遭遇其實沒有必要的困難。職業生涯管理中如果能建立簡便性和靈活性，長此以往，也能協助軍中留住人才。

這一切都是好的發想，但許多家庭的首要問題是配偶的工作和子女照護。我認為，美國的軍人眷屬是就業條件太好卻過度屈就的代表性群體。這是經常調動官兵的陸軍制度所不幸產生的副產品。有時候軍眷會隨配偶調動到不承認他們的資歷、不想要專業競爭或不需要他們的技能的州和地區。不論對配偶或對家庭而言，都不是好現象。

我們解決這個問題的方法是，將州與州互相承認專業證照的互惠措施，作為陸軍考慮是否在該州投資軍事設施的條件，並且與國會議員合作，推動聯邦授權、州援助以及其他措施。我還與其他軍種部長一起寫信給全美五十州的州長，通知他們關於「家庭議題」諸如當地學校品質和配偶的證照互惠，都將是各軍種評估未來基地問題的相關因素。

我們得到了一些進展，但還遠遠不夠。如果要促成更多成果，得當上國防部長才行；即便如此，我也沒完成我希望達到的目標。

這個問題是有一些明顯而簡單的解決方案可用，例如透過聯邦或州法規定，當軍人配偶因軍事命令抵達，該州必須承認軍人配偶的專業證照但不超過三年，並提供營業稅的誘因給雇用軍人配偶的商家。

許多民選官員經常拿軍眷工作高談闊論，但立法者對於推動這兩個解決方案卻意興闌珊，這點尤其讓人沮喪。另一方面，的確有許多州已經承認軍人配偶的專業證照，但並非全部，這點也頗令人失望。

我因此想到了一個顯示軍人配偶堅韌和不屈不撓的感人故事。二〇一九年十月，莉婭訪問俄亥俄州的萊特－帕特森空軍基地時，在一次配偶午餐聚會上遇到了一位布莉．麥金農女士。布莉在華盛頓州獲得了特殊教育學位，也有教師資格，但她說，儘管她符合資格、也有職位出缺，但是，她「幾乎不可能」在俄亥俄州找到工作。布莉不願意屈服，開始打一場仗。她參加了無數會議，各處奔走、作證，終於說服州立法者起草、批准並向州長提交了一項軍人配偶互惠法，州長於二〇二〇年初簽署了該法。布莉的領導能力和韌性，造福了俄亥俄州無數的軍人配偶。

然而，我不能將希望寄託在我們陸軍配偶出頭打前鋒，也不能把我們面對的挑戰全都怪罪在地方、州和聯邦政府身上。即使在我們自己的單位要補文職人員，招聘過程也非常漫長且複雜。我在陸軍部長任內第一次到南韓訪問時，在韓弗瑞營與許多官兵眷屬舉行了一次全員大會。那次會議地點是一間教堂，等到討論時演變成配偶都坐在長椅上咄咄逼人，他們對面坐著的是韓弗瑞營的參謀，開會地點的特色頓時顯得相當有趣。

官兵眷屬對於平均一百三十多天的冗長招聘過程極其憤怒。但是，一些坐在他們對面的負責參謀認為這速度已經夠快。事實是，補一個缺要四個多月，當然很糟糕。陸軍必須把這個程序縮短到最多四十五天。沒有人願意白白耗費四個多月，只為了應徵一個工作。

但是，這些時程是全軍的平均招聘時間。所以我展開一個非常繁瑣的過程，一個月接一個月檢查招聘系統的每一個步驟，找出浪費的時間。無論背景查核、藥物檢驗或是多個審查委員會，你想得到的，我們都看過了。我們後來把全陸軍的招聘時間降到低於九十天，即使如此，還是太長了。

兒童照護是冗長的招聘流程讓許多家庭最難解決的棘手問題。有些人認為，這顯示基地內需要更多設施，但這不是主要癥結。我們只要查看招聘流程較長（數個月）的地區，如華府及華府周邊地區或是夏威夷，立即跳出來的問題是：這些兒童照護設施中，只有七成左右的兒童；出現三成空缺的原因，是負責照護兒童的工作人員不足，而照護人員不足則是因為軍中聘用文職人員系統的進程太慢了。我們實施集中背景查核，並取得直接聘雇權等措施後，這個問題已經開始改善了。

這個解決方式，只處理了問題的供給面，短期內的效果只能到一個程度。我們還必須關注需求面。因此，減少官僚作業和時程，成為我在陸軍部長十九個月任期中的重點。我後來擔任國防部長，也依然持續如此。國防部兒童照護系統的需求太大，現行採用「先到先服務」的做法，無法滿足軍職人員的需求。原因是文職人員的子女進入照護系統的時間較早，導致很多資淺志願官兵無法獲得基地托兒服務。所以，我指示，國防部必須優先考慮讓軍職人員子女進入照護系統。這個決定激怒了許多文職人員，但我們最重要的義務必定是以軍職人員為重，尤其是資淺的志願軍士官兵。

我們必須將軍職人員放在首位。住在基地裡的軍職人員不少，如果他們必須每天開車來回基地內外兩次接送孩子，確實很麻煩，有時還會妨礙他們的工作時程，因為一次來回可能要至少三十分鐘。其次，國防部聘雇的文職人員，多半是在他們工作的地區長大，或是很少搬家，因此他們建立了朋友和家人網絡來協助他們；每三年或更短時間來來去去的軍人沒有這個優勢。最後一點，一些軍職人員的工作時間並不固定，包括他們要更早起床運動，若是他們的子女能夠進入基地的照護系統，就可以幫助他們適應基地的生活，對他們的工作表現非常重要。

我要達成的目標，應該是提供足夠的基地托兒服務給每一位有需要的軍職人員，加上以小時計的照護能量，最後是提供每週七天、每天二十四小時的托兒服務，給有此需求的基地人員與特殊工作型態的同袍。我對「特殊家庭成員計畫」的改善目標也一樣；這個計畫是針對有特殊照護或醫療需求的軍職人員孩子，讓他們可以更容易得到這兩種服務。此外，將軍職人員調派至新地點工作時，新工作地點是否能滿足家庭需求，會是更重要的考慮。上述計畫都在各個美軍基地或營區良好運作，所以我知道某個措施的可行程度。我們要做的是，在全美軍中採行、調整和標準化這些措施。我們已經確定了二〇二〇年秋季開始實施小時制托兒服務。我希望我們能夠實施這個計畫及我負責的其他事情。

有些類似這樣的改變很不容易，原因顯而易見；但有些改變似乎也不易執行，其實沒有必要。我在二〇二〇年八月訪問夏威夷期間，莉婭得知當地的基地小吃部和超市不允許穿運動短褲和瑜伽褲等健身服裝的顧客進入。想當然爾，配偶都非常沮喪。畢竟，現在又不是一九五〇年代。

我們聽說過，許多上完健身課的軍人妻子不得不先兼程開車回家換衣服，然後再出門去基地超市買一加侖牛奶或加油。另一位配偶講了一個海軍陸戰隊員如何拒絕一位母親和她七歲兒子進入小吃部的故事：因為孩子穿著「運動服」——這太荒謬了。我們要求軍職人員和眷屬忍受收到通知後，在最短期間到異地新職報到、或長期部署、錯過假期以及其他每一種軍事生活中必須接受的嚴格紀律規範，為什麼還要讓其他的事情變得更困難？

我從夏威夷訪問回來後，要求人事和戰備辦公室起草一份備忘錄，授權可以在每一個基地小吃部和超市穿健身服，國防部只要求衣著乾淨、合宜且不妨礙運動即可。然後，他們將備忘錄發送給國防部長辦公室其他單位和各軍種辦公室協調和回饋意見。我訝異的是，沒有一個軍種支持這個改變。他們認為，這是他們的權責範圍。「好吧，」我說，「如果這是你的權責，那就去改它，這樣我就不必改了。」但是，幾個星期過去了，一點動靜都沒有。我的參謀告訴我，各軍種主管「在意的是下屬能不能遵守法律、重視紀律」。我好像懂了。「可是配偶和孩子又不是軍人，為什麼不讓他們穿健身服呢？」一片靜默。

然後，我們最後再調整一次備忘錄，授權軍種部長取消對軍職人員服裝漫無邊際的權力。但是，沒有人批准。我真的受夠了。十月，我決定在沒有任何軍種支持下，自己發布指令。許多人認為，對於國防部長來說這件事微不足道，不是國防部長該關心的事。但是，對所有軍人家庭來說，這是對的事情；而且，這也是對國防部各級主管發出的重要信號。如果我們願意坐而言，高談軍方該如何照顧軍人家庭，那麼我們也得起而行。此外，我相信「守法重紀」長存在美國軍隊。這個故事的啟示是，在五角大廈裡，即使最簡單的事情也很難改變。有時候，你必須做就對了。

我不知道還有沒有另一位陸軍部長或國防部長，在軍人家庭議題上花了和我同樣多的時間。但是，既然我經歷過、聽到過，並承諾過要處理這個問題，我就不能放過這個問題。我只能希望我們為一些軍人家庭、尤其是為配偶帶來改變。

除了在步兵營服役之外，沒有其他職務比擔任陸軍部長更讓我有專業滿足感了。如我之前所說的，這是一個很好的機會，也是很精彩的經驗。莉婭和我真的很享受回來與一群出色的軍、文職專業人員一起工作，同時也能在我們把握的時間內完成很多事情。我每天上班都抱持著「今天是我最後一天」的心態，而我們每天都把球打到距離目標愈來愈近的地方。

我很幸運能和萊恩・麥卡錫、馬克・米利將軍、吉姆・麥康維爾將軍、陸軍總士官長丹・戴利以及團隊中的其他許多人共事。十九個月來我們一起努力，我覺得我們已經啟動了一場真正的陸軍重生，在我們離開後，它仍會引起共鳴並且能夠持續很久。如果我們完全明白喬治・華盛頓和隆納德・雷根的觀點——維護和平的最佳方式是準備好作戰並贏得戰爭，那麼目前為止，我們正平穩地走在將陸軍恢復到一有需要即可投入作戰的道路上。

但是，要等時候到了，我才會明白我在五角大廈擔任陸軍部長的經歷，以及我與國防部、和超越國防部建立起的關係——與米利將軍、國防部長辦公室和參謀首長、副首長、各作戰指揮部指揮官、國民兵部隊、國會議員、全球領導人以及其他人——讓我能夠有所準備，迎向前方充滿挑戰的時代。那就是我擔任美國第二十七任國防部長的時候。

第3章

美國與伊朗戰爭始於伊拉克

美國和伊朗之間只要一個失誤，就會一觸即發，演變為公開衝突。兩國空軍和海軍的戰機、無人機與船艦都在波斯灣爭議水域的水面上、水面下與上空來來去去。由德黑蘭資助和指揮的代理人武裝力量在全波斯灣地區搞破壞，而華府及其盟友則展開他們自己的影子戰爭來削弱和對抗這些惡意行動。實在很難相信，我們可能會陷入另一場中東戰爭。

川普總統於二〇一九年六月二十四日任命我為代理國防部長，正好選在這個情勢不斷變化時間點。這是數十年來美國與伊朗最嚴重的對峙、摩擦和言語交鋒。

我並非外界期待的國防部長人選。雖然我一直擔任陸軍部長，亦即國防部三名軍種部長之一，但是數個月前，川普已經決定由國防部副部長派崔克．沙納漢（Patrick Shanahan）出任部長。沙納漢這位金髮的高個子，在波音公司工作了三十年，曾擔任許多波音標竿計畫的主持人。他是一位敏銳的領導者和能幹的工程師，還有不錯的幽默感。早在沙納漢到五角大廈工作前，我就認識他了，也滿喜歡這個人。他卓越的商業技能剛好與前任部長、海軍陸戰隊四星上將馬蒂斯帶進國防部的專長互補。

馬蒂斯部長在任職期間花了很多時間在部外，我懷疑這是他避開川普以及川普可能要他去做的事情的對策。沙納漢因此負責偶爾召開的內閣會議，並且和總統在其他事情上有所接觸。於是，沙納漢和川普之間建立起融洽的關係。當馬蒂斯在二〇一八年十二月下旬辭職時，副手沙納漢自然成為接班人，並於二〇一九年一月一日成為代理國防部長。

四個月後，也就是五月間，川普宣布沙納漢是下一任國防部長人選。有些國會議員對沙納漢抱持疑慮，但大多數人認為他最終會通過任命。然而，不久之後，他與前妻和孩子們的私人生活遭到外界用放大鏡檢視，他的生活進入黑暗期，不得不黯然靠邊站。我為沙納漢感到難過。他全心全意投入工作，也做得有聲有色，但華府的野獸這回毀了他，就像毀了其他許多人一樣。挖掘被提名人選的過去是一回事，但毀了一個家庭，手段就太過分了。沒有人應該受到這種傷害。

六月十八日星期二，我在華府參加陸軍資深領導人會議時，一位助理把我拉出會場，告訴我總統有事找我。雖然我在五角大廈的職位是第三高位，但我的職責是訓練、招募和裝備美國陸軍。我不常與總統互動，那是國防部長的角色。但川普和我見過面也交談過幾次，一次是在俄亥俄州的一間戰車工廠，還有一次在多佛空軍基地參加一位陣亡戰士「尊嚴移靈」的場合。「尊嚴移靈」是指海外作戰陣亡的軍人靈柩直運到多佛空軍基地時，他的同袍、軍種資深軍官與悲痛的親人在機場迎接他回家，意即回到美國土地的儀式。我還在幾個在白宮舉行的活動以及陸軍與海軍的美式足球對抗賽等場合，與總統見過幾次面。他也看過我幾次接受電視台訪問，並打電話稱讚我在某個節目上「表現很好」。因此，一段時間以後，我們建立了一種輕鬆融洽的關係。

我們談話時，他會問我對各種不同議題的看法，大部分議題都不是陸軍部長的職權範圍：「你認為我們應該在伊拉克嗎？告訴我你對阿富汗的看法。西南邊界圍牆的進度怎麼樣了？你覺得派特．沙納漢怎麼樣？馬克．米利將軍呢？中國呢？你對北約有什麼看法？」

我以前在政府和私部門的工作經驗，讓我對外交政策和國家安全問題的背景有廣泛而深厚的了解，因此我有信心提出自己的觀點和看法。那時，我發現總統很容易溝通、充滿好奇心，也很願意傾聽。我當時與他相處的經驗與報刊上的諷刺漫畫大相徑庭。但是，我得再強調一次，那時我們的互動相當有限。

我正走向另一個房間接電話時，看到媒體報導說沙納漢就要下台。哦哦。我可以根據現有訊息推想：提名沙納漢的事不是十拿九穩，這點很多人都知道；也有人猜如果不是沙納漢，下一個人選就是我。但那只是……猜測。

白宮打電話來的時候，我正站在一間空蕩蕩的大教室裡；我就像一個執行警衛任務的士兵一樣，緊張地來回踱步。我將手機貼在耳邊，等待就要開始的談話。電話裡傳來簡短的講話音。和往常一樣，在總統接通電話之前，必然會有一個聲音正式宣布：「部長先生……總──統──到。」這聲音如此嚴肅又正式，會讓你不由自主在那一刻產生敬畏之情。

川普總統很快接過電話說：「嗨，馬克，你好嗎？」他說這幾個字的時間比平時講話更久一點。

「我很好，總統先生，」我回答。「你好嗎？」

他開了擴音，我能聽到背景中其他人的微弱聲音。總統心情愉快，一直在玩笑著。我們又來來回回客套了一陣子，然後他就切入正題了。川普說：「派特．沙納漢正要退出提名，」然後接著說：「他身上發生的事情令人遺憾……這太可怕了，實在不公平……派特是個好人。」

我同意。我專心聽著並盯著眼前的地板。

很快，他說話的音量和音調又變了。當他開始講話時，你可以感覺到電話那頭的能量，不僅是在對我說話，也是對著聚集在橢圓形辦公室裡的每個人說話。他沒有停頓地在電話裡大聲說：「馬克，我希望你是我的國防部長。我這裡有整整一屋子的人都認為你會做得很好！我也是。你覺得如何？」

我停止踱步。站在這間單調的白色房間裡，電話貼在我的右耳上，周圍都是空蕩蕩的工作桌。當他的話一字一句從電話那頭傳來時，一切都非常安靜，而且孤獨。雖然我知道他要問的就是這個問題，我還是覺得卑微並且有點訝異，但我心裡明白這是另一個歷史的一刻。我，曾是一個來自賓州西南部的年輕人，十八歲離家加入西點軍校，然後成為陸軍軍官，三十七年後卻發現，美國總統正在問我願不願意成為國家的下一任國防部長。我就要得到家鄉英雄喬治．C．馬歇爾從一九五〇年九月起擔任的工作，並成為多年來最年輕的部長之一。

我能說得出口的答案是：「是的，總統先生，」然後是：「能夠擔任國防部長為國服務，我不僅深感榮幸，也是我的榮耀。」

川普對於我同意接任部長表示感謝並祝賀我。我還聽得到自己方才接受新職的回覆聲音在空教室裡微微迴響。川普隨後說：「我們盡快見面談談。我很高興有你加入。你會做得很好。」

「謝謝，總統先生。我很期待。」我回答說。

「好，太好了，改天見。」川普很快結束了通話。我又開始踱步，思考我得開始進行的每一步該怎麼走。

我沒有經過所謂的「正式面試」，但這並不罕見。每一位總統處理對這種事的方式都略有不同，取決於他們是否認識這個人、他們最信任的顧問推薦、當下的政治環境以及其他因素。我和許多前任部長不同之處是我已經在政府部門服務，擔任陸軍部長；我在行政部門和國會的工作表現傲人、有紀錄可查；我還認識許多與總統關係密切的人，甚至與第一女兒伊凡卡和女婿傑瑞德・庫許納相識。

此外，總統和我過去曾多次交談，無論是當面還是在電話上，所以他知道我在各類議題上的立場，包括我們看法不同的議題，比如北約。但是這些談話往往是片面的，所以我不知道、也不完全理解他對一些會成為我們爭議之事的看法。不過我會先代理部長工作，因此在總統正式提名我之前，我有好幾個星期，在國防部長的職位上和他進一步討論，分享我對其他議題的看法，並請他認可我的工作習慣，以及協調好和他溝通的管道與方式。

我也立即打電話給我的妻子莉婭，分享這個消息。我們都不敢相信我們在人生路上一起走了這麼遠。這段旅程從一九八八年兩個在納什維爾盲目約會而相認識的年輕人開始，到現在，在華府，兩人已經有三個孩子和三十年婚姻。她是分享這段旅程的最佳人選，上帝知道我未來的日子需要有她在我身邊。

打完電話後，我把我帶來的參謀召集到教室，告訴他們我們必須回到五角大廈。我也和陸軍參謀長、也是我的左右手米利將軍私下交談了幾分鐘。總統已經選定他擔任下一任參謀首長聯席會議主席。知道我們將與彼此認識和尊重的人一起工作，這讓我們兩人都放心。我們的說法是「又在一起並肩作戰」。他先向我道賀，然後簡短地談到我們在這麼高的層次辦事，有更多人拿著放大鏡在看，該如何自處。他接著開玩笑說：「前方道路顛簸，坐穩嘍！」多麼有先見之明。

我迅速返回五角大廈與沙納漢會面。在我們趕往位在阿靈頓的五角大廈途中，接聽了國家安全顧問約翰．波頓（John Bolton）和其他人的電話。當我進入大樓時，沙納漢親切地向我祝賀，說：「你一定沒問題。」他並表示時間有限，他會盡全力讓我在短時間內跟上進度。沙納漢還決定，既然已經婉拒國防部長提名，不如也辭掉國防部副部長一職。他似乎因此顯得解脫了。看到他輕鬆自在，我也為他感到高興。

沙納漢一下台，我將成為代理國防部長，因為陸軍部長就是國防部長接任順位表上的下一職位。我將在參議院完成聽證任命前，就接管國防部。

為確保權力交接盡可能有序、合法和低風險，我們選擇的交接時間點是六月二十三日星期天午夜。當天午夜過後，就是我負責。在此之前，沙納漢處理日常事務時，我會和他如影隨形：多看、多聽、少說。畢竟，不可能同時有兩位國防部長，我不想在沙納漢還在職的時候評論國防事務，致使指揮體系混淆或是讓我未來的同事困惑。考量到美國和伊朗的局勢日益緊張，以及我很快就會嘗到這工作的艱鉅和總統的不可預測，這一點尤其重要。

♜

美國與伊朗的關係既悠久又骯髒。兩國正式關係始於十九世紀中葉，直到二戰結束時，雙方互動整體上是積極的。一九四一年上台的伊朗國王穆罕默德．禮薩．巴勒維（Mohammad Reza Pahlavi）強烈親美。冷戰開始後，因為伊朗在波斯灣的戰略位置，以及它與蘇聯的綿長國界，巴勒維的親美立場對美國開始變得重要。

一九五三年，美國和英國籌劃一次推翻總理穆罕默德．摩薩德（Mohammad Mossadeq）政府的政變後，伊朗對美國態度於是轉變。摩薩德與英國之間日益緊張的關係，讓共產黨勢力在伊朗逐漸壯大，可能將伊朗推入蘇聯懷抱，導致普獲人民支持的摩薩德倒台入獄。

巴勒維則逐漸更加專制。他規劃了幾個讓伊朗走向現代化的政策，導致與保守派團體的關係非常緊張。到一九七〇年代後期，伊朗發生大規模反國王示威已經司空見慣。一九七九年初，伊朗強硬派推翻了巴勒維，由廣受支持的宗教學者阿亞圖拉．何梅尼（Ayatollah Khomeini）成立的伊斯蘭共和國取而代之。不到一年的時間，一個反西方的神權政體在世界上一個關鍵地區，取代了親美的君主政體。一九七九年十一月，由於美國長期支持巴勒維，憤怒的伊朗群眾占領了美國大使館，並將數十名美國人扣押為人質。伊朗將其中五十二人囚禁了四百四十四天。

美國和伊朗自此沒有建立正式關係。相對的，衝突是過去四十年美伊關係的象徵。其中最引人注目的包括一九八三年汽車炸彈攻擊駐貝魯特美軍營區，造成二百四十一名美國軍人死亡的悲劇。此前幾個月，美國駐黎巴嫩大使館遭到伊朗資助成立的什葉派軍事團體真主黨發動的自殺炸彈式攻擊，十七名美國人死亡。一九八八年，美國海軍文森斯號飛彈巡洋艦意外擊落了一架伊朗客機，造成二百九十名乘客和機組人員死亡。

一九八〇年代後期，美國在波斯灣地區對伊朗的主要策略是有限度的海軍行動。一九九〇年代，柯林頓政府對伊朗實施禁運，國會則加碼通過一連串額外的制裁措施。

二〇〇二年底，美國指責伊朗製造核武，數月後，聯合國的評估結果支持此一指控，稱德黑蘭沒有報告與製造炸彈計畫相關的「特定核物質和活動」。

在整個二〇〇〇年代，伊朗提供武器、訓練和裝備給伊拉克民兵，支持伊拉克製造動亂，對抗美國。這就是二〇一七年一月川普政府開始執政時，德黑蘭和華盛頓的博弈狀態。

甚至在大選之前，川普就一再誓言要讓美國退出伊朗核協議，正式名稱為「聯合全面行動計畫」（Joint Comprehensive Plan of Action）——這是二〇一五年，美國等聯合國安理會五個常任理事國及德國與伊朗共同達成的核協議。

他聲稱二〇一五年的協議是「可怕的交易」和「最糟糕的交易」。國會中許多共和黨人都同意，以色列和幾個波灣阿拉伯國家也同意。批評人士說，該協議威脅了美國安全，從未真正結束那個政權發展核彈的工作，甚至掩護德黑蘭推進核計畫。他們又說，這個交易的驗證機制不足，也沒有給予國際核檢人員合理與適當的管道接觸伊朗核設施。

伊朗核協議不是一個好協議。它在解凍伊朗資金和提供制裁救濟方面提供了太多誘因，但在協議涵蓋範圍、期限和查核機制方面卻不足。川普說伊朗政權不可信，他是對的。這就是為什麼幾個缺陷條文就讓整個協議看起來思慮不周、規劃拙劣。

除了禁止伊朗發展核武器，川普還強調處理他們的彈道飛彈和該區支持恐怖主義等議題的重要性，這兩者都威脅到美國在中東的軍隊，以及如以色列和科威特等夥伴國家。雖然核問題對鄰近國家來說，是合理和攸關生死的問題，但它仍然是一個未來才發生的問題。伊朗的彈道飛彈和德黑蘭支持恐怖組織，則是美國和我們的夥伴國家每天都要面對的嚴重問題。

伊朗核協議理應涵蓋以上所有的議題。我認為，歐巴馬政府相信，即使協議中關於核武的條文有缺陷，也是他們能從德黑蘭得到的最好條件。但是，是這樣嗎？為什麼不更努力，讓以色列、沙烏地阿拉伯、阿拉伯聯合大公國以及該區其他國家也加入呢？

在二〇一八年美國最終退出核協議前，川普總統說：「我很清楚，在目前腐朽的協議結構下，我們無法阻止伊朗造出核彈，」他接著說：「伊朗核協議的核心有缺失。如果我們什麼都不做，會發生什麼事，大家相當清楚。」[1]與此同時，白宮對德黑蘭實施了廣泛制裁。

如果我在二〇一八年川普退出伊朗協議前就是內閣成員，我會建議先嘗試將該協議作為條約處理，然後送交參議院徵求參議員的意見和贊同。這麼做，除了是處理如此重要協議的正確方法，這個策略還可以更有效揭露該協議的弱點和缺乏基本支持。畢竟，核協議能否在參議院獲得多數票還都有疑問，更不用說取得同意所需要的三分之二票數了。

參議院若是否決了二〇一五年協議，這將為國會山莊的民主黨人和共和黨人密切合作、起草改進版協議奠定基礎。一旦完成，我們就可以和波斯灣的夥伴和歐洲盟友聯繫，進一步完善該計畫，並達成新的共識。

相反的，川普退出該協議，並發起一場「最大壓力」計畫，對伊朗實施嚴厲的經濟制裁，目的是強壓伊朗回到談判桌。川普政府希望達成新協議，解決原始協議中的缺失。共和黨在國會的盟友和美國在中東的夥伴盛讚總統的做法。國會的民主黨人士與許多英、法、德（該協議的三個簽署國）人士則抱持反對態度。他們繼續支持二〇一五年協議的態度，可能會讓伊朗覺得最好不要開啟協商舊協議的大門，以免自找麻煩。

國務卿邁克・龐佩奧（Mike Pompeo）和我在許多場合都公開表示，華府願意與伊朗坐下來談一談，而且不預設立場。但我從未收到德黑蘭或我們盟友就此事傳來的消息，我相信龐佩奧也沒有收到。實際上，只要現有協議仍然受到美國國內和國際的一些支持，實施「最大壓力」計畫必然艱難。因此，我得出結論，我們所走的道路很可能會導致軍事對抗。

儘管如此，「最大壓力」政策必然會影響伊朗的軍事計畫和支持外國代理人的力道，因為伊朗的經濟和現金儲備會受到擠壓。他們的武裝部隊預算以及對一些參與恐怖主義的外部團體的資金支持，都會受到打擊。然而，美國的單邊壓力不太可能讓德黑蘭很快回到談判桌上。歐洲人站在他們那邊，而且川普有可能只當一任總統，伊朗願意承受痛苦並堅持下去。他們希望二〇二〇的新政府能夠重回舊的、糟糕的協議。

但是，現在依然是二〇一九年，美伊關係處於另一個歷史低點。四月間，美國國務院將「伊斯蘭革命衛隊」（Islamic Revolutionary Guard Corps, IRGC）定性為「外國恐怖主義組織」，因為它長期支持該區的極端主義組織。伊斯蘭革命衛隊是伊朗武裝部隊的獨特分支，負責維護國家政治制度，同時協調和支持伊朗的對外行動。伊斯蘭革命衛隊在伊朗內部的勢力也很強大，其活動與影響力遍及該國的經濟、政治和社會結構，其領導人經常可以接觸到政府最高層。

華府在那個月還威脅要制裁繼續從伊朗購買石油的國家，這對德黑蘭緊繃的經濟造成更深一層的壓力。幾星期過後，由於擔心伊朗正在策劃某種類型的區域攻勢，美國在中東部署了 B-52 轟炸機和一個航艦打擊群。同一週，德黑蘭宣布要縮減它對核協議的承諾。

波斯灣的緊張情勢迅速升高。

川普總統絕非客氣的賣家。他在五月十九日警告：衝突一旦發生，就是「伊朗的正式終結」，絕不要低估他的意圖。[2]同一天，與德黑蘭結盟並由德黑蘭資助的民兵組織，向美國駐巴格達大使館發射了火箭。

六月十三日，兩艘商業油輪在阿曼灣遭到攻擊。國務卿龐佩奧表示，伊朗該對此事負責，但伊朗否認此一指控。幾天後，伊朗總統表示，如果其他國家未能保護伊朗免受美國的懲罰性經濟措施影響，伊朗將增加濃縮鈾的存量。同一天，川普增加對伊朗經濟制裁的項目；五角大廈證實，在油輪遇襲事件後，美國基於防衛目的，將在該地區部署一千多名士兵。[3]

六月二十日晚間，也就是總統要求我擔任國防部長兩天後，伊朗擊落了一架美國空軍全球鷹(Global Hawk)，這是一架價值兩億美元的無人偵察機，當時在荷姆茲海峽上空執行監視任務。

川普的國家安全團隊——龐佩奧、國家安全顧問約翰．波頓、派特．沙納漢、參謀首長聯席會議主席約瑟夫．鄧福德將軍（Joseph Dunford）和我——在二十一日上午早餐時會面，討論各種對策並提出一個建議方案給總統。

我在這個團隊中有些舊識，並不陌生。我認識約翰是因為我們都曾在小布希總統的政府做事。約翰頭髮花白，留著濃密的白鬍子，個性鮮明，活力十足，多年來一直在律師、外交官、政治評論員和外交政策鷹派的角色間穿梭。他也是一位直率、有原則、不輕易退讓的國家安全專家，非常適合擔任國家安全顧問一職。

龐佩奧和我的背景相同，我們都是西點軍校一九八六年班的畢業生，在學校裡雖不認識，但有幾十個我們都認得的朋友。他畢業後在駐德國的一個裝甲騎兵部隊服務；離開軍職生涯後取得哈佛大學的法律學位，並在華府執業，後來回到家鄉（堪薩斯州）威奇塔創業。二〇一一年，龐佩奧和他的妻子蘇珊從堪薩斯州以共和黨新科眾議員的身分到華府時，我才有機會和他們成為朋友。他頭髮黑白參半、身材健壯，是一名保守派、外交政策鷹派、一位信仰深摯的人，而且還帶著一種自我解嘲的幽默感。

鄧福德將軍是典型的美國海軍陸戰隊員，身材高大健壯，頭髮極短，在波士頓長大，大學就讀於佛蒙特州的聖麥可學院。他大學畢業後立即從軍，就此一路擔任各個級別的指揮職，並在二〇〇三年入侵伊拉克作戰時擔任一個團級部隊的指揮官。之後，於二〇一三年擔任國際安全援助部隊和美國駐阿富汗部隊指揮官，二〇一四年成為海軍陸戰隊指揮官。不到一年，即二〇一五年，歐巴馬總統任命他就任美國最高軍職，參謀首長聯席會議主席。

我擔任陸軍部長時開始與鄧福德熟識。他經常協助我，在我擔任國防部長期間更不吝多所指導。他說話輕聲細語，在處理工作以及管理從總統與各參謀首長到周遭其他人的關係上都非常靈活。他給我的建議總是明智、坦率、有見地，因此我很依賴他。

會中每個人都認同，堅定回應對方的無端攻擊非常重要，此外，國家安全團隊必須向總統提出一個一致的建議。波頓和龐佩奧力主強烈回應，沙納漢和鄧福德則從另一端權衡輕重。團隊最後達成的共識，也就是後來總統本人公開宣布的回應方案，即攻擊三個目標及一些其他措施。[4] 我基於尊重沙納漢的立場，在討論時保持沉默並未發言；但我私下認為，我方最後同意的回應方案與伊朗的無端攻擊行為仍然不成比例。我方的回應可以做到既能降低對方傷亡，同時無損傳遞同樣的訊息給德黑蘭的目的。嚴重人員傷亡可能導致以牙還牙，採取升高衝突的行動。誰知道這會把我們帶到甚麼地步。

白宮戰情室當天上午十一點召集國家安全會議（National Security Council, NSC，簡稱國安會）成員開會，總統和他認為適合的內閣成員及資深顧問一同出席。波頓以討論會議目的開場，並提出了回應三原則，作為國安團隊的一致建議。沙納漢提出一些初步意見，然後將討論內容交給鄧福德陳述。鄧福德首先重述過去通過的一些總體政策目標，接著談及任何軍事回應應該達到的目的，然後說明每一個選項，提到國安團隊建議的選項時花了較多時間解釋。他說話時，一屋子顧問鴉雀無聲。沙納漢坐在靠總統最近的左邊，再左邊是我，然後是參謀首長聯席會議主席。鄧福德的神態舉止非常沉穩且低調，說話時目不轉睛看著總統。當川普從一個問題跳到另一個問題時，他盡最大努力陳述內容，讓總統專心。

川普一如往常，在鄧福德簡報時插話詢問關於回應行動的特定問題。例如「你打算用多少架飛機？」或「最後損害的（經濟）成本是多少？」他還會滔滔不絕談論著我們在敘利亞的部隊，看著鄧福德和沙納漢，並命令他們兩人「把他們（在敘利亞的美軍）弄回來！」接下來的幾個月裡，這個議題會反覆出現。

鄧福德將軍溫和地引導川普回到眼前的問題上，並明確表示，雖然我方選擇的回應時間會降低人員傷亡數字，但「我們應該知道，會有伊朗人因此死亡」，他接著說：「也有一些俄國人或死或傷。」鄧福德主席和川普接著就我們如何得知伊朗遭受損失反覆討論。與其說總統過度擔心，倒不如說他很好奇。在場的幾位律師也沒有提出問題。鄧福德提出一些不會造成人員死亡的其他選項，但川普要的是非常強硬的回應。他一直說：「我們一定得狠狠地打擊他們！我們非得讓他們付出代價不可。」

川普的注意力隨後轉移到美國無人機的成本：為什麼無人機這麼貴、它的能力有哪些等。他就像個在記帳的會計師，關心的是有沒有更具價值的攻擊目標。似乎選擇攻擊目標的尺度時，美元比我們是否傳達了該傳達的訊息、或其結果是否有助實現我們的政策，來得更為重要。然而，若要展開報復性攻擊，應該知道報復目標的選擇不在其價值高低，因為局勢可能愈搞愈糟。相反的，該做的事是不斷提高賭注表明決心，直到對方蓋牌為止。

儘管如此，川普還是批准了反擊的建議，沒有任何猶疑。我們拖著腳步走出狹窄的戰情室時，總統是樂觀而自信的。其他人則三三兩兩地聚集，留下來討論具體事項，當下可以具體感受到流動的能量。我們都知道，美伊較量正在進入新階段。

反擊預計在當天稍晚開始。我在華府吃完晚餐，回到國防部部長辦公室和沙納漢、鄧福德和其他人一起的時候，已經差不多是反擊發起時間了。我進入辦公室時，鄧福德將軍剛開始在保密電話上和川普講話；等到沙納漢上線開始聽的時候，他正在與總統討論預估傷亡人數。國防部法務室顯然提交了傷亡估計給國安會，表示在反擊行動中可能的死亡人數不會高於一百五十人，這份報告隨後輾轉到了總統手中。嚴格來說，這個數字是正確的：死亡人數不高於一百五十人。

鄧福德盡全力向川普保證，傷亡人數會少於此數。例如，他指出，「總統先生，我們攻擊的時間是在晚上、大多數人都回到家以後。」不過，鄧福德經歷過相同的場景，他想到先前兩次攻擊敘利亞的過程，知道情勢會朝那個方向發展。其他在場的人也不會不懂川普與鄧福德電話裡討論的諷刺之處。大約七個小時前，川普似乎堅持要採取更激烈的反擊行動，但現在，就在我們必須電話通知「發動或取消」的幾分鐘前，總統卻含糊其辭、難下決心。「我不明白，將軍，」他說，「一百五十，很多人啊。他們擊落了一架無人機，而我們要殺死一百五十人。好像不太對。」

川普的聲音明顯透露出他的不自在和疑慮。我的腦海裡出現一幅他雙臂交叉坐著，左臉緊繃、皺眉又搖頭、嗤之以鼻的畫面。值得記上一筆的是，鄧福德很快用他平穩的語調接著說：「總統先生，如果您覺得這個計畫不妥，就不應該批准。」當然，他是對的。

鄧福德將軍和總統說話時，在場其他人都在悄悄地互相詢問那份法律評估：誰讀過了？它上面到底說些什麼？等等。沒人讀過。不可思議啊。沙納漢轉過身來，那張疲倦而微白的臉上雙眼惺忪，他半笑不笑地看著我，慢慢搖了搖頭。我不知道他的意思是任務取消了？或者，他只是在（和我這個「新人」）分享他對這種例行的、隨興決策過程的挫敗感。我日後會知道是後者。

軍方的傷亡估計比較實用，得自多年累積的經驗和老道觀察，評估的重點是「最可能」發生的狀況。法律評估不同，它是列出各種「可能」發生狀況的死傷範圍。到了總統手中的就是後者。鄧福德正在盡力提出必須發動反擊行動的理由。川普過去經常不公平地指控他人「不夠積極」，他現在所處的位置，肯定出乎他的意料。此外，總統不斷提及他擔心屆時電視上都是伊朗人的「屍袋」畫面，已經上線的波頓這時加入討論，想方設法回應川普的憂心。不過，這並不重要。「一百五十人傷亡」這個數字已經刻在總統腦海裡。他開始退縮了。

已經上線的龐佩奧反對，強烈要求該行動獲准執行，並大力支持鄧福德提出的最佳方案。五角大廈裡，我們這一小群人在沙納漢辦公桌上的保密電話旁側聽談話時，可以聽到龐佩奧的聲音愈來愈沮喪。他愈講愈快、節奏急促，用強硬的語氣說：「我們必須回應，總統先生。」他一個接一個提出他最好的論點，實際上變成了一個接一個請求做一件事。但此時已經無關宏旨了，心意已決的川普合理化自己的髮夾彎，決策的理由是：我們總還是可以稍後反擊。也就是說：總統取消了這次攻擊行動。

♜

我後來回想這最初的四十八小時，以及我可以從中得到的教訓。我讚賞波頓維持團隊的向心力，設法讓每個人支持同一個方案，然後以一致的立場向總統提出建議選項。這很好，也必須持續下去。此外，我也覺得，比起五角大廈，他和龐佩奧更支持對伊朗使用武力。然而，對我來說最困擾的是如何解讀總統：早上，他全力以赴要反擊伊朗，而且主張的手段比任何人建議的都強硬，但不到十二小時後，他就完全翻轉立場。我想知道，這種事情經常發生嗎？

總統對於「成比例」的顧慮是正確的，也許國安團隊應該在上午十一點的會議上更積極討論此事。所幸，鄧福德將軍在這件事上也做得非常好。此外，我個人也擔心，為了回應無人機遭到擊落，導致幾十名伊朗人喪生，恐怕太過頭了。所以這個特定任務最後取消，我沒有意見。

然而，我們仍然需要傳遞一個顯示決心的訊息給德黑蘭，而且我們必須恢復威懾能力。如果兩者都做不到，可能的結果是伊朗持續施壓、考驗我們，而且會不斷做出更多邪惡行為。相較於取消反擊而且不處理該起事件，我們應該攻擊一些能夠達成目的又不會造成任何人喪生的目標。但我們沒有這麼做，歷史也當然繼續前行，不會停下來等我們；可以說，我們眼前的麻煩更多，肇因於此。

我們可能很快就會在我和沙納漢約定交接的週日夜之前的週末回到白宮戰情室，再次提出軍事選項給三軍統帥考慮。這點很明顯了。如果發生這種情況，總統可能會問我的意見。即使沒有人問我，我也決定提出一個建議。鑑於我很快就要面臨戰爭與和平的重大議題，我應該讓自己的思考過程有原則、有紀律，並且縝密。

參議院軍事委員會數週後就要舉行聽證會，決定是否同意任命我為國防部長。委員會要求我預先回答數百個政策問題。其中之一涉及動用軍事力量，以及我「向總統提出建議時會考慮的因素為何」。[5]我將我在那個週末的反省內容，演繹成我提供參議院的回應，如下：

> 我評估動用軍事武力是否適當，會考慮多個因素，如下述：一、主要考慮是美國是否已遭威脅，包含尚未發生但迫在眉睫的威脅；二、所涉美國利益的性質及其重要性；三、是否已考慮非軍事手段並將其納入任何應對提議中；四、動用武力是否可以達成明確又可實現的目標；五、作戰行動的可能風險、成本和後果；六、擬議的武裝行動是否適當和相稱；七、國會意見為何；八、外國夥伴支持該行動的意願；九、此一行動的國內法和國際法的法律基礎。

在我擔任國防部長的近十八個月裡，我隨身攜帶這「動用武力的『九點考慮』」，並且視情況參考。我沒有把它當成一份刻板的清單，而是協助我思考並幫助我制定政策建議的指南。畢竟，每一種情況都是獨一無二的，需要判斷力和洞察力。我只是要確定我的想法忠於國防部、國會、美國人民和我自己。

與沙納漢的週日午夜交接順利進行。第二天一大早，我開始代理國防部長的工作，從上午八點就與文職主管、軍種首長和各作戰指揮部的指揮官開會。第一次會議的目的是介紹自己在這個新角色中的地位，討論我的領導風格和優先事項，並提出我對指揮團隊的期許。

我已經起草了一份致國防部同仁的初步訊息，我的行政辦公室在當天早上也發送給國防部全體同仁。但我想為那些「奉我之名聚會」的人，解釋那則訊息*中的部分要點。我明確表示，實踐《國家防衛戰略》，也就是五角大廈執行總統的《國家安全戰略》和美軍現代化的計畫，是我的首要任務，我們的目標是，當威懾失敗時，能夠打贏我們國家的戰爭。我關注的焦點依序是中國，然後是俄羅斯。

我還在初步訊息中提及我會發布在正式訊息中的要求，即「我要特別強調所有同仁、尤其是各級主管，應當奉行承諾，致力彰顯軍事專業中最好的價值和操守，展露美國人民欽佩的軍隊品格和氣節。」我接著說，我們都必須「專注」於任務、「堅定不移地追求卓越」。最後，我敦促每個人始終謹記「做正確的事」。這句將成為我的口頭禪，另一個比較實際的口頭禪是「遵循既定流程和前例」，我當時還不知道會在遭遇困難時期經常用到它。

二〇一九年七月一日，我從布魯塞爾的北約會議返回華府後，和負責中東所有作戰行動的區域作戰指揮部，即美國中央指揮部進行了九十分鐘的安全通話。鑑於伊朗最近威脅商業運輸的行為，我想討論「哨兵行動」（Operation Sentinel）。這是一項確保波斯灣航行和商業自由的措施，亦即美國外交政策的長期重要原則。在我擔任國防部長後期，當政府裡其他人不顧這些美國外交政策中運作良好的原則，施壓要求在公海上任意攔截伊朗或委內瑞拉船隻時，我會暫停「哨兵行動」，以免發生意外。

中央指揮部指揮官，能力出眾的四星上將法蘭克・麥肯錫將軍（Frank McKenzie），簡要介紹了「哨兵行動」。麥肯錫來自阿拉巴馬州，大學畢業自城堡軍校，一九七九年進入海軍陸戰隊。他是步兵軍官，曾擔任多個階層的指揮官，也曾奉派到伊拉克和阿富汗。麥肯錫前後數次在五角大廈工作，最後一次是從二〇一七年七月開始擔任參謀首長聯席會議聯合參謀部主任，我第一次見到他就是在這時候。二〇一九年三月他執掌美國中央指揮部。

我喜歡麥肯錫。他是一位臨危不亂、堅持原則、能力出眾的領導者，負責一個異常複雜和壓力頗大的戰場。不論何時，他都必須同時應付在伊拉克攻擊我們的什葉派民兵、可能在敘利亞捲土重來的伊斯蘭國、在阿富汗的塔利班，以及從葉門到黎巴嫩一線與美國對峙的伊朗。最重要的是，他還得和我周旋，因為我不停地催促他重塑未來戰場，以及尋找各種釋出員額的方式，好讓我可以重新分配給處理中國事務的部隊。他的任務艱鉅，但處理得相當好。

麥肯錫對「哨兵行動」的基本想法是在荷姆茲海峽的兩端增加海上和高空監視，再進一步深入波斯灣。我們計畫結合美國海軍艦艇、載人飛行的戰機和無人偵察機執行這個任務。我認為，如果我們能夠從一開始就阻止伊朗的邪惡行為，就可以避免可能導致真正衝突的事件、挑釁或其他故意的行為。

我在那次的電話週會中與龐佩奧交談時，向他簡報重啟「哨兵行動」的計畫。現在的關鍵是爭取夥伴加入我們。國防部正在進行這件事，但我們非常需要國務院能大力推一把，龐佩奧同意幫忙。不過，我們兩個單位都要面對一件苦差事，因為法國人在背後從中作梗，阻止我們在歐洲的其他夥伴加入——因為他們擔心這種做法會激怒伊朗人。

*原書註：「致國防部同仁的初步訊息」（the Initial Message to the Department）全文，請見附錄B。

我還與龐佩奧分享了我最近在布魯塞爾的會談中，談及阿富汗問題與《中程核飛彈條約》（INF Treaty）*的內容；我們也談到了我們與土耳其之間的持續挑戰，特別是他們採購俄羅斯的 S-400 防空系統一事。我在國防部長任內將近十八個月裡，阿富汗和土耳其對我們來說是兩個艱難而持久不滅的問題。

龐佩奧與我很早就建立了良好的工作關係，而且這種合作方式在國務院與國防部都引起共鳴。應該有人會認為，這是國務院和國防部合作最正面的時代之一。如果和二〇〇二年到二〇〇四年我在國防部工作的那段期間相比，這種說法當然正確，當時國防部長唐納・倫斯斐（Donald Rumsfeld）和國務卿柯林・鮑爾（Colin Powell）經常發生衝突，就像之前雷根時期的卡斯培・溫伯格和喬治・舒茲一樣。龐佩奧與我的良性互動不僅建立在我們個人友誼的基礎上，還建立在我們處理各自的職務問題時，經常會採取類似的方法之上。

我們密切合作有時會引起一些人的關注，還成為一、兩個錯誤報導的新聞主題，但我們經常因此開懷一笑。龐佩奧聽到他身邊的人抱怨「他太照顧艾斯培和國防部了」，而我耳聞的說法來自關心國防事務的人，內容剛好相反。對我來說，這代表我們的關係是正確的。

♜

到八月之際，國家安全團隊的主要關注焦點轉移到阿富汗，以及與塔利班達成和平協議的可能性。同時密切關注伊朗及其在全區的惡行。我們最關心的是他們提供彈道飛彈給葉門的胡塞運動武裝組織（Houthis）、運送武器進入敘利亞、對波斯灣航運的持續威脅，以及他們所支持和指揮的伊拉克什葉派民兵組織日益高漲的好戰行為。

儘管華盛頓和德黑蘭之間的對話有所緩和，但緊張態勢依然很高。雖然我們的主要注意力轉移到其他地方，但是伊朗卻沒有。在五角大廈裡，我們估計川普未能回應全球鷹無人機遭伊朗擊落，將會助長德黑蘭的挑釁行為。的確，隨著事態逐漸明朗，這些衝突最終會聚合並升級為重大對峙，成為美伊之間幾十年來最嚴重的衝突。

我第一次親身參與總統的決策經歷，替我開啟了一個快速、混亂卻必要的學習過程。長久下來，我對川普的評估是：川普對於「他想要的最終結果，或想要實行的政策」的那份直覺，並非總是錯的；但是他處事的歷程（凌亂又沒章法），他慣常採取的策略（狹隘且不完整），他在決策前建立的共識（很少，或沒有），以及他溝通政策時採用的態度（粗糙而且製造對立）等等，往往使得他最後無法實現目標，或是目標變得支離破碎。總而言之，他想實現的政策，碰到他慣常採用的辦事方法，結果就完蛋了。而這經常是成敗的關鍵。

＊原書註：根據美國國務院的資料，《中程核飛彈條約》或簡稱《中導條約》（Intermediate-Range Nuclear Forces (INF) Treaty），是美國和蘇聯於一九八七年達成的協議。該協議規定，從一九八八年條約生效後的三年內，美蘇兩國要銷毀兩國射程在五百至五千五百公里之間的陸基彈道飛彈和巡弋飛彈，以及與這些飛彈相關的發射器、支撐結構和設備。

第 4 章

五角大廈的文官控制與改革

「投票結果剛出來。九十票贊成、八票反對。這種票數，我們還真不習慣！」川普總統在二〇一九年七月二十三日從橢圓形辦公室向全國介紹我時說道。[1]投票結果顯示兩黨的高度共識，相當轟動。川普的內閣成員中，只有三位在參議院任命投票時獲得國會兩黨共識票數（不包含我。而且他們都是在二〇一七年川普政府還年輕的時候獲得任命）。總統和我後來私下交談時說：「九十票對八票。我好像應該擔心，是吧？」也許是的。

總統當天下午發表的談話，顯得非常慷慨大度。他形容我「各方面都很出色」，並說「沒有更夠資格的人選了」，川普的話讓我受寵若驚。但我最感激的是我的參議員提姆．凱恩。維吉尼亞州選出的凱恩是民主黨籍，在我的任命聽證會上不僅介紹我，還為我擔保。他形容我是「品格優異並有道德勇氣」的領導者——這是任何人都可以說出口的極高評語，但他的背書代表兩黨合作的無私行為，顯示國會中仍有領導者，這讓我對他們、尤其是能夠讓國家的立法者再次共同合作的領導者充滿期待。

白宮任命的國防部長人選一直未獲同意而在華府引發的不安，終於在我隔天進入五角大廈時結束了，但外界對國防部軍、文職主管間的緊張關係仍有疑慮。這些都是既存事實，但緊張關係主要牽涉三方：在華府工作的國防部文職人員、各軍種和各作戰指揮部的互動。國防部有十一個作戰指揮部，包含六個負責區域任務（例如：歐洲指揮部）與五個負責功能性任務（例如：太空指揮部）的指揮部。各指揮部由各軍種部隊的各單位和人員組成，由陸、海、空軍的四星上將在和平及戰時指揮並掌控轄下部隊。[2]重要的是，作戰行動的指揮鏈是從總統下到國防部長，再下達到各作戰指揮部的指揮官。

文人領軍的觀念從未遭到質疑。這既是事實，也是基於法律、實踐、歷史和文化的原則；是美國的軍職領導人從入伍第一天起，就被反覆灌輸的一件神聖不可侵犯之事。然而，我確實對作戰指揮部變得過於強大的現象感到憂心；恢復適當的軍、文平衡，是我要努力落實的課題。

♜

二〇一八年十一月，國會授權成立的國防戰略委員會發表調查報告，鄭重警告「美國的安全和福祉正面臨幾十年來最大的風險」和「美國的軍事優勢……已經腐蝕到危險的程度」。報告總結了美國及美軍面臨的主要威脅和挑戰之後，接著表示「健康的」軍文職關係對解決這些問題至關重要；然後，報告又稱「在關鍵問題上，（國防部）軍、文職人員的音量相對不平衡」。許多人對這個陳述感到驚訝。在報告中，這個跨黨派組織對於「在美國國防和國家安全政策的諸多核心問題上，文職人員聲音相對安靜」感到不安。[3]

我擔任陸軍部長期間曾經面對這種不平衡。作為一名在五角大廈指揮鏈中至少排名第三的資深文職領導人，這種不平衡讓我沮喪，也妨礙我履行法定職責的能力。作戰指揮部的影響力通常由軍職人員組成的聯合參謀部支持，他們對我依據權責可以決定提供部隊人員、訓練和裝備以進行部署，甚至醫療準備以及我可以派誰出國等事務的影響力，是最令人震驚的例子。多年來各軍種軍職與文職領導人的權力被削弱了多少，難以置信。

空軍部長希瑟・威爾遜（Heather Wilson）、海軍部長理查・史賓塞（Richard Spencer）和我，曾寫信給國防部長辦公室領導層，並多次在會議上提出這些問題，要求專案解決，但都沒有結果。聯合參謀部支持作戰指揮部，不斷想方法打消這個議題或淡化專案文字，以維護作戰指揮部四星指揮官的立場和「特權」。直到我成為國防部長，才能開始解決這些問題。雖然耗費了一些時間和精力，我終於在二〇一九年十二月透過上任後發布的第一道行政命令，讓一些重新賦予文職部長權力的改變正式生效。

我和威爾遜、史賓塞自稱「三個好朋友」（three amigos），在其他棘手的議題上也開始合作。例如，我們挑戰一個國防部長辦公室負責軍醫業務的官僚機構，他們想利用國會改革健康照護系統的授權，將我們的醫事人員、單位和資源整併到他們的機構裡。我們也一起改善採購計畫並分擔工作量，無論是為我們各自的軍種研發高超音速飛彈，或是交換對部隊防護裝具的想法。只要是好點子，都可以搬上檯面討論；相反的，本位主義就不要想占一席之地。戰備、能力和常識重於一切，即使影響我們的預算和任務，也不例外。

我在陸軍部長任內一些最美好的時光，就是我和另外兩個軍種部長合作的這段時期。我們每兩週一次共進早餐，也不時在下班後聚會，這確實讓我們的軍種和我們三人間建立了牢固的情誼。不論我們各自的人生目標為何，我們真的希望將三人合作的成果帶進國防部。過去，各軍種部長間的競爭和對立經常導致關係緊張。我們以改變這一點為目標。

我與威爾遜、史賓塞面對的另一個問題，是獲得完整、準確與及時的部隊管理和作戰事務訊息。我的主要訊息來源是陸軍參謀長，例如作戰指揮部指揮官要求增加部隊及海外作戰部署情況。米利將軍會參加在「坦克」（參謀首長聯席會議的會議室暱稱）舉行的每週例會，會後再向我簡報狀況和進度。他對此一絲不苟，但這些訊息都不是來自部內的文職官員；換句話說，我經常不得不依靠我的資深軍職主管提供的二手消息來了解進度與狀況。這些狀況時常會影響重要事情，比如說部隊、預算、訓練週期以及戰備。

國防戰略委員會的報告也持類似觀點。當涉及作戰部署和全球軍力整合等議題時，五角大廈的決策必須套疊在「在更高層次文職官員的指導之下」。報告認為，如果不適切考慮涉及的「部隊管理移轉的相關政軍局勢發展」，可能會影響戰備並導致可怕的戰略後果。[4]

我身為陸軍部長，以我在陸軍、五角大廈、國會和華府多年的工作經驗，我和史賓塞、威爾遜都可以提供有用的諮詢意見，或者至少成為其中一些議題的共鳴板。獲得基本資訊最起碼可以幫助我「培養長遠的眼光」，讓陸軍各部隊做好準備，迎接未來可能面臨的需求。

委員會的報告明確指出，「目前的問題不在《美國法典第十篇》當中規定關於部長及其文職顧問的職責是否不適當的問題，問題在它們未能有效行使，以及處理關鍵的戰略和政策問題的責任已經轉移到軍隊，而且有逐漸增加的趨勢。」[5]看看這話說得多該死地實在啊！由於我擔任陸軍部長時沒參與這一過程，而且我從未獲邀參加該委員會的論壇討論此一課題，所以我不清楚以政治任命進入國防部長辦公室的文職官員參與調查的程度，但我後來了解的情況令人失望。

♜

二〇一九年七月我接任國防部長後，第一件事就是團結高層領導團隊。多年來，他們大致分裂成四類：國防部長辦公室的文職人員、聯合參謀部、作戰指揮部、各軍種。五角大廈現有的官僚作業流程既反映也加重了此一分裂狀況。

我在上任後的前幾個星期立即要求改變，此後每個人都要像團隊成員一樣思考和發揮功能。我並以《國家防衛戰略》作為工作重點。《國家防衛戰略》的目的是轉化、完善和發展一套為執行白宮制定的《國家安全戰略》所需的軍事指導原則。《國家防衛戰略》於二〇一八年一月公布，其概念清晰、直截了當，載明國防部的任務是「提供運用威懾手段防止戰爭不致發生的可靠戰鬥力，並保護國家的安全」，如果威懾手段失敗，美軍必須在現代戰場上戰鬥並取得勝利。

《國家防衛戰略》提及，美國現在進入了以中國和俄羅斯為戰略競爭對手的大國競爭新時代，但在近二十年專注於伊拉克和阿富汗的低強度衝突後，我們發現自己處於「戰略萎縮」的處境。我們還燒毀了大量的戰備物資，部隊因而面對重大挑戰。該文件還指出，美軍在「日益複雜的國家安全環境中作戰」，而這種環境是經由「快速的技術變革所定義」。

上述事實，加上歐巴馬時期急遽降低資金挹注、國防預算無從預測，我們的軍事優勢因而被削弱；同一時期，中、俄卻趁機進行軍備現代化及提升戰力。中國現在擁有世界上最強大的海軍，這個事實就是最明顯的證據。

於此同時，以規則為基礎來協助保護許多國家安全、穩定和繁榮的國際秩序，正遭到北京一磚一瓦地拆毀。中國對南海過分的主權宣示和非法主張就是典型例子。《國家防衛戰略》斷言：「不實施此戰略的諸多成本顯而易見。未能實現我們的國防目標，其結果是美國的全球影響力降低、美國和盟國與夥伴國之間的凝聚力漸次遭到破壞、美國得以活動的市場愈來愈少，這些都會抑制我們的繁榮和導致我們生活水準下降」。[6]

《國家防衛戰略》認為，國防部要達成任務，需要優先朝三個方向努力：「第一、在我們建立更能對敵人展開致命一擊的聯合部隊之際，重建戰備；第二、在我們吸引新夥伴的同時，強化既有的盟友關係；第三、改革國防部執行商務交易的方式，提高績效和負擔能力。」[7]每一個方向下都列出幾個目標，但是，《國家防衛戰略》一如許多同性質文件，使用如「發展創新的營運觀念」、「深化作業互通能力」和「組織革新」等很吸引人、聽起來很不錯的字句，但指示的方向仍不足以實現該文件為國防部設下的願景。

任何合理的戰略所面臨的挑戰，在於是否能有效執行。就《國家防衛戰略》而言，這意味著將上述廣泛的努力方向和崇高目標，轉變為我們可以隨著時間演進去定義、衡量、分配和追蹤的可執行目標。執行是落實戰略的艱鉅任務，我將其視為我的首要任務。

為了實現這一點，我做的第二個重大改變，是在星期一舉行兩場大型團隊會議。上午的第一個會議包括國防部長辦公室、聯合參謀部以及各軍種的軍事首長和部長。我們將會議延長到九十分鐘，並制定更有條理的議程，會議重點集中在未來兩週的活動和各部門的優先事項，而不是讓所有人自由討論四十分鐘。

我已在陸軍部長任內成功做到了這一點，對於我希望了解的特定目標的進度、範圍和細節都更加清楚，例如戰備狀態、現代化、改革、盟友和夥伴以及人民。等到我們確定了《國家防衛戰略》的執行計畫，就增加諸如：開發反制無人飛行器系統、數位現代化以及隱藏或顯露實力策略等主題。最後，是把我想更了解的主題限制在十二個領域之內。如此，我就可以每季重新檢視每個優先事項的進度，同時為計畫執行人員提供時間和空間，讓他們在下次更新進度前更有餘裕工作。

這個會議的後半部分，由我的立法事務、公共事務負責官員和任何一位次長，就他們想提出的問題進行簡報。然後詢問所有與會人員是否還有其他議題。最後，我們檢視可怕的「任務進度追踪表」。在我擔任陸軍部長期間，這個會議的前一個版本經常讓威爾遜、史賓塞和我覺得沮喪。我們確實逐項討論並確定了該採取的行動，但似乎沒有人記錄和追踪這些議定的進度。一、兩個月後，我們三人中的一位會問：「幾個星期前我們同意的某某事的進度是什麼？」房間裡的每個人面面相覷，滿室皆默，彷彿我們身處在電視影集《陰陽魔界》（The Twilight Zone）似的。因此，那個案子似乎沒有任何進展。每個人都在忙他們自己想做的事。就這一點，我們也作了改變。現在沒有人會逃避任務，也不會有人逃避進度報告以及我們替每一個案子設定的指標。

我們在星期一新增的一場會議，是關於執行《國家防衛戰略》情形的午後會議。為了會議進行順利，我需要在座的都是適當的與會人員。所以，不僅參加上午會議的軍種主管和各次長下午要繼續開會，作戰指揮部指揮官也要與會。我們將時間定在一天裡中間的九十分鐘，盡可能公平地讓那些在國外不同時區的指揮官能在線上與會。正是在這個每週一次的會議上，我們討論了許多和審查作戰計畫、發展輔助戰略以及特定《國家防衛戰略》執行問題等相關的艱難任務。這個會議與我在陸軍部長任內的不同之處是文職部長也會出席。

最後，我開始與軍種部長每兩到三週會面一次。我希望讓他們有機會直接向我提出問題，以便我們討論一些影響不限於單一軍種的問題——例如住房、多元化或應對新冠疫情，而且我也可以通知他們新發現的執行問題。我在陸軍部長任內，並沒有與國防部長定期面對面討論的機會，只有一兩次當面請益。但是，我發現在重大問題上得到指引、獲知對陸軍進行中的某個案子的看法、或是提醒馬蒂斯或沙納漢需要注意某個問題等，那一兩次請益的結果都非常有幫助。各軍種部長是重視並感謝這些會議的，一來是基於以上所有因素，同時也因為他們回到各自的軍種後，發言更有威權。在我看來，這種做法不僅是為了使五角大廈運作更有效率，也是為了再一次確認文官控制的原則，以及改善國防部軍、文職的關係。

♜

制定戰略和執行戰略是截然不同的兩件事。國防部發布《國家防衛戰略》的時間是二〇一八年一月，就在我第四次到國防部任職後數個月。但是對於我們的裝備現代化計畫，我的陸軍高層並沒有讓我覺得國防部正在推動相關策略，或者我們有裝備現代化的計畫。事實上，二〇一八年十一月，也就是國防部公布《國家防衛戰略》後幾個月，國防戰略委員會公布的那份調查報告中寫道，《國家防衛戰略》「指出國防部……和國家朝著正確的方向前進，但它並沒有充分解釋我們該如何到達那裡」。他們是對的。

二〇一九年七月下旬，國防部副部長大衛・諾奎斯特（David Norquist）、喬・鄧福德將軍、艾瑞克・丘寧（Eric Chewning）（我的新幕僚長）與我，在我的職務經過投票確認後，就坐下來討論未來的方向，如何執行《國家防衛戰略》是其中一個主題。在獲得參議院九十張同意票後，我覺得已經得到國會的強烈支持，可以去探求和實現這個目標；而且以我曾在同一棟大樓裡擔任陸軍部長的優勢，我有足夠的視角和很多執行的想法。《國家防衛戰略》並不完美，但它非常好；我不想浪費時間去審查、更新和調整。以後會有時間做這些事。

現在的關鍵是盡快落實這些想法，廣泛徵求意見，然後定案開始執行，避免耗費太多時間。如果我們能夠在明年取得真正進展，就代表我們完成了某些重大成就。丘寧指出，在選舉週期導致其他業務進度變慢前，我們可能只有一年左右的時間。

大衛．諾奎斯特從密西根大學畢業後，擔任陸軍部的預算分析師，開啟了他的職業生涯。後來他在國會山莊工作，我就是在那時候認識他的。他後來又回國防部擔任更資深的職務。二〇〇六年，大衛成為布希政府國土安全部的財務長。他後來加入了一家公共會計師事務所，然後在二〇一七年五月回到五角大廈擔任主計長；參議院投票通過我的任命後幾天，也通過他擔任國防部副部長。在我擔任陸軍部長時，我才真正認識大衛。他絕頂聰明、善於分析，而且鉅細靡遺，具有良好的幽默感和令人驚訝的溝通技巧。他是我很好的合作夥伴和共鳴板。

我有幸獲得艾瑞克．丘寧同意擔任我的第一任幕僚長。我是在陸軍部長任內與他結識，並留下深刻印象。後來我才知道九一一事件發生時，他在華爾街工作；九一一過後，他應徵入伍，進入陸軍軍官培訓學校，畢業後擔任軍事情報官，進入著名的第一騎兵師，在伊拉克服務。退伍後，丘寧在麥肯錫公司工作，然後於二〇一七年十月返回國防部，擔任工業政策副助理部長。派特．沙納漢代理部長時，將艾瑞克提升為幕僚長。等到參議院通過我的國防部長任命後，有些人主張我帶「自己人」到部長辦公室，我決定續留丘寧。

除了經驗豐富，丘寧還是位嚴肅的思想家、出色的經理人和沉著冷靜的同事。雖然我們各有各的壓力，但我在部長任內的前半段承受的壓力不像後半段那麼大。我永遠不會忘記艾瑞克在一個特別紛亂的早晨過後衝進我的辦公室，看起來是有些事情進展不順，但我覺得不過大同小異罷了。「今天還會糟到那裡去？」我若有所思地喃喃自語。

沒想到，真的更糟。丘寧瞪大了眼睛，聲音也焦急起來。「部長，」他說，「請跟我來，我們在華盛頓特區的空域出現一架身分不明的飛機。」他接著說，「北方指揮部還有其他單位已經試著和它聯繫好一段時間了。」丘寧說，接下來是「機鼻上揚」——就是我方戰機群在那架飛機前做一個動作引起它的注意。如果這方法還不奏效，還有更激烈的手段，而且是既定作業程序允許的手段。「如果它在接下來幾分鐘不改變航線，」我的幕僚長說，「你可能得下令把它擊落。」

時間不等人。所以我們匆匆趕到另一個房間，電腦螢幕上顯示該地區的空域圖。我可以看到那架不明身分的飛機，以及我們在場的軍機和其他戰力。我還看到北方指揮部的指揮官在線上。我在上任後的前幾週就演練過這個場景，但現在這個場景是真實的。我聽到公開線路上嘈雜的對話聲，祈禱我們能引起那位飛行員的注意。倒數計時器上的時間已經所剩無幾，就在我不得不下達擊落命令之前，飛機轉向並離白宮和國會山莊愈來愈遠。呼！然而，這不會是我們最後一次經歷這種情況。

♜

我們在十月初召開了一次高層主管會議。這是一次年度會議，所有四星作戰指揮部指揮官、各軍種軍、文職主管以及國防部長辦公室的各次長都與會，討論各種問題。類似會議若是太頻繁召開，投資報酬率也不會太高。在我看來，如果我們要把所有指揮官都請到華盛頓特區，並要求其他主管也投入一整天，那麼，我們應該從中獲得真正的價值。

有鑑於此，我決定和我的政策辦公室*以及我的戰略規劃與溝通小組合作，微調我正在推動的國防戰略實施理念。我們在會議前一、兩個星期把它們送出去，讓指揮官先看過；之後到會議上詳細討論。會議的目標是在一天結束前處理完畢。會議時程安排很緊湊，但我們沒有奢侈的時間進行五角大廈典型的冗長、乏味、流程曠日費時的會議。

我們早在會前就完成了最後成為執行《國家防衛戰略》十大關鍵目標的草案。與會人員抵達後，我率先陳述我的主要關注——「作戰」，拉開上午議程的序幕。我告訴與會者，執行這十大目標沒有出錯的空間；合作與協調是推進這十個目標和達成任務的關鍵。十大目標源自《國家防衛戰略》當中三個優先努力方向的前兩個：一、建立一支殺傷力更強的戰備部隊；二、強化與盟友的關係和拓展新的合作夥伴。

我的開場講話以強調一些關於「照顧我們的員工」、「落實我們的價值觀」和「維持不涉及政治」等事項結尾，接著轉向當天的困難議程，即討論和微調我提前分發給與會官員的十個執行目標。

我們在當天最後議定的十個關鍵目標如下述。每個目標都附有時間表以及負責結案的主辦單位或辦公室：

一、審查、更新和批准所有與中國和俄羅斯相關的計畫；

二、落實「立即反應部隊」、「應變反應部隊」和「動態部隊調度」等計畫，以強化戰備觀念；

三、根據《國家防衛戰略》重新調整部隊駐地、賦予任務和再部署；

四、達到更高水準的可持續戰備；

五、發展強化盟友和建立夥伴關係的協調計畫；

六、改革和管理「第四產業」(the Fourth Estate，定義如後述）與國防部；

七、國防部集中關注中國發展；

---

* 原書註：國防部長辦公室的幕僚單位性質與數量，會因為政府更迭而改變，但一般來說至少包括六個核心功能，每一個都由參議院通過任命的次長領導：採購和設施維護、預算和財務管理、情報和安全、人事和戰備、研究和工程，以及政策。政策辦公室的職責包括：制定、協調和實施國家安全政策，發展戰略、計畫和戰力，以及國土防衛和全球安全等。

八、部隊現代化——投資改變遊戲規則的技術；

九、建立符合實際狀況的聯合作戰兵棋、演習和訓練計畫；

十、發展現代聯合作戰概念，最終發展為準則。

最後，我談到《國家防衛戰略》要求的第三個優先努力方向，也是我認為對每個人來說最困難的事——改革。[*1]我的計畫是透過「改革第四產業、各作戰指揮部和各軍種（依此順序），深挖細掘，找出問題」，以「改進我們的商務交易方式，提高效率並釋出資金」。這話引起很多人注意，尤其是作戰指揮部的指揮官。我覺得有些人認為我不會認真處理這問題，但與會人員中的陸軍同事應該相當清楚。

在改革問題上，我的第一個大動作是以「夜間開庭」的方式改變所謂的第四產業單位。第四產業是國防部所屬單位中，不屬於任何軍種的局級單位以及另一種歸類為「活動」的單位的合稱。因此，從國防部長辦公室、聯合參謀部到國防後勤局和飛彈防禦局，這些單位的數目至少有兩打，員工超過三十八萬人，每年支出超過一千億美元，幾乎是國防部年度總預算的十五%。

我後來得知，一些第四產業單位已經成為資金大道，作戰指揮部可以藉此管道獲得一筆可運用的資金，與其責任區內的國家「接觸和往來」，而國防部幾位決策高層對這種聯繫關係卻毫不知情。如果第四產業單位增加預算是為了支持這類走後門的往來，而未先進行全盤的企業評估，包括此舉與國防部既定的優先政策是否一致，與他國私下往來的投資報酬率為何，以及與這些舉動相關的機會成本是多少，那麼，國防部付出的代價通常是犧牲軍種的計畫與預算。這件事需要密切與立即的關注。

我的改革行動從屬於第四產業各個單位隔年的預算中找到七十億到一百億美元的資金，而且我們的進展依然不錯，但這個金額還不夠支付國防現代化計畫和其他政策。此外，我沒有時間一週接一週地持續召開改革會議（這是我就任國防部長以來基本上一直保持的節奏）。再者，國防部長辦公室的層級，需要完全不同的管理系統以及某種領導模式，可以每天和每週都用來提高效率、監督和效果。

我們因此開發了一種新管理結構，讓首席管理官麗莎・赫胥曼（Lisa Hershman）負責第四產業。

我們讓她控制局級單位的「預算和人員」，至於歸類在「活動」類的單位則交由該單位次長負責。這是第一次，第四產業單位現在必須像各軍種一樣，參與制定年度預算和接受計畫目標備忘錄程序的監督。這是我們迫切需要的問責和控制。

大衛．諾奎斯特和我在二〇一九年秋天工作四個月之後，找到五十七億美元——比我期望的短缺幾十億美元。我們花了相當的時間每週在城裡幾小時盯著這些單位。我告訴赫胥曼，她得在下一年「至少再找到五十億美元」。與此同時，第四產業單位的預算不會成長，也不會找各軍種買單。赫胥曼有信心可以交出我期待的數額，軍種部長則很高興他們的預算不會又遭到掠奪。*2

改革的第二條大路開往各作戰指揮部。我不確定各指揮部的預算是否經過詳審細查，或甚至根本沒有審查；但我有信心，一定找得到可以節省的資金。不幸的是，部分作戰指揮部把削減成本和改革當成是五角大廈替他們籌措營運經費。遇到改革問題時，在場沒有一位四星將領自覺，他也應該在改革過程中扮演某種角色。

當然，上述兩種觀點都不正確。我們本來就都有義務好好管理納稅人的錢。我們在國防部實施了有史以來第一次稽核，並且取得了穩健的進展——對我來說，財務稽核是優先事項——但還需要持續執行好幾年才能取得成果。我告訴所有作戰指揮官：「找到效率和該省的資金，是各位考績表上的主要項目。」

*1 譯者註：即本章較前提及的「改革國防部執行商務交易的方式，提高績效和負擔能力」。
*2 原書註：國會多年來一直不滿首席管理官未能交出成績，並在二〇二〇年取消這個職位。但是我們在參、眾兩院的國防委員會表明，如果行政目的與預算目的都出自我手，那麼，我只安排一個人負責第四產業，就表示這件事有希望。那年十一月我離任時，我們還在研究這個問題。（譯按：國防部首席管理官一職從二〇二一年一月一日起取消的條文已經寫入二〇二一年國防授權法案。）

此外，我認為這些改革措施，不僅是為了部隊現代化釋出資金的一種手段，也是我藉此對作戰指揮部實施問責制，同時整飭他們的財政紀律，以加強文官控制的第一波行動之一。

我們深挖細掘所發現的問題讓我們頗感訝異。每個指揮部的計畫、行動、結構和預算都是由一套多年累積的命令、政策和其他指示驅動，再加上分配給他們的任務——多半都是自行編寫的——以及從上述所有文件衍生出的明確的和隱含的，數以百計甚至破千的工作。雖然其中有許多行政命令，但也有許多是沒有必要、不再有意義、過時或過於廣泛的實質性工作；但它們仍然驅動著資源需求，而指揮部也盡責地耗費人員、裝備和資金去執行。這一切都需要細查，每個指揮部的任務聲明都需要國防部長的審查、微調和批准。米利將軍和參謀首長們在我文職政策部門的適當參與下，進行了這項工作。

最後，我要求各軍種更進一步挖掘，尋找經費。我私下感覺，川普領導的政府大幅增長年度預算的時代即將終結。令人遺憾的是，事實證明這是真的。因此，我們需要走在預算曲線下滑的前面。在這方面，每個軍種處於不同的階段，陸軍領先、海軍落後，空軍則介於兩者之間——他們的預算因二〇一九年十二月誕生的太空部隊也顯得複雜。

所有部隊都有現代化計畫，其中一些計畫比其他計畫更積極、更前瞻。為了支付現代化的費用，每個軍種都計畫處理掉不再需要或不足以應付未來戰爭的武器系統。他們也向國防部長辦公室尋求經費。我經常告訴他們：「除非我們更新了對中與對俄的作戰計畫、新的《聯合作戰概念》，再加上有明確證據顯示，貴單位已經辛苦完成改革工作，」否則，「我不打算給你們更多經費，或者改變軍種間的預算分配。」我沒有「免費的錢」可以亂花，不想獎勵不良行為，當然也不想在投資某個特定領域後，卻發現我們走錯路了，正朝著不同的方向前進。

相反的，我的焦點放在投資前十一項關鍵科技能力現代化，我們認為各軍種都能借助這些科技翻轉敵我形勢。* 包括人工智慧、高超音速、量子科學、生物技術、定向能量、微電子和5G網路，能確保在未來戰場上敵依舊不如我。這是一種軍事概念，強調我擁有的壓倒性利益（優勢）遠超過敵人擁有的壓倒性優勢，利益差距愈大，代表我與敵的優勢差距愈顯著，對國家安全至關重要。事實上，我們在這些領域投入了數十億美元；國防部送交國會的二〇二一財政年度研發預算，是有史以來最大的一筆。而我們在二〇二〇年還替二〇二二財政年度編製了預算，也就是拜登政府在二〇二一年送交國會的預算，裡面的研發經費更高。

此外，我們公布了將這些技術現代化的路徑圖。例如，我們加快了高超音速的技術發展，目前計畫從二〇二三年開始部署，同時增加飛行測試，計畫在未來五年內進行至少四十次。在微電子和5G方面，我們改善了取用先進商業和專業微電子的管道──後來致力於「返鄉設廠」，即在美國生產高端晶片──並利用5G的力量來完成我們的任務。作為這項工作的一部分，我們與產業夥伴並肩合作，在十二個國防部基地啟動大規模實驗，以測試和評估5G通訊能力。

在人工智慧方面，許多專家（和我）相信這將改變未來好幾代的戰爭型態，透過聯合人工智慧中心，我們加快了人工智慧能力的規模化部署，以滿足作戰人員的需求。畢竟，我的觀點是，人工智慧會提供決定性和持久的優勢給首先駕馭和掌握它的人。而我們必須是第一個。

為此，我們在首席資訊長下設置了第一個正式的首席數據長職位，發布了第一個國防部數據戰略，指導國防部改進資訊可取用度和可靠度，並公布了第一個人工智慧的倫理原則，以確保美國是負責任地開發和使用人工智慧的全球領導者。最後，我們採取了額外措施，藉由開發有助於高層領導與即時數據互動的平台，以支持管理層營運。如果有一種技術對於對抗中俄、贏得未來至關重要，那就是人工智

* 原書註：《國家防衛戰略》指示國防部「將關鍵能力現代化」，以「了解我們競爭對手的野心範圍和能力增長」。攸關執行《國家防衛戰略》的關鍵技術領域如下：微電子學、自主武器系統、網路、5G通訊、全網路化指揮系統、管制和通訊、太空、高超音速、量子科學、生物技術、人工智慧（AI）和定向能量。

慧。我們還有很多工作要做。

♜

二〇二〇年七月上旬，也就是高層主管會議後不到一年，我公開了一個十分鐘的短片，介紹我們實現這些目標的進展，並且很高興地報告我們在許多方面都取得不錯的成績。[8]由於國防部內很多人因為數週前才發生的社會動盪和當時碰巧發生的其他事情而分心，我覺得慶祝他們的努力和進步，同時讓每個人都專注於繼續實施《國家防衛戰略》的關鍵工作是重要的。而讓國會、智庫圈和媒體知道五角大廈清楚它的使命和首要任務是什麼，以及我們會持續向前推進，也很重要。

然而，我在二〇一九年十月就在盤算，公布《國家防衛戰略》執行進度的時機大約在二〇二〇年仲夏。如果屆時要達標，我不能單打獨鬥，必須納入文職主管共同努力。此外，我還強調文職主管也是國防部領導層的一員，為了實現我們共同目標，由軍、文職人員組成的領導層應該「更緊密、更頻繁地一起工作」。

五角大廈裡面開始流傳一些關於達標和調整流程的閒言耳語，我決定正面對決。我說：「美國是由文人領軍，國防部也是由文職部長領導。為了讓工作更有效率，部長、副部長和其他人必須參與相關程序。」但過去他們不是參與了停滯不前的程序，就是遭到排擠而被迫脫離程序。此外，我告訴各級主管：「我需要願意參與，並且主張他在國防部也必須有適當角色的文職主管。」前人說得好：「在其位，謀其職。」他們也收到我的訊息了。

二〇一九年九月，專門報導國家安全議題的獨立媒體《國防一號》（Defense One），發表了一篇題為〈為艾斯培重申對五角大廈文官控制權計畫歡呼〉的文章。三位作者都擔任過幾位前任國防部長的顧問。他們敏銳地指出，「文職控制是過程，不單純只是人的問題。」他們還補充，「文職人員正在失去對於一些關鍵過程的掌控，包括管理作戰計畫和部署的決策，以及決定美國未來需要什麼樣軍隊的計畫。」[9]針對最後一點，他們並非完全正確，但在前兩個項目上，他們擊中要害。

在接下來的幾個月中，從二〇一九年秋季開始，國防部長辦公室和各軍種的文職主管將開始重新主張控制權，適當且必要地參與各種決策過程。例如，我們的作戰計畫需要更新；如果戰爭是政治的延伸，且在戰爭期間必須時刻不忘政治目標——正如十九世紀普魯士將領和軍事理論家卡爾．克勞塞維茲（Carl von Clausewitz）不朽的至理名言——那麼，國防部由政治任命的文職主管就必須確定，軍方為實現這一政治成果所做的計畫和準備工作，是一致且可信的。這就是我強烈主張親自審閱和更新作戰計畫，並且確定由我轄下政治任命的文職主管領導這個程序的原因。

這意味著由約翰．路德（John Rood）主管的政策部門，必須密切參與這個過程。聯合參謀部的部分參謀拿組織理由反對，他們將作戰計畫視為軍方專屬的領域，路德因而面對一些挑戰。最後是我不得不審閱和批准作戰計畫流程圖，以確保路德與我對政策部門的角色和參與時機覺得滿意。我們最終成功了，因為等到新系統落實，一切都會好轉。

週一下午在五角大廈與作戰指揮官和國防部主管團隊舉行的國家防衛戰略會議上，我們審查了對中國與俄羅斯的作戰計畫，這是一個必要且會反覆出現的議程；政策部門現在正在主導這些審查。此外，四星作戰指揮官在場很重要；因為我們都認同，一旦我們與實力和美國旗鼓相當或相近的對手發生衝突，本質上就是一場全球性、不侷限於亞洲或歐洲的衝突。

衝突也不受限於地理區域。讓太空指揮部、戰略指揮部、運輸指揮部和網路指揮部也與會，勢不可免。當然，北方指揮部對於保護國土，尤其是美國領空免受敵方戰機和飛彈攻擊，更至關重要。

另一個需要文職領導人參與更多的主要議題，是全球兵力管理和部署作戰部隊。國防部長是國防部唯一有權部署軍事單位的人。執行此一作業的工具是一紙部署命令，上面載明派遣任務的詳細訊息。大約每兩週，我的辦公室就會收到幾個內含部署命令以及其他文件的大型活頁夾，讓我審查與核批。受部署影響的的軍種和作戰指揮部，會先研究並協調各單位的意見，再行調整，希望每個單位都同意。如果某個作戰指揮部或某一軍種認為，這次部署在某些方面會帶給他們嚴重困難或極高的風險，那麼，我就會收到「不同意」的公文；這種情況並不少見。一些指揮部太常打出「重大風險」牌，不可避免的，必然引起所有人注意。

我擔任部長的初期，困擾的不是這種互相遷就的過程，而是辦公室裡向我解釋的人只有聯合參謀部幾位穿軍服的參謀。他們排隊行進到我的辦公室後，在大會議桌前坐下，引導我一份接一份看完所有命令。我前幾次會問，「政策辦公室的意見在那裡？他們怎麼說？」或「為什麼喬．克南（Joe Kernan，負責情報的國防部次長）沒有來？他的意見是什麼？」我馬上就聽到答覆，並提醒我「他的辦公室已經簽字了」。但這不是我問的重點；我要的是直接聽到利益相關者的意見，並希望政策部門（和其他人）此時也在場，證明政策已經協調、也達成一致，並提出他們的看法。

我知道有些時候某個部署命令影響遍及所有軍種，但同樣的流程依舊在我的辦公室過場。這時候我經常問，「海軍參謀長和海軍部長怎麼說呢？陸軍的麥康維爾和麥卡錫又怎麼說呢？」我發現，大多數命令都在比他們低階的層級就准了。參謀首長有時候不在會文名單上，通常也不會通知軍種部長。這一切都必須改變。當意見分歧時，我想聽首長、尤其是文職主管的看法，也希望進行健康的辯論和討論。在這麼重要的問題上，僅僅讓聯合參謀部的一些軍官代表各軍種的觀點，並不妥當。

就像我們改變作戰計畫作業流程和改變兵力部署流程，剛開始也遇到一些阻力。但過沒多久，改變就發生了，讓每個人都覺得新常態也很安穩。我們最終也根據問題的性質，在國防部長辦公室增設了幾位文職主管，但那是另一個早期在國防部為了使軍、文職人員恢復適切平衡而推動的改變。

我稍後批准一個新的「全球兵力管理配置計畫」（Global Force Management Allocation Plan, GFMAP），也是基於相同的思路。這個計畫讓美軍的兵力配置與《國家防衛戰略》進一步保持一致。這也引起不小的轟動。GFMAP將各軍種和作戰指揮部的利益調整得更平衡，並將部隊轉用在優先等級更高的任務。我們還提高了許多部隊的「派駐海外與國內服務比」（一個部隊部署在國外的時間與在國內服務的時間的比例），以利官兵有更多時間在家裡恢復和訓練，也讓他們再次派駐海外前有更多的時間與家人相處。

同樣重要的是，我們增加了立即反應部隊（Immediate Response Forces, IRF）的規模、範圍以及戰備狀態，現在它們在行動上更好運用也更靈活。我們現在已經加強各軍種收到命令後幾天內即可開赴戰區的部隊，這種新備戰態勢接著可以演變為「不通知」召集，藉此驗證和評估立即反應部隊得以部署、戰鬥和致勝的戰備狀況。這種戰備演練也是良好的訓練機會，同時，中、俄兩國在實戰中也更難預測我軍的行動。

♜

我在其他領域，也看到文職次長們採取主動，扮演非常重要的角色，這個領域就是他們認為十大目標中有兩個目標，需要開發一個互相協調的計畫。這兩個目標是「發展強化盟友和建立夥伴關係的協調計畫」與「建立符合實際狀況的聯合作戰兵棋、演習和訓練計畫」。這兩個目標其實彼此不僅相關，也和美軍關於立即反應部隊的新作戰觀念相關。不意外的是，他們也引發了不滿，成為他們的內部阻力。

根據我的評估，作戰指揮官的訓練和演習計畫的質與量，並不常符合我的期待。米利將軍也贊同我的看法。作戰指揮部似乎經常為了量及好評，而犧牲質的訓練；但是，質的訓練才能真正改善我們與盟友和夥伴共組聯合部隊*的戰備水準與整合進度。成功的標準，似乎變成逐年計算場次，卻不考慮其價值，亦即這些接受測考單位在施訓後共同作戰和獲勝能力的評估。換句話說，這些演訓場次的代價相當昂貴。

為了達到我們的戰略要求，針對戰備和部署戰力這兩件事，必須將部隊訓練、演習和評估回歸到較為集中化和傳統的立場。到二〇二〇年春天，麥特．唐諾文（Matt Donovan）次長、我和米利每個月都會召集會議，追踪和推動這項計畫，但是進度一直不如我的期待。聯合參謀部已經被幾個重大計畫，如新冠疫情和發展聯合作戰概念等事壓得喘不過氣來，米利也在盡力首尾兼顧。

我還要求米利主席「建立聯合參謀部訓練和演習驗證小組」，該小組可以「環遊全球，進行評估，並向我們回報」。此一作為將有助於「驗證」我們已經開發並開始實施的立即反應部隊與動態部隊調度的概念，並「提供我們關於立即反應部隊戰備情況的及時和準確的評估」。

麥特．唐諾文是主管人事和戰備的次長，他為這個角色帶進豐富的軍、文職經驗。他曾在空軍服役三十一年，也曾在國會山莊工作，然後從二〇一七年八月開始擔任空軍部副部長。雖然似乎有不少他的下屬抵制改革，但他的周全思慮以及實現改革的意願，總是讓我印象深刻。唐諾文依然努力不懈地執行這些計畫。儘管我們盡了力，他後來告訴我，他幾乎天天都在和聯合參謀部為了國防部長辦公室的政策、指導和監督努力拚搏。他有些惱怒地表示，聯合參謀部對於五角大廈在軍事事務上該扮演何種角色的看法根深蒂固。

一些區域作戰指揮部的指揮官也抵制我期待的改變。我想，在他們看來，五角大廈指導的幾個主要部隊演習，會降低他們已經進行數十次的、他們的年度「演習」的能力。我繼續對他們強調「我重視質而非量」，並且再次強調了我對作戰的重視。我在歐洲服役期間，和盟友共同進行的「訂婚排練」（engagement exercises，這是我替那些演習取的名字）的次數夠多了。它們幾乎沒有訓練價值，但非常適合拍宣傳照和作為外交場合的談話要點。然而，這些交戰演習同樣昂貴又耗時。在我看來，如果為了要「驗證並演練我方聯合作戰計畫所需的規模、大小和質量的訓練演習」而資助經費並期待有所成果，就必須「整併和（或）減少」它們。這件事花了比較長的時間，但在我離任時，終於取得了一些進展。

但是，十大目標中可能點燃作戰指揮部指揮官最大反彈的項目，是政策部門提議為了鞏固盟邦、友邦和建立夥伴關係，需要協調制定單一計畫。詹姆斯．安德森（James Anderson）於二〇二〇年春季接替約翰．路德擔任負責政策的代理國防部次長；他花費數個月心血制定的成果，後來成為《聯盟和夥伴關係發展指南》（Guidance for the Development of Alliances and Partnerships, GDAP）。這是同性質戰略中的第一個成果。

安德森在二〇一八年帶著扎實的專業背景到五角大廈工作。他的職業生涯始於海軍陸戰隊的情報官，後於二〇〇一年到二〇〇九年在國防部長辦公室政策部門工作。在此期間他獲得塔夫茲大學博士學位。之後他在華府智庫工作，並在國防大學和喬治華盛頓大學任教。他獲得提名為負責戰略、計畫和能力的助理國防部長，並在二〇一八年八月通過任命之前，是海軍陸戰隊大學的教務副校長。我在安德森這次到國防部任職前就認識他，一直覺得他聰明、思慮周全，而且專業。他是一個真正的團隊合作者，有著嚴肅的態度和舉止；有他經營政策部門，我覺得很好。

俄羅斯和中國正在發展不對稱戰力，例如高超音速飛彈和太空武器。這類武器的設計目的在於抵消美國的強項，就是由盟友及合作夥伴構成的全球網路。我們有幾十個盟友與夥伴，俄羅斯和中國只有少數幾個，而且結盟的品質不無疑問。為了完善優勢，國防部只能有一個聲音；但很多時候，推動美國與國際互動關係的卻是作戰指揮部的區域優先事項和軍種的狹隘利益。國防部的幾位主管各自為政，各自

＊原書註：國防部對「聯合部隊」的定義是：由兩個或多個軍種部門（如：陸軍部、海軍部）的單位組成的部隊，在一位聯合部隊指揮官指揮下運作。例如，像歐洲指揮部這種擔負區域責任的作戰指揮部是一支聯合部隊，因為它就像國防部下的其他作戰指揮部，是由多個軍種部門指派或配屬的部隊組成。

提議他國軍方優先採購另一種不同的武器系統，這種情形所在多有。例如，海軍部長要求某國購買新艦艇或飛彈，陸軍首長鼓勵該國購買新的地面車輛，空軍領導人可能提議買新型戰機，區域作戰指揮官可能推動完全不同的軍購方向；而且這些事情全都在短短幾個星期內發生。做這種事的人，不可能是要刻意打擊國防部，然而這種做法讓我們的盟友困惑和沮喪，並導致不必要的延誤，可能正好中了該國官僚主義的圈套。由於資源有限，再加上對方希望美國提供明確的方向，這種互動型態往往導致合作夥伴的作戰效率以及與我們的作業互通能力降低。GDAP可以解決這個問題。

透過GDAP，我們可以優先處理與夥伴的安全合作活動並校準雙方需求，從而建立夥伴的安全合作能量，還能清楚表達國防部需要夥伴國優先擔任哪種作戰角色，幫助他們將其軍隊塑造成戰力更強的部隊。該計畫的四個支柱項目是關鍵領導人參與、國際專業軍事教育、國家夥伴關係計畫由國民兵部隊全盤管理，以及對外軍售。所有計畫項目都是成功的，而且我們計畫將每個項目提升到新水準，例如擴大非常成功的國際軍事教育和訓練項目——盟軍和合作夥伴軍種成員通常都是到美國接受訓練或參加各種班隊——計畫在未來五年內成長百分之五十。

許多類似GDAP這種會威脅現狀的策略，往往引發抗拒和焦慮。有些人很單純，就是不喜歡改變；其他人則認為他們的計畫受到威脅、審查或純粹就是失敗。這些積重難返的官僚（軍、文職都有）多數時候擺爛以對。有鑑於此，我們花費數個月才成功說服區域作戰指揮部將五到八個國家列為優先處理。國務院永遠不會這麼做，而是告訴我們「所有國家都很重要」。嗯，正是在這種時刻，才能理解一支強有力又積極任事的文職領導隊伍的必要。畢竟，國防部的外交政策得靠國務院幫忙。儘管安德森具有這種領導能力，但在迂迴了幾個星期試圖解決他與指揮部的齟齬卻收效甚微後，他將GDAP這個案子的相關文件交還給我。

我從來不是一個尋求百分之百共識的人，我只是一個讓每個人都有百分之百的機會分享他們看法的人。我們聽到他們的聲音，現在是向前進的時候，我們要為更大的利益做最好的事情。我在二〇二〇年十月簽署 GDAP，並在同月發表重要演講。[10] 拜登總統就職後，有幾位五角大廈的高階主管私下因為 GDAP 稱讚我，這讓我很受鼓舞，因為它竟也可以承受總統換人的過渡期和一些作戰指揮官的抵制。

關於文職與軍隊關係的一些最後想法。根據我多年來在五角大廈和國會山莊工作的經驗，我相信國會在賦予五角大廈文職領導層權力和協助恢復那裡的權力平衡方面，可以發揮關鍵作用。首先，參議院需要在快速審查和確認出任國防部提名人選方面做得更好。國防部長的任命通常在政權交接後頭幾天就可以確認通過，這很好；但是隨後卻需要幾個月，甚至一整年，才能完成國防部每一位官員的政治任命程序。

此外，要是無法做到快速確認所有文官的政治任命，即使第一批獲得確認的文官先就位，也會損及軍、文關係以及文官控制。當文職人員不在五角大樓的關鍵職位上，聯合參謀部和作戰指揮部的軍職專業人員，挾其大參謀群、流程上的勢力，以及遇到空缺職位的挑戰也絕少失措、牢不可摧的領導層支持下，就會填補空缺。

其次，作戰指揮官應該赴國會作證；或者在大多數情況下，只在國防部長辦公室的同事陪同之下與國會議員和國會山莊的幕僚會面。這種做法可以重申文職人員的優先地位以及對軍隊的控制，還可以將國防部必須由文人領導的視角傳達給國會監督者知曉。

對於建設性的軍、文職關係，國會有另一個能加以肯定的重要方式，便是尊重文職主管提出的改革倡議，避免受到幕僚職的軍種軍職主管（無指揮權）或作戰指揮部主管（有指揮權）為了保護自己的地盤或推動自己的進程，迴避問題而非正面解決問題帶來的影響。削弱文職領導層最快的方法就是賦權給這種不良行為，這不僅損害文官控制軍隊，而且還會抑制任何國防部認真進行改革的熱情。歸根究底，看過全局的人是國防部長：這個職位上的人，一個地區接著一個地區、一個領域越過一個領域、一個職能跟著一個職能，經歷過現狀也思考過未來。他也是決定如何權衡和進行必要調整，才能確保我們國家安全，最有能力和最負責任的人。

接下來，參、眾兩院的軍事委員會應該支持在國防部大多數的局、處單位聘用文職人員。我擔任國防部長時，開始朝這個方向努力，任命了多年來第一位文職人員擔任國防安全合作局局長，取代之前的一位三星級將官。國防部後勤局、國防部合約管理局和國防部衛生局，也應該由文職人員擔任主管，就像國防部合約審計局以及國防部福利社管理處，已由文職人員擔任主管一樣。簡而言之，除非有其他讓人信服的理由，否則任何以「國防」一詞開頭的單位，都應該由文職人員領導；最好是在該領域或產業的私營單位具有長期經驗的文職人員領導。推動這個措施的另一個好處，是減少各軍種將級軍官總人數的機會。這是另一個我努力推動的措施。

最後，國會應該建立一個多年程序，評估過去幾十年裡國會要求和立法的各種累積效應——可以從一九八六年的高華德・尼可斯改革法案（Goldwater-Nichols Act）開始——並確定哪些條款淡化了國防部文職主管的角色、責任、義務和權威，甚至扭曲了軍種和作戰指揮部之間的權力平衡。我在二〇二〇年十一月離任後的那幾天，私下向參議院軍事委員會與眾議院軍事委員會的兩位主席提出了這個想法。我仍然願意和他們合作，推動這項重要計畫；如果國會需要我協助，我會以普通公民的身分參與。

第 5 章

緊張情勢升級

我們靜坐著，完全無聲，看著數千哩外川普政府最重大的軍事出擊在螢幕上展開。一個可能導致暴力報復的行動，也是我們覺得只能進行而別無選擇的行動。這是一個可能改變中東格局的大膽行動，也是對唐納・川普身為三軍統帥的重大考驗。

二〇一九年九月十四日，就在參議院通過任命我為國防部長近兩個月之際，伊朗對位在沙烏地阿拉伯阿布蓋格（Abqaiq）的主要煉油廠發動無人機攻擊。這是伊朗為了展示能力，針對兩個地點所策劃的複雜行動。阿布蓋格是世界上極重要的產油設施，若能成功將其摧毀，不僅影響沙烏地的經濟，也將影響全球石油價格。被聯合國列為恐怖組織的葉門胡塞運動武裝組織出面邀功，表示這是他們的傑作，但無人機的發射點並非葉門。

沙烏地阿拉伯領導層則大為震驚。他們認為這次攻擊史無前例，同時也擔心這是伊朗針對他們展開大規模作戰的前奏。我很快就約見美軍中央指揮部指揮官麥肯錫將軍及國防部其他領導幹部，討論如何增強防禦沙烏地，並再次向他們保證我們的支持。沙烏地最需要的是防空資源，我們也已經在該國部署多套愛國者防空飛彈，但麥肯錫和沙烏地都希望增加數量。問題是，陸軍就只有這麼多套，我無法承受將大部分愛國者飛彈投入同一戰區的後果。

沙烏地阿拉伯的愛國者飛彈數量足夠，但因維護不善，大多無法使用；其他沙國操作的武器系統一樣有相同的問題。這是我任職國防部長期間一直無法解決的癥結所在。其餘的飛彈都集中防衛來自南方的葉門的攻擊。現在沙烏地不得不擔心來自東部和東北部的伊朗帶來威脅。尤其讓人不安的是，伊朗的彈道飛彈和巡弋飛彈數量與形式，在中東地區都首屈一指。這些系統準確，大部分飛彈的射程足以攻擊近鄰，部分飛彈的射程可以打擊到東南歐的目標。[1] 一旦開戰，伊朗的飛彈會是美國及其夥伴的最大挑戰。

雖然我承諾支援沙烏地阿拉伯一些額外的美國防空裝備，我也立即要求麥肯錫和負責政策的國防部次長路德與北約盟國聯繫。許多北約成員擁有愛國者或其他相容的系統，可以協助填補防空系統缺失。然而，即使我們已要求多月，除了希臘，沒有第二個國家出面幫助沙烏地。

沙烏地也要求我們啟動美軍的作戰計畫，大幅增加一系列用於他們國家的防禦資源，明確地藉由調派部隊進入戰區的方式，擴大美國的承諾。他們在這些事務上連續力推多月，甚至我與王儲穆罕默德・賓・薩爾曼在利雅德會面時，以及他們與白宮的後續通訊中，都沒放棄此一想法。

但當時的狀況還不至於需要採取這一行動，而且，我深信總統不會支持這個想法。畢竟，他多年來一直強烈要求從中東撤出，而非在那裡投入更多軍力。我們也必須小心不讓德黑蘭接收到錯誤信號，以及避免萬一我們犯錯而導致意想不到的後果。沒有人想要戰爭。但是從我們的角度來看，美國支持沙烏地是防禦性質，如果改從伊朗的角度來看，可能會變成我們對伊朗發動進攻的第一階段；這種誤判形勢的結果，可能會迫使伊朗先發制人。另一方面，聽憑情勢任意發展，也很可能助長伊朗更挑釁。找到運用威懾的時機，也就是無作為和挑釁之間最佳平衡點的時機，始終是個挑戰。

我們沒有實施完整的作戰計畫，但我們決定部署「開放戰區」所需的部隊，即後勤、運輸和其他非戰鬥部隊，這對於接收、處理和支持進入戰區的各作戰部隊至關重要，但需要長時間才能部署和開設完畢。現在先讓它們到位，有助於讓沙烏地放心（再次得到保證），並在日後情況惡化時，為我們節省大量時間。這種做法也不會過度嚇到德黑蘭。

二〇一九年九月二十日星期五，鄧福德將軍和我在五角大廈簡報室對媒體宣布，防空和飛彈防禦部隊與其他武器裝備將很快運入該區，協助保衛沙烏地阿拉伯，再次向合作夥伴保證，阻止伊朗的進一步侵略。在幕後，我們持續與美國中央指揮部合作，微調軍事選項，備妥局勢升級之際可讓總統選擇的應對方案。這個過程後來一直延續到秋季。

國務院同時也積極要求歐洲盟友加入，敦促英、法、德三國公開究責伊朗攻擊煉油廠事件，並要求德黑蘭停止挑釁。由於伊朗總統哈桑·盧哈尼即將出席在紐約舉行的聯合國大會，時機特別敏感，但三位歐洲領導人在九月二十三日就發表了一份有所助益的聲明。

十月三日，國家安全團隊在戰情室與總統會面。馬克·米利將軍此時已經就任；他在鄧福德將軍功成身退後，於九月三十日接任參謀首長聯席會議主席。川普總統坐在小房間前頭，他的黑色皮椅後方——在房間大螢幕的另一端——掛著一個大盤子大小的總統徽章。我，然後是米利，緊鄰他的左邊坐著。狹窄的會議桌上散落著各種電線和電話，副總統、國務卿、國家安全顧問和其他人坐在我們對面；其他幕僚則靠牆排坐在他們首長身後。雖然我們為了作業安全，總是盡量將參與會議的規模縮小，然而規模愈小的會議，總是有愈多其他人設法找到管道進來。

所有人在總統抵達前都到了，正好趁機閒聊。我們設法在川普座位前的桌上騰出一些空間，置放圖片和其他資料。總統通常準時到達，穿著他的招牌藍色西裝、白襯衫和紅領帶；他一本正經地進來，掃了房間一眼後，走向自己的座位，一邊跟每一個人打招呼。

會議先簡短討論土耳其與敘利亞邊界附近的緊張局勢，以及國務院與國防部做了哪些努力讓雙方保持距離，並提出讓安卡拉降溫的解決方案，以維持該地區穩定。在過去幾週裡，我曾經多次私下與我的對口、土耳其國防部長討論這些議題，但是很明顯的，土耳其總統艾爾多安（Recep Tayyip Erdogan）決心在敘利亞北部開闢一個安全區。這是土耳其這個北約盟國多年來未放棄的野心。龐佩奧和我以非常簡短、實事求是的方式陳報我們的最新資料。米利將軍補充了一些關於地面部隊的兵力部署與停留在敘利亞的美國工作人員分布情形。

川普的反應是重申他長久以來的想法。幾個月前伊斯蘭國（ISIS）在敘利亞戰敗逃竄後，他就希望一勞永逸地從該國撤軍。當時我們有所不知的是，土耳其軍隊會在接下來的那個星期越過土、敘邊界到達敘利亞東部，完成其覬覦多時的目標。米利將軍（就像他前任鄧福德一樣）與我都反對此舉，也反對總統急於從敘利亞撤出所有美軍的想法；我們也在土耳其入侵敘利亞前幾天，即艾爾多安總統與川普總統電話會談前，就這兩個議題向川普總統提出我們的看法。然而，我們從總統那裡得到的最佳結果，僅是同意美軍不會以任何方式支持土耳其。在米利的建議下，我們決定立即從邊境地區撤出幾十名美軍，以免他們被困在敵對雙方的戰區裡。[2]

在土耳其攻擊之後，我公開批評艾爾多安的行動和土耳其的行徑，與其盟友的身分不相稱；我還指出，艾爾多安與川普交談時似乎已決心逕行入侵。[3]後來，在國會主要成員的協助下，我們意外地成功說服總統改變想法，允許在敘利亞東部保留足夠的美軍以持續支持敘利亞民主軍（Syrian Democratic Forces），確保擊敗伊斯蘭國的戰果能夠持續，幫助保護伊拉克，並密切關注伊朗動態。

回到十月三日的戰情室。我們隨後轉談伊朗，也就是這場會議的目的。我告訴川普：「主席和我想向你介紹一套以伊朗多項武器裝備為目標的最新選項，每一項都有不同程度的影響、估計的傷亡人數、困難度和風險程度，以及預期的反應。」他看著我，點了點頭。

我們使用了鄧福德開發、米利修改的「熱點圖」向川普介紹現況。讓總統保持專注是一項挑戰。我參加的會議已經多到不止一次有這種經驗：萬一他腦海中閃過一個新想法，例如他在電視上看到了什麼、或者聽到有人發表了誤導他的評論，原本已經涼透的討論就開始轉向。不知何故，我們經常轉向的主題就是那麼幾個，他在這十年來最偉大的成就：北約的國防支出；梅克爾、德國和北溪二號*；阿富汗的腐敗；駐韓美軍；以及關閉我們駐非洲的大使館等。我第一次體驗到全套這種行為是在二〇一九年八月，在紐澤西州貝德明斯特舉行的一次本該專注在阿富汗和平協議的首長會議。

對話就像遊樂場的彈珠臺。你知道鋼珠會從哪裡啟程、在哪裡走到終點，但中間的路徑是混亂、崎嶇不平、不可預測的。把這個比喻再延伸一些，你的鋼珠在過程中撞到哪些人，決定了總統給你加分或減分。這就是和川普開會時會發生的狀況。因此，我們認為一些非常簡單和視覺的東西，不僅可以幫助我們解釋複雜的軍事問題，更可以幫助我們控制論述，就像在彈珠臺內狹窄的中間通道上擺個護欄一樣。

我把圖表放在總統面前的會議桌上，他迅速靠過去。你可以看到他的眼睛在彩色方框和線條構成的大圖表周圍轉來轉去。為了填補空檔並避免不相關的問題，我迅速向川普解釋：「比較容易的選項在圖表左側，繼續向右移動，難度和後果的選項更多，最右邊是最困難、危險和毀滅性最高的選項。」我們確實使用了一個橫跨圖表、從黃色變為紅色的彩色橫條；當你從左到右逐項依照顏色檢視、識別升級選項時，會覺得「愈來愈熱」。

在圖表頁頂，我們以較大的字體列出總統反覆提到的關鍵目標。因為資料份數不夠分發給所有人，我把關鍵目標讀出來讓大家聽到。從「不與伊朗開戰」和「伊朗不能擁有核武」開始，我們想提醒總統他所說的話，讓他知道我們在聽，並確保房間裡的其他人，尤其是像好戰的鷹派、國家安全顧問羅伯·歐布萊恩（Robert O'Brien），以及程度上較不鷹派的國務卿龐佩奧和副總統彭斯（Mike Pence），都會聽到這些是總統的觀點。有時候，其他內閣成員如商務部長威爾伯·羅斯（Wilbur Ross）也會出席，並全力支持採取強硬行動。結果不難想像吧。我們希望每位與會者都從這些基線，亦即川普親自批准的原則開始討論，以防止討論變渾濁——這種情況經常發生。在我看來，如果我們錯誤理解川普的立場，那麼當場就可以改變。但是，沒有人挑戰這個公式。

＊譯註：北溪二號為俄羅斯供應天然氣給歐洲的管線。建造初期即遭到美國反對，最終德國也未通過其營運許可。

在圖表頁底的每個選項下方，我們列出每個目標的戰鬥損害評估預測。我明確表示「這些數字包含預估的軍民傷亡人數」。我是在六月經歷了總統變卦，取消回擊伊朗擊落美國無人機的過程後，在簡報時加上這一點。簡而言之，我們希望這些選項的關鍵細節，從共同的戰略目標到獨特的戰術考慮，都能夠非常清楚呈現，避免產生誤解。

說到這裡，我請米利將軍接著發言。他開始為總統詳細介紹每一個選項。他也會回答諸如「這需要多少飛彈？」或「你怎麼知道會有那麼多傷亡？」之類的問題。有時候，中央情報局局長吉娜・哈斯佩（Gina Haspel）或她團隊中的某個人會發言並回應總統。

川普的回應和他在六月會議中的回應一樣，他傾向攻擊高端目標，那些造成最大損失的目標。我們覺得他應該會這麼說，他想「摧毀」伊朗的核子基礎設施。我們認知這一點，帶著他瀏覽一張小地圖，指出關鍵地點，然後用基本術語描述我們將如何做到這一點。川普彎著腰、瞇起眼睛，仔細看著地圖。他會點頭說：「好，好。」接著，他總是會說：「就這麼辦，就這樣辦。」

我經常不得不指著圖表頂部說：「總統先生，你說，『不與伊朗開戰』。如果我們這樣做，那麼，就會很有可能與伊朗開戰。」我會繼續以敬肅的態度說明這件必須嚴肅以待的事：「如果的確可能，那麼我們就必須在開戰前做好準備。」

然後，我和米利會回頭說明，從戰力顯著成長、到延長時間線以及其他種種開戰的顧慮。我們會完成對於成本、預估死亡人數和戰爭可能性的評估。總統會專注地看著、停頓，往後倒、靠在椅背上，雙臂交叉放在胸前、再放下。他也會環顧桌子一周，估量其他人的反應。這些事情顯然引起了他的注意，就像一個大聯盟打者看著快速球朝他下巴飛來一樣，後果是嚴重的。

龐佩奧通常不大說話，他通常也喜歡較強硬的回應，有時會挑戰對伊朗反應的評估。這是一個公平的討論，我們經常會轉向中央情報局局長或國家情報總監，請他們提出看法。「伊朗會如何回應？」這個問題一直懸而未決。這當然是未知數。但是，我認為我們應該假設最壞的情況，並做好準備，應付這個可能性。我總是會說：「總統先生，既然我們肯定不知道，那我們就應該做最壞的打算。我不建議這個（強硬選項）；但如果這是你的決定，我們需要時間來設置戰區，投入更多兵力，並為全面衝突做好準備。」簡單地假設伊朗這樣的國家或許只會翻個身，或許對美國的重大攻擊輕微反應，賭注都下得太大。

然而，在中東增派美軍，尤其是我們需要的規模，與川普想要做的恰好相反。他在這件事情上的態度是一貫的。當我和米利說明他所希望的部署將是什麼情形時，他會退縮。

♜

國家安全顧問羅伯．歐布萊恩在兩週前九月十八日才上任，對他來說，這一切都是新體驗。他發言時先說了國防部兩句好話，稱讚國防部「整合所有工作，表現出色」；接著他提出自己的評估，然後提高音量表達支持：「狠狠打他們一頓。」——他經常講這句話，講成了他乏味的招牌口頭禪。這句讓他聽起來很強硬的話吸引了川普，但我認為這很魯莽，並不必然是國家安全顧問該有的態度。相反的，他的工作應該是在各部會間協調政策，並確定所有相關方的觀點都得到表達的機會，而不是只照顧自己的喜好、推出自己的計畫或迎合總統口味。這樣對任何人都沒有好處，包括川普，而且長久下來只會變得更糟糕。

我是在歐布萊恩出任國家安全顧問後才認識他。就這個職務而言，以他的經驗和背景，與過去的國安顧問相比，分量似乎輕了一些；但他是聰明人，意氣風發，我認為他會逐漸勝任這份工作。在他上任的第一個星期，我在五角大廈為他辦了一場早餐聚會，歡迎他就職。

我們相談甚歡，我也分享了我對國安會目前優勢和劣勢的看法。前顧問約翰．波頓做得非常好，但我告訴他，國安會的角色是「多協調、多商量」，「少指導、少涉入部會事務」——這是我和許多內閣同僚的共識——「總是會受到歡迎」。

歐布萊恩說「我同意」，並承諾這樣做，接著說他打算「大幅縮減國安會的規模」，這也有助於限制國安會過度干預。

我告訴歐布萊恩，我的工作是「在我們必須在向總統提出任何建議前，先向你和龐佩奧簡報，以確保你了解情況、徵求你的意見，並希望得到每個人的支持」。這樣做很重要，不僅因為國家安全官僚機構的內部政治需要協調，以及與總統之間可能出現的互動關係，也因為國務卿負責美國整體的外交政策，國家安全顧問的責任則是橫向協調聯邦政府各單位。

「如果我們三個人在提報總統的事情上立場一致，總是最好的。」我說。波頓在這方面做得很好。「至少，」我補充說道，「不管陳報什麼事，我們至少要先討論過。」不幸，實際情況並非總是如此。這是另一個時間愈久、事態會愈糟的問題。

我們的第一次會議進展順利，但隨著國安會和歐布萊恩個人對國防部和其他部會愈來愈嗤之以鼻（干預的手也愈伸愈長），問題不可避免地出現了。他們還傾向於針對一些我認為與實際後果脫節的議題採取強硬立場。

也許他們覺得他們必須放大川普的觀點，即使他們不知道川普的觀點到底是什麼。又有誰知道呢？這些傾向通常是危險的，後來成為龐佩奧在國務院為中央情報局局長吉娜・哈斯佩、財政部長史蒂夫・梅努欽和我舉行每週早餐會報的討論話題。龐佩奧後來告訴我，他後悔向總統推薦歐布萊恩擔任國家安全顧問。

回到戰情室。我和米利將軍主張，根據我們陳述的政策結果，漸進回應伊朗的行動。我還必須估算我們的行動可能形成的後果，評估它們可以如何升級，並運用我還在進行聽證任命時列出的「九點考慮」來思考處理的方式。今天的重點不是挑一個選項，而是在我們還有時間的時候，看清楚不斷變化的情勢。

我們還需要考慮更廣泛的問題，包括建立戰力、將美國公民撤出該地區、與國會諮商以及獲得盟友和夥伴支持所需的時間。

關於美軍，我不想在任何一個地區不必要地部署太多部隊。無論你在什麼時機這麼做，一旦局勢穩定，似乎就非常難將部隊拉回來。指揮官們會爭取他們留在戰區，我們的合作夥伴則會抱怨自己非常脆弱，國會山莊的一些立法者更會說我們「放棄盟友」，我們甚至也必須考慮到對手可能的結論是什麼。

米利指出，正如鄧福德以前說過，捲入一場戰爭比擺脫一場戰爭要容易得多。我不僅同意，還要加碼同意。好消息是，川普不想要戰爭；他可能有很多隨機想法，又經常前言不對後語，但他對戰爭的態度始終明確一致。話雖如此，矛盾的是，他有時候認定美國既可以有所動作又可以全身而退，而導致開啟戰端的機會微乎其微。

總統經常和其他人在這間會議室，外國領導人如以色列總理班傑明·納坦雅胡（Benjamin Netanyahu）也是其一。納坦雅胡有一次告訴他[redacted]*。我相信我和納坦雅胡見面時，他也會這樣對我說；所以我有信心，他也會對川普說同樣的話。

在我看來，川普這次似乎賭得太大，尤其是在短期內並沒有迫切需求的情況下。[redacted]

*原書註：有關本書遭審查刪除的內容若有異動（包括新內容或文字修改）以及其他信息，請關注我的網站 marktesper.com。

[redacted]。根據以色列媒體報導，以色列國防部官員甚至在德黑蘭發展核能力進展很久後，某個時間向上級簡報時仍表示，伊朗還要兩年才能夠組裝出一枚核武器。[4]

我和米利將軍離席時，對我們就總統的期望和需求所傳達的資訊感到滿意，而且我們很有信心，對於這些議題該從哪些角度考慮，都提出了所有正確的觀點。然而，我們仍然覺得，圍坐在會議桌旁的人之中，有太多人想對伊朗發動攻擊。

我的戰場經驗與米利相形見絀，但諷刺的是，會後我們倆朝座車方向走去時都忍不住提到，會議室裡只有兩個人有戰場經驗，卻是所有與會者中最不願意看到輕啟戰端風險的兩個人。

接下來的幾星期和幾個月，我們在五角大廈繼續改善我們的計畫。麥肯錫努力改進他在該地區的防禦和軍事能力，尤其是在伊拉克。我們都密切注意伊朗和在巴格達的什葉派民兵組織。

十月下旬，我前往伊拉克、沙烏地阿拉伯和阿富汗，與相關官員會面，也和我們在當地的駐軍聊聊。在沙烏地阿拉伯，我探視了駐在蘇爾坦王子空軍基地的部隊，這是我們進入該國的主要接應點。它在大多數伊朗飛彈的射程外，但我們仍必須有所防禦。

我花了一些時間與操作愛國者飛彈系統的官兵寒暄，希望更了解他們如何看待他們的任務以及主要的挑戰。在基地周圍平坦炎熱的沙地上，他們是堅韌不拔的存在。部隊已經在修建護堤強化安全，士兵已經適應了他們的日常生活。

當我與位飛彈連連長交談時，她和許多其他前線部隊的年輕幹部一樣，讓我留下深刻印象。我通常可以從那些在第一線執行政策的人身上學到一、兩件事；很難相信二十五年前的我也像他們一樣。我現在覺得自己老了很多，但是，看到這些長期遠離家鄉並身處某種程度危險的官兵的奉獻與投入，卻讓我留下更深刻的印象。美國應該感到自傲。

十月二十三日，我在巴格達與伊拉克國防部長納賈・哈桑・阿爾・薩姆馬里（Najah Hassan Ali al-Shammari）會面，討論了一些問題，包括重新部署一些從敘利亞東北部移防的美軍，以及逐漸減少留在伊拉克的美國工作人員的計畫。阿爾・薩姆馬里的話不多，身高略高於六呎，頭髮稀疏灰白，留著相襯的灰白八字鬍。他的經歷與我相似，他畢業自伊拉克的軍事學院，在軍隊服役多年，並於二〇一九年夏天成為國防部長。

阿爾・薩姆馬里是一個聰明且受過良好教育的人，了解我們面對的所有矛盾因素，但身為遜尼派的阿拉伯人，卻處在由什葉派主導、特色是暴力、騷亂和黨同伐異的政治體系中，他能說能做的事有限。他親美，處理問題的方式與我所期望職業軍官的表現沒有兩樣，所以我不會過度擔心他謹慎的沉默；相反的，他的部門低調地支持駐伊拉克美軍，以及他傳達給我的個人保證都很有幫助。

我們在這個國家還有五千多名工作人員，計畫到明年夏天減少到三千人，之後會更少。伊拉克軍隊進步相當大，這代表我們可以減少我們的訓練計畫。話雖如此，我們仍然希望將武器裝備留在當地，一方面對伊斯蘭國進行反恐攻擊，同時密切關注伊朗。儘管伊朗在伊拉克的勢力與影響力已經相當明顯，若是美國決定完全撤離，等於開門揖盜，創造一個真空，請德黑蘭進來填補。

我告訴阿爾・薩姆馬里：「我們致力協助伊拉克加強安全。」我接著說，雖然我們不希望美國在貴國永久存在，「我們確實希望伊拉克為我們提供安全措施。」這句話的意思是，美國會積極保護基地，並「逮捕任何企圖攻擊或進行攻擊的團體或個人」。我在這些議題上對他強烈施壓。

我的團隊確信，在會議室裡至少有一位對方的人同時在向德黑蘭回報會議內容。坐在我對面的與會者，不是在啜飲小瓷杯裡的濃咖啡，就是在向我問好寒暄，這個實境的趣味和挑戰就是找出可能是哪一位。無論如何，我想確保我把我們的意圖和決心表達得清清楚楚。我補充說道，也讓所有人聽到：「我們不想看到伊拉克再次成為戰場，我們也不想與伊朗開戰，」但「我們將保護我們的人民和利益避免受到任何攻擊，並將堅持由伊朗負責。」我認為那是明確的。

從那個月剩下的那幾天開始到十二月，因為美軍不斷進入沙烏地阿拉伯，伊朗和伊拉克一直是外界關注的焦點。我在十月下令再部署兩個戰鬥機中隊到該地區，從伊朗攻擊沙烏地煉油廠以來，我延長派駐或新派遣的兵力總數達到三千人。與此同時，伊拉克什葉派民兵組織持續對駐伊拉克美軍進行隨機火箭攻擊。當德黑蘭加快腳步擴大這種邪惡行為時，我們則持續維持警戒。

於此同時，阿富汗和平計畫停滯不前，接著有委內瑞拉和土耳其問題，尤其是後者入侵敘利亞北部，也引起我的注意。我與龐佩奧的每週會議重點都放在這些事情上；我與國防部副部長諾奎斯特、負責政策的國防部次長路德以及米利將軍的內部討論，也聚焦在即將提交的預算、作戰指揮部審查和部門的日常功能運作。

我還需要找一個新的幕僚長。丘寧已經努力工作了不短的時間。他剛有一個年輕家庭，需要付出更多心力，這點我完全能理解。優先考慮孩子是雙薪父母的基本兩難，特別是對日出之前就抵達辦公室、到日落之後才能離開的人來說，尤其是個挑戰。我經常感到遺憾，孩子還小的時候，我沒辦法多花時間陪他們，所以我相當尊重丘寧的決定。我只是需要時間來為五角大廈裡最重要的職位之一找到適當人選。然而，這件事不得不多等幾個星期。

♜

十二月二十七日星期五，位於巴格達北部基爾庫克的一個伊拉克軍事基地遭到火箭攻擊，導致一名美國承包商死亡、四名美軍受傷。這次攻擊與之前發生的十一次攻擊一樣，也有與德黑蘭結盟的什葉派民兵組織參與的明顯跡象；我們最後確知，該組織是真主黨（KH, Kata'ib Hezbollah）。長期以來，伊朗一直支持與伊斯蘭革命衛隊關係密切的真主黨，它是伊拉克最核心和最有能力的民兵組織之一。

美國當時正值耶誕節假期，但報告一傳來，諾奎斯特、路德、米利、麥肯錫和我，就各自在家裡用安全電話開會，以了解攻擊細節，在伊拉克加強防禦，並開始討論對應的軍事選項。對方跨過了紅線，導致一名美國人身亡，我們非得回應不可。否則，下一次的攻擊會更猛烈，可能造成更多死傷。我們必須阻止這種結果。總統正在詢問我的建議為何。

二十八日清晨，我透過安全電話與米利將軍交換意見。中央指揮部證實，真主黨應對這次發射三十多枚火箭的攻擊行動負責。我指示了共六個方向請他追查。第一個是找出要為納沃斯・瓦利德・哈米德（Nawres Waleed Hamid）遇害負直接責任的人。哈米德是伊拉克裔美國語言學家，他的遺孀和兩個年幼的兒子住在加州薩加緬度市。[5]

當天稍晚，麥肯錫將軍向我們幾個人簡報他的應對計畫；我與米利協商後，做了一些調整，批准了該計畫。第二天一早，我們最後一次通話，再核對一次行動內容。一切都還來得及。我們的應對方案概念非常直截了當——美軍派出一隊F-15戰機，攜帶精準彈藥，對伊拉克和敘利亞東部的真主黨軍火庫與指揮中心進行空中攻擊。這種做法不僅傳送我方意志堅定的訊息，也懲罰他們殺死一名美國人，並且挫敗他們可能正在準備的下一個計畫。

不久之後，我打電話給在佛羅里達州度假的總統，向他簡報現況。一名助理接電話後不久，安全電話另一端就傳來總統的聲音。川普總是事必躬親。「馬克，你好嗎？」他說。我告訴他，我打電話是關於一位美國人死亡的攻擊事件，向他簡報我們建議的應對方案。

「好，好，」他說。「你的意見是什麼？」我提綱挈領地說明應對方案的思路。我告訴他：「美國戰機將在黑夜掩護下攻擊多個地點，」並且「我們相信這些是我們計畫打擊的真主黨目標。」我明確表示：「可以確定的是，一定會有部分民兵在攻擊行動中死亡，甚至一些伊朗平民也會遭到波及，」我很快補上一句：「但是，我們仍然建議這個選項。」

當我們討論的是真實的軍事行動選項時，例如今天這種情形，我經常發現川普會很專心，似乎在仔細聽我解釋、權衡和評估，這是好事。我們見面或一對一交談時，他的想法會比較開明，動作、手勢也比較少。相較之下，他在群體場合時，很享受藉著煽風點火、鼓動不同意見或不同的人對抗，再由他拍板定案所帶來的情節和表演。因此，我的對策是在橢圓形辦公室或戰情室會議上更言簡意賅——保持冷靜，做好準備——並將我最好的論點或想法留在更多的一對一會議時表達。和川普治理的白宮裡面那些阿諛奉承的人推動或支持一些糟糕想法形成的混亂相比，我在幕後招募盟友，在更個人化的環境中贏過他們的機會將更高。然而，我並非總是能夠堅持我的對策。有時候你非得大聲說出來、劃清界限並堅決反擊。即使長遠看來，這麼做意味著你把自己的前途置於險境。

關於伊拉克，我已陳報總統，一旦所有準備工作就緒，行動將在十二月二十九日中午前、巴格達時間入夜不久後啟動。由於我們之前已經多次討論，川普對大致情況和主要參與者都很熟悉，所以他很快就批准我們的建議。掛電話前，他說：「做得好，馬克。謝謝。隨時通報最新情形給我。」

我和龐佩奧就這次行動本身、如何穩住我們的合作夥伴和如何發布公開訊息討論多次。我們決定由我事先打電話給伊拉克總理阿迪勒·阿卜杜勒－馬赫迪（Adel Abdul-Mahdi）。我在發起攻擊前就在電話上通知他，我們打算怎麼做以及這麼做的原因。阿卜杜勒－馬赫迪不高興，要求我們取消行動；他認為這是「侵犯伊拉克主權」，讓衝突升級，還可能造成伊拉克嚴重的動盪不安。在我們看來，我表示「伊朗和民兵組織是升高衝突的始作俑者」，他卻毫無反應。我對他直言「我們有自衛的權利」，以及我們長久以來一再表達的立場——我和他在十月會面時也提到過：「伊拉克政府必須確保我們的安全。」

國防部長久以來一直擔心，一旦伊拉克政府對美國藉軍事行動重建威懾力量的作為忍無可忍，便可能將我們驅逐出境。果真如此，恐怕會危及我們執行任務的能力，例如擊敗伊斯蘭國並不讓其死灰復燃、防止伊朗加強控制伊拉克政府以及跟監德黑蘭在該區的行動等。即使如此，我們無法容忍一名美國人被殺，也不能容忍什葉派民兵組織愈來愈好戰。容忍的結果，可能是我們最後在伊拉克無法立足。畢竟，民兵組織及其伊朗支持者的目標，是將美國趕出伊拉克以及更廣闊的中東地區。

阿卜杜勒－馬赫迪總理是什葉派教徒，也曾是伊拉克最高伊斯蘭委員會（Supreme Islamic Iraqi Council）成員。該委員會設在伊朗，反對美國介入伊拉克事務。他面對的是幾乎不可能平衡國內所有競爭派系的局面。絕大多數伊拉克人支持美國存在以及我們提供的相對穩定，但與伊朗結盟的少數人則反對。更危險的是，伊拉克許多政治團體似乎都有自己的民兵捍衛其利益。這是國家尺度的部落戰爭，他們倚靠暴力達到目的時，完全不見猶豫。

我在攻擊發動前，還致電眾議院和參議院軍事委員會的主席及資深議員。我不認為其中任何一位當時在華府，也沒有人有安全電話的管道。然而在不違反安全的情況下，我可以將我們計畫對基爾庫克攻擊事件發動適當軍事反應一事通知他們；我也向他們保證，國防部隨後會盡快向他們簡報。他們問了許多好問題、提供建議，並且都感謝我們電話通知。值得一記的是，在我們一起工作大約十八個月期間，這四位立法者從未洩密。

空襲在週日早晨順利執行完畢，五個目標區全被擊中並遭受嚴重破壞。一些地點發生二度爆炸，證實了我們判斷它們是軍火庫是正確的。這次攻擊造成至少二十多名民兵死亡，其中包括幾位真主黨指揮官，受傷人數是死亡人數的兩倍多。我們沒想到死傷人數這麼高，但話又說回來，他們應該知道攻擊美國人是一種職業災害。

同一天下午，龐佩奧、我和米利前往海湖莊園（Mar-a-Lago）向總統簡報。我們聚集在華麗莊園的一間密室，比我們早到佛羅里達州的白宮幕僚長米克・穆瓦尼（Mick Mulvaney）和其他幾位白宮工作人員加入我們。穆瓦尼當時和我共事已經四個多月，我發現他樂於助人且通情達理。他很容易相處，對白宮內部政治瞭如指掌，並竭盡全力讓白宮發揮作用。

龐佩奧和我穿深色西裝，米利著軍常服，當我們蜿蜒穿過深色木頭、枝形吊燈和大理石地板裝潢的迷宮時，都顯得格格不入。川普在等候室與我們會面，穿著舒適的白襯衫和西裝外套。他很放鬆，精神很好。

這次會議是由歐布萊恩和中央情報局局長哈斯佩召集。我們其他人圍坐在長方形大桌四周，我坐在最後，最靠近總統，這樣我就可以引導他詳悉最新情況。川普懶洋洋地向前傾聽，雙手交叉放在面前的桌子上，一如往常地交替看著我和房間裡的其他人。因為談話此起彼落，他似乎總是在估量誰在想什麼。

我從最近情報更新、目前的部隊態勢、以及為了堅實這次行動調入戰區的增援部隊簡要序列開場。米利將軍向總統報告對五個真主黨地點的攻擊細節，以及最新的戰損評估；米利快速說明時並附上照片強化報告內容。我們在幾個地點進行直接攻擊和偏移攻擊，後者意味著故意不瞄準我方評估伊朗衛隊工作的建築物。這種策略是既要向德黑蘭發出訊息，同時避免伊朗人傷亡而導致不必要的局勢升級。

我驚訝的是，這點真的激怒了川普。他沒有大喊大叫，但他既沮喪又生氣。他坐在那裡，彎著腰，搖著頭，臉上帶著怪異的表情，抬頭看著米利說：「太愚蠢了。」「你為什麼要那樣做？」他接著說：「這會讓我們看起來好像沒有擊中目標。」當然，事實並非如此；我們相信伊朗知道這一點。美國軍方早已證明它可以無情地精確擊中目標。這次攻擊的目的是傳遞訊息和威懾，同時展示我們掌握當地實情的能力。這個行動的精妙處就在此，這是川普知之不明的。

對於川普的批評，米利似乎有點不服氣，也很沮喪。我們兩人都是。龐佩奧此時跳進來幫忙川普從該有的角度看事情。我試著解開這個困局，說：「總統先生，您退一步想，結論是行動很成功。我們摧毀五個真主黨的基地並殺死他們的許多戰士，所有的美國戰機也都安全回到基地。」川普向後靠在椅背上，無可奈何地說：「我想是吧。」臉上依然帶著不以為然的怪異表情。

這是唐納．川普擔任三軍統帥的謎團之一。有時他會擔心一旦捲入衝突的後果，而且他老是拿出來講的話題，就是如何擺脫「打不完的仗」；同樣的，他會取消我們已經同意的攻擊行動。有些時候，比如現在，他會抱怨我們不夠強硬，而想要最具攻擊性的可行選項。他對使用武力的看法像鐘擺一樣來回擺動，但就算是鐘擺也有一些可預測性，而總統卻幾乎沒給過我們什麼。

我們很快就討論到，萬一伊朗或什葉派民兵組織（儘管從許多方面來說，他們其實就是同一個）決定將衝突升級時，我們可以運用的軍事選項。這次談話包括我們過去討論過的許多選項，從伊朗領土以外的目標，到波斯灣水域的目標，以及伊朗境內的一些目標。我們也討論到追捕伊拉克什葉派民兵組織的主要領導人，以及伊朗軍事人員——即伊朗聖城旅（Quds Force）指揮官卡西姆・蘇萊曼尼（Qasem Soleimani）。

蘇萊曼尼是伊朗軍官。他在兩伊戰爭時進入部隊服務，期間贏得幹練指揮官的聲譽。他最終成為聖城旅指揮官。聖城旅是伊斯蘭革命衛隊的一個分支，負責執行伊朗境外的特別行動。他與黎巴嫩真主黨、全中東及中東以外地區的其他恐怖組織立了牢固的關係。蘇萊曼尼的人格和成就使他成為伊朗的熱門人物，許多人認為他是伊朗第二號人物，僅次於伊朗最高領袖阿亞圖拉・哈梅內伊（Ayatollah Khamenei）。不用說，蘇萊曼尼對伊朗外交政策和外部活動的影響力，除了哈梅內伊，無人能及。

二〇〇七年，布希政府將聖城旅列為外國恐怖組織。四年後，歐巴馬政府對蘇萊曼尼和其他聖城旅成員實施制裁，因為他們計畫在華盛頓特區暗殺沙烏地阿拉伯駐美國大使。

這次提出追殺蘇萊曼尼的人是川普。首先提出這個選項的是我和米利，時間是在二〇一九年我們各自就任新職很久之前。後來這個建議時不時會重新浮出水面。我們都知道，涉及伊朗在該地區造成的所有傷害時，聖城旅指揮官是關鍵人物之一，應該說，他就是關鍵人物。多年以來，他一直監督全中東什葉派團體的武裝、資源和訓練，並協助支持或計畫許多導致死亡人數多到不可計數的行動。聯合國和歐盟對他進行個人制裁，美國在二〇〇五年將他列為恐怖分子。

蘇萊曼尼在伊拉克叛亂期間針對美國的行動導致六百多名美軍喪生，更多人受傷。事實上，美國在二〇一九年早期宣布，「二〇〇三年至二〇一一年在伊拉克死亡的所有美國人員，有百分之十七是蘇萊曼尼策劃的行動造成的。」[6]他和美國國防部彼此厭惡。如果情況容許，我們都可能支持追捕他，但是我和米利建議應該漸進應對，首要之務是讓當天攻擊行動的塵埃落定。如果伊朗之後進行報復，我們就會著手打擊更多對德黑蘭愈來愈重要的目標。

我和米利表示擔心，攻擊伊朗領土或是以蘇萊曼尼為目標，可能會引發全面戰爭，這是我們「攀爬衝突升級階梯」時一次一階的另一個原因，直到發現伊朗願意讓步的點。畢竟，現在的目標是確保我們威懾德黑蘭。穆瓦尼加進來，他的立場和我們一樣，都反對任何魯莽行動，特別是那些我們已經確定的更高層目標，也就是川普關注的目標。

總統又惱火了。他還在為了「偏移攻擊」悶悶不樂。他覺得沮喪的原因是，[redacted]幾個月來一直在催促這件事，卻沒有早點處理好蘇萊曼尼，這事情發生在我六月到國防部工作前好一段時間。川普抱怨，[redacted]嘴上強硬，真正的目的是希望美國出頭攻擊蘇萊曼尼。這是一個精明的評估。長期以來，國防部一直對類似行動持保留態度，擔心會造成的結果包括：致使駐伊拉克美軍人員遭受更多攻擊、巴格達將我們驅逐出境，一路擔心到我們與伊朗開戰等，不一而足。風險似乎是高的。

歐布萊恩這次在電話線上加入討論。他察覺川普的傾向並加碼下注，主張攻擊所有目標，並說我們現在應該「狠狠打他們一頓」。我和米利對看，各自翻了個白眼。我們很快又繼續討論，並希望大家克制。「我們要讓接下來幾天的情勢自然發展，」我說。「畢竟，我們剛剛摧毀五個地點，我們能知道的是，至少殺死十九名民兵；根據早先的報告，這次攻擊有二十多人受傷。」大火仍在燃燒，我們聽說這次攻擊可能也殺死了一些伊朗人。我們主張：「這對他們來說是一個相當沉重的代價。」米利接著說：

「總統先生，進攻鐘在我們手上。不必急。」

以「進攻鐘」作比喻，是五角大廈的說話習慣*。關鍵是，我們不需要立即行動；我們也沒有計時器。「如果我們要做大事，總統先生，那麼我們需要時間來準備戰區並部署額外的部隊。」我經常說，我們需要為第二、三、四步和第五步做好準備。會議總結時，川普指示我們繼續推動計畫，以備真主黨報復。

♜

二〇一九年底將近，美國各情報單位都在加班，想弄清楚什葉派民兵組織和伊朗接下來會有哪種行動。伊拉克的反美情緒已經達到頂點，所以我們完全有理由相信民兵組織會再次發動攻擊。我們開始收到關於蘇萊曼尼的訊息，指他會很快前往該地區某處制定行動計畫，回應美國的空襲。麥肯錫將軍要求他的部隊處於最高防護模式，我們則與國務院、中央情報局和我們的盟友緊密聯繫。

十二月三十日星期一，我們舉行電話會議，提供最新進度給國防部各主管和麥肯錫將軍。中央指揮部提供了他們對空襲的最新戰損評估：二十五人陣亡、超過五十人受傷以及十八到二十座建築物毀壞。我們也討論若是伊朗或民兵組織回應，我方可能採取的後續步驟，以及有那些方式讓我方行動多邊化。這部分由政策部門負責。

*譯註：本章以「進攻鐘」譬喻美軍掌握時間因素的句子是：We own the shot clock。（進攻鐘在我們手上。）Shot clock是籃球賽的計時器，又稱「二十四秒計時器」，說「進攻鐘（計時器）在我們手上」代表掌握球權的一方有二十四秒可以從容部署再進攻（投籃）。米利以這個慣用比喻，提醒川普及與會人士不必急著行動。同樣的比喻在第六章也會出現。

有件事我們曾經簡略討論過，但是在接下來幾天裡會成為更急迫的議題，那就是為了美軍家屬和非必要人員的人身安全，下令他們從中東返回美國。在伊拉克局勢升溫時，這是個合理的決定，但是我們也不想因為將美國人送回家，反而成為對方指控美國挑起戰端的藉口。德黑蘭可能會將這種保護平民的防禦行動，解讀為美國準備大規模入侵伊朗的第一步，並決定先發制人。這的確是兩難，但我們最終都同意，現在還不需要決定這件事。

當天下午三點，我和米利加入國家安全團隊的進度更新電話會議，由副總統彭斯主持。這種情形很少見，但是副總統主持會議帶來截然不同的調子：多半時候他直截了當、專注、並且可預測。彭斯善於傾聽並提出很好的問題，他總是很快就會說「謝謝」或「做得好」。他既是啦啦隊隊員又是共鳴板，但是，我不可能知道他真正能影響川普多少。他在總統出席的會議上，通常話不多，也很少在我們面前不贊同川普的觀點。

但是我永遠不會忘記，當美國特戰人員於二〇一九年十月進入敘利亞領空，準備執行捕殺伊斯蘭國領導人阿布．巴克．巴格達迪（Abu Bakr al-Baghdadi）的任務時，副總統要求戰情室的每個人暫停一分鐘祈禱。彭斯是福音派基督徒，他會在重要會議或活動的前夕要求安排短暫祈禱的時間。

總統還沒有到，然而當巨大無聲的螢幕上閃爍著從「掠食者」無人機傳來的各種黑白影像時，副總統要求大家「請花一點時間和我一起為我們的軍隊簡短祈禱」，我們都握著雙手、低下頭，聽他祈求上帝「看顧我們的特種兵，保護他們」。這是一個令人難忘的時刻，並充分說明彭斯的信念堅定以及他對我們軍方人員的關心。我很欣賞他的周到，也尊重他的信仰。

我們向大家簡報了最新情報和我們的軍事選項。與此同時，律師們正在研究這些計畫的法律依據。龐佩奧分享了他與區域領導人談話的細節——他們都支持美國前一天的行動，以及國務院為獲得英國、法國和德國的正面肯定聲明所做的努力。我也提出一旦緊張局勢升級就「下令」平民「離開」的議題。

十二月三十一日星期二，在美國空襲行動中喪生的真主黨武裝分子的葬禮結束後，數百名抗議者湧入我們駐巴格達的大使館。他們高喊「美國去死」和其他威脅口號，闖入複合式建築、破壞警衛亭、毀損房間並縱火燒屋。當時還不清楚他們是否試圖占領大使館，但是武裝的美國海軍陸戰隊站崗，從強化的屋頂據點密切觀察抗議者的一舉一動。[7]

我看到第一份關於大使館抗議行動的報告，是在華府時間星期二凌晨五點過後不久，亦即巴格達的下午稍早。沒多久，龐佩奧打電話給我討論館區安全問題。巴格達是我們在世界上最大的外交使團，有數千名工作人員，也得到很好的保護。令我們倍感幸運的是，許多使館人員因假日休息而沒有上班。但是，我們仍然希望確保大使館的安全。

不出所料，許多抗議者是伊拉克「人民動員軍」（Popular Mobilization Front, PMF）內的什葉派民兵組織成員。根據伊拉克法律，PMF 是一支人數以萬計的獨立軍事力量，直接對總理負責。但實際上，這些民兵團體是接受德黑蘭的指示和支持。

現場拍到的影片顯示大部分是從軍年齡的男子，證實了我們內部報告的記載。其中一名攻擊者在館區的牆上寫道：「蘇萊曼尼是我的指揮官。」[8]這不僅充分說明民兵的忠誠度，還引起人們高度關切——他們可能已經拿到武器並準備發動大規模攻擊。事實上，三個團體的領導人，包括真主黨主席和人民動員委員會副主席阿布・馬赫迪・穆罕迪斯（Abu Mahdi al-Muhandis）也加入人群，這讓我們更加驚愕。

我一直與龐佩奧保持聯繫。我們不打算撤離大使館；我們需要表現出意志力和決心。我們也不同意大使館遭到沒收；我們必須保護我們的人民和財產。二〇一二年在利比亞以及一九七九年在伊朗的記憶在在提醒我，保衛他們是多麼重要。

川普非常擔心巴格達大使館會成為班加西事件的翻版——在武裝分子占領並燒毀美國駐利比亞的大使館館區還殺害大使之後，班加西已成為共和黨對抗歐巴馬總統和國務卿希拉蕊・柯林頓的試金石。我們都很關切這件事。龐佩奧和我同意在巴格達大使館增派軍隊並展示武力。民兵必須明白，我們不會退縮。

不久之後，我與米利交談並指示中央指揮部開始行動。我們迅速從科威特調來約一百名海軍陸戰隊員，部署於館區各處以強化安全，同時提供我們很多防衛能力。搭載特種用途海軍陸戰隊空地特遣隊（Special Purpose Marine Air-Ground Task Force）進出巴格達的MV-22魚鷹（Osprey）機是傾轉旋翼機，具有固定翼飛機的額外速度和航程，可以像飛機一樣飛行，又能像直升機一樣起降。我們因此能夠快速直接地增援大使館。這是一個在軍事速度和能力上不同凡響的成就。

我們刻意公開所有過程，目的就是要讓伊朗和伊拉克民兵組織目睹一切。我們海軍陸戰隊在大使館部署、降落，以及全副武裝的步兵從飛機上垂降進入附近建築物的照片和影片，都貼在我方的社交媒體上。

為了強化防禦並達到更好的武力展示效果，我們讓阿帕契攻擊直升機幾乎不間斷地盤旋在大使館上空，在它們上方飛得更高的是武裝無人機。推特上的貼文顯示武裝阿帕契直升機在黑暗的天空巡航，它投放的照明彈在空中射出慘白如白晝的光芒，瞬間籠罩在大使館上空。這些令人生畏的空中武力展示，進一步警告敵人最好走遠一些。

於此同時，我一整天都與總統保持聯繫，向他通報我們正在採取的部隊保護措施，以及我考慮的其他行動。他非常擔心大使館的安全，而且也與龐佩奧進行類似的對話。他擔心民兵會占領大使館。他要「確定直升機群就在伊拉克人的頭頂上，很容易看到」。他不停地重複這句話。我盡全力向他保證大使館是安全的；這不是班加西。

另一方面，我們在華府繼續透過私下和公開管道，向我們的伊拉克對口施壓，目的是要伊拉克保證在伊美國人員、尤其是大使館人員的安全。川普和龐佩奧都致電伊拉克總理阿卜杜勒－馬赫迪，他後來發表聲明敦促抗議者離開。[9]

川普在週二發推文警告德黑蘭：「只要有人在我們的設施內死亡，或設施受損，伊朗要負全責。」

又說：「他們將付出非常大的代價！這不是警告，是威脅。」他對示威活動非常焦躁不安，並且依舊擔心大使館安危。那天晚上較晚，他對記者表示，美國不想與伊朗開戰。當然，德黑蘭反駁，除了否認他們在攻擊基爾庫克附近的基地或隨後的抗議活動中扮演任何角色，還表示美國的行動是犯罪行為，並聲稱美國應對該區域所有的動盪負責。[10]

我不知道未來幾天局勢會如何發展，希望有更多地面部隊支援保護大使館，以及協助保護駐有美國人員的基地，必要時協助撤離美國公民。如果事情繼續惡化，也能為我們提供一些額外的進攻能力。我在上午九點半左右與米利將軍討論這個問題。距離最近的大型地面部隊是一支兩棲待戰備支隊——海軍陸戰隊遠征隊（Amphibious Ready Group-Marine Expeditionary Unit, ARG-MEU），兵力三千五百多人，由一個海軍陸戰隊步兵加強營及一支負責運送和支援他們的海軍特遣部隊組成。

但是這支戰隊當時在西地中海，需要十天才能航行到支援位置。我要求米利再查其他選項，包括從第八十二空降師抽調其戰備旅部署到本區。該師三千多名傘兵中的第一批，剛完成一項從北卡羅來納州布拉格堡駐地出發，為期十八小時的「馬上行動」（Wheels Up）快速部署任務。

第八十二空降師的拳頭不如ARG-MEU的重拳（包括戰鬥車和攻擊機）有威力，但是一旦戰備旅就位，就意味可以迅速部署更多部隊到現地。因此，我除了命令在地中海的海軍陸戰隊快速東進外，還指示第八十二空降師也即刻出動。我沒有等待白宮的指示。

二〇二〇年一月一日，首批七百五十名傘兵開始部署到科威特。與此同時，我們也派遣一個精銳的特種作戰中隊赴伊拉克，以備不時之需。以我們在巴格達的地面部隊，再加上那些陸續抵達的增援部隊，指揮官之間已經不太擔心民兵會占領大使館。

我們也討論了蘇萊曼尼的下落。根據情報圈的說法，他仍在伊朗，但計畫飛往伊拉克、黎巴嫩和敘利亞，協調和指揮一系列更大規模的攻擊，目標是美國人員和設施。我和米利討論到我們在貝魯特、巴林和科威特市的大使館安全問題。擔心後兩個大使館，是因為在這兩個國家的美軍人數眾多，以及這兩國本身與他們接受德黑蘭支持的什葉派好戰分子間存在的問題。我很擔心，所以我打電話給龐佩奧，與他討論這件事。

國務院要求我們增援駐黎巴嫩大使館，因為他們不斷收到威脅。龐佩奧和我就這個問題談過好幾次。後來，我從義大利維琴察我的老單位派了一個傘兵排到貝魯特，並加派了一些士兵在周邊區域警戒。

據報導，真主黨的一位發言人表示，巴格達的抗議活動只是「第一步」，呼籲美國關閉大使館並從伊拉克撤出所有部隊。要是他們知道川普總統多麼想兩者兼顧就好了。諷刺的是，他們的行為卻適得其反，正在降低美國閉館撤軍的可能性。就目前的情勢來說，伊朗和伊拉克大放厥詞，加上我們收到關於蘇萊曼尼的情報，顯示未來有一段難熬的日子在等著。因此，我希望麥肯錫設法安排在巴林的所有美軍船艦離港。第五艦隊的總部就在巴林，伊朗遲早會覺得聚集在港的美國軍艦是飛彈攻擊的好目標。我們先前已經討論過這個問題，並且也都非常了解這批軍艦應該往哪裡去：一個遠得夠安全，但是又近到可以發動攻擊的地點。

上午十點過後，我又與彭斯、龐佩奧、歐布萊恩和米利進行了一次最新進度電話會議。龐佩奧告訴我們，川普命令巴格達大使館的代辦必須擊退每一次攻擊，無論遇上什麼情況都不能投降，反映出他對巴格達事態發展的焦慮。總統擔心大使館，唯恐武裝分子就像當年班加西的情形一樣占領了大使館，這兩件事正在消耗他的精力，導致他對當地的抗議活動愈來愈憤怒。

我對所有人保證，我們的武力足夠擊退任何攻擊。截至當天結束，大使館內的美軍人員總數已達數百人，大使館上方的空域有多種打擊平台提供支援。

下午兩點，我們又舉行一場更新進度電話會議。國防部的底線是我們在伊拉克全境，尤其在巴格達城，都必須穩步構築戰鬥力。我收到關於蘇萊曼尼計畫報復性攻擊的新報告後，立即決定將第八十二空降師的輪值戰備旅從布拉格堡調來。考量當時情況，步兵永遠多多益善。

龐佩奧報告說，巴格達的局勢已經穩定。此時伊拉克已是夜間，伊拉克部隊終於回到原位，在大使館周邊維護安全。然而我們每一個人都不太相信，如果民兵回返，這些伊拉克部隊還會守住防線。與此同時，龐佩奧正在尋求將他的部分人員移置到我們在艾比爾的領事館。艾比爾位於伊拉克北部，當時是庫德族人控制。我們大使館人員在那邊會更安全。我主動提出可以協助國務院疏散人員。

至於蘇萊曼尼，最新報告指出他在大馬士革，下一站計畫前往貝魯特，然後到巴格達。情報稱，他正策劃在多個地點針對美國人進行多次攻擊，以對美國造成「嚴重後果」。他的目標是讓美國離開伊拉克，就像幾十年前貝魯特軍營爆炸後，我們離開黎巴嫩一樣。然而，從我們的角度來看，他的計畫也許真的會引發嚴重後果，但這個後果可能是美國攻擊伊朗，而不是離開伊拉克。就總統的行事傾向來說，可能是美國展開一次大規模回應，也就是說，美國與伊朗開戰的機會非常高。

我們在一月一日星期三舉行另一次國防部內部進度更新會議。時隔一夜，巴格達大使館的局勢保持穩定，到目前為止我們已經妥善強化大使館的防護。從美國調來的部隊持續湧入戰區，海軍部隊轉移至波斯灣、阿曼灣和阿拉伯海幾個更安全的位置；陸軍的戰車與戰鬥車等重裝備也已到達，在科威特集結後往北朝伊拉克首都前進。

另一方面，伊拉克人不支持聯軍在他們國內行動。他們是[redacted]。總體而言，麥肯錫說他在接下來的二十四到三十六小時內都會準備妥當，我們在該地區合作夥伴的表現和他的軍事指揮能力相得益彰。

一月二日星期四，我的一天從一早致電總統報告最新情況開始。我和米利一起檢視最新情報、檢討大使館的安全措施、範圍更大的部隊保護措施，以及為加強防禦和能量而進駐伊拉克的額外部隊。川普心情不錯，但仍然對大使館的安危，以及我們所有人都聽到的、來自那個地區的威脅而焦心。他要我們簡報關於最新的報復選項，重點是蘇萊曼尼。

上午稍晚，我和米利將軍會見媒體，提供最新情況。媒體問我是否認為真主黨會有更多挑釁行動。當然，這時我們已經知道蘇萊曼尼正在策劃一場以美國人為目標的攻擊，我們也在討論追捕他的計畫。因此，我的回應是先回顧過去幾個月，美國和聯軍夥伴遭受攻擊的次數不斷增加，並說：「那麼，我是不是覺得他們可能會做些什麼事？是的，我覺得他們會，而且，他們可能會後悔。」媒體頓時交頭接耳，我在一片鬧哄哄的聲音中補充說：「如果我們得到對方展開攻擊的消息，或看到某種即將展開攻擊的模式，我們會先發制人，並且保護美國軍隊、保護美國人的生命。所以現在遊戲規則不一樣了，我們準備採取必要措施保護我們的人員、我們的利益和我們在該區的合作夥伴。」我們會對抗民兵組織與其他團體，包括那些在伊朗幫助與指揮民兵組織與其他團體的人。[11] 這是我對蘇萊曼尼和德黑蘭的最後警告。

下午一點，我們召開了一個與總統、彭斯、龐佩奧、哈斯佩、歐布萊恩、米利，也許還有穆瓦尼的電話視訊會議，一些白宮工作人員也在線上。米利將軍和我向所有人更新全部兵力態勢資訊，現況非常好，而且持續進步。會議內容很快就轉向蘇萊曼尼和他攻擊我們的計畫。

根據最新情報，蘇萊曼尼確實在大馬士革（與早先的報告相反，他先去了貝魯特），預計幾小時後將啟程前往巴格達。據報，他大力推動攻擊美國大使館和伊拉克國境內外美國人所在的其他地點。這位情報官員簡報說，蘇萊曼尼可能需要阿亞圖拉·哈梅內伊最後點頭同意，才能發動這次大規模攻擊。他們完全有理由相信，既然這個攻擊計畫出自蘇萊曼尼之手，哈梅內伊當然會核准執行。此外，根據情報圈最可靠的估計，該計畫可能在幾天內就會啟動。無論如何，情報圈——事實上，我們所有人——都不相信德黑蘭抑制民兵組織的時間會比目前更長。

很多問題、答案和看法在電話線上來來回回，多數人的立場或態度與上週相同。歐布萊恩大力推動全面武裝攻擊。彭斯和龐佩奧站在同一陣營，也主張以非常強硬的方式回應，但是他們兩人的態度平靜，而且都願意採取不那麼激烈的行動。我和米利表示支持，但有些不情願，我們的顧慮是走了這一步之後，該怎麼走第二步、第三步、甚至更遠。如果我們狙殺蘇萊曼尼，美國極有可能要面對一場中東大戰。

伊朗是驕傲的民族。任何攻擊伊朗或伊朗公民的行為，他們就算條件再差、環境再壞，也一定會等比例回應的紀錄斑斑可考。大張旗鼓地搞最大施壓政策*，可能導致伊朗崩潰，再加上伊朗必須維持他們在中東各處代理人眼中說話算話的信譽，這可能會給那個政權帶來額外壓力而展開報復。換句話說，我們該問的問題是：如果我們殺死一名伊朗資深官員，他們會有什麼反應？

在我們看來，蘇萊曼尼是一名軍官，正活躍在他一手打造的戰場上，協調各方執行下一輪以殺死更多敵人——美國人——為目標的行動。如果洩露行蹤的人是他自己，他冒的險稱為職場風險。他近幾年膽子愈來愈大，的確洩漏過行蹤。他能力很強，也確實在很多方面都獨一無二，但他也是一個外國恐怖組織的首領。這位手上沾滿數千名美國軍人鮮血的惡人，在此時此刻及時趕到這裡。在殺戮和殘害美國人的問題上，美國政府什麼時候才會說夠了？「什麼都不做」與「做點什麼」的道德和倫理考量是什麼？這些問題只是我們必須回答的部分關鍵問題。

生活中很少有什麼事情是確定的，當我們在那個星期四下午談到關於戰爭的問題時，灰色變得更灰，危險似乎更加危險，不確定變得更不確定。但我很高興，我們能夠來回地討論這些問題，而且是像個團隊一樣集思廣益。然而，我們還要找到一塊可以作為決策依憑的基石。我希望常見的基石是核心價值、基本原則、既定政策以及想要實現的目標。

---

*譯註：指川普於二〇一八年退出伊朗核協議後，針對伊朗實施的經濟制裁政策。

就這個案子來說，此時此刻，基礎工作是從情報圈、也是最了解伊朗和伊朗人的那一批人的評估開始，然後是我們的最佳集體結論。對我來說，這個結論必須與我就動用武力與否，向總統提出最終建議時提到的因素以及我隨身帶著的「九點考慮」保持一致。我在「九點考慮」中立刻看到的是：美國是否已遭威脅以及威脅是否迫在眉睫；擬議的動武行動是否適當和相稱；以及執行（或不執行）該作戰行動的可能風險、成本和後果。

總統問中央情報局局長哈斯佩她的底線是什麼。哈斯佩是扎實可靠的專業人士，判斷力出眾、經驗豐富；她也很強悍，但從不急著去打不必要的仗。這是她、我和米利三個人關係緊密的原因。她的回答再清楚簡潔不過了，而且她說這話的時候，帶著堅定的自信和權威：「什麼都不做的風險，大於做點什麼事的風險。」

說服我的，就是這句話。早前麥肯錫將軍也得出同樣的結論。我們並不想開戰，那個房間裡的大多數人都不想。儘管如此，哈斯佩的評估證實了我的感覺，即為了防止迫在眉睫、針對美國人的攻擊，先發制人是正確的做法。如果面對同樣的情況，但是策劃者卻是一位沒有名氣的伊朗將領，就不至於有那麼多猶豫。蘇萊曼尼的身分地位顯然產生了影響，但影響還沒有大到我們知道並容忍美國外交官和軍人處於險境。盡責保護同胞，是我們必須遵循的核心原則。

考慮到情報圈評估蘇萊曼尼所計畫的攻擊規模和範圍，可能造成數目非常可觀的美國人傷亡，則允許這種情況發生是不道德的。如果我們本可以防止我們的人民遭到殺害，我如何能在幾週後前往多佛空軍基地，悼唁那些放在大型空軍飛機後艙，莊嚴運抵家園，並以國旗覆蓋的棺木，然後與那些如若知道我原本可能拯救他們所愛之人的悲傷配偶、孩子和父母們一起坐下來？

川普總統安靜地沉浸其中，不論是誰提出了哪種看法，他都在傾聽，而且異常專注。線上的氣氛緊張起來，就好像我們集體屏住呼吸，等待總統的決定。在國家安全團隊一致支持下，三軍統帥指示當天晚上在巴格達攻擊蘇萊曼尼。他只簡單地說：「好。我同意。開始動作吧。」

在會議總結前，我們討論了一些其他的事。副總統彭斯問是否已通知司法部和聯邦調查局。真主黨顯然在美國有成員，我們得確定執法部門密切注意他們，以防德黑蘭下令他們開始行動。我指出國務院和國防部將會考慮下令國人從巴林等有大量美國人居住的國家撤離。龐佩奧和我也會在攻擊行動結束後打電話給我們的盟友和合作夥伴，通知並尋求他們的支持。最後，我要求歐布萊恩出具一份書面的白宮法律意見，確認我們有權在伊拉克攻擊蘇萊曼尼，並提議通知國會領導人。

第6章
美國攻擊

空中巴士噴射客機靜靜飛過中東夜空，遠離下方的動盪土地。機上許多人可能在打盹，有些人可能在工作，但只有少數人知道，那天晚上有位身分特別的旅客正和他攜帶的計畫與他們同行。他抵達不久之後迅速發生的一切，標誌著一段艱難歷史的另一篇章。

蘇萊曼尼幾個小時後就會抵達巴格達國際機場。我們本來希望在大馬士革或貝魯特擊殺他，但在這兩地都很難標定他；在巴格達則不同。他在巴格達城裡四處走動似乎很自在，但我們聽說，他習於維持慣性致始行動可被預測，卻令他們的人很困擾。以色列人在全中東地區觀察他已經很久了，他們發現，蘇萊曼尼抵達巴格達機場後的行動最接近例行公事了。搭商用客機降落、當地民兵組織以主人身分到停機坪接機、機場交通道到出口的漫長車程、再加上這個區域不常有平民，便提供了一個難得機會。

儘管如此，我對於在機場進行軍事行動還是感到有些疑慮。我擔心這樣會導致伊拉克政府立即將我們驅逐出境，直接影響我們防止德黑蘭全面控制伊拉克的長期能力。此舉也會破壞我們阻止伊朗在該地區邪惡作為的能力，尤其是將武器和飛彈源源不絕往西運輸，穿過伊拉克北部，進入敘利亞、黎巴嫩和其他地區。

蘇萊曼尼的航班在巴格達時間一月三日凌晨十二點半左右降落，並像往常一樣滑行到指定位置。很快的，空中巴士客機就停在航站大樓附近一片明亮的空地上。當地勤人員將活動式登機梯推到靠近駕駛艙的艙門時，一排深色汽車出現，並在離階梯不遠處與登機梯呈直角排列後停妥。幾分鐘後，客機艙門打開，一名工人有些倉皇地忙著，確保艙門就定位。一名機艙服務員隱然就在門後走動，從外面幾乎看不清楚。似乎過了幾分鐘，蘇萊曼尼出現了，對某人做了一個友好的手勢，隨即慢慢走下金屬梯階。樓梯下方的幾個人向他打招呼。他們握了手，但是，即便是在晚上幾乎空無一人的暗黑停機坪上，他們對蘇萊曼尼的尊敬也很明顯。這有助於我們識別他，以及他很快就會坐進去的轎車。

監視對象一舉一動的影像來自五角大廈深處的高空即時監視系統。系統位於一間光線昏暗的小房間，靠牆的架上擺滿了電腦主機，前面架著螢幕。我們必須穿過蜿蜒曲折如腸道的走道以及幾個不同的接入點，才能到達那地方。那裡最多只有十來個人，大部分是在各自的工作站忙著的軍人。我已邀請龐佩奧來五角大廈，與我以及米利將軍一起，透過飛行在機場上空的無人機鏡頭，在大螢幕前觀看這次行動展開。其他人在白宮，川普總統則仍在佛羅里達州。

停機坪上所有人只花了幾分鐘就都上了車，沿著一條環繞機場的路，前往不遠處的巴格達。當晚天氣晴朗，伊拉克時間是深夜零時五十分，所以，那條長路上只有他們的車。我們靜靜看著他們循著走過多次的同一條路前進。我們知道蘇萊曼尼的座車是哪一輛，但不確定誰和他在一起。幾個人低聲猜測著和他一起坐在轎車後座的是哪個人，隨口說出幾個不同民兵領導人的名字。

我們確信他是一位什葉派組織的高層，但我們不知道是哪一個組織，也不知道是否有伊拉克政府官員和他們在一起。兩者變得難以區分，因為隨著時間的推移，伊朗似乎慢慢地在吞噬伊拉克。

車隊駛入一條又直又長，劃為指定攻擊區的道路時，我對他們的車速感到驚訝。路燈在螢幕上閃爍的速度似乎愈來愈快。鎖定目標會因此更困難嗎？飛彈的精準度足以擊中目標嗎？車隊會在我們有足夠時間攻擊之前離開機場嗎？

這個小車隊駛過目標區的中間點標記時，我開始懷疑作業端是否發生什麼問題。我們追丟了人嗎？發生故障？很快就可以知道了。幾秒鐘後，一個簡潔的聲音從線上傳來，通知飛彈離架。現在，唯有等待。我可以想像幾枚飛彈從無人機機翼上的硬點落下，以令人難以置信的速度和力道穿過夜空，朝著遠處下方不知情的目標疾飛而去。與此同時，無人機的錄影鏡頭仍然跟著轎車，並沒有閃光，轎車在空蕩蕩的道路上飛馳而過。

從發射到命中的時間似乎無止盡的長，考慮到車速，可能會有人認為，車隊在攻擊發起時就已經離機場很遠了。然而，很快的，影片沒有任何最後一秒視覺提示飛彈正逼近目標，螢幕中間突然出現了巨大爆炸，迅速擴大成黑色、灰色和白色的各種陰影，同時在高速公路上蔓延著。非常超現實。

我們都緊盯著螢幕，不知道會發生什麼事。房間裡一片死寂。幾秒鐘過去了，電腦螢幕仍然只有爆炸效果。更長的時間過去了，我們看著眼前的黑白畫面逐漸清晰，中間是那條孤獨、彎曲的快速道路。畫面中央的大墨水點冒出煙霧和火焰。我們很快就聽到另一端傳來乾澀、毫無感情的聲音：「目標摧毀。」

隨著緊張局勢化解，我們似乎瞬間都鬆了一口氣。那一刻我腦海中唯一閃過的就是「正義」這個詞。此外，我就是一直掃視渾濁的螢幕，仔細端詳，確保沒有一輛車子以某種方式逃脫這場暴力，或者有沒有人爬離攻擊區域。我看了好一會兒，沒有任何動靜。

卡西姆．蘇萊曼尼不同凡響的一生和職業生涯就此告終。一位將軍上了戰場，規劃了他的最後一場戰役——謝天謝地，就是那個永無機會實現的計畫。與多年來他該為之負責、被殺害的許多美國士兵和海軍陸戰隊員相比，他離世快得多，痛苦也少得多。從這一刻起，不會再有美國人因為他而死，當然在接下來幾天也不會。

我不知道第一個通報川普總統任務順利達成的是誰，或者，他是否也透過即時監視畫面看了這次攻擊的過程（他的佛羅里達州住所有一條專線）。我和龐佩奧、米利都知道，行動結束後還有得忙，沒有時間慶祝。我們悄悄地祝賀彼此和我們周圍的人。我親自打電話與任務指揮官們交談，感謝他們與他們部隊的敬業精神和專業技能。然後，我和國務卿、主席討論了一些必須進行的後續步驟，以及準備應對伊朗的下一步。

龐佩奧迅速返回國務院。我則直接回到我的辦公室。

後來出現的現場照片顯示，一大片焦黑、扭曲的金屬結構是那個車隊中一輛汽車的殘骸，附近還有較小塊的焦黑碎片，另一輛遭炸毀的車輛殘骸以各種形狀和大小散落在道路前後一百碼。根據現場採集的DNA樣本，以及一隻左手殘肢上有著鑲嵌了一顆大紅寶石的銀戒指是蘇萊曼尼經常戴的，證實他的死亡。沒有人——沒有東西，能夠在軍事攻擊的精確和暴力中倖存。

我們後來得知，這次攻擊殺死了人民動員軍的其他成員，包括阿布·馬赫迪·穆罕迪斯，他是人民動員軍的一名指揮官，也是負責監督該組織的人民動員委員會的副主席。穆罕迪斯於二〇〇三年協助建立了什葉派組織真主黨，該組織就是幾天前以火箭攻擊伊拉克軍事基地，導致一位美國承包商死亡的團體。幾十年來，他一直參與恐怖活動。事實上，十三年前科威特一所法院因他在一九八三年發生的系列爆炸案中扮演的角色判處他死刑。美國也將穆罕迪斯列為恐怖分子。正義，這次終於追上他。

攻擊結束後的幾天裡，成千上萬的人擠滿了巴格達街道，抗議這次攻擊行動和美國在伊拉克的存在，訴求將美軍逐出伊拉克。雖然這次抗議人群中住在巴格達的伊拉克人比過去更多，但是仍有很多人是親伊朗的戰士，而且大多數為什葉派。

一月三日星期五，美國駐伊拉克大使館催促所有美國公民離開該國。同一天，川普總統公開表示，他指示發動攻擊的原因是蘇萊曼尼正在籌備多起攻擊美國人的行動，而且是「迫在眉睫的邪惡行動」。所以，「我們昨晚的行動是為了阻止戰爭；我們的行動不是為了發動戰爭。」我們從情報簡報和對話中得出的結論之一是，如果蘇萊曼尼的那些計畫都成功執行，其規模和範圍很可能會導致美國與伊朗開戰。

在德黑蘭，伊朗政府宣布哀悼三天，伊朗各城市都有數千人走上街頭，哀悼蘇萊曼尼。最高領袖阿亞圖拉·哈梅內伊親自拜訪蘇萊曼尼的家人，並承諾伊朗會「有力報復」[1]。與此同時，川普在佛羅里達州宣誓，如果美國公民或美國利益受到攻擊，他將對「五十二個伊朗地點」展開反擊。五十二這個數字來自一九七九年人質事件中遭到伊朗扣押的五十二位美國人。這是歐布萊恩提出的想法，而且背後顯然沒有任何操作邏輯。他們真的會要我們找到五十二個不同的地點進行攻擊嗎？

這類型的聲明和想法不僅困擾我，也困擾其他人。賣弄一點連結數字和歷史的小聰明，又自作主張，認為國防部可以找到四、五十個目標，接著就放進總統聲明，這不是負責任的做事方法。此外，這件事沒有和負責執行任務的軍、文職主管協商就宣布，令人不安。總統已經誇口要反擊五十二個伊朗目標，如果未來幾天或幾週情況惡化，總統要兌現承諾，屆時我們毫無疑問就會和伊朗開戰。沒有哪個國家可以承受四、五十次攻擊而毫無反應。更糟糕的是，為了實現這種攻擊到第五十二號的目標，我們將不得不讓軍事人員受到不必要的傷害。我們必須對這些事情進行更審慎的思考和協調，而不該不經大腦就我行我素。

一月四日週六晚，情報部門發現伊朗軍隊，尤其是彈道飛彈部隊，準備進入更高警戒狀態的跡象（這也是我們預料中事），之後川普就警告伊朗，美國將對伊朗進行更多攻擊。他說，美軍可能攻擊的一些目標「有非常高的層級，而且對伊朗和伊朗文化非常重要。這些目標以及伊朗本身，將受到非常快速和非常嚴重的打擊」。

同一天，我與我的幕僚長丘寧、米利主席和麥肯錫將軍三方通話，以確認進度。中央指揮部指揮官報告說，他的部隊都提升了戰備等級，他主要擔心的是伊朗三個可能的反應：彈道飛彈攻擊、民兵組織大規模火箭攻擊，以及目標鎖定我們在戰區的一位高級領導人。他說，伊拉克軍方仍然與我們合作，這是好事；而在伊拉克議會開會並投票決定是否要求美軍離開該國之前，他不認為德黑蘭會採取任何行動。

那時，麥肯錫從美國增派的大部分部隊已經抵達，他還增援了該地區的一些大使館。我們再次查看了我們的回應選項。最後，麥肯錫報告說，他與我們在波灣地區的十餘個交好國家進行了談話，他們都完全支持我們的立場。不過，大多數都不願意在公開場合多言。沒有人想和伊朗一起站在錯誤的那一邊。

鑑於雙方的談話造成緊張情勢升級，白宮決定派美國最高外交官龐佩奧參加週日的談話性新聞節目，闡明我們對伊朗的政策、緩和緊張局勢，並為協商開闢空間。不過，他並沒有傳達這些訊息。同一天，一月五日，在空軍一號上，川普加碼強調他對伊朗的威脅。他告訴記者：「他們可以殺害我們的人民，可以折磨和殘害我們的人民，可以用路邊炸彈炸死我們的官兵，我們卻不能動他們的文化遺址？哪有這種事！」總統發誓要攻擊伊朗文化遺址，引發了小型風暴；我只好公開地和他唱反調了。

我不知道總統如何或為何抓住這個攻擊伊朗文化和歷史遺址的想法。他通常只與其他一、兩個人或當時在他房間裡的任何人，一起替他的推文和媒體聲明加工。他們似乎從未在橢圓形辦公室之外進行過協調，更不用說與各部門協商了。雖然我懷疑川普打算用週五和週六的訊息恐嚇伊朗，但我認為那只是更加深敵意，也沒有必要。私下發訊息給伊朗會更有效。

美國有線電視新聞網隔天問及此事時，我說美軍「會遵守與武裝衝突相關的各項法規」，其中一條禁止攻擊沒有軍事價值的文化、歷史和宗教場所。這些是我早在西點軍校的法律課與道德課就學到的最基本的東西。總統的回答讓人灰心洩氣，因為它們不僅是錯的，還語帶挑釁，而且在他與他的內閣間製造不必要的摩擦。這些訊息也使得談話離題，反而對他不利；不過，他太常做一些不利自己的事情。

我不是要責備總統，但面對所有美軍官兵，我必須立場明確、絕不含糊地告訴他們：我們要遵守法律、我們的道德義務，以及我們作為專業人士的責任。讓我們的盟友和合作夥伴聽到也很重要。畢竟，我們肩負著領導自由世界的責任。

總統第二天在這個議題上迅速改變說法，但他對我的言論並不滿意。我曾經多次私下回絕他的要求或反對他；最早可以回溯到就任國防部長的前幾個星期，例如當時我力勸他釋出對烏克蘭的安全援助資金、捍衛北約價值，以及反對他恣意從韓國撤軍等。過去我也曾公開發表過他不喜歡的聲明，但是熟悉白宮的朋友告訴我，這次我直接指責他，的確惹得他怒不可遏。一直到很久後，我回想起來，才明白那年的一月是我們關係疏離的開始，因為他明白我不會呼應或支持他的每一個主張和聲明。

沒過多久，國內的政治紛擾就衝上來了。眾議院很快針對總統與烏克蘭總統的通話向參議院提交彈劾條款。國會山莊對攻擊行動的反應大體上就是黨同伐異。我們分別向參、眾議院進行機密簡報。最大的問題變成質疑「迫在眉睫」的真實性，或者說蘇萊曼尼精心策劃的攻擊行動可能多快啟動；行政部門發起軍事行動前沒有事先與國會協商；以及總統採取軍事行動的法律依據是否過當等。

關於最後一個法律問題必須回到喬治·W·布希總統在二〇〇一年和二〇〇三年分別要求國會授權發動阿富汗戰爭和伊拉克戰爭。國會中許多人開始相信，立法部門賦予行政部門過多的權力，幾乎等同一張空白支票，在世界各地展開軍事行動。川普政府就像之前的歐巴馬和布希政府一樣，主張這些授權的必要。然而，國會裡要求廢除它們的壓力愈來愈大，攻擊蘇萊曼尼事件成為焦點，只是重新點燃立法與行政兩部門在這個問題上的爭論。

但國會通常不太提的是，總統作為三軍統帥，擁有憲法第二條賦予的權力。在這次事件上，川普當然也有。第二條允許總統在未經立法部門事先批准的情況下採取行動，就如：一九八六年雷根下令空襲利比亞；一九八九年喬治·布希派軍入侵巴拿馬；以及一九九八年柯林頓為報復蓋達組織攻擊我們多處大使館而展開的飛彈報復行動。

行政部門與國會預先協商是另一件可以追溯到很久以前的事情，比起二〇〇一年和二〇〇三年授權政府出兵的時間要久遠得多。現代美國政治史上最引人注目的時刻之一，是一九七三年在尼克森總統的反對下通過了《戰爭權力法》（War Powers Act）。我從二〇〇〇年代中期開始教授一門研究生課程，內容是國會與行政部門在國家安全方面的關係，所以我知道這個問題也不會立即得到解決。

與國會領導人預先協商是個可以遵守的好規定，但不見得實用。因為在實務上，相關人等必須留意政策執行過程中的機密安全。我不關心任何特定的立法者，但是碰到最敏感的事件時，我們通常將訊息侷限於真正必須知道的人。在這種情況下，我覺得事後盡速通知國會很重要，我也在蘇萊曼尼攻擊行動一結束就這麼做。

攻擊結束後的最初幾個小時，我打電話通知國會領導人發生了什麼事。我唯一沒有聯絡上的是眾議院少數黨領袖凱文．麥卡錫（Kevin McCarthy），他和川普在一起並從總統口中親自得知最新的訊息。我和參議院共和黨領袖密契．麥康諾（Mitch McConnell）和民主黨領袖查克．舒默（Chuck Schumer）的通話簡潔直接、就事論事。他們感謝我致電通知，我也承諾會在適當時機詳細陳報全案。但是，我聯繫不上眾議院議長南西．裴洛西（Nancy Pelosi）。她正在西岸參加某個活動，一直不接電話，直到當天較晚，我才跟她通上話。

我以前和裴洛西議長交談的經驗，一般來說都具有建設性，這次她卻喋喋不休講了十到十五分鐘的政治抱怨與不滿。我耐心聽她說話，偶爾打斷並提醒她以前不是這麼說的，或是引導她回到主題。她的重點是川普這個人和他的人格缺陷。她認為川普有「一黨之私、會腐蝕人心」，並認為攻擊蘇萊曼尼的行動是「非法」和「危險」的。她非常擔心川普的莽撞行為會「導致我們與伊朗開戰」。我告訴她，我們有充分的理由採取這個行動，並希望能盡快向她說明。

我們交談時，她似乎同時在線上和其他人講話，或是對著房間裡的其他人說話，像某種政治劇場一樣，我因此盡量沉默以對。她收回情緒，略帶歉意地說：「我知道你不像總統，部長先生。我知道你了解什麼是對的。我們相信國防部。」我聽著，沒回應。她接著說：「我知道你不方便回應，但你一定要知道我的立場和我的感受。」我感謝她的坦率，並表示如果她還有其他與這次行動相關的問題，我會盡力回答。她用疲憊且力竭的聲音說：「沒有，謝謝。」我回答：「謝謝妳抽出時間，議長女士。」就這樣，我們結束了通話。

幾個月前，即二〇一九年十月，當美國發動攻擊殺死伊斯蘭國領導人阿布・巴克・巴格達迪（Abu Bakr al-Baghdadi）時，川普總統也沒有事先通知國會領袖。一些民主黨人當時也抱怨沒有預先協商。參議院多數黨領袖密契・麥康諾被問及此事時，簡要地說：「沒有（向我簡報）。但是，歐巴馬總統下令攻擊賓・拉登時，我那時的職位和現在的也類似。那時沒有人提前打電話告知我，我現在也不認為會被提前告知……但他們都在公開訊息前讓我知道。因此在我看來，這兩個情況的處理方式完全相同。」[2]

關於攻擊蘇萊曼尼的時機是否「迫在眉睫」的問題，引起了一些尖銳的看法和熱烈的討論。就法律面或實務面，都沒有明確的時間標記，表明此刻、或幾個小時、或幾天等，是迫在眉睫與否的分界點。而我們可以在幾個因素的基礎上，討論攻擊時機是否迫在眉睫；但是，最後還是取決於決策者的判斷。我被告知，蘇萊曼尼可能會在短短幾天內（兩天或三天？）執行他策劃的攻擊行動，但不排除會更久。對我來說，我不斷地參考中央情報局局長哈斯佩提出的底線：什麼都不做的風險遠高於做些什麼的風險。我確信威脅迫在眉睫，所以我覺得採取行動是我們的責任。

我們的盟友肯定總統決策正確。攻擊發起後，龐佩奧和我分頭致電我們在該地區的合作夥伴，以及我們的北約盟國中參與中東事務最深的幾個國家。每個人都支持此一攻擊行動並理解有此決定的原因。他們擔心的事相當務實：即我們是否打算與伊朗開戰？「不。」我告訴他們，「恰恰相反。」其次，我們是否要從伊拉克撤軍？我的答案也是「不」。我說：「我們的計畫是持續支持伊拉克，確保擊敗伊斯蘭國是我們一直不變的目標。」

我和米利在二〇二〇年一月六日接受媒體採訪。參謀首長聯席會議主席很容易因為國會議員和外部「專家」的事後猜測和政治狙擊影響而覺得灰心——其實，我們倆都是，所以當媒體問及此事時，他的回應強而有力又熱血：

「我看到有人用這種字眼形容我們掌握的情報：哦，他們的情報就像刮鬍刀片一樣，太薄了。看過這份情報的人非常、非常少。他（艾斯培部長）和我看過。等適當的時間到了，我會很高興出席適當的委員會和出現在任何人面前，讓歷史和每一個——我會堅持我對那份情報的看法，那——那份情報的說服力很強，的確迫在眉睫，而且它的規模和範圍非常、非常的明確。它有沒有說出人、事、時、地？沒有。但蘇萊曼尼正在計畫、協調和同步針對該地區美軍的重大作戰行動，而且迫在眉睫……而且我——我知道關於這所有的說法還有很多爭論，我理解。但是因為牽涉到情報來源和方法，我只能講到這裡，沒辦法更進一步……我知道有人說我們拿機密當幌子、我們撒謊等，這絕非實情。我知道我看到的是什麼。而且——我想我之前就公開說過，我要趁這個機會再說一次，我們這些參與決策的人，如果沒有做那個決定，就是怠忽職守，愧對美國人民。」[3]

米利是軍方最資深的領導人，他這一席話大概最能引起共鳴。然而，迫在眉睫的問題並沒有真正消失，直到國會山莊的「八人幫」*——也就是行政部門分享最敏感資訊的兩個情報委員會主席和資深委員，以及參眾兩院的兩黨領導人——過目了我們已看過的、在攻擊前幾天收到的特殊情報。根據我收到的報告，他們對資訊的看法與我們在聽取簡報後所了解到的，並不一致，但大多數成員後來都能理解我們的合理解釋。在那之後，這個問題似乎消失了。

「迫在眉睫」成為爭議的主要原因，是民主黨人以及其他人不信任總統說了實話。我在一定程度上對此深有同感。一個簡單的事實是，川普經常誇大其詞，也時常發表無法證實的言論，不然就是徹頭徹尾的捏造。在一次週日上午的談話性節目中，我就陷入了一個川普創造的修辭困境。

* 原書註：當時的「八人幫」是參議院多數黨領袖密契．麥康諾、參議院少數黨領袖查克．舒默、參議院情報特別委員會主席理查．伯爾（Richard Burr）、參議院情報特別委員會副主席馬克．華納（Mark Warner）、眾議院議長南西．裴洛西，眾議院少數黨領袖凱文．麥卡錫，眾議院常設情報委員會主席亞當．希夫（Adam Schiff）、和眾議院常設情報委員會資深委員戴文．努內斯（Devin Nunes）。

一月十日星期五，川普告訴福斯新聞，蘇萊曼尼計畫攻擊中東的幾個外交據點，並說：「我可以說，我相信他的目標可能是四個大使館。」[4]不久之前，龐佩奧告訴媒體，美國不知道伊朗於何時發動攻擊以及攻擊的地點，但他承認數個大使館收到威脅。這與我對情報、對我收到的報告，以及我們正在進行的安全防護措施的了解是一致的。駐巴格達大使館顯然收到威脅，而由於國務院也很擔心駐貝魯特大使館的安危，因此我們也加強了那一區的戰備。此外，正如我之前提到的，我擔心的是駐科威特和駐巴林大使館的安全問題。

也就是說，我並不記得在中央情報局的簡報和報告中，有任何提到四個據點的具體資訊。因此，當我在一月十二日星期日接受美國有線電視新聞網訪問時，明確說明了兩件事：第一、我沒有看到任何關於伊朗以四個大使館為目標的具體證據；其次，我仍然認為有多個大使館受到威脅，並指出我們加強了其他外交據點的安全。無論如何，我不願證實川普聲稱美國掌握的情報提及蘇萊曼尼的目標是四個美國大使館的具體說法，此舉得罪了總統，讓我惹上麻煩。一位我信任的同事告訴我，一些川普的朋友打電話舉報我，抱怨我在「挖他的牆腳」、而且「不忠心」，甚至建議川普「開除艾斯培」，以示總統的誠信。

這不是我第一次發現自己落入這種困境。也許我只是不夠精明，沒辦法實問虛答，但是我也不想讓人留下不誠實的印象。另一個例子尤其明顯。二〇一九年十月十六日，總統邀請國會領袖到白宮，討論土耳其入侵敘利亞和他決定將美軍撤離敘利亞北部一事。

下午三點半左右，與會人士陸續進入華麗寬敞的內閣會議室。這是一九〇二年白宮增建西廂時規劃的會議室，供總統會見內閣、國會議員和國家元首之用。房間俯瞰玫瑰園，距離橢圓形辦公室不到三十呎。幾位總統的肖像掛在牆上顯眼的位置；我最喜歡的是華盛頓和林肯。遠處是著名政治家如班傑明·富蘭克林的白色大理石半身像。這些肖像與雕像表彰的對象，都是帶領我們國家度過真正困難時期的傑出人士，對任何總統及其內閣，都是極好的提醒。

總統召開類似會議時，大部分時候在會前閒聊就替會議的進行定調，接著才是會議正式開始，與會人士互相寒暄問好。但那天的會議一開始就走調。尼克森總統於一九七〇年贈送的長橢圓形桃花心木桌四周坐滿了三十多人。國會議員坐在桌邊一側的沉重皮椅上，工作人員在他們身後，總統和他的團隊以及一些共和黨領導人坐在靠窗戶的一側。由於會議討論主題之故，我緊鄰總統左手邊而坐，米利將軍則坐在總統右手邊。

川普以桀驁不馴的態度開場。他粗魯地說民主黨可以先開始，因為這個會是「你們要開的」。就在會議召開之前幾個小時，眾議院以壓倒性多數通過了一項決議，譴責總統將美軍撤出敘利亞東北部的決定。這個決議等於替下午的會議鋪墊了爭議主題。頃刻之間，川普和民主黨領導人開始就敘利亞問題來回大聲爭執。民主黨人指責川普正在危害國家安全，並「拋棄我們的敘利亞盟友」，他們還暗示總統決定退出敘利亞，等於幫俄羅斯總統普丁「一個大忙」，因為普丁正致力鞏固他在中東的地位。

川普強勢回應，迅速還擊並批評民主黨是「俄羅斯政治獵巫」。我們其他人像觀眾一樣坐在那裡，看著拳擊手在擂台上你來我往。米利低著頭——對一位穿著軍服的軍官來說，陷在這種場面裡可說是糟透了，他似乎正在盡最大努力變成隱形人。我朝房間北端白色壁爐上方那幅巨大的金框畫像上看了幾回，那是一幅我們的開國元勳在大陸議會（Continental Congress）某次會議的情景。有那麼短暫的一刻，我想知道他們是不是也開過這樣的會議。現在的情況顯然更糟。

眾議院的彈劾程序像一隻八百磅重的大猩猩一樣潛伏在房間某處，總統和坐在他對面的眾議院議長的言語交鋒愈來愈惡劣。侮辱在他們之間飛來飛去，川普諷刺裴洛西「只是個政客」，裴洛西回應「我倒希望你是」。想要吵贏這場架的川普總統，改用學生吵架常用的技倆，回嘴時加碼稱裴洛西是「三流政客」；此時少數黨領袖舒默插話想平息事態，不料又引爆了川普和裴洛西另一場關於「誰更討厭伊斯蘭國」的爭執。舒默又伺機引用退休將軍馬蒂斯（我的前任）擔心伊斯蘭國死灰復燃的看法，川普回應時則對馬蒂斯嗤之以鼻，並像往常一樣稱他為「世界上最被高估的將軍」。川普、裴洛西和舒默不停惡言相向，其他人只能繼續不自在地看著他們。

眾議院多數黨領袖斯坦尼．霍耶（Steny Hoyer）坐在緊鄰裴洛西的左邊。他俯身，用一種平淡、對川普帶著厭惡的語氣催促她離開，同時輕輕將他的椅子斜推到一邊。裴洛西迅速起身，將椅子往後一推，身著俐落藍色洋裝的她微微前傾，像交響樂指揮一樣揮動雙手，然後直接指著川普，最後一氣喝斥總統——「總統先生，有你在，」她斬釘截鐵地說：「條條大路通普丁！」

川普漲紅著臉，雙手撐在桌上，上身前傾，大聲回嗆裴洛西。她迅速轉身，氣沖沖地大步走出內閣會議室，霍耶跟在她後面，川普用挑釁的語氣嘲諷她：「再見，我們投票時見。」這是我目睹過最不專業和最不舒服的互動。它展現的是一種有毒的、功能失調的關係，這種關係對誰都沒有好處，尤其是對國家。

內閣會議室的門關起來以後，參議院少數黨領袖舒默開始提問。左手邊裴洛西的椅子已經空了，他靠近桌子，身體前傾，雙臂交叉在胸前，不時抬起眼睛看著川普。他就土耳其在敘利亞的行動以及我方的回應，向總統提出一個又一個問題。川普的回應與舒默一樣迅速。這是兩個紐約人的正面交鋒。儘管氣氛仍然很緊張，但兩人都降低了音量。

舒默隨後詢問「被敘利亞民主軍關起來的那幾千名伊斯蘭國囚犯的狀況如何、有多少人跑掉了」等問題，川普聲稱「已經跑掉的很少」和「大部分人又被抓回去了」。根據我前一天讀到的內容，川普的回答並不準確。舒默追問他怎麼知道的。身為八人幫的一員，舒默能接觸到這個層級的資訊，所以他大概知道總統說的不對。川普停頓了一會兒，也許是意識到了這個狀況，便說了句類似「我有特殊管道，我就是這麼知道的」的話。

出於某種原因，舒默倏地轉身面向坐在總統旁邊的我，隔著桌子看著我的眼睛，問道：「艾斯培部長，你看到那個情報了嗎？」少數黨領袖和我互相認識有一段時間了，所以，他也許知道我不會配合川普的說法。無論如何，他像隻被汽車頭燈照到的鹿般緊盯著我。

我也停頓了一下，在腦袋裡重複一次問題，再回想我最近看過的最新情報，然後盡可能就事論事，誠實簡潔地回答，但求通過眼前的雷區。我說：「我沒有看到那個情報。我應該跟上情報進度，但是我不見得總是可以跟上。」或是類似的說法。我確定總統很不滿意我的答案；那是一定的，因為我不支持他的說法。但是他一直沒有轉過來看我，也一直沒有出聲。他只是坐在那裡，冷若冰霜，專心看著舒默。我純粹只是不曾看過或聽過川普說的情報。

♜

二〇二〇年一月八日，在巴格達午夜過後很久，伊朗向兩個伊拉克基地發射了十六枚彈道飛彈，報復蘇萊曼尼被殺。十一枚擊中了阿薩德空軍基地，一枚擊中艾比爾的一個基地但沒有引爆，還有四枚未到達目標。第一批飛彈分別從伊朗的三個發射場發射，在伊拉克時間凌晨一點三十四分（華盛頓時間下午五點三十四分）落在阿薩德。從第一次發射到最後一次爆炸的八十分鐘內，至少還有一波群射。[5]當飛彈防禦警告的通知經由我辦公室的安全電話啟動時，我正在我的內部會議室與軍、文職高階主管開會，一位助理衝過走廊來找我，打斷了會議。

科羅拉多州是美國飛彈預警系統的大本營。在攻擊蘇萊曼尼行動結束後連續多日，巴克利空軍基地和夏安山軍事基地的威脅警告組處於高度戒備狀態。在伊朗發動報復飛彈攻擊當晚，駐在巴克利基地的太空軍第二太空預警中隊指揮六枚衛星上的天基紅外線系統（space-based infrared system），為駐伊拉克的美軍官兵提供關鍵的早期預警資訊，爭取更多進入掩體的時間。這個中隊開發了一個訊號蒐集計畫，能夠確保天基紅外線系統的最佳偵測範圍，一旦他們的螢幕上出現伊朗飛彈的紅外線訊號，就可以確定飛彈的威脅等級。這是評估來襲飛彈的射程和酬載能力的關鍵資訊。負責提供關鍵資訊的自動飛彈預警系統已經服役多年，該中隊經常安排演習以熟悉並改進該系統。現在它正在透過我的安全電話發送真正的警告訊息。[6]

該中隊迅速統計飛彈發射數量與研判武器類型，並預測來襲飛彈的可能彈著點。彈著點能夠預測，是因為彈道飛彈乃依照事先規劃與設定的彈道飛行。這些警告讓地面人員能爭取到關鍵時間進入掩體，做好防護措施，並採取其他舉措保護自己。麥肯錫相當謹慎地在前幾天採行了幾項行動。根據電視新聞節目《六十分鐘》在伊朗飛彈攻擊一年多後的報導，在發射前的最後幾個小時，也就是伊朗人最後一次下載阿薩德基地的商業空拍照片供目標定位之用後，中央指揮部也完成了數十架戰機轉場和數百名官兵撤離基地的任務。[7]這是非常精彩的一步棋。

由於伊朗沒有以伊拉克設施或在伊拉克的美國人為目標進行飛彈攻擊的前例，因此中央指揮部迄今為止並不認為伊拉克有設置反彈道飛彈系統的需要。事實上，上一次美軍受到其他國家以類似這次伊朗的彈道飛彈攻擊，是一九九一年波斯灣戰爭發生的事。

阿薩德基地仍然有我們的官兵在作業，我們必須保護他們，但是擔心伊朗支持的民兵組織可能會在飛彈攻擊之後立即發動地面突擊。伊朗第一波攻擊的新聞曝光後，我搖頭皺眉，自言自語：「好吧，就開始吧……」我非常擔心接下來十到十五分鐘內可能出現的事，尤其是我們在伊拉克地面人員的命運；但我沒有能力立即改變事情發展方向。現在，得全靠我們在阿薩德空軍基地撞擊區內的勇敢官兵和飛行員了。

那一刻，我想起了我在波斯灣戰爭期間的日子。一九九一年一月的第三週，第一〇一空降師在沙烏地阿拉伯朝更北和更西變換陣地。我們在進行中的空襲行動掩護下前進到所謂的攻擊陣地。從那裡，我們在「沙漠風暴」戰役的角色，是以（直升）機載深入伊拉克南部，切斷伊拉克可能用來增援其在科威特部隊，或是因應美軍從南部進逼而撤出部隊時，都必須使用的同一條高速公路。無論伊拉克的目的為何，我們的任務都是封鎖高速公路並禁止任何人車移動。有些人稱為「萬福瑪麗亞」（Hail Mary）*的這場戰術行動，成為軍事史上深入敵後最遠的的空中突襲行動，其目的是關閉伊拉克的後門。

我們在機場等待C–130運輸機的一個晚上，空襲警報響了，我們知道這代表伊拉克發射了一枚飛彈。由於我們最擔心這枚飛彈搭載化學武器彈頭，就迅速戴上防毒面具並加以檢查，確保面具不透氣，然後看著天空中出現第一道亮光，緊接著第二道光，迅速跨過天際朝南飛去。我們逃無可逃，也沒有掩體保護，只能就地或蹲或坐在背包與武器旁邊。愛國者飛彈系統也很快回應發射了，我們焦急地盯著它們。當攔截器衝向目標時，向上畫出一道弧狀的飛行軌跡，接著在耀眼的閃光及遲來的爆炸聲中，愛國者摧毀了第一枚飛毛腿飛彈，然後是第二枚。這場致命的煙火秀是我們那天晚上最大的震撼，也是我永遠忘不掉的回憶。

然而，二十九年後的這一刻，我只能想像我們的官兵和飛行員在孤伶伶的伊拉克空軍基地崗位上恐懼著，準備迎接我們最初認為是二十七枚的飛彈齊射；每一枚攜帶一千磅重彈頭的飛彈，在他們頭頂上呼嘯。我默默地祈求上帝看顧他們。

伊朗最後一枚飛彈是在華府時間大約六點四十分落地爆炸。當然，當時我們不知道伊朗的行動是否結束，只知道伊朗發射的最後一批飛彈終於產生撞擊。我們已經和中央指揮部通電話，要求傷亡和損失評估；但我們了解這需要一些時間。我知道這份報告的結果決定了我們是否會與伊朗交戰。

我和米利將軍在晚上七點三十分左右前往白宮，加入副總統彭斯、國務卿龐佩奧、國家安全顧問歐布萊恩及眾幕僚的行列，到達時天色已經暗黑。我們的車開進車道，在西廂入口的遮陽篷旁下車，迅速進入室內。白宮此時比我預期的安靜許多，也沒有我想像的那麼忙碌，幕僚人數較少，但一如往常熙來攘往地忙著，或在白宮和舊行政辦公大樓之間穿梭。那裡距離停車地點不遠，穿過狹窄車道後沒有幾百

＊譯註：「萬福瑪麗亞」為美式足球用語，以長傳取分轉敗為勝，成功率很低。

呎就可以走到。

我和米利走進房間，坐在戰情室前面、緊鄰總統高背皮椅左邊的老位置。彭斯和龐佩奧坐在我們對面，歐布萊恩坐在靠中間的位置。川普進來時，我們都起立，然後和他同時坐回座位。總統雖然比平時沉默，但心情不錯。每個人都一臉嚴肅；好幾位臉上出現輕微的黑眼圈，代表漫長一週的疲勞。今晚的會議沒有太多閒聊。我們正處於一個重大的決策點和歷史上的重要時刻。

總統坐在椅子上，身體前傾，雙臂交叉在前胸，舒服地靠著桌子，說：「大家晚上好。這可是漫長的一天。現在情況怎麼樣？」我不記得中情局有沒有先更新情報，但是我總結說：「我們知道伊朗對兩個伊拉克基地發射了十六枚彈道飛彈。十一枚攻擊了我們人員所在的阿薩德空軍基地。剩下五枚飛彈的目標是別處，而且五枚都是啞彈。」米利將軍在我報告後快速詳細介紹了我們認為他們發射的飛彈類型、彈頭大小以及他評估各型飛彈可能造成的損害程度。米利的幽默感很好，而且認識他的人都知道他偶一為之的俏皮話和諷刺相當厲害，即便對總統也是如此。但今晚他解釋一千磅彈頭可能造成的破壞時，異常認真。每個人都安靜且仔細聽著。

我補充說：「我們還不知道伊朗的攻擊是否到此為止。他們可能發射更多飛彈，因此所有人都還躲在掩體裡。」談到美國的傷亡人數時，米利主席和我告訴與會者：「我們還沒辦法確認任何事，需要大半個晚上才能得到可靠估計。」川普仔細聆聽，全神貫注，像往常一樣不斷地掃視房間。感覺他有一點想在眾人面前逞點能。

歐布萊恩建議我們現在就對伊朗實施一項因應措施。我和米利以我們常用的「進攻鐘在我們手上」為由表示反對。我們應該明智地行動，而不是快點行動。「我們得先了解發生了什麼事；其次，他們的意圖是什麼。」我說。龐佩奧同意。此外，龐佩奧預估德黑蘭可能會透過瑞士駐德黑蘭大使館與我們聯繫；這是自一九七九年革命以來美國與伊朗溝通的可靠管道。德黑蘭不想和與我們開戰，但他們還是得回應——他們的回應會是什麼？他們的真正訊息，如果有的話，是什麼？

我說，了解伊朗攻擊的意圖以及造成哪些破壞，「可以幫助我們確定最佳的因應行動方案」。首先，我們得評估他們的目的是殺人或是警告，伊朗過去曾經用這個辦法警告：故意將飛彈射偏，而且偏離目標很遠，然後在他們的媒體上宣稱勝利，然後結案。

我和米利不斷敦促大家耐心點，等我們取得關於我方死傷情形的可靠報告。伊拉克的天還是黑的；我們的人依然分散在基地各處的掩體裡。白天的光線也可以協助各單位得知更正確的資訊，報上來的傷亡與損害評估情況也會更可靠。儘管大家仍然焦急地想弄清楚到底現況為何，似乎也都接受我的說法。我們約定第二天早上七點三十分在戰情室再開一次會。

那天晚上會議結束後，川普在推特上寫道：「一切都很好！」並說我們正在評估損失，還說他會在隔天早上發表關於伊朗飛彈攻擊的聲明。[8] 我認為總統在當晚發表聲明很重要，但給美國人這麼正面的第一份報告並不適當。畢竟，我們對於伊拉克現地發生的事情知道得少之又少，總統也清楚這一點。正如米利將軍解釋的，從飛彈攻擊的規模和性質判斷，可能已經有數十名美國人或死或傷。但即便川普因此眾叛親離，他也永遠不會扛起責任。

米利和麥肯錫徹夜通話，我和他、以及白宮也都保持聯繫。華府一月七日午夜前收到的初步報告是「無人員傷亡」。這似乎難以置信，「第一次報告總是錯誤的」這句古老的軍事諺語在我和米利的腦海迴盪。我們兩人都同意中央指揮部得再次查證。

我們收到第二次回報時，已經過了午夜。報告上依然寫著「無人員傷亡」。我和米利又討論了一次，並下令進行最後一次查證。這次，我要求的內容非常明確：每一種傷害都得上報。我們在突擊巴格達迪的報告上寫了「無人員傷亡」，事後卻得知我方一、兩位特種作戰部隊成員受輕傷，儘管非敵方所為，還是引起部分媒體的騷動。所以，現在這份報告必須百分之百準確。米利完全同意，並且盡全力投入。在伊拉克，天已經亮了，所以下一份報告，會是我們能取得的最好的、和最後的統計結果。我回去睡了幾個小時。

我早上睜開眼的時候，報告上仍然寫著「零傷亡」。不可思議。米利覺得這次的數字可靠；麥肯錫整晚都在工作。這是我在上午七點三十分會議上向總統報告的數字。

在白宮會議上，當我告訴川普「無人員傷亡」時，每個人都很高興。我看到每張臉都放鬆而且浮現笑容；房間四周也出現了幾個人豎起大拇指。這是美好的一刻，雖然也是出乎意料的一刻。總統讚許我和米利將軍，並說：「幹得好，幹得好。」米利很快表示，這真的是中央指揮部團隊的功勞，上從指揮部，下到所有地面官兵和飛行員，在執行主動防禦、部隊保護措施和相互照顧等方面都非常謹慎和積極。川普要求我們代他感謝「麥肯錫將軍和他的團隊」。

米利報告說，伊朗飛彈「對基地的帳篷設施、一棟建築物和一架直升機造成了損壞」等。他認為「這不是警告射擊。他們想殺死美國人」。我同意他的評估。一方面我對這個結論並不意外，但另一方面我又很意外。蘇萊曼尼在德黑蘭樹敵不少，批評他的人更多；伊朗真的會因為他被殺，決定承受與美國全面開戰的風險嗎？

德黑蘭政府謊稱伊斯蘭共和國衛隊（IRGC）發射了幾十枚飛彈。伊朗新聞報導稱，飛彈攻擊造成八十名美國人死亡；他們顯然是對國內觀眾演一場戲。事實上，阿亞圖拉．哈梅內伊後來吹噓說：「伊朗有力量給世界強權這麼一記耳光，這是上帝之手。」[9]

然而，那天早上在戰情室裡的問題是：我們要回應彈道飛彈的攻擊或就此收手？就這一點，我們的報告說伊朗的飛彈攻擊沒有造成美國人傷亡；相對的，我們十二月二十九日的空襲行動炸死了二十五名民兵，受傷人數是這個數字的兩倍，蘇萊曼尼則永遠離開了戰場。

在外交方面，國務院正在透過我們的瑞士中間人與伊朗政府交換訊息。我們曾力勸德黑蘭，在我們執行了巴格達機場的攻擊行動後，不要將衝突升級；伊朗畢竟還是藉飛彈攻擊回應了。現在他們正在傳達，即便並沒有確定他們的攻擊造成了何種影響，但前晚的彈道飛彈齊射是他們的最後一次行動。他們不會再發動攻擊，他們希望事情告一段落。

在這一點上，隨著我們「得分」和我們的決心通過驗證，我們認為沒有必要進行反擊。沒有人希望在中東發生另一場戰爭，尤其是川普。因此，總統決定我們也到此收手；每個人都支持這一點。事實證明吉娜．哈斯佩的評估結果是準確的——伊朗也不想開戰。重要的是，沒有美國人會在蘇萊曼尼精心策劃但流產的攻擊行動中喪生。而且，我們很快就觀察到，德黑蘭為了控制伊拉克的什葉派民兵組織，付出了更多心力。

那天早上晚些時候，總統出現在媒體面前向美國人民宣布最新情況。現場有彭斯、龐佩奧、各參謀首長、歐布萊恩和我。他在談話中指出，伊朗正在收手；然而，他對他們發展核能力的期待採取強硬立場，講述過去幾週發生的事件，批評伊朗核協議，並解釋了一些相關問題。最後，他直接向德黑蘭領導人和伊朗人民發表談話，伸出橄欖枝，建議兩國擁抱和平與眼前新的前進道路。他的談話是替這個美伊關係新篇章劃上句點的嘗試。

♜

大約一週後，我們開始收到中央指揮部的報告，指出伊朗飛彈攻擊當晚在阿薩德基地的美國軍人，因醫療需求已被後送至德國的一家軍事醫院。這個報告讓我們訝異。據說該基地正在篩查每個人的創傷性腦損傷（Traumatic Brain Injury, TBI），但症狀可能過幾天才會出現，而且檢查過程也需要一段時間。軍方對這些問題採取保守態度，合情合理。

我們對TBI的了解很多，因為我們在伊拉克治療因路邊炸彈和其他種類爆炸受傷的軍人，累積了好幾年的可怕經驗。從伊拉克移駐到德國的部隊，顯然每天都在經歷與腦震盪相關的頭痛和其他症狀；而我們在歐洲的軍事設施有更好的設備，能夠更準確地診斷和醫治他們。

到二月下旬，官方統計的受傷士兵人數為一百一十人，大多數此類病例的診斷是「輕度」TBI，而且病患皆已重返崗位。儘管如此，根據受傷程度，中央指揮部最後授予近三十名官兵紫心勳章。這一事件令人不安的是來自批評政府人士的指控以及媒體的評論，亦即川普在一月八日向媒體宣稱「無人員傷亡」，是對受傷人數撒謊。這與事實不符。總統準確地傳達了我親自提交給他的報告，也就是傍晚之前經過指揮鏈多次傳達給我的同一份報告。

我們是在開始撤離第一批TBI傷患到德國時，才知道有這個情況。五角大廈沒有人企圖淡化TBI的嚴重或粉飾太平，我們的確是直到約一週過後，才知道當時現場發生什麼事。我和其他所有人一樣，想了解為什麼五角大廈沒有早點收到受傷情況的報告。這是我們在後續幾個月裡深入研究並解決的問題。

不過，我對總統一月下旬輕率評論此事很失望也很困擾，他輕描淡寫地形容傷亡報告上記載的是「不是很嚴重」的「頭痛」。[10]多數人最終確實屬於這一類，但並非所有傷患。目前尚不清楚這是不是他自吹自擂的一部分——他說他重擊伊朗，而伊朗人沒有以牙還牙。若這說法是真的，那麼，事實又該擺在哪裡呢？我必須到白宮對他解釋此類傷害的本質，並要求他改變語氣。所以，在一次橢圓形辦公室的會議之後，我在通往後方他私人房間的走道附近攔住他。

我告訴總統「你的發言，讓部隊感覺很不受用」而且「聽起來你並不在乎」。他反駁說：「你這麼講不對。」我告訴他，我了解他的感受，畢竟，我親眼看到他私下和受傷官兵及家屬在一起做什麼，他和他們共處、交談、拍照。「但你的發言卻不像是那個我看過的你會說的話。」

川普防衛心起，改變話題，提起他以前訪問過的受傷官兵。他曾經在華特·里德（Walter Reed）醫院與一些受到最嚴重戰鬥傷害的官兵共處些許時間，諸如殘肢斷臂、身體重度受損或重度燒傷等，這個經驗成為他談到戰爭傷害問題時的思考框架。我也曾和許多這類勇敢戰士接觸過，了解總統的反應從何而來。

但總統並沒弄清楚。他說：「二次大戰的士兵又怎麼說呢？他們沒有出現這種腦損問題，也沒有抱怨頭痛。」他的辯解講得不清不楚，卻聲稱這些是傷害是假的。他沒辦法將過去已知與今天所知調和一致。

我告訴他TBI「在戰場上不是新鮮事」。我解釋，只要發生大爆炸、鈍器敲擊創傷和其他頭傷，都會發生TBI。醫藥科學、戰場醫學以及從受傷到住院的時間縮短，都使我們有能力拯救更多人免於受到那種針對駐伊拉克美軍設置的、可怕又殘忍的「簡易爆炸裝置」(Improvised Explosive Device, IED)攻擊。我告訴他「若是二次大戰的官兵遭遇像這次一樣猛烈的飛彈攻擊，大部分人都會死亡」，而且死因多半是猛烈爆炸、創傷性腦損和傷後大量失血。

此外，TBI與燒傷、撕裂傷、骨折和其他可見傷口的傷害不同，許多症狀完全顯現以及醫生確定受傷程度，都可能需要一段時間。新科技提供我們了解大腦內部的方法，發現很多過去看不到的IED傷害。「伊朗飛彈攻擊阿薩德基地產生的爆炸也是如此，」我說。「TBI是一種『隱形』傷害，許多人，包括我，都還在學習。」他站在我對面聽著，但沒有聽進去。他搖搖頭，也許不表同意，不然就是不願意接受我的解釋。無論如何，總統身為三軍統帥，應該對受傷官兵表示更多的同情。但是，同理心不是他的強項。

幾週後，我到華特．里德醫院探望傷員；我試著每三個月左右去一次。我遇到一位年輕軍官，彈道飛彈攻擊當晚他在阿薩德基地受了傷，正在接受TBI治療。他是較嚴重的病例之一，但謝天謝地，他的情況已經好多了。我們在一個大型自助式餐廳用餐區的一張桌子旁坐下來聊天。我的妻子莉婭也和我一起。他詳細描述，他在尋找單位裡四散各處的士兵後朝掩體跑去，當下一枚飛彈在附近爆炸而擊倒了他：「我的腳一軟，整個人被震飛，摔到一段距離外。」他說，漆黑夜裡一片混亂，他花了好一段時間才恢復知覺；他站起來後，「就走進一個混凝土掩體裡，其他人也在那尋求掩蔽。」不久之後，另一枚飛彈在外面爆炸，衝擊波穿過掩體，在掩體內牆彈來彈去，所有人也隨著震波跌跌撞撞。他的說法是，他「被擊中兩次」。他的傷勢要等測試結果出來後才會知道。

我問他為什麼等這麼久才去掛病號。上帝保佑他，他說：「報告部長，我第二天要照顧我的士兵，接下來每一天也都在照顧他們。當然，我頭疼，覺得不對勁，但如果我去看病，結果後送了，誰來照顧我的士兵。」他的責任感讓我哽咽。他說過了好幾天，另一位他的軍官同事，也許是一位士官，症狀惡化，他才覺得應該去看病。接下來就一環扣一環，果然他很快就搭上飛往德國的班機，最後到了華特・里德醫院。

我想用「特別」這個詞形容這位軍官的經歷，但在很多方面他的經歷並非特例。這個故事顯示了美軍官兵在遭遇考驗、面對危險時，所表現的領導能力、奉獻和責任感。領導者把他或她的部屬和任務放在首位的時候，何錯之有？這不就是我們教他們該做的事情？他的優先事項是正確的。然而，領導者必須在某個時候也照顧自己，否則其他人和任務都會受到影響。這就是他最終還是尋求協助的原因；而他尋求協助，又幫忙找到TBI延遲上報的原因。

♜

伊朗狀況到二〇二〇年一月底逐漸穩定，我們終於有機會考慮改變我們在該地區的兵力分配與部署狀況。這件事在最近這幾起事件沒有發生之前，就列為作戰指揮部檢討任務的一部分。

國防部各軍種在伊拉克服務的官兵超過五千人，我們一直計畫減少；到夏天前，至少得降到三千人。這麼做讓我們有機會將所有部隊整合到幾個更大的基地，接著就可以強化基地安全，改善部隊防護。此外，既然伊朗已經表現出朝伊拉克發射彈道飛彈的意願，我們就得在這些基地部署愛國者和其他防空系統，尤其是對抗無人機。

麥肯錫將軍的分散計畫非常有成效。他估計如果沒有這些計畫，我們可能會損失一百到一百五十名人員和二十到三十架戰機。[11]他做得很好，但是展望未來，我們現在就必須做更多的工作以保護我們的人員。然而，伊拉克一直不允許我們帶進愛國者系統。最終，我們確定部隊防護重於外交的繁文縟節和官僚作業的勾心鬥角，所以我指示他單方面進行部署和安排陣地。

我們也從一月初的經驗中汲取了一些重要的長期教訓，這些經驗得自已經展開的工作。其中之一是我們在每一個海灣阿拉伯國家合作理事會（Gulf Cooperation Council）的成員國——巴林、科威特、阿曼、卡達、沙烏地阿拉伯、阿拉伯聯合大公國，包括伊拉克，都開設了太多基地，也進駐了太多人員，而且有太多基地都在伊朗的飛彈射程內。幾個月來，我在我的會議桌上擺了一張阿拉伯半島的大地圖，上面標明了該地區每一個美國基地和設施的位置。從這個角度來看，我們的部隊和家庭的脆弱性顯而易見。因此，到二〇二〇年夏天，我們針對如何重新規劃一條更好的長程運輸路線，啟動了好幾項計畫和討論。

第一項措施是停止將大多數官兵的家人，送到波斯灣沿岸國家團聚。這種做法風險太高，而且我們知道危機發生時很難將他們移往安全的地方。我們不想讓那些家人置身險地，也不想讓他們成為限制我們行動自由的累贅。這個決定對海軍來說最痛苦，因為海軍的家庭成員數量最多。

對於位在巴林的第五艦隊總部來說，這問題尤其刻不容緩。雖然飛彈威脅顯而易見，再加上恐怖主義一直是當地的隱憂，那個基地有太多的高階主管卻依然固執己見，堅信「伊朗絕對不會攻擊我們」。巴林人是好客的東道主，也是非常好的合作夥伴，但我們依然擔不起忽略事實的後果。雖然完成減少官兵家屬的目標需要兩到三年，但這是負責任的做法。

而結束軍眷伴隨制度與戰略上應該如何處理第五艦隊相比，簡直是小巫見大巫。退後一步看著地圖上巴林與伊朗兩地其實不太遠的距離，再想想一艘船從巴林出發，往南駛入阿拉伯海的開闊水域要花費的時間，再加上通過既狹窄又有爭議的荷姆茲海峽後，可能會遇上在印度洋日益猖獗的中國海軍。第五艦隊現在的困境是總部及其兵力苦於無棲身之地，以應對未來的威脅、挑戰和任務。

我們現在儼然是被困在隔壁有個壞鄰居的死胡同裡。伊朗已經開發出多種射程的飛彈，可以壓制大多數防禦系統，美軍基地因此更加脆弱。在一些國家，我們還不斷受到伊朗代理人的威脅。現在如果還將總部和部隊放在波斯灣裡面或至少靠近伊朗，意義並不大，如果再考量到印度洋的重要性與日俱增，更是如此。

我們能繼續駐留在灣區以圍堵伊朗，並支援我們在該地區的朋友，是非常重要的。我們希望繼續成為海灣阿拉伯國家合作理事會各國以及伊拉克的首選安全夥伴（相較於俄羅斯或中國）。然而，為了最有效地向前推進，我們需要能為我們的基地、人員和部隊提供保護、信心以及彈性的距離。

因此，我們開始著手制定的第二項重大措施是一項計畫，整合我們在第一線各國的許多基地和設施，並將它們遷移到更遠的西部和南部遠離伊朗的地點。沙烏地阿拉伯的蘇爾坦王子空軍基地是第一步，但即便如此，那個基地仍然距離伊朗太近。這個多年計畫將由中央指揮部負責發展，並與我們的區域合作夥伴協調。此外，這個計畫涉及開設基地和擬定新作戰協議，以減少每天暴露在外的部隊。我們還將強化既有的據點，並制定欺敵措施以增加對部隊的保障。這是許多人認為伊朗核協議應該涵蓋德黑蘭飛彈計畫的一個主因。

第三，我們也需要將部隊送回國內，尤其是在國內同樣可以運作良好的總部和作戰中心。中央指揮部從佛羅里達州坦帕市運籌帷幄多年，證實了這種模式的價值和有效性。

我也認為沒有必要在中東維持六萬多名駐軍；其他地方需要那些人。秋天時，我們已經確定要開始減少在該地區的布局，這是我長期追求的目標，對實施《國家防衛戰略》至關重要。目前在沙烏地阿拉伯的愛國者飛彈連計畫於二〇二一年回美國，隨後是其他陸軍資產、海軍陸戰隊特遣部隊、空軍戰機等。我們會進一步將我們在伊拉克的布局減少到三千以下，包括將國內的三星級總部降級。

我還決定，基於我們在該地區擁有的陸基戰機數量，並無必要輪派一艘航空母艦在中東永久駐點。中央指揮部不斷要求的其他海軍裝備也是如此。必要時，我們會啟動「動態部隊調度」，從立即反應部隊和其他海軍裝備中支援。我們計畫將美國在戰區的兵力從二〇二〇年一月的高峰減少近一半，到二〇二一年夏天的四萬名。節省下來的資金可以改投資幾個現代化的優先事項，同時減少向軍種要人要錢。

關於第五艦隊，我要求中央指揮部調查環印度洋有哪些地點位於伊朗（大多數的）飛彈射程外，以備將艦隊總部、基礎設施維護能量和艦艇移去新基地。

米利將軍和我也試圖讓美國從埃及西奈半島的多國聯軍暨觀察員任務中解套，但我們的時間不夠。我們有幾百名士兵在那裡協助其他國家「監督一九七九年簽署的埃及－以色列和平條約的安全條款執行情況」。[12]四十年後，任務雖在，實無用途，至少對美國來說是如此，因為埃及和以色列的關係與當年相比已經大幅改善。我們作戰指揮部的調查顯示，類似情形還包含另一支在巴爾幹科索沃執行維和任務的多國聯軍；該任務在一九九九年開始時很重要，但現在可以在沒有美國參與的情況下執行。似乎唯一比擺脫戰爭更難的事情，就是讓你的部隊擺脫已無存在理由的維和任務。我們應該要專注在中國和俄羅斯，而且，至少讓我們的部隊休息一下。

最後，與伊朗的大規模戰爭，最終需要該地區所有視德黑蘭為威脅的美國盟友和夥伴的合作。我們需要建立極佳的指揮、管制和協調能力，才能成功執行一場防禦伊朗攻擊的戰役，並且在攻勢作戰時也取得同樣成功的戰果。因此，我們必須確實執行「統一指揮」和「統一戰力」這兩項長期存在的戰爭原則，也是該地區必然永不嫌多的原則，以確保取得戰果。而我啟動改變「統一指揮計畫」（Unified Command Plan, UCP）的程序，將以色列從歐洲指揮部轉移給中央指揮部，也是事所應為的決定。

「統一指揮計畫」是國防部提供給所有作戰指揮部指揮官的基本指導文件，每兩年更新一次。該計畫「設定作戰指揮部的任務、職責和部隊結構；劃定地域性作戰指揮官的責任地理區域；並確定功能作戰指揮官的功能職責。」[13]過去反對將以色列調入中央指揮部責任區的看法，主要關鍵在要求阿拉伯軍事領導人於中央指揮部的討論場合中，與以色列對口官員的互動都集中在政治問題上，但伊朗的言行對中東各地區構成的共同威脅愈來愈大，加上一些阿拉伯首都和特拉維夫間的緊張關係也逐漸緩和，之後啟動以色列與阿拉伯聯合大公國等國之間關係正常化的《亞伯拉罕協議》也迅速推進，在在使得實現這一項謹慎操作措施的可能性大增。

五角大廈部分人士曾有個如曇花一現的最後擔憂。他們主張現在修改統一指揮計畫的「時機已經過了」。但是官僚主義的時間表不應該讓好想法延宕，尤其是那些涉及戰爭行為的想法。因此，我們在二〇二〇年初首次提出變更統一指揮計畫，與國務院協調數月，並在秋天時與以色列協商，隨後我很快批准了這項變更，最後經由政府同意成為事實。[14]它是我們能完成的快速行動之一。

二〇二〇年一月之後，與伊朗相關的狀況平靜下來，至少維持了一段時間。然而，這個國家從未離開過我們的雷達螢幕。民兵組織偶爾還會對我們在伊拉克的基地或大使館發動火箭攻擊，巴格達政府對降低美國留駐該國所發表的言論仍然強硬，而伊朗高級領導人幾次少見地針對美國的評論則讓我們保持警覺。它同樣創造了一個機會，讓我們可以根據《國家防衛戰略》以及我聚焦在中國然後是俄羅斯的總體考量，與我設計的改革時程得以同步，以打造有利美軍的戰區。

不過，華府的局勢並沒有平靜下來。相反的，事情變得更糟——更不可測、更不協調、更異於平常——隨著政府既有的做事流程開始崩潰，鐵桿保皇派進了白宮西廂，白宮中更黑暗、更醜陋的一面變得愈來愈明顯了。

第7章

「建設更好的海軍」的政治角力

航空母艦幾乎占滿了潛望鏡鏡頭。照片上半部看到的水線、波頂等所有東西的影像都明顯可辨，整個圓形觀測窗的影像不論遠近都很清晰。潛望鏡捕捉到的對象完全不知道它遭到跟踪了。

這是好萊塢二戰電影經常可以看到的畫面，潛艦的潛望鏡焦點放在遠處的一艘軍艦上，從海底仔細安靜地觀察。不同的是，這張照片是幾個月前拍下來的，美國潛望鏡的另一端不是納粹戰艦，而是中國的航空母艦。

美國海軍無疑是世界上最強大的海上武力，建軍迄今已經近二百五十年。海軍的功能是保障國家安全、維護國家的海洋利益，包括確保航行和商業自由。這些原則維繫著美國的安全、經濟，還有已能成功運作的基於規則的國際秩序。

中國想朝著對己有利的方向改寫這些規則。北京意在控制關鍵水路並擴大對漁區和海底油田的主權主張，目的是藉由挑戰主權，否決其他國家的經濟和安全決策。

為了達成這些目的，中國正在現代化並擴張其武裝力量。當北京表示解放軍會在二〇四九年成為世界級軍隊時，真正的目的就是取代美國成為全球超級強權，並將我們趕出太平洋。北京研究了我們的作戰方式（莫斯科也是如此），並開發意在抵銷美國優勢且最大化其優勢的全方位能力。例如，中國正在投資長程飛彈、高超音速武器和無人潛艦，作為經濟又有效的手段來對抗美國海軍，他們打算利用這些武器系統在遠距離摧毀我們的航空母艦。

如果北京實現其現代化目標並建立一支比我們更好的軍隊，中國的惡劣行為只會變得更惡劣。我們不能讓這種情況發生。美軍是聯合作戰的部隊，要從海軍開始整備，以維持在印太地區的優勢。基於《國家防衛戰略》的宏觀指導，以及五角大廈為應對二十一世紀的威脅所擬定改造國防部的總體計畫，我們未來面臨的挑戰已經非常清晰。我們知道中國正在建構哪些能力。此外，我們對他們的戰略、作戰計畫和時間表都有足夠了解。就以上提及的所有事實、數據和趨勢，美國想在二〇三〇年代中期建立一支能打勝仗的聯合作戰部隊，目前處於落後局面。

然而，為了應對北京而改造美軍的計畫，不論在海軍和國防部、國會山莊、白宮以及華府內外，都得頂著一股獨特的逆風和政治氣候前進。

自共和國成立之初，國會對海軍的造船計畫就一直很有興趣。表面上，國會為了更了解海軍的建軍方向，要求每年提交一份三十年期的造船計畫以及防禦預算建議。依法，這是國防部長的工作，但是通常由海軍代表國防部提交，而且發生過五角大廈在某幾個年度遲交的情形（不必懷疑，真的發生過）。並不是每一位國防部長都會在提交前先過目海軍的計畫；但是，我的做法不同。

如果五角大廈正在向國會提交一份如此重要的計畫，一個制定未來海軍結構的計畫，那麼，我希望熟悉計畫內容，也希望內容能讓我放心。畢竟，這個計畫一旦交在我手上，就是我的責任。然而，對於我所收到的關於海軍計畫的報告並不覺得放心。因此，我決定國防部長辦公室、聯合參謀部和我都得參與這計畫。所以，我擱置了海軍的提報時程。

儘管一些立法者似是而非地聲稱，我的延宕會影響他們制定下個年度國防法案的能力，其實，國會對未來五年海軍的建軍計畫知之甚詳。國防部每年也會更新、提交這份計畫。一些國會議員對我延遲提交計畫的決定有一些誇張的反應，這些都是為了討好基本支持者或顧慮這個產業的金錢挹注。對某些人來說，這件事攸關他的工作和連任，與戰略或是否能建立可能是最好的海軍無關。我本來打算準時提交海軍的三十年造艦計畫，但基於《國家防衛戰略》和我們將焦點放在中國的重要性，我覺得制定一份正確計畫，比準時提交一些東西給國會充數更重要。

♜

二〇一七年十二月，海軍發布了未來兵力結構的目標，要求建立和維護一個由三百五十五艘艦艇組成的海軍；這項評估完成的時間是二〇一六年，早在發展《國家防衛戰略》前。批評人士表示，三百五十五艘艦艇其實是項莊舞劍，真正的目標是為了滿足海軍擁有十二艘航空母艦的渴望，因為航艦需要護航與後勤兵力保護與支援。因此，他們將一艘航艦需要配合的艦隻數目乘以十二，然後添加幾艘艦艇湊個數，然後……瞧：三百五十五這個數字就出來了。雖然我看過陸軍在一九九〇年代中期對十個師的兵力做了類似的事情，我還是覺得，這個解釋可能太簡單和太虛偽了。

儘管如此，代表造船利益的幾位國會議員在二〇一七年十二月決定，將海軍需求的艦艇數量目標寫入法律，並在二〇一八年通過另一項法令強化此一目標，規定海軍的航空母艦數量不得少於十一艘。這個系統其實就是在照顧關鍵的利益相關者和系統本身。

我開始質疑海軍的兵力結構和戰備狀況，是在我正式接任部長大約一個月的時候。二〇一九年八月杜魯門號航艦因電力系統故障，三個月無法出海執行任務，它離開母港、維吉尼亞州諾福克海軍基地的時間也必須延後。我除了延長林肯號航艦停留在中東的時間（這又引發了另一組相互糾結的戰備和維護問題），也開始與海軍一起探究如何在適當地點、適當時間，停留適當的天數，並且維持足夠的航艦在海上執勤。

海軍的戰備一直處於不良狀態。不論哪一天，三百艘左右的艦艇中大約有三分之一在海上，我對他們執勤時面臨的挑戰的確印象深刻，但是並不看好執勤率的發展趨勢。國會成立的政府問責署（Government Accountability Office, GAO）二〇一七年公布的報告顯示，船艦狀況持續下滑，戰備情形益形惡化。海軍正在燒毀未來的戰備，以換取眼前作戰指揮部指揮官的需求。

例如，中央和歐洲這兩個以地域劃分責任區的作戰指揮部指揮官，都希望海軍艦艇在他們各自的責任區內巡弋，支持他們的作戰行動。更重要的是，他們想藉此向敵人傳送美軍無遠弗屆和能力超強的訊息。我尊重海軍的盡責表現，但海軍如果繼續目前的步調，總有一天會無以為繼，而為此買單的是未來的海軍。

另一方面，海軍戰備出現問題，責任不全在作戰指揮部指揮官，海軍也做了幾個不妥的決策，例如：降低員額導致在海上負責保養維修的水兵更少（因此需要更長時間在港維修）；沒有訂購足夠的備份零件；以及未能將訓練納入某些艦艇的時程表。政府問責署二〇一九年的一份追蹤報告顯示，這些問題正在惡化。[1] 要解決所有問題，至少需要好幾年以及數十億美元的經費。

航空母艦就像皇冠上的珠寶，在海軍所有艦艇中自成一類。在我擔任部長期間，海軍的十一艘航空母艦，多數時間只能同時部署兩艘。在某些時間點，海上沒有任何一艘航艦，這是危險和不負責任的。而在極少數情況下，可以做到維持三艘或更多航艦在海上出任務。如果海上有三艘美國航艦偵巡，能夠保證以後不會再發生零航艦巡弋的情形，我會欣然放棄前者。

以我們的航空母艦總數計算，一年中多數時間應該有三艘航艦在海上執行任務，但是海軍真正能維持的最佳狀況是兩艘。等到又發生一次幾星期沒有部署航艦後，我在二〇二〇年夏天告訴海軍參謀長邁克·吉爾迪（Mike Gilday）上將，應該規劃不論何時海上一定有兩艘航艦執勤的新目標；他的工作是想辦法在不損害當前或未來戰備的情況下實現這個目標。我也會扮演好國防部長的角色，繼續挑戰作戰指揮部指揮官的要求。海軍部長、海軍參謀長和我經常討論這個問題。我知道，考量到維修時程，短期內不可能做到兩艘航艦持續在巡，但我不希望下一任國防部長需要再做一次我已經做過的事。

延長既定的維修時程加上長達數月的檢修工作，對航空母艦的機務與艦務人員來說都是挑戰。美軍航艦給人非常深刻的印象，因為它可以將美國的戰力投射到國外，它可能也是海上最致命的浮水武器系統。但是，我不相信國家投入這些航艦的資金能獲取夠高投資報酬。我當然也不相信它們會像幾位海軍將官設想的一樣，能夠在和中國打了一仗之後還能僥倖存活。

另一項挑戰是，投資一艘航空母艦相對於投資其他載具的機會成本差別甚大；特別是當國防部預算吃緊時，這個問題會特別突出。福特號航艦是下一代新級別航艦的第一艘；根據目前估計，到它建造完成並完全準備好部署時，需耗資將近一百四十億美元（若加上參戰所需的一切，譬如它的艦載機聯隊，經費將高達二百億美元），而且至少需要十四年的建造時間。以同樣長的時間和資金，海軍能夠建造最多四艘維吉尼亞級攻擊潛艦。重點是，這型潛艦終其一生潛在海裡的時間比前代潛艦更久，也不易受到敵人攻擊，送出致命一擊後全身而退的機率非常高。

二〇二〇年二月二十七日結束了一場眾議院軍事委員會的聽證會，加上國會對於我延遲提交三十年造艦計畫的決定有一些誇張的反應之後，代理海軍部長湯馬斯・莫德利（Thomas Modly）來向我簡報最終版的《海軍部隊結構整合評估》（Integrated Naval Force Structure Assessment, INFSA），也就是海軍未來建軍的計畫。湯姆一九八三年畢業於海軍學院，二〇一七年十二月成為海軍部次長。他服役七年，擔任直升機飛行員，退伍後轉到私部門工作幾十年，然後在二〇一九年十一月接任代理部長。湯姆很擅長數字，個性直言不諱。

儘管做了所有的努力，我看不出海軍提報的計畫有任何大膽突破之處；關於未來和中國打交道的思考，海軍的評估與國防部長辦公室的專家及外部智庫的看法相比，也有所不足。《海軍部隊結構整合評估》的主張仍然圍繞著以十二艘航艦為範本展開，眼光短淺；即便莫德利與前海軍部長理查・史賓塞兩人都私下表示，一旦美中開戰，航艦的成本和效用堪憂。莫德利的想法是汰除部分航艦，騰出數十億美元，花在其他有需求的艦艇。2

史賓塞過去提過類似的方案：他曾大力推動所謂的輕型航空母艦，就是以海軍陸戰隊現有的兩棲艦為平台，但只搭載 F-35 隱形戰機，就能從海面上進行空中攻擊。兩位部長的思考都是正確的，但受到軍方和國會軍事委員會部分委員的抵制。在我們所有人看來，海軍部和某些特定的國會議員在二〇二〇年依戀航空母艦，就像他們的前輩在二次大戰前依戀戰鬥艦一樣。

這種現象並非海軍獨有；每個軍種都有自己的文化包袱，使他們無法準備面對下一場戰爭。然而，海軍以許多其他裝備的機會成本，投入大筆預算與心力去建設以航艦為中心的艦隊，再加上其戰力日益衰退，是許多其他國會議員、智庫專家以及前五角大廈官員悄悄向我抱怨的實情。

無論如何，莫德利支持該計畫，自豪地表示這個計畫是由海軍參謀長和海軍陸戰隊指揮官推動的，並且沒有海軍部長的參與。我認為這很奇怪。我知道莫德利對航艦與報告其他關鍵部分都有自己的看法，那麼，他為什麼替這個計畫背書？此外，如果他們不參加與自己軍種的未來至關重要的事情，那麼，文職領導的目的是什麼？

莫德利對一件眾所周知的事很坦白：海軍計畫在二〇三〇年前建造一支三百五十五艘艦艇的海軍，但沒有預算支應。同樣重要的是，產業和造船廠也無法在後勤上支持它。他要求每年額外增加五十億到七十億美元，而我會反駁，問他我應該從哪裡找這筆錢。每一個軍種都需要更多資金實現現代化，而我們首先必須建立太空、網路和其他事務。至少陸軍和空軍正在刪減預算以騰出資金，但我卻很少看到海軍如此配合。所以我不會只因為海軍不想做艱難的選擇而獎勵這種不良行為。那是我賦予莫德利的責任。值得稱道的是，他努力付出了。

不出所料，五角大廈內外的海軍支持者認同海軍的預算大餅應該更大。他們覺得海軍得到的份額最小；另外，他們辯稱，美中相爭的戰場在海上。前述兩點都不正確。根據國防部主計長的說法，海軍獲得的資金比其他任何軍種都多；即便如此，海軍每年二千零五十億美元的預算中，也只有十一%用於造新艦。我與陸軍同仁一起完成夜間開庭的流程後，我明白，如果海軍領導階層能達成共識，他們就能找到額外的資金。新上任的部長肯·布雷斯韋特（Ken Braithwaite）——前海軍飛行員、海軍少將退伍後進入商界服務；參議院於二〇二〇年五月通過任命，由他出任海軍部長——就會這樣做。

關於美中戰場，海軍的論點對其他軍種是不公平的。海軍在太平洋地區扮演的角色當然會大得多，但要戰勝中國或任何對手，就必須與陸軍、空軍、海軍陸戰隊、太空軍、網路指揮部和其他部門聯合作戰。這些是我身為國防部長必須平衡的事情。

我並不反對分配多一些預算給海軍，但在預算調整前，我想做三件事。首先，我要批准一個最新的印太作戰計畫，好讓我知道印太指揮部指揮官打算如何打贏這場戰爭，我才能更理解海軍需要採購哪些武器裝備。其次，我要一個新的「聯合作戰概念」，我才能更明白海軍在未來幾十年裡如何備戰與作戰，以及對兵力組合的影響。最後，我希望看到各軍種進行內部改革。國會向我們傾注資金時，我們很容易忘記善用納稅人的錢乃是我們的義務，我們也很容易忽視改革的辛勞。我要先看到大家的承諾與投入，而讓五角大廈內外的其他人看到這一點也很重要。

二〇二〇年二月我參加眾議院軍事委員會聽證會結束後，民主黨眾議員喬．考特尼（Joe Courtney）抱怨我們沒有提出造艦計畫，川普政府沒有制定建設三百五十五艘艦艇海軍的戰略。雖然他的出發點既有黨派之私而且狹隘，但是他說對了。然而，我無法替我的前幾任部長擔這個責任。海軍認為戰備優於（戰力）成長，怎麼說都是對的。吉爾迪參謀長擔心美國海軍會成為「空殼海軍」，我也擔心。我承諾提供一個可靠的計畫，建設一個更大、更好的海軍，但我不會因為得提交一個我不支持的計畫而被嚇到。

♜

華府許多海軍事務相關人士談到海軍預算應否增加時，往往會引用川普說他支持建設一支有三百五十五艘艦艇的海軍，作為談話要點的第一項。川普的確講過，但是我擔任國防部長將近十八個月，他從未向我提起這個問題。相反的，他不斷抱怨福特號航空母艦超出預算和破破爛爛：「彈射器沒用。」這不是真的；「升降平台壞了。」部分正確；飛行甲板上控制空中作業和管制航艦其他功能的「艦島」*，因為它比較靠近船尾而不是靠近中間，「看起來很糟，很愚蠢」。我任職初期在諾福克基地參觀過福特號，所以川普的抱怨，我都有答案，也多次向總統解釋。他聽到了，但從未聽進去。

對他來說，最重要的事似乎總是形象，用他的說法就是「樣子」。關於福特號航艦，它的「樣子」太重要了；他甚至提到，我們把艦島「移到」更靠近軍艦中間的位置。想像一下這麼做的時間和成本有多高吧。川普談到這件事時，會往前平舉雙手、向左右分開、然後靠近，就像美式足球裁判測量第一次進攻距離是幾呎幾吋一樣。

他後來好幾次給我們壓力，要我們把這個多艘航艦的採購計畫完全取消。他說話時經常高舉雙手，然後埋頭揮手，做出「算了」的手勢，以示沮喪。「看樣子很可怕，」他說，「它不可能有用。」川普說他曾經和福特號的一位士官長聊過；那位士官長認同福特號改用新的電磁彈射器很爛。「（原有的）蒸汽，他跟我說的。他比較喜歡蒸汽彈射器。」川普說這話的時候，用非常誇張的發音方式強調「蒸汽」這個字。

至於艦載機升降平台，總統講到他在做房地產生意時使用這類系統的經驗。「一杯海水。只要一杯。一杯就夠了。只要有海水潑到電梯上，這電梯就毀了。」他露出厭惡神情，同時像北極熊一樣將雙臂伸到身側，又搖搖頭表示不同意。海軍不苟同他的看法。儘管如此，我和他一樣，對海軍濫擲到福特號的經費以及持續延誤，同樣感到沮喪。

總統多次抱怨美國海軍的船「樣子很醜」，而俄羅斯和義大利的船「樣子比較漂亮、比較流線，這才是真正的船的樣子」。他也許是對的。但是正如我為海軍辯護時對總統說：「我們的軍艦是為打仗和打贏建造的，不是為了贏得選美比賽。我們重視功能，不重形式。」但是他不滿意這個答案。回想起來，這大概也惹毛他了。

有一次，他希望看到樣子更像遊艇的軍艦。我應他的要求，帶了一本多國海軍艦艇的圖畫書，放在他面前的堅毅桌上。他像億萬富翁買新遊艇一般翻頁閱讀……很自然地……研究每一艘。他會指出他喜歡的特色，說：「看到那條線嗎？」同時他的食指在圖片上慢慢地從船頭劃到船尾：「那條線很不錯，很乾淨、又俐落。」

海軍不止一次不得不把他們的造艦專家帶到白宮，解釋我們水面艦艇的設計。但是，從來就沒什麼效果。這些才是川普會關注的海軍議題，不是建設一支擁有三百五十五艘艦艇的海軍。完全是浪費時間。

歐布萊恩自封為「海軍主義者」，他也相信海軍要擴編。他沒有任何實務背景，但對這個話題充滿熱情。有一次，在川普政府很早期的時候，許多報導指他在積極遊說，爭取海軍部長一職。話說回來，他也協助控制總統想取消福特級航艦採購案的期望，再用自己喜歡的軍艦取代，我不得不打消他出的主意，例如重啟六艘一九七〇年代就退役封存的派里級巡防艦，每艘的重啟費用高達五億美元。他似乎只是想把這些軍艦放到水裡，讓海軍艦艇數目在短短幾年內增加。為了能夠誇稱川普海軍的艦艇比歐巴馬時期還要多，就要浪費至少三十億美元，這也絕對不是提高能力的方法。

船艦數量經常成為關注的焦點。數量很重要，但是質量、能力、可否負擔、可否持續，也很重要。國家安全顧問沒有預算、計畫或操作責任（更不用說沒有實務經驗）；但是，歐布萊恩似乎完全不在意。後來有人告訴我，我們在五角大廈設計未來的海軍以及我們如何將這些因素納入計畫，他湊巧有機會看到一些文件，之後就變得過於迷戀，以至於開始聲稱這是他的，向其他人和不察的媒體誇稱他個人在幕後參與。

＊譯註：對航艦最上層結構的暱稱。擔任艦載機甲板起降作業、空中交通指揮以及艦橋的功能。多數航艦的艦島位於右舷。

以上所述就是我必須與之打交道，涉及海軍造艦的人與事。我相信幾位前任部長也曾面對類似狀況。建設未來海軍的挑戰，似乎比其他大多數問題都更為嚴峻，但這就是國防部一直面對的軍隊現代化逆風的縮影：海軍內部政治、各個山頭，以及海軍的軍、文職主管對於未來海軍的結構、特別是對於航艦的意見不合；國會某些人總是把重點放在工作機會和維持現狀，而非幫助國防部做出艱難的決定以及建立一支真正有能力的海軍；白宮內部政治以及各個不同參與者的利益和野心，包括想要削減國防開支的「管理暨預算辦公室」；還有產業、工會、協會、退休官員和其他在這些團體之間牽線的聯絡人，以及宣稱代表「他們自己」的計畫的藏鏡人。

這所有的因素——單打獨鬥也好、共同發功也罷——都傷害了國防部，阻礙了我們的作戰能力，削弱了我們的國家安全。我懷疑我的北京對口是不是也面對和我類似的挑戰。

♜

我們需要建造一支擁有超過三百五十五艘艦艇的海軍，必須先從更多的攻擊潛艦開始。我們還需要航空母艦，這點毫無疑問，但我不相信我們現有的航艦噸位、類型或數量是正確的。另一方面，史賓塞關於建造輕型航艦的提議很有吸引力，也可以幫忙解決作戰指揮官不斷提出的要求。高低端航艦組合可以提供更多選擇和噸位，而且價格應該更能負擔，尤其在威脅光譜的高端，亦即面對最難纏的敵人時部署核動力航艦，在面對威脅光譜另一端的敵人時則部署輕型航艦。

基於上述所有因素，我無法接受海軍的計畫。那個計畫似乎是海軍內部水面、水下、空中各個山頭在玩「水上踩滾木」遊戲的產物，目的是維持它們在海軍預算的份額大致不變。內部人士向我證實了這一點。海軍的計畫似乎也困在過去的作戰結構中，沒有充分考慮我們未來和中國作戰時的戰略位置與戰術。

我轉而求助國防部副部長諾奎斯特，請他領導一個研究計畫，評估一系列未來美國海軍應有的現代化發展計畫，以維持優勢。這個研究計畫團隊邀集海軍、海軍陸戰隊、聯合參謀部和國防部長辦公室的專家以及外部顧問，於二〇二〇年春天開始作業。

當研究團隊逐一討論不同的現代化方案時，我要求他們針對建設未來美國海軍的提案，必須考慮並完善下列因素：分散式殺傷力和情境意識；在高強度衝突中的生存能力；對複雜環境的適應性；投射兵力與裝備、控制海洋和展示存在的能力；最後，在超大範圍投放精準效果的能力。

同時，我告訴他們，在預算緊絀的年代，新的兵力結構設計必須考慮下列因素：可負擔、長期可持續、較高的戰備整備率。這些都是我們目前正在面對而且會繼續面對的問題。

他們提議建設的是一支更平衡的、由五百多艘載人和無人艦艇組成的海軍，我們稱之為「作戰部隊二〇四五」（Battle Force 2045）。這個工作證明了諾奎斯特的包容風格和分析技能極佳，所以他（以及後來的海軍部長布雷斯韋特）能夠讓海軍參謀長和海軍的高層官員都參與其中。該計畫將在二〇三五年之前——也就是中國預定實現全面軍事現代化的時間——組建完成一支超過三百五十艘由傳統艦艇構成的海軍。全戰鬥部隊將在二〇四五年之前建設完成，超前北京建造世界一流軍隊的目標四年。重要的是，我們有一條在財政緊縮時代達成這些數字的可靠途徑。

根據「作戰部隊二〇四五」計畫，海軍屆時會有一支規模更大、能力更強的潛艦部隊；這是有廣泛共識的建議。我也曾公開說過：「如果我們其他什麼都不做，我們至少應該投資攻擊潛艦。」海軍一定要盡快開始每年建造三艘攻擊潛艦。潛艦是我們必須維持的明顯優勢，但目前的計畫並沒有為它們投入足夠的價值。

最棘手的問題是航空母艦。我們明確表示，核動力航艦仍是我們能見度最高的威懾主力，但是我們已經不需要環繞著它們建立整個海軍，需要的是認真研究輕型常規航艦。該研究指出，最少八艘大型航艦，輔以至多六艘輕型航艦，應該是很好的組合；如果能夠重新調整現有的航艦基地，就更能滿足太平洋地區相對苛刻的作業需求。

這支未來部隊還包括一百四十艘到二百四十艘無人操作以及可選擇有人操作的水面和水下艦艇，它們可以執行的任務相當廣泛，從補給和監視到布雷和飛彈攻擊等不一而足。這些艦艇成本（包含人力與價格）相對可負擔，海軍的攻防實力即可顯著增加。我們只是需要一個勉為其難的國會，授權海軍可以更積極開發這些系統。

接下來，我們確定未來的海軍需要更多較小型的水面艦。增加六十到七十艘輕型艦，不僅可以提高執行分散式海上作戰的能力，並且可以騰出其他關鍵資產，以達到更有效的任務分配。

我們還將戰略運輸和後勤艦視作優先考量對象。這是讓地面部隊參與戰鬥和維持分散式作業的關鍵，因此我強烈主張應該將之納入研究計畫。我也不希望海軍或國會忘記後勤補給的重要。一次成功的作戰，有時候可以簡單歸因於後勤工作，但因為它沒什麼吸引力，而我們又沒有予以肯定的話，後勤就會經常遭到忽視。

我們知道，「作戰部隊二〇四五」會是一支我們幾十年來所見更具殺傷力、生存能力、適應性、可持續性和規模更大的兵力。這是與中國對峙所需要的海軍部隊。然而從長遠來看，實現這一個目標並不容易。狹隘的利益、預算的不確定性、內訌、產業能力和其他競爭因子，都會給我們帶來挑戰。

預算一直是問題。但是，當布雷斯韋特部長於二〇二〇年五月一上任，他就致力改革，騰出數十億美元資金。憑藉這種真誠的努力，我決定支用國防部範圍內正在進行改革工作所取得的資金，配合他的提議。

如果國防部推行這所有措施，國會也同時進行一些調整，例如將已撥款但未使用的經費返還海軍，而不是讓它們到期歸還國庫，我們就可以比照雷根建設海軍期間，每年建造新艦艇的經費占當年預算的平均百分比，付出相對經費。我們無法在幾年內開始建造更多艦艇，但在接下來的五年內總是可以開工。我與造船業者碰面時，他們告訴我，需要很長的時間才能夠提高造船量能，還要增加勞工人力以達到產能要求。

二〇二〇年十月六日，我在一次重要演講中介紹了「作戰部隊二〇四五」。諾奎斯特和他的團隊，連同布雷斯韋特和海軍，在過去半年裡為了實現這個任務，已完成這項不同凡響的工作。在最後幾週，歐布萊恩和國安會更緊跟他們兩位的腳步，以獲取更多資訊，代表白宮將公布這一項倡議。

白宮幕僚長馬克．米道斯（Mark Meadows）甚至也來參一腳。事實上，我公開「作戰部隊二〇四五」計畫後不久，他和我就開始了一場誰比較大聲的競賽。他膽敢在電話裡問：「你以為你是誰，竟然發布關於海軍的重大聲明？」我從辦公桌的安全電話上咆嘯回去：「我是該死的國防部長！」接著是短暫停頓。我的腦海出現他臉變紅、眼睛泛著淚光的模樣，就像有人和他起衝突的時候經常發生的那般。然後他說：「誰授權給你了？」我反嗆回去：「參議院確認了我的任命，國會根據《美國法典》第十篇授權給我！全部的權力！可以指揮和控制整個國防部，這就是誰。」

他真的很想知道白宮裡是誰批准我繼續作業的。但正如我所說，我不需要任何人的批准。而且，我對未來海軍部隊結構的規劃，完全符合川普的建造軍隊理念。在正常的政府中，我會提前向有關人士簡介說明並協議我們所要推出的計畫；但是，我不能冒險在這個白宮團隊中這樣做。

米道斯在二〇二〇年三月成為川普的第四任幕僚長。他來自北卡羅來納州，於二〇一二年當選國會議員，作為一名茶黨共和黨人，他很快就（讓自己）成為極端保守的眾議院自由黨團創始人。他六十出頭，頭髮灰白，身材略厚實，有時候面色紅潤，是川普百分之百的忠實擁護者。他似乎致力於兩件事：讓總統連任、按照總統指示做事。我一直不清楚這兩者哪一個先出現，但是有時候會有跡象顯示，他個人的政治野心和政策目標都和那兩件事分不開。

米道斯聽到我的最後回應，默不作聲。我掛掉電話。

我很難相信這些是我不得不與白宮爭論的事情。在與白宮幕僚長通話後，我抬頭看著掛在我辦公桌後方的喬治．馬歇爾的肖像，覺得不可思議，搖了搖頭。我不禁好奇，難道馬歇爾也要處理這些狗屁倒灶的事情嗎？我不希望白宮的任何人在這個階段進來攪和，原因就在此。「作戰部隊二〇四五」是由一群忠誠的國防專業人士完成的一項嚴肅規劃。我擔心，讓國安會參與，尤其在選前幾週，會導致這個計畫政治化。事實上，我已經看到這種情況。根據新聞報導，幾個月來，歐布萊恩一直陪著川普參加募款活動；他正在花整個秋天進行他個人的政治之旅，幾乎會持續到十一月三日。

這位國家安全顧問在十月二十一日前往緬因州朴茨茅斯海軍造船廠。他在談話中提到，美國海軍計畫將高超音速飛彈部署「在所有……阿利・勃克級驅逐艦」和新型攻擊潛艦上。哦，真的嗎？海軍哪一位說的？我在報紙上讀到這件事之後，打電話給海軍部長布雷斯韋特。他對此一無所知。看起來歐布萊恩又再次開始從事自由撰述業了。正如一篇文章所說，即使是媒體也夠聰明，知道這樣做「將是一筆巨大開支，並且未來幾年可能會吃光造船廠的作業能量」。[3]一位著名智庫專家說，這是「糟糕的想法」。另一種說法是，他想親自推出「作戰部隊二〇四五」遭拒後，正在尋找其他方法提升自己的資歷，並將自己定位為下一任國防部長。

這件事發生後不到一星期，也就是十月二十六日，歐布萊恩又開始巡迴演出了。這一次他訪問位於重要選舉州威斯康辛州的芬坎提尼・馬里內特海事船廠（Fincantieri Marinette Marine Shipyard）。他參觀了船廠的設施並發表談話，強調海軍授予該公司一份七・九五億美元的合約，建造新的星座級巡防艦。國家安全顧問進行的這些訪問，並不是國防部的主意，但我擔心他在選舉前幾週造訪關鍵州並談到軍隊，可能會玷污我所努力維護的武裝部隊不介入政治的聲譽。我們擔心因聯想引發的罪，尤其是演講者除了談到授予合約，還暗示，如果聽眾投票給川普，川普政府會在這個州花上數百萬美元建造更多軍艦。[4]這幾次參訪引發了政府的倫理專家和監督機構關心是否違反《哈奇法案》（Hatch Act），並嚴重質疑他的其他不當行為；儘管我認為從未有對他或其他人提出的任何指控。[5]這一切似乎都是不恰當和不必要的。

與此同時，據報導，歐布萊恩向媒體透露，他是海軍現代化和擴編計畫的幕後推手。事實上，在我離職後的十二月九日，他與管理暨預算辦公室主任聯名發表了一篇評論文章，吹捧我們的未來艦隊計畫。[6]這種文章照例應該由五角大廈的高層官員撰寫。然而近一年來，歐布萊恩似乎想在白宮扮演「海軍部長」，因而與海軍部長史賓塞和布雷斯韋特產生很多摩擦。現在他在這裡試圖聲稱擁有「作戰部隊二〇四五」的所有權，即便他從未參與過這項研究。這是鬼扯胡謅，但是《政客》(*Politico*)新聞和其他人卻不疑有他，對歐布萊恩的說法完全買單。

我絲毫不擔心政府會在二〇二〇年秋季前得到這項未來海軍發展計畫的功勞，我只希望國會接受我們推動的計畫。白宮的角色會玷污它。「作戰部隊二〇四五」需要堅持下去，因為它對未來海軍兵力結構的規劃是正確的，有一些關鍵的利益相關者現在也支持它。此外，隨著北京迅速擴增其海上能力，我們承擔不起再浪費時間的後果了。

我們先將政治擺在一邊（正是我們心中所認定的它的最佳去處）。「作戰部隊二〇四五」是美國海軍和整個聯合部隊前進的正確道路。它與白宮那個以大局為重的安全戰略所驅動的《國家防衛戰略》完全一致，對於中國的盤算和野心也提出了應對的想法。這當然是一項艱鉅的任務，但是我相信，我們的計畫能滿足海軍未來幾十年所需的作戰的和非作戰特質，以持續取得戰果。現在的關鍵是讓海軍留在船上，並與國防部長辦公室一齊努力划船，同時在國會山莊爭取產業界和國會支持，以實現「作戰部隊二〇四五」。

我在二〇二一年六月讀到拜登政府的二〇二二財政年度預算需求，結果是海軍實際支出遭到削減：造船預算比上一年度少了百分之三。更糟糕的是，它提供的是建造八艘海軍艦艇的資金，其中四艘還是支援艦。這與我們為「作戰部隊二〇四五」編列的二〇二二財政年度原始預算形成鮮明對比；我們的預算要求採購十二艘艦艇，其中大部分是作戰艦，隨後從二〇二三年至二〇二六或二〇二七年間，逐年增加更多艦艇。[7]

建設一支更大、更好的海軍，也就是未來三十年可以維持超越、甚至主宰敵人的海軍，唯一的辦法是年復一年採購更多艦艇；支付費用的唯一方法是透過增加造船撥款，進行海軍內部改革，確保能提供額外資金，以維持更大更多的船艦所需的預算項目，以及立法允許海軍保留結餘款並淘汰老舊船艦。

如果無法做到以上幾點，長此以往，我們將把印太水域讓給中國。這種發展不僅損害我們的安全、經濟、外交、和商業，也會傷害到為了支撐這些活動、基於規則的國際秩序。

第 8 章

阿富汗：進退不得的困境

著軍服的扶柩士兵抬著一個國旗覆蓋的大金屬箱，慢慢走下灰色大型 C-17 運輸機後方放低的坡道。在德拉瓦州多佛空軍基地的混凝土停機坪，他們以安靜一致的腳步走過突然終止低語的人群。隸屬「老衛隊」*的扶柩士兵，將銀色長方形箱子的提把緊緊握在手中，從兩三排資深文官和穿著軍服的武官前面走過之際，肅立一旁的官員或行舉手禮或行扶手禮，看著士兵肅穆地將靈柩從機身移動到等待的靈車。家屬坐在離機尾不到四十碼的小天篷下，看著扶柩士兵戴著白手套抬著殞落的英雄走過眼前，接著小心翼翼地放入箱型靈車時，有些人眼神呆滯，很多人自始至終以淚洗面，有些人時而會向死者哭喊。

深灰色的大靈車緩緩駛離，所有人都行最後一次禮。在場的人彼此擁抱得更緊。全程氣氛非常莊重感人。軍方把陣亡的美國兒女從海外戰場最後一次接回家的舉動，對於那些不得不承受後果的人——尤其是家人——來說，總是讓國家在遙遠他鄉參與的衝突，變得非常真實。

* 譯註：「老衛隊」（Old Guard）是美國歷史最悠久的現役部隊陸軍第一步兵團的暱稱，前身是美國獨立戰爭結束後，成立於一七八四年的「第一美國團」。目前劃歸美國陸軍華府軍事區指揮，主要任務是衛戍大華府地區及儀典。

美軍撤離阿富汗，結束那「永遠的戰爭」，是川普的核心承諾；我們必須讚揚川普希望履行他二〇一六年的競選承諾。我們早就應該擺脫那場衝突。我們已經花費太多時間和金錢在那個戰場，也在那裡失去太多的生命。

不幸的是，我任職陸軍部長期間，多佛空軍基地還是經常得舉行莊嚴的移靈儀式。每當這種場合，我們向陣亡官兵的妻子或丈夫致意，試著安慰他們時，他們年幼的孩子猶在旁天真奔跑，似乎對發生的悲劇一無所知，實在讓人不捨。此外，儘管我經常想像配偶對於獲悉另一半陣亡時必須承受的震驚，應該會比對於發生其他任何事情都來得大，但我看到的配偶幾乎總是努力撐起堅強的表情。

我時常請求他們說說關於他們的故事，一些我們收到的乏味簡歷上永遠捕捉不到的事情。一位年輕寡婦回憶那些私人時刻時，可以看到她的臉龐泛起一閃即逝的亮光：他們第一次見面的地方、他們的婚禮當天、他們第一個孩子誕生等。更美好的是他們分享的幽默時刻，每個人回想、重述一個很有趣的故事時，幾乎都會快意一笑，暫時忘卻他們活在此刻的噩夢中。

莉婭有時候會和我一起去多佛基地。她透過陸軍軍人的配偶和一個母親的視角經歷了這一切。她記得看著我上戰場，心裡不知道自己會不會有一天也得經歷那種緩慢敲門的心驚。她和陣亡官兵的家屬相處時表現非常好，尤其是和不止一次參加這種儀式的父母。我們也為他們感到心痛，他們的悲傷，就是「喪子之痛乃至痛」這句話的最好寫照。那真的太可怕了，沒有任何言語或行為能夠真正安慰他們。美國已經盡了力，該是結束這場戰爭的時候了。

對我來說，寫信通知或悼唁陣亡官兵家屬，以及每週許多因車禍、自殺或疾病等原因過世的官兵親人，都是困難又沮喪的經驗。於是，我也開始寫「快樂的信」表揚官兵在崗位上的成就，肯定他們在社區中擔任志工的奉獻，或是讚揚他們冒著生命危險幫助他人等義行善舉。士兵從起火的房子裡將人救出，或在業餘時間組織大型慈善活動的故事，都有助於我彌補失落感。我把這種做法帶到了國防部長辦公室。我仍然得寫信給那些兒女在戰鬥中喪生的家庭；值得慶幸的是，自從我們於二〇二〇年二月與塔利班簽署協議之後，在我任職期間，阿富汗不曾再發生戰爭死亡事件。

五角大廈裡許多軍職人員對於阿富汗有強烈的感受。對許多人來說，那是未完成的工作。那是他們在生活和事業中投入大量心力的地方，他們之中有許多人在那個部落國家的偏遠山區和山谷中失去了朋友和同事。你必須尊重這一點，也必須欽佩這一點。阿富汗是一項崇高的任務，派往那裡的任何人都沒有白費力氣；但是代價也非常高，並且分散了我們對中、俄這兩個疆土更廣大且挑戰性日益增長的國家的注意。

也就是說，我們的確需要確保阿富汗不會再成為恐怖分子的避風港，在那裡計畫、預備和攻擊美國。這就是我們在二〇〇一年進入該國的初衷，而近二十年來，這個多山的內陸國家不曾發動攻擊事件，所以我們有義務繼續保持這個紀錄。

在二〇〇一年九月十一日的悲劇發生以前，大多數人可能無法在地圖上找到阿富汗。那可怕的一天震撼了我們的國家和我們的安全感，除了珍珠港事件，沒有其他事件可堪比擬。與一九四一年十二月七日的突發攻擊相比，九一一是恐怖分子劫機者對平民的冷血攻擊。那是我們從未見過的大規模屠殺。看來，我們當時都很脆弱。

自從那可怕的一天，以及小布希政府隨後決定消滅蓋達組織以及庇護他們的塔利班政府以來，美國投入了大量的時間、資源和人力來協助阿富汗人組織一個新政府，建立一個民主體系，並建設一個國家。許多其他國家（主要來自歐洲）加入美國行列，他們希望看到阿富汗變成一個能夠維護和保衛自己的正常國家。

自從二〇〇一年底塔利班被趕下台開始，美軍的駐紮部隊從二〇〇一年十二月的二千五百人增加到二〇一〇年八月的十萬人。簡而言之，當塔利班日漸壯大、作戰行動增加，美軍的駐紮部隊也隨之現蹤——如同美國的傷亡人數一樣。此後，隨著美國改變戰略以及阿富汗安全部隊發揮更大作用，這個數字才開始逐年下降。到二〇一七年歐巴馬總統卸任時，駐阿富汗美軍總數約為八千四百人。

二〇一七年八月，川普宣布計畫向阿富汗增派部隊，官兵人數增加到大約一萬四千人。這個措施和他在選舉期間的政見完全背道而馳。媒體迅速報導了這個髮夾彎，引用他過去一系列言論，例如「讓我們離開阿富汗。我們的部隊正在被我們自己訓練的阿富汗人殺死，我們在那裡浪費了數十億美元。不可理喻！」[1]在宣布他的轉變時，川普宣稱：「從現在開始，我們的戰略將由現場的狀況、而非隨意的時間表指導。」[2]然而，就如同川普政府的許多事情一樣，這個情況將再次發生變化。

我在二〇一九年七月成為國防部長時，川普想立即退出阿富汗。他不斷聲稱前任國防部長馬蒂斯說服他部署更多部隊，並承諾戰爭將在他的監管之下結束。他嘲笑這位前國防部長口中的阿富汗人對他們自己國家的承諾，模仿馬蒂斯，把下巴放在胸前，壓低聲音說「先生，他們正在為自己的國家打仗」和「他們是偉大的戰士」，然後換回自己的角色，對聚集在他周圍的所有人說：「他們只是因為我們付錢才打仗，」並聲稱：「他們是世界上收入最高的戰士。」

川普接著會抱怨，我們在「那個地獄般的黑洞」浪費了「好幾兆美元」，以及阿富汗人多麼「腐敗」，尤其是總統阿什拉夫．賈尼．艾哈邁德扎伊（Ashraf Ghani Ahmadzai）。他經常說賈尼在杜拜「有一間豪宅」，但從來沒說證據在哪裡。川普對於阿富汗腐敗的看法當然是正確的；腐敗滋生，從全國最高階的到最低層的官，無一不貪。

在川普看來，馬蒂斯是個「糟糕的」國防部長，他一方面用美國會打贏這場戰爭的承諾欺騙他，又警告說，如果我們不在阿富汗與恐怖分子打仗，我們就等著在美國本土和他們打仗。總統抱怨，馬蒂斯把他逼到牆角，而且「沒有交出一點成績來」。這是川普看人的另一個例子：他看人經常從一個極端轉向另一個極端，而且通常到了最後，他會說那人無一可取之處。

二〇一九年六月下旬，總統任命我為代理國防部長後不久，我第一次得知塔利班與美國之間即將達成協議。國防部中很少有人知道薩美．卡雷德（ZalmayKhalilzad）這個人。他是一位阿富汗出生、經驗豐富的外交官，國務卿龐佩奧任命他為美國駐阿富汗大使，正在談判以尋求和平解決戰爭。

我完全贊成以政治方式結束這場衝突。除了阿富汗人，沒有人比我們的軍事人員付出更高的代價。龐佩奧向我簡介的計畫輪廓仍然缺乏一些關鍵細節，並且幾乎沒有跨部門支持，也就是行政體系相關部門與署處的支持。我向龐佩奧施壓，要求將草案傳閱以供審查。那時候我是內閣的新人，我還不清楚他和當時的國家安全顧問約翰．波頓之間有不少緊張關係。

龐佩奧完全同意與國防部分享草案。他邀請鄧福德將軍和我在那年七月十五日在國務院參加詳細的簡報會議。我們坐在一個小會議室裡，他團隊裡的其他人加入我們的會議，包括來自國外的安全影像溝通。他們向我們解釋現狀、預期的後續步驟，以及在關鍵癥結上取得成功的可能性。他講話時會邊說邊轉筆，言談間表現出實事求是的態度；常說的幾句話有：「我們這邊沒有任何人信賴塔利班」和「這不是完美的協議——永遠不會是」，但是「我們需要得到他們的說辭」。我同意，為了和平，這個機會當然值得等待。阿富汗永遠不會有任何能夠達到我們目標的軍事解決方案。

龐佩奧很有幽默感，經常伴隨著嘴角微微上揚的短暫輕笑出現，但是國安會的干預確實激怒了他，有幾次他甚至為了此事對我咆哮。國安會過度干涉國防部（和其他部門）業務的惡名在外，所以我同情他。不過在他看來，國安會「不想研究這個計畫，而是想扼殺它」。龐佩奧說，一旦國安會把這個計畫納入他們的計畫作業流程中，就等於給了「波頓和他的人」一個「肢解它的機會」，然後再把這計畫的缺點洩漏給媒體和國會山莊的阿富汗鷹派，接下來他們就會開始反對這計畫。

我那時還是國安團隊的新手（參議院甚至還沒通過我的任命案），所以我全是從他的觀點思考國防部在這場還沒落幕的戲中所扮演的角色。此外，如果國安會這麼快就洩漏涉及國務院的敏感訊息，那麼將來他們對國防部重施故技，也就沒什麼好奇怪。時間會證實這個結論是正確的。對於共和黨在國會裡反對與塔利班談判的立場，龐佩奧的看法也是正確的；但另一個事實是，兩黨的大多數立法者都希望看到美國離開阿富汗。我們也明白這一點。

洩漏資訊是這個政府的長期問題。當時媒體披露的大部分訊息似乎都來自白宮，主要集中在內部政策爭端上，例如阿富汗、敘利亞、土耳其和委內瑞拉。這是龐佩奧擔心的問題，很快也會成我的問題。洩漏資訊的動機不一而足，但不論動機是推動首選的政策結果，或強化洩漏資訊者自己的角色或資格以討好總統，都是從更高層學到的有害行為。總統就是最大的洩漏資訊者。造成同僚間互打對台、部會間互相拆台，這種情形對行政部門和國家來說都不是好事。

到了二〇二〇年初，源自白宮西廂的洩漏資訊事件在本質上更加個人化：為了算舊帳、為了自己未來的職位，或為了彰顯自己做過哪些事，便開始詆毀同事、攻擊行政部門的其他人。國安會幕僚就經常洩漏資訊給媒體，指稱衛生與公共服務部長亞歷克斯·阿札爾（Alex Azar）對內管理不善，對外處理新冠疫情應對無方。雙方因而在媒體上互相指責；他們還煽風點火，激化阿札爾與聯邦「醫療保險與醫療補助服務中心」管理層之間的矛盾。另外有一部分人則抨擊中央情報局局長哈斯佩涉嫌與前朝政府高層官員私下往來。有些人則指責我在許多問題上對總統「不忠誠」或是「不全力支持總統的看法」。

在此同時，五角大廈洩漏計畫和政策的事件呈現上升趨勢。無論是計畫向中東部署更多部隊，還是減少我們在伊拉克等國家的活動，一些持不同看法的政府雇員都向媒體洩漏資訊，通常是機密資訊。在許多情況下，這些只是國防部領導階層還在考慮的一些層次較低的選項。到了二〇二〇年夏天，我覺得非法洩密的問題已經敗壞到嚴重危害國家安全的程度，有必要在國防部內展開廣泛調查。同時我們不斷提醒軍、文職人員，他們有保護機密資訊的義務，並教育他們為什麼要保密以及如何最穩妥地保密。正如一些人斷言，這一切都不是為了封殺舉報或箝制媒體自由，而是為了減少未經授權即發布機密資訊，會有危害國家安全或置美軍於險境的可能性，同時也避免削弱外國夥伴對我們的信任和信心。

另一種洩漏片面訊息給國會山莊或媒體的目的，極少與戰略和政策有關，而是要破壞內部推動一些改革的考量，包括改革五角大廈、削減預算或取消已失效計畫等。這方面和他們自己的機構預算、使命或工作有關。無論出於哪種目的，都不利於旨在為國防部和國家做最好打算的內部審議制度。

這些洩密行為也破壞了五角大廈內的信任關係，讓人更不願意發表意見和分享他們的觀點。沒有人願意在晨間新聞中看到自己的名字，尤其是當這些內容經常被曲解或斷章取義時。在川普政府，這可能會讓你被列入黑名單或遭解雇。

在我剛接任國防部長時，曾接到約翰・波頓一通預先約定好的電話。我正要拿起聽筒時，突然有六個人，包含軍事助理、政策專家和策略專案經理，一起湧進我的辦公室拿起分機做聽寫紀錄。我感到很困惑。我覺得自己完全有能力做筆記，而且我不想讓波頓或我自己因為線上還有聽眾而綁手綁腳。我們需要能夠開誠布公的對話。例如，保有這些電話的私密性，我便可以讓波頓和龐佩奧同意不要再直接聯繫我的指揮部或是我的下屬主管——這在當時已經成為我所掌理國防部的問題。這些電話也是討論政治、分享謠言、甚至表達同情的好機會。工作人員實在不需要參與我們的對話。此外，我不希望我的團隊被指控洩密。於是我要求辦公室裡每個人都離開，這成為我與內閣成員線上通話的新標準。

諷刺的是，後來有人向媒體「洩漏」了這種通話習慣的改變，而且是匿名告訴媒體的——此人當然要匿名——暗示這是因為我不希望我的幕僚聽到波頓、龐佩奧或其他人告訴我如何管理國防部的一個例子。可笑極了。更糟的是，媒體人員甚至會刊出這麼一個捏造的故事。這讓事情愈變愈低俗。

我的基本底線是，我不想捲入國安會和國務院的爭執。我是龐佩奧和波頓的朋友，過去曾與他們一起工作，並且需要他們的支持才能成功；更重要的是，我們需要讓我們的組織和溝通朝著對國家最有利的方向運作。當時，我只是想確保國防部有機會詳細審查阿富汗和平計畫，並在最後確認之前與美國駐阿富汗大使卡雷德會談。龐佩奧完全同意這一點。

在我和鄧福德會見國務卿之後不久，我的團隊收到一份草案。草案的內容要點包括塔利班承諾採取一系列措施「防止包括蓋達組織在內的任何團體或個人，利用阿富汗的土地威脅美國及其盟國的安全」。需要採取的行動包括防止恐怖組織在阿富汗招募、培訓和募款；不向他們核發簽證、護照或旅行許可；並指示塔利班成員不得與任何此類團體或個人合作。[3]

負責政策的次長約翰・路德對該計畫高度關切。在他看來，該協議重點在強調美國承諾將部隊撤軍至零，但是對於塔利班如何履行它與蓋達組織拆夥的義務，並且言而有信做到與喀布爾政府達成和平協議的承諾，卻只輕輕帶過。約翰提出的想法很好，但並不是每個人都同意他的觀點。無論如何，我要他回去與卡雷德會談，找到將他的擔心降至最低的做法。

首長層級的最大難題是在二〇二一年五月前從阿富汗撤出所有美國軍事人員的義務。我並不支持未經討論就決定的時間表。我們都同意不能相信塔利班會信守承諾。對阿富汗政府來說，美國的經濟援助、後勤和維護支援，我以及每年支付五十億到六十億美元用於他們的人員、訓練和充實部隊裝備，都很重要。此外，駐阿富汗美軍和美國以暴制暴的能力，這兩支最大的槓桿對阿富汗政府來說也同樣重要。

路德後來回頭來找我，提出更多對於美軍歸零憂心忡忡的理由。他認為，一旦我們隨意訂個撤軍日期，又怎麼能在阿富汗維繫反恐力量？但在我看來，如果塔利班履行協議，也就是與蓋達組織決裂，不讓他們把阿富汗當成避風港，並阻擋恐怖組織於阿富汗境外，我們就不需要有反恐部隊駐紮在喀布爾。儘管我認為發生這種情形的機會不大，但這就是「基於（上述）條件」這幾個字再次發揮包山包海的效果，提供我們得以暫停出兵（甚至命令部隊回防）的可能。

對我而言，關鍵是協議必須載明美軍是基於哪些條件離開，並公開和私下告知各方，尤其是塔利班。我們還需要把川普拉進來簽字。一旦那個包山包海條款能白紙黑字涵蓋整個協定，那麼我就可以加入。事實上，駐阿富汗指揮官史考特·米勒（Scott Miller）將軍已經在減少駐軍規模，把美軍人數從大約一萬三千五百人降低了不少。他並沒有放棄駐軍力量，只是將執行非關鍵任務的單位和人員送回家，這是一種效率，也是保護部隊的措施。他想更進一步，將留駐人數減少到九千人左右，但是這牽涉到部分基地需要整併的問題。

在我看來，如果我們在執行預定的人員刪減任務時，塔利班又能同意不攻擊我們的部隊，自然是兩全其美。這是我心中支持這個協議的另一個原因。然而，有趣的是，我發現自己夾在總統和我的文職政治任命下屬主管中間。川普想立即離開阿富汗，但是不想在「壞協議」上簽名。沒有人願意簽一份壞協議，因此看看檯面上的情況，這種算計真的沒有意義。如果總統要的是撤離阿富汗，塔利班也承諾在我們離開的時候不攻擊我們，那麼，為什麼不簽字呢？然而，川普只要一聽到「壞協議」這個詞，他的反應就是停止動作、停止思考、朝著完全不同的方向走。我也不支持簽壞協議，只是覺得很難調和他的立場。

另一方面，我的政策部門認為這個計畫「不是一筆好買賣」，因為我們的承諾以及塔利班必須採取的相應行動，基本上缺乏細節。龐佩奧和卡雷德大使對這個缺點知之甚詳，而且不盡然對協議的前景樂觀以對。我的觀點和他們一樣。這一場戰爭已經打了快二十年，二千三百多名美國人因此死亡，這個協議至少讓我們踏上一條不同的道路，值得一試。

對我來說，底線很簡單：阿富汗衝突沒有明顯的軍事解決方案，這點我們已經嘗試過了。我方可以接受結束衝突的唯一方法，是透過兩個交戰方的政治協議。這個協議不會是一個偉大的買賣，甚至不是一筆好買賣。不過，對我而言，這是一筆「足夠好」的買賣。「足夠好」的意思就是為了讓程序向前推進、讓雙方都在一個房間裡、讓他們都能說上話，然後看它會從那裡往哪兒發展。我曾經對媒體說，這會是一條漫長、曲折蜿蜒、崎嶇不平的道路，一路上會有很多起起落落，但重要的是每個人都在持續向前推進。

也許更重要的是，除了確保阿富汗不再成為恐怖分子攻擊美國的避風港之外，我並沒有將阿富汗視為戰略重點。我們的重心必須放在中國和俄羅斯。為此，我必須將時間、注意力和資源轉移到印太地區，並在東歐重新部署軍隊。所以，儘管我們與塔利班的協議不完美，我依然支持國務院為了談判以達成和平協議所付出的努力。

♜

二〇一九年八月十六日星期五。就在參議院通過任命我擔任國防部長三週後，川普總統的國家安全團隊到他位於紐澤西州貝德明斯特鎮的高爾夫球俱樂部會面。我和鄧福德將軍抵達時，和早我們一步到的代理白宮幕僚長米克．穆瓦尼、中情局長吉娜．哈斯佩和白宮法律顧問帕特．西波隆尼（Pat Cipollone）會合。我們搭乘的黑色雪佛蘭Suburban大型休旅車開到球場的俱樂部，車內穿著深色西裝和軍服的乘員陸續下車，而俱樂部裡則是各種年齡層的球場會員在近旁的游泳池裡嬉戲，另一側是四人一組的球友在打球。這種氣氛的對比顯得有點怪異。

約翰．波頓比我們晚一些抵達。他和副總統彭斯一起搭空軍二號前來。我很快和他打了聲招呼後，他把我拉到一邊小聲問：「你什麼時候知道要開會的？」我說昨天。他停頓了一下告訴我，他「今天早上才知道這件事」，並說國務院正在設法「排除國安會，不讓我們參與」，接著他又迅速問我對阿富汗協議的看法。我們正在談話時，一位白宮助手高聲說：「美國總統到。」我們隨即走到各自的座位。

下午三點過後，會議在俱樂部建築側翼大空間內架起的一頂防電子竊聽的安全「帳篷」裡舉行；帳篷的長度不超過兩張野餐桌，兩邊的空間剛好夠一個人穿過就座。總統抵達時神清氣爽，身穿白色襯衫、藍色運動風西裝外套和休閒褲，在最靠近入口的窄桌盡頭就座。我坐在他旁邊，鄧福德在我的右邊，彭斯、龐佩奧和波頓依次坐在我對面。

川普先向所有人打了招呼後，龐佩奧以簡要說明卡雷德在過去幾個月奔走的成果開場，然後談到該協議的幾個關鍵點。國務卿陳述協議的態度很務實，並冷靜評估協議的前景。他最後補充表示，這「不是一個完美的協議」，他「不信任塔利班」。川普問了幾個問題，重點放在雙方換俘人數不相等。總統認為五比一的交換不合理——「不公平的交易。」他說。我隔著桌子看著波頓，他正在一個易撕筆記本上瘋狂做筆記。

輪到我講話時，我告訴總統，國防部支持該計畫，前提是協議必須以「基於條件」的方式執行。我也順便表達了關於塔利班不足以信任的看法，但認為這筆交易「足夠好」到給和平一個機會。「如果條件不夠有利，我們總是可以喊暫停。」我補充道。鄧福德將軍同意了。在此之前，我曾多次諮詢過他和軍事指揮系統的人員，他們都同意我的想法。此外，我對大家說，我們「無論如何，都在減少我們在當地的人員」。

很明顯的，波頓反對該協議。他談起對於將離開阿富汗的日期訂在二〇二一年五月的具體擔憂，特別是如果按照書面規定執行，阿富汗國內將不會有任何剩餘的「反恐能力」。所有人都同意，對於林賽．葛拉漢（Lindsey Graham）、湯姆．科頓（Tom Coton）和麗茲．錢尼（Liz Cheney）等共和黨鷹派來說，這將是國會山莊的一個主要問題。但是民主黨會說什麼，又會做什麼？

整個會議期間都沒有在某一主題上停留太久。川普從一個問題跳到另一個問題，當他開始針對阿富汗的腐敗、據傳賈尼總統在杜拜擁有豪宅等主題大聲咆哮，以及不可避免地抱怨馬蒂斯時，他變得愈來愈暴戾。然後他像一隻牛蛙從這片荷葉跳到另一片荷葉，在世界各地的主題跳來跳去。川普不以為然地問我們為什麼要在波蘭增派軍隊，並問道：「我們真的想在那邊有一個川普堡嗎？」波頓提醒總統，他已經同意這兩件事了。川普抱怨在歐洲有太多美軍：「北約正在敲詐我們。」我告訴這位三軍統帥，我們派到波蘭的部隊是「輪替部隊」，不是永久部隊。這支部隊有助於「威懾俄羅斯並安撫我們的盟國」；而且，我正開始針對我們在世界各地的軍事足跡進行全球審查。

我對北約的發言，引發了川普關於德國的固定台詞。主要目標是總理梅克爾以及柏林「沒有付出應有的防衛份額」。川普講述了他和梅克爾第一次會面的故事，以及她問道：「你打算對烏克蘭做什麼？」意思是川普在軍事與財經方面打算如何支援烏克蘭。川普迅速回應：「那麼您打算對烏克蘭做什麼？」在他看來，德國「比我們更接近烏克蘭」，而烏克蘭是德國對抗俄羅斯的「大緩衝」。他還宣稱：「講到支援烏克蘭，他們應該出最多錢。」這種獨白，在我任職期間聽過無數次。

總統這時顯得有點焦躁。他坐在椅子上，說話時雙臂在身體兩側打開，講完一件事就交叉雙手放在胸前。他的眼睛也不停沿著桌子從遠到近、再從近到遠，打量每個人的反應。他的音量介於高到很高之間，話題可以從德國一下子轉到政府洩密、如何處理媒體、美國在非洲的存在、南韓軍事演習等。當我回答在座人士提出來的國防問題時，總統並沒有在聽。或許我應該像其他人一樣，安靜坐著就好。他就像自動播放機一樣，快速地從一個話題轉移到另一個話題，最後回到那個阿富汗和平協議的提案，以及這個協議可能涉及的國內政治問題。

我那時上任才幾週。這次會議前，八月二日還去了亞洲訪問一星期，所以這是我第一次體會到這種模式的川普，也當然不會是我的最後一次。他的提議中，有稀奇古怪的，例如「把美軍從南韓完全撤出」，或是從非洲撤出所有的軍事和外交人員。他經常掛在嘴邊的話還有「關閉駐非洲的大使館」，或「把我們的人（指美國外交官）帶回家」等，沒有一件符合國家利益的想法。當我用事實、數據和論證冷靜回應時，我看見他臉上一絲惱怒神色。因為我是會反擊的「新人」。

我當下明白，國防部長這工作，會比我的預期更有挑戰性；我這麼說一點也不誇張。八月二十二日，貝德明斯特會議結束後不到一週，我就遇到另一次任職早期發生的爭執。在我的第一次電視訪談中，記者問我是否認為媒體是美國人民的「敵人」。川普已經將媒體貼上敵人的標籤，這位記者把我與川普並列，顯然是在衡量我的獨立性。我回答說：「我不認為我把媒體當敵人。」

我被問到川普將選舉訊息帶到軍方集會的場合，是不是將軍隊政治化。我的回答是我們不准在軍服上配戴競選標誌或戴候選人的帽子。回答就在這裡結束。這是我擔任國防部長的第一次訪談，最終還是引起了白宮的注意，就如同後來的更多採訪。但我向媒體傳達的訊息是：我就是我，而且我想和媒體合作。

那個星期五下午的高爾夫俱樂部會議在午後近五點結束；沒有艱難的決定。川普似乎傾向支持那個協議，前提是他可以把它宣傳為一筆「出色的買賣」。當然，這與他之前的評論相反。現在，不知何故，他要把「壞交易」轉變成為一筆「好買賣」。當我發現這筆交易的性質對川普來說是最重要的事的時候，他也正在展示靠自己的力量，像變魔術一樣，改變了這筆交易的性質。

此外，那天我還學到另一件重要的事情。川普在會議快結束時表示，他希望每一份關於和平協議的公開聲明，都要加上「二〇二〇年十月，（美國部隊）人數：零」，時間就在大選前」。二〇二〇年十一月三日，是他看著美國與塔利班協議的鏡頭。這對我來說是一個重要收穫。

♜

參與貝德明斯特高爾夫俱樂部會議的原班人馬，八月三十日星期五在白宮戰情室舉行後續會議，副總統彭斯、約翰．波頓和薩美．卡雷德，這次都從國外透過視訊與會。我們大致從上次在紐澤西州會議中斷的地方開始討論。各首長的立場幾乎沒有改變。龐佩奧向總統概述了前次會議的最終計畫，相較於幾週前的簡報版本大致相同。他說，儘管這份協議不完整，他還是建議我們「繼續前進」。川普仔細聽著。

總統看著大螢幕，詢問在華沙的波頓說：「約翰，你願意簽署嗎？」川普知道波頓對於擬定協議的態度最嚴厲。「我不會，」約翰回答。他勾選出一些原因，但是留給我們一些參酌餘地，藉由告訴川普，他「可以支持減少部隊士兵到八千六百名，然後等待」阿富汗選舉；最後再補上一句：我們「可以在那個時點之後，才決定下一步該做什麼」。

波頓明確表示我們不能信任塔利班，並談及他對缺乏執行機制的擔憂。他提出幾個很好的重點，許多觀點與我的政策團隊相同；我也覺得下降到八千六百人後先暫停是好的。無論如何，米勒將軍正在減少阿富汗境內的美軍人數。我認同波頓的立場，但是重申我的觀點，亦即我們追求該協議的「前提是，美軍進一步刪減人力是基於條件的」，並且我們堅持這個做法。若是沒有這些條件，我們會徒然浪費這兩支槓桿——美軍續留阿富汗以及這支部隊的戰力威脅。

川普現在比以前更加好奇這個協議的前景、民主黨的反應、共和黨的強烈反對，以及他的基本盤的看法。正如我之前提到的，國會山莊兩黨中大多數人都支持離開阿富汗，並且正在尋找兩全其美的方法，既能離開阿富汗，也不會失去得來不易的成果。我發言提議我們「邀請國會領導人參與討論，建立一些兩黨支持或至少抑制反對意見的計畫」。桌子四周有一些人點頭表示同意；但隨著談話內容一個接一個，在座的人迴避了這個建議。太多人想從總統那裡得到暗示，但他並沒有惱怒；他從來就不了解這種主動外展的價值，即使只為了作秀都很上算。這不是我最後一次提出類似建議，也不是總統最後一次無動於衷。

推動與國會的關係做起來其實不難，而且當你考慮要簽署一項和平協議以結束美國最長的戰爭時，更是一件相當重要的事。開啟和結束戰爭是一個都需要兩黨普遍支持的重大決定，尤其是想讓美國人民和你站在同一陣線時。

接著，川普說的話，讓在場每個人都嚇了一跳。他宣布「我想和塔利班會面」，「在華盛頓特區」。我們驚呆了，當場動彈不得，過了一會兒才小心翼翼地左看右看，再看向他，想知道他是不是認真的。他是。接著川普問彭斯的看法，副總統做了對的事，提醒他，最好再考慮一下。

川普隨後表示，他也想和賈尼會面，並提議在華府分別安排他與賈尼以及與塔利班領導人的會面。所以，我們可以和塔利班會面，卻不必和國會領導人會面？我從心底浮起一股厭惡感。川普以前是藝人，知道這種安排會讓他手上的問題引起極大關注，而且——他不說我們也知道——可以把他塑造成一位能達成任何交易的超凡外交官和商人。那天在場的每一個人都不喜歡這個主意。

總統在房間裡走了一圈，我們每個人都用不同的方式勸阻他。我也勸他不要這麼做，提醒他「塔利班的雙手沾滿了美國軍人的血，更別提二〇〇一年九月十一日有近三千名普通百姓在我們自己的土地上遭到殺害，塔利班在這個事件上的角色是什麼。」我接著說，美國總統和他們會面非常不合適，「對軍人和他們的家人非常不好。」我完全無法接受這種事。我不知道鄧福德將軍或是我怎麼會落到這種處境。

當總統問波頓的看法時，他的回答打破了會議室裡的嚴肅話題和氣氛。我認識約翰·波頓的時間夠長，不必等他開口，我就知道他的觀點是什麼，但這回——不會吧，波頓竟然用一句俏皮話作答，讓我們大吃一驚。他說，我們得先確定任何到白宮訪問的塔利班能先通過「世界上最強磁力儀的檢查」。每個人都笑了；但是知道塔利班有多冷血的人，也知道塔利班的能力到什麼程度。

然後，總統轉而開始快速地推敲他與賈尼、以及與塔利班會面的訊息該如何措辭。他經常先仰頭、抬起下巴，貌似要看穿空氣搜索合適的字詞，然後低下頭說：「這樣如何……『總統已經同意開會』，」然後，「等等，等等……我們應該這麼說，『他期待這次會面』。」彭斯和他來回討論了幾次，語氣平和地引導川普一些比較好的選擇，比如用問句取代直接敘述：「你願意先和賈尼總統會面嗎？」

那次會議沒多久就結束了。總統批准和平協議，並迅速討論了對烏克蘭的安全援助。關於賈尼和塔利班的訪問計畫仍在進行，儘管川普後來表示他希望會面地點改到大衛營，並且要求我們每一個人都得隨行。我簡直不敢相信會有這種事。我們真得要在馬里蘭州歷史悠久的總統休假地，像故舊重逢一樣與塔利班寒暄道好，再坐下來談判？

鄧福德和我不可能去大衛營加入他的行列。從二〇〇一年以來，塔利班已經在阿富汗造成超過兩萬名美國軍人死傷，這還只計入戰爭造成的身體傷害。不僅我個人無法配合，任何國防部長或參謀首長聯席會議主席，就算和這些恐怖分子在一起只喝了杯茶，都是糟糕透頂，更不用說當時我們的部隊還在戰區。這種安排對於我們的同袍、他們的家人和退伍軍人而言，都是背信棄義的行為。

我們許多人也沒有忘記，再一星期左右，就是九一一恐攻的十八週年紀念日。這個想法從任何角度看起來都很糟糕。

九月五日星期四，一枚汽車炸彈在喀布爾造成十幾人死亡，包括一名美國軍人。川普對塔利班這種做法感到憤怒，因為他已經計畫幾天之後在大衛營與塔利班會面，並敲定和平協議。在一連串的推文中，他先宣布在即將到來的週日舉行會議，之後又宣布會議取消，並表示如果塔利班「在這些非常重要的和平談判中不能同意停火，甚至殺死十二名無辜者，那麼他們可能根本沒有能力進行談判，以達成一項有意義的協議。」[4]如此一來，不僅大衛營取消，談判也都取消了。這也讓我從一個必須及早下決定的困境中脫身——就是萬一他命令我到大衛營加入他和塔利班的會議，我應該怎麼做。

♜

然而，和平談判在二〇一九年十二月死灰復燃，就在川普於感恩節期間驚奇訪問阿富汗後不久。[5]隨著美國和塔利班的會談在卡達再次升溫，卡雷德和團隊開始工作。他們面對的兩個最大議題，一是阿富汗內部談判即將開始，一個是達成暴力明顯減少；後者正是促使川普先前在九月停止會談的因素。

二〇二〇年二月五日，我在五角大廈與我的團隊進行近況更新視訊會議，米勒將軍從阿富汗打電話上線與會，麥肯錫將軍則從坦帕的中央指揮部打電話進來。米勒將軍證實，談判小組已經就最終的文字內容達成協議，也就是我們在華府聽到的內容。最新版本的內容，與國務院去年夏天跟我們分享的版本幾乎完全相同。[6]塔利班還承諾在二〇二〇年三月十日開始阿富汗內部事務的討論。不過，這些會談一直延到二〇二〇年九月才開始，主因是雙方對換俘意見分歧。[7]

然而，在美國簽署協議之前，我們希望看到更多證據證實塔利班是認真的。因此，在簽署協議之前，我們要求在一週內減少暴力。如果一切順利，雙方將在第八天簽署。我再次徵求大家的觀點和建議。米勒將軍從作戰角度對這個協議感到滿意，因為協議設置了便道，也就是爭端解決機制，而且我方仍有足夠的地面武力。他的意見對我來說意義重大。米利將軍和麥肯錫將軍都支持該協議。

我詢問米勒將軍關於阿富汗國防和安全部隊（Afghan National Defense and Security Forces, ANDSF）的情況。他相信「他們會在足夠的支援下支持這個協議」。他們是國防部的主要合作夥伴，也是我們最關心的對象。我們需要他們的參與才能使計畫成功。他們將有助於在阿富汗全國各地提供安全，對我們來說尤其重要。雖然美國和聯軍提供自己的內部保護，但是阿富汗部隊負責外部安全防衛，他們在我們各個地點實施的外圍保護也非常重要。

我比較擔憂的是內部威脅，即所謂的「綠對藍」攻擊——過去曾發生阿富汗士兵背叛美國同行並冷血槍殺他們的事件。米勒將軍說，這通常「發生在阿富汗人處於壓力期間」，而且塔利班能夠讓他們的一名戰士滲入當地部隊或「轉交」一名現任成員。無論哪種方式，都令人深感不安，會破壞兩軍間的信任，並在軍隊中造成極大的動盪和緊張氣氛。與你的阿富汗夥伴並肩作戰和陣亡是一回事；變成他們的攻擊目標則是可怕且不合情理的。

最後，我對於阿富汗軍隊的持續戰力和戰鬥意願感到憂慮。隨著我們的人數愈來愈少，會發生什麼狀況呢？ANDSF 每個月都有大量逃兵，但是他們仍然能夠部署足夠人數的部隊來維持戰鬥，而且他們的突擊隊非常好。這一切會隨著美軍的離開而分崩離析嗎？那麼阿富汗的政治領導階層呢？他們也會切斷關係並跑掉嗎？阿富汗的腐敗四處猖獗，如俗話所說，上梁不正下梁歪。

賈尼總統似乎總是關心自己更甚於關心他的國家，看來就像許多其他高級政府官員一樣。如果該國的政治領導人不願意投入，很難相信阿富汗軍隊——至少就普通士兵來說——會冒著生命危險在前線戰鬥。與大多數事情一樣，它總會歸結到領導力；而比起阿富汗人民多年來所擁有的，他們理當要獲得更多才對。

到二月中旬，雙方敲定協議。二月二十一日，龐佩奧宣布，我們「已經與塔利班就阿富汗全國境內大幅度減少暴力達成共識」。此外，他補充「由於此一共識成功落實，美國與塔利班的協議簽署，預期可向前推進」以及「簽署儀式將於二月二十九日舉行」。

對於總統，甚至對我們所有人來說，塔利班對這項協議展現認真的態度，而暴力的減少是衡量標準。此外，暴力減少也透露塔利班領導層是否真的可以控制他們的戰士。這個認知對我們來說很重要；我們很快就會發現他們可以做到。[8]

在這個月底，龐佩奧在飛機上觀看卡雷德和他的塔利班同行在卡達首都杜哈簽署協議。與此同時，我飛往喀布爾與我們的阿富汗夥伴和北約祕書長延斯·史托騰伯格（Jens Stoltenberg）一起出席發言，象徵性地重申我們對阿富汗政府以及多年來勇敢地與我們並肩作戰的跨大西洋盟國的支持。然而，許多阿富汗人對這項協議感到焦慮；一些人對於美國在沒有他們參與的情況下簽署協議感到憤怒；其他人則完全反對。底線是我們需要阿富汗的政治精英來支持這個計畫。我在公開談話中曾提到這一點。

我們知道阿富汗總統賈尼私下反對這項協議，而且據報導，他正透過代理人破壞它，即便他公開和私下都對我們表達所有正向的看法。在我們舉行儀式的時候，他和阿富汗行政長官阿布杜拉（Abdullah）正在就誰贏得了二〇一九年總統大選陷入激烈爭論。現在，從賈尼的角度看來，美國正在促成他與塔利班進行談判，此舉可能會導致一個沒有他的角色的新政府。因此，我們有充分的理由得出結論，在卡達簽署的協議墨跡乾涸之後，他的這些矛盾行為還會持續一段很長的時間。

根據該協議，美國的義務包括在十四個月內分階段撤出所有美國和外國軍隊，開始時間為二〇二一年五月。第一步要求駐軍減少到八千六百名，並按比例刪減盟國軍隊的人數，在接下來的一百三十五天裡，加上五個軍事基地的關閉。這些行動都已經開始，我們都對這個較低的數字感到滿意，所以美國同意這一點。

美國和塔利班也同意停止針對彼此（和我們的盟國）的進攻性軍事行動，但是我們保留支持我們阿富汗夥伴的權利；亦即在塔利班攻擊他們時採取防禦行動。持有這個共識，我們現在就可以繼續刪減人力，而不會受到塔利班攻擊我們的威脅。

在喀布爾舉行的記者會上，我明確表示「我們承諾在整個過程中全力支持（阿富汗軍隊）」，和「我們保留一切自我防衛的權力」。為了留下紀錄，我補充說「這將是一個基於條件的過程」，而對我來說，標準是「阿富汗永遠不會再次成為……恐怖分子威脅美國的避風港」。

記者會結束後，我們並沒有逗留太久，團隊急著送我去機場。在離開華府前，情報管道裡有些耳語，關於我訪問期間會有股勢力以我為目標——這很不尋常，所以我們在進出阿富汗時採取了額外的安全防禦措施，並進行一些其他的作業調整。米勒將軍親自參與我的安全防護工作。

擔心自己的安全是一回事，但是這趟旅程我也拖著很多人隨行，所以我特別擔心他們。在離開華盛頓前，我們裁減了團隊裡的一些人。我的新任幕僚長珍妮佛．史都華（Jennifer Stewart）隨後與其他人私下討論，表示他們仍然想一起同行，這是值得讚許的。我們都認為在這個歷史性時刻親臨阿富汗，表達我們對阿富汗人民以及和平進程的支持，是非常重要的。

我同樣擔心同行採訪的媒體。我的公共事務主管強納森．霍夫曼（Jonathan Hoffman）離開華府前，在機場向他們簡報情況，讓他們選擇去或不去。我也與他們進行簡短的交談。強納森後來告訴我，所有媒體決定要同行，我尊重他們的決定。幸運的是，這次出行一帆風順。

♜

珍妮佛．史都華於二〇二〇年一月接替艾瑞克．丘寧，擔任我的幕僚長。她來自眾議院軍事委員會，在那裡擔任眾議員麥克．托恩柏利（Mac Thornberry）的幕僚長。她畢業於家鄉俄亥俄州的邁阿密大學。她有看大局的思考能力，也是政策專家，具有豐富的常識、敏銳的政治洞察力、做事穩當。她有寬廣的胸懷和燦爛的笑容，是日復一日繁複的工作所無法壓制的。珍妮佛不僅在國會山莊工作多年，先前也曾在五角大廈工作；她在鄧福德將軍擔任參謀首長聯席會議主席時，擔任他的高級顧問。我也已經認識她很多年，很幸運能在團隊中找到像她這樣經歷和技能的人。在未來漫長的數個月裡，她將證明自己是無價的。

三月二日回到五角大廈後，我告訴媒體，美國正開始依據和平協議縮減駐阿富汗的部隊。在此同時，塔利班宣布，「根據（美國—塔利班）協議，我們的聖戰士不會攻擊外國軍隊，但我們將會繼續對抗喀布爾政府軍」。

我對此的評論，也是我常講的話，是：「船到橋頭自然直。」因為和平進程是一條「漫長、風大、又顛簸的道路」，沿途還會走走停停。[9]像這種結束戰爭的和平過程，在歷史上並不少見。再者，雖然我們總是懷疑協商對手的信用也許不夠好，但就我們的情況來說，也不得不擔心有關賈尼設法破壞協議的報導。更糟糕的是，另一位總統已經在破壞協議了。

我從不相信川普總統會相信那個和平計畫。他只想撤出阿富汗，幾乎在我參加的每一次會議上，討論到這個話題，他都是這麼說的。這是我會公開說、反覆說，而且在協議簽署後不久又說了一次的主要原因。我三番五次說的是：這個協議不僅是「基於條件」的協議，而且，如果我們評估塔利班沒有遵守協議，並且「如果進展停滯，那麼我們降低部隊的規模也可能會中止」。畢竟，如果塔利班完全遵守協議，成為一個統一的阿富汗新政府的一部分，那麼該協議中規定的解除或減輕制裁、國際援助、外交承認等，就會提供給塔利班。否則，美國和盟國會持續駐守在阿富汗，並恢復進攻性的軍事行動。

無論如何，川普的「撤出」敘述唯一的變數是，他希望美軍什麼時候撤離？是在二〇二一年五月（根據協議）？二〇二〇年底？或是大選之前（如同他在二〇一九年八月提及的）？不出所料，隨著二〇一九年結束再跨進二〇二〇年，十一月三日就要到了，川普的唯一重點，不是執行和平協議，而是讓我們所有（或至少大部分）的部隊能盡早撤出阿富汗。這太顯而易見了，我敢打賭，連塔利班都看得清清楚楚。因此，總統的言論和決定，等於在揮霍我們對塔利班的影響力，並破壞在阿富汗實現持久和平的前景。那個前景才對阿富汗人民有利，對維護美國的長期安全更有利。

第9章

新冠肺炎：悲慘而漫長的作戰

當我在空軍噴射機上擠在小辦公室裡與記者們交談時，一則新聞報導在靜音螢幕上閃過。神祕病毒襲擊美國！二〇二〇年一月二十二日清晨，我們正飛往佛羅里達州彭薩克拉海軍基地。那則新聞報導了美國新冠肺炎確診首例。一位華盛頓州的三十多歲男子，從中國旅行回來後出現症狀；而不到兩週前，也就是一月十一日，中國才發布了第一位死於冠狀病毒的個案。

高速運轉的機艙換氣系統發出嘈雜的嘶嘶聲，一位記者指著螢幕上的新聞，問我是不是在追蹤這個人的案例。我不是。這個個案昨天才在媒體上出現，我還沒有深入了解這位不幸男子發生了什麼麼事。然而，這個事件後來成為經常主導維基百科部分內容的極左派人士的素材，指明這件事是川普政府的部分論述中，我「淡化」新冠肺炎嚴重性的例子。如果我們在二〇二〇年一月真知道這個新病毒是什麼就好了，更不用說政府發言能有事先協調這回事了。儘管如此，我們的確一直在追蹤病毒。自一月中旬全球只有幾百例而美國尚無案例以來，國防部一直監視它的蔓延情形。[1]

除了國防部，情報圈也在監視該病毒。根據伍華德（Bob Woodward）在他剛出版的書《憤怒》（*Rage*）中所寫，川普在一月二十三日獲悉，情報專家認為「不必太擔心新冠病毒」[2]，說它「『就像流感』」，不太可能成為全球大流行病。[3]

幾天之內，國防部啟動了疫情因應計畫。到了夏天，已經有超過四萬七千名國民兵和數千名軍方醫事人員在美國五十個州及其領地支援抗疫。悲慘的是，到二〇二一年二月底，即美國發生新冠肺炎確診個案死亡首例一年後，已經有超過五十萬名美國人死於該病毒。這是一個世紀以來第一次發生這種全球性疫病。

二〇二〇年一月二十九日，即川普總統宣布國家進入緊急狀態前六週，國防部啟動因應疫情的前幾項行動。第一批從中國撤離的美國人搭機抵達加州的馬奇空軍後備部隊基地，我們隔離並照顧這些人幾個星期。此一事件不僅標誌了國防部在新冠疫情期間的第一個公共角色，也標誌著國防部和衛生與公共服務部（Department of Health and Human Services, HHS，簡稱衛生部）之間密切關係的開始；這種關係最後成為我們聯合作業的「曲速行動」基礎。在一月下旬，大多數美國人並未將該病毒的傳播放在心上，而許多關心的人可能也不認為這病毒會造成多麼嚴重的後果。

然而，五角大廈對此嚴陣以待。從二月一日開始，在第一位美國人因感染新冠病毒過世前，我們就實施疫情因應計畫。我們知道，病毒可能會往哪裡傳播，而我們想要做的是搶先一步進行預防措施。國防部很多人都透過歷史，熟知疫病對各類群體尤其是對軍事單位可能造成的巨大傷害。部隊的生活空間狹小，接觸頻繁，更容易傳播病毒。戰時大規模死傷的主要原因通常是疫病而非作戰，這點在軍史上斑斑可考。

一九九〇年秋天的沙漠盾牌作戰（Operation Desert Shield）期間，我在第一〇一空降師的步兵營服務。我們在沙烏地阿拉伯北部部署了防禦陣地，預防伊拉克軍隊越界攻擊，不料把我們打癱了好幾天的不是海珊的共和衛隊，而是一種沙漠中的蟲子。許多同袍被蟲咬感染了病毒，只能在醫療帳篷裡面走動，手上還插著點滴，我們每個人都這樣過了二十四小時到四十八小時不等，讓病毒在帳篷裡面的士兵之間傳播。嚴格來說，我們當時是「無效戰力」，除了在沙漠的惡劣環境下讓病毒肆意妄為、自行結束感染，我們完全無能為力。但是在二〇二〇年，美軍已經承擔不起有部隊成為「無效戰力」的後果。

我在此很快地簡要說明國防部當時針對新冠疫情的三個防疫優先事項：首先，保護所有官兵以及各部門文職人員與其家人的健康；第二，確保我們擁有執行國安任務的能力以及維持相應的戰備狀態；第三，全力支援全國和聯邦政府的抗疫行動。

一月三十日，即美國發布首例感染之後一週，國防部發布第一份美軍各單位因應新冠疫情的健康保護指導備忘錄；我們在幾個月內，共發布了十三次備忘錄，讓所有官兵知道最新疫情狀況，以保障他們的健康。[4]這些文件都交由各軍種部長、聯參首長和作戰指揮官運用，他們每位都有為數眾多的醫事人員及其他資源，可以提供保護自己和他人免於感染的資訊。[5]結果顯示，盡早並持續發放指導備忘錄給國防部各單位的做法，證明了軍方遵守我訂定的三個防疫優先事項至關重要。

白宮也很快成立新冠病毒任務小組。該小組的首要工作之一，是訂定禁止來自中國的旅客入境美國的最佳辦法，以及協助正在國外旅行的美國公民回國。當衛生部部長亞歷克斯・阿札爾警告總統這次疫情可能成為全球大流行疫病時，他的部門要求國防部支援防護型面罩和呼吸器這兩種由國防部管理的戰略儲備品。一月三十一日，川普限制來自中國的旅客入境，但竟然有人偏頗地以「仇外」形容這個謹慎的決定。

那年二月成為國防部任務最繁重的一個月，因為我們在多方面都得加快腳步，包括以最有效的方式支援國內相關權責單位應對新冠病毒。在這期間，國防部在世界各地的指揮官也必須獨立評估責任區內的國家疫情，尤其是那些美軍高度集中且感染率快速成長的國家，例如義大利和南韓。

與此同時，從海外返國的國人大幅增加，國防部除了協助國務院安排航班，也和衛生部合作，在多個州的十三個軍事設施隔離和照顧三千多人；但也有一千多名美國公民自行從中國武漢搭機返國，還有數百人從受感染的遊輪回來。我們似乎無法逃離病毒。[6]

即便如此，一些人仍然指稱國防部在疫情初期淡化病毒的嚴重程度。這並非實情。我們盡力應對，既不淡化也不誇大病毒的威脅。不過，在我們討論這個議題的大型會議上，有一些人非常關心並認為我們應該做更多的事情。其中有部分人士主張，國防部基本上這時應該關上軍隊大門，例如暫停所有招募活動、新兵報到、基礎訓練、野外訓練等，以及其他維持戰備狀態的重要活動，但這是不切實際也沒有必要的做法。時間久了，證明確實如此。

也有一些人士認為沒有任何需要擔心的理由，這反映了兩黨民選領導人不把病毒當一回事。眾議院議長裴洛西在二月下旬表示「沒有跡象顯示美國有廣泛的感染情形」，並在總統表示「冠狀病毒在美國已經控制得當」[7]之際，鼓勵民眾公開前往舊金山唐人街。

甚至，後來成為國人最信賴的新冠病毒專家、國家過敏和傳染病研究所所長兼總統首席醫療顧問的安東尼·佛奇（Anthony Fauci）博士，二月中旬也表示該病毒是低風險病毒。據報導，佛奇嘲笑戴口罩的健康人，說只有「病人」才應該戴口罩。[8]兩週過後，在全國電視網上，佛奇仍說：「現在，此時此刻，沒有必要改變你每天都在做的任何事。現階段風險仍低，但這可能會改變。」[9]這就是二〇二〇年二月下旬的情況。三月初，佛奇的評估完全轉向。

不出意料，以病毒做文章的政治譁眾取寵愈來愈多，五角大廈也無法倖免。《紐約時報》三月二日一篇錯誤報導，引述一位甚至沒參加會議的匿名消息人士的說法，說我「敦促……海外指揮官不要做出任何與冠狀病毒有關的決定，避免可能讓白宮覺得意外，或與川普總統的新冠疫情訊息相衝突」[10]，這完全是胡說八道。我先前的指示是，指揮官有權採取他們認為必要的行動保護部隊。

兩天後，米利將軍和我在參議院軍事委員會宣誓作證時說，《紐約時報》的報導「完全錯誤。這是一則糟糕的報導，最糟糕的！」我告訴委員會，我確實要求我的指揮官做一件事，就是「如果你要做一個非常重大的決定，一個會引起眾人注意的決定，請先提醒我，因為我們在跨單位重新整合，我要先知會衛生部和國務院，還有，沒錯，也要先知會白宮，國會也一樣。因為這就是我必須做的。我必須確保我們是一個整合的團隊」。[11]我們沒有辦法做到先搞定政治或先放話，再去保護軍隊和執行其他的優先事項。米利將軍完全肯定我的說法，陸軍部長麥卡錫和我的公關主管也證實我的說法，他們當時都在房間裡。事實與《紐約時報》引述單一匿名消息來源的說法差距很大。

我們沒有料到的是，駐韓美軍指揮官羅伯特·艾布蘭（Robert Abrams）將軍正考慮宣布所有駐韓美軍進入公共衛生緊急狀態，因為他的部隊確診數人數已經攀升到二位數。這個聲明讓他有更多權力執行防止新冠病毒傳播的一些限制措施，這是明智之舉。我的目的只是讓他在採取行動之前通知我，這樣我們就可以確保國務院（國務院也有駐南韓人員）、在南韓的其他美國工作人員以及相關單位的人都知道他做了什麼決定。他不需要我的批准就可以行動。

《紐約時報》的草率報導除了讓我們的努力蒙上政治化的陰影，報導本身更預告了政治新冠病毒會如何發展。戴口罩和保持社交距離的議題，最終還是走向黨同伐異，成為共和黨的紅州與民主黨的藍州之間的分歧。因此我們努力置身事外，保持低調。而令我感到失望的是，即使在我們提交證詞和其他訊息給《紐約時報》之後，他們仍然讓這種錯誤敘述在往後幾個月繼續出現在他們的報紙上，甚至決定不提及我們向國會宣誓的證詞。時至今日，《紐約時報》仍然不曾更正這則新聞。

三月十一日，就在好幾個州宣布他們的第一個確診病例後幾天——也就是總統即將引入新的國家指導方針以控制病毒傳播的前一週，國防部宣布從三月十三日起，限制該部所屬軍、文職人員與其家人的所有旅行。該禁令適用的對象為：所有曾前往、來自或是過境美國疾病管制暨預防中心（Centers for Disease Control and Prevention, CDC）劃為三級危險區的人員。禁止的旅行活動包括所有型態的公務旅行，例如永久性更換駐地、臨時任務和政府補助的休假。

對軍職人員來說，此一禁令還包括事假和其他非公務旅行。幾天前，在麥特・唐諾文等待參議院同意任命時，我指派我的副幕僚長亞歷克斯・羅斯（Alexis Ross）擔任負責人事和戰備的代理次長，同時發布了國防部的第四項指示以保障部隊的健康和福祉，這項新指示也提供突然得遠距工作的國防部七十萬文職人員所需遵守的新規定綜合指南。

旅行禁令對部隊產生了巨大衝擊，關閉了一整個包含數十個國家、數萬個家庭和全球數百個基地的生態系統。此外，我們不得不至少兩度修訂禁令內容後，再延長到夏季。然而，我們無法承擔病毒傳播更廣的風險。例如，義大利在三月份是疫情熱區，所以我們非常擔心一旦允許在義大利的家庭以正常輪替的方式搬回美國，可能將病毒帶到美國領土尚未受到感染的基地。他們必須按照國防部提供的順序，遵守國防部列出的優先事項。

五角大廈內也開始保持社交距離、為家具消毒、透過網路開會等。我們指示許多國防部員工待在家裡，這樣一來就不需要太擔心他們；而且我們都仔細查看日程表和早先預定的旅行。後者大部分都可以取消，與外來訪客的會面也是如此。我的幕僚長史都華針對行政辦公室的訪客以及准許進入我辦公室的人，都訂定了新規則。與白宮相比，我們非常認真並嚴格地做這些事。

同樣在三月十一日，總統宣布所有歐洲赴美的訪客禁止入境。同一天，世界衛生組織（WHO）宣布新冠肺炎為大流行病。那一天我在白宮與川普就一批不同的問題開完會後，沒有馬上離開。

我看到副總統彭斯帶著一大群人，從西廂的狹窄走廊對面的羅斯福廳出來，進入橢圓形辦公室。顯然，他們才剛結束在羅斯福廳的會議。這一批人包含衛生部與CDC的高層官員，國安會幕僚、公關團隊和其他白宮幕僚，他們很快就擠滿了橢圓形辦公室。我結束與總統的會談後，在離外辦公室不遠處停了下來，站在離玫瑰花園最近的牆邊。

緊挨著堅毅桌對面的六張木椅上坐著人，圍繞著川普呈半圓形，沙發和更靠後面的座位也坐滿了人，甚至有些人靠牆站著。儘管川普有許多表現糟糕的日子，但他也有一些合理的、能正面控制事態的好日子。對於這個議題，總統在他那張歷史悠久的木桌後方正襟危坐，全神貫注，提出很好的問題，聽任其他人爭辯。

房間裡出現了分歧，以阿札爾、佛奇博士、CDC主任羅伯特．芮斐德（Robert Redfield）博士和白宮冠狀病毒因應協調專員黛博拉．柏克斯（Deborah Birx）博士為首的明顯多數，支持「禁止所有來自歐洲航班入境」。這個建議讓川普大吃一驚——他知道這意味著什麼，而且看起來房間裡幾乎每個人都同意幾位博士的觀點。

財政部長史蒂夫．梅努欽（Steve Mnuchin）是唯一持不同觀點的人，他坐在川普正對面等待發言。從他輕微皺眉，以及幾位博士說話當下不時輕輕搖頭表示不以為然的動作判斷，他顯然反對這個建議。當川普轉向他時，梅努欽非常明確地表示，關閉我們國家會扼殺經濟。他直截了當地說，這將導致大蕭條，又明白地表示，國家需要很長的時間才能恢復。他還主張，醫學事實並不支持這種極端措施是合理的。他顯然屬於房間裡的少數。

梅努欽在穿針引線、尋求共識——一種比現場爭論中「全有或全無」影響較小的方法。他異常聰明、思慮周密且通情達理，我一直覺得他是個好同事，但那天他的運氣很差。在芮斐德建議關閉國門之後，柏克斯首先指出，在她看來「已經有數萬人進入美國，並正在傳播病毒」。她說，不幸的是在住院率飆升之前，確診案例需要「好幾週」才會出現。梅努欽試圖再次反擊，但是歐布萊恩從房間後方喧嚷，表示「成千上萬的人」可能會死亡。

川普相當糾結。我們可以看到他深思熟慮，權衡兩者，從反對者的角度提問，猶豫要走哪條路。他面對的是前所未見的情況，我都感到同情他了。當時CDC的報告說，死於新冠肺炎的美國人總計三十一名，被感染的人數超過一千人。新冠肺炎會更像是每年造成一萬兩千到六萬一千名美國人死亡的年度流感？或是一九一八年奪走（在當時一億零三百萬人口中相對算少的）六十五萬多名美國公民性命的毀滅性西班牙流感呢？[12]

橢圓形辦公室裡的情緒高漲，但是討論停滯不前，有人建議團隊在其他地方重新開會，並研議一些明確的方案供總統參考。我沒有加入他們，回到了五角大廈。

CDC報告的數字和幾個月後的情況發展完全不同，但當時是三月初，大多數人很難預見那麼遠的未來。如果梅努欽是對的，那些博士是錯的，那麼總統很可能會削弱這個國家多年來最好的經濟表現之一，數百萬人將失去生計。我很確定川普猶豫的原因，他在思考這個決定對他的連任機會將造成多少傷害。當時距離選舉日只剩下不到八個月。

雖然如此，我並不確定總統是否完全有概念，他如何帶領國家度過這場大流行疫情，無論好壞都會影響選民對他的看法，更不用說新冠疫情抹滅了多少工作機會。然而，在當天結束時，川普做出了正確的決定：禁止歐洲航班入境。

兩天後，三月十三日，鑑於病毒開始肆虐，川普總統宣布全國進入緊急狀態。根據報導，截至二月二十九日只有一名美國人死於新冠病毒。[13] 到三月的第三週，已經有三百多人死於該病毒，確診病例則接近兩萬例。疫情與總統的預測恰恰相反，完全不受控制。

過去的幾個星期，我們不斷收到衛生部和新冠病毒任務小組的請求，要求從我們的戰略儲備中釋出防護型面罩、其他個人防護裝備和呼吸器。由於我們有足夠的裝備支援世界各地的美國國防部診所和醫院，因此提供了五百萬個防護型面罩和兩千台呼吸器給衛生部。儘管後勤和醫事專業人員不贊同這種做法，就算一開始跨部門的人也不願意接受這些裝備，但是我們願意分享。這是更深一層次問題出現的徵兆，需要花費相當多的時間——太多的時間——來解決。至於為什麼會如此困難，我們從來沒有得到很好的解釋，雖然我開始懷疑這是官僚主義的無能，與各種排山倒海而來的問題結合的結果。

然而，政府內部還有其他事情正在發生，我們當時無法解釋。白宮於二月下旬調派衛生部部長阿札爾成為任務小組的負責人。阿札爾後來告訴我，這個小組的崩壞已經無可救藥，並將矛頭直接指向彭斯辦公室。我已指派大衛・諾奎斯特和約翰・海騰（John Hyten）將軍代表國防部參與該小組，他們從未報告過相關進展。參與跨部門程序的其他國防部人員也表示，有相當多功能失調的情況。

到三月中旬，國防部正忙著與衛生部協調從義大利運送數十萬支快篩棉棒，以及與州政府合作協助國人從海外返家，並開放我們的十六個冠狀病毒檢測實驗室協助檢測非國防部人員。與此同時，我們頂層研究機構（例如德崔克堡和馬里蘭州華特・里德陸軍研究所）的醫生和科學家，則忙於研發對抗新冠病毒和可以對抗多種變異病毒的疫苗和治療方法。我以一整天的時間拜訪研究人員，對他們的進展感到滿意。[14]

三月十八日，總統宣布將海軍的兩艘醫療艦——康福號（USNS Comfort）和仁慈號（USNS

Mercy）分別部署到紐約市和洛杉磯的熱區。國防部就此議題已經在內部討論了好幾週。兩艦都處於不同的維護狀態，需要一些時間招募醫生、護士和其他醫療專業人員登艦值勤，但是我們認為這兩艘軍艦可以幫助減輕民間醫院的壓力，尤其是在已經變成美國病毒中心的紐約。[15]

我要先確定這兩艘醫療艦能否納入國防部的應急計畫管制。我不想萬一捲入中東戰爭，那裡需要醫療艦時，卻發現治療戰地傷患的需求也陷入困境——畢竟，距離上次伊朗向駐伊拉克美軍發射彈道飛彈不過才兩個月。這兩艘軍艦當初也是根據這個目的而設計，並不是用來處理傳染性疾病患者。相較於治療新冠肺炎患者，我們最初提議使用這兩艘醫療艦，是為了醫治紐約市和洛杉磯的外傷病人，這也是我們配合建議的初衷。

每艘軍艦都有將近一千張床位，但其中一半的床位是以上下約一呎的距離放在一起，就像潛艦的臥鋪安排一樣，並沒有足夠的距離隔開傳染病患。船上大多數其他房間也不適合供傳染病患使用。民用醫院缺少的是有氧氣管的個人房以及相關的醫生和護士。我們的建議是騰出這些房間和醫療專業人員，讓醫院將車禍傷患、槍擊受害者、家居傷者等創傷患者送到海軍醫療艦治療。一個額外的好處是，如果我們需要這兩艘醫療艦執行另一項任務，我們就可以節省時間，在它執行下一個任務之前，不必經過耗時費力的艙間消毒程序。所有人都同意這項規劃。

我為國防部，尤其是我們的醫療專業人員行動如此迅速和專業，感到非常驕傲。不過，我們遇到了一些困難，由各軍種提供的醫療事務相關數據，例如日用備品、儀器設備數量、醫生和護士人數以及醫院容納量等，並不夠精確，這是需要改進的地方。而且，當我們努力維持抗疫量能的同時，還是必須在美國以外的地方保持警戒，以防衛國家安全。那仍然是第一要務。

三月二十四日，我為各軍種官兵、家屬和國防部雇員舉辦第一次線上會議，以解決新冠疫情的相關問題。參謀首長聯席會議主席與特等士官長也加入我的行列。那個月新冠疫情帶給國家沉重的打擊，所以我覺得進一步開放與所有國防部單位溝通的管道很重要。到那時為止，國防部有四萬五千名各軍種官兵在全國各地幫助同胞應對新冠疫情。新冠病毒影響了每一州，也嚴重打擊有美國人員駐守的許多其他國家。在那次線上會議中，我首先感謝國防部工作人員協助進行檢測、分發物資和支援美國各州的其他功能，但隨後我表示，該談談如何應對疫情。

這個會議讓我有機會重申我的三個優先事項。國防部二百八十萬官兵和員工的指揮官及文職主管，在疫情發生後都不辭辛勞地投入工作，這也讓我有機會解釋對抗疫情的政策並回答問題。在比較個人的層面上，我希望各級官兵都了解我們該如何繼續評估和調整政策，以解決大規模人員移動或個人旅行的各種問題，減輕他們和家人的負擔。這是一項我們決定持續進行的成功創新做法。

三月二十八日星期六，我和總統一起在維吉尼亞州諾福克港為美國海軍醫療艦康福號及其船員送行。這艘醫療艦要兩天才能抵達紐約，紐約州長報告的確診病例超過五萬二千例，死亡人數有七百多人。這是一場極大規模的悲劇。16

當我們搭乘空軍一號飛往東岸這個大型海軍基地時，總統心情非常振奮。他總是喜歡軍隊的排場和儀式以及官兵們環繞著他，這挑起他作為三軍統帥的自負心態。當我們沿著碼頭邊走向舞台，看到停靠在那裡的驅逐艦和其他軍艦時，總統自豪地指著每一艘軍艦說：「看，它們看起來多壯觀。」和「多漂亮啊！」他說話時會揮動幾下拳頭，西裝外套隨風鼓起。隨後他迅速轉頭望向福特號航空母艦，就像一個老八軌錄音機換軌的時候一樣，開始抱怨這艘軍艦。過去我曾經多次嘗試平撫這些抱怨，但現在已經放棄了。

就在我以為對話會愈來愈糟糕的時候，他轉向康福號。它不是作戰軍艦，卻是一艘質量俱佳的大型醫療艦。川普重視這些象徵。這艘巨大白色醫療艦的影像成為他的目光焦點，船的最上層甲板和船身都漆著巨大的紅色十字。他忘記了福特號；取而代之的是，在我們接近康福號時，他問了我一些問題：「船上有多少醫生和護士？能容納多少病人？它要多長的時間才能抵達紐約市？」總統再次心情大好。

川普在一小群聚集在碼頭邊的人面前發表的談話也令人振奮，並且一如既往地稱讚軍方。他身後的美國國旗在微風中飄揚，遠處距離不過幾百呎的巨大白色醫療艦，為此次活動提供了令人印象深刻的背景。不僅如此，康福號的部署是他和他的政府，幫助成千上萬感染新冠病毒美國人的亮眼示範。「我身後這艘壯觀、七萬噸的船，是向勇敢抗疫的紐約市民，傳達希望和團結的重量級訊息。」川普的正式談話總結了他的感言：騎兵正在路上。他的承諾是美國軍方、特別是康福號的醫療人員，即將「加入戰鬥」。[17]

演說結束後，總統轉身面向康福號。我站在他右邊，向他表示祝賀並說：「做得好，總統先生。」他說：「謝謝，馬克。這是美好的一天。」在等待康福號開始移動時，我們聊了一會兒。不多時，醫療艦徐緩地駛離碼頭；當水兵們從甲板上揮手道別時，軍艦鳴笛聲響起，打破了此刻的寂靜。總統舉起他的右手敬禮。

不到三十分鐘前，在那個陽光耀眼的日子裡，我介紹聚集在碼頭邊的一小群軍人和國防部文職人員給總統。在我的致詞接近尾聲時，我感謝總統「勇敢的領導和對美軍的支持」。[18]

七個月後，即二〇二〇年十一月四日，也就是我離職的五天前，我和《軍事時報》（*Military Times*）進行了一次「約定時間發表、不具名的」訪談。當總統在十一月九日開除我的時候，《軍事時報》提前刊登了這篇報導——我和國防部公共事務主管霍夫曼都認為是明顯違反我們的約定——況且我們沒有機會先看過新聞稿是否準確和完整。這完全違反了許多人認為是新聞專業應有的標準，包括同時採訪我但尊重約定發布時間的其他記者也如此認為。不過，在我與《軍事時報》記者的訪談中，我挑戰她，要求她找出另一位和我一樣經常和川普唱反調的內閣成員。我還說，我不是會在講台上公開稱讚川普的人；其他人經常這樣做——這是我的參考架構——但是事後想來，我似乎應該在那句話中加入「一直」這個詞，或是加入「除非是川普應得的」。有些媒體決定精心挑選一個時刻，證明我就是會公開稱讚總統的人，比如在諾福克軍港送別康福號的場合。

坦白說，如同我看到他明知要付出極大的代價，但還是在橢圓形辦公室決定中止歐洲來美航班，我當時就覺得，甚至到現在還是覺得，他在抗疫問題上，有時候真的表現出勇敢的領導能力。[19] 甚至，根據報導，佛奇博士說過，川普早期的決定是他最好的時期——從一月三十一日限制來自中國的旅客，到三月十一日對歐洲採取同樣的措施，以及三月十六日提出所謂的十五天減緩傳播，到三月二十九日再延長一個月；[20] 他大力支持「曲速行動」也值得讚許。但是，二〇二〇年十一月的政治氣氛就是如此惡毒。從二〇二〇年年初以來，這種類型的政治狙擊愈來愈多。

在康福艦抵達前和抵達後，我曾與紐約州州長安德魯・科莫（Andrew Cuomo）和紐約市市長白思豪（Bill de Blasio）在多個場合交談。這兩位在跟我對話時總是很客氣，並且感謝軍方的努力。我從未談到他們與白宮之間的政治問題，更不會提到他們和川普之間沒有浮上檯面的個人摩擦。我一直想讓軍隊遠離政治，包括在州和地方階層。我甚至告訴科莫和白思豪，國防部已經準備好盡可能提供協助——防護面罩、呼吸器、醫院、醫生、護士等。在接下來的幾週裡，情況當然會如此。

看到感染新冠肺炎的病例呈指數增長，科莫和白思豪和我討論的議題之一，就是將陸軍工兵團部署到紐約市，以協助建立紐約的醫療能力。工兵團指揮官陶德・史莫尼特（Todd Semonite）中將向我簡要介紹了一項稱為替代護理設施的發展計畫。基本上，工兵團可以運用宿舍、健身房或其他類型的設施，創建分隔的房間來增加床位，配備他們自行供電的醫療設備和氧氣軟管來維持患者的呼吸。我迅速派遣史莫尼特和他的團隊前往紐約，向科莫州長簡報並提出國防部的建議方案。

史莫尼特的想法很受歡迎，對此我並不驚訝。史莫尼特是一位可靠的軍官。這些年來，他擔任過多項指揮和參謀職務，曾在美國和海外單位服役，現在已晉升為該領域的佼佼者——工兵總指揮官和陸軍工兵團團長。史莫尼特中將的紐約計畫會成為全國的典範。州長或市長所要做的就是提供建築物，工兵團將會處理租賃、承包和工程，建立替代護理設施。這是一項巨大的成就，也是工兵團歷史上的一個亮點。

在美國建立的第一個替代護理設施是紐約市的賈維茨中心，備有二千五百張床位，很快就成為美國最大的「醫院」，由美國軍方負責管理。[21]最終，國防部將會評估和設計超過一千一百五十五個場所，並協助各州建造二十八個有超過一萬五千張床位的替代護理設施。國防部也將向全國三十幾個主要大都市地區部署數十支醫療專業團隊。陸軍工兵團領導替代護理設施的工作，將由超過一萬五千名士兵和平民共同致力建造這些設施。各州都希望在病例數量超過當地醫院容納量的情況下，於疫情大流行期間保持醫療超前，而我們將在那裡實現此一目標。[22]

賈維茨中心醫院在三月底開始營運，美國陸軍也從兩家野戰醫院派遣醫生、護士和其他醫務人員為他們的替代護理設施配備人力。近千名醫護人員迅速趕到現場救治患者。與此同時，我們在西雅圖亦部署了另外兩家陸軍野戰醫院。

在許多國防部醫務人員開始動起來時所面臨到的一個挑戰，與他們的服務意願或是我們提供協助的熱情無關。實情是我們的許多醫生和護士都是預備役人員——可以說是兼職士兵、水兵和飛行員。因此，當我們召集他們到紐約市、西雅圖和其他十幾個需要國防部協助的美國城市執行現役任務或派遣至醫療艦時，必須確保我們並非將他們從家鄉醫院的文職工作召來，以私人職能治療新冠肺炎患者。我們不能如同拆東牆補西牆一般，在另一個地方製造問題。軍方在這方面做得很好，尤其是陸軍；但這類謹慎需要一段時間才能看到成果。

不過，整個軍事醫療界都提供了協助。渴望提供協助的醫療專業人員從退休人員（其中一些人重新開始全職工作）到新進醫生都包括在內。例如，二〇二〇年三月二十六日，美國國防醫學大學宣布，二百多名醫科學生和護理專業研究生放棄畢業典禮，及早加入他們的軍隊同行，協助對抗病毒。

三月二十九日，佛奇博士和柏克斯說服川普展延他於三月十六日啟動的「十五天減緩傳播」行動。該行動頒布的指導方針包含：避免十人或十人以上聚集；遠離酒吧和餐館；不造訪療養院；以及洗手、碰觸表面消毒和生病不適時留在家中等基本常識。目的是「拉平」病毒傳播的「曲線」，以避免醫院和更廣泛的保健醫療系統不堪負荷。[23]

據報導，川普雖然不太情願，但願意嘗試，目標是將復活節訂為重新開放國門的日期。這是總統的另一個重要決定，值得稱讚，儘管此後他的言行很少一致。有人會辯解，指他試圖保持樂觀，以鼓勵國人。即便這種狀況情有可原，卻也不能合理化、或諒解他的言論。總統在這方面做得遠遠不夠，淡化疫情、宣布疫情很快就會結束和一切都在控制之中，這些說法更傳遞了虛假的希望。他說的是一回事，但這個國家和美國人民正在經歷的則是另一回事。到四月初，已經有超過五千名美國人死於該病毒，超過二十一萬五千人受到感染。

隨著川普的言語繼續偏離現實，處理新冠疫情成為黨派政治問題，國防部面臨的情況也變得更加棘手。我仍然無法解釋為什麼，但是當我們根據我的三個優先事項，做出一個又一個決定來應對病毒並建立醫療指導時，不知何故，即便我們的行動經常與總統的言論背道而馳，我們始終沒有進入白宮的十字瞄準線上。

例如，四月三日CDC發布了一個全國性建議，要求美國人在公共場合配戴非醫療口罩。在四十八小時內，國防部將這個指導意見轉化為政策並公告給部隊，成為第一個這麼做的部門。當無法在公共場所或工作中心保持六呎的社交距離時，所有當職的二百八十萬服役人員和國防部文職人員都會戴上布製口罩。[24]

這項政策與白宮發生衝突，因為那裡很少有人會戴任何類型的口罩。川普積極抵制口罩並嘲笑戴口罩的人。他告訴人們，病毒會單純地自行「消失」，他認為戴口罩代表了不認同病毒會消失的想法。事實上，當我和米利戴著口罩出現在橢圓形辦公室時，川普訓斥了我們幾次，他說：「偉大的美軍領導人不應該戴口罩。這會讓你看起來很弱。」現實狀況是，偉大的美國軍方領導階層正在替我的部隊樹立正確榜樣，這意思是，要遵守國防部自己的政策和指導方針。

雖然國防部內部通常都採取了正確步驟以對抗新冠疫情，但還是必須面對一個最大挫折：羅斯福號航空母艦上爆發了疫情。羅斯福號是一艘尼米茲級核動力航空母艦，它是美國軍事力量的縮影。

三月二十四日，羅斯福號從越南一個港口前往關島停靠時，第一例新冠肺炎病例在艦上出現。當時病毒正如野火蔓延全美，艦上官兵人心惶惶，焦慮異常。關於新冠肺炎，我們要學習的還有很多。羅斯福號雖然是個龐然大物，但上面五千名水手的生活與工作空間還是很小。如果新冠肺炎要在美軍的任何地方爆發，肯定先在海軍艦艇上爆發。

到了三月底，羅斯福艦在關島停靠後，病毒已經感染了一百多名水兵。新冠病毒的傳播似乎無法避免，但正如美國海軍最後的調查報告記載，病毒傳播是因為艦長布雷特・克羅澤（Brett Crozier）和其他人——他們都承受了巨大壓力——的一些錯誤決定造成。然而，當時克羅澤向幾位海軍上將和上校發送了一封非機密電子郵件，這封郵件最後還傳到了媒體手上。它描繪羅斯福號上發生的情況非常嚴峻，並說這艘軍艦和船員沒有得到協助。這是不準確的說法。

這封信在三月三十日曝光，一些媒體將艦長的行為定位為對一個不關心海軍的領導人的「絕望求助」，另一些報導甚至將這艘軍艦的立場描述為川普政府試圖「淡化新冠疫情」的惡劣案例。克羅澤迅速成為左派的英雄。儘管這種左派的說法幾乎沒有事實根據，卻很快深植人心。

我在辦公室準備下一個會議時，一則關於羅斯福航艦的報導，出現在辦公室我座位正對面牆上的電視螢幕。我打電話給幕僚，請他們從任何一家報導這則新聞的媒體網站上，把艦長的那封信列印出來，並請海軍代理部長莫德利跟我通電話。當他打電話給我時，我還差一頁就讀完那封信。*

莫德利對艦長的行為大為光火，對克羅澤「處理事態不當」很氣憤。他滔滔不絕地講述海軍如何「努力在關島爭取到房間」、「岸上有大片開放空間，但克羅澤沒有充分利用」，以及其他最後會寫入結案報告的重要細節。莫德利向我說明所有細節，包括海軍在前幾天第一次收到關於感染擴大的資訊後，為協助羅斯福艦所做的工作。

莫德利向我說明他和他的幕僚與克羅澤和其他人的「私人通話」，類似艦長和他在太平洋的指揮鏈之間的通話，以及幕後發生的所有其他事情。看起來他們所做的一切都是正確的。莫德利說克羅澤「從未拉響過這麼嚴重的警報」，並說他「得到了有用的幫助」。因此，莫德利和軍職主管才覺得這封信很讓人震驚，內容既不準確又具有煽動性，這才是他生氣的真正原因。

我也擔心官兵的健康問題，並詢問海軍領導階層做了哪些措施照顧染疫者和保護其他人。莫德利和他的團隊似乎掌握了這一點，同時間在尋求多種選擇方案。

莫德利想立即解除克羅澤的職務。我的直覺也告訴我，艦長在判斷上犯了嚴重錯誤，已經顯示他不再適合擔任指揮職。順帶一提，我們在談的不是停在檀香山的拖船船長，而是美國海軍最大、最強、最有影響力，也是最引人注目的軍艦的艦長，一艘在西太平洋海域巡邏的軍艦。如果這是疫情爆發期間一小部分官兵因染疫住院時他所表現出的行為，那麼若是敵人於當下攻擊羅斯福艦，他在戰鬥中會如何表現？如果艦上失火、二次爆炸、數百人傷亡，甚至可能沉沒，他將如何應對？我告訴莫德利，我的直覺和他一致，但我想與他以及海軍參謀長吉爾迪坐下來討論這件事，並在他進行下一步之前探討所有可行的選項。

當川普聽說有這麼一封信的新聞時，他火大了。此事發生時，我已經在白宮參加另一個會議。我們

＊原書註：我在一次採訪時，提到我並沒有詳細地將那封信看完；之後，關於我是否讀過這封信，似乎成了一些記者的報導題材（請見：https://www.cbsnews.com/news/coronavirus-military-response-defense-secretary-mark-esper-5-things-to-know/）。莫德利打電話來時，我已經快讀完克羅澤的四頁長信，只剩下最後一頁。我覺得讀前三頁就能充分了解艦長的處境；我認為這類報導的角度介於愚蠢與廉價之間。

在他的私人辦公室見面，從橢圓形辦公室沿著一條大約三十呎的狹窄廊道走過去就到了。總統在那裡用餐、處理文件，大部分時間都在看新聞。房間裡放著一張能容納四到六人的大桌子，但人們給他的報紙和紀念品占了大半個桌面。在他吃午飯的房間對面，大約十五呎外的牆上掛著一台一直都開著、頻道固定在福斯新聞的大電視，當川普看到感興趣的新聞報導時，我們的談話經常會被打斷。總統話說到一半就停止，左手舉起一個暫停談話的手勢，右手伸到桌上去拿遙控器，立刻調高音量——聽幾秒鐘，然後評論他剛才聽到的內容。他的行為非常可預測。

可是現在，總統卻站著，裝腔作勢，說話時滿臉漲紅。他咆哮著說這封信「太糟糕」和「不恰當」，「讓海軍看起來很弱」，尤其是當我們正在太平洋地區愈來愈常與中國對峙之際。我同意他的看法。我不明白的是，明知海軍領導階層在盡力協助，為什麼艦長卻覺得他需要按照他自己的方式寫這封信給他想要給的人？還有這封信是怎麼傳到媒體手上的？

川普開始追問克羅澤是否會被開除。我覺得事情不對勁，就打斷他：「總統先生，我理解你的心情，但是讓海軍來處理吧。讓我們先弄清楚發生什麼事，然後再從那裡開始。」儘管艦長的作為讓川普覺得沮喪，但讓我大為驚訝的是，他讓步了，並且授權我按照我認為合適的方式去處理。他一直抱怨這件事，而且很大聲，但同意我讓海軍處理這件事。在幾個月前發生的賈拉格事件（我會在本書第十七章講到此事）中，總統曾經多次聽過我這番話，所以一定有什麼引起了共鳴。我很高興他現在回想起來，並且聽從我的建議。

四月一日星期三晚上，我和莫德利進行了談話。晚飯過後，他從家裡打電話給我，我們就此事討論了一段時間。他現在已經冷靜下來，不過仍然想將克羅澤解職，但他告訴我「海軍參謀長並不是百分之百同意解除他的職務」。他想聽聽我的想法，他說：「部長先生，我只是想知道，您是否會支持我做這件事。」我告訴他：「湯姆，你和吉爾迪意見一致很重要。」莫德利需要來自高層的支持，否則他的單位無法在我看到前方波濤洶湧的水域中撐下去。已經有立法者和某些專家在幾乎沒有事實根據的情況下對此事發表意見了，這只會使非常困難和敏感的問題更複雜。莫德利說，海軍參謀長就快要「到那一步了」。

我們也再次討論羅斯福號的船員。感染人數超過一百位，而且還在增加，所以我想知道他和海軍還做了些什麼來照顧他們，以及我可以幫什麼忙。莫德利說：「情況蠻好的。」在關島總督的協助下，「羅斯福號迅速將染疫官兵載到關島，他們一上岸就進入隔離設施」，並且「海軍派遣的醫療隊也正在路上」。他似乎已經解決這個問題。

第二天早上，也就是四月二日，莫德利和我見面，米利將軍和吉爾迪將軍也加入會議。當我們圍坐在我辦公室的長方形木桌旁時，莫德利的火氣又上來，並且堅持要將克羅澤解職。莫德利情緒激昂的時候，臉上會出現一種開放又豐富的表情，聲音也會變尖銳。前幾天，他指著自己西裝外套領子上的別針給我看，別針上印了一句一八一二年戰爭期間一位海軍上校的名言：「不要放棄這艘船。」在他看來，克羅澤放棄了羅斯福號。我欣賞莫德利的熱情和觀點。克羅澤艦長的行為似乎深刻觸動到他對海軍、對它的歷史和傳統的強烈感受。

那天早上我們在我的辦公室裡討論這件事時，吉爾迪安靜坐著，聽著他的代理部長講話，但沒有表現出任何情緒。我喜歡邁克・吉爾迪，他能夠嚴肅思考又通情達理。我轉向他問道：「你的看法呢，參謀長？你在聽嗎？」他看著我，說他「更願意先調查」；如果莫德利部長要解除克羅澤的職務，他「會支持」。他的處理態度非常專業和客觀。

對我來說莫德利對克羅澤的直覺一針見血；我同樣對克羅澤失去信心。但是，我也認為應該先展開調查、了解事實真相，看看事實會把我們帶到哪裡。在前一天晚上的通話中，我對莫德利說了相同的話。所以我進一步詢問了吉爾迪，海軍調查將如何進行及時間安排等。經驗告訴我，這些事情往往比最初看起來複雜得多。

米利將軍和我在這件事上意見一致。那天早上開會之前，我們已經討論過數次。調查是軍隊處理事情的方式，所以這是他和我的底線。然而，海軍有不同的做法和傳統，我也表示尊重。海軍當場解除艦長指揮權的例子並不罕見。

然而，我同時也在努力解決這件事衍生出來另一個議題，就是文職官員控制軍隊的問題。我擔心在這件事上，推翻代理文職部長轉而支持海軍參謀長的的決定，影響為何。要是真的這麼做，代表不支持他，還可能會被解釋為對他缺乏信心，尤其莫德利在這件事上表現得如此強烈和公開。我知道莫德利身為代理部長，與海軍高層將領共事時一直覺得為難，我也不想在這方面讓他受挫。

我又多問了一、兩次關於「暫停」克羅澤指揮權和進行快速調查的問題，但莫德利又提起他口中的事實，即他和克羅澤指揮鏈上的其他軍職人員「都不再信任，也沒有信心由克羅澤指揮一艘全武裝的核動力航空母艦」。那次會議在我支持莫德利的決定後結束，房間裡的其他人也都同意支持他。

國防部長的工作，很大一部分是做出或支持明知不受歡迎的決定。解除克羅澤艦長職務的決定就是一個例子，但是我們完全明白後果為何，並且準備好接受那個後果。雖然這個決定在政治上不受歡迎，但重要的是我們要解職的是一位指揮鏈對他信任不足、甚或無法信任的指揮官，要是那位指揮官負責指揮一艘在我們最大對手國附近海域巡航的航艦，這個決定就會更為重要。

莫德利當天下午現身五角大廈簡報室，宣布國防部決定解除克羅澤的指揮職。他詳細解釋了他的決定，並明確表示「克羅澤艦長專業行事的能力，不敵新冠疫情在艦上爆發後帶來的的複雜挑戰；而我們認為，當時最重要的就是維持專業行事的能力」。莫德利接著說他「已經對他（克羅澤）繼續領導這艘軍艦的能力，在羅斯福號上與病毒對抗時，能維持官兵健康以使該艦繼續執行符合國家安全需求的任務……失去信心」。

許多媒體專家和國會山莊的立法者批評將克羅澤解職的決定。一段影片顯示艦上工作人員在夜間為克羅澤送行，這段影片後來公諸大眾，加劇了外界批評的聲浪。這對莫德利來說很艱難，他也處理得不夠好。和克羅澤一樣，他未能沉著以對。這導致他飛往關島（往返三十六小時），到羅斯福號上和官兵交談之後因故辭職。他說了一些對於這件事以及對克羅澤不該說的話——比如說艦長「愚蠢」。我知道這對他來說很困難，因為他非常熱愛海軍，但是他決定在四月七日辭職，對這個單位來說是最好的事情。

四月二十四日，也就是幾個星期後，海軍完成初步調查並回覆我，他們建議克羅澤復職。我告訴他們，我要先看過調查報告和相關文件，再回覆他們。我整個週末都在仔細研究這些資料，包括（令人驚訝的）因屬限閱而塗黑的關鍵資料，這些文件必須先送更正再送到我家裡。我的評估是全面調查有其必要。因為目前所知的事實，還不足以下結論，當然也包含海軍參謀長當時主張的結論。如果非要有的話，也會是和參謀長相反的結論。我覺得海軍只是想盡快解決這個問題。然而，有更多的工作明顯需要再進行。國防部副部長諾奎斯特、米利將軍和我的法律總顧問保羅・內伊（Paul Ney）都同意我的決定。

四月二十八日上午，我與新任海軍代理部長詹姆斯・麥佛遜（James McPherson）會談，他是為我擔任陸軍法務顧問時認識而且信任的人，我告訴他我的評估。詹姆斯是一位非常有能力的領導者，他了解海軍、五角大廈和法律。莫德利辭職後，我任命他擔任這個職務，同時等待肯・布雷斯韋特被確認為下一任海軍部長。

我與麥佛遜分享了我對初步調查的看法，並指示他「進行全面調查」且「該查的地方就去查」。意思是，調查範圍不限於克羅澤這次在關島的決策：「你認為指揮鏈的哪個地方可以查出真相，就去查。」麥佛遜離開會議室之前，我看著他的眼睛並補充：「吉姆，按照你的標準程序和慣例，做正確的事。」他很了解我，他知道我是認真的。「是的，部長先生。」他說。

我下令海軍進行全面調查的最終結果證實，克羅澤的判斷失誤，這證明將他解職是合理的。[25] 二〇二〇年六月十九日國防部新聞發布會上，吉爾迪將軍宣布調查結果：「我本來認為在進行初步調查之後，四月時暫時解除職務的克羅澤艦長應該要復職。」他接下去說：「但是，經過好幾週更廣泛、更深入的調查發現，事態的規模更大。我相信，貝克將軍（Stuart Baker，克羅澤的直屬主管，美國海軍第九航艦打擊群指揮官）和克羅澤艦長兩位的表現，離我們對指揮官一職的期望還有相當大的距離。」吉爾迪將軍接著表示：「如果克羅澤艦長今天還是指揮官，我會解除他的職務。克羅澤艦長的主要責任是官兵的安全和福祉，軍艦才能維持戰備準備，」但貝克和克羅澤兩位「履行他們的主要義務時，都做得不夠多、也不夠迅速」。簡而言之，吉爾迪說，克羅澤「將羅斯福號上隔離區的官兵解除隔離是有問題的決定，艦上官兵因此會面對更高的風險，並可能增加病毒在羅斯福號上的傳播。」[26]

我們的集體直覺是正確的。也就是說，如果我不得不重新來過，我會跟隨我的直覺讓克羅澤暫時停職，而不是直接解除他的職務，同時我下令迅速進行調查，根據他的表現來確認或否認我們的直覺。這是我習得的教訓。我很高興自己聽從內心的聲音，並指導了更廣泛的調查，最終揭露所有的事實。

羅斯福號要到五月下旬才能返回海上。新冠肺炎使這艘軍艦靠岸停泊將近兩個月。這在海軍歷史上不是一個好篇章，在那時候它已經損害了美國在印太地區盟友和夥伴心中的形象。這也讓中國有理由引用羅斯福號的例子，說明他們處理病毒的「成效」和美軍相比的差距。北京已經努力在利用全球大流行病，尤其是羅斯福號事件，為他們製造有利的地位。我最終不得不在五月打電話給吉爾迪將軍，指示他讓船出海，即便一些船員需要留在關島直到隔離結束。羅斯福號重返崗位報到是重要的。

換句話說，羅斯福號事件教會我們有關病毒的事。在五月的高峰期，超過四千名水手被調離船艦，超過一千一百人的病毒檢測呈陽性。然而，檢測呈陽性的官兵中有一半以上沒有不適症狀，這些狀況最後成為我們理解和汲取有關無症狀傳播的一個重要事實。我們最後也只有很少的官兵住院，這點同樣讓我們對部隊的韌性多了些了解，儘管有一名海軍士官長不幸死於該病毒。

在我擔任國防部長的前十個月，整體上我得到了國會裡民主黨和共和黨人士的大力支持。正如我之前指出的，我在川普政府執政的第三年，以九十票輕鬆獲得參院確認同意我出任國防部長一職。即便如此，隨著十一月的選舉愈來愈近，國會山莊對我的支持並沒有完全到齊。

儘管國防部在過去幾個月裡做了很多事情，譬如向許多城市和州提供廣泛支援，從國外將國人和醫療用品載運回國，以加快合約和付款、保持關鍵防禦用品製造商的生產線暢通、在我們的實驗室進行疫苗和治療方法研究、並維持部隊健康等，還是有十位民主黨參議員決定，是發起攻擊的時候了。羅斯福號疫情爆發之後，他們在四月二十七日致函給我，說他們認為國防部文職領導階層有疏失，並且「未能充分、迅速採取行動，更經常將戰備置於優先考慮，犧牲了服役人員及其家屬的健康」。[27]果真如此嗎？

顯然，他們的邏輯是倒退的，這就是它功虧一簣的原因：我們服役人員的健康是任務需求準備不可或缺的一環，這就是我把它放在首位的原因。此外，這個論點根本沒有承認一個簡單的事實，即是，儘管國防部在對抗疫情的前線作戰已經超過三個月，甚至直接與感染者共事，但是只有一個現役軍人死於新冠病毒——當然，任何生命損失都是悲劇。[28]但綜合考量過去發生的一切，所幸部隊人員及其家人的情況安好。

當我得知是麻州民主黨籍參議員伊麗莎白・華倫（Elizabeth Warren）——我先說，她不是軍方朋友——領導的一個十人小團體，其中包括大多數是沒有投票支持我擔任國防部長的民主黨人，我一點都不意外。而信函的簽署人中，有一些甚至在二〇二〇年總統大選中裝腔作勢，積極爭取成為拜登的競選夥伴，我更不覺得震驚。這一切似乎都是一種政治行為，意圖破壞川普政府，並鞏固他們自己作為選戰攻擊犬的信譽。[29]

諷刺的是，我與簽署這封信的參議員們所代表的各州州長交談時，每一位州長都表達感謝並讚揚國防部的表現。[30]我經常覺得，相較於一些在國會裡的州代表，那些州的州長比較能通情達理地一起合作。

更糟糕的是，他們不僅攻擊我，似乎還將國防部這個機關和員工都拖入政治紛爭，這點讓我很困擾。他們的信函內容不尊重部署在全國各地抗疫的六萬多名士兵、水手、飛行員、海軍陸戰隊隊員、太空軍的專業人員，以及通常遠離家人去執行任務而且生命動輒遭到威脅的國民兵。我在回信中將上述情形告訴那些參議員。

在同一封信中，我反駁了他們所說的「關於該部隊對……全球性流行病的回應有虛假或誤導性的主張」。我們每星期都提供最新情況報告給國會，從未間斷；但很多寫信給我的參眾議員或他們的幕僚，沒有一個人費心去開會和聽取報告。我在此可以再強調一次，國防部「每一步都快於需求」，並且「我們處理的每一筆援助需求，都符合或超過要求」。

我們還根據全國高住院率的最壞設想，一如紐約市當時的疫情，進行規劃演練；以及該如何騰出更多醫療專業人員、備品、儀器設備和治療設施，協助遭受重創的城市鄉鎮。各軍種的醫生、護士和野戰醫院都處於待命部署狀態。

立法者沒有注意到的是，自從一月下旬醫生確認美國首例感染者的那幾天開始，國防部就一直在對抗新冠病毒。到二〇二〇年二月一日，我們已經就如何應對新冠病毒，發布詳細的因應指南給軍、文職官員（他們每個人都管轄大量的醫務人員和資源）。這一切都早在第一位染疫的美國人過世前的幾個星期便已發生。

而參議員說我「沒有能力或不願意發布明確、全國防部通用的指南」的錯誤指控，與國防部在整個春、夏季持續多次發布更新版指南的事實，更是背道而馳。這些「部隊健康保護指南」的備忘錄也都「提供給各國會辦公室」。[31]此外，關於部隊士氣低下和戰備不足的批評，也都是鬼話連篇。每一位軍種部長、他們的軍職參謀長和作戰指揮官告訴我的美軍士氣情況剛好相反，我們的訊息也顯示了同樣的情形。

國防部長期以來集中計畫、分散執行，信任下屬並授權讓他們根據自己的環境做出最佳決策的哲學，是國防部成功的關鍵。我們有數十萬官兵遍布全球一百五十多個國家——從嚴寒的北極到中東最熱的沙漠；從拉丁美洲的叢林到亞洲的山區；從擁有先進醫療體系的歐洲第一世界國家，到幾乎看不到醫生、地球上最貧窮的非洲國家——我們知道必須給我們的指揮官充分的指導、足夠的資源和必要的授權，以便做出對他們的作業環境和使命、以及他們的員工最有利的決定。

我開始相信，有時候國防部面對的批評，反映了不同的領導風格和治理哲學，以及軍方確實訓練出領導者的事實。全國各地在疫情期間所發生的事情中，便可以看出這個現象。民主黨人似乎比較喜歡以一種集中的、由上而下的方式來應對新冠疫情，也就是由華府提供並指導相關政策、授權、資源和設備。他們也比較願意採取激烈的手段封鎖經濟，或者以國防部來說，是要我們停止訓練和行動，即使這些手段的後遺症會在多年後仍影響我們。但在某些情況下，這種做法可能有其必要。共和黨人則比較喜歡相反的做法，即允許各州在必要（或被要求）時，在華府協助下，有主導的自由，允許相對有差異化的方法，並容許犯錯空間。藍州和紅州州長的觀點和行動，往往會反映出這些相互競爭的手段。

我們在五角大廈也有一些類似情形。新聞媒體《政客》刊登過一篇報導，批評我們讓地方指揮官彈性應對疫情的決定。「匿名軍事官員」再次抱怨缺乏由上而下的規劃和指導，而無視於我們早在一月份就發布多份指導備忘錄，實施全球大流行病因應計畫，以及每週和相關主管進行兩次討論。也就是說，我相信結果，而不是投入。

許多人認為立場偏左的布魯金斯學會（Brookings Institution）的一篇文章，則支持國防部的做法，主張五角大廈的明確指示可以確保國防部在病毒抗爭上維持超前部署，並讚揚指揮官行使我們賦予他們的靈活性。[32]佛奇博士也曾建議，為了戰勝病毒，州長們除了應該得到明確指導，還應該有執行的空間。[33]這正是美軍運作的方式，也正是我們因應疫情的方式。

我們所有部隊和每一個作戰指揮部，都擁有規模龐大和能力出眾的總部、參謀和醫事人員，他們確保了聯合部隊的健康和戰備。此外，我們的領導者訓練有素而且素質一流。我必須相信他們；事實上從長遠來看，如果我們給他們空間去做他們最擅長的事情——根據他們的獨特情況進行思考、適應和領導，我們會做得更不同凡響。

數字證明我們是對的。到二〇二〇年十一月，國防部仍然幸運地在一百二十萬名現役軍人中，只有一名因感染新冠病毒過世。若以數目更多的美國人口統計，每三千二百八十人中就有一位因染疫過世，比起國防部多了三百六十五倍。預備役和國民兵也有七名官兵不幸病逝；但是當大多數人每個月只有幾天穿著制服服役時，總是很難解釋他們的行為。到底他們是在家裡、在文職工作中感染病毒，還是在每個月一次的週末演習中、在軍事當局管理下感染到病毒呢？截至十月初，有七名軍人家屬和五十九名國防部文職員工喪生。總體而言，我們所有類別的檢測、感染和住院率，通常都比各州平民同行的情況好許多。

34

隨著春天結束、夏天到來，川普的病毒言論繼續與全國正在發生的事情不同調。由於錯過了他非常期望的復活節重新開放，川普勉強將新冠疫情限制措施延長到四月底，嘗試再次控制病毒。沮喪的總統在淡化疫情一事上，似乎更加快了步調、提高了音量。

當我和他一起在白宮時，只要一聊起這個話題，他就會沮喪地搖頭，並抱怨「中國流感」或「瘟疫」扼殺了「有史以來最偉大的經濟表現」。關於病毒對經濟造成的影響，他是對的，但他從未談及有數千人喪生或是受到病毒傷害的人。他會聊到小企業如商店、餐館、健身房的困難，但不會討論被撕裂的社會關係網。他真的一直相信新冠病毒不知道哪一天會就這樣消失了，或許如果他一直說這種情況會發生，病毒就會真的消失。

有幾次，特別是在羅斯福號航空母艦疫情爆發之後，總統會提起可以給官兵服用抗瘧疾藥物「羥氯喹」預防和治療新冠肺炎。他對此非常認真。有一次在橢圓形辦公室，他略微壓低聲音對我說：「我有在吃哦，感覺好多了。這真是奇蹟。」他邊說邊揮舞著雙臂。我轉身對他說：「總統先生，我回去先研究看看。我們當然會保護同袍。」他接著說：「你要是知道有多少人在吃這個藥，你會嚇一跳。很多人都在吃。我聽過很多人說這個藥的好處。」我回答他說：「我會和我們的醫生先談談，讓他們研究一下。」「對，就這樣做，」他非常嚴肅地說，「醫生一定會跟你說，這藥很棒。」

除了在報紙上讀到的內容外，我沒有研究過這種藥物。在此期間，我對任何事情都抱持開放態度，並與我的幕僚討論許多想法，以協助增強部隊的免疫系統，例如可能鼓勵服役人員攝取維生素D和鋅補充劑。忠於我對總統的承諾，我確實在之後國防部一次疫情會議上提出這個議題，但是與會的總醫師對此方式並不熱衷。總統週末有一次打電話到我家，後續追蹤他的想法，但是謝天謝地，他從未真正強迫我付諸執行。

在五角大廈，我們抱最好的希望，做最壞的打算，並處理此刻的情況。在努力應對病毒造成的每一個挑戰之際，我的三個優先事項也沒有改變。我從未嘗試美化局勢或提供虛假的希望給國人；我總是冒著與白宮的訊息起衝突的風險，但說也奇怪，他們好像從來沒有注意到我們的說法有矛盾。

舉例來說，在五月七日訪問科羅拉多州的北方指揮部時，我告訴媒體：「我們正在為第二波、甚至更多波疫情做好準備，」而且「我們無從得知這種病毒的發展軌跡。」[35] 這與川普聲稱病毒已經得到控制並且很快就會「消失」的說法完全相反。這不是我第一次表示這樣的看法。三月下旬，總統說他希望經濟「開放，並渴望在復活節前一飛沖天」的時候，我在一次線上會議裡警告所有國防部同仁：「這種情形還會持續幾個月，至少要想個未雨綢繆的辦法。」我敢肯定，這麼說會讓我在白宮惹上麻煩，但幸運的是，在疫情蔓延、困頓的幾個月裡，媒體似乎沒有像後來的一些人那樣，試圖挑起五角大廈和白宮之間的衝突；或者，是他們沒有給予足夠的關注。無論是哪種狀況，這都是一個受歡迎的驚喜。

事實上，沒有人知道這場大流行病會走到甚麼地步。我們邀請了佛奇博士和柏克斯博士在國防部一次內部會議上為我們簡報現況，並提出一系列問題和模擬情境來協助制定計畫和準備作業。

在此期間，我不得不持續提醒所有人，尤其是國防部以外的人，雖然全國都在關注國內的新冠疫情，但國防部仍然必須用心保護國家免受外部威脅，並維護我們的海外利益。世界並沒有因為新冠病毒在美國猖獗而停止運作。事實上，我們的許多對手都在想辦法利用病毒肆虐的機會，從中東的恐怖組織到伊朗等流氓國家，再到俄羅斯和中國等實力相近的對手。對我們來說，這代表著必須讓我們的官兵盡可能保持健康和做好準備。這是三個優先的第一項。

與此同時，五角大廈內外有一些人仍然認為，應該完全停止國防部所有的招募活動和基礎訓練。若真如此，我們就犯了一個重大錯誤，需要花費數年時間才得以補救回來。在人力管道中製造一個像這樣的空氣泡，對未來的人員配備和戰備狀態都會產生重大衝擊。我們以前就曾遇見過這種狀況。幸運的是，大多數國家的軍隊都同意這一點，並且只願意短期減少招募人數，如此就能容許更多的社交距離和足夠的醫療能力進行篩檢和治療。結果證明，我們的這個決定是謹慎無誤的。

此外，擔任國防部長不僅僅涉及戰爭計畫、外交政策和未來的武器系統；我也要對二百八十萬名軍人和國防部文職人員負責，還包括所有現役人員的家屬。這代表我們應該對大約一百六十萬名軍人家屬的健康、福利和教育負責。加上退休人員和其他人，軍隊醫療系統必須為將近一千萬受益人負責。[36]

六月，我們開始計畫幼稚園到十二年級（K-12）的秋季學期，在全國和海外的國防部學校重新運作。我們的部分策略包括：為無法到校上課的學生發放八千多台筆電，以及建立二百五十多個 Wi-Fi 熱點。儘管如此，如果國防部希望在目前新冠疫情的限制範圍內，最大程度提高部門員工的準備作業和效率，我們就得開放托兒中心和學校。

大多數人可能不知道國防部的教育活動處負責經營全球「八個地區的一百六十所學校」，這八個地區包含十一個國家、七個州和兩個美屬領地。此外，「全世界有近九十萬名各年齡層的軍人子女，其中超過六萬六千人在美國國防部教育活動處的學校裡就讀」。[37]

在全軍範圍內，國防部還在世界各地的軍事設施上「督導管理八百多個兒童發展中心」。[38]新冠疫情期間，這些中心一直處於不同的開放階段。與學校一樣，這在很大程度上取決於教職員的健康狀況和工作意願，以及父母將孩子送去托兒所的意願。

到了夏天，川普正在努力推動全國各地的學校開學。我們想在國防部做同樣的事，但現實是另一回事。由於學校和托兒中心遍布世界各地，我們必須採取基於條件的方法——就像許多其他事情一樣——這將容許當地指揮官能夠根據他們社區的狀況做出決定。

大多數孩童依慣例應在九月初回到學校上課，但是基於某些地區的染疫率和政府政策，我們根本還沒有準備好，因而無法在很多地方開學。這從來沒有成為全國新聞，謝天謝地。我擔心白宮有人會讀到這件事並向總統報告，然後我們會收到改變政策的命令，無視新冠疫情，開放所有學校和托兒中心。儘管我認為孩子的健康應該永遠是最重要的，但是萬一收到命令開放學校可以上課，將會讓國防部陷入困境。

最重要的，我們還努力與各州保持密切聯繫。由於總統偶爾會與一些州長爭吵，我們知道遠離這些問題並保持溝通管道的順暢至關重要。國民兵局局長約瑟夫．倫吉爾（Joseph Lengyel）將軍以及接任的丹尼爾．霍坎森（Daniel Hokanson）將軍，每週都會與各州的國民兵指揮官會談。與此同時，我經常與州長交談——到夏天幾乎與所有州長都談過，有時候也與市長們交談，確定他們獲得因應新冠疫情需要的所有支持。

整體而言，州長們都很專業、心存感激，並感謝國防部支援；政治以及他們與白宮的歧異從未滲入我們的話題。我很慶幸我們在持續向外開展關係時，能夠遠離白宮的雷達螢幕。

到夏末，我們已經努力對抗新冠病毒八個多月。國防部為全國熱點地區工作的聯邦機構提供醫療支援、個人防護裝備和其他物資，以支援美國人民。我們也已經向世界各地一些盟友和合作夥伴提供很多相同的東西。此外，透過《國防生產法》（Defense Production Act），我們宣布價值超過五億美元的合約，以維持重要的國內工業基地生產能力。

與此同時，一百二十五個國防部實驗室已經進行超過五十萬次新冠病毒臨床診斷測試——這在當時是一個很大的數字——作為我們在全球各地部隊安全部署工作的一部分。我們平均每週要篩檢四萬名或更多官兵，最多的時候超過五萬名，以評估部隊的健康狀況。然而，就在我們開始看到隧道盡頭的光線時，新冠病毒卻在某地又出現。因此，我們將再次派遣醫療專業人員前往支援。[39] 顯而易見，要戰勝這種病毒，結束痛苦、恐懼和動盪，就是要開發安全有效的疫苗，並加速進行。

第10章

曲速行動

二〇二〇年五月十五日，川普總統宣布展開「曲速行動」。這是政府的國家計畫，旨在加速新冠肺炎疫苗、治療方法以及診斷試劑的開發、製造和分配。事實證明，正當我們面臨規模如此之大、幾乎每個美國人都受影響的國家危機之際，這將成為史上最成功的公私合作夥伴關係之一。「曲速行動」也會成為兩個行政單位之間有史以來最好的合作夥伴關係之一。

曲速行動的目標明確而簡單：「生產和交付三億劑安全有效的疫苗，並在二〇二一年一月之前提供第一批生產劑量。」[1]

曲速行動的策略同樣簡單明瞭；由國防部和衛生與公共服務部共同開展曲速行動，衛生部負責疫苗和治療藥物的研究開發，而國防部負責疫苗的最終製造和分配。這兩個單位也將與私部門攜手合作，完成這些任務。

曲速行動的想法始於衛生部部長亞歷克斯．阿札爾，他是一位身材不高大、年近中年的前製藥業高層主管，以敢打敢拼的官僚體制內鬥士著稱，說話滿是熱情，相信行動至上*。阿札爾把他在政府和企

*譯註：行動至上（A bias for action），亞馬遜創辦人貝佐斯列出的領導力原則之一。

業的實務經驗結合，帶進川普政府，利用這兩個槓桿，創造了一個堪稱第二個曼哈頓計畫*的專案。這個專案計畫可以調動聯邦政府所有權力和資源，而且以任何專家都認為做不到的速度，更快地讓疫苗投入生產。

阿札爾從二〇二〇年一月下旬開始在政府體制內遇到困難。總統不滿意衛生部和CDC的表現，而阿札爾與副總統彭斯及彭斯辦公室的關係緊張，白宮其他人也悄悄向川普和媒體說他的壞話。總統開始問其他人：「亞歷克斯・阿札爾現在工作情形怎麼樣了？」和「說說你對亞歷克斯・阿札爾的看法？」這些都是總統下意識裡認為應該解雇阿札爾的跡象。到了四月的第三週，事態已經糟糕到指稱阿札爾很可能在五月一日離職的流言漫天飛舞。

阿札爾後來告訴我，他的策略是尋求白宮幕僚長米道斯協助中止洩密給媒體，同時在總統面前「保持低調」；這代表他必須盡可能「眼不見、心不煩」，直到事情冷卻下來。「讓川普來找你，」他曾經說過，「你就知道最壞的情況已經過去。」

四月二十五日星期六，阿札爾在他家附近散步時打電話給我，提出三個理由爭取我支持他的專案計畫。首先，我們必須拯救生命；第二，國家的經濟遭受重創；第三，如果中國或俄羅斯在美國之前研發出疫苗，「可能會大幅改變全球影響力的格局」。我們都支持這三點言之成理：我們必須集中國家的力量，甩掉累贅、發起攻勢。

阿札爾精明之處在於，他明知衛生部與國防部幾年前因為其他專案計畫在合作過程中產生齟齬，關係不是太穩定，但他還是以國際格局可能巨變的第三個理由，爭取我的支持。撇開跨部門關係的歷史不談，北京確實已經宣稱美國和其他西方民主國家的正在衰退；他們還以及時供應個人防護裝備還有會盡快供應疫苗的承諾作為軟實力，討好全球許多主要國家。我告訴阿札爾：「我正在與亞洲和歐洲的對口就此事進行類似討論。我們需要先開發出一支疫苗，然後盡可能廣泛分享。」在接下來的幾個月裡，我向他和龐佩奧提出數次「共享」的議題。

阿札爾的觀點是，我們「身在一個不受資源限制的環境中」，並且「我們應該就此全力以赴，防範中國超前」。當我在電話中聽到他傍晚散步的背景有汽車經過和狗吠聲時，我聽懂了他的話。鑑於國會已經在新冠疫情上花費了三兆美元，而且疫情正在全國肆虐，我對此表示贊同，並補充說：「我們可以名正言順花在研發疫苗的錢，不論金額，都不至於沒有高額回報。」

他接著說，這個專案計畫「應該由政府全體參與」，我同意；然後他提到，我們應該組織一個「讓我們所有人都參與的委員會」。我不同意。他提議的委員會指的是衛生部、國防部和他正在接觸的其他部門，例如能源、退伍軍人事務、農業、和國土安全等。

我告訴阿札爾，我喜歡他的計畫裡面關於疫苗的部分，「我是一個可以在團隊中做事的人，」我說，「但是，我覺得只有國防部和衛生部應該擔任領導角色。」我補充：「一個大型委員會只會拖慢進度。」另外，我還擔心一些白宮幕僚最後也可能成為委員會的成員，甚至不請自來。我不希望因為他們的惡劣行為和有害的個人政治問題，破壞我們必須戰勝新冠病毒和拯救生命的最佳可行機會。

「我們下星期早點碰個面，討論如何操作；你和我就是主持專案的人並完成工作。」阿札爾同意了。我們管理的是行政部門中最大的兩個單位，也是與專案任務最相關的部門；此外，在個人關係個層面，我們兩個人相處得很好。我有信心我們能夠成功。

阿札爾和我在一月下旬開始一起合作，當時國防部在加州開設了一個空軍基地，用於接收、隔離和照護從中國返回的美國人。阿札爾和我都在華盛頓特區工作了很長的時間，了解那邊辦事的方式，所以像幫助國人回家和照顧同胞等簡單任務，並不至於像執行其他任務一樣困難。

＊譯註：曼哈頓計畫（The Manhattan Project），美國於第二次世界大戰期間研發原子彈計畫的代號。

我們也都在私部門工作過，這層經驗替我們接下來數月的工作提供了有益的視角。諷刺的是，一些國會議員反對政治任命有相關企業背景的人進入政府，他們認為這在某種程度上腐化了他們對美國人民的誓言以及責任感。搞清楚吧，我們發現這樣的經驗是一筆無價的資產。

最後，我們都親眼目睹過各部會（實際上是內閣部長）一旦無法好好合作，事情會變得多糟糕。畢竟，合作的基調是在頂層決定的。我們決心不再重蹈覆轍，尤其在國家面臨從一九一八年以來未曾得見的健康危機。

隨著國防部為返國的國人開設更多軍事基地，阿札爾和我在數週和數月內一直保持聯繫，提供衛生部呼吸器、呼吸機和其他醫療用品，並協調由國外生產商直送醫療用品。我們這兩個單位的關係進展順利，我們的私人友誼讓合作事半功倍。

我們現在的任務是將兩個部門的關係提升到新水平。我們必須充分利用衛生部的科學和醫學專業知識，再加上國防部的規劃、營運、合約和後勤技能，加上與私部門的密切合作，以任何專家無法想像的更快速度開發疫苗。研發、測試和批准疫苗，通常需要五到十年；我們希望在八個月內完成。由此，我們啟動了歷史上最大、最成功的生物醫學公私合作夥伴關係。

第一次討論曲速行動的會議是在四月二十九日早上經由安全視訊召開，就在我與阿札爾週末談話幾天過後。兩個部門的高層官員都在場，會議目的是如何最妥善地組織一個大規模的專案，開發新冠肺炎疫苗。

我們再次同意：錢不是問題；每個人都要明白這一點。我們假設，如果我們提出的計畫既有意義又有希望，白宮和國會都會支持；相對的，我眼前的挑戰是時間、科學和官僚作風，以及獲得海外製造的物資和原材料的途徑。

談到時間表，我們知道我們必須快速行動，以避免更多人死亡。我們將第一批疫苗的交付期限定為十一月一日，效力必須不低於五十％。但是，綜合一些因素，這個截止日期最終推延到十二月底。

關於衛生部負責的疫苗科學，阿札爾談到需要擴大尋求技術的範圍，從傳統疫苗和病毒載體疫苗，到創新的信使核糖核酸（messenger RNA）方法。參觀過我們在馬里蘭州的軍事醫學研究設施之後，我根據他們的探索了解了其中一些內容。佛奇博士也在線上與會，他支持採取廣泛而多管齊下的方法。

最後，監管措施和時間表是一個重大挑戰。關於前者，我們覺得一些特別高的門檻實在沒有必要，另外還有一些規則太武斷。談到傳統疫苗的核准時間表，我們沒有多少年的時間來完成標準流程。參加線上會議的美國食品和藥物管理局（Food and Drug Administration, FDA）的資深人員，將會認真研究如何排除不必要的措施並加快時間表。我們都同意，在疫苗安全方面是神聖不可侵犯的，不可省略任何步驟；但在療效方面，我們大多數人都同意，有一些免疫力總比完全沒有免疫力好。衛生部將帶頭處理這些事情。

加速生產和最終分配是另一個主題。我們同意同時研發多種疫苗，並在臨床試驗時就開始生產。我們在對沖，將賭注押在多條路徑上。在我們看來，時間遠比金錢重要。如果可以在疫苗開始試驗時即啟動生產來節省幾個月的時間——試驗通常在長達一年的時間裡完成三個不同階段——那就會比按照傳統程序提前幾個月完成，也更接近我們自訂的最後期限。最終我們就能將數年的流程減少到幾個月。

風險在於，如果提前開始生產一種後來證明無效的疫苗，可能會損失數億美元。這些疫苗必須報廢，就像把過期食物從冰箱裡取出扔掉一樣。然而，如果能夠比正常流程提前一、三或六個月推出疫苗，那麼以財務風險換取挽救到的生命，是值得的。

此外，雖然不能為生命定價，評估經濟影響則是另一回事。後來的估計顯示，新冠疫情期間，美國若關閉國門，每天會損失數十億美元的國內生產總值（GDP）。曲速行動不僅拯救了生命，還收回了成本。

那次會議進行了大約一小時後結束。這個會議很成功，就總體目標、時間表和戰略，都達成廣泛共識。現在，我們需要弄清楚如何組織曲速行動，以及由誰來領導。對我來說顯而易見，衛生部應該全面領導；畢竟，這是一場全國性的健康危機。我承諾盡國防部所能提供一切支持，以確保任務成功；阿札爾和衛生部也會做同樣的事情。

國防部為每項任務帶來的後勤力量、專案管理、承包和規劃，都給衛生部部長阿札爾留下深刻印象。當我們將醫療船和野戰醫院部署到美國各城市，還有我們在紐約市的賈維茨中心開設替代護理設施時，他就看到了這一點。阿札爾是對的。這是我們的「甜蜜區」*。

現在，我們需要弄清楚在兩個部門之間如何組織它。我賦予同時與會的副部長諾奎斯特和參謀首長聯席會議副主席約翰．海頓（John Hyten）將軍開始制定方案的任務。

幾天後的五月一日星期五清晨，我們在五角大廈E環的農恩－盧格大會議室再次會面。阿札爾和他的團隊從衛生部前來。參加上次會議的許多同事又回到房間裡與會。這次，傑瑞德．庫許納（Jared Kushne）和他的好友亞當．博勒（Adam Boehler）也加入了我們的行列，後者負責管理美國國際開發金融公司。會議的重點是領導、結構和授權，其次是曲速行動如何融入政府其他所有的活動和功能。

到本次會議時，我已經將格斯．佩爾納將軍列為該行動國防部的負責人。當我擔任陸軍部長時，他是陸軍物資指揮部指揮官。他是一位出色的領導者和絕佳的團隊合作者，還是陸軍最高階的後勤軍官。他的正直與謙虛也無可挑剔。很多時候，重要的專案會失敗，尤其是那些必須分享權力或跨組織工作的專案，都是因為領導者不具備這些屬性中的一個或多個。我知道佩爾納不會這樣；他會為團隊中必須與衛生部、FDA和其他聯邦機構中每個需要溝通互動的人定下適當的基調。

阿札爾尚未決定由他領導疫苗開發，但他最終會選擇蒙西夫．穆罕默德．史勞依（Moncef Mohamed Slaoui）。史勞依是出生於摩洛哥的比利時裔美國研究員，曾任葛蘭素史克公司的疫苗部門負責人，成就卓著。他有許多與佩爾納相同的特質。此外，就個人和專業背景都截然不同的這兩位來說，他們的合作關係對於曲速行動能否成功具有重大影響。我分享給阿札爾一份如何組織曲速行動以及為每個人分配職務和責任的草案文件，基本上就是佩爾納和史勞依規劃並執行的文件。

那天會議最有趣的部分在最後。阿札爾告訴我，他在白宮仍然遭遇到很多困難。並不是每個人都認真看待新冠疫情。「廚房裡的廚師太多了，」他說，「決策緩慢且不可靠。」更糟糕的是，新冠病毒任務小組「透過政治視角」評估一切。正在上演的內鬥演變成幾個人之間的摩擦。這些都在傷害我們付出的心力。庫許納也看到許多與阿札爾所見相同的挑戰和障礙。我們都擔心傳統的跨部門結構會讓曲速行動陷入困境——這是我對大委員會最初的擔憂——破壞我們快速開發疫苗、拯救生命的機會。

我喜歡庫許納以及他解決問題的方法。他對我的態度總是非常和善、專業和務實，並且根據事實、資料數據與合理論點進行工作，非常類似國防部的風格和企業的工作方式。此外，他不僅了解政治，也花很多時間參與政治，但我從未見到政治影響他放棄正確的解決方式。庫許納又高又瘦，鎮定自若；我也發現他能夠完成其他人無法完成的事情，而且從未見過他像其他人一樣玩弄足以毀滅他人的內部政治。基於所有這些原因，我們合作得很好。

庫許納承諾為曲速行動提供頂層掩護。為了掩護衛生部和國防部，他打算介入曲速行動——尤其是新冠病毒任務小組——並直接向總統報告我們的進展。如果白宮或跨部門的其他人開始妨礙進程，他也會發揮這個槓桿機制。阿札爾和我，將與由我們自己人組成的小型執行委員會共同主持這項計畫。正如我們常說的，這種安排將會使我們能夠「限制再上訴，快速且有效地決策」。這是一個非常重要的時刻，概括我們將扮演的關鍵角色，以及我們必須避免的陷阱，確保我們按時完成任務。至於在我們內部，簡單地握手就可以完成交易。

不出所料，接下來的幾天裡，一些白宮資深官員對國防部和衛生部在幕後策劃曲速行動不滿；他們

＊譯註：甜蜜區（sweet spot）亦即最佳擊球點，指高爾夫球杆、棒球球棒、網球球拍等與球接觸時，綜合考慮擊球力道、角度、風速等各種因素，能達到最佳效應的擊球位置。

不僅不知情，而且曲速行動沒有他們參與也照常作業。其中一人後來告訴媒體「我們對此措手不及」還有「他們不會對任務小組簡報」。[2]哦，好吧。

總統於五月十五日在白宮玫瑰園宣布曲速行動後，佩爾納和史勞依立刻帶著曲速行動的球開始朝球門跑。佩爾納每週都與諾奎斯特、米利、海頓、史都華和我當面討論，然後每週五發送書面更新報告給我。他會為我們簡要介紹疫苗和治療方法的開發現況，他為推動製造進程所做的努力，以及他制定的分配計畫。每次會議結束時，我都會問佩爾納，他是否擁有完成工作所需要的一切：人力、資金、權力等。

我希望五角大廈也能盡力支持佩爾納和曲速行動，但我們遭遇了一些初步挑戰，所幸我很快就打消了這股抗拒力量。我經常提及我支持佩爾納和曲速行動，所以國防部的官僚體系明白曲速行動是優先政策。但還是有內部批評人士把他們所知的內幕和備忘錄洩露給媒體，製造政治傷害；接著媒體中有些人會「善盡職責」地報導它：比如，報導聲稱五角大廈在曲速行動成立前幾週起草的備忘錄存在一個「真正的可能性」，即疫苗要到「至少二〇二一年夏天」才會問世。[3]我想這個說法是錯誤的。

我還讓副部長諾奎斯特參加每一場由衛生部主持的高層更新會議。我偶爾也會加入，但諾奎斯特是一流的，知道如何在必要時讓事情動起來。此外，至關重要的是我們必須有第二位有權有勢、知識淵博的國防部官員在場，以見證這項計畫的過程。隨著川普在六月三日之後解雇我的機率增加，這一點變得愈來愈重要。

諾奎斯特也扮演了一個關鍵角色，即他認定有必要保護曲速行動和相關公司，免遭網路間諜入侵和資料被盜取。他與網路指揮部密切合作，制定適當的安全防護措施，保護疫苗的開發不會遭到俄國人或中國人竊取資料或破壞。很快佩爾納將軍就告訴我們，由於「政府機構協助公司」保護了網路和其他需求，「安全已步上軌道」。

在七月初的一次每週簡報會議上，佩爾納報告說疫苗開發「取得良好進展」，療效高於預期（當時是接近八十％的低百分位），並且已經有一份一億劑的合約，會在這個月晚些時候與輝瑞公司簽訂。接著很快就會有另一份莫德納合約，以及在五月份簽訂的三億劑阿斯特捷利康與英國牛津大學的合約。與此同時，臨床試驗也開始進行。即使在那個時候，佩爾納就回報表示「對我們準時獲得疫苗充滿信心」。因此，他已經與主要分配商展開溝通，包括聯邦快遞和優比速公司、CVS健康連鎖藥局和沃爾瑪零售商等。

一個月後，也就是八月，有六家公司簽訂合約。輝瑞和莫德納的試驗都正在進行，佩爾納的製造和分配計畫也已上軌道。不過，與總統公開說明的相反，國防部並不會成為分配系統的一部分。佩爾納告訴我，除非出現某種緊急情況，否則他「百分之百確信國防部不會參與疫苗分配」。

國防部並非不能這麼做，或是反對這麼做。我們只是想利用既有的、遍及美國每個角落的商業系統的後勤網路。此外，這是刺激經濟並讓人們重返工作崗位的好方法。我曾經幾度在一些場合試圖向總統澄清這一點，但似乎從來沒有堅持下去。到了夏末，我開始擔心媒體會關注這個矛盾，並要求我以某種方式解釋總統的錯誤陳述。

我們有時也會遇到一些具有挑戰性的問題，以至於我不得不提供指示或指導一項具體的行動。有時候會涉及使用《國防生產法》；其他時候，則涉及讓佩爾納和曲速行動遠離媒體聚光燈；在秋天某個時間，我們被問及關於分配政策。國防部最不應該做的，是建議美國人應該首先、或排在第二、第三或最後接種疫苗。這問題應該由CDC以及醫療團體回答，並且應該先和白宮及國會討論。我指示佩爾納置身事外並拒絕發表評論。我不想聽到任何關於要由軍方決定誰應接種疫苗或何時接種疫苗的建議。

話雖如此，衛生部打算在九月首次向我簡報，將老年人、醫療專業人員和共病症（comorbidity）*患者列入優先施打名單。疫苗劑數在早期是有限的，所以將根據各州和各個司法管轄區提供的類別數量，依照比例分發給各州和司法管轄區。在我離開之前，優先順序保持不變。

到了九月，曲速行動分配計畫已經發展得相當完善。除了製造疫苗，佩爾納還承包了所有相關的個人防護裝備、注射器、酒精濕巾和其他注射時需要的物品。他正在與經銷公司以及各州政府健康顧問會面，以便微調計畫——當你將州、領地和大城市的分配計畫置於全國性計畫的前幾位時，計畫總數為六十五件。他還使這些計畫同步並進行排練。在向我簡報了作業計畫後，安排我參加十一月的分配預演。一切都按照戰略進行。

分配計畫設計簡單，執行起來卻複雜。簡而言之，國防部會與每個轄區協調交付疫苗的時間與地點，將疫苗送到他們指定的任何地方。例如醫院、療養院和藥局。私部門供應鏈如麥克森藥物批發（McKesson）、優比速公司和聯邦快遞等知名公司負責運送疫苗。所謂的最後一哩路，在分配過程的早期就受到相當負面的報導，包括CVS和沃爾格林（Walgreens）等連鎖藥局。這些藥局最終將經由二〇二一年二月正式啟動的聯邦藥局合作計畫（Federal Pharmacy Partnership）獲得供應，他們計畫在實體店面進行注射，並在某些情況下派遣醫療專業人員到各州的長照機構實施注射。例如，療養院列為優先分配與注射的護理設施。

在十月六日給我的更新資料中，佩爾納對分配計畫感到滿意。他說「現在一切都要看試驗結果」以及完成試驗的能力和及時批准的流程。一路上出現的問題耗費了一些時間，但重要的是，我們要讓公眾對疫苗有信心。「科學應該駕馭決策，」我對他說。當然，我們不能操之過急。好消息是，曲速行動團隊合作良好，根據佩爾納的說法，他們「沒有」來自白宮的「壓力」。正如我在每次會議結束時詢問，佩爾納都表示他從國防部和我這裡得到他需要的一切。

在十一月四日對我進行的最後一次簡報中，佩爾納告訴我「一切都在進行中」，政府購買了「超過八億劑」各種疫苗。他報告說：「迄今已經花費一百二十億美元，但最終數字將會接近兩百六十億美元。」我們都同意，這筆錢用來挽救生命非常值得。曲速行動團隊的工作也以穩健、扎實的腳步前進。很高興聽到這個消息，而在行動向前推進七個多月之後離開，對我來說也是一個不錯的方式。

曲速行動最終取得壓倒性的成功。FDA於十二月中旬批准了輝瑞和莫德納疫苗的緊急使用，比我們的截止日期提前了兩週。[4]我們將通常需要五到十年的過程縮短到八個月左右。而且我們不僅達成時間目標，還獲准通過兩種不同的疫苗，意味我們的成功翻了一倍。

兩種疫苗的功效均達到九十五％或更高，幾乎是FDA設定的五十％標準的兩倍，這是另一項重大成就。到二〇二〇年底，已經購買數億劑疫苗，而且還有數千萬劑疫苗可供使用。根據CDC的數據，截至二〇二一年一月一日，政府還有超過三千九百萬劑疫苗，到一月六日再分配超過一千七百萬劑疫苗。此外，從多家公司採購數億劑疫苗的策略，除了滿足供應，還為我們提供了彈性。

曲速行動在疫苗開發和製造方面固然取得成功，但在疫苗行政管理和報告方面仍存在挑戰，可是政客和媒體在激烈的黨派選舉過程中和選後過渡時期，卻誇大了這些問題。這對於佩爾納、史勞依、衛生部和國防部的所有其他聯邦雇員和軍職人員，以及為了讓曲速行動成功、讓美國人民接種疫苗而努力工作八個多月的商業公司來說，都是相當不公平的。

媒體報導的重要議題之一，是疫苗送達的時間與實際接種的時間有落差。佩爾納將軍和他的團隊在秋季與各州和其他主要利益相關者一起排練分配計畫。任何後勤計畫在實施階段初期會出現一些缺失，這屬於正常狀況。但是，疫苗在十二月獲得核准後，下面幾個因素惡化了原本就需要改正的正常狀況，如：報告延遲、工作人員培訓不足、醫護人員拒絕接種疫苗、浪費時間通知人們施打疫苗、花費太多時間在文書工作或回答病人問題、留置接種疫苗的人在現場以監看他們（是否安好）等。

持平而論，行政單位的溝通缺陷也是造成混亂的主因。問題很簡單：我們的策略溝通不到位，例如：管理民眾的期待，讓他們知道加速施打疫苗需要時間。某些時候，光是要找到能夠負責把「最後一

＊譯註：共病症指病人在接受治療或研究的主診斷之外，其他已經存在且會對主診斷疾病產生影響的病況。

哩」的「最後一呎」走完，也就是將疫苗注射到手臂上的醫事人員，就需要花費數週。

因為分配疫苗的開頭幾天和前幾週出現延誤，導致外界對此計畫的負面陳述，反過來又成為新政府的談話要點，他們說他們的責任是修正川普的失敗計畫。我失望的是，即將上任的拜登團隊後來居然說，實際上根本沒有分配計畫，他們必須從頭開始。這一切似乎都是為了玷污並拒絕與川普政府有關的任何事情齊心協力。他們藉由詆毀許多好人的大量辛勤工作，重新訂定非常低的標準，目的是在幾個月後回來宣布戰勝新冠病毒。我想，他們認為那是好的政治。

然而，這是不折不扣的政治，與拜登團結美國民眾、統一國家的承諾並不一致。它做的只是進一步分裂美國，削弱民眾對疫苗的信心和支持。例如，拜登的新冠肺炎特別工作組協調員傑弗瑞・齊安茲（Jeffrey Zients）說：「確實沒有增加這些疫苗供應的計畫。」[5]拜登總統在二月二十五日表示：「儘管我們從上屆政府那裡繼承的是一團糟，這讓我們沒有全面為美國人接種疫苗的真正計畫，但是我們正朝著正確的方向前進。」[6]無論是誰向總統提供那些鬼扯淡的廢話要點，都沒有好好地盡責服務。

事實上，截至就職典禮當天已經接種了超過一千六百萬劑疫苗。到二〇二一年一月二十日，每週的注射率是數百萬劑疫苗，這已經變成當年夏天拜登政府的平均注射率。

二〇二一年三月下旬，史勞依終於發表聲明稱，拜登政府推出疫苗的計畫，有九十%與川普的計畫相同。他承認川普政府的分配計畫早期存在失誤，例如需要適切地教育公眾了解疫苗推出的速度；但他也讚揚拜登團隊利用體育場館協助提高疫苗施打率的做法，儘管提高的比率微不足道。[7]佛奇博士同意其中大部分內容。

但值得讚許的是，經過一段時間，媒體開始報導真相，即新政府在疫苗方面的許多「成就」和「舉措」都歸功於「曲速行動」。有些人指出「拜登的疫苗分配劇本在很大程度上有賴於川普政府創建的系統」，並且「當拜登呼籲『一百天注射一億劑』——每天注射一百萬劑的速率——依據前健康官員指出，在一月中旬拜登就職的那一週，美國就已經超過這個速率了」。[8]

佛奇博士說：「曲速行動將被視為一項非常成功的成就而載入史冊，這讓我們能夠以幾年前人類無法想像的方式，同時達到及時性和有效性的要求。」他補充說：「這個計畫的基礎科學是在此地、也就是美國國家衛生研究院（National Institutes of Health, NIH）完成的，再結合由NIH、國防部與其他政府機構共同資助的幾個地點進行的基礎科學成果。」他也對衛生部和國防部大加讚揚。[9]

儘管目前存在種種政治因素，但我相信歷史學家在回顧曲速行動時，會把它視為令人難以置信的合作夥伴關係和成就。它不僅在美國人民最需要的時候給他們帶來希望，還兌現了在年底前研製出疫苗的承諾。超過五十萬人死於新冠病毒，我們的經濟景氣低靡，國家的社會網支離破碎，一支安全有效的疫苗終將成為我們回復常態的最佳選擇，姑且不論那景況看起來就像是全球大流行疫情過後的世界。

♜

我退後一步，更全面地評估二〇二〇年，我為國防部在疫情期間的表現感到無比自豪。我們堅持三個優先事項：保護我們的人民、確保國家安全、運用多種方式支持全國各地應對疫情。直到我十一月卸任時，我們很幸運地仍然只有一名現役軍人死於該病毒，國民兵和預備役部隊加起來也不到十人因疫情過世。每一個損失都是一場悲劇，我們為他們每一位都致上哀悼。我很慶幸，死亡人數這麼少。

同時，我們繼續捍衛我們的利益、我們的盟友和我們的夥伴，免於受到從北韓、敘利亞直到伊拉克和阿富汗的各種威脅。我們勇敢面對中國在西太平洋增加的軍事活動，以及俄羅斯繼續入侵美國和盟國領空。此外，我們全面加速執行《國家防衛戰略》，推動軍隊現代化、鞏固同盟並改革國防部。除了所有這一切，我們還同時與許多國外合作夥伴分享醫療專業人員、物資、知識和援助。

最後，從一月疫情初期直到現在，當國家呼籲協助五十州和各領地所有美國人民對抗新冠病毒的危害時，我們挺身而出，在全國建構醫療保健設施、部署醫療船，並以我們自己的軍職專業人員在全國各地增援平民醫生和護士。我們將醫療用品和美國公民帶回美國，在他們於基地隔離期間照護他們許多人。我們和衛生部合組曲速行動，合作開發、測試、製造並分配疫苗。

在過去一年中，國防部針對全球大流行病的疫情前線派遣了六萬多名軍人。他們之中的許多人在短時間內離開自己的家園、家人和社區，不確定未來會發生什麼事；他們更經常冒著生命危險去協助同胞。我們都應該為他們的正直、專業和敬業奉獻精神感到自豪。我當然更是如此。

第11章

鋌而走險

「對委內瑞拉，我們選項多得很。順便告訴你，我不排除軍事選項。」川普總統在二〇一七年如此昭告大眾。[1]

自從我在二〇一九年七月被任命為國防部長以來，委內瑞拉一直盤旋在川普總統的腦海裡，但由於與伊朗的緊張局勢一直持續到年底，委內瑞拉的議題也只能暫時擱置。從二〇一九年十二月下旬到二〇二〇年一月上旬，美軍在伊拉克的運作似乎延長了川普對軍事行動的胃口。然而，隨著這個石油資源豐沛的南美洲國家與伊朗之間的互動加深，美國對於加拉卡斯（Caracas，委內瑞拉首都）該採取什麼行動的討論，不久後重新浮上檯面。這兩個國家當時都在設法逃避美國的制裁，而我們則在尋找壓制這些行為的方法。

♜

一九九八年，委內瑞拉政治體制崩潰，讓富有魅力的軍官烏戈．查維茲（Hugo Chavez）上台執政。查維茲承諾終結腐敗和消除貧困，他認為他的基本盤亦即數百萬窮人和工人階級會擁護他，就是因為這兩個主題。他提出的社會主義政策，如改善醫療照護與住房問題以及主張經濟平等，在早期取得了暫時性成功，但不可避免地導致大規模貧困、高通膨與其他經濟困境。查維茲在此期間摧毀了該國的民主制度，同時鎮壓批評者、箝制新聞、操控選舉法規等不一而足。

二〇一三年查維茲去世，曾任公車司機、工會領袖和國民議會議員，後來進入查維茲內圈核心的尼古拉斯・馬杜洛（Nicolás Maduro）繼任總統。在馬杜洛的領導下，委內瑞拉陷入更大的社會、經濟與政治敗壞，就職典禮過後第二年即爆發大規模抗議活動。馬杜洛變本加厲，使用致命武力、肆意監禁和法外處決等手段對付抗議者；這些厲政迫使數百萬委內瑞拉人逃離該國。[2]

二〇一九年一月二十三日，在馬杜洛開始第二個總統任期後不到兩週，反對派所控制的國民議會議長胡安・瓜伊多（Juan Guaidó）根據該國憲法宣布自己為臨時總統。馬杜洛迅速譴責此舉是美國資助發起的政變。與此同時，包括川普政府在內的全球五十多個政府，正式承認瓜伊多為委內瑞拉的合法領導人。然而俄羅斯、中國、伊朗、敘利亞、古巴和其他少數國家，則繼續視馬杜洛為該國領導人。

川普從開始執政就持續關注委內瑞拉情勢，著眼在使用武力推翻馬杜洛。我在本章一開始引用的，是他在二〇一七年八月十一日所談到包括軍事選項的「委內瑞拉的許多選項」。[3]約翰・波頓在卸任國家安全顧問後出版的《事發之室》（*The Room Where It Happened*）中，回憶他在白宮任滿一年後，川普告訴他要「把那件事辦完」。對波頓來說，川普的意思是「除掉馬杜洛政權」。波頓接著告訴我們，川普下一句話是：「這是我第五次提出要求。」[4]

二〇一九年四月三十日，也就是川普任命我為代理國防部長剛過六週，瓜伊多率領一群委內瑞拉軍、文職官員起義罷免馬杜洛。但由於高層軍官支持不足，起義失敗；在隨後爆發的衝突中有數十人受傷，數人喪生。[5]馬杜洛將起義歸咎於川普。波頓和龐佩奧在電視上讚揚瓜伊多、譴責馬杜洛，並批評俄羅斯的支持；龐佩奧當時說：「如果委內瑞拉提出（軍事行動）需求，美國就會去做。」[6]

瓜伊多與其同謀失敗，代表川普政府試圖讓委內瑞拉人民擺脫馬杜洛的關鍵階段已經結束。這次挫敗似乎使致力恢復委內瑞拉民主和結束人道主義災難的人失去信心。龐佩奧和波頓偶爾會談到我們距離解放委內瑞拉人民「有多近」。對於川普來說，此一挫敗強化了他的觀點，即馬杜洛「強」、瓜伊多

「弱」。他覺得瓜伊多沒有什麼機會擔任總統，更談不上能推翻馬杜洛，他支持瓜伊多的熱情也就熄滅了。

即使如此，除掉馬杜洛似乎還是川普的最後心願項目。我從來沒有聽過他明說這件事為何如此重要，儘管他有時候會提及委內瑞拉人民的苦難。這時他會微低頭，慢慢地搖，帶點傷感地說，住在那裡，「那些可憐人一定覺得很可怕吧！」他似乎很真誠，但以我對川普的了解，我幾乎無法相信這是他的主要動機。波頓在他的書中提到，總統有意獲取委內瑞拉的石油儲量。[7]我的確也聽川普說過幾次。他有一回在討論對委內瑞拉採取軍事行動時說「我們應該取得那邊的石油」；在其他場合他也提及如果我們把馬杜洛趕走，他希望確定美國能夠「全權取用」該國的資源，而且不受到先前與俄羅斯或中國達成任何協議的限制。這與我們在二〇一九年秋天，處理美國支持「敘利亞民主軍」的議題時，他對於美國取得敘利亞東部油田控制權的看法是一致的。

川普似乎將這類事情純粹視為賺錢的機會。考慮到他的商業背景以及將財富作為衡量成功標準的觀點，我對此並不訝異。然而，這種作為既不符合美國長期以來的政策和做法，在大多數情況下也不符合國際法。

波頓曾經與我分享他的觀點。他說：「這完全是他（川普）的選票考慮；沒有任何原則可言。」波頓是對的。我記起二〇〇七年我在佛瑞德．湯普森（Fred Thompson）的競選總統陣營中擔任國家政策主管的經歷。古巴裔美國人和其他支持民主的團體——在此情況下是委內瑞拉裔美國人——在選舉期間真的可以發揮舉足輕重的力量。川普不會是第一個迎合此類政治團體的總統候選人，尤其是在佛羅里達州這個大票倉。另一方面，談到支持瓜伊多和委內瑞拉反對派的理由，絕對也可以找出充分的人道主義和戰略因素。

馬杜洛是一個獨裁者，他和查維茲對委內瑞拉人民做的事情是可怕的。此外，允許俄羅斯、中國和伊朗等國家在西半球獲得或強化其立足點，也非常令人擔憂。然而，這些理由都不足以將派遣美軍遠赴委內瑞拉涉險作戰的決定合理化，我相信龐佩奧和波頓也抱持同樣的觀點。雖然還有其他方法可以解決川普關心的議題，他還是會一次又一次地要求軍事選項。

二〇一九年十二月十二日，我為龐佩奧和歐布萊恩在五角大廈我的辦公室裡舉辦每週例行早餐會。歐布萊恩在九月中旬接替波頓成為新任國家安全顧問，因此他相對較資淺且渴望學習。這些會議是很好的機會，可以私下討論的議題更多更廣，並確保我們能協調一致。可惜的是，它們終究會有結束的時候。

委內瑞拉的議題已經幾個月沒有出現，但是在早餐會即將結束時，歐布萊恩說他的團隊正在研究的幾個項目，即將在某個時點出現在我們的討論內容裡，其中之一是「對委內瑞拉的下一步」。當我們都起身準備離開之際，我隨筆記下它。

我在十二月十五日飛往歐洲慶祝突出部之役（Battle of the Bulge）七十五週年，與我的老部隊、陸軍第一〇一空降師「嘯鷹」分享在比利時巴斯通的經驗。幾天後在回家路上，幕僚通知我，國安會召開會議，討論針對委內瑞拉的軍事選項。雖然國安會沒有提案討論我最擔心的真槍實彈出兵選項，但它提議攔截運載委內瑞拉石油的船隻，卻很可能升級為衝突。第二個選項則是在加勒比海地區組織一個海軍武力展示，這個做法會引起一大堆其他問題。星期二早上，也就是我回美國後的第二天，龐佩奧和我進行每週一次的例行通話，所以我向他提起這個問題。他並沒有追蹤這些事情的發展，但是打算要他的幕僚向他簡報後續狀況。

然而，我們不應該對國安會正在研擬某事過度訝異。正當委內瑞拉反對派起義對抗馬杜洛之際，川普總統威脅說，如果古巴不立即停止支持馬杜洛，美國將實施「全面徹底禁運，以及最高級別的制裁」。[8]川普過去也曾催促以軍事選項，包括攔截，來阻止委內瑞拉和古巴之間的石油流動。[9]石油是加拉卡斯用來補償哈瓦那支持的流動貨幣。我們最終會了解到，國安會西半球資深主任毛里西奧・克拉佛－卡羅內（Mauricio Claver-Carone）正在白宮推行強硬路線，而他在歐布萊恩那裡找到了對軍事選項的認同。

克拉佛—卡羅內是一位敏銳的幕僚。他非常了解拉丁美洲議題，尤其是古巴和委內瑞拉。我尊重他的知識和他的工作熱情，但是我看到他談論這些問題的方式，以及他提到他自己在邁阿密古巴裔美國人社區長大的經歷，我擔心他可能將委內瑞拉問題過於個人化。

近兩個月後，即二〇二〇年二月五日，川普總統在橢圓形辦公室會見了瓜伊多。他應川普邀請，於前一天晚上出席了年度國情咨文演說。川普在國會山莊發表國情咨文時，讚揚這位委內瑞拉臨時總統，並表示美國支持他和他的人民。川普說：「總統先生……請將這個訊息帶給貴國人民：所有美國人都與正在為自由進行正義鬥爭的委內瑞拉人民團結在一起。」很多人認為這段話是川普的個人背書。[10]這種觀念是錯誤的。

川普二月五日在橢圓形辦公室將與瓜伊多會面之前，先和我談了幾分鐘。他仍然非常懷疑這位年輕領導人，說他看起來很「弱」，相較於馬杜洛看起來又「強」又「悍」，瓜伊多更顯得弱。川普懷疑瓜伊多沒有能力推翻馬杜洛。然後，他很快改變話題，讚美瓜伊多的妻子法比亞娜・羅薩萊斯（Fabiana Rosales）。川普於二〇一九年三月曾在白宮見過她一面。他形容她「非常年輕」，並提到她沒有戴結婚戒指。總統似乎覺得這點很費解，從他臉上露出的好奇可見一斑。但整體來說，川普對羅薩萊斯的印象，似乎比對她丈夫的印象更深刻。我沒有見過他們兩位，所以無從提供任何見解。我主要是想了解國安會是否在川普腦子裡放了任何古怪的想法。

很快的，瓜伊多和他的隨行人員進入橢圓形辦公室，並與川普和我們其他人一一握手，然後在壁爐前幾呎的黃色大椅子上坐下。白色壁爐架上方的牆面掛著一幅巨大的金框喬治・華盛頓肖像畫。一名翻譯坐在兩人中間，距離他們身後一呎左右，準備用筆和記事本做筆記。

委內瑞拉代表團的三名成員坐在領導人瓜伊多右側寬大的淡金色刺繡沙發上。我坐在他們對面的沙發，就在川普的左邊；深棕色長方形桌子將我們分隔兩邊。與我同坐在沙發上的是商務部長羅斯，然後是遠端的歐布萊恩。一些白宮工作人員坐在兩張沙發後方的椅子。這是一個有點侷促的圓圈，但也是一種參與對話並有所貢獻的親密方式。

瓜伊多年輕聰穎，有一種隨遇而安的氣質。我沒有看出川普所謂的「弱」，但馬杜洛確實有一種粗壯的藍領形象，就像川普經常說的那樣，「看起來很稱頭」。

川普總統傾身向前說話，他的紅色長領帶在他的雙腿間晃來晃去。他偶爾會看看瓜伊多，但大部分時間都在掃視周圍的一小群人。這位委內瑞拉領導人往後靠坐在椅子上，雙腿交疊，舒舒服服地聽著美國總統說話。翻譯對著瓜伊多的左耳低語，但他不需要她的協助。

川普和瓜伊多談了關於彼此之間所有該說的話和他們共同的目標，瓜伊多表示「感謝有您，總統先生以及美國」支持「委內瑞拉人民和我」。川普點頭表示認可，並開始向這位年輕領導人提出一系列關於政權穩定性、經濟現況以及反對派動態等問題。瓜伊多是一個能夠回答川普問題的好對話者，坐在沙發上的同僚偶爾也會提供意見。

在一個時點，川普提出了使用武力推翻馬杜洛的可能性，他說了一些類似「讓美軍去那裡除掉馬杜洛如何？」的言論。這讓我畏縮了一下，即便我感覺他是在試探瓜伊多。臨時總統在椅子上不自在地動了動，對這個問題措手不及，但盡力掩飾不安。我深吸一口氣，注視著瓜伊多的臉並等待他的回應。他的回答可能會改變歷史進程。

所幸，他的回答並不像我擔心的那樣明確或是激進。瓜伊多說：「當然，我們永遠歡迎美國的援助，」但他接著強調，委內瑞拉人民——尤其是那些現在住在緊鄰哥倫比亞的人——「想要自己奪回自己的國家。」這對我來說聽起來滿好。我趁機抓住這一點，進一步向他施壓，問道：「總統先生，您的人民真的願意組織、訓練和戰鬥嗎？」畢竟，美軍有訓練外國軍隊的經驗，這個解決方式遠比用美軍對付馬杜洛要好得多。瓜伊多給出一個迂迴的回答，總結說道：「是的，他們會的。」這聽起來並不十分確定。

會議持續太久了，所以川普感謝了瓜伊多，然後邀請所有人「請進入內閣會議室繼續討論」。我在五角大廈的另一個會議顯然會遲到，但是我知道我必須在這個後續會議上花一些時間。總統仍然對軍事選項感興趣，而國安會團隊對此更為熱衷，所以我想把這個話題的任何相關對話導引到不同的方向。他們全都在一個回聲室裡，聽到彼此強化的訊息。現在瓜伊多也並沒有真正反對這個想法。正如我在會議前譏諷地對總統所說的話：如果我們軍援委內瑞拉反對派，我相信他們「會戰到剩下最後一個美國人」。

我們魚貫進入內閣室，瓜伊多和他的代表團在一側，我們的團隊在另一側，背對玫瑰園。我不能待太久，所以我決定對瓜伊多和他的同僚施加多一些壓力，讓他們知道他們有能力在哥倫比亞組織一支流亡部隊。據報導，大約有四百五十萬名委內瑞拉人逃離該國，其中許多人越過哥倫比亞邊境，往西部和南部尋求庇護。

「如果那些人裡面，有一部分願意接受美國訓練和裝備，」我問，「他們真的會願意打仗嗎？」我從未聽到過確切的答案。相反的，他們告訴我這樣的計畫會花費很多時間、會很複雜等。我無意開展這項任務，但我認為它比歐布萊恩和國安會提出的一些選項更可行也更令人滿意。當然，在我的腦海裡，我認為他們真正的回答是「如果美國願意為我們做這件事，會容易得多，也快得多」。「好吧，」我說，「我明白了。但是撇開這個不談，總統先生，您的人民會戰鬥嗎？」同樣的，他們的答案並沒有帶給我足夠的信心。去年四月失敗的起義一直在我腦海浮現。

談話內容從討論關於某一類型的大規模行動，轉向更類似於直接針對馬杜洛的小型特別行動。然後，突然間，瓜伊多的一位同僚隔著桌子看著我，說了類似「我們有一些計畫，你們（美國政府）知道我們正在策劃，只是還沒有準備好」。他接著很快引述了一些佛羅里達州的資料。當他話音一落，笑了一笑，把目光從我身上移開，轉而與力主採取軍事行動的國安會資深主任克拉佛－卡羅內互看了一眼。克拉佛－卡羅內微笑著點頭致意。克拉佛－卡羅內坐在我左方、長桌最遠的座位，距離我大約十五呎，我一直盯著他看。他轉身面向我，我們四目相視時，他的臉立刻變得木然。出事了。

現在不是深入研究這個問題的時間或地點，而且，我在五角大廈的下一場會議確定會遲到。所以，我感謝了瓜伊多和他的團隊，然後站起來走向門口。我後來才知道，留在房間裡的人又待了很長的時間。我似乎也應該留在原位。

在那次會議之後幾天（或幾週）的某個時候，我打電話給中央情報局的吉娜·哈斯佩局長，把這件事講給她聽。我告訴她，我的同事並不知道委內瑞拉反對派正在制定任何計畫，問她是否聽到任何風聲。她也沒有追蹤這方面的資訊，但會進一步問問看。如果她和我都不知道反對派策劃的任何特別行動，那麼，誰會知道呢？

二〇二〇年五月上旬，大約在瓜伊多訪問白宮三個月過後，由前美國特種部隊士兵帶領將近六十名委內瑞拉的異議分子乘小船潛入該國，預計前進到首都加拉卡斯、捉住馬杜洛、推翻政府，但是失敗了。據報導，瓜伊多批准了這一項行動。

被指為該小組領導人的退役美國士兵和另一位前委內瑞拉軍官都住在佛羅里達州。[11]儘管有前美國軍人參與，而且馬杜洛政權指控川普政府是失敗攻擊的幕後黑手，但是極盡我所能得知，美國政府並沒有參與這次的行動。然而，我不時猜疑，這是否就是瓜伊多團隊二月份在白宮所提到的計畫；如果是的話，國安會在多大程度上了解並參與其中？

♜

從二〇二〇年三月開始，美國國安會將委內瑞拉議題重新放到跨部會會議上討論。在春季和初夏的一些會議上，歐布萊恩和他的團隊大力推動對古巴和委內瑞拉採取某種型態的軍事行動，以切斷加拉卡斯取得貨物和現金的管道。

在一次早期的會議上，通常包括龐佩奧、司法部長比爾．巴爾（Bill Barr）、哈斯佩、歐布萊恩、米利將軍、國安會法律顧問約翰．艾森柏格（John Eisenberg）和我。與會的國安會官員主張並推動封鎖。我簡直不敢相信他們會提出這種想法。我以為封鎖古巴的觀念，早在大約六十年前甘迺迪執政的時候就消失了。我很快指出「根據國際法，封鎖被視為一種戰爭行為」。我知道這樣做是為了切斷委內瑞拉的石油收入，但是「我們需要找到一種合法可信的方式來做到這一點。」我補充道。辯論一來一往進行了幾分鐘，可是提出的法律、政治和戰略考量駁倒了這個提議，它在自身荒謬的重壓下夭折了。

根據歐布萊恩的說法，接下來的想法是「攔截運載委內瑞拉石油的船隻」。[redacted]提議美國海軍和海岸警衛隊識別、攔阻並扣押這些船隻。他們爭辯說，這是一勞永逸終止這些運油船的最佳方法。令人沮喪的是，每一次的國安會會議，似乎總是先從軍事選項切入，而不是從光譜的另一端——外交著手。平心而論，國務院已經全力以赴，為確保其他數十個國家承認瓜伊多為委內瑞拉的合法總統，讓美洲國家組織（Organization of American States）在爭議問題上站在正確的一邊，並施加範圍廣泛的制裁。儘管如此，我還是需要他們探索、或重新探索其他可能進一步推動艱困任務的外交舉措，並且排除諸多乖謬的想法。

國安會在開會之前，經常要求國防部副部長層級的官員「提供軍事選項以供評估」。這種要求鐵定會碰釘子，而且國防部從未同意這麼做。事實上，我命令我的團隊絕對不准提供軍事選項簡報，甚至連討論都不許參與。國安會因此火大。但這些都是重要決策——經常攸關美軍生命——因此要以最嚴格的標準考慮作業安全。安全議題對於維護總統在政治、政策和戰略層面的決策空間也很重要。美國政府裡洩密的情形太多，尤其是在川普的白宮，這在很多層面上都會造成危害。

我致力於恢復國防部保留軍事選項的慣常做法，但國安會成員以及其他與會者對此則相當反感。國防部對總統簡報前，先向國務卿、國家安全顧問和中央情報局局長進行簡報，我認為真的很重要，如果副總統和白宮幕僚長有興趣，我也會向他們簡報。他們都是擔當重要角色的首長，我歡迎他們提供外部觀點。此外，當參謀首長聯席會議主席和我建議三軍統帥使用軍事力量時，前述的各首長如果意見一致，會很有幫助。

至於在公海上攔截船隻，根本不需要「軍事選項簡報」。美國海軍兩百多年來都在這麼做。但是，戰術不困難，並不表示這些行動不複雜或不危險。我認為「更大的問題是合法性、風險和後勤」。國安會一次又一次地在這些因素上出現盲點。他們通常考慮不到第一步以外的問題。所以，我會立即提出會議室裡鮮少有人想聽的尷尬問題和爭議。

我不喜歡在這些派系中間當臭鼬；我也希望看到馬杜洛下台。然而，我們必須以正確的、聰明的方式進行。同樣的，我知道這就是白宮幕僚如何開始替其他人——尤其是國防部的人——貼標籤，說他們是「不支持總統的拖延者」。我想，這也正是有些人在討論過程中，似乎只默默地坐在一旁，不願表達任何意見的原因。

我在小布希政府擔任國防部副助理部長期間，曾經參與攔截檢查行動，熟悉其中的癥結和挑戰。當時的重點是海上攔截大規模毀滅性武器。我們通過與盟友密切合作，已經開始致力於偵測、追蹤，並阻止它們以各種方式移動，避免武器系統與元件擴散。[12]

早年出現過一個海上進行攔檢的案例可供參考。二〇〇二年，一艘西班牙護衛艦應我方要求，在葉門外海攔檢一艘疑似載運來自北韓飛毛腿飛彈的貨輪。西班牙軍艦發現這批非法物品，卻不得不讓船隻繼續航行，因為依照國際法，他們沒有法源依據可阻止運送飛彈。[13]這一事件是我方為了阻止武器擴散的一次難堪挫折，但我們在處理過程中學到一個很好的教訓，並得到結論：外交和執法手段通常比較有效。

回到戰情室，我決定展開討論，希望能找到更好的途徑。「好吧，」我說，「我們知道如何進行攔截。我們可以在以後的會議中，告訴大家海軍進行攔檢行動的架構是什麼。但是，有些事情我們得先有答案，才有利於規劃攔檢行動。首先，阻止船艦行進的法律依據是什麼？」

會議室裡好一陣子沒有回應，接著有人說：「我們可以晚點搞清楚。」

「好的。下一個問題，」我說，「如果他們拒絕，說我們無權登船，怎麼辦？」同樣，沒有明確的答案。我繼續下去。「如果我們沒有登船許可，我們要建議強制登船嗎？」我問。「如果是這樣，」我接著問，「如果他們反抗，我方的交戰規則是什麼？」我循著這條路徑探討了一段時間，詢問是否要美國官兵冒著被槍擊的風險？被殺？被俘虜？我不相信這些突發事件是可能發生的，但無論如何我們都會為此做好防範計畫。這些都是每個人必須理解和權衡的重要課題，尤其是總統。

然後我把討論帶入國安會提案的後勤作業：「一旦我們控制這艘船，我們該如何處理它？我們要把它帶到哪裡，由誰負責？」沒有答案。「誰來指揮這艘船？」「我們查獲石油了，該怎麼處理那些油？」更多的沉默。此外，如果我們轉而進行類似伊朗在波斯灣攔截船艦的事情，這對美國長期以來支持「公海上商業和航行的自由」以及我們目前譴責伊朗的政策，又該如何自圓其說？我確定國安會的成員對我不滿，但這些問題就需要諸如此類的嚴格檢視和討論。會議結束時，所有人都同意將這些問題帶回各自部門研究處理。

♜

在二〇二〇年春天的後續會議上，總統加入他的國家安全團隊，一起聽取關於委內瑞拉最新情況的簡報。川普迅速進入會議室，他這一天很忙，所以歐布萊恩很快說明會議目的，然後快速轉交給部屬，這很不尋常。在狹窄的戰情室裡，克拉佛－卡羅內從靠牆的座位上站起來，開始闡述先前會議上討論到的想法。當他專注面對總統時，他說話的方式宛如機關槍。不過，某些時候他會用手比劃，並在歐布萊恩的座位後面來回踱步，從陳述事實轉變為直率倡議積極的行動。

然而，當他說「無法推翻馬杜洛政府就會損害國家安全」，然後直接對著川普補上一句：「總統先生，我認為你不會想看到在你的任期內，發生一件《華爾街日報》決定刊登新聞的事件。」我認為他說得太過頭了。

我認為他的評論並不恰當，近乎軟性威脅。歐布萊恩則在他幕僚建議的基礎上，加倍努力吹捧，催促美國採取行動的「急迫性」。這做過頭了，所有的宣傳都是為了國安會想達到的目的。任何將國安會偽裝成代表各部門意見和內閣最佳集體判斷的協調機構，當天徹底破滅了。國安會的主張，當天沒有一件獲得同意。

更糟糕的是，國安會的論點在總統還沒有聽取其他人的看法之前，就引起他的共鳴。你可以在他點頭時看到那個共鳴產生。這很危險。

巴爾、龐佩奧、我和米利——總統的內閣成員和首席軍事顧問——坐在那裡等待發言的機會。這不是國安會召開國家安全團隊會議該有的方式；這種方式對總統或國家沒有好處。當歐布萊恩和克拉佛－卡羅內說出他們可怕的警告時，我坐在桌子中間的座位上失去耐心，脫口而出：「這太荒謬了。」川普飛快瞥了我一眼。坐在我左邊靠近總統的人（我覺得是巴爾）也表達反對意見。與此同時，米利翻了個白眼，搖了搖頭。

總統的點頭和評論讓我開始緊張，因為我們可能陷入一個非常糟糕的想法——一個可能導致南美發生衝突的想法。總統覺得五角大廈在這個問題上做得不夠——有人告訴我，他這句話已經說了三年多。我有充分的理由相信，國安會和其他人一直在他的腦海裡灌輸這個概念。所以，當總統轉向我問道：「馬克，你怎麼看？」我首先列出國防部在該地區為了推進政府政策以及支持我們的外交成果所做的一切。

「總統先生，」我說，「我知道，在這個房間裡，不是每個人都知道國防部目前在那個地區正在做什麼，所以讓我先做一個簡短的概述。」於是，我開始陳述我的清單：「海軍正在委內瑞拉外海進行自由航行行動。空軍 B-52 轟炸機訓練飛行正從路易斯安那州起飛，並與該海岸區的盟邦空軍會師以展示武力。」我在清單上剔除了一些其他項目；同時我補充：「南方指揮部和國防部的政策辦公室已經與跨部門的其他人共同開發一些計畫——與國務院發展的戰略一致——以解決馬杜洛『下台隔日』的一些活動。」例如「提供人道主義救濟給委內瑞拉人民。」我說。14

我說得很快，急著在任何人——尤其是總統——打斷我之前打好堅實的底線。最後我以國防部做得很好總結，並且在其他與會者——坐在桌子四周的國家安全團隊——開始考慮採取更具侵略性的行動之前，指出「我們有更多的非軍事牌可以打」。

巴爾在我說話時看著我，他將椅子朝向總統方向回轉九十度，然後背向後靠。隨後，他以一種輕鬆的方式將談話導入更積極的方向，他說「我們應該集中精力阻止毒品從南美流入美國」，而不是被軍事行動分心。

緝毒似乎是巴爾熱衷的一個話題，因為他引用了一些重要的統計數據，有關進入美國的毒品數量、毒品來自哪裡，以及有多少美國人死於這些邪惡的交易。所有這一切都引起川普的共鳴，他在巴爾講話時，傾身靠向前並點頭表示認同司法部長。他專心地聽巴爾繼續說下去。

巴爾表示「這（南美毒品問題）和馬杜洛及其政權有直接關聯」，司法部正準備分別以販毒、洗錢和毒品恐怖主義罪名起訴馬杜洛及其核心成員。根據司法部的說法，馬杜洛將委內瑞拉變成了古柯鹼從哥倫比亞送出並向北運往美國的轉運點。這是該政權收集現金的方式，顯然可作為美國施加壓力的一個途徑。

在巴爾看來，馬杜洛將古柯鹼「武器化」以削弱美國。非法藥物正在「殺死數百萬美國人」並危害全國各地的社區。很難找到一個沒有朋友或親戚因為某種緣故受到這種禍害影響的家庭。「阻止毒品流動，特別是從委內瑞拉運出，是我們應該關注的。」巴爾強調。這確實對總統產生了衝擊，實際上對我們大多數人也都有影響。我想起高中時染上毒癮的朋友，以及毒品對他們和他們的家人造成的傷害。大多數父母竭盡所能讓孩子遠離毒品還有可能使他們誤入歧途的問題人群。這大概是莉婭和我撫養兒女時最關心的問題。

司法部長的論點相當成功，總統真的喜歡。他仍然看著巴爾，向他表示感謝，然後一邊掃視房裡的人一邊說：「非常棒的觀點。很好、很好。我喜歡。」歐布萊恩和國安會成員安靜地坐著。謝天謝地，我們現在談的是加強在加州海岸附近的加勒比海和東太平洋的禁毒工作，而不是更曖昧可疑的事務。這對我來說更有意義。這件事切實可行，能真正發揮作用，不僅對馬杜洛和他的親信施加壓力、阻斷他們的收入，更可以防止毒品進入委內瑞拉。國安會思慮不周的想法衍生出的所有法律、政治、軍事和後勤包袱，都不見了。禁毒工作會分散一些我關注中國和《國家防衛戰略》的時間與精力，但這樣的付出微不足道，而且從非法藥物中拯救美國人的生命是很值得的。

我也感謝巴爾的想法，並告訴他和總統我支持的立場，然後說：「國防部會迅速制定一些計畫，讓更多的海軍艦艇和海岸警衛隊快艇前往那個地區，而且找尋其他方法來支持這項行動。」我再補充說道，之後我會再回到白宮，向總統和內閣夥伴簡報最新狀況。我接著建議，我們的目標應該是「在三月底或四月初宣布一些事情」。會議室裡的其他人似乎也支持巴爾的想法，同時支持我們因為圍繞某件事而團結起來的事實。國安會仍然想要更多——軍事攔截的想法會在數個月之後再次浮出水面，但就目前而言，他們似乎滿意我們「多年無作為」後（我認為他們一定會這麼講），決定一起做件更大的事。

♜

流入美國的非法毒品確實給總統帶來困擾。這個問題並不像德國不願意在國防上投入更多資金，或是派遣美軍到非洲那種他經常提起的議題，但他不時談到「毒品害死的美國人多於恐怖分子殺死的美國人」。川普在談到此事時非常激動，表現出強烈情感和真實的一面。全國有那麼多社區和家庭都受到毒品影響時，這就是不容忽視的問題。

白宮於二月和三月的討論，衍生出在四月初宣布的一項計畫，用來強化我們在墨西哥灣和東太平洋存在的事實。我們的目標是透過增加六十五%的海軍艦艇、海岸警衛隊船隻和空中偵察機來加強攔截作業，並增加一千多名軍事人員支撐緝毒任務。

在海軍上將克雷格·法勒（Craig Faller）領導下，南方指揮部在開發和執行緝毒相關計畫方面表現出色，招募該地區許多合作夥伴加入我們。在國防部發起該行動的十三週過後，川普總統在二〇二〇年七月十日訪視位於邁阿密的南方指揮部總部，以了解最新情況，慶祝我們的進程並向部隊致謝。他在公開談話中指出增加軍力的結果，特別是在三個月內緝獲超過二十五萬磅非法毒品，並逮捕一千名毒販。總統說：「我們決心將危險藥物拒於國門之外，遠離我們的孩子。」並補充說：「這是一項前所未有的嶄新行動。這項行動的成功令人難以置信。」[15] 川普真正感到開心。

然而，儘管取得這些成就，總統對販毒的不滿情緒持續高漲，這可能會使他走極端。墨西哥是他特別關注的焦點。政府估計，大部分毒品都是經由南部邊境進入美國，從甲基安非他命、古柯鹼到海洛因和芬太尼，一切都從我們的港口運送進來。在幾個場合裡，總統曾指責墨西哥做得不夠，並針對他們未能妥善處理毒品販運問題，以一種或他種行動威脅他們。[16]

二〇一九年十一月，九名美墨雙重國籍的成人和兒童慘遭殺害後，川普宣布將墨西哥販毒集團定義為「外國恐怖組織」的計畫。當被問及關於川普的評論時，墨西哥總統安德列斯·曼努埃爾·羅培茲·歐布拉多（Andrés Manuel López Obrador）表示：「合作，可以；干預，不行。」被羅培茲·歐布拉多指派主持雙方會談的墨西哥外交部長馬塞洛·厄伯拉特（Marcelo Ebrard）表達了擔心，認為將恐怖主義標籤貼在販毒集團上，可能會讓美國對他們採取直接行動，而他打算捍衛墨西哥主權。[17] 厄伯拉特的評論有先見之明。

二〇二〇年夏天，至少有兩次——一次是在橢圓形辦公室，一次是在橢圓形辦公室附近的川普私人房間——總統走近我，要問我一個敏感問題。他微弓著背，雙手在身前擺動，就像四分衛準備長傳球時的手勢。他問我軍方是否可以「向墨西哥發射飛彈以摧毀毒品製造工廠」並消滅該販毒集團。總統緊挨著我說話，抱怨墨西哥政府「做得不夠」，說話時顯得惱怒，又補充說：「他們不能控制自己的國家。」「看看我們能不能把它們（毒品工廠）摧毀。」他說。這樣就夠了。「你覺得如何？」他問。

這些談話相當令人不安，至少可以這麼說。一方面，我和他一樣擔心非法藥物被販運到我們國家，也尊重他想要阻止這種危險貿易的熱情；但是，要求美國軍方向主權國家發射飛彈？更糟糕的，對象是我們的朋友和鄰居，這絕對不是解決問題的方法。

我努力掩飾對這個想法的震驚，說：「總統先生，我們可以做到這一點，我也非常想阻止這些毒品，但是向墨西哥發射飛彈是非法的，這也是一種戰爭行為。」我建議：「我們找尋更多方法協助墨西哥政府處理這個問題，比如增加我們提供給他們的培訓、情報和設備。」我們還應該重新檢視以前提出的想法；但僅是對墨西哥發動空襲或飛彈攻擊，「不僅違反國際法，還會破壞美國與墨西哥的關係，並損害我們的全球地位。」我說。

川普接受了這些反對意見，邊聽邊抿著嘴脣。然後他建議：「我們可以只發射一些愛國者飛彈*，悄悄地摧毀製毒工廠。」又荒謬地補充說：「沒有人會知道是我們幹的。」他會輕鬆地否認是我們發射那些飛彈。我以前見過川普編造他自己的現實生活，所以我毫不懷疑，他深信自己有能力說服別人我們並沒有發動攻擊。然而，我們並非生活在那種世界，即美國可以攻擊另一個國家，而沒有人相信飛彈不是我們發射的。我也無法想像總統在任何情況下都不承認是他下令攻擊。這是胡說八道！就這麼簡單！

要不是看到總統臉上的表情，我會以為這件事只是個玩笑。他希望在勞動節前完成計畫並執行完畢——他說：「大約在那個時候。」就只是幾個月後。我無語了。川普認為這是我們確實阻止這種可怕貿易的唯一方法。

我停頓了很長時間，然後再次說道：「總統先生，這會是一種戰爭行為，沒有辦法可以靜默無聲地完成。」我很快補充說：「我們不可能把在這個房間裡的討論關在這裡，這些訊息總有辦法找到投奔媒體的路。」他默默點頭同意，沒有看我，而是望向空中思考。我為了預防他再出招，建議由我向哈斯佩與龐佩奧提出這個問題，我知道他們會同意我的看法。我說：「我會找邁克和吉娜談談，看看他們有沒有什麼好主意。」他似乎很滿意這種安排。正如意料之中，他跳到另一個話題，我立即走向門口。

幸運的是，這些談話沒有下文。即便如此，我還是感到煩惱。這不是理性的思考。而且，日後它在我的腦海中只強調了一件事，就是我續留崗位有多麼重要。如果另一位國防部長，就是我的繼任者，同意總統的看法，會發生什麼事呢？天知道，總統周圍多的是認同他的古怪想法都有道理的人。

無論如何，將問題帶向極端發展，的確不是白宮總統川普獨特的行為。他周圍都是一些會把他的想法放大的員工，甚至提出他們自己荒謬的想法；在春、夏兩季期間，這些人的侵略性升高，圍繞在他身旁的時間也增加。隨著十一月大選逐漸逼近，這一切似乎都讓白宮變糟，愈來愈瘋、愈來愈狂不可遏。

♜

非法毒品的流動並不是總統和其他關注南部邊境人士唯一的問題；另一個是非法移民。國土安全部（Department of Homeland Security, DHS）在西南邊境豎立邊界圍牆的進展穩定，但儘管這個項目以及其他諸多項目都在努力推動中，政府中仍有一批強硬派人士，似乎認定非法移民是美國面臨的唯一問題。在他們看來，非法移民的問題就是全部的問題，其中一些人還有管道可與川普直接接觸。

＊原書註：總統經常將愛國者飛彈誤以為是戰斧巡弋飛彈（Tomahawk missiles）。愛國者飛彈是摧毀飛機和彈道飛彈的防空武器；戰斧巡弋飛彈則是用於對地攻擊，也就是在這種情況下他建議的飛彈。

在這期間，我正在參加橢圓形辦公室的一場會議，當時川普的移民事務負責人史蒂芬．米勒（Stephen Miller）向我詢問邊境安全問題。我不太認識米勒。他是一個身材瘦小、不起眼的人，從那冷漠的眼神可看出他確實缺乏幽默感或熱情。談到移民問題時，他非常嚴肅，而且他的一些想法儘管有些可笑，他卻經常用選擇性的事實、數據和論證支持他的說法，並為那些誇張論調再作補充。

他也是一位能幹的演講撰稿人，深受總統的喜愛，因此他既可提供川普意見，也能聽取川普的想法。結果，大多數人對他的尊重程度，高於他的實際職位和資歷可得到的尊重；而且很多人疑心，如果有人和他起衝突，他會插手人事安排。雖然沒有任何正式授權，米勒在移民問題上依然發揮了他應有的作用。他也和國土安全部以及白宮中同樣強硬的專業人士有密切聯繫，這些專業人士都支持他。

當我們站在距離堅毅桌僅數呎的地方等待總統時，米勒沒有用任何個人問候或閒聊開啟對話，直接在我身後對我說：「我們得盡快派出二十五萬名士兵的部隊到邊境。又有一支篷車隊從南邊過來，我們必須阻止它。」我微微轉身，看著他，笑了笑。我以為他在開玩笑。但他不是，他一臉僵硬。

我停頓了一下，然後隨口應付說：「我還沒有看到任何關於另一支篷車隊的報導，我相信國土安全部可以像過去一樣處理。」

在我開始轉身時，他突然說道：「這是一個大傢伙。海關暨邊境保護局（Customs and Border Protection, CBP）沒辦法應付，我們需要部署軍隊。我已經和國土安全部的人在商談了。」在任何其他人主導的白宮，像史蒂芬．米勒這樣的人與一個單獨的聯邦部門一起策劃行政行動，簡直是空想而且越界的。而在川普的白宮，這只是辦公室裡的又一天。

現在情況很嚴重了。我轉身從堅毅桌旁離開，面向米勒並告訴他一些基本事實——據我所知，他幾乎沒有軍隊的工作知識，也沒有任何著軍裝的經驗。我盯著他空洞的眼睛說：「美國軍隊，不會為了如此荒謬的狀況，派遣二十五萬名士兵到邊境。」說完，我轉身就走。

在邊境部署數千人，提供後勤和其他援助來支援國土安全部是一回事。國防部過去曾在共和黨與民主黨政府中這樣做過。即使是拜登（當選）總統，上任之後也會延續這一項任務。然而，部署二十五萬名士兵——即戰鬥部隊——在美國邊境對平民跨境遷徙進行積極防禦的想法，簡直是蠻橫無理，除非你是史蒂芬・米勒。

米利將軍後來提醒我一件事，我們在二〇一九年十月與國家安全團隊的其他成員聚集在戰情室，觀看敘利亞成功擊斃巴格達迪的特種作戰行動現場影片。史蒂芬・米勒在當天晚上較晚時，建議美國軍隊試著去找伊斯蘭國領導人的頭顱，以便將其浸在豬血（穆斯林認為這是不聖潔的舉動）並四處遊行（或是類似這種野蠻的想法），以威懾其他恐怖分子。我和米利迅速回擊他，聲明做這種事情是「戰爭罪」，而且「美國軍方永遠不會這樣做」。米勒沒有回應。長方形大辦公桌上堆滿手機和筆記本電腦，環坐在四周的其他人都安靜坐著，繼續觀看我們前方大螢幕上播出的影片。他們是對這個令人毛骨悚然的論調不以為意或表示支持，或只是暗自高興我們這麼快打了他幾下手心，解決這事了？

我和史蒂芬・米勒簡短交談過後，就返回五角大廈。隨後幾天的某個時間點，我把他想向邊境派遣二十五萬軍隊的事轉述給珍妮佛・史都華和米利將軍。這個想法太離經叛道了，他們簡直不敢相信有人會提出來。我也重述了米勒的評論，說他確實在與國土安全部一起研究這個想法。說到這裡，我停下來轉向米利說：「主席，我知道這聽起來很瘋狂，但是請向聯合參謀部和北方指揮部查詢，看看他們是否聽說過任何有關這件事的蛛絲馬跡，我才能心安。」

北方指揮部是主管北美洲（從墨西哥到加拿大）的作戰指揮部，專門負責國家邊界的防禦。它為美國民政當局提供國防部的支援，應對颶風、洪水、野火和其他自然災害。北方指揮部也負責為權責當局提供軍事支援，無論受災國面對的是大流行疫病、內亂或是邊境問題。

大約一天過後，米利回來了。他走進我的辦公室，一邊朝我晃動著一疊文件，一邊說：「部長，你不會相信這個的。」哦、不，我想。主席接著描述北方指揮部的一個規劃團隊已經開始研究「在邊境部署數萬軍隊的概念」。他們一直在與國土安全部就這件事會談，基本內容就在米利手中的文件上，並且正在推進他們的計畫。

我嚇到了。問了一些沒有人會有好答案的問題：誰批准的？什麼時候開始的？為什麼我們沒有收到通知？他們的進度到哪裡？當時我們只知道是國土安全部的幕僚（可能是海關暨邊境保護局）告訴北方指揮部的幕僚，白宮（可能是米勒）已經指示這一點，而國土安全部知道總統的正式命令正在送來的路上。

我對米勒運作這件事情並不意外，但我沮喪的是居然沒有任何一位北方指揮部的高層官員想到，讓我們或五角大廈的任何一個人知道這件事。為什麼指揮部沒有察覺這個錯謬計畫的動態有異，並且立即按下暫停鍵，直到他們收到他們國防部領導人的指示才開始動作？這件事的政治後果嚴重得嚇人，也會對部隊造成巨大衝擊，更不敢想像屆時國會和民眾知道這事情後的反應。

我告訴米利立刻叫北方指揮部暫停，告訴他們「停止計畫，並讓他們知道，在這件事情上不准和國土安全部再有任何接觸」。我接著說：「如果國土安全部任何人質疑我的命令，歡迎他們直接打電話給我。」

我的電話沒有再響，這個惹人厭的問題也沒再出現。真是謝天謝地。當時離最黑暗的日子，也就是二〇二〇年六月也還有一段時間。但是，在我反對總統使用《反叛亂法》及其後好幾個月，類似的議題和想法在我思考個人問題時，產生了很大的影響。

在此同時，委內瑞拉的問題還沒有結束，還差的遠。在海上進行攔檢，也就是那個惹人厭的問題在二〇二〇年五月再次探出水面。當時美國得知伊朗油輪正在運油到委內瑞拉，諷刺的是，這次運油是為了換取黃金。委內瑞拉向來是世界上最大的石油生產國之一，但由於馬杜洛的社會主義政策、管理不善和國際制裁，現在距離百年來首次結束石油勘探僅剩幾個月的時間。[18]

據估計，將近九噸、價值約五十億美元的黃金，將用於支付伊朗協助修復委內瑞拉的煉油廠，以及提供瓦斯添加劑的費用。新冠疫情對石油市場造成毀滅性影響，加上對兩國實施的制裁，德黑蘭被迫尋找新的收入來源。與此同時，加拉卡斯希望確保它的汽油供應不會耗盡。加油站排長龍以及物資稀缺對破碎經濟造成的其他影響，每天都在引發人民抗議，形成了出現更多暴力的風險。[19]

這兩國的關係至少可追溯到二十年前。二〇〇七年，委內瑞拉總統查維茲和伊朗總統馬哈茂德・艾哈邁迪—內賈德（Mahmoud Ahmadinejad）宣布建立反對美國「帝國主義」的「團結軸心」[20]。川普政府施加的壓力漸增，這兩個賤民國家*1的關係反而愈深。到二〇二〇年，兩個政權都看不出處於崩潰邊緣的跡象，而想到他們目前的合作關係比起以往任何時候都更為緊密，就讓人惴惴不安。我們有充分理由擔心伊朗與委內瑞拉的關係，以及它們與中、俄的深化合作，特別是其中一國和美國同在一個半球*2。至於對川普個人而言，這種合作關係就像是在一頭憤怒的公牛面前揮舞著紅旗。

我們需要維持壓力，並找到新方法推進我們的政策目標。但我們也必須明智地應對此事。然而，到五月中旬，隨著伊朗船隻在大西洋水域運送燃料和物資前往委內瑞拉，國安會再次主張由美國海軍攔截是推進政策的最佳方式。這種幾乎不明白或不在乎後果輕重就貿然動用美軍部隊的方式，只會讓人搖頭嘆息。

♜

國安會安排在六月九日透過安全網路召開國安首長線上會議，再次討論委內瑞拉問題。與會人士中

*1 譯註：賤民國家是英文Pariah State的直譯。pariah原意指印度種姓制度的最下等人，借用此字形容國家或群體，即形容無法獲得國際社會（多數成員）信任或排斥的國家或群體。這是國際關係政學界的常用詞。

*2 譯註：委內瑞拉與美國同在西半球，是美國傳統勢力範圍內的國家。

不乏上次會議也在的熟面孔，如龐佩奧、巴爾、歐布萊恩、我和米利，而我早先提出的大部分相同問題仍未得到答覆。然而，德黑蘭和加拉卡斯之間的合作現在有了新的轉折。會議由新任國家情報總監(Director of National Intelligence, DNI)約翰．雷克利夫（John Ratcliffe）簡要報告近期事態的發展開啟討論。

雷克利夫是在五月二十六日成為國家情報總監，就職不過幾個星期。他之前曾任律師，在私部門和政府單位工作過。二〇一四年當選國會議員，二〇一六年和二〇一八年連任，一般認為是最保守的眾議院議員之一。他也是川普的門徒。

川普在二〇一九年七月宣布他準備提名雷克利夫接替丹．柯茨（Dan Coats）擔任國家情報總監，但是由於兩黨議員擔心雷克利夫可能將情報界政治化，群起反對，川普被迫收回成命。隔年（二〇二〇年）二月川普再度施壓，這一次利用數週前他任命的前駐德國大使、超級忠誠的理查．格雷內爾(Richard Grenell)作為代理國家情報總監的槓桿作用，幫助雷克利夫的任命通過眾院確認。

總統經常吹噓任命格雷內爾為代理國家情報總監的決定很高明。有一次在橢圓形辦公室開會時，我們幾個人坐在他對面，川普向後靠在椅子上，雙手抱在腦後，臉上掛著燦爛的笑容，說：「安排理查擔任國家情報總監是我做過最好的人事變動之一。」當他把座椅再次前傾到堅毅桌時，接著說國會議員「非常注意他（格雷內爾）將要做什麼，所以他們抓住這個機會，希望快點把他從國家情報總監的位置上趕走」。他說，這太瘋狂了。「他們過去常擔心約翰．雷克利夫。現在他們可以不必擔心了。」他再次往後靠上椅背，沉溺於他的詭計得逞、自娛娛人。

不過，真正引起我注意的是川普自言自語地高聲說：「以後要是再有哪個部會反對我，我會照樣再做一次。」我一直沒忘記他這句話，以及他說這話時的嚴肅表情。

雷克利夫的簡報，以及中央情報局的補充報告，大致維持不變。委內瑞拉政權的菁英和資深軍官仍然效忠馬杜洛，瓜伊多勢力轉弱，流失民眾的支持。關於德黑蘭運送燃料的問題，中情局表示，除了伊朗，還有許多國家都在提供石油給委內瑞拉。這是中情局的做事方式：不僅呈現所有事實，還揭露問題的全部輪廓，並且促使與聞者更廣泛地思考。我和米利經常會施壓中情局，要求會議開始先提供簡報概要，讓與會人士在提出自己的「事實」替自己的解決方案辯護前，能夠有一條校準的基線。

在新情報方面，委內瑞拉正在積極向伊朗購買武器。德黑蘭尚未批准任何具體項目，但是委內瑞拉的計畫籌獲清單上列出的項目，從輕型武器和小型船隻、射程及於美國的長程飛彈，不一而足。大多數線上與會者認為最後一個項目是危險訊號。然而，結果顯示伊朗尚未批准出售長程飛彈，當然也談不上準備裝載上船，代表我們還有時間解決這個問題。儘管如此，國安會再次提議我們進行軍事行動[redacted]。

不過，與上次一樣，關鍵問題如：法律依據、如何處理貨物、接戰規定等，還是沒有答案。但是，貨輪上總是可能有伊朗軍事人員協助提供安全保障，為國安會的首選項目增添全然不同的動力。國務院提及與貨船的船東國或是與該船懸掛的方便旗國家進行接觸的可能性。這些都是很棒的想法，我們也曾經使用一樣的策略，所以我決定參與這項計畫。

隨著軍售問題再次出現，米利將軍插入談話：「如果德黑蘭決定出售武器給加拉卡斯，他們不會是唯一賣武器給委內瑞拉的國家。」他指出：「俄羅斯和中國，是委內瑞拉最大的武器來源國。我們也準備好攔截他們的船貨了嗎？」如果我們不這樣做，其他人就會有管道輸入，「是什麼原因阻止委內瑞拉要求俄羅斯為他們運送石油和其他貨物呢？」

我接著補充說，我們應該要更了解加拉卡斯購買這些武器的意圖，以及他們希望這筆採購案能幫助他們提升實力到哪種程度。「我們不應該對無法威脅美國的小型武器和其他裝備反應過度；但是彈道飛彈則完全不同，那才是我們應該關心的重點。」我說。我們需要制定一種更具判別能力的政策路徑，能通過常識性檢驗，並經得起國會、區域合作夥伴和其他單位的審查。

在我看來，我們必須保持美國在西半球的主導地位，並保護我們在整個地區的合作夥伴。這代表防止任何會威脅到此類政策與開創不良先例的軍售。也就是說，這並不意味著我們應該立即尋求軍事選項。

我想我的問題對當時的情境來說，太偏向戰略了；國安會仍處於戰術層面。歐布萊恩直取要害，提議對委內瑞拉東北部海港[redacted]進行軍事攻擊，那裡有裝卸石油產品上下船的大型綜合設施。他主張：「如果船隻太難攔截，那麼我們應該考慮擾亂他們卸貨的港口。」國家安全局表示，這將會進一步干擾他們的能源供應並引發更多動盪。

歐布萊恩補充說，軍事攻擊的手段，可以是空襲或是派出海豹突擊隊。從我的角度來看，我們現在顯然處於六月初、也就是幾天前，我所制定的幾條紅線中的「無戰爭」類別。於是我對此進行反駁，米利也加入，並嘗試再次提升討論內容。「我們在這裡想要做什麼？停止船運？逼迫政權垮台？開戰？」小組討論再次失去焦點。龐佩奧在這類會議上通常話不多，但他現在大聲疾呼：「我們知道我們的目標是什麼。一段時間以來，這一直是我們的政策。」他接著概述政策目標的主要內容。

他是對的，我們都清楚我們希望如何終局：馬杜洛下台、扶持瓜伊多作為合法總統。但是不知何故，我們一開始就討論在公海攔檢伊朗石油，現在正在討論對委內瑞拉進行軍事攻擊。要靠這種討論方式實現目標，機會非常微小……

米利故作靦腆地問中情局：「如果我們攻擊一個港口，你認為委內瑞拉會怎麼反應？」他試圖從中情局那裡釣出一個我們已知答案的答案：他們絕對會強烈反應，可能會升級為衝突，並可能使委內瑞拉人民團結起來支持馬杜洛。中情局的回答把討論從軍事行動轉向較不直接的軍事行動選項，例如網路行動，或是美國支持但是由反對人士進行的[redacted]行動。

米利將軍還表示，我們應該考慮非常規戰爭選項，例如由美國訓練和武裝委內瑞拉的僑民[redacted]。美國從事這幾類行動的歷史悠久。這是一個值得推展的想法。我和米利之前曾經多次討論過這個問題，這就是二〇二〇年二月我與瓜伊多在白宮會面時，提出相同問題的原因。但是今天和四個月前一樣，我的想法還是沒有得到太多關注和認可。

每次國安會在首長會議結束後幾天，都會分發一份結論摘要備忘錄。我們討論的內容、我們達成的共識以及未來前進的路徑，都記錄在這份文件中，它也會作為下一次首長會議的討論基礎。然而，國安會的總結往往不準確。他們有時反映了國安會想要進行但並非所有與會者都同意的事情。國防部和中情局為此呼籲他們改善。這次也不例外，但也很危險。

我的政策團隊在六月十九日星期五稍晚收到這份摘要；根據摘要內容，與會人士同意制定軍事行動選項與非軍事選項，包括公開的以及[redacted]，兩者都可能擾亂委內瑞拉的石油和武器運輸。選項必須包括對該國關鍵工業和其他高價值目標帶來具體、實質影響的行動。此外，國安會指示我們在六月二十三日前（就是四天後）準備好這些選項，並在七月初針對這些選項向總統進行簡報。什麼？這結論究竟是從哪來的？

我的筆記上寫著，我們以及在場的所有部門和局處，都應該發展攔檢伊朗船運的方法，而且不能訴諸直接的軍事手段。此外，截止日期在九十天之後，即九月九日左右。

我簡直不敢相信國安會正在推動這種議程。我們必須讓這列火車在軌道上運行，但這個任務已經愈來愈艱難。而且我們距離選舉還有好幾個月。

我拿起安全專線，給白宮幕僚長馬克．米道斯打了電話。我知道他在這個議題上的立場，但我想在致電歐布萊恩之前進行確認。幕僚長的任務是讓總統再次當選，因此他明白在大多數情況下，選舉前幾週，軍事行動帶來不利政治的因素會超過有利政治的因素。當總統四年來一直承諾要讓美國擺脫「打不完的仗」，而不是開始新戰爭的時候，這點尤其重要。許多鐵桿選民都不喜歡這樣。我得利用這一點當作槓桿，把國安會的備忘錄和勢頭拉回來。米道斯在這個議題上始終如一，而且如我所預期的回應，同意我的看法。他打算和歐布萊恩談談如何正確地總結。我告訴他，我也會聯繫歐布萊恩。下午六點四十分左右，在我與國家安全局交談後，事情重新步上正軌。

在八月十四日，也就是委內瑞拉與伊朗領導人會晤兩個多月後，有消息稱美國攔截了四艘油輪，並沒收了他們從伊朗運往委內瑞拉的一百一十萬桶燃料。美國並沒有動用武力；相反的，美國根據地方法院七月初簽發的逮捕令，採取外交行動扣押了這些船貨。

這是司法部和國務院一次出色的行動。它實現我們原本就要做到的每一件事：即阻止船貨運往委內瑞拉，而且沒有軍事行動可能產生的不利影響。美國政府發揮影響力，說服船東、保險公司和船長交出貨物。[21]巴爾和龐佩奧做得很好。我希望這次的成功，在未來會促使其他人習慣優先考慮非軍事選項。

在維持對伊朗和委內瑞拉政權的壓力方面，這項行動可以說取得重大勝利，但是美國在聯合國卻遭遇重大挫折。當天稍晚，聯合國安理會表決否定美國提案：延長原定於十月到期的對伊朗武器禁運的決議。禁止德黑蘭買賣常規武器的禁運已經實施十三年，但是作為二〇一五年與伊朗達成核協議的一部分，這項禁運被允許在二〇二〇年終止。許多人認為這是與伊朗核協議的另一個基本缺陷，也是川普反對它的主要原因。[22]美國的立場是，只要伊朗繼續支持真主黨等恐怖組織，美國就會維持禁運。這對我來說一直是非常合理和謹慎的態度。但禁運的落日條款會限制我們在委內瑞拉問題上的非軍事選項。

那個夏天，準備攻擊委內瑞拉的軍事選項問題並沒有再次浮出水面。國務院和司法部成功扣押伊朗的船貨，有效壓抑了白宮採取軍事選項的欲望。相反的，其他事情——即內亂——正在消耗總統的注意力。

與此同時，我在整個六月份繼續每週一次的《國家防衛戰略》執行會議——我們必須持續推進。此外，由於華府發生各種瘋狂事件，我必須讓五角大廈專注於更有成效的事情，不至於分心。因此，我召開一系列的會議，從世界各地聯合部隊的重新分配、我們的定向部隊戰備資源表、新冠疫情、曲速行動，到對中國戰爭計畫的另一次修訂，以及關於太空軍結構等題目進行討論。

太空軍是美軍最新的軍種，負責組織、配備人員、訓練和裝備美國在這個新戰爭領域的作戰能力。這是一項大膽的創舉，它將以正向積極的方式從根本上改變國防部保護太空的方式，以及美軍在太空進行軍事行動的能力。這對國家安全、經濟和生活方式都非常重要，因為中國和俄羅斯正在將太空武器化，作為平衡美軍在常規武力優勢的不對稱手段。我對於能在二〇一九年十二月成立太空軍，並在推動它的發展過程中扮演積極角色感到自豪。這對空軍、國防部和國家來說都是歷史性的成就。所有這些事宜都是我真正樂於處理的，也包括那些會對國家安全產生持久影響的事務。

♜

七月份確實出現一個問題，引起了委內瑞拉鷹派的注意，最後導致與五角大廈更多的摩擦。六月初，維德角共和國（Cape Verde）政府應美國要求，以洗錢罪名逮捕了一位名為亞歷克斯・薩博（Alex Saab）的哥倫比亞商人，但他否認這一項指控。他是在這個群島國轉機停留期間遭到逮補。維德角位於西非海岸數百哩外的大西洋。

據報導，在馬杜洛的指示下，薩博正在執行一個特殊任務，與伊朗談判一項協議，讓委內瑞拉取得更多燃料、食品和醫療用品。薩博一直是馬杜洛維持政權運作的經濟交易和其他生意的核心人物。美國政府正在要求引渡他。因此，維德角共和國這個小島國在司法程序展開時扣押了薩博。[23]

薩博非常重要，與他接觸確實有助於了解馬杜洛及其政權的運作方式。因此，能夠拘留他很重要，如此可以為美國政府提供真正的路徑圖，以揭露委內瑞拉政府的非法計畫，將他們繩之以法。馬杜洛很清楚這一點，因此加拉卡斯正全面施壓，要求釋放薩博。

委內瑞拉外交部長賀黑・阿雷亞薩（Jorge Arreaza）當時表示，維德角拘留薩博是「違反國際常規和法律」，並承諾將竭盡全力保護他。這種發言確實讓處理此案的國務院、司法部和國安會等官員嚇了一跳。到七月中旬，各種謠言在跨部門間流傳，例如：馬杜洛說服普丁派遣俄羅斯特種部隊將薩博從監獄中救出；利比亞的俄羅斯傭軍將乘坐小船航行數百哩，營救或殺死薩博；委內瑞拉情報部門包下專機飛往維德角遣送薩博回國；伊朗革命衛隊正準備類似的救援任務。似乎有許多人在週末看了太多《不可能的任務》。我從未見過支持其中任一個謠言的情報。

但過了一陣子，這些謠言竟造成國防部被要求採取行動，我得知這是國務院的要求。我簡直不敢相信，國務院要我們立即從地中海派遣一支兩棲戰備支隊—海軍陸戰隊遠征隊（ARG-MEU）前往維德角保護薩博，並阻止來自俄羅斯、伊朗和任何其他意在擾亂司法程序的干預行為。

我也覺得將薩博引渡回美國很重要。然而，如果說「牛鼎烹雞」這句老話找得出實際範例的話，這就是了。除了……沒有證據可證明真有那隻雞，而牛鼎就像寺廟裡的大鐘一樣大。

最麻煩的是沒有人能回答那個最基本的問題。遠征部隊如何保護薩博？它如何阻止行動？我們是否取得讓海軍陸戰隊上岸的許可前往保護他？我們是否獲准攔截任何看起來可疑的俄羅斯、伊朗或委內瑞拉的飛機或船隻？維德角將如何應對如此龐大的軍事行動？問題多到問不完。

在我準備二〇二〇年六月的北約國防部長會議時，我請資深軍事助理布萊恩．芬頓（Bryan Fenton）中將追踪這個維德角行動並通報我最新情況。我認為，這不單純是另一個使用國防部「簡單按鈕」的案例；這是濫用武力，是我的另一條新紅線。我拿起電話打給歐布萊恩；他顯然知道薩博遭到拘留和一些四處流竄的謠言，但是不知道派遣 ARG-MEU 的請求。「羅伯，」我說，「國務院提出的建議很荒謬。將三千五百多名海軍陸戰隊員和水兵、以及幾艘軍艦拉出地中海，圍著一個島嶼繞圈，這是對稀缺能力的重大浪費。」

「你說得對，馬克，」他回答道，然後問：「我們能幫上什麼忙？」在我回應之前，他補充說：「順便說一下，司法部正在詢問是否可以將美軍特戰人員部署到維德角以保護薩博。」多麼昏庸愚昧的一群人。我和我的團隊一起承受很多相同的問題：「維德角會支持美軍部署嗎？他們會允許我們的人攜帶武器嗎？一旦他們抵達之後有什麼權限？」這些問題都是關鍵，但是我們甚至還沒詢問過維德角其中任何一個問題，更別說得到答案了。值得讚許的是，歐布萊恩明白了。

然後我說：「為什麼我們還需要討論軍事選項？這是一項執法與外交行動，應該由司法與外交的最高層出面交涉。為什麼不把我們聽到的消息告知維德角，要求他們加強自身安全？」如果他們做不到，我建議：「那麼也許我們可以提供給聯邦法警、美國緝毒署（DEA）特工、國務院外交安全局，或者任何其他更適合這項任務的執法或文職安全團隊。」歐布萊恩耐心地聽著。

我繼續我的推理，想把我們的對話內容調整到比較好的方向：「如果出於某種原因，我們評估海軍真的必須在當地出現，為什麼不讓美國海岸警衛隊去支援呢？畢竟，執法也是他們的職責。」我想，這些都是合理且直接的問題。然而，由於對問題性質和範圍有根本分歧，各部門都各自發展不同的解決方案。

我講完後，歐布萊恩說國務院和司法部「真的很擔心，維德角的一些人也很擔心」。他聽說，普拉亞（Praia，維德角首都）政府「不想要這個燙手山芋」，並竭盡所能保持低調。這意味著「限制美國在維德角的活動」，也堅定了我的立場。根據他的說法，「他們將會感謝我們提供的任何協助，去幫助他們增進自己的能力」，首先是「協助修繕他們國家的多艘海岸巡邏艦」。

這種說法開始有點道理了。但是美國海岸警衛隊說他們做不到。他們表示「目前沒有快船可用」。所以我承諾由美軍非洲指揮部執行任務。我還責成非洲指揮部研究「協助維德角提高其領域意識」的方法，這是維德角擔心的另一件事。二〇二〇年八月，一艘海岸警衛隊的船最終與維德角的海岸警衛隊進行了聯合巡邏，表面上為監督和執行漁權。

這個議題的熱度在幾天內平息了，但這不會是結束。到十月中旬，它又回來了。來自維德角的報導指出，該國政府可能很快會釋放薩博或將他軟禁起來。國務院再次敦促美國海軍艦隊在維德角周圍巡邏，並阻止任何外部干預。海岸警衛隊則再次無法及時提供任何快船。十月十九日我與龐佩奧通話時提出這件事，但是他說他不知道這個最新議題。龐佩奧在這些事情上的反應總是很合理，所以我相信他不會支持這個想法；但是如果國防部同意推進，他可能不會反對。我明確地表示反對部署海軍軍艦。

當國防部負責政策的副次長詹姆斯・安德森在那個星期參加國安會次長會議之前，先來向我簡報這個議題。我告訴他：「我不支持擬議的行動。他們首先必須出示一些證據，證明俄羅斯、伊朗或委內瑞拉正在計畫奪取薩博。如果是這樣，他們得再告訴我，美國海軍艦艇在維德角附近海域出現，要如何防範或阻止這種情況發生。」此外，我沒有足夠的軍艦可以派往當地，這些軍艦必須在地中海巡航。參謀首長聯席會議副主席海頓將軍表示，他和米利完全同意。安德森把這個訊息轉達給國安會，得到的回應是：「國防部長是否表示他無視總統的指令？」我把這個嘲諷置之度外，然後，這個問題就又消失了。

幾個星期之後總統開除我。既然我不在其位了，委內瑞拉鷹派向我的繼任者施壓，要求他提供一艘軍艦，他很快就批准了。不久之後，聖哈辛托號（San Jacinto）巡洋艦從維吉尼亞州的諾福克港航行到維德角，以某種方式監視薩博，同時據稱可以阻止外部干預。有人告訴我，這些任務仍未定義。

《紐約時報》在二〇二一年十二月報導稱，聖哈辛托號在當地水域錨泊的每日營運成本為五萬兩千美元。聖誕節前一星期，三百九十三名水兵接到回家過節的命令。我了解這是軍職主管照顧官兵及其家人的明智決定。然而，這也是一個與任務不夠嚴肅形成鮮明對比的決定。

換句話說，如果薩博如此重要（他確實重要），而把他從維德角帶走的威脅如此真實（並非事實），而且軍艦出現並留駐當地的影響如此具有成效（也不是），那麼，無論什麼假期，聖哈辛托號都應該留在任務海域。早在一九九〇年，我在沙漠盾牌行動期間，就與同袍在沙烏地阿拉伯的沙漠中度過感恩節和聖誕節。自美國獨立戰爭以來，所有武裝部隊的軍人都錯過了在家過節的機會。他們知道，如果有任務召喚，而且任務很重要，那麼他們就會回應國家的召喚。然而，這項任務顯然不值得那樣子犧牲。

《紐約時報》把這次部署描述為「政府反覆無常地任性使用武裝部隊」的另一個例子，他們是對的。《紐約時報》還報導了我最擔心的事情——「在最適合由外交官和國際律師解決的問題上，海軍不小心與伊朗或委內瑞拉特工發生衝突」——這狀況從未發生過。[24]但是這根本不是我關心的，因為我自始至終從未想過威脅是真實存在的。我厭倦了國防部成為解決某人棘手問題的簡單按鈕。所有這一切都使我們的外交政策軍事化，使武裝部隊偏離核心任務，並導致軍事方案成為次優的解決方案。

最後，結束這個故事之前，重要的是亞歷克斯．薩博在二〇二一年十月從維德角被引渡到美國——在全劇開始約十八個月之後。[25]看來，似乎從來沒有俄羅斯、伊朗或委內瑞拉的突擊隊員曾經入侵大西洋中部的群島去營救他。

第12章

風雨飄搖的共和國

二〇二〇年五月三十一日星期天，全美多個城市發生民眾抗議事件，其中一些引發暴力衝突。幾代美國人都沒看過這種景象。在華府哥倫比亞特區，抗議者在白宮北邊的拉法葉公園與執法人員發生衝突，並推倒多個安全路障。特勤局表示，從五月二十九日晚上到五月三十一日凌晨，共有六十多名特勤局官員與幹員在暴力事件中受到輕重不一的傷（十一人送醫），六輛特勤局車輛遭到破壞。

據報導，拉法葉廣場的抗議者衝破一道障礙設施，距離警察和國民兵部隊組成的人牆不遠。特區多處發生火災，有幾個地方離白宮只有幾個街區遠；白宮和拉法葉公園對街的聖約翰聖公會教堂遭人縱火焚燒。公園內一幢美國國家公園管理處大樓也被縱火，美國公園警察因而要求哥倫比亞特區國民兵持續支援，到六月七日為止，國民兵已經增加調派人力到二百五十名。

特區當局同時要求一百名華府國民兵部隊人員和相應的運輸車輛，在六月六日之前協助管制交通，並封鎖華府地鐵警察指定的十字路口。他們的任務是確保合法的抗議者能夠安全地行使憲法第一修正案賦予他們的權利，並允許執法部門而不是軍隊，對付那些變得暴力或不守規定的人。負責華府國民兵部隊的陸軍部長向我簡報現況後，在當天口頭批准這一個要求。

至少可以說，這是個漫長而混亂的週末。這段期間成就了我與唐納・川普最難忘的遭遇之一。事實上，這可能是一位國防部長與一位三軍統帥開過的最重要的會議。

我和米利將軍在六月一日上午得知總統召見後不久，就抵達橢圓形辦公室。我們看到其他人已經就座，有點訝異。這很不尋常，因為這類會議通常不會以這麼精確的方式開始。我在堅毅桌前一把硬木椅子上坐下，旁邊坐著副總統彭斯、司法部長巴爾和白宮幕僚長米道斯。在我和米利身後，兩張相對的大沙發上坐著各司其職的白宮幕僚。顯然，很多參加上午十點半會議的人，都是結束前一場討論後續留下來的。甚至我們還沒坐下，總統就已經針對抗議活動大發雷霆。

我絕少看過他這麼激動。他滿臉通紅，雙臂不是緊緊地交叉在胸前，就是在空中揮動。正如他稍早透過電話通知米利一樣，川普表示他希望「華盛頓有一萬名兵力可以控制街道」並平息暴力。他不斷重複這些示威抗議的發生是多麼「可恥」，並希望能有所作為。他認為暴力讓他看起來很「弱」。「你覺得別的國家看到這種抗議和暴力，會怎麼看我們？」川普咆嘯。總統一直在這兩個主題間來回切換。我找機會插話、回答或澄清，但也盡量避免進一步激怒他。

一萬兵力。一萬這個數字又出現了；我想，這數字對他來說一定聽起來像是個很好的整數，所以他一直提，就如同他重複提到《反叛亂法》一樣。

很多美國人都了解，一八〇七年頒布的《反叛亂法》實際上是一套法規，規定總統有權在美國境內部署軍隊，平息違法、叛亂和暴動等行為。雖然很少使用，但是一九九二年因為發生類似情形，喬治・布希總統最終仍援引此法——他應加州州長的要求，協助鎮壓洛杉磯的騷亂。川普總統有權將國民兵部隊派往國家首都，但如果他想在華盛頓特區或任何其他美國城市部署現役部隊——或者他在州長反對之下仍想派遣國民兵部隊解決示威動亂，則需要援引該法。

橢圓形辦公室的談話充滿爭議，但非常流暢。川普正在埋頭思慮因應之道，變得愈來愈生氣。巴爾和我斷斷續續的評論並沒有幫助。後來有人猜測，大概是媒體在週末刊登關於特勤局在這個週五封鎖白宮，並把總統和他的家人匆忙送到地下室掩護以確保安全的事，讓川普大發雷霆。報導指出，這些文章讓他覺得遭到羞辱，削弱了他的強人形象。現在，也許，他要向他們展現出他真正的實力。

巴爾、我和米利幾次反對援引《反叛亂法》以及派遣一萬名現役軍人進入華盛頓特區的想法。巴爾後來聲稱他不曾聽到總統講過這個具體數字；但是我認為，那毫無疑問就是川普在橢圓形辦公室說的話。

無論如何，我告訴川普「我認為沒有必要在首都部署任何現役部隊」，並強調，如果下令這麼做會造成一些不利影響。米利將軍同意了。我補充說：「根本沒有那麼多人製造暴力，不至於要採取這樣的行動。」

我向總統解釋說：「華盛頓特區現在有一千多名國民兵，他們足以支持地方和聯邦執法。」另外，我說：「國民兵的憲兵也受過訓練，有權執法。這是現役部隊不具備的核心職能和權力。」我曾在特區國民兵部隊服役多年，非常了解他們的能力。

儘管如此，我又轉而提出讓執法部門主導的想法。「總統先生，國民兵最適合做這件事，」我說明，「但這是執法部門的工作。執法部門處於領頭地位。軍隊應該排在後方——在地區、州和聯邦執法部門之後——現役軍人應該排在最後上場。」

川普又火了。他很沮喪，因為我們講的都不是他想聽的。我瞥了一眼司法部長，希望他能在我最後提及執法部門時接話。

巴爾再次發言，對華盛頓市執法部門的資產提供詳盡的統計數字，並說明他想召集更多聯邦機構、更多官員，例如聯邦調查局和菸酒槍炮及爆裂物管理局（Bureau of Alcohol, Tobacco, Firearms and Explosives, ATF）。他認為他可以調集「幾千名人員」，足以「讓事情得到控制」。但是總統不滿意；他不斷摧促採取更具侵略性的行動。他想要現役部隊出動。

五月下旬，當示威活動在全國各城市開始舉行，我要求國防部團隊制定一項計畫，以便在各州長請求援助時，讓一些憲兵部隊處於戒備狀態。萬一暴力無法控制，國民兵部隊無法及時動員和部署，或是國民兵部隊人數不足時，憲兵可隨即支援。我認為這是合理、慎重、嘗試超前部署的方法，可以在某些城市急劇失控、州長需要幫助的時刻因應，就像一九九二年洛杉磯的狀況。國防部以現有的人力實現了這個目標，做得很好。到了夏末，我們會複製類似型態的高度戰備狀態，但是用國民兵部隊代替。

然而，在橢圓形辦公室，川普持續施壓動用現役部隊，問我們是否有軍隊隨時可出動。我試圖解釋我們準備部署的憲兵部隊，然後提到布拉格堡可用的部隊，但是我說：「總統先生，這些都不是必要的。此外，這些部隊並不適合執行這個任務，而且部署需要的時間比你想像的要長得多。」

「我可以讓國民兵部隊很快到這裡來。」我補充道。這是我必須兌現的一項艱鉅的承諾。米利此時插話，解釋發出警訊、集結和部署現役部隊需要多長的時間。

我們還有通稱「老衛隊」的美國第三步兵師在維吉尼亞州的邁爾堡待命。大多數美國人都熟悉「老衛隊」，因為他們擔任無名烈士墓莊嚴而且一絲不苟的哨兵，但他們也有保護首都之責。第三步兵師熟悉民事支援任務，位於波多馬克河對岸。然而，即使是這支隊伍也需要數小時集結、準備和部署。我和米利解釋說，現役部隊不可能在夜幕降臨時將眾多人數部署到華盛頓特區。儘管如此，總統仍在持續施壓。

忽然間，川普轉向話不多的米利將軍。我想，就這個話題而言，他是盡量將發言機會讓給文職官員。川普喜歡軍隊的氣勢和權力，尤其是身穿制服的高級軍官；米利的穿著很得體好看。總統吼道：「我要你負責這件事，將軍。」這代表參謀首長聯席會議主席將指揮重整華盛頓特區秩序的行動。這讓米利有點措手不及。

米利主席迅速往後靠在椅背，舉起雙手，做出「不要開槍」的姿勢，睜大眼睛說：「總統先生，我是一名顧問，我不指揮軍隊，我在這裡沒有操作的角色。」他的回答難倒了川普，後者顯然希望得到一個截然不同的答案。總統不了解米利作為總統和國防部長的法定顧問的權責，也不了解現役部隊和國民兵部隊的不同角色與權限。但是主席是對的——他沒有指揮權。

川普變得火氣更大。他站了起來，大喊沒有人在幫他，「我們看起來很弱！」「這個國家看起來很弱！」

「你們是輸家！」總統怒斥道。「你們都是他媽的輸家！」這不是我第一次聽到他使用這種語言，但是火氣沒這麼大，也從未針對和他同處一室的人，更不用說咆嘯對象是巴爾、我和米利。他又一次辱罵，這一次他的毒舌也指向副總統彭斯，副總統靜靜坐在最靠近玫瑰園一個半圓形遠端的位置，面無表情。我從來沒有見過他對副總統大吼大叫，所以我特別多看了兩眼。

川普吼道：「你們沒有一個人有膽量對抗暴力。」並暗示我們對那些人「燒掉我們的城市」無所謂。總統坐回原位，仍然怒火中燒；然後轉向米利將軍，問他為什麼我們的士兵不能射殺抗議者。他問：「你就不能拿槍對著他們打嗎？只要瞄準腳或是別的地方，都可以。」這幾乎是個技術問題；他想知道的是怎麼做，而不是軍人對著參加和平示威活動的美國平民開槍是否正確。總統並不想知道誰是和平抗議者、誰是暴力抗議者，因為，在這種情況下這無關緊要；在他看來，打傷抗議者就可以很快結束這個事件。

我不需要看米利將軍就知道他的反應。我確信他的反應和我的一樣：極度厭惡，感覺馬上就要大難臨頭。而且這不是第一次。

總統沒有直接命令我們部署一萬兵力，他也沒有直接命令我們射擊平民。川普的種種聲譽來自他果決、毫不猶豫開除員工的作風，但他其實很少那麼做。他會沉思，他會建議，他會抱怨，他會火大。彷彿他不久前才提出的那個極端建議真的與他無關。他似乎在等待我們其中一個人屈服並單純地同意。但那是不可能的事。

儘管如此，總統終究有可能命令我們採取行動。而且隨著事態愈演愈烈，即便我們已經統一戰線了，但我覺得我們正在輸掉這次論戰。這次會議似乎正在升級為攤牌，川普——這一次不像他的作風——最終會命令我們做點什麼，比如派遣現役部隊鎮壓抗議活動。

我當時的感覺，就像我和總統打交道時經常有的感覺一樣：必須在這種情況發生之前離開房間。此外，他不像往常從一個話題跳到另一個話題，對我來說就是另一個危險訊號。因此，我覺得有必要把一些東西放到檯面，給川普一些東西，一些足夠讓事情平靜下來的東西，爭取一點時間。

為了釋放房間裡的一些壓力，並避免他直接給我一個我沒得商量的命令，我答應讓一些現役部隊從布拉格堡前來華盛頓特區，並警示老衛隊——但是要他們留在營房裡。司法部長說的沒錯，任何進入特區的行動都必須符合《反叛亂法》。米利贊成並補充說，如果情況變得非常糟糕，他們總會在附近。

與此同時，我還承諾，我們還有更好的選擇：「我會讓國民兵部隊動起來。我們會用最快速度部署更多的國民兵到華盛頓特區來。必要時可以部署五千人，協助執法部門控制局勢。」巴爾認為他可以召集幾千名執法人員，所以我想，在川普看來，他現在有他的一萬這個數字了……雖然不是現役部隊。我告訴川普，我和米利將軍將返回五角大廈開始行動。從鄰近的維吉尼亞州、馬里蘭州和賓夕法尼亞州調派國民兵部隊是我們最大的希望，但他們需要的警示時間愈多愈好。

這些行動實際上不能給川普他真正要的東西，但是聽起來好像是我們屈服了。巴爾此時插話說，他會在今晚安排更多的執法人員進入市區，協助這項行動。

空氣沉甸甸的。總統停頓許久後，勉強點頭表示同意。感謝上帝，他讓步了。川普指著巴爾說：「由你負責。」巴爾很乾脆地接受了他的任務，這對我來說更像是悅耳的音樂。該由民事執法部門負責，而不是軍隊。

我很驚訝總統最終讓步，但是我知道該趁著還沒有人想對那個決定翻盤之前，就得離開房間。這種情況在過去許多事情上發生過很多次。幸運的是，一位總統的助手突然出現，通知大家「戰情室裡州長們正在線上等候通話」。該走了。

♜

與州長們的通話原本應該相當直截了當。總統對全國正在發生的示威亂象發表開場性質的講評，然後開放線上發言，讓州長們評論、提問或提出相關議題。然而，這次會議一開始並不順利。川普還在前面一個會議的氣頭上。

視訊一開始，總統就在線上宣布：「米利將軍在這裡。他是參謀首長聯席會議的負責人，是一名戰士、一名勇士，打過非常多的勝仗，從來沒有輸過。而且，他痛恨現在各州處理暴動的方法。所以，我剛才就請他負責。」[1]雖然這種說法解釋了他早先打電話給主席的目的，也就是打斷我週一早上例會的那通電話，但讓人困惑的是，不過二十分鐘前在橢圓形辦公室已經討論過這個問題，現在他又說要米利負責處理。唯一的解釋是，他在恐嚇那些州長，逼他們採取強硬行動。他接下來的一連串發言證明了這一點。

然而，米利真的很厭惡這種說法。雖然他坐在擁擠桌子的另一端，但我感覺得到他內心攪動得厲害。我不止一次在白宮聽到他這麼教育別人：他「只是個參謀」，不指揮也不能控制任何事情*。曾有報導稱米利與總統在這個議題上發生了一些爭執，那種說法絕對不準確。主席對三軍統帥的態度是一以貫之的專業；他從不提高嗓門。

但是，川普此刻的談話反映了他的想法和意向：繞過執法部門（依法負責主事的巴爾和司法部），甚至繞過國防部的文職領導人（我），企圖以壓倒性的軍事力量鎮壓抗議者。他在橢圓形辦公室裡說的話，就是這種趨勢的例證。

川普接著馬上變臉，咄咄逼人地要州長們「全面掌控」自己的城市，如果他們不全面掌控街道、抓人，並讓那些人「在監牢裡待久一點」，那麼他們「看起來就會像一群混蛋」。他點名費城、紐約、達拉斯和洛杉磯等幾個城市，強詞奪理說「你愈硬、愈悍，就愈不容易被打」。[2]川普似乎經常把和平抗議者與無政府主義者、激進分子和罪犯混淆。他很在意「安提法」（Antifa，反法西斯主義分子）。對華盛頓特區的動盪，他邊罵邊說道：「如果你不能完全控制你的城市和你的州，結果就是他們跟和你一起走路。我們正在華盛頓特區這樣做，我們就要做一些大家從沒見過的事情了。但是，你必須要先能完整、全面地掌控。」[3]我的耳朵豎了起來；難道，他要收回他在不到二十分鐘前不部署現役部隊的決定？他現在要和州長們一起宣布這件事嗎？他會具體說什麼呢？我得準備好回應、發言、說一些話，來為我、為我們和部隊爭取一些時間、一些迴旋餘地以及一些空間。

與此同時，我知道要是再不動員國民兵部隊協助華盛頓特區的執法能量，就來不及了。沒有他們，很可能就真得徵召現役部隊。我和米利從橢圓形辦公室直接走到戰情室，我們連趕快去電國防部的時間都沒有，所以國防部裡沒有人知道正在發生的事情，更不知道我們必須採取的行動。

下一個發言的人是司法部長巴爾。他在紐約市長大，畢業於哥倫比亞大學，獲得文學學士學位，最後在喬治華盛頓大學法學院獲得法學博士學位。他的職業生涯非常豐富，第一個工作是在中央情報局，接著曾任法官書記、私人律師事務所；雷根主政時在白宮工作過一段時間，在司法部擔任過幾個職位，然後在一九九一年擔任老布希總統的司法部長。接著進入一家美國企業工作一段時間，最後在二〇一九年重返政府部門，在川普政府再次擔任司法部長。

我和巴爾共事前並不認識他，但是一些我們都認識的朋友對他的評價很高。我開始了解，巴爾的機智和敏銳相得益彰。他能冷靜從容地提供法律見解，毫不拖泥帶水地說出打破緊張氣氛的俏皮話。我對他和總統之間的任何問題一無所知，但是巴爾的脾氣是會毫不猶豫說出自己的想法。在總統急於動用

---

* 原書註：依法，軍事指揮鏈依序為總統、國防部長和十一位作戰指揮部指揮官。後者均為四星上將，他們或是負責以地域劃分責任範圍的指揮部，例如美國歐洲指揮部；或是以功能劃分責任範圍的指揮部，例如美國戰略指揮部。這十一位指揮官接受國防部長的指導和命令。根據法律，參謀首長聯席會議主席是總統、國防部長、國家安全會議和國土安全委員會的首席軍事參謀。雖然主席是軍隊中最高級別的軍官，但是他不能指揮部隊作戰，也不能調度兵力。參謀首長聯席會議主席可以做而且必須做的是協助國防部長行使其指揮職能。

《反叛亂法》的時候，他是一個不可或缺的好同事。

巴爾馬上抓著總統要州長們「全面掌控街道」這句話做文章，正確地把重點放在「麻煩製造者」以及需要足夠警力到群眾裡逮捕他們。[4] 他的論點是，如果執法部門能力不足，就需要調用國民兵部隊，彰顯政府在維護秩序、保護建築物、解除警察的壓力。他的訊息與我和米利的表達內容並無二致，也與我們週末和明尼蘇達州州長提姆．華茲（Tim Walz）討論的內容一致。華茲州長最後召集了數千名國民兵支援明尼亞波利斯的執法部門。這是國民兵部隊一個很好的用途，部署國民兵對於控制局勢相當重要。

然而，總統不斷回到「完整、全面地掌控」和我們要追捕的是「恐怖分子」的說法；而我，仍在消化他要對抗議人士開槍的言論。[5]

輪到我發言時，我發現一個機會，可以傳達關於以各州權力召集國民兵部隊的訊息。只是各州部署的國民兵人數少得可憐。我引用了華茲州長（民主黨籍）的正面例子，因為他幾天前採取的行動平息了明尼蘇達州的局勢，直到此時該州發生動亂的基礎都還是零。我想，如果各州州長能透過自己的權力，多運用國民兵部隊，那麼我們就可以避免進一步談論召集現役部隊。然後，我說出了後來讓我自己後悔的話。

「戰鬥空間」是部隊裡常用的作戰術語。但是，這個詞的口語用法與敵人、甚至動用武力都無關，和官兵或武器裝備所在的三度空間有關。舉例來說，我不出差的時候，幾乎每個星期都習慣在五角大廈四處走走，參觀辦公室、了解同仁在做什麼，並感謝他們的服務。這是我走出我位於國防部建築E環上的那個鍍金籠子，拜訪在大樓內環偉大同僚的好方法，要不是他們的努力，國防部各部門不可能運轉。在探望同仁的時候，經常會碰到一些年輕軍官自我介紹並解釋他們的工作，然後指著他們的辦公隔間，自豪地說：「長官，這是我的戰鬥空間。」這是詞就是這麼常用。

有一次，我和米利還在陸軍部服務，處理一樁西點軍校的性騷擾和性侵案件時，他強烈要求校長，要他「控制你的營房。這是你的戰鬥空間。如果你想解決這個問題，你必須擁有它、還要控制它。」這個慣用語幾乎和「戰鬥夥伴」這個詞一樣常見，但是，這顯然不是適合用在和州長視訊會議時的詞。當我懇求州長調動他們的國民兵部隊以緩解和平抗議時，我用了川普和巴爾都用的「全面掌控」（dominate）這個詞，並且催促他們迅速「集結」（mass）——另一個軍事術語——國民兵部隊，並「全面掌控戰鬥空間」以利控制街道。幾分鐘後輪到米利講話時，也說了一樣的慣用語，但是損害已經造成。有人向媒體透露這次線上會議中的一些評論，我用的「戰鬥空間」一詞就是其中之一。

在視訊會議結束後的那幾個小時和那幾天，一些人指責我逼迫軍隊攻擊美國城市以及殺害美國人。這種指控當然不實，也不公平。更糟糕的是，這對我來說是一種傷害，因為我對美國人民和美國軍隊的軍民關係感到非常自豪。我們是國內最受尊敬的機構，成員來自各行各業、也來自全國各個角落，比起任何其他公共機構，都更能體現美國的多樣性。

毫無疑問，我當時所處的情境，不適合使用這些字詞。此外，作為國防部長，我的部分工作是協助美國人民與他們的軍隊建立聯繫，而使用五角大廈的行話，則讓人聽起來像是美軍已經淪為政治的工具。這是個錯誤，而我是始作俑者。但是，這些話並不是我內心想法的反映，也不代表我的理智認知；兩天之後，我試著透過媒體更正這一點：

（本週稍早）有人引用我的話，說壓制街頭暴力的最佳方法就是全面掌控戰鬥空間。對於你們常跑國防部的記者來說，這個字眼應該不陌生才對。這是我們的日常詞彙，我們還有其他你們記者會懂、多數人卻不懂的詞彙。這是我們軍事這行的行話，常用來描述一個範圍區域內的任務行動。這絕非外界所說，是用來針對人，更非針對美國同胞的用詞。我在上個週末與明尼蘇達州州長華茲交談時，也用了這個慣用語……正是他成功地調度足夠數量的國民兵部隊，真正從搶劫者和其他違法者的手中奪回對街道的控制權，所以我要讚美他。他這樣做是為了讓和平示威得以進行，讓和平示威者可以表達他們的沮喪和憤怒。這就是我鼓勵其他州長考慮的事情。回想起來，我應該使用不同的措辭，才不至於分散了對於眼前更重要問題的注意力，或者導致一些人暗示我們正在將問題軍事化。6

當然，當時我不能說卻真的很想說的事情是，我那個時候失去了情境感知能力，因為我認為川普很有可能會命令第八十二空降師來華府街頭平亂，甚至可能指示他們射擊抗議者。在那當下、在那個時刻，在那次視訊會議上，我唯一能想到的只有這個可能，以及州長們需要召集國民兵部隊，讓總統的思路暫停，並協助控制這一切。這是避免徵召現役軍人，以及預防可能發生災難的最佳方式。

電話會談一結束，我和米利就迅速走向我們的車。我們都對早上發生的事情感到有些不安，但是必須讓事情有所進展，以免出現一些非常糟糕的結果。我們沒有時間做太多的處理。此刻的我們必須穿過灌木叢和樹林；想看到更廣闊的森林，必須花心力和時間等待。

米利將軍打算趕回辦公室，開始與軍隊和華盛頓特區的國民兵部隊一起為晚間的調防做準備。在我們進入各自的座車之前，我根據我們與總統的討論，口頭批准將部隊調往華盛頓特區外緣的幾個基地，並且同時在邁爾堡動員第三步兵師。然而，「任何人，任何單位，」我說，沒「有經過我親自批准，不得踏入華盛頓特區。」米利理解並同意。我們的目光相遇——我們知道戲劇性的事件正蓄勢待發，我們也知道他和我必須保持密切聯繫。我們握了握手，將軍躍入他的黑色大型休旅車去工作。當我的休旅車從西廂外飛馳而過時，我打了個電話給國民兵局局長倫吉爾將軍。我想讓州國民兵部隊立即向華盛頓特區移動。快速部署國民兵是這個計畫的關鍵重點。事實上，我一抵達五角大廈辦公室，就開始給州長們打電話，徵詢他們的協助。這是我接下來幾個小時首要的關注焦點。

第13章

公園散步

六月一日下午五點左右，我與陸軍及華府的國民兵指揮官開了電話會議，他們大多數已在市中心F街附近的FBI指揮所，離國立建築博物館（National Building Museum）僅幾步之遙。所有執法單位派代表到此討論對於街頭動亂必要的控管行動。我簡要地向團隊確認今晚所有事宜：執法的規定、必要的權限、適當的資源，與執法單位的聯繫等。

我原本預計晚上六點從五角大廈離開，到FBI指揮所與他們會合，米利說他想先換下軍裝，著輕便舒適的迷彩上衣，再到市中心與我會合。今晚將是漫漫長夜，而且我們還得去其他軍隊所在地，但接下來他會後悔換下軍裝。

我準時踏出五角大廈，大概六點二十分快到FBI臨時指揮部時，接到了一通電話，白宮方面說總統想聽今晚準備事宜的說明，要我與米利將軍立即前往。我的司機迅速開啟警燈，將有裝甲的座車掉頭，朝向賓州大道一六〇〇號的白宮飛馳而去。

我到的時候，橢圓形辦公室外的等待區已有十幾人聚集。這些人來自各個領域背景，如國家安全顧問歐布萊恩、第一千金伊凡卡．川普、白宮發言人凱萊．麥肯奈妮（Kayleigh McEnany），以及白宮通訊室的工作人員。我詢問總統特助會議幾點開始，有人直說：「今晚沒有會議安排。」我說：「那我要回指揮部看看今晚的保安準備。」另一人說：「不行，總統要在玫瑰園發表演說。」結束後他想要內閣官員跟他一起走到教堂，她補充說，總統是「要評估昨晚的損害」。我當時沒有多想，這是我的失誤。

我只想著如何安排國民兵在日落前抵達FBI指揮所。

歐布萊恩過來跟我討論之前已著手處理的某些國際議題，橢圓形辦公室前廳十分吵雜，有講話聲、電視聲，所以我們進入內閣會議室，關起門來討論。我心想，既然現在無法去指揮部，處理其他議題也行。

同時間，在距離這裡不過幾百碼的地方，公園警察開始強力驅離拉法葉公園的人群。警察在晚上七點宵禁前就展開行動；儘管前幾晚發生了暴力事件，但此時的手段太重也沒有必要。許多人認為這是司法部長下的命令，但他否認這項指控。我也是直到一年後，內政部監察長發表拉法葉公園行動報告，才知道是誰批准了這項決定。

好一段時間裡，我來回進出內閣會議室，與不同人私下談話，直到某人通知：「總統快好了，請大家排好隊。」大家照做，排隊進入橢圓形辦公室，從面向玫瑰園東側的落地窗一路排到特助所在的前廳——又稱橢圓會客室。

伊凡卡看著前廳桌上擺著幾本聖經，這是我在橢圓形辦公室從未見過的擺設，接著她拿了一本，我有點好奇她為何這麼做。稍早，我在來回跟人討論事情時，瞥見電視上拉法葉公園的片段，但發生了什麼事、誰做了什麼、公園驅趕行動什麼時候開始的，還有這個行動的強度，我一概不知。後來我才知道要去聖約翰教堂檢視損毀程度。但還有其他的嗎？米利不久後也到了，我看著他問道：「接下來怎麼辦？」他不知道，我想也沒有人知道。

我們踏出辦公室，沿著柱廊繞著玫瑰園走入行政官邸，最後抵達國家層，就是入口大廳與北門廊所在，正對拉法葉公園。總統在入口大廳與我們會合，他精神比之前好多了，跟我們打了招呼，說：「準備好了嗎？」他踏著輕快的腳步走向北門廊，我問：「我們現在要做什麼呢？」川普沒有回答，只管往前走。雖不清楚行動計畫或為何來此，但可以明顯感覺到要出大事了。

我看向米利，彼此眼神都流露出不安。我對他說：「我們去視察部隊吧！」他立刻說好。

我們走向車道，出了大門，跟在川普身後，所有隨扈跟在兩側。通訊室工作人員要我們預留一些空間，這樣慢慢進到拉法葉公園時，能跟總統保持適當距離。一大群媒體在北邊入口等著總統。原來！這下尷尬了。我跟米利說：「我們被耍了。」我們被利用了。

當川普大步走進公園時，媒體在他前面往後退開，對著他拍照並大聲提問。我伺機脫身去找負責保護白宮的國民兵，但他們不見人影。實際上我也無法脫身，若我硬擠出去就太明顯了。

我跟巴爾、米利不吭一聲地走著。很快我們就到了公園東北處的國家公園管理局，這棟建築物明顯受損。我立刻注意到空氣中帶著一絲胡椒噴霧或催淚瓦斯的味道，然而當下我沒有看到或聽到抗議者的蹤影或聲音。

當我們穿過H街，白宮幕僚、內閣官員、記者與安全人員停下腳步並聚集起來，H街將我們的目的地聖約翰聖公會教堂與公園隔開。聖約翰教堂也遭破壞，有明顯的塗鴉跟火燒過的焦痕。我們站在受損的建築前，接著總統走到人行道上，面向媒體。

接著會發生什麼事呢？他會說什麼？他會做什麼？我一無所知，我想只有川普本人知道。我心裡期望教堂的牧師會出現，他與總統會溫暖地互相問候，他們會一同檢視受損的建物後，可能也一同為此祈禱，然後一起對媒體說明教堂的修復並安撫憂心的人民。幾個星期後，我把當時心裡的幻想跟某位白宮工作人員講，得到的評論是：「小布希或歐巴馬可能會這麼做，但川普絕對不會。」

接下來發生的事我沒有看到太多。我在跟幕僚講話時也在尋找國民兵的身影；與此同時，川普正對著媒體發表談話。接著我看到白宮幕僚長米道斯、發言人麥肯奈妮與司法部長巴爾一同出現，加入總統。我感覺不太對勁，試圖往後退，遠離即將發生的一切，同時也密切關注他們的一舉一動。媒體拍了幾張照片後，國安顧問歐布萊恩也加入了總統。川普不斷看著人群似乎在找某人，不知為何，在這一大群人中他跟我眼神對上了。他站在教堂前對我招手，示意要我上前，像棒球比賽中的三壘教練給打者暗號一般。我一開始假裝沒看到，但他一直向我招手，我無計可施。可惡，我不情願地上前，盡量站在最外側，拍最後幾張照。

接著在回白宮的路上，我跟資深軍事助理再次試圖脫身去找國民兵，想跟他們談談。我和我的護衛人員去公園西側找，但擔心可能會因維安管制被擋在白宮外，所以當川普的隨扈接近北邊入口時，我們匆忙返回加入他們。一回到白宮我立刻去西廂，上了我的車，前往FBI指揮所。

我沒有花太多時間思考剛剛在公園發生什麼事，直覺告訴我整件事處理不當，被捲入這個政治行動是一大錯誤。雖說這趟步行和照片引起許多川普支持者的共鳴，但整個來龍去脈、推託說詞、照片訊息，不管到底是什麼，都很糟糕。我從中得到了教訓，但我決定等有時間消化評估再來處理這些事情。現在夜色漸深，我們還有許多事要做。在接下來幾個小時內發生的事件，會讓整個世界變得不同。

♜

我後悔被捲入了拉法葉公園的災難之行，但知道國民兵並沒有參與行動的同時，我感到驕傲也鬆了一口氣。事後我們得知與媒體報導相反的是，國民兵並沒有直接向抗議者施暴、使用催淚瓦斯或胡椒彈，也不曾使用橡膠子彈。

到了晚上，數百名華府國民兵保護聯邦大樓、管制紀念碑，並封鎖所有通往白宮的重要十字路口。我八點左右抵達FBI指揮所後聽了幾個簡報，我要團隊告知我增援國民兵進入市區的最新消息，以及我們事先警示過的現役部隊的狀態。我也需要了解執法單位在街上所獲得的正在進行或計畫中的任何抗議、遊行或暴力行動的資訊。九點過後，我跟巴爾一同驅車前往探視幾個檢查哨。

一路上我們並沒有討論太多今天的事件。他跟我一樣更在乎前一晚的事件。我跟他說剛剛收到關於市內國民兵的最新消息，他向我簡要說明執法單位的現況。我心想，他跟我的團隊見到我們兩人緊密合作是好事。

我在白宮北邊的第一哨點跟我的部隊談話，巴爾則與他的官員交談。幾分鐘後，距離哨點的安全距離外，有人群聚集在街道上，他們認出我們並朝哨點走來。我不確定他們是不是抗議分子，但附近的記者上前採訪我們時，一些人開始咆哮。巴爾的維安人員迅速將他帶上座車離開現場。我留在現場，但遠離集結民眾，走到下一個哨點視察。

視察完第二哨點後，我跟陸軍部長麥卡錫一同查訪其他檢查哨。麥卡錫是我在擔任陸軍部長時的次長，所以我們很熟。在六月一日前幾天，他與華府警方跟國民兵合作無間，妥當處理危機。以在特區部署國民兵一事而言，麥卡錫相當於扮演華盛頓特區州長的角色了，這是他受派的職責，他也盡心盡力。

我們的座車向南疾駛，抵達二戰紀念館，停在紀念館和華盛頓紀念碑間的第十七街。夜深人靜，這區域已無任何抗議行動。停好車後，我跳下車往街邊站崗的部隊走去。

我在紀念館看到的部隊人員全是國民兵，而非華府的警察。實際上，這些國民兵根本不是陸軍。我驚訝地得知他們是空軍國民兵，男女都是，他們原本的崗位是飛機維修技師、行政專業人員和其他領域的專員，所以對這樣的暴亂處理任務並不熟悉，但仍竭盡所能地保持專業。我與他們談了好一會兒，討論召集令、他們任務的本質、佛洛伊德的悲劇及其他議題。他們很鼓舞人心，這也是我當天少數幾次良好的對談。

米利將軍不久後來到此處，他也在視察部隊。我們打了招呼、合影拍照後，決定步行前往林肯紀念堂。我們沿著二戰紀念館西側的步道走，去訪視在美麗如畫的林肯紀念堂前站崗的陸軍與空軍弟兄。這也是跟米利好好交談的機會，畢竟這是漫長的一天。

儘管這個城市發生了這麼多事，倒映池南側通往紀念堂的步道卻詭異地陰暗寂靜。助理及維安人員都在我們身邊，但他們在聽不見我們談話的距離。終於，可以好好地反思今天發生了什麼事。我們討論了那早在橢圓形辦公室的會議、稍早拉法葉公園的行動，跟接下來二十四小時內會發生的事。當下的我們——至少是我，還沒領悟到那天帶來的整體影響，不過我們都知道出大事了。整個國家似乎失去重心，我十分擔憂總統的一言一行。

川普似乎無法冷靜仔細地思考，抗議與暴力行動讓他怒不可遏，他甚至想派現役部隊鎮壓抗議人士。更可怕的是，他暗示我們開槍。我想知道他對歷史、禮節以及對憲法宣誓的理解與感受。他一直擔心自己顯得軟弱。他那種誇張的不安，對極力反擊並贏得勝利的奇特需要，會帶我們走多遠？看那天晚上抗議活動的進展，我們很可能隔天就能知道答案。

米利將軍顯然也在思考這些事，還有接下來的因應。我們對於這些議題的想法一致。走在闃無人聲的步道上，這夜晚的寧靜讓我們有機會深談。我們意識到白宮在拉法葉公園的政治行動攏了我們一道，我們很後悔，對自己失望，但也學到寶貴的教訓。我們不會重蹈覆徹。

但不同的職位賦予了我們不同的角色與職責。米利是軍官，我則是政治任命的文職官員。我有較多的自由在政治的灰色地帶遊走，有時候甚至被期待要如此行事。但米利作為軍官，沒有這樣的自由，卻有堅實的基礎支持他對不合理的要求說不。從我們各自的立場和不同的背景來看，勢必得出相同結論，並在未來幾天內制定新戰略原則，指引我們直到事件落幕。這是只有我們和最親近的參謀才知道的計畫。如果我們要信守誓言，就需要紀律、犧牲、毅力、合作與廉正。

回想起來，在我們走往最偉大的總統亞伯拉罕·林肯的紀念堂時，有這樣重要的談話內容，倍感奇特，林肯總統在處理美國種族問題時面臨真正的叛亂，卻能看見大局，並知曉如何引導處理。我不知道未來會如何，我甚至對這一刻的重要性、我們的戰略原則，以及接下來幾天或幾個月會發生的事情，知之甚少。

♜

當晚，與米利在倒映池畔的談話及巡視哨點的行程結束後，我回到FBI指揮所，那裡的工作人員繁忙如蜂。指揮所前的街道上停滿執法單位車輛、外勤車輛，還有各種單位的警察，維安十分緊繃。所有出入口——包括人行道、前門、內門、電梯口，都有維安部署。

我們走進指揮所的樓層，那裡簡直忙得不可開交，政府各部門的執法人員全擠在室內，很多人坐在電腦前處理事務，有些人聚在一起低聲討論，有些人則在辦公室裡奔走傳遞文件資訊或是找其他同仁。辦公室另一頭的大螢幕顯示各種數據、即時新聞及監視器畫面。

整個辦公室給人留下了深刻的印象：持續而低沉的說話聲和電腦鍵盤的敲擊聲；配著槍及各種軍徽的人摩肩接踵，像蜂巢裡的蜜蜂；這麼多人擠在一個客廳大小的空間裡忙碌工作，製造出濕熱的空氣；溫暖午後的氣息中混合了了一天的汗水。我對我助手說：「如果我們今晚沒有得新冠病毒，以後也不會得。」

國防部的人聚在辦公室較不擠的另一側，我擠過去聽取參謀首長聯席會議的簡報。最讓我在意的，還是特區內的國民兵，他們的數量已超過一千名，但據我視察後所知，其中許多人並沒有特別受訓如何處理暴力加劇的場面。部署的人力展現出嚇阻作用，讓那些想製造亂象的人不敢輕舉妄動，但是抗議活動一旦變得暴力，我覺得這些人力根本不足。

國民兵局局長倫吉爾將軍迅速動員了其他州的兵力，然而好幾個州也有自己的騷亂事件，很難抽身幫忙。華盛頓特區國民兵有一千兩百名，所以還需要其他州支援三千八百名，才達到我答應總統的五千名兵力。值得讚許的是，猶他州、馬里蘭州和紐澤西州的部隊很快前來支援，隨後另外七個州在週四之前也增派了部隊。

馬里蘭州國民兵最先抵達。我是在下午稍早與州長賴瑞．霍根（Larry Hogan）通電話請求支援的。我欣賞霍根穩重平和的舉止，也敬重他願意反駁川普。我迅速向他解釋華府的情況，並說：「州長，若您能派出任何警力前來支援，我將感激不盡。」他停頓了片刻，以同樣平靜的語氣談到了他擔憂的巴爾的摩市，馬里蘭州的抗議地點。

接著他問說：「我願意提供支援，但他們的任務是什麼？」我回：「我需要他們在聯邦大樓和紀念碑站崗，讓華府警察和聯邦執法人員能騰出手來處理街頭的任何暴力行為。」

我能感覺到他的不情願，也能理解他的反應。我猜他那天早上與總統及其他州長通了電話，所以他知道川普積極部署軍隊的心態和傾向。正如電話中所提到的，霍根不想讓他的國民兵應付抗議人士。我說：「我理解，我以前也在國民兵部隊待過，我知道如何及何時使用他們，我也不希望這種情況發生。」然而，我補充說：「若我不能湊足國民兵人力進入特區以助平息局勢，總統還是會想派遣其他部隊進駐，這是我最不樂見的事。」霍根很專業，他了解情況的急迫性和重要性。他又停頓了一下，接著說他想和馬里蘭國民兵指揮官談談，但他暫且同意出動支援。

過了幾個小時，就在拉法葉公園行動不久後，霍根州長回電給我。當我回到市中心的FBI指揮所時，霍根承諾當晚派出大約一百名國民兵支援。但他要我保證他們的任務只有保護大樓和紀念碑，僅此而已。我向他保證，也感激他的幫忙。

我先前在下午時也致電給維吉尼亞州與賓州，但一無所獲。賓州州長湯姆・沃爾夫（Tom Wolf）拒絕派遣部隊，說他也得處理「費城的動亂」所以「無法派兵支援」。我理解他的擔憂，但我同時也知道賓州有全國數一數二強大的國民兵部隊，人數超過一萬八千名。從沃爾夫州長謹慎的語調和斟酌再三的用詞聽得出來，他顯然不想幫忙，但他以不失禮貌的口吻迴避我的請求，說他會好好考慮。看來我的家鄉是不會前來支援。

維吉尼亞州州長拉爾夫・諾瑟姆（Ralph Northam）迅速接聽我的電話，但不太願意支援，「除非華盛頓特區市長包瑟（Muriel Bowser）有此請求。」他問我市長是否有此請求，我如實回答：「沒有，州長，但市長的警察確實需要我們的幫助。」事實上，包瑟市長不想與軍隊有任何關聯，但這與她後來在二〇二一年一月採取的做法大相徑庭。麥卡錫告知我包瑟市長拒絕接他電話或接見他，這樣的行為並不專業，麥卡錫只好直接聯繫華府警察局局長，所幸最終合作良好。諾瑟姆州長人很好也令人尊重，只是他也拒絕支援。

我本來要致電給紐約州州長古莫，但工作人員跟我說不需要，因為紐約州國民兵副指揮官已同意支援，而且他們已經在路上，將於稍晚抵達華盛頓特區。但是一個小時後紐約州長下令要他們即刻返回紐約。我很失望，但並不意外，民主黨的州長不會想捲入川普的計畫。

除了華盛頓特區，至少有二十三州在六月一日動員國民兵平息州內的動亂。最終從十一州調派人力支援特區國民兵，集結超過五千一百名兵力。他們的任務是保護聯邦財產與協助執法單位管理群眾。國民兵領導層認為這是他們有史以來最艱鉅的任務，而且是在這樣讓人難以忍受的政治環境之下。

在支援部隊陸續抵達的同時，聯邦執法單位也迅速集結。巴爾部長處理得宜，看到FBI、菸酒槍炮及爆裂物管理局及其他部門的幹員在街頭部署，我鬆了一口氣。我跟巴爾部長都不樂見行使《反叛亂法》，我也希望用最少的國民兵兵力協助執法單位。

若我們能撐過這晚，隔晚司法部將能增派足夠的幹員，而國防部也有足夠的部隊支援他們。距離天亮還有大約七個小時，事情進展還算順利，但沒人能預測一旦夜幕降臨，那些熱衷暴力混亂的分子會如何行動。或者，假設真的發生動亂，川普又會如何應對。

工作人員向我報告最新進度後，我去了FBI指揮所的小辦公室，與米利、麥卡錫、我的公共事務主管霍夫曼及其他人員會談。我們討論了今天發生的事件與心得。雖然我知道大眾對總統在拉法葉公園拍照的反應，但霍夫曼告訴我，我的「戰鬥空間」評論引起許多關注，米利著迷彩服走過公園的畫面也是如此。我離開五角大廈多時，也好幾個小時沒看新聞，所以很難對最新情況有更廣泛的了解。然而，當晚聽到團隊給我的訊息後，似乎有兩件事特別顯眼：全國動盪不安與國防部內部焦躁不安。我對後者有些訝異。我很清楚我們的角色以及我們的任務，但公共事務主管的觀點是，聯合部隊需要得到領導層的保證。他說的沒錯。過去的幾個小時內，我陷入戰術規劃狀態，想釐清在首都到底發生什麼事情，但親自到市內感受一下十分重要。（例如，晚上視察時發現我們沒有足夠的值班兵力。）

我也想對特區的國民兵表達感謝及慰問，畢竟，他們的指揮官將他們調離工作崗位，來到首都的街頭，去面對充滿恐懼和不確定的情況。實際上，現在他們所做的不僅僅是維持街道上的和平與保護紀念碑，他們是我們阻止總統派遣現役部隊的唯一手段，所以我需要他們表現得堅強自信。

無論如何，我必須盡快下達指示，為部門定下正確的基調與方向。我的指示將為主席和部隊人員提供方向，強化部隊傳遞的訊息，以防總統做出負面反應。這一天的事件讓我領會到總統對抗議暴動的憤怒程度，我不能因此失去任何一名文職官員或軍官。

我把指導要點給了霍夫曼，並打算在早上再次核對，預計在警察清查完拉法葉公園二十四小時內、大多數人週二下班前就發布。

霍夫曼來自南卡羅來納州，畢業於里奇蒙大學與維吉尼亞大學法學院。他在美國空軍預備役總法律顧問團服務了有十年之久，而且仍在服役，二〇一九年五月加入五角大廈公共事務部門。他經驗豐富，曾在小布希行政團隊擔任各種高級職務，也在私部門從事公共事務和政府關係工作，然後於二〇一七年初加入川普政府，為約翰．凱利（John Kelly）將軍管理通訊事務。大約在我成為國防部長一個月前，他開始在此工作，總統在推特上說我將接任部長的那天，是我第一次見到他。

我欣賞他的聰明才智，他精通政治，善於與媒體相處，並且很坦誠地告訴我他的評估和建議。他學習很快，也對正在發生的事有所感，他迅速將我們討論的資訊寫在紙上。

當時已是晚上十一點多，我那天早上四點半就起床，所以我決定巡視指揮所最後一次就回家。這大概是我公職生涯中最漫長的一天。我犯了一些錯誤，有些是我自己做的決定，但有些事我應該預料到的。我十分懊悔，現在仍感到後悔。但正如一位好友後來對我說的：「馬克，沒人期待你要做到完美。你犯了錯誤，在未來你可能還會犯更多錯，我們只希望你能改正反省，下次再做得更好。」

那天晚上開車回家的路上，我想到川普對武裝部隊的看法有鮮明的對比。一方面，他高度重視軍隊。當他面對棘手難題，希望事情快速解決時，還必須展現大膽的行動和決心，國防部似乎就是首選部門。軍方在新冠疫情時執行的曲速行動以及在西南邊境修建隔離圍牆，就是最好的例子。

川普對軍事將領重視程度更高，他深愛軍裝、徽章、緞帶和裝備，那樣的形象十分重要。他把高階軍官捧得很高，稱他們為「我的將軍」。但對於高階軍官來說，與一位期待絕對政治忠誠的三軍統帥共事，同時必須維護軍方非政治服務的歷史傳統，處境著實艱難。

另一方面，他私下對軍事將領極其苛刻和不公平。六月一日，總統再次向軍隊尋求平息人民騷動的辦法，並表視對我們的能力有信心。但就在幾星期前，這位三軍統帥才在內閣會議室痛罵五角大廈的高層領導。

五月九日星期六，參謀首長聯席會議和我預定下午五點向總統報告中國最新消息，我們在會議開始前不久抵達白宮。我們大概六個人擠進內閣會議室，站在大會議桌周圍的座位後面，龐佩奧與歐布萊恩也在場。中央總統的座椅還空著，後面是各軍種旗幟，包括新成立的太空軍部隊。

我們等了總統一段時間，接著聽到總統辦公室前廳助理快速傳來的提醒聲：「他來了。」我們安靜了下來，而身著軍服的陸軍和海軍將領們姿態放鬆地起身站在椅子後方。川普愁容滿面走進房間——這不是好兆頭。他低頭看著地板在想別的事情，草草說了一句「大家好」，就坐了下來。

通常在參謀首長聯席會議上，總統比較放鬆。他會微笑，環顧會議室，跟那些他認識的軍官打招呼，然後說一些讚美的話。但今天沒有。我迅速填補無聲的尷尬，以開朗的口吻向總統打招呼，試圖轉換氣氛並說明會議目的。

我首先簡要說明議程：「總統先生，感謝您今天下午抽空與我、主席和參謀首長們會面。今天要向您說明我們對中國的計畫、程序與準備，這是五角大廈主要的戰略重點。」我接著說明，我將概述國防戰略和實施計畫，米利將軍「將審查全球的部隊狀態」，然後各軍種指揮官「將詳細為您解說首要計畫、作戰準備和其他您需關注的焦點議題」。

突然間，川普開始長達二十分鐘的長篇大論。他沒有咆哮，但顯然不快。他一邊講一邊環顧會議室，有時激動得漲紅了臉，說出他的看法：「偉大的美國軍隊沒有你們想像的那麼強。」「我們對盟友太有信心，他們顯然欺騙了我們！」「我們連阿富汗這個三流國家都打不贏。」

講到最後，他戲謔地模仿前國防部長詹姆斯・馬蒂斯的口吻說：「阿富汗人民很勇敢，他們善於戰鬥。」川普雙臂環抱在胸前，再次貶抑馬蒂斯為「史上最名過其實的將軍」。總統接著聲稱「中國軍隊比我們好」，因為中方的導彈技術和海軍規模。我插話說：「總統先生，在我看來毫無疑問，我們肯定可以打敗他們。」然後很快地補充陸軍最近測試高超音速武器可擊中目標所在幾英吋內一事。

儘管如此，他沒有轉移話題。繼續抱怨，如他最喜歡講的「美國海軍艦艇又醜又破」，然後數落航空母艦福特號的缺點，等等，等等，等等。我幾乎無法插話，米利將軍試圖說明，但也無法阻止。參謀首長們坐在桌前鐵青著臉。我感到擔心，挫敗感漸增，但我採取各種策略阻止他的行為或轉換話題，都無法改變。

總統抱怨說：「我給你兩兆五千億美元用於軍事上的重整，你還是打不過，贏不了的。」我認為他不是真覺得贏不了，只是在發洩情緒。但他對錢的部分深信不疑——他在軍隊上已經花了「數兆美元」，此外，如他之前在不同場合中多次說過的，「武裝部隊已經完全重整」，並且比以往都還要好。

當然，軍隊已經完全重整的說法是誇大其詞。自歐巴馬總統任期結束以來，我們當然已經往重整軍隊的目標前進，而且狀態進步許多。而且，川普確實在頭幾年推動增加軍費預算，大力支援了軍備，並為軍隊現代化提供了良好的初始投資。儘管如此，我們仍需要多年的金援，才能將軍隊轉變為未來應對中國所需的力量。

總統誇大其詞他對軍隊狀況的誤解，實質上已經造成傷害，因為在我們真正開始發展勢頭的同時，他和白宮團隊踩了煞車，削減了國防預算。實際上，他的二〇二一財務年度預算，比行政團隊要求的和國會批准的二〇二〇國防部總體預算，少了數十億美元。[1]我本人、五角大廈和國會的其他人極力向他解釋，但似乎總是被置若罔聞。

在川普心中，國防預算這件事，他已做完，任務已達成。行政管理和預算局負責人羅素・沃特（Russ Vought）屬鷹派，似乎從未熱衷於增加國防預算，證明了這一觀點。白宮幕僚長米道斯也認同，他於國會任職期間同樣不支持增加國防預算。但這就是我讚賞國安顧問歐布萊恩之處，他反對白宮刪減國防預算並提倡繼續投資國防企業。事實上，儘管我和其他人在內部大力宣導，但我對川普同意進一步增加國防預算沒有信心——資金才能繼續重整他承諾的美國軍隊。我們在許多場合都努力過了，但皆以失敗收場。

回到那個五月星期六下午的會議室，我跟米利將軍積極尋求機會反駁。這些情節我們以前經歷過許多次，所以這次川普並沒有嚇退我們。我們呈現事實、數據和消息，盡了最大努力，但總統並不想聽這些，他只講他想講的。我試了幾次將談話拉回主題，或讓他與四星將領談話，但川普總會打斷並開始另一話題。

這場會議本非我提議，但進展到這地步則令我擔憂。儘管如此，那天下午我來到白宮西廂，原本希望對每個人來說都是正面的經驗。總統很少會見參謀首長聯席會議成員，所以我認為這是相互了解並建立融洽關係的契機。但現在情況急轉直下，而且每分鐘都在惡化，真正令人挫敗的是我無法停止或轉移話題。

我愈來愈擔心，總統的長篇大論會影響最資深的軍官及他們對這次會議的看法。我心想，總統這麼做實在愚昧。向這些保衛國家、承受風險且遠離家人的專業軍官說出非真實的聲明，毫無根據地抱怨美軍的能力及軍備，總統應受譴責。我無法想出更糟的三軍統帥了。

最後，站在我們身後牆邊的工作人員說，是時候讓媒體進來拍照和提問了。感謝老天，又被行程安排救了一次。川普講不到一分鐘，也沒有回答任何問題，他認為這樣會「讓媒體抓狂」並製造懷疑的氣氛。星期六下午這樣一場特別的白宮會議，有他本人、參謀首長聯席會議成員跟我一起的合影，會讓媒體激動。他說：「讓他們去猜。」

之後，我本該和總統、其他內閣官員和夫人共進晚餐，米利將軍及其他四星將領都已先離席。會議結束時，我私下找米利，要他把參謀首長聯席會議成員召集到外面，聽他們的說法，想辦法說服他們。我猜他們會對川普的行為感到不安和憤怒，但他們需要知道我跟米利在處理。米利也有同感，並打算在大家離開前把他們拉到一旁談談。我們談話後不久，他確實發現參謀首長聯席會議的情況並不樂觀。

幾個月後，其中一名在場的軍官打電話告訴我，那天晚上回家時，他對總統的行為和說詞深感擔憂。他以非常冷靜的語氣說，隔天早上他開始細讀憲法第二十五修正案以及內閣對總統的制衡功能。他想了解「內閣需要考慮什麼」以及執行流程為何。

儘管我與川普的關係逐漸產生摩擦，但我仍認為能夠管住總統和他最糟的本能。此外，他所說的還有建議的許多事情雖不得宜或古怪，卻也還不到需要行使憲法第二十五修正案的程度。然而，當時距離六月一日還有幾週的時間，而二〇二一年一月六日才是最難以想像的。這次會議固然很糟，但我總覺得，至少讓這個國家最高階的軍官了解到，我在漫長的夏秋季以及之前的好幾個月裡，必須管理和處理的事情。*

---

*原書註：二〇二〇年六月三日後，川普總統公開抨擊國防部高階軍官。九月七日，川普表示「五角大廈的高層想要開戰，這樣才能讓所有製造炸彈、飛機和其他軍備的優秀公司開心」，暗示我們會為了填飽他們的荷包而發動戰爭。這說法完全錯誤又可恥。真要說的話，我和米利將軍是最不可能支持軍事行動的。我和米利憤怒地打給幕僚長米道斯，試圖讓川普撤回聲明，以防止未來的衝突爆發。

第14章

最黑暗漫長的時刻

六月二日早上，我的座車接我上班時，新聞報導指出我們週一深夜離開FBI指揮所後，華盛頓特區沒有大型暴力事件爆發。這是好消息，希望這代表川普不會繼續施壓，要我們在市內部署現役部隊，而且國民兵支援也陸續到位，我們已為週二晚上做好萬全準備。時間會告訴我們答案。

我找霍夫曼開會，把先前請他撰稿給部隊的訊息討論了一下，修改了幾處。接著聽取新冠疫情的最新簡報，然後與駐韓美軍指揮官羅伯特·艾布蘭將軍通電話。畢竟，不管是疫情還是國安，並不會因為大街上的抗議活動就止息。

那天下午發出的訊息，強調我們捍衛美國憲法的誓言。* 內容包含保護所有美國人民的言論自由以及和平集會的權利。我認為必須為沮喪、憤怒、想表達意見的民眾提供這樣的機會。話雖如此，在特殊情況下，我們也有維護法治、保護生命自由與支持政府當局的義務。我們不能允許少數人的暴力破壞守法公民的權利和自由。我繼續提醒，一如既往，我們承諾在這些動盪不安的日子裡，不受政治操弄。

那天在離開五角大廈前，我從幕僚處快速掌握最新情況。抗議活動在美國數十個城市持續，總統的

* 二〇二〇年六月二日致國防部同仁的訊息，請參閱附錄C。

言論仍然激烈，行使《反叛亂法》的討論依然存在，但至少支援的國民兵終於達到穩定的數量。午後稍早，資深主管向我報告最新情況，他說：「部長，我們在市內設置戰力的進度良好。」我很欣慰支援的國民兵抵達首都，但他的話就像指甲刮著黑板一樣尖銳刺耳——前一天與州長通話時，我不該用「戰鬥空間」一詞。我謝過他接著補充說：「在這樣的狀況下，我們都要避免使用軍事用語。」我知道「設置戰力」沒別的意思，只是另一個慣用語，但我們需要互相提醒，使用最正確的用語。

那晚，我在家整理工作文件時，開了電視看當天的新聞報導。我每三十分鐘轉台，了解每家新聞台提供的不同觀點，但沒一個是好的。

我是習慣早起的人，所以通常晚上十點就寢，但那晚我挑燈夜戰。看著新聞報導與團隊給我的報告，我愈來愈擔憂。美國已經有十幾個城市發生動亂，而且情況愈來愈糟，維護法理秩序事關重大，必不可缺。但如何區分和平抗議人士與暴力分子，也非常重要。然而，川普不去解決根本問題來癒合分裂，反而火上加油，並將美軍捲入其中。執法需要在同理與同情中取得平衡。

在美國，抗議、騷亂並非二十一世紀獨有的現象，自建國以來就是歷史的一部分。憲法第一修正案明定向政府請願以解決不滿、維護言論自由、集會自由的權利，幾世代以來美國人民經常行使這些權利。事實上，今天許多人都記得一九六〇年代和七〇年代初發生的民權、反戰和其他大規模抗議活動。

美國民權運動的核心是抗議執法人員的不當行為，尤其是對少數族群濫用武力且缺乏對警方的問責制度。一九六五年八月，洛杉磯警察的濫權施暴引發瓦茨暴亂（Watts riots）。起初，加州公路巡警攔查一名涉嫌危險駕駛的黑人男子，隨後加劇為肢體衝突，逐漸失控，最終引發六天的暴亂，導致三十四人不幸喪生。加州政府不得不調派近一萬四千名國民兵支援一萬六千多名執法人員，以穩定局勢。

自瓦茨暴亂二十七年後，洛杉磯發生了最大規模的抗議活動。當時一名警察被指控對黑人羅德尼·金（Rodney King）濫權施暴，卻獲得陪審團判定無罪釋放，其後爆發動亂。如瓦茨暴亂一樣，這次動亂也歷時六天，但在市內好幾個地方爆發。一九九二年四月下旬到五月上旬，成千上萬民眾走上街頭，引發一連串暴力、縱火和搶劫行為。加州州長皮特・威爾遜（Pete Wilson）無法管制街頭民眾，請求老布希主理下的聯邦政府出手協助，總統隨後行使《反叛亂法》，因此加州國民兵聯邦化，並授權聯邦部隊協助執法以恢復秩序。

在國內動盪、社會正義和公民權利方面，二〇二〇年是美國歷史上的一大轉捩點。三月十三日，肯塔基州路易斯維爾市警方射殺手無寸鐵的布倫娜・泰勒（Breonna Taylor），警方「沒有敲門」即闖入布倫娜家，開始槍戰。五月二十五日，一名警官在明尼蘇達州明尼亞波利斯市對喬治・佛洛伊德施暴致死，整個過程被錄了下來，隨後這起事件備受矚目。該名警官以膝蓋強壓佛洛伊德頸部超過九分鐘，以致他呼吸困難喪生。佛洛伊德之死在明尼亞波利斯－聖保羅都會區引發了數晚的抗議與動亂，接著蔓延到全國各地。

截至六月初，美國兩百多個城市爆發民眾群集抗議，騷亂中伴隨搶劫、暴動、縱火，導致許多地方施行宵禁。與此同時，有些州動員國民兵以協助執法，維持抗議活動秩序的軍隊人數高達四萬三千人。

那個週二晚上，我坐在家裡，開始評估全國各地正在發生的事情，並與週一白宮內會談內容並置。我回憶起美國史上類似的關鍵時刻，並反思我的就職宣誓，也仔細思考美軍在社會中的適當角色。我反覆思索，方向愈加清晰，我決定撰寫一篇講稿，不到十二小時後發表演講。

我的演說談到佛洛伊德事件，反思美國的種族歧視，談論我們對憲法的神聖誓言，最重要的是，表達我對國內動盪時刻行使《反叛亂法》及動員軍隊的想法。我擔心國家開始失控，動搖國家的根基，需要有人抓牢方向盤、腳踩煞車，穩住大局。

我知道這聽起來很無禮，但川普做不到，即使他有能力也不會這麼做。他對法律秩序非常狂熱，執著於不能顯得軟弱。他直覺的反應便是要求軍隊來解決問題，這可能表示將行使《反叛亂法》，派遣聯邦軍隊。這絕非辦法，若一意孤行，可能只會使情況加速惡化。我覺得是時候站出來尋求轉機了。我在午夜左右開始撰稿，近凌晨兩點完成。就寢時我筋疲力盡，但心中感到滿足。

隔天早上我沒去健身，直接前往辦公室。我將講稿寄給我的幕僚長珍妮佛．史都華，並請她召集團隊討論內容及安排記者會。國防部，甚至整個國家，都深陷危機之中，而且情況似乎愈演愈烈，是時候該站出來發聲了，但我必須處理得當，選擇精準的用語、合適的語調以及正確的態度。

這是歷史性的一刻。我希望展現出五角大廈文職領導人冷靜、穩定的氣質。我想談談我們的誓言與價值觀，因此演講發表遍及各地的聽眾，有世界各地偏遠基地的軍官和家人，國會山莊和橢圓形辦公室，以及全國城鎮市郊。

美國人民需要對國防部的職責和忠誠有信心，儘管受到批評，我們仍致力不受政治操弄。人民必須知道並相信我們會捍衛憲法及民眾和平集會、表達想法的權利。我費盡心思撰寫講稿，盡量避免與白宮對立或顯現有特定政治立場。

當天早上八點半，團隊聚集在內部會議室，在場的有諾奎斯特、海騰將軍、史都華、霍夫曼等人。米利將軍當天早上並不在五角大廈，所以他打電話進來，但一反常態地在會議中十分安靜。講稿的副本已發給在場每人，得到團隊坦率的反饋十分重要。我非常尊重在場所有人，畢竟我們一同經歷了許多事。在過去幾個月的艱困情況下，他們也證明了自己的能力。我深知他們真誠、謹慎及多元的想法，能幫助我把想傳達的訊息說得更加恰當。

我們反覆討論某些內容是否應該放在演講中。好消息是大家都同意這個演講的重要性，但會議接近尾聲時，有人擔心表達反對行使《反叛亂法》的句子可能帶來問題。他們深信若我說出來，必定產生重大影響，出於謹慎和關心，希望我再考慮一下。

討論了幾分鐘後，我表達對這個議題強烈的感受。坐在我對面的海騰將軍提出他深思熟慮的觀點，我十分欣賞。他說道：「部長，若這是您的感受，而且是非常重要的訊息，那麼您應該說出來。」語畢，他眼神堅定地點了點頭。我想了一會，說：「好，那就這樣吧！」會議就此結束。我八小時前撰寫的稿子基本上沒有改動，只是在把一些用語修飾得更妥當。

有人問到米利將軍是否一同上台演講，但我不打算這麼做。這個時刻需要文職官員領頭，清楚表達是誰主導、誰下命令、誰來負責。我要的是我作為國防部長，在針對民眾部署軍隊以平息抗議騷亂一事的想法，畢竟這些想法，我已向總統報告過了。這是我自己的決定，我會好好解釋。

此外，最近出現不少批評，認為軍方對文職領導處理敏感議題的權限有諸多干涉，從在首都華府部署軍隊一事清晰可見。我想向美國人民保證，行使《反叛亂法》不是解決危機的辦法。因此，讓軍官跟我一起站在講台上，即暗示繼續讓軍方介入。米利將軍需要與我們保持距離，展示軍隊在危機中的適當角色。畢竟，我過去幾個小時就是聚焦在準備說明這些議題上，以及我作為國防部文職領導的演講。

上午十點，我踏上演講台，感受到這一刻的意義。由於疫情的關係，到場記者為數不多，大多數皆以電話遠端採訪。雖然很自然地與在場的記者談話，但我也想與美國人民對談。我打開講稿，以平靜慎重的語調，直視前方的黑色小攝影機，盡我所能不受被在場人員干擾，開始七分鐘的演說。六月三日星期三的這場演說持續發酵，改變了我和其他人的命運。*

我首先回顧了佛洛伊德之死的悲劇，這個火苗點燃了美國長期以來日益惡化的種族歧視問題。我表達了我的觀點，認為應該追究相關員警責任，我謹代表國防部向佛洛伊德的家人朋友表示哀悼。

同樣重要的是，必須承認「種族歧視確實存在於美國社會，因此所有人都必須盡最大努力意識它、對抗它、消滅它」。我作為政府軍事機構的官員，擁護多元包容，憎惡歧視。此外，雖然我們積極著手處理，但仍有許多需要努力的地方。

我也明確表示，國防部所有人皆宣誓支持和捍衛美國憲法，包括言論與集會自由。我說「美國軍方

*二〇二〇年六月三日五角大廈簡報室的逐字稿，請參閱附錄D。

宣誓捍衛這些權利」也「支持人民和平行使這些權利」。我補充說：「美軍會義不容辭地為這些權利和自由奮鬥犧牲。」

我公開表達我與總統的不同立場，其中引起強烈關注的關鍵句子如下：

我向來認為在這類情形下，最適合提供當地執法人員必要支援及後援的角色，非國民兵莫屬。我不僅是以國防部長的身分，也是以前士兵和前國民兵的一員這麼說。只有不得已的情況下，才會動用現役部隊執法，而且只限於最緊急、最迫切的狀態。但我們現在並非處於那樣的情況，因此我不支持行使《反叛亂法》。

最後一句話會激怒川普。

我接著講述了週一下午在拉法葉公園發生的事情。在回答記者提問期間，我承認，儘管我努力保持不受政治影響，遠離政治局勢，雖然我通常能夠成功做到，但這次我沒有辦法。

我回答了幾個問題，但意識到我還得去白宮開會，而且還有最後一件事要對軍隊說，於是我結束提問時間。我轉身看著房間遠處的攝影機，說我想再次直接與國防部的兄弟姊妹談話。我感謝他們為所有美國人民捍衛憲法的專業和奉獻精神，也感謝他們過去幾個月中所做的努力與成就。最後，重要的是，我要他們「時刻牢記我們作為政府部門一員與公僕的承諾，在這段動盪的日子裡保持中立不受政治影響。兩個世紀以來，美軍因隨時保護服務所有民眾，而贏得全國人民的尊敬。」

語畢我走下講台，回到樓上辦公室，為接下來的一切做好準備。上午十點半左右，米利將軍已經在我辦公室外等候，我請他進來談話。我坐在桌前，感覺很好——我很滿意直接與全國人民對談，也對內容十分有信心。米利說：「部長，演講很成功，記者會圓滿結束。」

他接著說，等下與總統面會談論阿富汗議題，「場面會很難看」，川普會「把你大卸八塊」，這是米利最喜歡講的俚語。我同意他說的，並不期待與總統會面，也知道這就是開記者會的後果。我笑著說：「你跟法蘭克（麥肯錫將軍）兩個去開會好了，就跟總統說我去看牙醫之類的。」他呵呵笑了。

米利不想讓氣氛那麼沉重，開玩笑說接下來的一個小時就像西點軍校的新生，得忍受高年級學長的欺壓。我苦笑了一下。在軍校時，只能有四種回答，現在我有更多回答的方式了。

那已經是快三十八年前的事了，入學時舉辦一場大型的領導比賽，以測驗新生的勇氣並訓練如何應對炮火。但現在可不是比賽。的確，「責任、榮譽、國家」這根深蒂固的理想，正經歷當時的我還無法想像的考驗。我開始思考在橢圓形辦公室事情會如何發展，以及我該如何應對——保持冷靜，如實陳述，堅持立場，不要讓步。我並不期待這次會面，但制定了策略後，我起身說：「好，準備好了，我們走吧！」

自去年夏天以來，總統和我之間的關係愈發緊繃，我們的隔閡不斷擴大。彈劾案結束後，他的想法和言論愈發令人震驚。軍隊的政治化對我來說是底線。所以，當我起身拿西裝外套時，帶著堅定平靜的心情對米利說：「如果終究要對決，那不如現在就開始吧。」我原以為總統會當場將我免職，但若被開除也值了。話雖如此，一想到實現美軍現代化、重整美軍在世界各地的力量、改革國防部及制定對中國的戰略等進展可能會因此停滯不前，我感到難過。還有，我們的軍人跟軍眷該怎麼辦呢？

我打開門向團隊要了一份記者會的講稿，我想做好萬全準備，因為我知道有人會試圖扭曲我的話。我標註了總統可能會提到的幾個部分，以及我想重述的幾句話，接著驅車前往白宮。

我跟米利先到白宮戰情室，助理告訴我們，總統想在橢圓形辦公室見我。我上樓走進前廳，總統特助直接揮手讓我進去，米利跟在後面。我看到川普在堅毅桌後，筆直地坐在椅子上，雙臂交疊，表情嚴肅。米道斯坐他左邊，氣氛沉寂凝重。我走進辦公室坐在總統面前，米利也在我旁邊坐下。如果說我原本不確定川普是否看了記者會，或是至少接獲我開記者會的消息，此時看他的表情，毫無疑問，他絕對知情。

川普幾乎立刻展開一長串的抨擊，質疑我為什麼這樣做，為什麼這樣說，並指責我扯他後腿。他大聲咆哮：「你背叛我！我才是總統，你不是！」他怒目而視，不斷指責我，而我面無表情地看著他。他說，要不要行使《反叛亂法》是「我的決定，不是你」。他大吼道：「我才是總統！這是我的特權！」我直視他的眼睛，同意他說的這一點。他咆哮說：「你拿走我的權力！」我仍然直視著他，不同意他的說法。我以平靜直接的口吻回答：「總統先生，我並沒有拿走您的權力。」我表示「我只是說明我的看法及建議」，跟我過去做的一樣。他吼回來：「這不是你該做的事！」我再次端坐好回答：「總統先生，我並沒有說這是我該做的事，我說這是我的建議。」川普顯得更加激動。

總統試圖證明《反叛亂法》的必要性，再次宣稱「抗議活動讓我們」——意思是他——「看起來軟弱」。我不同意他的看法，回應他我在週一那天以及今天記者會上說過的論點，我說：「我並不認為這些抗議活動有到需要行使《反叛亂法》的程度，若執意如此，情況將會急遽惡化，並且對整個國家帶來不良影響。」

川普停頓了片刻，說：「我不敢相信，你竟然挑聽證會的時候舉行記者會。」我沒料想他會這麼說，我細微的表情跟肢體動作可能讓人察覺到我的驚訝。總統指控，我故意選在早上十點舉行記者會，正好與參議院司法委員會對FBI「俄羅斯門」調查案*舉行聽證會同一時間，藉以轉移全國民眾的注意力。我事後才知道聽證會的時間。據稱，前司法部副部長在參議員林賽．葛瑞姆（Lindsey Graham）面前作證，但我甚至不知道委員會要開會的事。顯然對川普而言，某些事情會發生，驗證他「俄羅斯獵巫」的說法，而我擾亂了他的辯護計畫。我並不打算為此辯解。

總統又言之鑿鑿地指責我說永遠不該使用軍隊，我不支持使用國民兵來解決民眾集會抗議的動亂。

我告訴他，他說的不對：「總統先生，我不是這樣說的。」隨即解釋我的原意，川普加強語氣大吼：「你就是這樣說。」於是，我從放在膝上的公事包中拿出演講稿，指出重點標示的部分，並在空中晃了晃，然後放到堅毅桌上。我用力的把講稿放到桌上推到他面前，「總統先生，這才是我說的話。」他很快低頭瞥了一眼，但仍正坐在椅子上，雙臂緊緊交疊在胸前，根本不想看。他無言以對。我贏了，他不再堅持他的論點。

我們向單打比賽的網球選手一樣，一來一往地攻防戰，米道斯跟米利在旁靜靜觀看。川普砲火猛烈的攻擊，而我回敬簡短、直接、平穩的答覆。最後他說：「就因為你，我不能行使《反叛亂法》。」我默不作聲。當然，他的理解並不完全正確，但我很高興他有這種感覺，而且不打算否定他的結論。這場會面很快就結束，我起身離開橢圓形辦公室，米利跟在我後面。

剛好，我跟米利已經約好十二點十五分與總統和國安團隊報告最新進度。在前往戰情室的路上，我開始考慮要不要辭去部長一職。我跟米利倆討論了我們的未來。

下個會議的目的是向總統報告我們計畫在二〇二〇年間，減少駐阿富汗美軍的數量，其決定跟我們與塔利班簽署的協議一致。會議報告相當簡單，中央指揮部指揮官麥肯錫將軍向所有人說明進度。我走進戰情室時，龐佩奧坐在最靠近門邊的位置，他抬頭看我，微笑著說：「勇氣永不放棄（Courage never quits.）。」這句話是我們西點軍校同期的座右銘。我謝過他的同理心和鼓勵，微笑並簡短回覆「是的，謝謝」，接著往桌子的另一邊走去。

儘管氣氛緊繃，但與川普的會議如期展開。不管剛剛在橢圓形辦公室發生了什麼，我還有任務在

＊ 譯者註：「俄羅斯門」涉及俄羅斯干預二〇一六年美國總統選舉的政治事件，其中包括了川普競選團隊和俄羅斯政府之間的聯繫和協商等相關指控。

身，我有責任跟軍事將領一起向總統報告最新情況與回答問題。我決定假裝什麼事都沒發生一樣，在會議一開始回顧了總體政策以及美國與塔利班簽署的協議。然後說明，我在年初深入研究了美軍在阿富汗的部隊實力和基地足跡，美軍到過阿富汗哪裡，以及「預計在未來幾個月內去哪裡，與二月份的協議和先前規劃一致」。

隨後，我把簡報交給麥肯錫，由他詳細說明主動撤軍行動的細節和問題。儘管我跟龐佩奧反覆強調已商量好的時程和「基於條件」方式的重要性，麥肯錫將軍開始解說時，從總統的評論和問題中可清楚感受到他希望美軍盡快離開阿富汗。川普不僅堅持「離開那個地方」，而且要確保我們「不會像在敘利亞那樣留下任何設備或基地」。

會議進入尾聲時，不知何故有人提到伊朗。麥肯錫承認作為中央指揮部指揮官，他也應對這問題負責。他指出，若有必要，他會持續「完善選項」以供總統參考，並根據我提供的指導方針「更新作戰計畫」。這引起川普的興趣，他問起目前「有哪些選項」跟「什麼樣的作戰計畫」。

麥肯錫已經耗費超過一年的時間，發想並改善各種作戰計畫，他對細節十分熟稔。由於他渴望與總統分享行動的細節，再加上他對任務成功的信心，川普開始誤認為這些計畫相對快速、容易執行、成本低廉。我跟米利已經見過幾次這樣的場面，也知道接下來總統要做些什麼。

川普和麥肯錫坐在戰情室會議桌的盡頭，總統坐在最前面，中央指揮部指揮官為簡報者，坐總統右邊。從川普熱切地靠向麥肯錫的姿態，可以看出他在想些什麼，好像會議室只有他們兩人一樣，他開始拋出引導性的問題，例如「實際上需要多久時間？」和「你認為這會有多難？」

我跟米利坐在長桌兩側，略靠下方，但隨著提問的增多，我們很快意識到是時候插話了。我們幾乎同時說「等一下」和「哇」，試圖阻止麥肯錫，把討論內容拉回正題。否則，我們有可能被下令對伊朗發動軍事攻擊。

毫無疑問，我們的戰略計畫能成功，與伊朗的軍事衝突也會獲勝。但問題是與獲益和目的相比，成本和風險又是多少——事情正反兩面都必須考慮。如同我過去對總統說的，並補充了諸如「麥肯錫將軍需要向您詳細解說完成任務所需的兵力、延長戰線、萬全的軍備、所有其他細節，包括各方預估的損傷」等話。

米利隨即在我之後開口，要麥肯錫告訴總統「所有其他細節」，透過一連串我們先前在五角大廈已經討論過好幾次的問題，讓麥肯錫、川普和在場其他人都清楚明白，比如美軍、盟軍和敵軍的傷亡人數、船隻飛機損失數量、設施損壞的比例、所需資源與彈藥需求等。雖然只是預估值，但川普和其他人都必須知道。麥肯錫盡責地回答每個提問，我跟米利會補充其他因素，如戰爭持續時間、衝突後的部隊需求以及對世界各地其他任務的影響。

對談顯示總統仍渴望對伊朗採取行動。這令人不安，但我們臨場發揮和麥肯錫實事求是的回應，對於梳理所有軍事行動的問題、擔憂、後果和未知數，非常寶貴，這一切足以讓總統打消念頭。儘管白宮有人從旁煽動，但川普立場堅定，他不希望在中東開戰。現在沒有十足的理由值得冒險與伊朗發生衝突，他確實意識到成本大於獲益。

會後，當我們走向座車時，我跟米利將軍討論剛剛總統差點要對伊朗行動的險情。米利也不滿歐布萊恩試圖煽動總統採取行動，敦促總統「嚴厲打擊他們」，正如身為國安顧問的他過去一再建議的那樣。然後米利換了話題，靠我更近，帶著幾分輕蔑的語氣在我耳邊說：「你有沒有注意到，剛剛的會議，總統幾乎沒有看你一眼？什麼狗屁。」我當然注意到了，尤其是當我與他交談的時候。他還在生氣，想把我開除。

不過，就算他最後真的開除我，我也沒關係，我堅持我的原則跟立場。幾個鐘頭後，看到我的記者會開始發揮效益，亂象逐漸平息，整個國家總算漸趨穩定。

截至週三，媒體、主播名嘴和一群退休軍官忙著評論過去四十八小時的事，批評軍方在拉法葉公園事件中所扮演的角色。最初的報導往往有錯誤資訊，但這次許多後續報導的內容仍是如此。看到這麼多人，包括前國防部高階官員，重複錯誤資訊說川普動用軍隊、催淚瓦斯和橡膠子彈把無辜的抗議民眾從公園驅離，不免令人沮喪。這不是真的，儘管有證據證明，假消息仍不斷傳播。在一些人重複或放大這些假消息和指控，或繼續批評我們在拉法葉公園或與州長們通話的失誤之前，我跟米利是很歡迎有禮貌的私下談話的。但我想，假消息大概太吸睛了，沒有人想調查真相或者先向我們求證。

一個月後的七月九日，我跟米利到國會作證，重申這幾週華盛頓特區國民兵指揮威廉．沃克（William Walker）將軍等國防部官員所言：六月一日國民兵並無與拉法葉公園的抗議民眾有肢體接觸、無射擊橡膠子彈，亦無使用任何化學類型的維安工具。國民兵全體都盡職盡責，從未侵犯任何美國人民和平集會表達自由的權利。

事實上，一年後二〇二一年六月九日，拜登執政下的內政部監察長報告指出，驅離民眾是公園警察和特勤局的決定。國民兵的任務是維護預先建立和擴展的安全範圍，而他們確實執行了。[1]

♜

六月三日星期三，我傍晚六點左右回到家，歷經漫長疲憊的三天，也不知未來會如何。妻子莉婭當時在田納西州探望她父母，但她決定提早回來，星期四開十一個小時的車返回維吉尼亞州。因此，我有一整晚時間，獨自思考當天發生的事情，以及接下來該怎麼做。我的內心跟理智都告訴我，公開反對行使《反叛亂法》是正確的，似乎已經達到阻止川普和日益動盪局勢的作用，現在我仍需要在有限的時間內進一步緩和情勢。

輾轉難眠的一晚後，我在週四早上七點四十左右進辦公室。我伸手拿起前晚送來的機密資料時，看到壓在桌面玻璃下的紙卡，這是前國務卿柯林．鮑爾（Colin Powell）的十三條領導力守則。我喜歡讀這些守則，不時提醒自己不要迷失方向，就像我們在軍中常說的，確保個人方向定位正確且恰當。此外，這位退休的四星將領和前國務卿是我少數的知己，在未來艱難的幾個月裡，他的智慧將指引我方向。鮑爾第一條守則，簡潔地提醒我：「事情沒有你想的那麼糟！明早會更好。」真的，週四的狀況已較週三好多了，全國各地的暴力事件正在平息，關於動用現役部隊的討論已大幅減少。正如我所期望，昨天早上的演講似乎打消了行使《反叛亂法》的狂熱。

然而，現在不是慶祝或滿足現況的時候，我們需要繼續向前推進。那早我會見了米利、麥卡錫與史都華，是時候將特區約一千三百名現役部隊逐漸撤離。週二那天，我也未諮詢或通知白宮，悄悄撤離了前來支援的國民兵。

現在我想盡快讓陸軍第八十二空降師返回布拉格堡。大約七百名傘兵在華盛頓特區以南約十四英里的維吉尼亞州貝爾沃堡駐紮，來自其他崗位的警力則駐紮在馬里蘭州的安德魯斯聯合基地。此時此刻，即使我們錯估形勢而市內暴力事件激增，我也不希望總統能迅速動用現役部隊，眼下我們已經設法將他們安排在特區以外。進入華府的國民兵已有相當數量，所以我決定將所有現役部隊送返基地。我也未將這些行動通知白宮，我想他們肯定會推翻我的決定。

我也覺得此行動與我週一跟總統的面會內容是一致的。更重要的是，我對美國人民及維護軍隊與社會之間的關係，負有更高的責任；將現役部隊撤離，則更加表明我們理解如何恰當地使用武裝部隊和遵循憲法規定。

那晚白宮幕僚長米道斯打電話到我家裡，建議我「寫封信給總統」，大致要表達的內容是，我在記者會上所說的並不是我本意；換句話說，他要我表明「不反對行使《反叛亂法》」。我跟米道斯來回討論要寫什麼，我好奇他想要多荒謬的內容。如我所想，米道斯暗示總統依然憤怒而且十分想開除我，他認為這封信「有助總統大幅冷靜下來」。當然，我知道不太可能，而且白宮會立即把這封信發給媒體，好對付我。最重要的是，這麼做不對。我簡潔地告訴他：「不，我不能那樣做，米道斯，我堅持我所說的。」就這樣，結束了通話。莉婭剛從田納西州回來，無意中聽到我們的對話，她也不敢相信。

米道斯隨後又打給我，這次他採用不同策略，語氣更具攻擊性，就像影集《黑道家族》的老大東尼・索波諾（Tony Soprano）。他劈頭就說：「如果你不寫……我會用媒體毀掉你。」他會讓我身敗名裂，我可以想像他在電話的另一頭，漲紅著臉，跟其他人挑戰他或要他回應困難問題的時候一樣。我很驚訝他竟然威脅我，但至少他很誠實。不過他也激怒了我，現在我是絕對不可能寫的，就把電話掛了。

那晚米道斯又打了第三通電話來，態度一百八十度轉變，以冷靜的語氣說：「馬克，忘記我剛剛說的，我們剛剛都太緊繃，你是我們團隊重要的一員，我們很感激你在國防部做的所有事，我們好好把這禮拜過完，以後再談這些事吧。」對他的說詞我根本不買帳，但我謝過他的來電，就這樣。真的很古怪。

我還是就寢了，我知道我的行程表上有滿滿的會議和電話安排，可是這種日子似乎沒有多大意義。儘管米道斯最後一通電話語氣稍緩，我仍不知明天或未來幾天我是否會留在國防部長這個位置上。我懂川普的行為，親眼見證過很多次，所以我很清楚他們在橢圓形辦公室是怎麼討論「要如何處置艾斯培」。他很可能說我壞話，就像他對其他阻礙他的人那樣。

大衛・厄本（David Urban）是我在西點軍校的同窗好友，他與川普及其團隊十分親近，他和馬里蘭州其他朋友告訴我，「川普競選團隊怕他又辭退另一位國防部長」，認為這會「扼殺連任機會」。他們是以這樣的角度看待我的，龐佩奧跟其他人也幫我說話。從米道斯最後一通電話，我很清楚我有意想不到的影響力。

♜

華盛頓特區依然是個火藥桶，因此我用不同方法阻止爆炸。週五的重點是將現役部隊與國民兵撤離，同時找機會向大眾與抗議民眾展現撤兵的行動，解除現役部隊跟國民兵的警戒軍備、重新部署部隊皆是此一行動的關鍵任務。我們刻意向媒體展示我們的努力，提供他們軍警逐漸撤離特區的影片及照片，我們認為此舉能平息特區和全國的局勢，而這一點白宮似乎沒有能力做到——因此類似的狀況會再次發生，即二〇二一年一月暴民襲擊國會山莊事件。所以我們又一次在未諮詢白宮的情況下採取行動。

六月七日星期天早上，川普在推特上寫道：「我剛剛下令撤離在華盛頓特區的國民兵，一切都在掌控之中。部隊正在返家途中，但如果有需要的話，也可以立即返回特區。昨晚抗議民眾已比預期的少很多！」我沒料到他會這麼做，我未曾從他或是白宮任何人那裡收到命令。

何況目前局勢可沒有「完全在掌控之中」，特區裡仍有抗議民眾，我們也擔心任何可能會觸發暴力事件的因素，所以我們在幕後與其他州運籌帷幄，讓某些國民兵留在特區，至少留到六月九日在德州舉行的佛洛伊德悼念儀式結束。到了六月十二日星期五那天，所有調派來華府支援的國民兵已全數返回。

六月十一日，川普在看到前一晚西雅圖的抗議活動後又暴跳如雷，那天早上他打電話到國防部，要求米利「迅速嚴厲處置」，因為西雅圖快被「反法西斯分子占領」，而且「英斯利（Jay Inslee）州長很軟弱」。

上午九點，我正與以色列國防部長通電話，所以米利打給司法部長巴爾，告訴他發生了什麼事。他希望巴爾讓執法單位參與，並要他直接回應川普，而部長也願意這麼做。我跟部長對於由執法單位而非軍事單位主導有共識。我與龐佩奧一起參加的國務院活動不久後，見到了巴爾。而出發到國務院前，米利向我簡要說明情況，所以我跟巴爾一起討論如何將所有事情收尾。得知他早已處理妥當，我很高興。

一週後，六月十九日星期五，那晚總統打電話到我家，他從電視新聞看到華府有雕像遭抗議民眾拉倒，火冒三丈。加密電話在我臥房不遠處的小辦公室裡響起，這個電話鈴聲總能引起我注意。

總統在晚上十一點半的來電叫醒了熟睡中的我，我急忙起身到小辦公室接聽：「您好，我是艾斯培部長。」總統沒有寒暄，直接大聲說道：「特區的雕像被推倒了，下個就輪到傑佛遜跟華盛頓的雕像，你現在就派國民兵過去。」他怒氣沖沖地說了一大堆，我還沒弄清楚來龍去脈，便先回應：「是，總統先生，我立刻處理後回電給您。」就掛了電話。

我致電米利府上，說：「晚安主席，抱歉打擾了，但總統剛剛打給我，他說民眾推倒雕像，要我派遣國民兵到場。」米利也不知道發生什麼事，他說：「我不知道這事，我現在就看新聞。」我說：「好，我也在看。」但新聞上沒有特別的報導，於是我告訴他，我打電話給米道斯後再跟他說。結束了與米利的電話，我迅速致電白宮幕僚長米道斯，告訴他總統來電的事，還有國防部該如何應對，我說：「米利現在正在調查雕像的事，他很快會回電給我，有任何消息會立刻通知你。」幕僚長謝過我，結束通話。

與米道斯通完電話，我上網查看到民眾推倒自一九〇一年以來矗立於司法廣場的邦聯將軍阿爾伯特．派克（Albert Pike）的雕像。我從未聽說過派克將軍其人，也不知道特區裡有邦聯將軍的雕像，但似乎從一九九二年開始，特區政府就向國會施壓，要拆除雕像。[2]

米利回電給我說大概不到一百人，只有少數十幾人在惹事，華府警察已經在場，並且表明沒有軍隊支援的請求。事實上，推倒雕像後群眾就解散了，警方緊盯這些人，但他們似乎沒有意圖要繼續破壞其他雕像。

我向米道斯回報清況，他很實際，我們也同意今晚的「演習」到此為止，沒有派遣軍隊的必要。米道斯回電給川普報告最新情況，隔天早上我看到總統昨晚在推特寫道：「特區警察看見雕像遭拉倒燒毀卻毫無作為，這些群眾應該被立刻逮捕，整個國家都因他們蒙羞！」[3]

♜

從二〇二〇年六月一日到七日，這漫長的一週裡我們學到了許多教訓。作為政府機構，國防部跟軍隊在應對好幾十年都未發生的國內動亂與變化無常又混亂的白宮，十分有韌性且適應力強。當然，我們有失誤的地方，不管是我在與州長電話會議時誤用了「戰鬥空間」一詞，還是六月一日與總統一同步行穿越拉法葉公園，我們都狠狠地學到教訓，承認了失言，並做出改變。

我們也犯了戰術層面的錯誤，包括使用直升機在華府抗議民眾上空盤旋，以及動用其他州的國民兵RC-26偵察機來支援執法單位追蹤抗議群眾的動向。直到隔天我才知道直升機的使用，幾天後才得知動用了另一架飛機，但我立即指示調查這兩起事件。

在每種情況下，我們都確信政策、程序和法規均需要更新，並且在遇到類似情況前，我們必須對國防部部署軍隊更加謹慎和仔細審查。

與執法單位的合作模式也需要改善。我在六月十一日指示陸軍部長麥卡錫召開行動檢討會。這在軍中十分常見，單位成員透過互動討論，檢討行動安排造成何種影響、原因為何，以及如何在未來的演習中提高或維持績效。[4]檢討會後，我希望國防部跟司法部開一次會，分享我們的結果建議並探討如何改進。我跟司法部部長討論過，他也同意這事。

還有一事，我特別請巴爾部長和國土安全部代理部長長查德．沃爾夫（Chad Wolf）要求執法單位不要穿著綠色或是軍事迷彩服裝，這可能會讓民眾以為他們是軍隊成員。這一點，再加上憲兵借給執法單位防暴盾牌，上面印有斗大的「憲兵」二字，部分導致了某些錯誤報導，誤以為軍方與拉法葉公園的抗議民眾發生肢體衝突。我後來指示國民兵「如果無法移除或遮蓋裝備上的軍事標記，就不要出借裝備」。

如前所述，我跟米利於七月九日在眾議院軍事委員會作證，主題是「國防部在民事執法相關事務中的權力與角色」。當時華府激動的政治氛圍中，即使出席國會也會變成有爭議和引起誤會的事。委員會請我們於六月二日週二作證，當時我們正忙著協助執法單位應對華盛頓特區和全國各地的動亂。我的法務團隊一如既往開始與委員會商討聽證會的細節，如時間、日期、持續多久、範圍等。

但某些民主黨員將其視為黨派的政治問題，僅僅三天後，當我接到命令將現役部隊重新部署返回原駐地時，一名民主黨員的助手告訴媒體，我跟米利「拒絕」作證。新聞媒體《政客》報導了這一假消息。委員會的民主黨員隨後發表聲明說，我跟米利「不尊重憲法制度」或認為我們需要「向國會解釋（我們的）行為」。

這根本是胡說八道，我一直與軍事委員會保持聯繫。我致電給委員會主席亞當・史密斯（Adam Smith），相識多年以來，我十分尊重他，認為他深思熟慮、通情達理。我抱怨這些言論，並說這反映出政治最糟糕的一面，當國家陷入危機時，兩黨有穩定、思緒清晰的領導才是國家最需要的。我跟米利對國會議員十分敬重，而這種言論只會破壞彼此的信任。

史密斯十分專業，也對國會議員在媒體、推特上的說法感到遺憾，他能夠理解我跟米利在內部所承受的挑戰。我跟他說，首先我們必須經過白宮的同意才能出席國會，我的團隊跟米道斯辦公室討論過，但史密斯對此感到懷疑。

且不論之前發生過的一切，七月九日聽證會氣氛十分嚴肅，聽證會後我把史密斯主席拉到一旁，把我的感受告訴他，並且感謝他能讓整個流程順利執行。聽證會上某些議員不由自主地流露出些微黨派對立的氣氛，所幸沒有真正的政黨狂熱者參與。我跟米利能向委員會詳細講述六月第一週先後發生的事，也能回答大部分的提問。

六月對國防部來說是艱困的月份，尤其是國民兵。我對國民兵的表現感到無比欣慰，事後我也在不同場合告訴過他們好幾次。陸軍、空軍、國民兵都展現出十足的機動性、全心投入與專業。他們接下重重任務，從支援新冠疫情相關應對、跨州支援平息抗議事件到自然災害救援，國民兵充滿熱情、奉獻精神和素養。

他們在紐約搭建臨時醫院，在加州撲滅森林大火，提供物資給遭受颶風襲擊的墨西哥灣沿岸城鎮，並幫助維護明尼蘇達州的和平。他們往往要在短時間內離開原本的工作崗位和家人，有時甚至不知道任務內容、地點，或返家時間。

數萬名國民兵在國內各地部署長達數月，還有數千人長期駐紮世界各地的美軍基地。看到偉大的美軍執行所有任務，都令人熱淚盈眶；有時美軍被捲入政治鬥爭，往往令人沮喪。我們都很清楚自己對憲法的宣誓，我們效忠憲法與國家，而非總統或任一政黨，所以看到美軍受到質疑以及民眾與軍人之間關係緊繃，實在感到不安與糾結。

儘管如此，二〇二〇年的挑戰與艱辛，成就了國民兵史詩般的一年，在很多方面充分展現他們對美國的價值，以及他們對誓言和社會的堅定承諾。這一年，當民眾群集抗議或是需要幫助的時候，國民兵皆能挺身而出。國民兵理當在二〇二〇年的歷史留名。

二〇二〇年六月一日這週，是我任期與職涯中最糟、也最具挑戰的時刻。好消息是我在六月三日的記者會上打消了總統使用軍隊的想法，在六月五日前將華府及美國各地的警備鬆綁。我單方發出解除軍隊警戒、重新部署現役部隊及遣返國民兵的命令，向整個國家及白宮傳遞了強力的訊息。這些行動也將應對動亂的責任重擔交還給執法單位。

白宮對我這些決定十分不滿，甚至可以說滿腔怒火，總統的一言一行在在顯示我必須重新審視如何應對總統與其親信，總統在那一週的行為，對國防部領導人是史無前例的一大壓力測試，但我們堅持住了。最終成功守住我們不受政治影響與效忠憲法的誓言。

從六月一日那晚我跟米利在倒映池畔的對談起，我理解到總統把競選連任擺在第一位，而且願意做出任何事情來守住他的位子。人民可以犧牲，原則可以扭曲，政策可以根據當時需要而改變。

然而，我個人的觀點從西點軍校起至今不變：忠於誓言、國家優先、做對的事，並照顧人民。總統的做法與此相反，因此衝突無可避免。

現在我們之間的鴻溝如此明顯，在未來的日子裡我的新戰略更加清晰。到這關鍵的一週結束時，我的戰略原則大體上已確立。對內我採取進攻策略，每天盡心盡力地保護國家、改進《國家防衛戰略》及完善美軍軍備。對外，必要時我改用防守策略，確保軍隊不染上政治色彩、不濫用軍力或破壞國安。

想要成功做到這些，我也必須與媒體保持距離。尤其是當我的一言一行與總統的立場不同時，媒體便開始加強報導，這令我每日更是如履薄冰。我若說錯任何一個字，都可能被總統的親信拿來大作文章，免除我部長一職。

這樣的劇情早已在白宮上演，川普的親信想看我走人。我後來知道，他們時不時會向媒體釋放打擊國防部跟我的消息，甚至是假消息，而媒體一報導後，他們立刻向總統報告。我能想像他們手拿著一份新聞報導，雙眼閃亮有神地在堅毅桌前對川普說：「總統先生，你看看艾斯培的所作所為。」當然，在白宮有許多努力工作維持國家穩定的員工，但對某些人而言，「正直誠信」可能從沒在他們的字典裡出現過。

我多次說過，我只能控制我能掌控的範圍，而白宮在這範圍之外。但國防部的例行記者會還在我的掌控中。在即將舉行大選的華府充滿政治色彩的環境中，開記者會的風險遠遠超越好處，尤其必須閃避川普的影響。

簡而言之，沒有任何事值得危及我的戰略，我不會讓任何人扭曲我的意思或杜撰報導以致我被解雇。例如八月第一週的記者會幾天後，我參與阿斯本安全論壇（Aspen Security Forum）的線上訪談。論壇接近尾聲時，我被問及八月四日數千人受傷、兩百多人不幸喪生的貝魯特港口爆炸事故。

爆炸事故發生後幾小時，總統影射該事故起因於攻擊事件，但這只是國防部內部流傳的一個假說，那天我借機會向阿斯本的聽眾說明我們「仍在蒐集資訊階段」，補充說：「大部分的人認為是一起意外。」這句話讓《今日美國報》（*USA Today*）大作文章，斗大的頭條寫著「國防部長艾斯培稱貝魯特爆炸事故為意外，與川普不同調」[5]。其他媒體也用類似的角度切入，說明我跟川普意見相左，加深國防部與白宮不合的印象。但這不是事實。我是單就我所知的最新資訊來判斷，也只是比川普前一天知道更多的消息。

在接下來幾天，關於這個議題的爭論愈來愈多。正是因為這類的媒體操弄，就讓我在白宮的地位更加岌岌可危。更糟的是，這給了總統在大選前開除我的藉口，就會危及到我的戰略。事態如果發展到那一步，我相信川普會拉拔他的親信擔任國防部長，這樣一來，對國防部或全國來說，都是個災難。我必須用其他的方式讓大眾知道我們的說法，而我也確實執行了。

話說回來，我很後悔在選前兩個月沒有舉行國防部的例行記者會。從二〇一九年七月上任開始，我恢復了國防部的例行記者會，並逐漸增加頻率，在我沒有出差海外時增加到平均每月至少兩次。雖然某些人可能會抨擊這樣的頻率，但在以川普為中心的媒體環境中，這是在不危及我們的地位或主動性的情況下，最好的策略。

儘管如此，華府的黨派氣氛惡化到我在特區二十五年前所未見。國會山莊許多議員、媒體和智庫界的人士，不斷試圖將國防部捲入選舉戰或抨擊國防部。即便只是評論這些人的荒謬之言，也會危及我們的立場地位。然而，暫停兩個月的例行記者會，並不代表我的公開活動、採訪、演講或問答的結束。到十一月三日為止，我的公開活動比以往增加很多。

就我的戰略計畫，我跟米利將軍從六月一日的教訓中發想出新的「四不原則」：不打沒必要的仗、不做戰略撤退、不染政治色彩、不濫用軍隊。也許我們還能想出更多原則，但就目前為止，這四不原則將是接下來幾個月的指導方針。作為國防部長，我必須拍板決定，所以我對任何情況都更要能掌握應變。

過去的十個月以來，我跟米利從我們與川普及其親信應對的經驗中發想出這四不原則，我們好幾次察覺自己身在特別的處境之中。照以往的經驗，我們好幾次堅守自己的底線，成功打消白宮超乎尋常的想法，化解危機。但目前總統全心投身於競選連任，他的民調落後拜登四個多百分點，疫情重創他引以為傲的經濟，緊繃氣氛持續上升，沒有人知道白宮會提出什麼樣的策略來提高川普十一月勝選的機率。

我現在有內攻外防的戰略和四不原則，但必須制定出時程。之前的內閣成員一旦展現出與川普不同調便會遭革職，我仔細思索過後，答案十分簡單：若我能持續執行內攻外防到大選之日，而且守住四不原則，便能成功。在這個特殊的環境下，要再撐五個多月並不容易，但也非不可能。我擔憂川普可能因選戰的爭議動用軍隊，便將時程拉長到大選過後一週。因此，我祈禱無論在大選日發生什麼，結果都要「清楚乾淨」，這意味著在選舉人票計算上要有決定性的領先，無法挑戰，且沒有因作票而推翻結果的可能。我從沒預想過選戰結果，但不管如何，國防部都不會插手。

接下來的幾週我用新戰略計畫應對，但這段時間十分難熬。六、七月到處都是地雷：總統下了一道新命令要從德國撤出一萬名軍隊，軍隊參加國慶活動的詳細計畫，陸軍中校亞歷山大．溫德曼（Alexander Vindman）晉升上校，國安會持續推動對委內瑞拉的軍事行動，以及軍事基地的邦聯旗幟等事件，我將於接下來的章節中詳細解說。

我還想完成其他事情，例如解決軍中多元包容的問題，應對中國的策略計畫，以及國防部如何妥善處理疫情。我也需要繼續推動總統批准的《國家防衛戰略》，畢竟，這是國防部實現國安戰略的軍事支柱，同時達成日常維安並保護我們在國外的利益。

挑戰在於如何平安無事地穿過地雷區，不會引爆破壞我的戰略和時程。在喬治亞州班寧堡的陸軍步兵學校，教官教我們繞過地雷區，而不是直直穿越，但這並非我現有的選項。

白宮的壓力指數過高，風聲鶴唳，草木皆兵。許多人認為我「不忠誠」、「不配合」，我的內閣盟友無法對國防部的困難提供幫助，所以我必須小心翼翼出招應對。在正確的時間、正確的方式，出正確的招式，才能成功生存。

這將是漫長的酷夏，我只能過一天算一天。

第15章

化危機為轉機

「九月底前將美軍撤離德國，不到兩萬五千名隊員留守即可。」這是我在六月三日關於《反叛亂法》的記者會後幾天收到的總統指令，備忘錄上標註二〇二〇年六月二日。

由國安會行文的這項指示，是對我堅守戰略計畫與留任國防部決心的第一次考驗。這又是總統未經討論，在憤怒中輕率地對國家安全局勢做出的重大改變。這次川普要我從駐守德國的三萬五千兵力中一次撤出一萬名返家，而且要在四個月內完成，這項要求過於愚昧，而這個愚蠢的決定會使我們陷於弱勢。

川普長期以來不滿德國總理梅克爾。這已是公開的祕密，而且似乎是針對她個人不滿。他不滿德國不願履行北約的國防開支承諾，不滿德國與俄羅斯的北溪天然氣二號管道協議，加上數萬美軍及其家庭在德國領土上駐紮，成了他厭惡德國的三連擊。除了這些理由以外，也許他個人就是不喜歡梅克爾。他稱她是軟弱的領導人，而且把美國當成傻子。許多人猜測，梅克爾對德國長期且成功的領導，加上她的多才多藝，讓川普相形失色。無論如何，在二〇一九年十二月的倫敦北約高峰會上，我近距離觀察到他們之間的互動明顯不佳。

梅克爾於二〇〇五年就任德國總理，她不僅是德國首位女性總理，她的政治觀點、立場與多年成功的治理，讓她贏得世界最具影響力的女性以及歐盟領導人的美名。她的外交策略注重兩點：強化歐洲各國合作，以及改善與美國的經濟關係。梅克爾的任期自小布希總統開始，長達美國三任總統輪替。

二〇一七年一月川普上任，不久後即出席在義大利舉行的G7高峰會以及當年五月在布魯塞爾的北約高峰會。他在高峰會探討的議題多有爭議，其中最重要的是美國對於跨大西洋聯盟的支持。據傳就是在這些爭議中，梅克爾不再將美國視為可靠的盟友，而川普與梅克爾的關係降到冰點。

在川普看來，德國占盡他國的便宜，尤其是美國，期望我們出兵抵禦俄國，卻又跟俄國打交道。華府將GDP的百分之三點二投入國防開支，但德國於二〇二〇年僅投入百分之一點三六。德國並非唯一沒有履行北約國防開支義務的國家，當時北約二十九個成員國中，只有九個達到二〇一四年威爾斯高峰會所訂百分之二的門檻，而且不意外的，其中有許多是在俄國邊界的前線國家。

二〇一九年六月，我出任代理國防部長沒幾天就前往布魯塞爾參加北約國防部長的會議。這類會議每隔幾個月就會有一場，由於幾天前伊朗在阿拉伯灣擊落一架美國無人偵察機，情勢仍不明朗，我的團隊便建議我不要出席。我實在無法苟同，也擔心若我缺席盟友會怎麼想。這樣的舉動會對盟友傳達什麼樣的訊息？他們會怎麼想我對跨大西洋區議題的態度？在川普對北約不屑的評論所形成的鮮明對比之下，包括他作為總統候選人時指稱盟友已「過時」的言論，這些問題顯得格外突出。

對我來說答案很簡單，若波斯灣局勢緊張，白宮一定能聯繫到我。在出任代理國防部長幾天之後，即以此身分出席布魯塞爾會議，能夠向各國國防部長和北約展現強而有力的表態。

會議開始的兩天後，我登上北約總部的舞台，參加了第一次記者會，與各國國防部長的會議順利進行，而我私下與重點盟友及北約祕書長延斯・史托騰伯格的雙向對談，也十分順利。這是我第一次登台讓大眾認識，很多人應該好奇我會說什麼，我會跟川普講類似批評北約對美國「不公」的話嗎？還是會威脅說美國要退出北約？我相信許多在場的人都很好奇。

總統對於其他成員國未提高國防開支的評論，十分合理且一針見血。但評論說法的細節不完全正確，例如美國並未付給北約「百分之七十到九十」的預算來「保護歐洲」，德國也沒有「欠北約數十億美元」或「多年前欠我們一大筆債」，但在未履行國防開支這一點上，他的前任及我的前任都會認同。

事實上，是歐巴馬總統於二〇一四年九月威爾斯高峰會，正式推動北約成員國於二〇二四年將國防開支提高到各國GDP的百分之二，當時只有三個成員國達到這個標準。到了二〇一六年，歐巴馬總統有充分的立場抱怨歐洲成員國占美國國安的便宜。

川普對各成員國的批評也是正確的，鑑於許多盟軍準備不足，大多數國家缺乏政治意願，再加上俄國的挑釁日益加劇，他這樣公開批評也有道理。值得讚許的是，在總統的努力推動下，北約成員國自二〇一六年以來增加了一千三百億美元的國防開支，而且履行威爾斯高峰會承諾的成員數量增加了兩倍。

然而，川普威脅說美國要退出北約確實太過火了，這會破壞北約關係，使羅馬尼亞、波蘭和愛沙尼亞等前線國家擔心落入俄國手中。俄國一直在尋找分裂北約的方法，但美國單方面退出將是一場政變，最糟的情況是北約組織會崩潰，而最好的情況是北約的信譽被削弱。這無疑讓法國有更加正當的理由去推動建立獨立的歐洲軍事能力，這項法國長久以來的願望也會威脅到北約。

對我來說，在布魯塞爾演講是支持川普推動成員國分擔重擔的機會，同時透過強調我對北約的了解和支持來引起共鳴。演講開始，我講述幾年前我在國會和國防部著手處理北約相關議題，以及一九九〇年代我任職陸軍上尉時，在歐洲生活和服役的時光。我說我到布魯塞爾是為了「強調美國對北約的承諾」，目標是強化我們的聯盟並提高北約軍事準備的程度。北約軍備計畫是我的重點事項。

我在私人會談中與各國部長講述相同的訊息，我告訴他們，要確保北約的軍備和團結，必須「從更公平的責任分配開始，並滿足各成員國的投資承諾」。我深信我在過去二十五年擔任過各種軍事和文職高層的經歷，足以讓他們信任我。建立互信關係需要時間，而且當有他人在旁，很難坦誠交談，但我試圖向北約傳達真誠的承諾，我讓他們知道這也是我向白宮發出的訊息。

我也承諾盡可能保持透明，並以國防部長的身分，讓他們多了解華府任何的政策變化。我認為他們理解到了這點，也會讓他們放心。不過，沒有人知道是否有人能控制川普對北約的敵意。

就北約軍備進度而言，我們確實有推進但進度緩慢。有更多成員國也加入了我們戲稱的「百分之二組」，其他成員國也發表將於二〇二四年前達標的正式計畫，因此，北約軍備的確是往前推進了。但德國似乎並沒有讓步，事實上二〇一九年十一月，德國國防部長宣布預計於二〇三一年達標[1]。二〇三一年？他們在二〇一四年承諾二〇二四年達標的七年後，又把達標的責任甩鍋給未來的總理。這太荒謬了，而且對北約有不良影響，這樣的達標日期設定會讓其他成員國模仿。華府有許多人對此感到不滿與失望，我也有同感。

在參議院的任命聽證會上，我明確表示，實施《國家防衛戰略》是我的首要任務。《國家防衛戰略》的三大支柱：建立更具殺傷力的部隊、強化盟友吸引新合作夥伴，以及改革國防部提高效率——這第三項，意味著我要如何騰出時間、金錢和人力重新投入到前兩個優先事項。我會敦促國防部的所有部會，包括作戰指揮部，來完成目標。深入檢視作戰指揮部不僅是為現代化軍備騰出資金的一種手段，也是我透過對四星將領施加問責制度和財政紀律以加強管控文職軍官的第一個行動。

美軍歐洲指揮部的指揮官托德・沃特斯（Tod Wolters）將軍，是一位身材高大、說話冷靜、出色的空軍軍官。他於二〇一九年五月在德國接任歐洲指揮部指揮官，任職典禮由我主持，所以我已經認識他。我認為沃特斯十分專業又能幹，極具嚴肅的戰略眼光。他善於團隊合作，深受盟友喜愛，具備了歐洲高級將領的必要技能。

秋季檢討會時，雖然助理將歐洲指揮部排在其他指揮部後，但我們仍針對歐洲指揮部討論了幾次。鑑於俄國與盟國的行動及我給他的其他指導，我們也討論了他對歐洲變化的見解。他已經發想出幾個提高作戰效率的想法，包括將多年前計畫轉移到德國的空軍部隊留在英格蘭。

儘管二〇一九年十二月於倫敦舉行的北約高峰會進展順利，但川普和梅克爾的雙邊會談很糟糕。總統與梅克爾進行會談的前一晚，加拿大總理賈斯汀・杜魯道（Justin Trudeau）於白金漢宮發表了對川普的貶低言論。次日上午，白宮工作人員將杜魯道嘲笑川普的畫面給總統看了，在與梅克爾會談前的記者會上，川普怒批杜魯道為「雙面人」，並補充說：「我猜他不滿我指出加拿大沒有達標國防開支百分之二（GDP的百分之二），他不高興。」英國首相強生與法國總統馬克宏也在杜魯道戲謔評論川普的影片中，但總統只特別輕蔑這位年輕的加拿大總理，認為他「軟弱」。[2]

我很快理解到川普喜歡用「軟弱」一詞來批評國內外的對手。「軟弱」與「剛強」形成鮮明對比，他認為自己「剛強」，也希望別人這麼看他。杜魯道、梅克爾和前英國首相特蕾莎．梅伊（Theresa May）都是「軟弱」一族。俄國總統普丁、中國領導人習近平和土耳其總統艾爾多安則是「剛強」。

川普坐在由灰色椅子組成的U字半圓形中心，梅克爾在他右邊。兩位都在團隊的前方，他們身後有美國與德國的國旗妝點著北約的藍色牆。龐佩奧坐在川普正左邊，接著是我、穆瓦尼、歐布萊恩、駐德大使格雷內爾，而一旁的德國官員則坐在幾呎外，與我們相對。

川普情緒激動，在會議室等待梅克爾幾分鐘後，更是如此。他身穿招牌深色西裝搭配紅色領帶，似乎已做好戰鬥的準備。雖然他在雙邊會談之前與媒體的接觸是良好的，但他隱藏真實心情，媒體一離開，他就迅速進入戰鬥狀態。

梅克爾抵達後正襟危坐，雙手交扣在膝蓋上，她盯著備戰的川普。他多次就國防開支和北溪二號天然氣管道處理方式向德國總理施壓。川普說：「你必須取消北溪計畫，這不公平，你不能一邊跟俄國做生意，又要我們出錢支援你的國防。」她反擊，維護此項爭議十足的海底管線計畫說：「歐盟支持這項計畫，而且已經接近完成了。」她補充說：「我們必須將政治與商業分開。」聽到總理的話，川普不時挑眉或皺眉，雙方都感到不快。

總統沒來由地開始嘲諷梅克爾，說道：「你要是不取消（北溪）計畫、不履行百分之二（國防開支）的承諾，那麼我們可能不得不對德國課關稅，我不想這樣，但我可能不得不這樣。」這招對梅克爾沒效，她轉過來正對川普說：「德國已經進行增加國防開支的計畫。」川普知道這項說法並不真實，於是插嘴威脅要「對外銷到美國的賓士課重稅」，他一邊說一邊微笑看著我們。梅克爾僵坐在位子上，臉色嚴肅惱怒。

會談沒多久就結束，雙方彼此握手、說些客套話就離開了。

在為期兩天的活動中火上澆油的是駐德大使格雷內爾，他在外交界享有「炸彈投擲者」的稱譽。因此，他跟川普似乎特別志同道合。格雷內爾迅速公開抨擊德國，在關起門來對著一位從善如流的觀眾更加有效。他是高峰會的拳擊教練，在拳擊手進入擂台前為他喊話打氣。

我不認識格雷內爾，但他在倫敦跟我打過招呼。他臉型方正、短髮，語速快且十分幽默，他屬親川普派，不知用何法牽線進入橢圓形辦公室。國務卿龐佩奧跟我說，他認為這位駐德大使行為無法預料且難以掌控，但他只能忍受。可是龐佩奧不需長久忍受這位駐德大使的脫軌行為，川普幾個月後便將他召回華府擔任國家情報代理總監。

我與格雷內爾的談話滿友善的，他迅速將話題帶到美軍駐歐洲一事。他提出他的看法：「我們應該直接從德國撤出一萬名兵力，這樣絕對可以引起他們的注意。」我回應：「這樣當然會，而且也會引起俄國及他國的注意，但可能有不良影響。」

我向他解釋，我已「對駐守在世界各地的美軍進行完整詳細的審查檢視，當然包含歐洲指揮部」。我同意「要德國履行百分之二國防開支很重要，但要以不損害北約、不影響美軍軍備或不引起俄國出兵的方式，則十分有挑戰性」。我補充說：「這些都是在檢視報告中討論的重點。」當聽見有人說「總統已準備好了」，我們的對談就此結束。我有點擔心格雷內爾私下將撤出一萬兵力的想法帶給川普，而我的直覺確實滿準的。

事實上在倫敦峰會後不久，總統就找我討論過這個議題。又過了幾週，在橢圓形辦公室裡，他對德國國防開支抱怨了一大堆之後問我：「馬克，你覺得我們把軍隊撤出德國怎麼樣？我喜歡一萬這個數字。這數字很好，你怎麼看？」如我對格雷內爾提過的，我說：「總統先生，我已對駐守世界各地的美軍進行詳細檢視，當然包含歐洲及德國。」我說：「我最近跟歐洲指揮部指揮官沃特斯將軍討論過，將竭盡所能提高效率和作戰成效，但同時需要注意到戰略問題和其他影響。」

總統再次施壓，重新開始抱怨德國「拖欠」和「沒有向北約支付他們該付的錢」。我告訴他我們正在加速檢視，但也重申「必須注意盟國，尤其俄國對美軍從德國單方面撤軍的反應」。川普不發一語，他似乎滿意我的說法，或者他可能正在思考俄國觀點派會如何在國內與他對抗。不管怎樣，我有更多時間準備了。現在我必須快點從橢圓形辦公室離開。

接下來那個星期，我跟沃特斯、米利對談，要他們在接下來的幾個月內為我的檢視報告設想出一些選項，而他們在三月初就達成了。

雖然川普仍經常不滿梅克爾，但從德國撤軍的想法已大幅消退。二〇二〇年初美軍與伊朗、伊拉克交戰，加上隨後而來的新冠疫情，已讓我們心力交瘁，我也就沒再討論這個議題。一直到六月二日，川普對我直接下令。

我針對總統命令寫了一份回應說明給歐布萊恩，再次明確表示，於總統指定的時程內大規模且有規劃地撤軍，既不可能，也不周延。要在三個月左右的時間裡，把九千五百名軍人與預估總數為兩萬五千到三萬五千的眷屬全數從德國撤出，無異於天方夜譚，若執意這麼做，對軍隊、國防部駐德官員以及他們的家眷也非常不公平。

除此之外，要在這麼短的時間內，確保美國境內有足夠住房、軍營、學校和兒童照護量能、醫療量能並滿足其他需要，極其困難。我寫道，這樣的改變會給我們的軍人和軍眷帶來劇烈動盪，並可能在歐洲安全環境中造成不穩定，破壞我們與北約盟友夥伴的信任，並讓人誤以為我們不再想威懾俄國。

我建議將這項指令的目標與我對歐洲指揮部的檢討報告結合起來，並允許兩者按計畫進行。這樣一來我能夠回歸到兵力規劃調整的計畫，我認為這樣對總統與國安都是最好的辦法。

歐布萊恩並沒有回覆我。我不確定這項指令從何而來，但我猜與格雷內爾自德國調回白宮工作絕對相關。他在二〇二〇年二月被指派出任國家情報局代理總監，他能每天鼓吹不同的議題或辦法，而且有歐布萊恩給他撐腰。而且我相信白宮幕僚長米道斯跟其他人批評「國防部故意拖延」及「國防部在扯後腿」，這類批評聲浪愈來愈多。這些都是米道斯從國會帶回白宮的觀點。若國安會沒有人願意提出這種單方行動在戰略和政治方面潛藏的不利因素，就更別說召開跨部門會議討論了，我們必須正面對決。

但六月五日媒體報導川普的決定，肯定是白宮洩露給媒體，報導集中在梅克爾最近決定不參加當年夏天在華府舉行的G7會議，儘管國安會指稱這是出於德國不履行增加國防開支的承諾。總統現在專注於淡化新冠疫情在美國的傳播，並將國內描繪成安全開放的商業環境，顯然要將德國總理不出席的原因轉向針對他的私人恩怨。

毫不意外，美國一宣布削減駐德兵力，立即遭各方抨擊，包括來自國會的共和黨人——他們認為單從表面上來看，此舉將會鼓勵俄國出兵並對北約有害。他們的見解完全正確。

準確地說，正如川普偶爾所做的那樣，讓一萬名美軍及其家眷重新駐紮，將能夠刺激國內任何地方的經濟。然而，我們還必須考慮德國所提供的接納國負擔（host nation support），粗估接近數十億美元。儘管我提出這一點，但總統仍堅持認為，在德國（以及日本和韓國）駐軍，對美國來說是經濟上的輸家。

我的理解是，德國承擔了至少三分之一的美軍駐德費用，我的下屬指出占比可能更高。我從未看過接納國負擔的詳細數據，但我的觀點是，富裕國家應至少將其GDP的百分之二用於國防，接納國負擔應分開處理，必要時還會增加駐留費預算，這樣的話，接納國負擔應該不低於百分之五十。

♜

米利把我的指導方針告訴沃特斯，以準備白宮指令的行動計畫，部隊將分成小組以免曝光行動，而且在六月底前回到華府向我報到。這項任務十分艱難，要在短時間裡執行幾乎不可能，但這是總統直接下達的命令。在將近十個月後，我在白宮的時間跟地位都已大幅降低，幸好沃特斯根據我們先前的討論，已針對此指令制定了計畫。

從個人的角度來看，這項指令是很大的警訊，我可能無法執行。換句話說，如果川普執意冒險從德國撤軍，我可能必須拒絕，也不知道未來會怎樣。他的指令並不違法，也不違反道德倫理——這是在我軍事生涯中信奉的原則，也是我在國會聽證會再次聲明的原則。歷屆行政團隊，包括歐巴馬的團隊，也曾從歐洲大幅撤軍。

既然如此，我們不必反應過度，只需謹慎用心評估，而且與國防部領導高層仔細討論，才是最重要的。我想確保我的建議經得起放大檢視，不管是白宮、國會、盟友，或是任何人，都找不到缺失。在我做好大選期間國防部長一職可能不保的覺悟前，我必須確保我的計畫策略合理，並且對國家有益。

為協助沃特斯的計畫制定，我發想了五個原則交由他去執行，或至少不讓情況惡化：強化北約、鞏固盟友關係、加強嚇阻俄國、改善美國戰略彈性及歐洲指揮部應變能力、妥善照顧軍隊及其家眷。沃特斯跟他的團隊開始規劃，並在兩週後制定了計畫的基礎綱要，經過不斷調整後，最終版本幾乎可以向總統提案了。

歐布萊恩六月二十一日在《華爾街日報》發表評論，為總統的決定發出平反之語。他不是不能這麼做，只是國防部領導高層沒有人知情，而且內文有些不正確。但我想這份評論已達成目的，有些媒體報導歐布萊恩目標放在擔任下一任國防部長。[3]

根據六月三日的一篇報導，歐布萊恩過去曾經「把艾斯培在電視上發表的評論告訴總統」，說我「傾向於避免為總統或其政策全力辯護」，至於「把講稿印出來給總統看，是為了標示總統對某主題的公開言論與艾斯培的言論之間的對比」。這根本是毛遂自薦的起手式。

歐洲指揮部的提案是從德國撤出一萬一千九百名兵力，主要是陸軍跟空軍，其中大概五千五百名可以轉駐到其他北約成員國，剩下的返回美國。不過，類似的部隊可以從美國輪流調派歐洲，在戰區保持足夠的戰鬥力。我們可以透過各種行動實現目標。

首先，在歐洲各處的某些總部合併，與北約在比利時和義大利的機構並置。最大的行動是將沃特斯的歐洲指揮部總部與其他指揮部從德國移師到比利時。這些機構與歐洲盟軍最高指揮部並置，此舉能夠加速決策與完成前幾任指揮官長久的夙願。

為改善作戰效率與戰備狀態，我們計畫將工兵、空軍及其他營部從德國移師，其中一部分將與他們駐紮在比利時及義大利等地的原屬旅級部隊會合。

陸軍第二騎兵團近四千五百名隊員將返美，同時讓其他的史崔克旅級戰鬥部隊深入東歐保加利亞與羅馬尼亞輪流駐守。*八輪步兵裝甲車的火力、持續作戰的能力及強化機動性，能讓美軍更加靈活長久駐守，以增強北約東南側的威懾及保衛沿線盟國。我讓沃特斯知道，主戰坦克和步兵戰車所組成第二裝甲旅級戰鬥部隊火力強大，只要他認為有必要，可以用來代替史崔克旅於歐洲輪替駐守，但他並無這樣的計畫。

此外，一個F-16中隊和戰鬥機聯隊的一部分將移師到義大利，靠近黑海地區部署，以支援日益遭受俄軍爭奪領土的盟國，尤其是領空的部分。

如沃特斯幾個月前的決定，駐紮於英國麥登豪基地，主要負責空中加油與特種作戰的空軍，並不會移師到德國，此舉是為確保不干擾此聯隊的戰備與反應力。英國國防大臣班·華勒斯（Ben Wallace）聽聞此事後也表示欣慰與支持。

美國非洲指揮部將從德國撤出，但最終移師處尚未決議。我把指導方針下達給非洲指揮部指揮官史提夫·湯森（Steve Townsend），要他遵循中央指揮部模式，評估於非洲、歐洲與美國的基地。我個人希望非洲指揮部至少某些前線單位移師到非洲大陸上，然而他們似乎對此行動有所抗拒。

只要華沙簽署先前承諾的國防合作和共同負擔開支協議，則新成立的陸軍第五軍團總部領導單位將立即輪替駐守波蘭。我好幾次向沃特斯施壓，要他把兵力移入波羅的海，但他擔心此舉會讓駐守於愛沙尼亞、拉脫維亞、立陶宛等非波羅的海盟軍有理由撤兵，導致美軍負擔加重，我同意他的看法，便不再施壓。

我與國防部領導高層在研討這次計畫時，對我來說，重點是要跟我幾週前給沃特斯的指導方針一致。沃特斯做得非常好，若他沒有辦到，我就必須跟總統不停來回面談了。我有義務告知總統，他所下達的指令有哪些負面影響，以及所有改動都是為了增進歐洲安全而非製造危害。我深知他對德國的不滿，我也知道這可能是我留任國防部的最終戰。

六月二十四日，我跟隨總統在橢圓形辦公室與波蘭總統會面。安傑伊．杜達（Andrzej Duda）總統於波蘭大選前幾日來訪，希望這次訪美行程，甚至包括能獲得更多美軍調派波蘭的承諾，可助他贏得大選。杜達為保守派，經常抿脣微笑，神態熱切。他對川普討好奉承，讓川普先行發言。畢竟，據消息，他大老遠從華沙飛過來就是要得到美國總統的站台。不需多說，川普跟杜達一見如故，訪談氣氛輕鬆友好。

在兩國領袖會面前，我向川普報告最新進度，告訴他我將於六月三十日提出從德國撤軍的計畫報告。因預想杜達可能提出相關問題，川普問：「那部隊可能移師波蘭嗎？」基於總統最新指令，我回答：「不多，某些部隊會在歐洲重新部署，另一些回返美國。」他很滿意，而且在隨後的記者會上也採用相似說法。

在橢圓形辦公室的會議上，川普向杜達施壓，要他簽署長達數月未決議的國防合作協議。這項協議對美軍的法律保障十分必要，正式決定波蘭會提供金援，並確保華沙的後勤和基礎建設支持等。波蘭遲

＊原書註：美國陸軍第二騎兵團為史崔克旅級戰鬥部隊（Stryker brigade combat team，簡稱BCT），其總部位於德國菲爾賽克市。史崔克旅是由輕型八輪裝甲車與步兵組成的聯合陸軍部隊。每個史崔克旅皆有三百輛以上的史崔克裝甲車及四千五百名兵力組成，包括三步兵營、一騎兵偵察營、一野戰炮兵營、一旅支援營及一旅工兵營。史崔克旅主要目標為銜接輕型步兵與重型裝甲營的軍力差距，尤以戰術機動性、火力、防護和遠征速度為主。

遲未簽，但我在會談前先提醒了川普，而他也確保波蘭總統簽署協議。

川普在會談當中起頭後，我也直接向波蘭總統提及此事：「我們需要簽署好協議，才能開始處理後續事務，比如在波蘭設置陸軍總部。」這讓波蘭總統感興趣了，他轉向右手邊的幕僚提問。他的問題已有了答案之後，他點點頭表示同意，回過頭來對我說：「我們會在三十天內簽署完畢。」這件事涉及波蘭政府好幾個層面，拖了好幾個月，眼下這個結果讓我非常滿意。

♜

我安排了一次緊急的出差，六月二十六日前往布魯塞爾，拜訪北約祕書長史托騰伯格。偌大的總部因新冠疫情空蕩蕩的，我也因疫情的關係無法在此過夜，於是前一晚與當晚我們入住英國。這樣也好，給我機會巡視派駐在麥登豪基地的美國空軍，與當地成員討論種族與多元性議題。駐守在此的部隊跟沃特斯計畫不移師德國的是同一批，到此訪視讓我更加理解他的考量。

我在北約祕書長辦公室與他會談了一小時，美國駐北約代表凱・貝利・哈奇森（Kay Bailey Hutchison）也加入會談。哈奇森是有能力且值得信賴的代表，在美國傑出的政治生涯結束後，自二〇一七年以來一直在布魯塞爾工作。好像處理二十九個盟國間的關係還不夠，她還肩負一項艱鉅的任務，就是要釐清正在華府發生的狀況。國家與國防部對於議題的處理通常站在同一陣線，但白宮經常脫稿演出，讓我們來不及反應。

會談順利結束。我們三人在祕書長的私人辦公室裡，圍著小會議桌，開誠布公地討論我的計畫，祕書長正坐在會議桌另一頭，哈奇森坐在我對面。我開始講述會談目的：「就像我早就承諾過的，我想盡可能地讓總統近期下達給我的指令透明化。這個指令會對盟國帶來深遠的影響，而我也會盡力避免最壞的情況，但我沒辦法預測未來的走向。」

我們三人有一種不需言語的默契，他們知道我在華府猶如身騎脫韁野馬，竭盡所能維持在正確的道路，為總統指引最好的方向。祕書長跟哈奇森熟知川普對北約頗有微詞，並近距離親眼看過他善變的一面。我要他們「不要對外公開我們的談話內容」，他們也立刻理解。

我告訴他們「我沒辦法詳細說明計畫內容，我們還沒有制定最終版本，也尚未提交給總統」，但應該就快了。同時我也對祕書長強調：「我有義務先向國會報告，再向北約盟國詳細說明。」曾任參議員的哈奇森也點頭同意。我所能做的，就是「說明我給歐洲指揮部的指導方針」及沃特斯上將的計畫基本綱要，還有我們預想過的「幾個不同的最終版本」。祕書長操著挪威口音說他理解，並且承諾「不公開這次會談內容」。

接著我向他們說明計畫，花了幾分鐘詳細解釋，說完後回答了一些問題。他們同意歐洲指揮部的計畫最符合我的指導方針，而且「對北約有正面影響」。祕書長表示大部分的盟國會支持，尤其是波蘭和羅馬尼亞會大力支持；但相對的，德國可能會有所不滿。話雖如此，但他認為「德國會以北約優先」，不會公開批評川普的決定。事後，儘管在歐洲的某些公開評論並不全然正面，內部報告指出祕書長的預測基本上是正確的。

祕書長強調，一旦川普下達命令，與盟國溝通極為重要。他說：「艾斯培，你必須盡快與盟國會面，尤其是深受此項行動影響的國家，跟他們商量並解釋你的行動。」而且要說服他們同心協助。我深表贊同。這也是我在這麼短的時間內安排到布魯塞爾與北約祕書長面會的原因。假設總統批准這項計畫，我再次跟祕書長說：「我的第一步是向國會說明。」

接著，「我會指派關鍵人員，如沃特斯上將、負責政策的主管到最受影響的盟國報告。」除了德國以外，「我會親自致電給安妮格雷特・克朗普—凱倫鮑爾（Annegret Kramp-Karrenbauer，德國國防部長）。」這幾個月合作以來，我發現她是個好夥伴。我認為她是支持國防派，也是支持北約派，她也深信德國必須對自己的國防增加預算。她很親切，我們也能坦誠討論北約的議題，談話時，她與我預想中一樣，十分專業。

有鑑於華府已向媒體走漏風聲，我請祕書長「代表我私下致電給她，讓她知道」我會盡快與她聯繫。

除了德國國防部長外，我的幕僚也建議我親自致電給某些部長，同時計畫在五角大廈接待羅馬尼亞、保加利亞等國的國防部長。

我們三人在祕書長辦公室又多談了一下，我才告訴他們我得先行離開，我必須搭機返美，他們倆也感謝我親自到場會談。我說：「我不知道未來會發生什麼事，但我會盡我所能讓你們知道最新消息。」到此，我們起身離開祕書長辦公室，握手道別，接著哈奇森跟我一起返回座車。

♜

六月二十九日星期一，我到白宮向總統報告撤軍計畫內容，米利將軍跟我一同前往，歐布萊恩、龐佩奧、米道斯及其他相關人員都在場。我直接切入重點，開頭說道：「總統先生，按照您的指令，我們在德國有近兩萬五千名美軍，歐洲指揮部計畫將一萬一千九百名美軍遷出。」總統坐在堅毅桌後，身體前傾，點頭表示肯定，抿了抿脣說道：「這樣好！」一邊看著在場人員尋求點頭贊同。

我簡要說明先前給下達給沃特斯的指導方針，並解釋他如何執行，「例如合併指揮部，重整不同區域的單位，以及將部隊調往羅馬尼亞等前線國家。」總統很滿意，我接著讓米利解說計畫細節與粗略的時程。

米利說某些重點單位會移動，川普問：「會有更多兵力調派波蘭嗎？」他還清楚記得他跟杜達的面談。我告訴他：「只有一些人員會調派波蘭，但調動更多兵力的其他行動已經在進行中。」我想到了第五軍團返回歐洲，以及長期停滯不前的所謂的波蘭威懾計畫。

我跟米利都提到，這會需要「長久的時間」才能看到成果，也需要花上「數十億美元」。總統似乎並不關心開銷，他相信，正如我們之前多次聽到的那樣，德國因美軍駐紮在德而獲益，美國卻要付出代價。川普認為撤軍能省錢，並深信國會議員會「求他」把這些軍隊調派到他們的選區或州——針對後面這點，某種程度上他的想法是正確的。

此時龐佩奧附和：「總統先生，這樣的計畫很好。」歐布萊恩也表達贊同。按照慣例，我提前幾天向他們說明情況，以獲得他們的意見和支持。我們三人站在同一陣線上十分重要，因為總統經常在國安團隊內挑起分歧，這對需要做出決定的政策或行動來說，並非好兆頭。不幸的是，這樣的合作逐漸破裂，從夏天開始急劇惡化。

總統好幾次要求「讓所有美軍返家」，我早有心理準備，也迅速回應「此舉須謹慎評估，否則將引起戰略、行動與區域層級擔憂」。米利也指出好幾個重點，如行動的效果、軍備以及其他關鍵的軍事考量。川普在兩次提出這個問題時都讓步了，雖然他個人偏好全數撤出，但似乎對我們從德國撤軍的計畫也還算滿意。

米道斯質問我跟米利：計畫中要把六千四百名兵力撤回美國的行動，為什麼無法在幾週內完成——關於這一點質疑，我認為他是希望在八月下旬共和黨大會召開前，或至少要在大選之前就完成撤軍。這個問題，我先前至少跟米利討論過一次，我們解釋說，這回撤軍規模比六千多名兵力要大得多，正如我也曾經跟歐布萊恩說過的一樣。但米道斯極力想討好川普，再加上他認為國防部在扯後腿。這種態度造成了許多不必要的摩擦，更在接下來的幾週和幾個月裡急劇惡化。

確實，有幾次我們必須放慢腳步，才能好好分析問題，獲取最新情報，廣泛配置執行人員，然後為總統設定出不同選項——尤其涉及高風險、後果嚴重或是影響深遠的決策。這是我們的職責所在，也是我軍事生涯信奉的原則。然而，像米道斯時不時暗指國防部故意拖累總統的說法，大錯特錯，也不公平。

我年輕時是駐義陸軍軍官，在維辰札指揮現稱第一七三空降旅級戰鬥隊的步槍連。我舉家搬到歐洲，花了好幾個月才適應在大西洋另一邊的生活。家中大小東西打包、座車托運、尋找租屋處，還要處理上百件的雜事，既費時又耗神。沃特斯說就算是緊急狀況，最快也要三週，才能讓官兵及家眷完成搬遷。

當然，我們還要思考這些部隊返美後要何去何從。我們不能在短期間把好幾千人隨便丟在一個地區，要地方吸收，要他們有足夠的學校、醫療及住房資源。很明顯，在幾個月內要撤出六千四百名軍人以及一萬三千到一萬七千名軍眷，在後勤上是不可能的，更不用說在幾週內。這得花時間去計畫、協調跟執行。米道斯不滿意我的答案，但總統可以接受，因此報告可以繼續往下推進。

有了川普正式的支持，我們立即著手執行，第一步就是國會。我致電給德國國防部長，談話順利，並承諾派遣專員到柏林與其團隊當面討論細節，其他專員隨後也向盟國簡要報告。歐洲指揮部開始向軍隊公開計畫細節，尤其是陸軍，因為這次撤出計畫大部分是陸軍。

儘管我們付出諸多努力，仍無法阻止白宮走漏消息、總統的評論及多位國會議員為反對川普而反對計畫。雖說總統對梅克爾總理的不滿以及對德國的失望是他下達指令的原因，但這兩者皆非撤軍的好理由。雖然困難重重，我們還是化危機為轉機。即使我在國防部記者會上對撤軍案的說明，幾乎跟幾週前在橢圓形辦公室向總統報告的差不多，他還是說出「撤軍是因為他們欠錢，單純因為欠債不還」的評論，讓我們的發表有點難看。但先不管他的評論，這並不代表我們的解決辦法不合理、不負責。實際上，按照我的五大原則，沃特斯表現奇佳，他的提案重整改善了在歐洲的美軍。

事實上，許多駐歐美軍仍駐紮在冷戰結束時的基地，那已是近三十年前的事，當時還有東西德之分。但自一九九一年蘇聯解體，隨著北約的擴張，與後蘇聯時代俄國相鄰的邊界也向東退後了數百哩。然而，為嚇阻俄國的冒險主義而必須部署的美軍，大多數卻從未調派他處。我親身體驗過一九九〇年代駐軍義大利，並且經常來往德國或歐洲各處訓練。這讓羅馬尼亞、波蘭等國家，尤其是波羅的海鄰近國家變得脆弱和不安。我們採取的歐洲指揮部計畫，目標在於透過調派更多部隊到前線國家，即使只是輪替駐軍，都可以協助解決這一根本問題。

我們在七月二十九日舉行撤軍計畫發表記者會。由於米利不在國內，我跟參謀首長聯席會議的副主席海騰一同出席記者會，而沃特斯將軍就從歐洲視訊連線，記者會十分順利。我們談到主要的重點，包括我給沃特斯的五大原則以及他如何執行達標。我們還特別指出，在北約成立的七十一年間，駐歐美軍的規模、結構和部署發生了多次變化，現在則是北約歷史上的另一個「反曲點」。我們也指出，我們所提出的計畫與其說是執行命令，不如說是一個概念，要花好幾個月發展細節，要花數年和數十億美元去實施，而且隨著我們的努力，也可能會發生變化。

確實，記者會後幾週內，此前尚未參與歐洲指揮部規劃的陸軍，將開始與指揮部合作修改沃特斯的計畫，進一步優化我的五大原則，同時不違反川普下令的駐德兩萬五千兵力的上限。

♜

遺憾的是，這是我最後一次現身五角大廈的簡報室。八月大部分的時間我不是洽公出差就是個人旅行，所以七月二十九日是我在大選前最後一次的國防部記者會。華府特區的環境已過於黨派化，某些媒體過於政治化，導致在簡報室無法認真討論任何事項。媒體想挖八卦、放大我與川普的分歧，或者將國防部捲入政治，但如我早先說過的，我不能讓我的計畫受他們干擾。離大選大約六十天前，我結束了八月的洽公之旅，我不需要那些八卦媒體破壞我的策略。雖然大部分國防部軍事新聞處的同仁團結一心，但有幾位偶爾沒有表現出他們該有的專業。

我沒有舉行九、十月的記者會，為此我承擔所有批評。相較之下，媒體對拜登總統上任百日內未舉行任何記者會，毫無怨言——而且他是美國總統，不是國防部長。這是一種雙重標準，讓人以為媒體是有偏見的。這很不幸。畢竟在民主體制下，我們要給媒體自由，但媒體更應該公正、客觀、準確、負責。

先把不滿我暫停國防部記者會的媒體放一邊，我仍接受媒體訪談或到智庫接受問答。直到此刻，我們的紀錄良好，我從第一天開始就把跟媒體互動放在第一位。

二〇一九年七月二十四日早上，在我宣誓就職後，我就到五角大廈的新聞簡報室跟媒體打招呼，我清楚地表明媒體「在社會中的角色極為重要」，而且「能幫助國防部與美國人民溝通」。我十分期待與所有媒體合作。[4]

但他們一開口便砲火猛烈。許多媒體不滿過去幾個月發生的狀況，這些我當場都承諾會改善。首先，他們抱怨五角大廈將近一年時間沒有舉辦記者會；再來，有些媒體認為前部長馬蒂斯要求國防部官員不要跟媒體打交道，尤其不要出現在鏡頭前。我告訴他們我會立即修正這兩點，並且於這週發出最新的指導方針，我們確實也在幾天後達成。[5]我向他們強調讓國防部領導者與人民對話的重要性。

霍夫曼執行此事表現優良。到我任期結束時，我於五角大廈簡報室舉行近二十四場記者會、八場市政廳記者會、三十二次非正式新聞發表會、二十九次電視或錄音採訪、二十二次非公開會議、十六次智庫問答、九次軍中訪視、十一場重大施政報告。此外，我承諾在洽公出差時確保媒體與我同行，為他們創造了更多與我和高階官員接觸的機會。

霍夫曼每週召開記者會，而且在疫情最高峰時，高階官員也開了幾次記者會。我們早遠遠超過原本設定的目標，這歸功於我的新聞組與行政辦公室同仁。

尤其在新冠疫情肆虐的十個月裡，能達成目標是很大的成就，這也打破了國防部不與媒體打交道的不實傳言。某些媒體給予我們正面評價，彭博社表揚我跟我的團隊即使在疫情當下，也保持溝通管道順暢。[6]

七月二十九日向德國簡報後，兩黨某些國會議員在尚未聽取國防部簡報前就已表現出負面態度。

一位共和黨議員說，從德國撤軍是「嚴重的錯誤」，是「送給俄國的禮物」。將美軍調派到更靠近俄國邊境，並改善了軍備以提高部隊效能，怎麼稱得上是禮物？但這樣的情況一再發生，我真希望那些議員，尤其那些無法事先通知的議員，可以詢問國防部之後再發表評論，這樣才是更嚴謹也更負責的評論。畢竟，這已不是北約史上第一次總統下令調派或遣返駐北約美軍。

例如二〇一二年，歐巴馬執政團隊宣布從歐洲撤出兩個陸軍地面火力最強的重型裝甲師，近七千名軍力返美，比我們二〇二〇年計畫撤軍的數量還多。重點是太多官員、媒體甚至意見領袖無法把川普這個人與其執政團隊的政策與計畫分開來。如果他們討厭川普，就覺得他的政策也會很爛；如果他們支持川普，就覺得他所有政策都好。這樣的心態太過簡化，而且不公平，尤其是對政府團隊裡認真工作的官員，他們要在非比尋常的情況下，帶領國家走到最好的道路上。更需要評價的應該是我們披荊斬棘之後的成果，而不是我們面對的困境。

♜

九月二十五日，米利召開會議，審查陸軍對歐洲指揮部計畫的修改提案。我告訴陸軍部，我會聽他們說，但其提案必須遵循我的五大原則，並符合沃特斯的行動方案及需要。之後陸軍與歐洲指揮部共同合作，並於十月中向我提出修改案。

重點修改為建議陸軍第二騎兵團永久駐紮歐洲，意指先前提及的四千五百名步兵及史崔克裝甲車不會返美。陸軍擔心史崔克旅不斷在歐洲長期輪替換防所產生的成本與耗損，這確實是一大隱憂，但我跟其他人偏好輪替換防所帶來的戰略機動性。麥卡錫部長跟麥康維爾將軍十分有說服力，雖然此舉會讓我的計畫失去彈性，但能給沃特斯更多行動的靈活度，歐洲指揮部能夠向東推進更多兵力並加強軍備。該月月底我批准了修改案，此修改案在其他領域提供足夠的補償，以維持與川普最初指令一致。

十月初，我在五角大廈分別接待了保加利亞跟羅馬尼亞的國防部長，會談十分順利。這兩國皆為前蘇聯政體的一部分，深知俄國會出重手，他們謹慎小心，同時觀察俄國會如何對待烏克蘭。至於其他東歐國家，他們渴望更多美軍進駐，因此大力支持歐洲指揮部重新部署的計畫，包含史崔克旅級戰鬥部隊。

我也批准了陸軍的「威懾計畫二號（Deterrence Package 2）」，這是一個長期未批准的部署令。這支陸軍單位約有一千六百名人員，包括負責遠程飛行、防空、工兵和後勤的指揮部，以及第五軍團的前進指揮所。除了調派兩艘海軍驅逐艦給總部將設在西班牙的歐洲指揮部，沃特斯也需要這類型的部隊長駐，此為處理衝突初期所需，而且可能難以從美國及時部署。

我決定不在內部宣布這些改變，不向國會簡報，也不向媒體說明。這些調整會引起國會議員、智庫界和其他人的共鳴，並且會提高我們的努力的能見度。但我擔心這個消息會刺激希望討好總統的白宮幕僚，然後他們會衝到橢圓形辦公室，污衊國防部背叛——然後他們會煽動川普簽署命令來推翻我的指示。這些人對政策、戰略和地緣政治的關注不如他們對誹謗討好的關注，我們不能信任他們會公正地通知總統，這是很令人失望的。此時，最好的選擇就是默默地做正確的事。

不出所料，七月二十九日的記者會上，某一個提問重複出現了幾次，川普的命令是因梅克爾未提高國防開支而不滿，而非我提出的戰略理由。當然，他們想得沒錯，我並沒有嘗試否認，上任初期我的職責經常是要在最糟的情況下，找到最好的解決方式，而我現在的挑戰則是如何將未經謹慎思考的決定，重新包裝成可以接受的樣子。如果我做不到，我便有責任提出更好的方案以達成相似的效果。在這件事情上，我覺得我們能夠化險為夷。如果不行，即使我已擬定策略，我還是打算堅持底線，而且必要時被免職也沒有關係，完全取決於這項指令對北約及美國整體國安的影響。

我於十一月卸任前尚未看到最終的數據，但我的下屬預估，等到我在那個秋天批准的所有計畫成功執行後，將有更多美軍進駐歐洲強化北約，更往東前進嚇阻俄國，更多美軍進駐更多北約成員國支援盟軍，歐洲指揮部運作更有彈性——即使目前難以估算，但沃特斯將可藉由合併總部與重組單位，而更有效地提高效率。

此外，我們已經在二〇二〇年加強歐洲活動，向俄國展現決心，並向盟友做出保證。冷戰以來，我們首次派遣美國驅逐艦前往俄國北方艦隊所在的巴倫支海，並增加部署在黑海的美國艦艇數量。與此同時，美國轟炸機飛行遍及歐洲，包括飛越烏克蘭領空，而美國陸軍地面部隊也在歐洲協同北約盟國，進行幾十年來最大規模部署。

無論誰入主白宮，美國將持續在北約面臨歷屆執政團隊都會面臨的機遇與挑戰，如：北約各國若能遵守增加國防開支的承諾，則北約將更強大；成員國之間的爭執往往會削弱全體利益；以法國為首，立志要建立能與北約相抗衡的歐盟部隊；危機時刻能立即有效反應的真實軍備未能齊全；而最重要的是，若北約要成功，美國有義務帶領組織。

若要在短期內避免與俄國開戰，並準備好長期與中國打交道，努力改善北約是必要的，但這些還不足以達成目標。這枚跨大西洋的硬幣反面是俄國的未來，他們沒有理由對抗西方國家，更別提與北京結盟。

俄國為歐洲國家，與歐洲其他國家有共同的歷史、文化和宗教，他們與中國幾乎沒有任何這方面的關係。主要趨勢持續指出中國的崛起和俄國的衰落，俄國有朝一日可能淪為北京的附庸國。對俄國來說，更好的選擇是成為歐洲的正式夥伴。這是我們許多人希望，並認為他們在冷戰結束後會走的道路，但一九九九年，亦即蘇聯解體後不到十年，復仇主義者普丁上台執政，改變了走向。

這位二十一世紀的獨裁者似乎不會很快卸任或競選連任失利。在那之前，重要的是美國及北約盟國不僅要展現團結力量、增強軍力和威懾普丁的決心，還要持續支持反對派領導人、俄國人民以及該國可信的人民團體，並與他們接觸。我們必須以價值觀為優先領導，為真正相信自由民主、個人權利與法治的俄國領導人最終能夠合法上任的那一天而努力。

第16章 向美國致敬？

蝙蝠狀機翼的黑色轟炸機慵懶地從林肯紀念堂上方飛過，為觀看民眾投上一道陰影，巨大機翼的鋸齒形後端與天空呈現鮮明的對比。二〇一九年七月四日，空軍的隱形轟炸機在雨中完成國慶活動的空中操演，這是民眾最關注的亮點。

從德撤軍一事是在我二〇二〇年六月三日的記者會之後首次公開，緊接著就是一年一度的國慶活動。川普總統在他的任期內賦予國慶煙火新的意義，但在國家廣場舉行的二〇二〇年國慶活動，有望成為另一場爭議。

二〇一九年我擔任代理部長，當時我和鄧福德將軍與總統一起在台上觀看軍機的國慶操演。我續辦前代理國防部長沙納漢的操演計畫，並認為國防部已依照總統的願望安排出合理的表演。林肯紀念堂周邊展示軍用車輛，各軍的操演隊及樂儀隊也在場，但是眾人關注焦點仍是空中操演。

武裝部隊和海岸巡防隊有大約二十四架飛機從國會山莊向西飛過林肯紀念堂。儘管下著傾盆大雨，但操演十分精彩，令人印象深刻，參與活動的上千民眾似乎也有同感。那天下午，最後一批飛越的B-2轟炸機吸引了所有人的目光，為現場掀起高潮。總而言之，國慶操演十分成功，藉七月四日向軍隊致敬的批評言論，也像這場大雨煙消雲散。

活動開始之前，有人對武裝部隊的參與有所批評，並認為國慶將成為黨派政治活動。但我並不認同，活動安排恰到好處，預算合宜，而且軍隊表現得體。空軍每年都在全國各地展示好幾十次的空中操演，我們編列了操演活動的年度預算，國會也批准了，這樣的活動對於招募新血、建立社群意識及提倡愛國精神十分有幫助。事實上，二〇一九年的國慶活動花費比在舊金山舉行的年度艦隊週還要少。

一年後的六月初，我坐在五角大廈辦公桌前看著七月的行事曆。國慶活動準備向來是國防部繁忙勞碌的時刻，回想起二〇一九年經歷的種種插曲，我想了解今年國慶活動的計畫。我的直屬辦公室並不清楚活動計畫，於是助理安排主辦活動的北方指揮部向我簡報，我原本以為計畫內容會與去年相同，但簡報內容出乎我意料之外。

白宮軍事辦公室（The White House Military Office，簡稱WHMO）主要負責白宮及國防部之間的聯絡，幾週前川普與他們開會，在會中表示他想要更華麗的表演，規模跟法國國慶日差不多，意思是需要更多戰機、軍用車輛、操演項目，而且全部都要更加盛大。不知道接下來到底發生了什麼，但有了總統的批准，白宮軍事辦公室盡責地開始推動計畫，並且直接聯繫北方指揮部，卻似乎沒有人想到該跟國防部打聲招呼。

考慮到六月一日那週所經歷的種種，這份簡報實在古怪，甚至是欠缺政治敏感度的。所有人都擔心川普把軍隊政治化，並質疑國防部能否不受政治影響，如果推出這樣的國慶操演，肯定會讓問題加劇。

原本北方指揮部針對白宮指令所策劃的內容為一百零七架飛機——沒錯，就是這個數字。主要為美軍用機，再加上私人擁有的古董戰機，於國慶當天下午飛越白宮。最少需要七十六架戰機。我不敢相信。我試著計算成本，這麼多架機起飛需要多少時間？還有空域協調和放行如何規劃？太荒謬了。

我問為什麼是「飛越白宮而非林肯紀念堂」，簡報人員告知是因新冠疫情，華盛頓政府取消了紀念堂到國會山莊前廣場那片約兩哩狹長地段的所有集會活動。華府市長雖能實施管制措施，卻無權控管白宮建物範圍。

可是，為什麼要「飛越」白宮呢？若空中操演的飛行路線由東向西，自國會山莊飛越華盛頓紀念碑到林肯紀念堂，觀眾依然能看得清清楚楚。畢竟，沒有到現場的大部分民眾也只是看電視轉播。簡報人員回答：「長官，總統計畫邀請他的支持者到白宮南邊草坪一同用餐聽講，並在最佳觀賞位置欣賞空中操演。」

我的天啊！這又激起了一堆問題。誰是嘉賓？這是對外開放的嗎？贊助者會到場嗎？總統會向與會者募款嗎？大選將至，這是政治活動嗎？兩黨都會參與嗎？問題愈來愈多，但沒有人能給出答案。警訊接連出現。

接著我們討論到白宮南邊草坪要展示軍用車輛與其他軍備一事，展出項目包括史崔克裝甲車、又稱「海馬斯」的高機動性多管火箭系統、海軍陸戰隊防空武器裝甲車，以及小型飛行器。

我跟米利將軍互看了一眼，立刻明白計畫的重心，便不再追問盡責遵照白宮要求的簡報人員。我們請他們暫緩計畫，並感謝他們前來，提早結束了簡報。

我把米利與幾位我的親信顧問留下。白宮的要求讓人無法招架。六月初發生了好多事：差點啟動《反叛亂法》在全國各地部署軍隊；好幾晚華府街頭出現抗爭活動，以致白宮前架起拒馬路障；總統不斷威脅以武力強制驅離抗議民眾；還有政壇學界警示川普將軍隊政治化——在發生了這一切之後，現在規劃的國慶活動恐怕會讓這些已經平息的怒火死灰復燃。

國防部至少經歷過一次這樣的情況：二〇一七年，當時是馬蒂斯擔任國防部長，總統在五角大廈英雄大廳簽署了所謂的「穆斯林旅行禁令」。事情進展並不順利。國防部捲入敏感偏執的國內政治，抗議和法律挑戰隨之而來。

在幾週內，我們要召集比去年足足多了四倍的一百零七架飛機飛越白宮上空，讓總統及其支持者在政治意味十足的活動中觀賞。裝甲戰車、火箭砲發射器、防空系統還有其他軍事裝備則放置在白宮南邊草坪，看起來似乎展現了一種保衛力量，但也成了傳達候選人的力量、堅韌、嚴肅態度的政治道具。這對國家來說並非好事，對美軍來說也不是。這樣的展示對國防部的任何人都毫無意義；但對白宮來說，意義非凡。

我在六、七月時經歷了可怕的地雷區，而現在又是另一挑戰。許多事同時發生，我必須謹慎踏出每一步，以免觸動任何一個地雷，更要阻斷連鎖效應。每天我沒有絲毫馬虎，小心翼翼處理所有相互抗爭牽連的議題，還有我的整體戰略計畫。同時，我致力推動實現《國家防衛戰略》十大目標與曲速行動，但我不能因為要處理這些危機而放任我的主要任務。

簡報過後，我請史都華安排與副總統彭斯通話，表達我的擔憂。彭斯不僅是副總統，他能說動川普，固然這不代表總統會照彭斯的建言去做，但彭斯是前印第安納州長，也長期於政府任職，總統確實敬他三分。六月九日我與彭斯通話，說明本次國慶活動計畫的規模、範圍與組成，「在政治考量上都說不通，」我說：「副總統先生，此舉會讓國防部的形象黑化，同時對白宮的形象也有所影響。」彭斯很懂政治，他幾十年浸淫政治圈到現在的高度，他理解我的擔憂。

副總統仔細聆聽。我能想像，他在電話另一頭緊閉雙脣，表情嚴肅，消化我的建議，思索他的答覆；他思考周延，行事謹慎。他問：「馬克，那你建議怎麼做？」

我說：「副總統先生，考量到新冠疫情之下管制群眾參與活動的措施，我認為取消活動是最佳方案，但我想總統先生不會接受，因此，也許可以將空中操演移師安德魯斯聯合基地，畢竟每年空軍飛行表演都在那裡舉行，或是將華府的操演規模縮小到與二〇一九年一致。」電話另一頭，副總統沉默思索。彭斯接著提出幾個問題，都是好問題，釐清癥結所在與國防部的擔憂。身為韓戰軍人之子、海軍飛行員之父，他對國防部非常重視，我們經常談論軍隊的議題，他也不時會提到他兒子的經驗。副總統及他的夫人都對軍隊人事誠心關注，對此我由衷感激。

副總統一如以往仔細聆聽後，回覆說：「我理解你的擔憂，我會將你的建議納入考量。」我知道我已經用事實論據說服他，所以我承諾「撰寫備忘錄記錄這些問題，幫助你與總統的對談」。我也認為這份備忘錄將有助於他將注意力集中在我們所關心的現實問題上，對白宮發揮作用。

六月十日我給副總統寫了正式書信，提及若白宮要以現行規劃舉行國慶活動，「在國家艱困時期，可能會有損慶典，並且將美軍政治化」。為避免負面影響，我們打算將計畫重點放在把民眾與軍事人員和價值觀聯繫起來的國慶活動。因此，國防部將把華府飛行表演的組成和規模範圍，限定以不超過去年標準為原則。此外，若需要展示其他靜態軍備，地點將安排在安德魯斯聯合基地，而非白宮。

兩天後，六月十二日，我與米利一起，在米道斯位於白宮西廂的辦公室與他會談。我不清楚這次會談將如何發展，米道斯行事變化莫測，大家也還沒從上週事件中恢復。他操著北卡口音，以舒緩輕鬆的語調向我們打招呼，但辦公室的氣氛十分凝重。幕僚長坐到我們正對面，略顯疲態。

他開頭說道：「部長、主席，感謝你們前來。這幾週奔波忙碌辛苦了，我想我們該花點時間釐清一些事情。」我看著他點點頭：「我也有同感。」米道斯說米利跟我，尤其是我，跟總統關係緊張，他想「幫助我們修復關係」。米利面無表情，我也是，只偶爾點頭示意，但並不相信他誠心為我們擔憂。如我先前所言，白宮幕僚長對總統忠心耿耿，而且全心投入幫助總統競選連任，換句話說，他要團隊團結一心，要清除連任路上所有干擾。就這麼簡單，跟他前幾任執政團隊在總統第一任期結束時的任務沒有什麼不同。但他假裝說他關心我們，讓人覺得虛偽。

會談尾聲他要我跟米利「幫點小忙」，首先他說：「我不要再有任何意外。在媒體大肆報導之前，任何事我都要第一個知道。」接著他要我們這幾週「在媒體前保持低調，直到風頭過去」，不要太常開記者會或接受訪談之類的。他說：「幾週後，我會安排你們跟總統私下會談，修復關係。」

最後他說：「如果你們對白宮有任何問題與擔憂，都跟我說，我來處理。」米道斯強調，我們要跟他同一陣線，這樣他才能幫助我們。我跟米利沒說什麼。我想讓米道斯把他想說的說完，我才能有時間消化這些訊息。

會談最後，他依舊在幾呎外舒舒服服坐著，盯著我們兩人，尋求一些反應。我說：「感謝你為我們著想，你說的很合理，我也同意配合，但我有個請求。」「什麼請求？」他問。我說：「我希望我們有同等待遇。」他對我的回答有些訝異，但立刻回說：「會的，我保證。」

接著一片沉默。然他承諾要幫忙，我決定當場接受，於是我開口說：「有一件事可以請你幫忙，一些從白宮流出的消息傷害了國防部的形象，也讓我們跟媒體之間的關係很尷尬。」媒體拿到匿名消息，報導各種人事、政策以及總統對我、米利和國防部的看法。大部分的情況，似乎是白宮工作人員試圖「推進自己的野心或意圖」。通常可以根據誰從報導中受益來判斷消息走漏的源頭，顯然不是國防部。但媒體需要「製造國防部與白宮之間不必要的摩擦」。

接下來，我說「希望你能幫我把國安會排除在我的計畫與指揮系統之外」，並將重點放在「他們召集及跨部門協調的功用」。我告訴他，我與歐布萊恩對這件事討論過「很多次」，但我似乎無法改變他的想法，根據先前國務卿及其幕僚告訴我的訊息，我補充說：「龐佩奧也有類似的問題，而且情況比我嚴重。」

值得讚揚的是，米道斯對這兩點都做出回應，說他「最近已開除了一名行為不當的洩密者」，而且完全認同「遵守指揮系統的重要性」。他說，這很重要，並補充說：「我是指揮系統的人。」我把這些東西寫下來，我想相信這兩個問題都會得到應有的關注，但隨著時間過去，狀況卻變得更糟，據報導，米道斯也在走漏國防部的消息。

米利仍對六月一日川普試圖要他負責處理抗議動亂感到不安，並且在意社群媒體對他的強烈反感，他談及自己的角色，著重於「提供最佳軍事建議」的「義務」。米道斯表示理解，但也補充米利對總統支持與忠誠的重要性。米利立刻反駁，說他的義務並非如米道斯說的支持總統，而是「遵守合法的命令及效忠憲法」。米利試圖向米道斯解釋，但事出突然，米道斯開始防備起來，他端坐在位置上，然後掀起一系列偽裝成問題的爭論，氣氛變得更加緊張。

米利把他的角色解釋得很清楚。他強調，在法律之下，他「是總統與國防部長的軍事顧問」，他說他「不是指揮系統的一環」；指揮系統是以總統為首，到國防部長，也就是我本人，再到各級作戰指揮官或軍種部長。

米利清楚地向米道斯解釋他的職責，但我不想讓米道斯覺得我的沉默暗指我對米利所言不贊同。因此，我加入談話，在米利的主要論點上加了把勁，強調我這樣的政治任命文官與軍官之間的區別。我指出「這兩者我都有多年服務的經驗」，這是美國軍事傳統和職業道德的「基礎原則」，但我覺得米道斯並沒有真正理解，或他根本不想理解。

在這個主題上我跟米利沒有明顯的進展，所以我轉移話題。我告訴米道斯：「現在我最擔心的是美軍政治化。」他歪著頭，有些疑惑地看著我，於是除了六月一日國防部與軍隊發生的事，我還列舉了幾件事：邦聯標誌、軍中的種族歧視、使用軍隊對付平民，以及「目前計畫的國慶活動」。針對最後一項，我詳細解說國慶活動的規模、範圍、軍隊參與組成、於白宮南邊草坪展示裝甲車、只讓受邀嘉賓參加等問題。

米道斯聽著，但並不表示同意。在他回應前，先對我向副總統彭斯提出擔憂之事表達了不滿，並以指責口吻說：「你為什麼在這件事情上寫信給副總統？」我向他解釋，心裡則暗自開心：我的備忘信已經達到讓彭斯在白宮提出此議題之目的了。

米道斯迅速回到話題並反駁我的擔憂與說法。我必須讚賞米道斯的坦率，他只是認為：「人民每年付了七、八千億的稅金給美軍，不能花一千到一千五百萬來為國慶日表演嗎？」然而，他把重點搞錯了，重點不是錢。他對我跟米利所說的軍隊政治化一事視而不見。我告訴他：「我對國慶活動軍隊的操演參與沒有異議，但這不是重點，重點是要用對的方式，不是錯的方式。」我補充：「現在規劃的內容太浮誇了，尤其是在過去幾週發生這麼多事，會給人的觀感不好，而且會把美軍政治化。」米道斯不同意我說的後面這一點，還聲明這是總統想要的活動內容。米利加入對話，強調以現行規劃的活動內容不是美國會做的事，反而像是北韓那樣的極權國家才會做的。

我們來回攻防好幾分鐘，但也沒有人想重談六月一日到五日的事件。這是大家的痛點，對我跟米利來說是很大的傷痕。我們依舊對六月一日發生的事感到懊悔，也氣白宮擺我們一道，更氣自己沒能事先看穿這些詭計，大眾似乎對米利的抨擊尤為猛烈。會談時間已超過一個鐘頭，該收尾結束了。雙方對國慶活動計畫沒有達成共識。米道斯雖承諾會向總統報告我們的考量，但我並不認為他會全心代表我們的立場。

六月十九日，我再度與米道斯商討國慶活動一事。他說他已與總統討論了多次，總統批准取消在南邊草坪的靜態軍備展示，空中操演仍依計畫進行，但表演的飛機數量已降到六十四架。米道斯似乎想向我邀功，但沒有人真的知道是誰改變了川普的心意。是米道斯？彭斯？或是其他我們曾尋求幫助的人？

接下來幾週在忙著更新戰略偵察工作進度、批准部署命令和聽取阿富汗情況簡報——在沒有通知白宮的情況下，我片面削減了更多空中操演的飛機數量。反正我覺得，國慶當天下午，總統幕僚中也不可能真有人坐在白宮南邊草坪數飛機；要是真的有，那也沒轍。我想只要空中表演夠精彩絕倫，沒有人會在意數量。因此我撤掉了戰鬥機，換成藍天使特技飛行隊，到處找地方抽走一或兩架飛機，或取消某個環節的飛機。最後，我將數量減少到三十幾架，跟二〇一九年的數量相去不遠，至少比一開始的一百零七架好太多了。

靜態軍備展示已經取消，空中表演的飛機數量也大幅減少了，現在我最大的考量就是國慶活動如何不被政治化，讓飛越白宮的飛機看起來不會是特意向總統致敬。我投入六月二十一日整個週末來發想辦法，這幾年下來的經驗，我學到一點：與其嘗試針對問題解決，不如把它範圍擴大，我也這麼做了。

我在家看著桌上的美國地圖，就我對飛行範圍與時間的了解，我知道許多飛機，尤其是轟炸機，可以很輕易從東岸的新英格蘭往南飛向華府特區。我粗略估算了幾個城市和基地的距離，發現如果夠早起飛，這些飛機能在下午準時抵達白宮上空。我們可以將空中操演命名為「向美國革命的偉大城市致敬」，而非向川普致敬。

飛行路線從波士頓開始，往南飛經紐約、費城、巴爾的摩，最後抵達華府。空中操演不再聚焦於單一城市，也非為一人所辦，而是聯合多個城市與上千名民眾共襄盛舉。我打電話給團隊說明我的想法，他們紛紛表示贊同，米利也認為這是好辦法。

在六月一日這週發生的事件後，二〇二〇年國慶活動的計畫一開始非常糟糕，太多白宮的工作人員輕易答應總統的任何要求。我們深知川普對這類展示活動有多喜愛，即便我們踩著雷區前進，最終我和我的團隊仍舊讓這次活動順利進行。我並不反對向美軍致敬，但要在對的時間點，以對的方式進行才好。然而，這次是天不時地不利。

所幸我們最後能夠避掉所有危機，令人欣慰。我成功躲開白宮另一波攻勢，保住了軍隊非政治機構的名聲。更重要的是，我達成了我預先設定的目標，沒有提早被川普開除。

第17章

傲氣、晉升與政治

這通電話很快變得激動起來，我大吼：「如果你不想把他列在名單上，那就拿掉啊！但我不支持這樣的做法，這樣不對。」米道斯回擊：「他永遠不會晉升職等！」通話在此刻結束。我們都很清楚為什麼總統不喜歡亞歷山大・溫德曼（Alexander Vindman）。但總統持續打壓一名陸軍中校至此，既失了尊嚴也不合常理。

國安會是由各軍種官員及其他行政部門人員所組成，溫德曼是其中一員，他是陸軍中校，二〇一八年夏季起在國安會擔任歐洲事務指揮官。我不認識溫德曼，但從新聞報導中得知他前後總共服役了二十年，也曾待過伊拉克。

溫德曼與雙胞胎兄弟葉夫根尼（Yevgeny）出生於烏克蘭，幼年時移民美國，住在紐約布魯克林，於賓漢頓市的紐約州立大學就讀，參與陸軍預備軍官訓練團。畢業後他到步兵部開始軍旅生涯，後來成為外事軍官，並在美國駐基輔和莫斯科大使館任職。總之，他十分適合在國安會工作。

二〇一九年十月底，眾議院對總統進行彈劾調查，情報委員會傳喚溫德曼作證涉及烏克蘭的部分。溫德曼指出川普與烏克蘭總統澤倫斯基的七月電話內容，要求澤倫斯基調查前副總統、亦即現任民主黨總統候選人拜登。川普也希望與烏克蘭能源公司關係密切的拜登之子杭特受到調查。

那通電話我並不在場，一直到幾週後新聞開始報導，我才知道此事。川普與烏克蘭總統的通話紀錄為七月二十五日，參議院就在兩天前確認我的任職令，即七月二十四日起我將出任第二十七任國防部長。

我曾多次敦促川普批准國會撥款二億五千萬美元給烏克蘭作為國安支援，當時的國安顧問約翰・波頓與龐佩奧也在場。雖然總統常講「烏克蘭貪腐」、「盟國要資助基輔更多，尤其是德國」還有「美國不該花錢保衛他們」，但我們沒人真正知道他為什麼有點抗拒援助烏克蘭。

我在五角大廈的團隊多次要白宮給出答案，他們也想不明白為何白宮抗拒此事。過了一陣子，他們與行政管理和預算局之類的單位商談變得愈來愈有爭議，我告訴團隊繼續做對的事，並做好紀錄。若白宮拒絕撥款援助，我們已預料到要與國會對決，但萬萬沒想到總統會被彈劾。

在說服撥款的過程中，我嘗試所有我能想到的論據和策略。我想解決總統的擔憂，同時確保我們遵守法律，然而，川普仍無動於衷。他抱怨烏克蘭貪腐時，我告訴他「我認同」，但也指出「他們正在改變」、「打擊貪腐是澤倫斯基的首要任務」。我對總統說：「拒絕撥款援助，只會破壞澤倫斯基的努力，也就是您想達成的肅清。」雖然川普在聽，但我的話沒有明顯的影響。

總統還會諷刺地說：「我們偉大的盟國應該提供幫助，尤其是德國，他們應該付出最多。你看地圖，烏克蘭是他們跟俄國的緩衝區。」我同意並說：「盟國確實該提供幫助。」我指出他們已有行動，但還可以、也應該做更多。因此，我承諾「將在北約會議上向他們施壓」。仍舊無功而返。川普微微皺眉瞪著我看，他有些不滿。

他問「那我們當初幹嘛給他們錢（國安金援）」時，我所有的論點：遏制俄羅斯的侵略、向俄國展現我們對盟友的承諾、幫助受圍困的民主國家，沒有一個成功說服川普。這些論點不是空穴來風，二〇一四年，俄軍隊入侵烏克蘭併吞克里米亞半島。

接著，我話鋒一轉，開始陳述事實，即「國會撥款一事，我們別無選擇」。我直接了當：「總統先生，這是法律規定。」他雙臂交疊在胸前，靠在桌上，不發一語，但也一臉不在乎。

最後，我想最能吸引他的論點是「提供烏克蘭的國安援助物資與服務，最終金流還是會回到美國企業」。想起團隊整理的資料，我說：「這將在美國創造上千個就業機會。」即使如此，仍是徒勞。回過頭看，我們之間的緊張關係早從烏克蘭問題就開始了，隨著時間的推移，這種緊張關係不斷惡化，最終在二〇二〇年六月引爆。

♜

溫德曼在那年秋天的宣示證詞中告訴國會，他「對這通電話感到擔憂。我認為要求外國政府調查一名美國公民是不合宜的，我擔心這會影響美國政府對烏克蘭的支持……這會破壞美國國安。」溫德曼將此事上報到國安會的法律顧問艾森柏格是正確的選擇。

溫德曼的證詞是調查重要的依據，二〇一九年十二月十八日，民主黨占較多席次的眾議院批准了兩項針對總統的彈劾條款。第一條指控川普濫用職權，要求烏克蘭官員進行有利於他連任競選的調查，第二條指控總統要求政府官員無視國會傳票以阻撓調查。

彈劾條款已於一月提交參議院，參議院決定隨後的聽證會中不傳喚證人或調閱文件。正如預料，共和黨較多席次的參議院於二〇二〇年二月五日宣判川普無罪。

整個彈劾過程中，川普和某些共和黨議員公開譴責溫德曼的證詞。其中有許多人甚至批評溫德曼中校不該出席聽證會，儘管他是被傳喚的，右派的電視政論名嘴也加入了這場爭論。但事實上溫德曼並沒有其他的選擇。

這些言語攻擊事件後，溫德曼十分擔憂他家人的安危，而陸軍領導層正努力解決此問題。他同時擔心總統的報復，也擔心職涯會受到影響。陸軍一直密切關注他的一言一行。事實上，溫德曼在二〇一九年十一月上旬會見了陸軍參謀長麥康維爾，一同討論狀況。麥康維爾召集了律師、公共事務官員和國會聯絡人組成團隊，以協助溫德曼處理即將舉行的聽證會，還派了一名二星上將輔佐照顧。陸軍盡其所能做正確的事情。

二月七日，即參議院宣判川普無罪兩天後，國安會解雇了溫德曼。當天下午，他在陪同下離開了白宮。而他在國安會擔任陸軍律師的雙胞胎兄弟葉夫根尼也被解雇了。

當天稍早在五角大廈的記者會上，有人問我關於溫德曼可能遭受報復一事，我回答說：「我們將盡力保護所有服役軍官免受報復或類似的事情，我們已經在政策和其他方面解決了這個問題。」我補充說：「無論在哪裡服役、執行哪種任務，我們歡迎所有服役軍官回來。」我無力阻止總統開除溫德曼，沒人能阻止。但我們要保護他免受其他報復，並為他在國防部安插一職。根據我在白宮的消息來源，委婉地說，總統不喜歡我說的話。

隔天星期六，川普在一則推文中宣稱溫德曼「非常不服從命令」，績效評價很差，並且「扭曲我『完美』的電話內容」。當然，這些說法都不是真的，卻代表總統準備找我談論如何結束溫德曼的職涯。

隨後的一週，出席大西洋理事會（Atlantic Council）智庫的活動時，歐布萊恩被問及國安會要溫德曼兄弟離開的決定，他表示，這是他的決定，而非總統。他補充說：「絕對沒有報復溫德曼兄弟的行為。」他駁斥了他們被解雇的說法，只說是時候讓他們回歸陸軍了。我不相信這些說法的真實性。

在三、四月的幾週裡，總統問了我關好幾次於溫德曼的事：「陸軍什麼時候才會把他踢出去？」一名陸軍中校要多顯眼才能影響美國總統？這實在令人吃驚，我無法理解。總統在問完後，會接著長篇大論地講述溫德曼是如何「扭曲我完美的電話內容」，他是「反川普派」，還有他是如何傲慢和不服從。

川普會再繞回來問：「你要拿溫德曼怎麼辦？」最初我會回答：「總統先生，我們會調查，做對的事。」然後等他跳到下一個問題，他幾乎每次會議都這樣。我的計畫是忍受這些抱怨，除非有人能提出比調派溫德曼到陸軍戰爭學院更好的辦法。

位於賓州卡萊爾市的陸軍戰爭學院，對高級軍官提供碩士層級的指導，幫助他們在五角大廈等機構的高階任務做準備。每年只有不到百分之十符合條件的高級軍官入選，軍種領導人將入選視為對該名軍官表現的認可，也是特權。因此，當陸軍領導層和我都說國防部不會對溫德曼進行報復時，指名讓他進入戰爭學院就是最好的證明。

二〇二〇年四月二十一日的白宮會議上，溫德曼問題再次浮上檯面。然而，這次總統比以往施加更多壓力。當他坐在戰情室長桌一頭的黑色皮椅上時，他轉向左邊看著我，開始砲轟：「溫德曼扭曲我的電話內容，他講的全是捏造，他一直都是反川普派，我們要擺脫他。」當他講述溫德曼被指控的違法行為時，我們再度經歷了同樣的歷程，過程中他愈來愈激動，直到他滿臉通紅，音量提高。我像以往一樣回應，他反駁說：「但你打算怎麼辦？他會怎麼樣？你要解雇他嗎？」我說：「總統先生，若按照您的建議採取行動，我需要國安會的書面證明，證明他表現不佳或行為不當，違反了統一軍事司法法典。*接著我們會啟動調查。」

川普對我的回覆非常不滿，他停頓了一下，狠狠瞪了一眼，然後指控溫德曼「證詞虛假」。他確認了兩份獨立文件的正確性，但這兩份文件記錄的是同一次談話卻內容不一」。我以實事求是的語氣回答：「如果真是如此，總統先生，我需要國安會的人寫下來、簽字，然後寄給我們。國防部有責任調查這些事。」我說這話的時候看著歐布萊恩，然後瞥了一眼國安會的法律顧問艾森柏格，因溫德曼首先向他報告了他對川普與澤倫斯基通話的擔憂，兩人都靜靜坐在房間裡，不願參與。我快速看了他們一眼，讓他們知道他們有責任提供證據。

♜

差不多同一時間，陸軍部長麥卡錫告訴我，溫德曼是晉升上校的人選，軍職晉升委員會於一月中召開會議，討論符合晉升條件的人選，比國安會開除溫德曼的時間點來得早。溫德曼之所以入選是基於國安會的軍官績效評核報告——這份考核早在國會要求他在二〇一九年底出席作證之前就已完成。與其他入選的四百零四位軍官相比，他的表現脫穎而出，贏得晉升上校之榮譽。

對我跟麥卡錫來說，眼前態勢非常清楚。宣布溫德曼晉升上校一事，就如同在怒氣沖天的鬥牛前揮舞紅旗一般，我們必須正面對決。我跟麥卡錫一樣，決心要做對的事，所以我們要一次平息所有問題。這已經不只是溫德曼的問題，而是軍隊司法系統與晉升流程遭政治化的問題。

我們在二〇一九年十一月已經有類似經歷。當時海軍判決海豹特戰部隊士官長艾迪・賈拉格（Eddie Gallagher）與敵軍屍體合照一事有罪，總統卻插手推翻，允許賈拉格恢復軍階及保留三叉戟徽章。儘管我使盡全力，只差一點就在賈拉格事件與另一事件上取得進展，儘管有軍事司法系統的公共辯護，我們還是輸了。

歷屆總統多少都有為被判有罪的軍官減刑的案例，比如上一屆的歐巴馬，但川普對賈拉格事件的處理太過分也太不恰當。基本上，川普不讓海軍司法程序發揮作用、作出判決，更別說尊重他們的決定了。我跟米利將軍好幾次力勸總統不要插手，身為三軍統帥，這些行為並不得當，而且會造成軍隊觀感不佳。我們極力阻止不讓溫德曼事件重蹈覆轍。

賈拉格事件也可說是我職涯中的低谷。海軍部長史賓塞是我尊重的朋友，但他的行為讓我只能要求他辭職。史賓塞對川普早已耐心盡失，我私下與他對談過幾次，要他不要這麼明顯。在如此動盪的時刻，我實在是不想失去任何能幹的部長，但遺憾的是這已無可避免。最後，整個事件愈演愈烈，讓我不得不親自出手。當時我告訴媒體，如果大家「針對恢復賈拉格三叉戟徽章的行政程序想提出批評，請責罵我，我來負責，雖然這非我所預期，但我會概括承受。」[1]

---

*原書註：統一軍事司法法典（Uniform Code of Military Justice）適用於美國軍事人員的聯邦法律。

負責不是什麼大問題，我所困擾是我打破了自己的原則——就是我經常談到的，軍事司法程序對任何黨派都必須客觀公正。我只是覺得，如果依照海軍的提議，把一個有重大政治後果的議題交由非軍官組成的小組來決定，恐怕不太公平，而且對任一方來說都沒好處。也許我是在找理由合理化，大家可自行判斷。但我也欣慰海軍不需再多花時間討論賈拉格是否能保留那天殺的三叉戟徽章。

♜

四、五月的幾週，我問歐布萊恩跟其他人，他們是否握有溫德曼有損陸軍形象的資料，米利將軍也旁敲側擊，但沒有人有這些資料。一個又一個的藉口，好像希望等問題消失或等我們再出招。

米道斯一成為白宮幕僚長便開始關注此事，因總統對此事執著成癖。當他問到我，我就說：「國安會沒有給出任何資訊讓陸軍執行，而且沒有正式的指控，就無法開啟調查。溫德曼的晉升與指派至戰爭學院一事會持續進行。」他不滿意，跟我說他會找國安會談談，要他們有所動作。正如我們所想，國安會顯然沒有確實的證據或證人。

但即使我們深知溫德曼沒有違法行為，陸軍仍有義務調查關於不良行為的指控。這是陸軍一貫的做法，從我還是陸軍部長，米利還是陸軍參謀長時，我們一直信奉的做法。「按程序走」，讓它發揮作用，似乎是近來我最常說的話。即使依循程序要花些時間，但整個流程完整、客觀，而且對所有人公平。

陸軍執行軍職晉升委員會報告的行政檢核時，國安會終於說服某人提交文件。國安會的資源管理局提交了一份備忘錄，指控溫德曼的工作表現和行為不良，陸軍即刻展開調查，而且進展迅速。時間是關鍵。

據陸軍調查，軍職晉升委員會於一月召開，並於二〇二〇年一月二十四日完成審核，接著陸軍有一百八十天將審核結果交給參議院，超過一百八十天就算延遲，算起來最終交期大概在七月的第三週。期間白宮花幾天時間檢核名單後，轉交給國會山莊，而我內部的核准交期是七月九日，為國會交期的前兩週。

陸軍對我的時程感到焦慮，擔心遭洩密或提前在媒體或國會前曝光，雖然軍職晉升委員會不常有延遲的情形，但延遲也不算太不尋常。麥卡錫部長與麥康維爾將軍不知道我正同時處理與白宮有關的其他議題，若我沒有處理好，後果可能不堪設想。與川普公開決裂後，若我沒有以正確的順序處理，那麼我可能被免職而無法做任何事。

國慶活動是首要任務，我在國慶當週平息了大部分的問題。總統先前指示的從德國撤軍，預計在七月初向總統說明。接著是溫德曼晉升一事，我設定的交期為七月九日。但同時，陸軍也得處理自五月底佛洛伊德悲劇後所引起的邦聯基地名稱與旗幟爭議。軍隊內部承受了莫大的壓力，非裔美籍軍人的比例高於整個國家的比例，超過百分之二十：這是軍隊對多元與平等承諾的重要聲明。然而，令陸軍的問題更加複雜的是，海軍陸戰隊幾個月前就禁止使用邦聯標誌。

我決心解決邦聯標誌問題，但若我現在這麼做而總統開除我，我就無法確保溫德曼的名字出現在晉升名單上。由於他的晉升時程緊迫，我們必須支持溫德曼，以免政治因素影響指派及晉升。否則，將有損軍隊作為一個機構的形象，影響部隊對體制及其領導的信心。我不斷向麥卡錫跟麥康維爾保證我們會做對的事，但溫德曼晉升一事要優先處理。

陸軍監察長花了兩個多月的時間才完成第一次調查，並確保國安會的說法無法將溫德曼的名字從晉升名單上剔除。我告知白宮幕僚長米道斯，晉升一事將按計畫進行，即使他對此不滿。

米道斯不想讓溫德曼晉升，就這麼簡單。他也不想讓白宮批准這個決定。他要我把溫德曼除名，我說除非司法程序判決溫德曼做錯事，不然我不會將他剔除。但說到底，白宮有權力能把入選人從名單上刪除，畢竟總統是三軍統帥，但我使盡全力反對總統這麼做。與此同時，米道斯向國安會施壓，要他們找證人，最後真的找到證人。

六月出席陸軍調查會議的一位證人是溫德曼在國安會的同事，二〇一九年某日，他們在辦公室發生口角。麥卡錫轉述給我聽，「文職國安會人員要離開辦公室時，溫德曼走到門口，站在門前。」根據麥卡錫的說法，溫德曼不讓他的同事離開，說他們兩人「應該留下來解決問題」而不是讓問題惡化。麥卡錫說，期間沒有發生肢體衝突，溫德曼從未威脅過對方，兩人在事件發生後繼續合作了幾個月。

某家新聞媒體將此事件報導為「(國安會)指控溫德曼辱罵與他同一辦公室的同事」，國防部調查「發現兩人發生爭執，但那次小口角後，他們仍繼續一同工作」。[2]但這一「事件」成為對溫德曼的不良行為指控的基礎。更麻煩的是，國安會拒絕陸軍接觸事件中涉及的工作人員。由於只有一項指控，沒有證人，且雙方同意基本事實，軍方很快以對溫德曼有利的方式處理此事。

七月六日星期一，大概是我與米道斯針對溫德曼事件會談的一週後，米道斯晚上六點十五分打電話給我。我整天忙著處理各項事務，從反潛作戰系統到美軍在西太平洋的足跡等問題，同時也一直在準備眾議院軍事委員會的聽證會，但我仍在六點離開辦公室。他打電話來的時候，我跟維安小組在座車上。米道斯首先向我講述一則新聞報導，內容是關於國防部長辦公室在五角大廈派人協調邦聯旗幟的備忘錄。不妙。

但我快到家時，通話主題已轉向溫德曼事件。米道斯問：「陸軍對溫德曼的調查進展如何？」我告訴他調查已終結，溫德曼並無不良紀錄，而「我會把晉升委員會列有溫德曼名字的名單，在二十四小時內送交白宮」。那天稍早，在與麥卡錫最後一次談話後，我批准了溫德曼留在晉升名單一事。

米道斯暴怒，提高音量大吼：「你為什麼不先跟我說？陸軍調查怎麼這麼快結束？陸軍有找其他證人嗎？」座車停在我家車庫前時，我們開始在電話裡大吵了起來。車庫前是我跟我女兒以前一起打籃球的地方，現在則是我跟白宮幕僚長的對決之地，另一種一對一的對決。

我對米道斯說：「沒錯，陸軍調查已終結，國安會只提供一名證人，調查範圍受限，只能這樣。」

他回擊：「那你為什麼不打電話給我，部長？我會要他們給你其他資料。」他說的話很惡毒，我吼回去：「調查好幾個月，根本沒有不良行為！我是不會把溫德曼除名的。」米道斯大聲反駁——我確實能，而且我也有法律權力把溫德曼除名。他沒講錯，但他完全沒抓到我的重點。我確實有法律權力，但我不能那麼做，因為那不是對的事。米道斯和我根本在雞同鴨講，但這讓我更了解他。

他要我再給他一週找證人，此時他的語氣放軟，像是請求，而非命令。但我簡短地回絕：「不行，已經結束了。」這再次激怒他，他試著打斷我，我大聲對他說：「我們快沒時間把名單送交參議院了。」我本來預計這週要將名單送到白宮，等他們審核幾天之後就送到國會山莊。我在電話上大吼：「如果你不想把他列在名單上，那就拿掉啊！但我不支持這樣的做法，這樣不對。」米道斯回擊：「他永遠不會晉升職等！」通話在此刻結束。我下了車，走進家門。又是漫長的一天。米道斯大約四十五分鐘後又打給我。我猜想這通電話是要告訴我，總統終於要將我免職。當時我告訴妻子莉婭，若真是如此，我也接受。她也同意。若是因此遭免職也值了。

不過事情並非如此。他說他現在跟艾森柏格還有另一名律師在他的辦公室，他要指控陸軍調查不當，然後問隔天是否能會面，讓陸軍針對他們的詢問回覆。我告訴他我會先跟法律顧問討論，沒問題的話，我不會反對，但我仍強調我的決定與時程。

我的團隊認為與國安會法務跟米道斯會面可行，所以我們決定派麥卡錫及曾任陸軍法務部長的軍事律師查爾斯．皮德（Charles Pede）一同前往。我擔任陸軍部長時，皮德是陸軍軍法署署長，我認識他並且信任他，認為他不會屈服於壓力，是名誠實能幹的軍官。一同前往的還有主調查官艾德．傑克森（Ed Jackson）。一開始我跟麥卡錫說明時，他有些不高興，但在我把我跟米道斯通話的狀況告訴他之後，他能理解我的做法。我說我對他們的努力跟答詢都有信心，我已批准溫德曼留在名單上，他需要做的就是在會談時堅定立場。這件事我們是對的，站得住腳。

隔天麥卡錫一行人前去會談，並且在會中堅定立場。他們詳細報告這前幾個月所做的努力，他們答詢了發現什麼、沒發現什麼，而且依法他們必須怎麼做。會談結束後一行人全身而退。後來我才知道，一名白宮律師告訴米道斯，若強硬施壓，陸軍可以指控他干涉調查，米道斯因此才退讓。

我本來要將文件在當天稍晚時送出，但是我為了正在推動的軍中多元性計畫，幾週前要求上校及以上軍階的晉升委員會的多元性數據，陸軍尚未交出。直到七月八日星期三早上，我們才拿到資料。我看完後要我的下屬把陸軍上校晉升名冊資料送至白宮，陸軍中校溫德曼的名字當然也保留在內。

當天中午，我看到溫德曼宣布退役的消息。我目瞪口呆，完全出乎預料。我先前問過麥卡錫，溫德曼的個人狀態如何，他說儘管發生了這麼多事，溫德曼還是堅持住了，而且期待到陸軍戰爭學院任職。麥卡錫並沒有與他見面，因為他是指揮官，偵查期間若與溫德曼面見面確實不妥。但陸軍最資深的軍官麥康維爾，還有另一名官員，都常與溫德曼聯絡。溫德曼雖然被太多高層關注，但似乎還過得去。就在幾個星期前，六月初，他收到正式通知，將調職到卡萊爾市的戰爭學院。

過了好一陣子後，根據報導，溫德曼發表了讓我們好些人摸不著頭緒的公開宣言。其中一段跟陸軍領導告訴我的不符，溫德曼表示：「沒有任何文職領導或高階軍官與我聯絡，也沒有人告知我在軍隊中仍有好的名譽。」這就怪了。他也告訴CNN：「他們可能在某些方面扭曲了資訊，國防部長，前國防部長艾斯培，可能扭曲了我所得到的支持。」太奇怪了！實際上，我根本想不起來我曾說過他收到多少支持，我只說過，我承諾我們會保護他免遭報復，我認為，直到最後我們都盡全力支持他的指派到任與晉升。

♜

沒人告訴我溫德曼為何決定退役。有人猜測，由於他的事件對其他捲入爭議的人產生影響，因此迫於壓力宣布退役。二〇二〇年七月二日，伊利諾州參議員譚美．達克沃絲（Tammy Duckworth）宣布她將阻止參議院批准一千一百名軍職晉升，除非她收到文件確認溫德曼的晉升沒有受阻。

我認為達克沃絲參議員威脅川普不要玩弄政治手法阻撓晉升，自己卻也在操弄政治，讓多名無辜軍官當人質，這樣的做法十分偽善。事實上，目前讓超過一千一百名軍官全部無法晉升的人，是她。當時正值大選，民主黨正要決定拜登的副手，達克沃絲跟伊莉莎白．華倫（Elizabeth Warren）或其他人一樣想競爭副手之位，她想展現她具有副總統候選人常見的「攻擊犬」特質。

為了保持她的黨派立場，她在溫德曼宣布退役後表示，沒能保護溫德曼，「開創了黑暗的先例，任何總司令皆可干涉軍方常規的擇優晉升，對一名單純是依法接受傳喚出席、信守誓言的軍官進行個人仇恨和報復。」這樣的說法當然是錯的——國防部確實保住了溫德曼的晉升，不僅如此，還將他調派戰爭學院。這也沒有開創什麼先例。令人困惑的反而是，她在溫德曼宣布退役之後、他的名字在晉升名單上也公開之後，才說出這些話。當然，同一時間，競選副總統之位也正進行中。

溫德曼宣布退役一週後，達克沃絲就不再阻止軍職晉升了。據她的說法，她收到了文件，確認溫德曼的名字原本就在送去白宮的名單上。我沒有寄信給她，也不知道誰寄給她的，或是否有人寄給她。

軍隊人事受到白宮政治操弄當然不對，但同樣也不該受國會操弄。這樣的案例卻經常發生，如溫德曼的晉升、克羅澤遭免除航空母艦羅斯福號艦長一職，都十分有名。

在每種情況下，似乎除了從媒體那裡聽到的，國會議員都會就他們知之甚少的事情公開發表評論，只是為了在選民中獲得政治積分或推進他們自己的事業。我在華府工作很久，知道這是政治的本質，但如果以犧牲軍事人員或機構本身為代價來達成目標，就太過分了。每當事件塵埃落定，最後某些國會議員或媒體說的話被證明是錯的，卻也從沒看到他們對自己所說的話及造成的傷害負過任何責任。

像提名、晉升、調派或其他軍職人事，國會應先閉門討論有哪些擔憂和問題，了解事實並通盤考量，再向媒體發表。參議員暨參議院軍事委員會主席殷霍夫（James Inhofe，奧克拉荷馬州共和黨籍）與參議員暨高階委員傑克．里德（Jack Reed，羅德島州民主黨籍），針對一名遭前下屬指控性侵的高級官員之提名，就處理得當，讓我印象深刻。儘管要在敏感的政治環境下處理這個問題，但委員會閉門審議，在數週內盡職調查，以兩黨參與的方式駁回了指控，並批准了該官員的提名。

我對溫德曼決定退役一事感到失望，但尊重他的選擇。陸軍作為軍事機構，本會公平待他，但他經歷的政治角力不是一般常見的。很遺憾，他本人與他的家庭都成了無辜的犧牲品。

溫德曼事件讓我們知道，必須提防白宮對軍職晉升事務的干涉。尤其是在二〇二〇年二月，總統任命約翰．麥金蒂（John McEntee）為總統人事辦公室主任的那刻起，我們更得戰戰兢兢。

麥金蒂曾幫助川普的競選活動，並在選後成了他的左右手，類似軍方所說的副官。據媒體報導，麥金蒂在二〇一八年三月因無法取得安全許可而遭開除。兩年後他回歸白宮，出任總統人事辦公室主任，直接向總統匯報，跟川普任何一位幕僚長都不相容。麥金蒂做這份工作明顯不夠格，但他盲目的忠誠吸引川普的注意。

麥金蒂並非首位重新加入川普團隊的死忠人士。二月份，在參議院對兩項彈劾總統條款皆宣布無罪後，更多川普的信徒開始進駐白宮，比如格雷內爾與米道斯。他們與歐布萊恩、史蒂芬．米勒和國安會反恐高級主管凱許．巴特爾（Kash Patel）等人合作，聽從川普的吩咐。更黑暗、更具侵略性的演變在白宮逐漸成形。

麥金蒂在他的新職位上迅速展開行動，在內閣部門的聯絡處安插志同道合的死忠人士，這些團隊負責白宮人事事務，並仔細審查當前政治任命官員的言論和行動。

所有部門都受到影響，但我感覺國土安全局和國務院的情況最為艱難。甚至住房及城市發展部也未能躲過麥金蒂，部長班．卡森（Ben Carson）的白宮筆記寫了此事，還被媒體拍到過一次，他與總統會面的談話要點提到：「我對總統人事辦公室主任麥金蒂處理我部門的方式不滿意。」[3]很快，即使某些人與總統的政策意見一致，但只要部門中有人與人事辦公室意見相左，便會被肅清。國防部的路德就是最好的例子，他支持川普的國安計畫，但有時會反對國安會不合理的想法——我後來才知道，這就是他被趕下台的主因。儘管有我的大力支持，但某些應得的晉升卻被駁回，例如符合晉升標準的伊蓮．麥卡斯克（Elaine McCusker），本該晉升為國防部主計長，但她質疑行政管理和預算局暫停烏克蘭提供資金的決定；以及同樣有能力的凱蒂．維爾巴杰（Katie Wheelbarger），本該晉升為國防部長辦公室情報安全局的副局長，而她所謂的罪，就是曾為參議員約翰．麥肯（John McCain）工作。

更糟的是，他們被免職僅是因為白宮想用更多川普的死忠派取而代之，而且不管繼任者是否符合資格。例如，東尼．塔塔（Tony Tata）將接替路德成為國防部政策辦公室主管。這也是我離開後發生的事情，當時他們開除安德森，強迫負責情報安全的國防部次長、退休海軍中將暨前海豹特戰部隊指揮官喬．克南辭職，而且根據報導，在參議員麥康諾等共和黨議員要求停止這種做法之前，還計畫逼退他人。我對付總統人事辦公室的策略就像下棋：不輕易放棄任何棋子，而是盡一切可能挽救最重要的棋子。必須選擇戰鬥。

尤其是政治任命官員，當然是總統才有此特權，決定誰能在他的執政團隊內閣任職。我的底線是不讓總統人事辦公室試圖逼退文職官員或軍官，而這種狀況在二〇二〇年十月麥金蒂把他的人安插到五角大廈時，發生過幾次。正是這些新死忠人士，最終執行開除安德森和其他人的命令，接著繼續肅清國防政策和產業委員會。

好像開除這些人還不夠，川普的死忠派曾試圖召回退役的四星將領回歸現職，讓他們因批評總統的言論而被送上軍事法庭審判。二〇二〇年五月初，開始有小道消息出現在布萊巴特新聞網（Breitbart），傳說退役的陸軍上將史坦．麥克里斯特爾（Stan McChrystal）建議民主黨使用人工智慧科技找出並對付川普的支持者[4]，這讓川普大怒。

這不是麥克里斯特爾第一次跟川普唱反調，但最新的報導引爆導火線，縱使麥克里斯特爾並未公開支持前副總統拜登，隨後也告訴其他媒體，他的建言是讓跟民主黨同一陣線的政治行動委員會能確保大選資訊正確。[5]接著我跟米利就到總統面前，勸總統不要將麥克里斯特爾召回現役部隊。更糟的是，我們到白宮時已經有人搶先在橢圓形辦公室砲轟海軍退休上將威廉・麥克雷文（William H. McRaven），他是策劃襲擊賓拉登行動的指揮官。麥克雷文曾寫過批評川普的言論。

總統告訴我跟米利，他「想要把他們（麥克里斯特爾跟麥克雷文）召回現役部隊，讓他們因自己的言論受審」。他說：「他們不忠誠。」我跟米利立刻為他們辯護：「他們都是十分傑出的軍官。」這樣的舉措太極端，也欠缺正當理由。我們繼續勸說：「總統先生，這麼做會適得其反。」這場爭辯來來回回好一陣，最後米利終於想出辦法讓總統冷靜下來，他答應總統會親自打電話給這兩位軍官，要求他們收斂一點。

另一方面，白宮聯絡辦公室表示有興趣「訪談」國防部高級官員，我們認為那是一種忠誠度測驗，便立刻回絕了。任命一名四星聯合將領的過程漫長但完善，不需要白宮聯絡辦公室來「訪談」。大致的晉升日在幾年前就確定了，而實際篩選至少耗費一年。慣例上，各軍種都可以提名一人參加聯合指派職位的候選。

我們密切關注這些職位，就算我在美國各地甚至海外出差，我仍試著跟各軍種推薦提名的軍官會面。這樣一來不用正式的訪談，也可以好好認識他們。我會依循訪談流程，但也會盡可能地跟他們互動。

我、米利跟史都華討論二〇二一年四星聯合將領職缺時，大概剩不到一年的時間，我們知道若拜登當選總統，整個流程可能得從頭開始，時間將更為壓縮。整個流程通常要跑半年，屆時可能沒有合適的人選來執行詳細又符合時程的審核。例如，首批職缺為美軍駐韓指揮部和印太指揮部。

我不想讓拜登團隊陷入短短幾個月內必須選出六名官員的困境。我想提出最好的建議，他們可以決定接受或拒絕我的候選人。相反，若川普再次當選，而我不再是國防部長，我也不想讓我的繼任者陷入困境。

因此，十月時我的團隊給我六軍種聯合職位的軍官名單，供我參考、面談和選擇。由於十一月三日後，我的去留仍是未知，因此我迅速審閱了每一位人選，並藉助我對軍官的了解、該軍種及人事準備負責人的建議，以及與史都華跟米利的討論，來做決定。

我最終選擇了印太指揮部和美軍駐韓指揮部的替代人選於五月進行交接，聯合特種作戰指揮部於七月進行交接。美國運輸指揮部原定於八月移交，但由於參議院通常於八月休會，我們需將時程提前到七月移交，確保給參議院足夠的時間執行。美國南方指揮部計畫於十一月交接，但現任指揮官海軍上將克雷格．法勒（Craig Faller）說他可能會在夏季提前退休，因此我們也加速遴選。最後，我們必須在二〇二一年十一月任命一位新的參謀首長聯席會議副主席。

我們很清楚總統人事辦公室及其五角大廈聯絡處動作不斷，因此不得不防禦他們多次撤職和肅清各種國防委員會的企圖。我們也知道，白宮工作人員中有些人時刻警惕任何他們認為牴觸政治正確的事情，例如，當我決定七月從基地移除邦聯旗幟，以及之前我提出三項多元和包容性計畫以應對軍隊中的歧視與偏見。

最後，許多攻擊是針對我個人而來，有些是所謂的同事透過媒體和總統對我發動攻擊，因此，我的決定和我在選舉後的去留，是另一個趨向負面、難以預料的變數。

我愈來愈擔心，我們大多數人認為做正確的事，例如提拔非常優秀的軍官晉升到美國軍隊的最高職位，會被捲入白宮政治或報復。

鑑於這些權力關係，我們知道必須謹慎、獨立處理這些事情，關鍵是要適當調查晉升人員在白宮的接受程度。如果我留任，我跟米利可能必須一個一個詳細解釋，以確保名單順利通過流程，抵達參議院。如果我們感受到任何阻力，就必須設法讓那個人配合。但若總統讓我留任國防部長，問題就不大了。

如果我在選後被解雇，則會是更具挑戰性的情況。如果川普勝選，米利等人會向代理國防部長說明我的建言，他或她可以選擇是否採用我的建議，或是重啟整個流程。如果川普落選，米利等人則有另一種選擇，若他認為白宮可能會因為我，馬克．艾斯培，推薦了這些軍官而拒絕其中一名、一些或所有候選人，那他可以暫時擱到一旁，等拜登團隊上任。

若某些人認為我們在玩政治遊戲而駁回名單，也能比照辦理。我們會有這樣的擔憂，是因為其中兩名候選人為女性：陸軍中將蘿拉．李察森（Laura Richardson）將接管南方指揮部，而空軍上將賈桂琳．歐佛斯特（Jacqueline Van Ovost）將接掌運輸指揮部。這兩位的資格條件完全符合，是完美的人選。雖與性別無關，但我擔心白宮的某些人會認為這是與「覺醒文化」相關的提名，因而反對。

在我批准的六個晉升名冊付諸實施之前，總統就將我免職了。我後來得知新上任的代理情報助理部長柯恩華特尼克（Ezra Cohen-Watnick）拿到了這些名冊，據傳他試圖刪除「反川普」人選。指揮鏈之外的人、非正常流程的一環，如何拿到晉升名冊的控制權，令人不安。然而，參謀首長聯席會議雖拿回了名冊，但柯恩華特尼克顯然已找到了一名軍官可替代我所選的人。這後果不堪設想。據說米利親自去找代理國防部長克里斯．米勒（Chris Miller），恢復原本的名單。

其中三本名冊已轉送至白宮，當時川普仍在任，有兩本則暫時保留。但我不確定第六個，也就是下一任參謀首長聯席會議副主席的提名，當時是如何處理的，不過我的提名最終得到拜登總統的認可。同時我也相信，柯恩華特尼克的干涉嚇壞了不少人，擔心白宮可能會插手。

我很高興看到拜登總統支持歐佛斯特和李察森的提名，策略成功。二〇二一年秋季，參議院批准這兩位軍官的提名，成為美軍史上最高級的女性將領，以及史上第二、三位作戰指揮部的女性指揮官。

後來某些批評家聲稱，擱置這些名冊的做法，多少「延遲」了軍官的晉升。這說法不合理，因為我們謹慎規劃時程，預留足夠時間跑流程。此外，這些晉升沒有指定的日期，也沒有像傳統晉升委員會那樣訂出明確日期。

也有人寫道，在拜登團隊上任前一直扣著這些晉升名冊，也是將晉升過程「政治化」，破壞軍民關係。其一指稱我跟米利應該在當下把名冊送到白宮，並正面對決。這些論點沒有認知到，我們的策略實際上阻止了白宮的政治化作為並保護了相關軍官。畢竟，若白宮得知這些職缺，總統本可以選擇另外兩名官員擔任，這樣一來反而會結束我認為最適切人選的職涯。

♜

川普確實做過也說過一些有可能使軍隊政治化的事，賈拉格事件就是國防部在這方面的最低谷。我往後會說明，賈拉格與溫德曼事件是能夠理解川普如何插手干預的最好案例。這並不容易，雖說只要他插手就能造成影響，但只要他鬆手，便會恢復原狀。這是美國機構的力量，尤其是美軍的力量，強大又有彈性。軍隊的價值觀、精神、規則、協議、傳統，尤其是其對憲法的誓言，都能保證軍隊的永久存在並且不受政治影響。任何人、甚至是三軍統帥，都無法改變軍隊的本質。

說到底，回顧我將近十八個月國防部長任期，我相信我們沒有讓軍官晉升制度政治化。我們堅持選拔最合格的軍官晉升，無論是透過傳統的晉升委員會系統，如溫德曼的案例，或是透過稍微非正式的過程遴選全國最高級軍官。五角大廈的文職軍官和軍事將領都遵循既定程序，依據績效和潛力選拔領導人，並保護該機構及其程序免受外部政治影響。

第18章 為所當為

二〇一五年六月，當一名記者問川普，南卡羅來納州是否該讓象徵種族仇恨的邦聯旗繼續在州議會上方飄揚。[1]川普說：「把旗子拿下來……擺在博物館裡吧！」然而，五年後這位總統對邦聯旗的態度丕變，他採取的立場讓白宮和軍方即將面臨另一次衝突。

此時是二〇二〇年七月中旬，前段時間我公然反對總統援引《反叛亂法》出兵鎮壓佛洛伊德事件引發的抗議示威，而且很神奇地居然沒因此被開除，接著我又改變從德國撤軍的決定、削減七月四日國慶活動規模、還把列有陸軍中校溫德曼的升遷名冊送至白宮。說來難以置信，總之我的計畫仍在進行中。不過我仍有非常多問題要處理。

我們費了一番力氣才了解了川普對邦聯議題的最新看法。六月八日陸軍部長麥卡錫接受CNN採訪，他告訴媒體，我和他都十分樂見由「兩黨對話」來解決改名的問題。他的言論恰如其分，不誇張、不逾矩，我們兩人的確對這個議題感受至深。說實話，現在改名都有點太遲了，在佛洛伊德遭警察暴力執法致死後，有太多人開始分享自己或親友遭到歧視甚至遭到暴力對待的經歷，有太多埋藏已久的憤恨從許多人心底深處爆發開來，當時民怨已成鼎沸之勢，難以平息。

在我的軍旅生涯中，曾經在好幾個以南方邦聯軍領袖命名的基地住過或受訓過，也很熟悉其他以南軍領袖命名的軍事設施。大多時候，我根本不太認識這些基地名字所根源的人物，在這些基地工作的軍人大部分可能也跟我一樣。無論如何，這些名字所指涉的邦聯領袖有個共同點，他們的確都背叛了自己對國家的誓言，他們都拿起武器對付自己的國家。這是顯而易見的事實。

然而，為軍事基地改名是個充滿濃濃政治味的議題，而且涉及種族、文化、歷史、法律等許多層面。我認為應該由國會的民意代表來決定，把這問題丟給陸軍，根本是在推卸責任，因為軍方不管做什麼決定，都會被批評，遭受政治壓力，還可能被告，又或者吵半天最後還是回到國會決定。如果由軍方處理改名問題，很有可能引發許多鬧劇，重傷軍方形象，而我一直極力避免軍方去蹚任何政治渾水，所以我後來很高興看到二〇二一財政年度的《國防授權法》明文規定，要由兩黨協商解決這個問題。

然而，麥卡錫對媒體的發言卻讓總統很火大。白宮幕僚長米道斯在六月九日早上氣沖沖地打電話給我，在電話的另一端對我大吼：「是誰授權麥卡錫講那些話的？」我都可以想像他當時肯定滿臉通紅，但我對他說：「是我，我讓他說的。」我試著跟米道斯解釋我們的想法，我認為麥卡錫對媒體說的話不過是表示「我們樂意與國會領袖一起討論改名」，但米道斯立刻嗆回來：「你沒有任何權力干涉政治議題！」其實他這話不對，但當時我不想跟他爭。

我很清楚，不到一個星期前，我才在五角大廈簡報室眾多媒體面前，公然打臉總統想行使《反叛亂法》，我現在是如履薄冰。此外，我們當時還沒準備好要怎麼處理邦聯旗以及基地改名的問題，我還得先弄清楚相關政策以及最好的執行方法。

六月九日當天中午我還有一個很重要的會議，目的是要啟動國防部的三項多元包容計畫。過去幾個月有好幾名黑人莫名遭到殺害，造成輿論譁然，最知名的就是明尼亞波利斯的佛洛伊德壓頸致死案。這些案件都顯示軍方和警方內部已經出現了一些腐臭化膿的傷口，我們很多人早該察覺問題的嚴重性，卻都沒發現。

在接下來的幾個月裡，我到全國各處軍事基地參加了二十幾場聆聽軍方人員意見的會議，發現我一直聽到同樣的故事。無論在部隊裡的哪個階層、無論在國內還是國外，許多非白人士兵和他們的家人從小到大都不斷遭受種族歧視，而且有太多人即使待在基地裡穿著軍服，仍難逃被歧視的命運，在基地外就更不用說了。

雖然我聽得很難過，卻也不感到意外。我們的士兵來自全國各地大小城鎮，很多人在從軍之前就遭受過歧視；有些人則來自同質性高、排外性強的社區，在這些社區裡幾乎看不到其他種族或其他民族的人；而有些人從小到大成長的家庭、學校和社區則是充斥各種對有色人種的負面刻板印象。

其實軍方已經做了很多努力來團結這些美國年輕人，我們灌輸他們新的價值觀和行為準則，論功行賞也只看誰對國家安全有傑出貢獻。儘管如此，有些人心中始終存在某種程度的偏見。

我跟很多軍人談過之後，發現大多數人都認為，跟整體美國社會比起來，其實軍隊裡的歧視問題已經算輕微。事實上，軍中不常出現很誇張的種族歧視，真正更常見也更亟需處理的問題，是很多人會無意識地帶有偏見。不管這些偏見可分成哪幾類或到達什麼程度，重點是我們還有更多需要努力的空間。處理這個議題是關乎「做正確的事」，不只為了軍人，也是為了國家安全。在軍中提倡多元包容的精神勢在必行，因為我們需要招募最優秀的美國人來守護國家安全，不論種族、宗教、性別；同樣，無論軍方或警方的工作夥伴，都覺得自己受到他人的包容、尊重和肯定，自然會更努力奉獻，更願意堅守崗位，更勇於保家衛國。

那天中午我和國防部領導層開會時，就直接把這個重大議題擺到檯面上來講，要求所有人一起正視處理這個問題。當時距佛洛伊德事件才剛過了兩個星期，雖然我們無法解決新聞天天播報的美國社會種族歧視問題，我也不認為川普有心解決，但我們至少可以先從軍方開始。在我看來，過去軍方經常在處理這些議題時扮演主導的角色，而現在又到了我們率先挺身而出的時刻。

在會議中我問大家，我們還能做些什麼來解決軍中的歧視問題，而當天與會人士都認為我們必須從兵役的各方面著手：從招募、入伍到晉升，從軍校、指揮部門、到任務派遣。我們還談了很多問題，包括軍官階級大多仍是白人，有些軍事基地仍掛著邦聯旗，以及應該讓總監察長肩負起調查軍中歧視現象的責任。

許多想法都很棒，而且有很多想法最後都納入我們的計畫之中。有些人建議應該先進行長期的研究調查再定案，但我並不認同。明明眼前已經有這麼多很好的想法，為什麼還要進行曠日費時的研究？事實上，我曾要求調閱國防部過去針對軍中多元化所做的研究，結果我的辦公室裡就出現了一大疊堆起來有三、四十公分高的紙張和文件夾，據說這些報告都是之前的委員會和研究小組在過去幾年做的。我都不曉得，原來這條路已經走過這麼多次，但最令人失望的是，即使報告裡提供了許多建議，國防部卻很少採納。所以我希望能聚焦於幾個具體的措施，讓我們在接下來的幾天、幾週和幾個月內就可以完成。

當天開會，大家按照座位順序輪流發言，每個人都有機會表達看法，最後我總結時重申了我的核心理念，並要求每個人一週後要提出幾個「快攻行動」，也就是可以立即實行的措施，以展現軍方高層對軍中歧視現象的高度關注以及迅速處理的決心。我們每個人都要思考各個層面的議題，從有歧視象徵性的事物（例如邦聯旗）到實際制度面，以及介於這兩者之間的各種問題，還要思考這些問題和舉措的長期影響。當會議上的所有人都理解自己肩負的任務後，我們就散會了。

然而，就在隔天六月十日，川普卻在推特上寫道：「有人建議我們為多達十個軍事基地改名，但這些軍事基地都以傳奇領袖命名，例如北卡羅來納州的布拉格堡、德州的胡德堡、喬治亞州的班寧堡等，這些具有重大意義的基地已經成為偉大美國遺產的一部分，代表過去那一段勝利和自由的歷史。」他還補充說：「美國曾在這些神聖的基地訓練和部署我們的英雄，並在兩次世界大戰中獲勝。因此，我的政府根本不可能考慮為這些宏偉傳奇的軍事基地重新命名。」[2]

在這篇推文出現之前，我們花了很多天的時間跟總統身邊的幕僚說明，也聯絡了好幾個非政府官員但與總統有私交的人，希望他們能幫忙說服總統為基地改名的政治好處。除此之外我們還打電話給另外七、八個人求助。有些人真的大力幫忙，例如大衛・厄本（David Urban），他是我的老朋友，是過去在西點軍校的同窗，而他同時也是非常厲害的政治操盤手，就是在他的策畫之下，二〇一六年川普才能在賓州出乎意料逆轉勝。他曾多次進諫咱們這位三軍統帥，說明基地改名的好處。他跟總統說：「這件事歐巴馬和拜登都沒做過，這讓總統先生您可以站在他們從未觸及的高度。」其實我當時很樂觀，因為我相信重新命名一事無論如何一定會放進年度《國防授權法》，這代表原本由總統掌握的基地改名的權力（和機會）將由國會接手。

但最重要的是，這是一場是非之爭，基地改名才是正確的選擇，我很希望在這個議題上能把總統推到正確的一邊，重新站回幾年前他選擇的那一邊。然而，總統在六月十日的推文卻狠狠關上了一扇名為「改變」的大門。我不認為川普有認真思考白宮幕僚給他的建言，他過去幾個月曾就改名議題多次詢問我和米利的意見，而我們也始終如一地告訴他——這些軍事基地應該要改名。

六月十一日早上，我再次跟米道斯談到軍中的種族歧視問題，再次努力跟他解釋目前軍方高層感受到的壓力。當時我有一套「三部曲」計畫已經逐漸成形，我跟米道斯說其中一個方法是在軍中成立內部委員會，命其在短期內密集研究這個議題，包括整理過去國防部做的所有報告，最後要向我提出具體可行的改善建議。說完後，我感覺米道斯還是有點不樂意，但當我說這個內部委員會要在十二月大選後才會跟我回報，他就立刻表示支持我的做法。

到了隔天星期五，我立刻與來自各軍種的高級士官顧問會談，包括參謀首長聯席會議主席的高級顧問拉蒙．科隆．洛佩茲（Ramón “CZ” Colón-López）。洛佩茲非常積極處理這個議題，他還親自跟我一起參加幾個傾聽軍中人員意見的會議。跟資深士官合作總是讓人振奮，因為他們非常坦白直率，而且在軍中幾十年的經歷讓他們能提供很多重要的觀點。我才剛開始分享我的計畫，他們就能立刻回饋一些很棒的想法，有一些想法也的確被納入我們後來發布的指令。

在接下來的週一，我們按計畫重新編制了一個領導團隊，然後討論一些想法，但並未討論到非常重大的問題或想進行什麼大範圍的改革。我先根據在九〇年代擔任陸軍軍官和陸軍部長的經驗提出一些問題，例如：我一直覺得送交至軍職晉升委員會的審核文件不該附上照片，以免讓人不自覺地產生偏見。

我擔心委員可能傾向於跟自己長得像的人，就像我們常說的——「鴨子就會挑鴨子」。

我認為應該要規定送交軍職晉升委員會的審核文件不能放照片，而米利將軍也在一旁補充，他認為送交指揮部選拔小組的文件也一樣不該附照片。然而，我很意外代表海軍和海軍陸戰隊的與會人員不太認同我的想法，他們認為把照片拿掉反而可能降低多元性。不過因為我當過陸軍部長，我知道這些委員會的運作，所以我說，我們可以在選拔名單出爐但獲晉升的名單尚未決定的階段，用後端的選拔數據庫進行交叉比對，就可以檢視評估軍中晉升人員的多元性。就這個話題進行了快速的討論之後，我感謝大家提供各自的觀點，並且告訴他們，我決定照片就是要拿掉，討論結束。

我私心認為，如果連拿不拿掉照片這麼簡單的問題都無法取得共識，那將來恐怕很難做出什麼重大改變。所以在處理軍方多元包容的議題上，該表現強硬的時刻，我就會硬起來。

接下來的週末，我花很多時間思考這個議題及對策。我覺得，人的注意力通常轉瞬即逝，所以當種族歧視議題還是眾所矚目的焦點時，我們要趁勢而行，現在就必須行動。我也知道有股勢力密切關注著我們接下來要做的事情，如果現在躊躇不前，接下來就會受到更多阻撓，所以我們必須想出一些能快速實行的措施，來提升軍中的多元包容性。

但同時我也知道，快速實行的措施往往比較簡單，能影響的層面不深也不廣，無法真正帶來重大改變。因此，我們還必須針對軍中制度和結構進行調整，但這就不是幾天或幾週能做到的。

我們需要有人持續關注軍中的種族、歧視、多元包容等議題，但這些議題很難只靠現今的國防部高層去研究和處理。此外，無論今年十一月大選結果如何，我們很多人在二〇二一年夏天之前就可能離開現在的崗位，之後還有沒有人持續關心這些議題都難講，更不用說致力實行我們想出來的計畫。

國防部成立以來，一直很努力處理種族與歧視問題，大多時候做得不錯，但也的確有螺絲鬆脫的時刻。有人批評川普的國防部裡都是白人男性，即使這是事實，我們還是可以改進，我們並沒有某些人想得那麼糟。我當陸軍部長時，就親自任命了首位非裔美國人西點軍校校長，後來又任命第一位非裔美國人空軍參謀長，但我不是為了滿足軍中的多元性要求，才硬挑了兩位黑人擔任要職，純粹因為他們最合適，他們的膚色完全不在考量因素裡面。

我也以相同標準對待女性，無論任職陸軍部長還是國防部長期間都是如此。我們有好幾位非常優秀的女性同仁擔任次長級的職位（與副部長同級），像是主管採購和維護的次長、首席管理官、代理主計長等，當然還有我的幕僚長。後來在我任期將結束時，我還任命了美國史上第二位和第三位女性四星作戰指揮官。

我利用週末仔細思考後，想出了以下「三部曲」來提升軍中的多元包容性：第一，我會要求各級領導人在幾週後回報能在近期快速實行的措施提案；第二，要在國防部內組織一個更具有代表性的委員會，十二月之前要整理過去的相關研究並提出具體建議；第三，要在國防部之外組建一個常設委員會，由獨立的專家和意見領袖擔任委員，協助我們克服在組織結構、制度和文化上碰到的改革阻礙。而最後這個常設委員會要能形成一股專業且持續存在的力量，繼續關注這個重大議題。

我在隔週一晨會宣布了我的計畫。我說這個計畫會分成三條線進行，每一條線的執行時間和領導團隊都不同。我告訴團隊，我希望他們盡快回饋一些想法，因為我想在下週就對外公布這項計畫。我還補充，我把第一條線的期限訂在七月中，也就是一個月之後，就要對軍方公布我們要發動的第一波改革。

我知道這樣很趕，僅僅四星期就要推出改革提案，真的不容易。但我覺得必須明確訂定期限，讓所有人都感受到處理這個議題的迫切性，我才能抬頭挺胸告訴國會和媒體，我們國防部在此議題上正扮演領頭羊的角色。同時，我也希望陸軍可以把注意力放到這個議題上，而不是只關心邦聯旗的去留。我知道他們當時非常焦慮，在種族和歧視的議題上，他們感受到的壓力是最大的，但我還是一直要求他們要有耐心，並且要相信國防部很快能處理好這個問題。

我也跟國防部轄下的各部首長多次開會，我們總是作為一個團隊討論各種問題，畢竟有太多問題都牽涉到每一個人，包括住房、醫療和新冠疫情。討論到軍中的多元包容議題時，我再次強調，這必須由我們身為文官的部會首長來主導。負責操演和指揮作戰的軍職將領有能力處理軍中士氣和戰備議題，但說到提倡軍中的多元包容性，負責管理職的文官能把廣泛的經驗和想法匯整給國防部參考，因此身為文官的部會首長理當也應當站出來主導這個議題。而我很幸運，擁有一個由各部會首長組成的可靠團隊隨時待命。

我請空軍部長芭芭拉·巴雷特（Barbara Barrett）主導我計畫中的第二部曲——成立一個新的軍中多元包容國防委員會（Defense Board on Diversity and Inclusion in the Military）。巴雷特本身就是傑出的領袖，加入國防部之前，她在商界、學術界以及公共政策領域都有卓著的貢獻和優良的名聲。我請她主導的這個臨時委員會，必須要在短短六個月內擬定具體可行的措施，來增加軍中的種族多元性，並確保每個階層的人員都能獲得均等的機會，尤其要關注軍官團內的機會均等。我告訴她，這個委員會的成員要來自每個軍事部門的各個階層，而且他們可以全權使用可用的資源並訂定自己的路線，直到十二月該委員會解散為止。然而，我不希望他們在十一月之前就回報他們擬定的措施，我擔心如果太早擬好措施，消息可能會洩漏出去，然後媒體、國會和白宮裡有些人就會試圖把該委員會的努力定調為政治權謀。

巴雷特也跟我討論過我計畫中的第三部曲：建立一個常設委員會，負責觀察和研究軍中多元包容的議題，隨時提供國防部高層可靠的參考資料。我在國會任職時，就知道我們有一個國防參軍婦女諮詢委員會（Defense Advisory Committee on Women in the Services），我當陸軍部長時也找過該委員會討論一些我想在軍中提倡的議題，例如為懷孕的服役婦女制定更好的政策。該委員會非常專業，多年來他們的確在職權範圍內提供了很多獨立的建言，而巴雷特早期也曾是該委員會成員。我們所有人都覺得國防參軍婦女諮詢委員會是值得效仿的典範，因此我的第三部曲就是要成立軍中多元包容國防諮詢委員會（Defense Advisory Committee on Diversity and Inclusion in the Armed Services），這是一個常設的獨立組織，由國防部以外的民間專家代表軍方研究相關議題。

對於這套計畫我個人充滿期待，也感覺有機會能順利進行。我希望能先宣布並啟動這套計畫，再來處理邦聯旗的問題，所以在六月十八日我向國防部全體人員發送了一條訊息，說明即將實行的這三項舉措，也解釋了實行的原因及預定達成的目標。隔天我們就發布了一道多元包容執行指令，將三個措施整合成一項行動計畫。[3]

此外，我要求負責人事和戰備的國防部次長唐諾文構思處理軍中極端主義和仇恨團體的辦法。他為此擬訂了一系列建議措施，後來在該年十一月皆獲核准。

這真是國防部歷史性的一刻！多年來軍中一直存在著難以消弭的歧視和偏見，但我們這次採取了非常重大且具長期效力的措施來處理這個問題。這讓我很慶幸六月份沒被川普總統趕下台，如果我六月份就得離開，國防部就不會啟動這些計畫了。

我很享受這短暫的成就感，這些日子以來我和我的團隊難得有這種感受，畢竟打從六月三日以來，國防部上方似乎總有一層烏雲籠罩，揮之不去，但這種陰霾從未影響我的辦事能力。只不過我做的事情有九成以上對白宮沒什麼好處，而且總統完全有權力駁回我的決策。所以我每天都還是兢兢業業，包括每週參與國防戰略實施會議、跟國會議員通電話、會晤世界各國防長。此外還有很多其他工作，例如二〇二〇年一月伊朗導彈襲擊傷亡事件報告的重要會議、和國防企業面談重要事項、參與曲速行動的會議，以及與相關單位討論太空指揮部的進展（這是另一個我任期內的重要成就）。這些工作不只讓我感到充實，而且還有一個額外的好處，就是完全符合我的「內部進攻」策略。

換句話說，我必須把每一天都當成我在任的最後一天。我常問我的幕僚長史都華：「假如我明天就不在這了，有哪些事情是我今天必須完成的？」或「我今天回家之前，還要簽署什麼文件才能讓《國家防衛戰略》有進展，或是照顧到軍中弟兄？」我們真的沒時間休息，有好多工作得趕著完成。例如經過幾個月的努力，我們在十一月初順利發布了一項關於懷孕服役人員的新政策。

我在當陸軍部長的時候，就聽過很多女兵因為懷孕而影響升遷或是無法繼續負責原本的職務，一部分原因是軍中人事制度仍不夠完善，另一部分原因是這些女兵各自的長官處置失當，而這種狀況在其他軍種也很常見。很多時候，沒有醫學根據的過時政策和程序規範，迫使參軍女性只因為懷孕就必須中斷任務，不能參與非戰鬥部署，甚至得放棄領導職位，以上任何一項都會阻礙她們在軍中的發展。但明明醫學已經如此進步，現代人的知識也比過去豐富許多，而且女性就業比例極高，就這些觀點來看，陸軍對懷孕服役女性的政策似乎太過落後。

我也常跟三軍部長談到這個問題，他們也表示軍中許多人對這個議題的不安與抗拒。顯然，跟維護服役女性的權益相比，更多人擔心讓懷孕女性照常值勤，一旦發生意外要誰負責（根據過去的經驗，這樣的擔心並非毫無道理）。然而，我不能容忍軍方還在用這種過度保護的過時心態來限制懷孕女性在軍中的發展，繼續這麼做甚至可能迫使更多女性離開部隊。我們需要更靈活的政策，所以我廢除了死板僵化的舊制，採用比較彈性的做法：無論是駐紮國內或國外的懷孕服役女性，若她們自己要求繼續執行職務，同時也獲得長官和醫生的同意，就可以繼續正常執行任務。[4] 國防部裡沒有人能再對任何個案指手畫腳。

我們還有好幾個類似的軍方人事議題要處理，我也知道陸軍高層仍在為邦聯旗的去留著急。然而，我希望我們發布的多元包容計畫能為我們爭取到一些時間。

♜

二〇二〇年六月二十九日，我向總統報告我們計畫從德國撤出超過一萬一千名士兵，並將這些士兵重新部署於其他北約成員國和美國本土。在橢圓形辦公室開完會後，我和米道斯見面討論一些其他議題。

剛剛討論德國撤軍議題時米利將軍也在，所以我請他跟我一起去見米道斯。米道斯的辦公室位於白宮西廂，俯瞰白宮西南方。我們先閒聊了一會兒，然後我就提出邦聯旗撤出軍事基地的議題，並告訴米道斯，邦聯旗問題造成軍心不安，必須盡快處裡。

「這個問題在陸軍最為明顯，」我說：「因為海軍陸戰隊幾個月前就已經禁用邦聯旗，所以陸軍覺得自己這邊慢了好幾拍。」我也跟他說：「陸軍有好幾個重要基地都是以邦聯將軍命名，這讓陸軍面對的問題更加複雜。」簡言之，邦聯旗問題造成軍心不定，很多麻煩隱隱在軍中各個角落滋長，所有軍種的文、軍職主管都感受到一種風雨欲來的態勢。米利將軍也根據他自己擔任過士兵、將軍以及參謀首長聯席會議主席的經歷，幫忙補充了很多看法。

米道斯很仔細在聽，他把手指放在嘴邊不時點頭。其實我知道米道斯的立場，他沒有明說，但我感覺他認為邦聯旗象徵的是南方的歷史遺產，不是種族主義。他對於聽起來像是要「抹殺文化」的行動非常感冒，他在某些場合也明確提過。然而，他這次卻讓我很驚訝，他居然說：「坦白告訴你，總統個人很可能是贊成禁用邦聯旗的。」但他並未接著解釋為什麼總統現在卻要反對。答案其實很明顯：距離總統大選只剩幾個月了，川普不想在此時得罪他的南方基本盤。有人告訴他這個議題會影響選票，然而有些民調卻顯示不同的結果。我覺得，米道斯正在傳達這種思考邏輯。

這位白宮幕僚長接下來開始想反駁我們的提議：「如果軍方明令禁止使用邦聯旗，看起來會像受到政治力介入。」我告訴他：「這對我們來說不是政治議題，而是關於如何提升軍中士氣、凝聚力以及戰備狀態的議題。」而且也不只是為了軍中的非裔美國人討公道而已。我補充：「身為領導者，我們必須處理這個問題。」雖然我們的軍官士兵的出身背景已經相當多元，事實上，軍中人員的多元性大概是所有政府部門裡最高的，「但這不代表邦聯旗就不會造成任何問題，我們還有更多事情要做。」

事實擺在眼前：約一百三十萬名現役軍人中有八十二%是透過招募入伍，在這些人當中，有十八點九%認為自己是黑人或非裔美國人，十六點七%是西班牙裔或拉丁裔，四點五%是亞裔美國人。加總起來，少數種族或民族在美軍中占了四十三%。然而，招募入伍的軍人雖然充分展現了種族和民族的多元性，也反映出美國社會的現況，但在軍官階級非白人的占比就明顯偏低，將官階級尤其如此。

如果在軍中占比這麼高的少數種族士兵不認為我們會認真處理他們在意的事情，也看不到我們重視他們的價值並採取行動捍衛他們的權利，他們就會用自己的行動來表達想法——他們會離開軍隊，未來也不會鼓勵別人從軍。但無論他們是否打算離開，都不難想像他們將會愈來愈不滿、失望，士氣低迷。也就是說，我們的不作為很可能導致軍中士氣渙散、難以團結、效率低落。我們不但不能輕忽這樣的問題，還要迅速解決，因此我和米利將軍很仔細地跟米道斯分析相關的利弊。

不過米道斯卻巧妙地避開我和米利熟悉的領域，轉而把話題導向他更為得心應手的政治。他先談他在國會通常怎麼應對這類議題，然後問我們：「如果你們要禁邦聯旗，那要做到什麼程度才可以？你們要在哪劃下界線？你們又要怎麼做才能讓軍方這個舉措看起來沒有政治立場？」這些都是很好的問題，旗幟是常見且顯眼的象徵符號，不管是左派右派的政治團體或政治運動都使用了各式旗幟，有些歷史悠久的旗幟和符號甚至會被多個團體共用。我希望那些帶有特定立場的旗幟和符號都不要出現在軍中或基地裡，不過就在我思考這個難題時，突然想到了一個好主意，最終會成為我們發布的政策，而且跟我們原本打算禁用邦聯旗的做法截然不同。

米道斯問完一連串問題後，我想了一下，看著他說：「你說的對，這些的確是我必須好好考慮的問題。我已經有一個想法，請給我幾天時間，然後我會再找你談。」話止於此，我和米利將軍便起身離開。

回到五角大廈後，我先後找了總法律顧問保羅．內伊和唐諾文來開會，看看有什麼方法能讓星槓旗（過去部分南軍使用的軍旗）和其他邦聯符號都一起從軍事基地消失。我先請保羅以他的法律專業評估我想到的方法。我和保羅相識的緣由和唐諾文很像，也是在當陸軍部長時認識他的。參議院於二〇一八年七月指派保羅擔任國防部總法律顧問，不過這並非他第一次到國防部工作，過去他也在國防部擔任過其他高階法律職位，國防部的工作經驗加上他個人經歷，使他能充分勝任總法律顧問的角色。此外，保羅是個很懂人情世故的優秀律師，他知道要怎麼從別人嘴裡得到法理認可的肯定回答，而不會只得到官僚作風的回絕——這在國防部裡太常見了。

我跟保羅提出我的想法：如果我們不要讓國防部看起來有特定政治立場，應該規定美基地設施只能懸掛經過核准的旗幟，這麼一來就不需要明確禁用邦聯旗，只要不把邦聯旗（以及大多其他旗幟）列入核准名單即可。保羅很贊同，並且立刻提出一個超棒的建議——可以在指令中開門見山地說美國國旗（也就是星條旗）是「我們核准並且鼓勵展示的主要旗幟」；最後我們的備忘錄也確實是這麼寫的。保羅說得眉飛色舞，我完全可以感受到他的愛國精神。我也很愛這個點子。

如果我簽署的指令規定美國國旗是我們的主要旗幟，除了指令中核准的少數旗幟以外，其他皆不可於軍事設施或基地中懸掛展示，這樣一來，無論是當時的川普政府或是未來的政府，都很難推翻我的決定。畢竟，誰會反對在美軍基地上懸掛美國國旗？這根本連爭議都沒有，更別說推翻了。不過這不代表白宮裡某些人不會以此事為由來找國防部麻煩，因此我請保羅和唐諾文開始起草旗幟指令時，也交代他們要盡量低調。

我認為這個方法最大的好處在於，它不僅解決了眼前要讓邦聯旗從軍中消失的問題，它同時也是個有前瞻性的決策，杜絕了其他帶有政治色彩的旗幟出現在軍中的可能性，而且國防部不用忙著考慮哪些旗幟代表的立場太過偏頗所以必須禁用。這可以幫助國防部從現在到未來都保持政治中立，而且這個做法不會有什麼爭議，未來就算有人想推翻也不容易。

接下來幾週，我的團隊努力完成我計畫中的第一部曲，到七月十四日，已經有一份名為「提升軍中多元包容性及機會均等的即時措施」的備忘錄等著我簽核。[5]這份指令包含來自軍中各部的建議，像是送至軍職晉升委員會的待審文件不可附照片，重新審核髮型儀容標準以確保沒有種族偏見的疑慮，評估軍中各部是否真的實踐機會均等，以及訓練部隊長官與下屬討論和處理偏見與歧視的議題。既然第一部曲已經完成，隔天我立即和巴雷特一起舉辦軍中多元包容國防委員會的成立會議。

另外，我在七月十日請保羅把擬好的旗幟備忘錄傳給白宮法律顧問西波隆尼，並請他交代西波隆尼務必將備忘錄拿給白宮幕僚長過目。三天後，米道斯以電子郵件回覆，說他做了一些修改；我請保羅也要跟進西波隆尼對備忘錄的意見，他也照辦了。我跟保羅都覺得，在我們特別希望旗幟備忘錄能獲得白宮支持的前提下，米道斯的修改是可以接受的。

七月十四日，至少有一家新聞媒體報導了國防部近期實施的某項計畫，然後就在隔天七月十五日星期三，西波隆尼就打電話給保羅說，雖然米道斯親自做了一些修改，但他和米道斯都不希望這份旗幟備忘錄太早公開。此外，他們也無法保證這份備忘錄最後一定會核准發布。我不確定米道斯是否一直以來都在耍我們，但聽完西波隆尼這番話，我感覺大事不妙——白宮不打算支持我們發布旗幟備忘錄。我必須趕快做決定：是要為了軍人、為了人民做正確的事情，還是要順應當前的政治局勢先低頭？

當天下午我立刻找來國防部幾位軍種部長和參謀長開會，幾個小時後又和多元包容委員會開會。我和主管們在農恩—盧格會議室會談，當我說出我接下來的計畫時，周圍響起了一陣惶惶不安的低語聲。我先感謝他們在短短幾週內為軍中的種族和歧視議題付出許多努力，然後我說現在我們該處理邦聯旗及相關符號了。

我們不是要禁用邦聯旗，而是採取不太一樣的做法，我說：「只有美國國旗和少數旗幟能獲准在軍事基地和設施懸掛或展示。」我在會議中再次聲明「這是由文官首長主導的政策」，我還特別列出了這個做法有四項重要特性：第一，能「肯定美國國旗在軍方的核心地位」；第二，「有前瞻性，未來其他帶有政治立場或可能分裂社會的旗幟或符號都無法出現在軍中」；第三，「經得起時間的考驗」，因為我們認為它經得起任何法律上的挑戰；最後一點，這個做法非常中立，毫無政治意圖。

我告訴與會同僚，我打算星期五發布旗幟備忘錄，而且是在白宮未核准的情況下發布。我現在給他們兩天時間準備好對自己的部會層級發布這份備忘錄，我不希望星期五下達指令了以後，有任何人落拍。我們必須在同一天把這份備忘錄發送至軍中各處，所有人接到的消息都必須一致。

在各部部長離開之前，我請史都華再次檢視他們即將在自己單位內發布的指令。我們必須做到快速、精準、統一，才能展現國防部領導層非常嚴肅看待這個議題，也展現我們面對這個議題時立場都一致。

不過我也請他們切勿事先聲張，等到週五公開備忘錄以後，會由國防部長辦公室出面回答所有媒體提問，其他人無須承受媒體的猛攻。有了這個共識後，我們最後一次請所有與會同仁輪流提出最後的問題或想法，然後會議才解散。

接下來四十八個小時非常緊張，因為我不知道會不會有人把消息透露給媒體或白宮，每次電話一響，我都會忍不住以為是總統打來命令我不准進行任何與邦聯旗相關的行動。他之前已經明確表態不支持基地改名了，我們也把他說的話當成命令遵循。

然而，針對邦聯旗他從來沒說過類似的話。事實上，川普在當上總統前是支持撤下邦聯旗的，我們完全可以說我們的做法符合總統過去的立場。不過，我其實還滿訝異居然能進展到這一步，撐過了七月四日的國慶慶典、從德國撤兵等如地雷區般危險的議題。此外，在對抗新冠疫情及守護國家安全的同時，我們的內部戰備及現代化議程也有長足進展，很多對內對外的策略仍舊持續進行中。不過我到底還能在這位置上撐多久呢？星期五即將揭曉。

幸好，星期五之前沒有任何重大的消息洩漏，也沒有收到白宮的關切。七月十七日早上大約十點多，我請史都華發布最新的旗幟指令，同一時間我打電話給米道斯提個醒。結果是他助理接的，跟我說米道斯「正在開另一場會而且不能打斷」。我告訴她，最好還是遞張紙條告知米道斯我打來的原因，然後掛上電話。

這項發布至國防部上下的指令，一開頭先重申我們的任務、對國家的責任以及讓我們團結一致的誓言——「我們誓言遵循憲法，共同肩負起捍衛國家的責任」。[6]這份備忘錄再次強調美國國旗是最主要的展示旗幟，不過我們也核准了另外九類旗幟，例如州旗、戰俘旗、部隊旗以及美國加入的組織的旗幟

（例如北約旗幟），但就是沒有提到邦聯旗。

這份備忘錄中的指令適用範圍涵蓋國防部所有工作場所、一般通道區域、公共區域，也包括幾個特殊區域，無論是軍、文職人員在這些區域懸掛或展示旗幟時，都必須遵照新規定。

在備忘錄的最後，我寫上一段我談這個議題時經常說的話：

一直以來讓我們團結一心的事物依舊清晰——我們的共同任務、我們支持並捍衛憲法的誓言，以及我們的美國國旗。實行這項新政策之後，捍衛著我們偉大國家的軍人將會更加士氣高昂、更加團結、也更加驍勇善戰。

當我的新政策公布之後，川普氣炸了。[7]我並沒有忘記幾週前，當媒體詢問總統對邦聯旗的看法時，總統拒絕譴責邦聯旗，甚至認為這個議題正好是「言論自由」的體現，政府應該保障這種自由。我在發布旗幟備忘錄時，並不是想挑戰總統或侵犯某些人的言論自由，但在軍中，有時那些受憲法保障的權利必須先往後靠，我們才能維護良好的秩序與紀律並達到理想的戰備狀態，這才是我最關心的事情。

有幾個跟白宮關係密切的朋友告訴我，川普氣歸氣，但還不打算開除我。他現在要優先拼連任，沒有心思找我算帳。他們說，很多民眾並不了解前國防部長馬蒂斯為何跟川普在敘利亞撤軍問題上產生分歧就決定辭職，大多數美國人可能連敘利亞在地圖上的哪裡都找不到，也不理解為什麼美軍一開始要在那裡駐軍，所以馬蒂斯的離開對川普並未造成太大影響。然而，如果現在艾斯培是因為禁用邦聯旗或拒絕派軍人到美國各大城市鎮壓抗議示威而被開除，那麼後果不堪設想。

川普最終還是冷靜下來了，但我們之間的關係更加惡化，每個人都心知肚明。

然而，我也沒有隱藏我的不滿。七月七日我錄製了一段影片感謝軍方的努力，並強調過去這一年我們實施《國家防衛戰略》有哪些進展，以及我們如何因應世界帶來的挑戰。我談了很多事情，從與伊朗的衝突、與中國的對抗、到我們國家幾十年來最嚴重的內亂、再到百年來最嚴峻的全球疫情。[8]有一則新聞報導針對我這段影片給出一針見血的評論：「艾斯培沒說出口的話，正是他和總統水火不容的最佳證明。他在為軍方錄製的十分鐘影片裡不斷宣揚他的成就並感謝軍方，但從頭到尾對總統隻字未提。」[9]

此外，如我所料，接下來幾週有幾十位議員陸續寫信給我，希望我破例核准非異性戀群體的彩虹旗出現在軍中。我個人對彩虹旗沒有意見，但我必須劃下明確的界線，不能隨便破例。一年後，很多當時寫信給我的議員和倡議團體強力要求拜登政府推翻我的政策，但我很高興拜登團隊捍衛了我的做法，並且拒絕對我在二〇二〇年七月發布的備忘錄做任何更動。

可惜在另一方面，我之前構想的非常重要的第三步——設立一個常設且獨立於政府之外的軍中多元包容國防諮詢委員會，拜登政府至今尚未成立，也未說明原因。

國防部的工作還遠遠沒有完成。雖然我們已經在多元包容計畫上踏出很大一步，但我每天都還有很多工作任務要推進，包括核武的指揮和控制、改革海軍的措施、太空行動以及聽取中國工作小組最新回報的資料等，這些都是我七月後半要做的事情。這也是國防部長的工作中棒的部分。

最後，在這個月底我和龐佩奧即將與澳洲的國防部長和外交部長進行「二加二會談」，討論的主題是中國。出於某些非常重要的因素，中國愈來愈受到我們的關注。

第19章

中國，中國，中國

參議院的投票還沒有結束。參議員佛瑞德・湯普森（Fred Thompson，田納西州共和黨籍）和羅伯特・托里西里（Robert Torricelli，紐澤西州民主黨籍）對中國貿易法案提出了一項簡單的兩黨修正案，將制裁從事特殊交易的中國公司——這些公司從事核武、化武或生化武器系統及零件的交易，也從事遠程導彈的買賣，並將這些武器銷售到北韓和伊朗這樣的國家。該修正案是阻擋中國輕鬆加入世界貿易組織（WTO）的最後一道防線，但最後卻以六十五票之差無法通過。這天，是二〇〇〇年九月十四日。[1]

多年來，美國頻頻對中國伸出援手，於一九七九年建立正式外交關係，協助北京政府發展，並致力使這個擁有十四億人口的國家擺脫孤立和貧困，融入國際社會，使其能夠在國際中成長茁壯。[2]這一時期的最高成就是使中國於二〇〇一年順利加入WTO。

當然，美國對中國的政策並非完全無私，也不是每個人都贊同美國對中國的扶持。以經濟層面來看，讓中國加入WTO並遵守既定的國際貿易規範，無疑是為美國企業開啟了一個龐大無比的市場，能為美國帶來大幅經濟成長，也能為美國人創造大量工作機會。然而，中國共產黨裡有很多人認為WTO的規範太不公平，包括加入條件太嚴苛，要求經濟自由化的速度太快，以及貿易透明度的規範太過沉重繁瑣。很多中國人並不樂見自己加入了一個不是自己協助打造的體制。

就政治層面來說，美國有許多人相信經濟開放將會推動中國自由化，他們的邏輯是這樣的：當中國社會逐漸繁榮、中國人民生活水平提高，他們就會有動力推動政治改革，而政治改革必定促使中國民主化。這個理論在中國獲准加入WTO時曾獲得國會兩黨絕大多數人的支持，無論是共和黨還是民主黨執政，都據此論點推動對中政策。此外，連各大企業、工會勞工、農民以及各類團體都支持這樣的說法。然而，並非每個人都對此理論深信不疑。

國會兩黨中還是有少數人抱持著懷疑的態度。我當年在湯普森參議員手下工作，除了中國議題以外，也協助他處理所有有關國防和外交的議題。在本章一開始提到的參議院投票的前幾個月，他就主張當前大多數人對中國未來政經發展的推論過於簡單，也過於盲目樂觀。如果我們預測失準，中國經濟起飛後中共仍繼續掌權，我們現在等於是養虎貽患。

湯普森和其他密切關注中國的人指出：北京當局迫害人權的紀錄、對媒體和宗教團體的打壓、對台灣的威脅以及其他因素，都在提醒國會議員不要輕信那套中國自由化理論。然而，這套過於樂觀的理論卻獲得了壓倒性的支持，明明湯普森和托里西里支持的國家安全修正法案才符合正常邏輯，但卻被大多數參議員否決了。毫不意外，二十年前湯普森和其他議員所擔憂的各種危機至今依然存在，而且比以往任何時候都更令人不安。過去二十年證實了「中國自由化理論」完全失準，而我們長期為了改變中共政策和行為的各項努力也以失敗告終。

川普政府的一項重要成就，是讓美國政府上下都看清，中華人民共和國並非一個友善無害的國家，而是一個處心積慮的競爭對手、一個日益強大的敵人，決心取代美國成為全球領袖，並試圖改變國際規範、法律和秩序為自己圖利。美國政府對於中國的新共識，代表美國對中政策會迎來翻天覆地的變化，也一定會為九一一事件後的世界秩序帶來劇烈改變。川普政權也根據此新共識，制定所有對中國的政策、交涉流程以及要傳達的訊息。

同時，川普政府也讓愈來愈多歐洲盟友看清中共帶來日益嚴重的威脅和挑戰。最明顯的例子莫過於從二〇一七到二〇二〇年間，北約許多重大會議或是由北約發布的聲明，都可以看出該聯盟特別關注中國以及像是華為和5G的特定議題。我們努力召集的四方安全對話（Quadrilateral Security

Dialogue，或簡稱Quad）也是如此，讓美、澳、日、印四個志同道合的民主國家一起關注中國帶來的威脅。如果沒有美國政府持續推動，這些都不會發生。

有些批評者說川普政府在中國議題上立場搖擺，但這麼說並不公平，也非事實。我們有一套立場明確的對中策略，也很願意付諸實行，只是總統時常脫稿演出。事實上，二〇二〇年一月十五日，總統與中國簽署第一階段貿易協議時（即美國出現首例新冠確診的前幾天），總統還說：「我們跟中國的關係非常好……有史以來最好。」[3]直到後來在他執政的最後十個月內，他發現新冠疫情對國內的衝擊，極有可能破壞他連任的機會，而全球多數國家都一致認為，中國必須為此次疫情爆發負上最大責任，川普才在包括經貿等各項議題上開始對中國政府採取強硬態度。

若非如此，川普剛開始對中國的想法其實很單純。對他來說，美中之間要討論的，不過就是一些貿易失衡以及中國某些不公平的貿易行為而已，而且這些問題似乎還比不上他跟習近平這個將中國帶向黑暗的專制領導人打好關係來得重要。幸好，我們政府機關大致上還是遵循著既定的對中策略，而且在對的位置都有對的人，將策略要點付諸實行。

二〇一七年，國安會在國安顧問H·R·麥馬斯特（H. R. McMaster）和亞洲主任博明（Matt Pottinger）的帶領下製作了兩份文件——「美國印太戰略框架」和「美國反擊中國經濟侵略之戰略框架」，清楚說明了美國政府對中國的整體方針。同年十二月發布的《國家安全戰略》明確指出共產黨統治的中國（和俄羅斯）是修正主義強權，意圖「塑造一個與美國價值觀和利益背道而馳的世界」，並「在印太地區取代美國，擴大其由國家主導的經濟模式的影響力，並根據自身利益重建該區秩序」。[4]

我對中國的野心和潛力並不陌生，也很熟悉印太戰區的各種挑戰。我在陸軍最後一次現役任務，是一九九五年和一九九六年於國防部陸軍參謀部擔任美國印太指揮部戰爭策劃人員。這個角色必須協助發展、協調及整合美國陸軍部隊和資源，以應付該地區發生的衝突，當時關注的焦點是北韓和台灣。

在湯普森參議員手下工作的期間，我大量研究與中國相關的議題，包括大規模毀滅性武器的擴散、中國軍力發展、技術竊取和對美國的間諜行動。當我開始接管參議院外交關係委員會的國家安全事務，我也把過去研究過的所有議題帶到新職位上。在國會工作期間，我有機會多次前往北京會見中國政府高層，並訪問我們在該區的盟友，包括台灣。

當我擔任眾議院軍事委員會的政策主任時，也持續進行這類工作。正是在這段期間，也就是二〇〇〇年代初期，我們這一小群花很多時間研究中國相關議題的人，感覺到風向在改變：國會裡不少人對中國的觀感有所改善，然而這代價就是犧牲台灣的利益，同時我們可以看到國會大廳突然之間多了很多中國外交使節和遊說人員，看起來北京當局終於搞懂怎麼跟華府玩政治遊戲。

二〇〇二年到二〇〇四年，我在國防部擔任副助理部長，負責談判政策，職責包括掌控所有軍備、防止武器擴散，以及為國防部處理五花八門的國際議題。我最後處理了各種大規模毀滅性武器和常規武器的擴散問題，都跟中國有關，因為中國政府就是販運這些武器的最大軍火商。

我在二〇〇四年回到國會，成為參議院多數黨領袖比爾．費利斯特（Bill Frist，田納西州共和黨籍）的國家安全顧問。我很熟悉國防外交政策以及這些政策和政治間的交互影響，所以這個職位大概是我在國會中最能夠一展長才的工作。雖然當年我們的焦點主要放在阿富汗和伊朗，但仍有很多人十分關注中國議題。

二〇〇七年，也就是我離開國會一年後，接替弗利斯特成為參議院共和黨領袖的麥康諾，任命我擔任美中經濟與安全審查委員會的委員。當時該委員會正處於重建模式，成員橫跨兩黨，包括國防、貿易、人權和技術等優秀人才。當時的時間點非常適合深入探討美中關係，以及美國面對中國政府可能遭遇的問題。我從不認為自己是中國專家，但在該委員會的任期快結束時，我已經有足夠的能力和薛瑞福（Randy Schriver）在維吉尼亞州北部的密蘇里州立大學共同教授美中關係的研究所課程，薛瑞福後來也在我擔任國防部長時，成為我手下負責印太安全事務的助理部長。

委員會任期結束後，我去了美國商會工作。我在那裡同時擔任美國商會全球知識產權中心的執行副總裁以及歐洲和歐亞大陸的副總裁。身為知識產權中心的負責人，我親眼目睹中國如何大規模竊取美國的創新構想和各種形式的智慧財產，這對美國經濟、美國大大小小的公司、對成千上萬的美國勞工來說，都是毀滅性的打擊。美國幾乎沒有哪個產業能逃過一劫，估計我們每年因此承受的損失高達二千二百五十億到六千億美元。[5]然而，儘管中國竊取了我們這麼多智慧財產，北京政府還針對在中國營運的美國企業施行許多嚴苛的規範，但二〇〇〇年代開始那十年，多數在中國經營的美國企業都很逆來順受，畢竟一個擁有十四億消費者的市場，吸引力實在太大了。

不過，到二〇一七年川普上任時，美國企業對中國的態度有了重大轉變。幾乎所有在二〇〇〇年代初期追著中國市場跑的重要產業部門，都已經改變或正在改變立場及未來目標。尤其當習近平在二〇一二年成為中共總書記並開始將中國變成更專制的國家後，美國企業的態度就改變得更快了。習近平（西方媒體常稱作習主席）上任後實行大規模反貪腐運動，導致很多中共官員下台，並以雷霆手段整頓黨紀、確立他個人的權威地位，中共過去領導人所承諾的政治改革，也隨著習近平掌權而煙消雲散。

除了政治權力一把抓，習近平也大力發展中國的軍事實力，並採取愈來愈霸道的外交政策——不僅欺壓鄰國，在南海和東海提出非法的領土主張，還利用外債接觸世界各國，並在全球培養影響力。二〇二〇年，一艘中國船隻撞沉了一艘載有八人的越南漁船，而就在前一年，菲律賓漁民身上也剛發生過類似的事件。中國海警武裝船會定期護送中國漁船進入印尼和菲律賓專屬的經濟海域捕魚；此外，中國政府也持續在南沙群島周遭部署海上民兵。[6]與此同時，中國在南海水域好幾處特殊地理環境進行開發和軍事部署，這不僅是非法且充滿挑釁意味的行為，也違反了習近平自己在二〇一五年對歐巴馬總統的承諾。[7]

通過一帶一路計畫，中國正在擴張與亞洲、歐洲、非洲和美洲的金融關係，其背後目的是培養戰略性影響力，取得關鍵資源和占據世界各地的軍事據點。中國的第一個海外軍事基地位於非洲東岸的吉布地共和國，中國正積極以此為起點，在印度洋及一路向東往北京的海域上建立更多軍事基地。更糟的是，中國為了擴張自己的力量，不惜犧牲他國主權，而且欺負的國家愈小，中國政府出的拳就愈重。

許多中國觀察家認為，習近平是一位箝制自由、無視人權，而且還取消自己任期限制的專制領導人，我的看法也一樣。當習近平將手中的權力握得愈來愈緊，他的方向愈來愈明確，美國就愈來愈少領導人相信中國會改變統治方式。事實上，中國的做法益發令人反感，而中國自由化理論正在迅速崩塌。

讓國防部最擔心的是自二〇〇〇年以來，中國人民解放軍的實力有了驚人的成長，這也是二〇一七年習近平所設定的目標——習近平希望在二〇四九年底前（也就是中華人民共和國建國一百週年）解放軍能成為「世界一流」的軍隊。

國防部大致將習近平的目標解讀為：中國政府希望「在本世紀中葉前發展出戰力強大的軍隊，足以媲美——或在某些方面優於——美國軍隊，或任何被北京視為威脅對象的軍隊」。[8]為了達此目標，中共投入大量人力、預算、技術，並設定嚴謹的戰略目標，在陸海空建置常規武器，發展非對稱作戰和網路作戰的實力，致力擴展和升級中國擁有的核武。

中國的中期目標是在二〇三五年以前完成軍事現代化，多年來投入解放軍的預算都以兩位數比例增長，正好體現了中國發展軍事實力的野心。為了實現二〇四九年前要達成的目標，中國也正努力打造更專業的軍隊，能採用現代作戰概念，更適合共同作戰和聯合兵種作戰，並且擴大其海外的軍事足跡。[9]

♜

然而，川普政府起初對中國的態度並沒有像川普任期快結束時那般強硬。二〇一七年十二月發布的《國家安全戰略》代表川普政府才剛跨出重要的第一步，確定對中政策的基調和方向。而對國防部來說，更重要的文件是《國家防衛戰略》，《國家防衛戰略》等於將《國家安全戰略》轉化成一系列具體的方針，指引國防部進行軍事規劃、軍隊發展和現代化、作戰調整、訓練和演習，以及參與國際事務、建立聯盟，同時也包含其他重要的國防和作戰構想。

正如之前所說，我從當上國防部長第一天起，就把實施《國家防衛戰略》當成首要任務。對此有兩大挑戰：第一，我必須重新賦予國防部長辦公室行政人員足夠的職權，讓他們能負責戰略的運作和實施。我辦公室裡負責研擬政策的路德和之後的安德森都了解我的想法，他們都支持《國家防衛戰略》和文官治軍，所以他們非常願意掌握更大的權力，肩負更重的責任。

第二個挑戰是和許多四星上將作戰指揮官溝通協調，而且大多是各地域的指揮官，而不是作戰指揮部的指揮官，會需要和他們溝通，是因為有些指揮官會根據自己的目的解讀戰略。最需要關注的兩個國家是中國和俄羅斯，但我很明確地把中國列為第一名關注對象。於是，印太指揮部認為中國在他們的責任範圍內，所以他們應該要得到更多資源（然而他們已經獲得比別人更多資源了）；另一方面，非洲指揮部也很積極，把自己分內好幾項任務解讀成應對「全球權力競爭」的行動，他們也想獲得更多資源，然而這個指揮部先前是被指定為「兵力節約戰區」，他們反而應該要提供資源而非跟著一起爭奪資源。卡在上述兩個指揮部中間的中央指揮部也要求資源，倒不是因為中俄兩國在該部地域範圍，影響力日增，而是他們在阿富汗和敘利亞持續進行軍事行動，要處理伊拉克的火箭襲擊以及和伊朗之間的潛在衝突。

我們和中國（及俄羅斯）之間的大國權力競爭，本質上就涉及全球範圍，這代表不能把雞蛋放在同一個籃子裡，也不能把某個籃子裡的雞蛋全部拿出來。因此會有許多艱難的決定，決定如何重新分配資源和兵力到各個籃子裡，並釐清分配的方式和原因。這代表必須縮小某些任務規模、取消次要任務並整合資源，同時也得接受在某些地區的軍隊可能要承擔更高的風險和不確定性。

除此之外，我們必須謹記，資源和預算還得撥給功能性指揮部使用，例如太空和網路指揮部（兩者都是非常重要且發展極為迅速的領域），當然還要用來保衛美國本土，而這是北方指揮部的職責。

二〇一九年十月，我為所有國防部文職和軍職官員所主持的年度高級領導人會議，是我上任初期的關鍵時刻，我必須帶領所有人開始執行《國家防衛戰略》中的艱鉅任務，從三方面進行努力，並處理各種議題。我們制定的十大目標賦予我們的戰略更明確的意義，而且這十大目標在某種程度或形式上，都跟中國有關。*

我要求政策團隊要帶頭為十大目標其中幾項訂出子目標。例如，有一項是「國防部全體持續關注中國」，我們就構思出好幾項能幫助達此目標的明確任務。首先，成立「對中國防政策辦公室」以及「對中戰略管理小組」，以充分整合我們的人力、資源和計畫。我們還在政策部門設立負責中國事務的副助理部長一職。這些新部門的重要任務，就是推動各項與中國相關的計畫，並負責國防部內部的協調。

首先，我們最重要的工作是更新並核准應對任何突發事件的戰爭計畫，尤其是與台灣有關的事件。重新檢視並核准每個作戰指揮部準備的計畫，是國防部長的第一要務，同時我也必須確保國家軍隊能隨時執行國家交付的作戰計畫。科技發展和地緣政治的變化速度，會深刻影響作戰計畫中的基本主張，所以我們必須盡快重新審、修訂，才能對抗最強勁的對手。此外，這些計畫也必須根據我們現在所採用的「全球整合資源」觀點來更新。

當時有兩件事情讓我最擔心：第一，中國有可能武統台灣或迫使台灣投降；第二，美軍或美國盟友在南海的公海海域行動時，卻因北京當局認定該海域屬於中國而發生武裝衝突。無論是上述哪一種情況，我們最大的挑戰是必須有能力在每個地點迅速建置充足戰力以遏阻衝突升級；如果無法阻止衝突升級，也必須有能力在通訊線拉得這麼長的情況下作戰並取勝。於是，我們先從各指揮部作戰計畫的審視修訂開始，由政策團隊負責。因為不斷反覆檢視並改良印太指揮部計畫的不同層面，這個過程會一直持續到我在任最後幾週。

發展現代聯合作戰概念，亦即建立新作戰準則的第一步，是我們要實施的另一項關鍵舉措。北約將作戰準則定義為「指引軍隊行動以達成目標的基本原則，雖具權威性，但實際應用時仍需人為判斷」。作戰準則是一個整體的概念架構，結合了理論、歷史、試驗和實際演練，以促進作戰行動中的積極作為和創意思考。美國運用聯合作戰概念所制定的新作戰方式被稱作「全域作戰」，主要特色是在陸、海、空、太空及網路五大作戰領域中使用大量人工智慧，進行以毫秒為單位的迅速分析。每個兵種都必須根據總作戰準則制定出各項細目，例如衝突環境中的後勤作業、聯合全域指揮與控制、聯合遠程火力和資訊優勢。

我在念西點軍校和擔任陸軍軍官時學到的作戰準則，稱為「空地作戰」，這是陸軍當初為了在歐洲戰場上擊敗蘇聯所制定的作戰準則，直到今天我還能默背出其核心原則。我希望我們現在的軍事專業教育也能一樣重視作戰準則，未來的將士們應該和我一樣，對重要準則滾瓜爛熟。

空地作戰並未隨著時間而淘汰，至今仍是有效可靠的作戰方式，但我們需要一些新東西。畢竟，空地作戰只涉及空與地兩個領域，但現今的作戰領域有五個：陸、海、空、太空和網路，這就足以證明我們需要新的作戰概念，才有機會在現代戰場勝過中國和俄羅斯。從小在陸軍中長大並且非常熟悉空地作戰的米利將軍，也同意我的看法，於是在二〇一八年，我們根據多域作戰準則，在陸軍推出新的作戰概念——後來也成為米利將軍和聯合參謀部的核心要務，他們必須根據新概念為國防部全體建立一套新作戰準則。後來我很高興得知，國防部於二〇二一年六月核准了「聯合作戰概念」一・〇版。

我們還成立了所謂的「紅隊」（Red Team），由一名非常了解中國的專家領導。這位中國通會參加我所有的戰略實施會議，並針對我們面對的問題，提出中國可能有哪些想法、給予什麼回應或採取何種立場。基本上，該團隊的主要任務，就是要以習近平、中國政治局或中國高階將領的角度思考，然後百分之百誠實告知，我們討論的每個重要政策、戰略和計畫有哪些優缺點，可能產生哪些利弊得失。我非

*原書註：十大目標參見第四章第93~94頁。

常倚重這個團隊毫無保留且不加修飾地提出他們的觀點，幾乎每場會議我都會請他們參與。因此，我經常收到來自紅隊的高度機密備忘錄，其中內容涉及技術、戰略、作戰和組織等各種重大議題。

另一個「聚焦中國」的任務，就是要在所有的訓練和課程中提升服役人員對中國軍隊的認識。無論是為新晉中士開的課程，還是在國家戰爭學院為上校開的研討會，我希望每個學員都能依自己的軍階和後續任務深入了解解放軍，例如低階軍官應該要熟悉解放軍基層編制所使用的武器和戰術，而陸軍上校和海軍上尉必須非常了解中國整體戰略。我很高興在二〇二一年中獲悉陸軍在這方面已有長足進展，陸軍新發布的一項名為《中國戰術》的非機密文件，就是針對中國解放軍的組織、戰略、戰術和各項能力進行評估，這正是我們教育現役人員所需的重要資料。

我們必須了解潛在敵人，即使我們希望永遠不會和他們發生衝突，就像我這一代研究蘇聯時抱持的心態。一九八〇年代，我還是個年輕軍校生時就意識到這點，為了更了解蘇聯，我在西點軍校選擇俄語作為主修外語。二〇〇〇年代，很多軍官開始學阿拉伯語。而我們未來的軍官，應該要開始學中文以及我們在印太地區盟國的語言，這是我們當時努力推動的另一項計畫。

由於我們的十大目標中有一項就是要聚焦中國，所以我指示國防大學重新調整課程，到二〇二一學年前，有百分之五十的課程作業必須用來研究中國。我希望這所大學能成為培育優秀高階軍官的地方，在這裡所有的軍官都能成為中國軍事專家。

我也要求我們的軍隊必須把解放軍視為步步緊逼的威脅。解放軍是一支不容小覷的軍事力量，我們必須加強組織和人員配置，給予美軍足夠的訓練和裝備，才足以與之對抗並取勝。我們的軍校以及軍事課程和訓練（包括陸軍國家訓練中心和空軍的紅旗演習）都必須把解放軍視為頭號威脅，這麼做才是正確的，因為北京多年來對軍隊現代化及作戰能力提升投入了大量人力和資源，而且他們也把我們視為頭號對手。

當我們在教育和訓練聯合部隊時，即使小事情也很重要。因此，我們決定蒐集中國媒體或中資智庫所發表的有關美中關係的文章，這些文章會放在我們週六晨間新聞簡報的「中國觀點」標題下方，藉此提高大家對中國的關注和認識。

我的想法是，萬一哪天中共真的認為非得和美國一戰才能實現他們的戰略目標，那麼至少我們的聯合部隊裡，會有一個世代的軍官和士官非常了解中國解放軍，並且已經盡可能準備好在現代戰場上與強敵作戰、取勝、存活下來。

♜

我必須為最壞的情況做準備，但我也致力於爭取最好的結果。中國不一定得成為美國的敵人，我們也不應該希望他們成為敵人，所以我們必須謹慎，不要讓最壞的預想成真。首先，我們時常聲明，我們是要對抗中國共產黨，而非中國人民；再者，我們樂見中國崛起，但前提是中國必須遵守二戰後制定的國際秩序。美國對於中國一九七九年進行改革開放，二〇〇一年加入WTO，以及在此期間的各種援助，可不是為了讓中共推翻既有的世界秩序，然後建立一個只對中國有利的版本。但看起來，我們現在就是在阻止這件事情發生。重點是，二戰之後建立的國際秩序已經實施七十五年，世界各國都因此受惠，尤其是中國，所以如果有人要破壞這樣的秩序，只為謀一國之利，這肯定是錯誤愚蠢的決定。

我一直相信，我們不只該與盟友和合作夥伴建立溝通管道、培養交情，我們更該跟對手和敵人建立溝通管道及培養交情。談話溝通沒有壞處，所以我很早就開始跟中國和俄羅斯的國防部長聯繫，而且努力維持每三個月一次的會面或談話。

中國國防部長是魏鳳和將軍，他於一九七〇年加入解放軍，當年才十六歲，在軍中待了幾十年，一路晉升至解放軍火箭軍指揮官——火箭軍算是中國版的美國戰略指揮部。我第一次見到他是在二〇一八年十一月的一場晚宴上，當時的國防部長馬蒂斯在弗農山莊舉辦晚宴，招待中國國防部官員，而魏鳳和是在該年三月成為國防部長。

雖然魏鳳和名義上是中國的國防部長，但在中國的體制下，他所擁有的權力和美國國防部長並不相等。儘管如此，他仍是我最好的切入點，我決定好好跟他互動，增進對彼此的了解以及雙方的利益，也讓他更清楚美國採取的競爭立場。

要通過翻譯去真正了解一個人總是很難，更不用說還要跟對方相處愉快了，但我發現魏鳳和相當認真專業。他話很少，但我不知道是個性使然，還是因為他在跟我對話時特別謹慎。我們兩人第一次正式會談是透過視訊會議，然後在二〇一九年十一月曼谷舉行的東南亞國協國防部長會議上再次見到對方。魏鳳和似乎也很努力要和我打好關係，他甚至邀請我二〇二一年訪問北京，我也說我一定會應邀前往。

重點是我和魏鳳和彼此認識，也知道如何快速聯絡對方，我們有足夠的交情以及尊重來討論棘手的問題。萬一真的出現危機，我能夠打電話向他提出解釋、警告、質疑或單純聽他說明，好讓我們能消除任何可能導致意外衝突或不幸事故的誤會。

♜

在我任職國防部長期間，隨著我們對中國綜合戰略的研究愈來愈深入，我開始非常擔心中國的網路作戰能力以及他們快速成長的太空實力，因此在這兩個領域我也做了一些改變和投資。

同時，中國不遺餘力進行核武現代化並擴大核武規模，也讓我非常憂心。北京當局一邊努力發展「核三位一體」的戰略，一邊在中國西部沙漠迅速建造數十個地下飛彈發射井，未來安置於這些加固發射井的洲際彈道飛彈，會大幅增加中國部署的核武器數量。過去毛澤東對外在戰略對手一向保持最低限度的威嚇態度，但隨著中國核武的規模和精密程度迅速提高，中國政府對於外在威脅的態度明顯有了改變。

我們需要更深入了解中國政府正在做的事情和理由，如果能把中國納入某個軍備控制協議，我們就有機會和北京當局討論他們的軍備和戰略，也有機會參觀檢視他們陸海空三域平台上的核武，就像美俄兩國多年來依據過去簽訂的《新削減戰略武器條約》檢視彼此的軍備狀況。正好俄羅斯希望延長此條約期限，這也正是讓中國一起加入協定的好時機，川普政府雖然積極推進此事，奈何起步太晚，目標尚未達成，川普的任期就已經結束。延長協定才是正確的做法，但我很失望拜登政府雖將協定延長了五年（到二〇二六年二月五日），卻從未嘗試將中國納入協議，實在是錯失良機。

如果要比較美中兩國在亞洲地區的常規軍備，中國過去二十年的確有巨大進展，不過我們在大多數領域仍有明顯優勢。然而，中國在兩個領域表現特別傑出，其中之一就是解放軍已經發展出有常規彈頭的陸基彈道飛彈和巡弋飛彈。

這類飛彈中國已經擁有超過一千兩百枚，其中許多的射程超過兩千哩，中國因此有能力攻擊整個西太平洋上美國和美國盟軍的基地。中國目前已經生產以及未來將繼續生產的飛彈數量，會讓他們能擊垮我們的防空系統。由於美國受到與俄羅斯簽訂的《中程飛彈條約》的約束，無法開發可與中國匹敵的中程飛彈武器系統（射程在五百至五千五百公里之間），這會讓我們無法以同等武力抵銷中國的武力。簡言之，解放軍的導彈系統，是中國在西太平洋的「反介入／區域拒止」戰略不可或缺的一部分，如果美中終將一戰，中國的導彈系統將對美國造成重大威脅。[10]

我支持美國在二〇一九年退出《中程飛彈條約》，但不是因為我反對軍備控制。多年來我一直很看重軍備控制，而且在我們國家安全的綜合戰略裡，軍備控制一直扮演重要角色。國防部二〇一八年發布的《核武態勢評估報告》清楚指出，只有在協議真能加強安全、能有效執行，並能驗證簽署國確實守約這幾個特定條件下，我們美國才會簽署軍備控制協議。我贊成美國退出《中程飛彈條約》的原因有二：第一，俄羅斯持續違反《中程飛彈條約》規定，導致此協議早已失去作用，這也是北約盟友支持美國退出的主要原因；第二，該條約限制了我們的軍備發展，使我們難以對抗解放軍對印太地區的飛彈威脅——尤其這個戰區是出了名的遼闊，還涵蓋幾個廣大的水域。

我很高興看到拜登政府在二〇二一年對於《中程飛彈條約》採取和我們相同的立場，包括川普政府後來退出與俄羅斯等國簽署的《開放天空協定》，同樣是因為俄國持續違反協議。[11]這些決定同時展現了美國對這類協議以及更廣泛的國家安全問題所抱持的態度。

我擔任國防部長後的第一次外訪，是和國務卿龐佩奧一起前往澳大利亞，參加每年一度的二加二會議，目的是與澳大利亞的國防及外交部長討論各式議題，而中國一直是討論的核心。在離開雪梨前往紐西蘭、日本、蒙古及韓國之前，我們舉行了記者會，來為這次二加二會議總結。

該場記者會剛好在八月二日我們退出《中程飛彈條約》的隔天舉行，我明確表示，我希望美國能盡快在亞洲戰區部署中程飛彈武力，以對抗解放軍的優勢。毫不意外，我的聲明讓北京當局非常不滿，恰好也證明我們在亞洲部署武器系統的重要性，以及此舉可能對中國造成的阻礙。這正是國防部決定投資數十億美元，發展高超音速武器、新型陸基巡弋飛彈以及其他長程精準發射系統的主因。

我關注的第二個重點是解放軍的海軍。在二〇二〇年以前，中國已經建立了全球規模最大的海軍，事實上，他們的軍艦數量在二〇一五年就已經登上世界第一。反觀美國，我們在雷根時代擁有將近六百艘軍艦，但到了二〇二〇年僅剩不到三百艘。然而，軍艦的數量不等於海軍的實力。

美國部署的軍艦大多有更大噸位，也就是船艦體積更巨大並載有更多武器裝備，而且我們艦載垂直發射系統的數量是中國海軍的九倍。[12]這些系統主要用來儲存和發射為數眾多且種類多元的飛彈，從防空導彈到反水面導彈都有。說到遠程作戰使用的防禦和攻擊武器，艦載垂直發射系統通常是戰艦主要的作戰系統。

此外，兩國海軍的組成也不同。雖然中國海軍擁有的水面艦艇和潛艦加起來約三百六十艘，但美國擁有的航空母艦、核動力潛艦、巡洋艦和驅逐艦比中國多很多。中國擁有更多的是戰力較弱的柴油潛艦和巡防艦。[13]其他層面也很重要，例如船艦水手的技術、海軍執行聯合作戰的能力以及長期部署的經驗，都會影響一國海軍的戰力。因此，如果打仗時要我從美中兩國海軍選擇戰力較強的一方一起行動，我一定每次都會選擇美國海軍。

儘管如此，中國海軍顯然正在崛起。就發展海軍作戰能力而言，他們一直在狂奔，我們卻在慢跑。也就是說，如果我們不加快腳步，總有一天他們的作戰能力會超越我們。中國的國防預算每年都大幅增加，尤其在過去二十年間，每年都有顯著成長，再加上他們有優秀的造船能力，政府官員又一致贊成擴大海軍規模及提升海軍戰力，他們已經擁有美國華府不願匹敵也無法匹敵的優勢。

正如美國國防部二〇二〇年發布的中國年度報告所述，「儘管我們預計中國的經濟成長在二〇二〇年代會遭遇許多困難，但中國共產黨仍有政治意圖和財政實力在未來十年維持國防開支的穩步成長，」他們會積極進行軍事現代化、「探索新科技」，並努力維持「世界第二大軍費支出國」的地位。[14]

相較之下，美國政府在國防軍事上投注的努力完全比不上中國。例如，中國二〇二一年的國防預算比前一年增加六點八%，而美國擬定的預算則與前一年大致持平，如果再把通貨膨脹的因素算進去，我們的國防預算其實比前一年還少，國會裡有些議員還強力要求砍掉十%的國防預算。反對美國增加國防開支的人，常常主張美國的軍事預算已經綽綽有餘，還說美國的國防開支已經是中國的好幾倍，但實際上他們忽略了數字背後的重要細節。

美國整體國防預算雖比中國高很多，但我們也比中國承擔更多責任：我們要在全球各地進行軍事部署，要完成對盟友的承諾，還有其他很多任務都會增加開支，而且這些開支可能還不是直接用於解決美中衝突。此外，如果把中國沒納入國防預算的軍事成本（例如軍事研發）也加到他們的國防預算裡，再以公認的購買力平價指數換算兩國軍事人員和勞動力的價格以及常規的國防開支，就會發現中國的國防預算看起來更接近我們的國防預算了。事實上，有些報告估計「中國的軍事預算已經達到美國的八十七%」。[15]

此外，中國還有其他優勢。例如，一份二〇一八年的聯合國報告指出，中國在全球造船市場占比四十%（按總噸數計算），位列第一；占比二十五%的南韓遠遠落在第二。[16]另一份報告則指出，「在二〇一四年至二〇一八年間，中國啟航的潛艦、軍艦、兩棲艦艇和輔助艦艇的數量，已經超過德國、印度、西班牙和英國海軍個別的現役艦艇數量」。[17]至於美國，我們就算有錢，目前也沒有足夠的造船能力來確實增加我們每年建造的軍艦數量。

就近期而言，中國正在建設一支強大的海軍，使其有能力捍衛中國大陸本土和周遭海域，當然也要捍衛他們在南海等地過度的領土主張。南海是西太平洋上相當擁擠的水道，全球三分之一的航運都會經過該處，每年承載著五兆美元的貿易額。此外，南海海床上還蘊藏著大量石油和天然氣，並擁有極為廣大的漁場，深刻影響著該地區數百萬人的生計。

當然，中國也正在建立一支有能力武統台灣、孤立台灣或者迫使台灣投降的現代軍隊。這些計畫的關鍵要素是長程精準飛彈加上衛星，以及其他可以監控敵方的軍備，中國能夠以此監控並威嚇美國海軍的航空母艦和其他主要軍艦，讓我們最強大的船隻面臨重大威脅，進而使我們無法接近他們意圖控制的水域。我們預估中國將會打造一支可以擴展至遠洋的「藍水海軍」，有能力將戰區從西太平洋移至東太平洋，接著擴及全球——從波斯灣到北極、印度洋、或甚至到大西洋——來展示他們的力量，並獲取更多利益。

我在二〇二〇年秋季，也就是二〇一九年高級領導人會議的一年後，提出了「二〇四五戰力計畫」來闡述我們未來的海軍戰力結構，旨在確保美國海軍未來幾十年仍能處於主導地位。正如之前所說，我們的海軍已經擁有與解放軍作戰並取勝的關鍵優勢。*如果我們有人駕駛及無人駕駛的船艦數量能增加到五百艘以上，並擁有更多小型水面作戰艦及充足的潛艦部隊，那我們將擁有戰力更加平衡的艦隊，絕對足以應付中國海軍未來的威脅。

隨著二〇二〇年夏末秋初的大選選情逐漸升溫，美中關係也愈來愈緊張。事實上，兩國的緊張局勢已經持續升級好一段時間，主要是因北京當局在該年年初對新冠疫情的處理令人非常不滿。此外，美中在許多議題上也存在長期且巨大的分歧，這些議題涉及台灣、香港以及中共對中國西部維吾爾族的監禁和虐待等。國防部和國務院這幾年一直主導處理這些議題，例如在二〇二〇年二月，我在慕尼黑安全會議上發表了關於中國的重要演說，且在許多議題上大力抨擊中國政府的做法。[18]

川普總統算是比較晚才開始對中國相關議題採取強硬態度。有人指控他面對中國的人權議題時態度軟弱，中國鎮壓香港時他也沒有嚴厲譴責，原本要對中國科技巨頭華為出重拳卻又輕輕放下，還有其他類似事件，都讓川普遭到批評。事實上，我有一次還看到他斥責龐佩奧，原因是他認為國務院在某些公開言論中批評中國的言詞過激，他當時坐在堅毅桌前，向對面的龐佩奧說：「拜託你們收斂一點。」龐佩奧先是頓了頓，後來還是點頭同意川普的要求。

然而，隨著新冠疫情重創美國，川普在各項政策上終於願意硬起來對抗中國。他非常憤怒北京在疫情剛開始時未能妥善控制，致使後來為美國帶來嚴峻的災難。我認為對川普來說，責怪中國政府讓病毒四處擴散，總比承認自己在接下來的一年對疫情處理不當來得容易。此外，他對中國變得強硬，也是不希望跟拜登在討論中國議題時顯得自己勢弱。

整個美國政府，包括我在內，都指責北京處理新冠疫情不夠公開透明，沒有確實分享所有他們了解

* 原書註：這些作戰的關鍵優勢包含：全面性的打擊武力與情勢警覺；高強度衝突中的生存力；適應複雜環境的能力；投射武力的能力；控制全球海域的能力；展現軍力的能力；進行長程精密打擊的能力。

到的病毒資訊，包括病毒的起源和傳播。川普不斷提起這點，而且幾個月來一直稱新冠肺炎為「中國流感」，他知道新冠肺炎不只摧毀了一個強大的經濟體，也很可能摧毀他的總統聲望和連任機會。

二〇二〇年七月，國防部在南海進行雙航艦軍演——即兩艘航空母艦在距離彼此非常近的地方執行聯合任務。這類軍演並不常見，但也不是唯一一次，只是不常舉行而已。然而，這次演習吸引了大批媒體關注，也引來北京當局和我們在地盟友的關切。中國政府認為我們是藉機大秀軍事肌肉，而我們也的確利用這次行動，展現美國在新冠全球大流行的時刻仍舊擁有傲人的武力和戰力。二〇二〇年春天，羅斯福號航艦曾因新冠疫情在船上爆發而停駛數週，致使中國有些人以為新冠病毒已經削弱美國軍事實力，但這次雙航艦軍演正好可以推翻這種臆測。然而，當美國總統大選進入最白熱化的階段，也就是大選前三個月，我希望我們所有行動都要遵循更安全、更傳統的時間表來推進。事實上，在雙航艦軍演結束不久，我們就安排了一次與國務卿龐佩奧的加密通話，討論接下來的行動。

九月第一週，國防部發布了中國軍力年度報告，重申習近平主席為解放軍制定的兩大目標：第一，在二〇三五年前完成軍力現代化；第二，在本世紀中葉成為世界一流軍隊。該報告進一步補充，中國政府希望「解放軍成為實施治國方略的實用工具，能積極協助中央推動外交政策」，而中國政府的這一目標也正在大力推動他們的軍事發展。這份報告發布以後，有許多人開始臆測美中之間的戰爭會是什麼樣子，而這些文章和言論又進一步攪動了局勢。

同樣在九月，我們開始看到中共高層和解放軍出現更具侵略性的行為。北京不只進行軍演，還在南海部署更多船艦，宣示其毫無根據的領土主權；同時，派出了更多軍機，而且愈來愈靠近台灣，次數也比以往更加頻繁。九月上旬，中國在某個台灣外島周遭進行大規模海空軍演，藉此繼續對台灣政府施壓。

一週後，從九月十八日到十九日，就在美國國務院官員對台進行幾十年來最高級別訪問的同時，近四十架解放軍軍機飛越台灣海峽中線——這是一條國際公認的南北向界線，將兩國之間一百一十哩寬的海峽從中一分為二——共機飛越海峽中線，即嚴重違反了過去中台雙方建立的默契，目的就是要恐嚇台灣政府。[19]與此同時，我們仍繼續完善我們的作戰計畫，這是我們的十大目標之一。

十月十二日星期一，媒體報導川普政府批准對台出售數種先進武器系統，這是國防部絕對支持的事。國防部也在研擬更多新的方式和台灣合作，並協助提升他們的防禦能力，其中有許多後來成為正式政策，有一些則不對外公開。此外，我也強力建議台灣政府要投注更多資金在國防以及軍隊和武器的建置上，這才是對抗解放軍的最佳方法。中國則非常不滿美國的對台軍售，他們呼籲美國切斷與台灣在軍事方面的所有聯繫，並放話如果我們不這麼做，他們也將會採取某些行動。

第二天，根據媒體報導，中國國家主席習近平視察了位於廣東省潮州市的解放軍海軍陸戰隊基地，並要求部隊「全力以赴備戰」並「保持高度警戒」。[20]

從美中之間你來我往的公開言論交鋒、專門處理美中議題的美國人私下回報的訊息，以及情報單位提出的報告，我們愈來愈意識到，北京當局其實不太確定，二〇二〇年這個秋天美國政府到底想做什麼——美國政府的這一系列操作只是為了選舉，還是真的在考慮跟中國開戰？

幾週前，我和安德森、米利將軍連同其他幾個人，一起到印太指揮部會見海軍上將菲利普·戴維森（Philip Davidson），這次會面是為了進一步了解戴維森將軍在接下來幾個月（到十一月大選前）的作戰、訓練和演習計畫。這些任務都很單純，沒有別的意圖，就是要按計畫進行標準的自由航行演習和空中監控任務。自由航行演習尤其重要，因為美國海軍能透過這類演習宣示美國有權利——實際上每個國家都有權利——在國際法允許的地方飛行、航行和進行作戰演練。

美國海軍過去一直都是這麼做的，如今也在世界各地存有爭議的水域（例如波斯灣）進行軍演。如果我們沒有定期進行軍演，有些國家就能輕易用一些毫無法理依據的主張，占據不屬於他們的領土或海域。因此，隨著中國近年來的領土主張愈來愈過分，美軍的軍演頻率也跟著增加。二〇二〇年，美國在台灣海峽這條公認的國際航道上進行有史以來最多次自由航行演習，但儘管如此，我還是要確保在十一月三日大選來臨前的行動恰如其分，既不急躁也不鬆懈，否則都有可能釋放錯誤的信號給北京當局。

二〇二〇年的那個秋天，我的確很擔心一件事情：當時中國政府已經因為摸不清我方意圖而愈來愈焦躁不安，偏偏我們的印太指揮部計畫於十一月三日前一週，在東北亞部署超過正常數量的船艦和軍機（包括轟炸機），其實這是為了十一月下旬到十二月一場計畫已久的演習做準備。由於該地區的東道國要求美軍事先進行新冠肺炎的檢疫和隔離，所以我們必須在十一月三日前提前部署。我理解為什麼指揮部要提前到達該地區，但這個時機讓人不安。我擔心北京當局在美國總統大選前幾天看到這麼多船艦和軍機來到東北亞，會產生一些不必要的揣測，因此我指示指揮部讓所有部隊都延至十一月三日以後再出發。

畢竟我那幾個月的目標，就是要讓我們的立場和行動盡可能「如平時一般穩健」。我常說「平常怎麼做現在就怎麼做，不要多做也不要少做」，當然這也包括繼續進行讓中國很反感的自由航行演習。就算真的出現外部因素迫使我們採取更多行動，我們也會先審慎討論後再決定。任何不同於平常的舉措，都有可能釋放錯誤訊息給我們的盟友和對手，進而提高衝突的風險。

即使盡了一切努力，但美中雙方還是可能因為誤解引發武裝衝突。我們最不想看到的情況，就是在局勢緊張的南海或是其他海域，美國和中國的船艦從衝撞升級到互相開火。如果真的發生這種情況，接下來情勢又會如何發展？或者更糟，中國也許會更相信美國已經準備對他們採取軍事行動，所以美國近期這一系列操作可能都是在「混淆視聽」——如果中國真的這樣想，他們有沒有可能先發制人？我們國防部從來沒想過和中國開戰，我也不曾聽過總統提出這種想法，一次都沒有，但這些事情中國不知道啊！我們不能只透過自己的眼睛審視情勢，我們也必須以北京當局的角度來推測他們會有什麼想法和反應。

十月中旬，我和國防部政策主管安德森坐下來討論此事。有鑑於我們收到的情報、軍事行動以及雙方愈來愈激烈的言詞交鋒，安德森也有跟我一樣的憂慮。我請他幫我向中國傳達一個訊息，我想告知中國政府，「我們了解你們的顧慮」，你們也許覺得很困惑，但我想親自向你們保證，「我們無意與中國發生任何形式的衝突」，請不要誤解美國的意圖。我們「希望兩國軍方的溝通管道可以保持暢通，以防止誤解造成不必要的摩擦或衝突」。

就在我決定和中國政府聯繫之後，國防部在十月二十二日舉行了通訊會議，與會人員包括安德森和他政策團隊裡的重要成員，還有負責情報的國防部次長克南、米利將軍、海軍上將戴維森，我們一起討論了印太指揮部的幾個議題，以及國防部辦公室私下與北京的聯繫。

召開這次通訊會議之前，安德森向我回報，說我的訊息已經於十月二十日由政策辦公室負責印太安全事務的一位文職人員傳達給中國，安德森說中方「很肯定」我發訊息的誠意，也很感謝我特意跟他們說明。我很高興聽到這樣的消息，因為我們最不希望的就是莫名其妙引發一場沒人想要的衝突，尤其是跟中國的衝突。

此外，我也要求身為參謀首長聯席會主席的米利將軍安排通話，與同階級的解放軍高層再次傳達我的訊息，就按照我們的標準作業程序。米利將軍贊同，但參謀首長聯席會議卻遭遇一些協調上的困難，最後還是由國防部長辦公室的行政人員協助安排通話。因為內部協調花了一些時間，所以米利將軍到十月三十日才和中方聯繫通話。

這種對內及對外的協調其實在國防部很常見，有時候我們要和其他部門的同仁協調，有時候我會要求手下的文官武將和他國同等級的官員或將領談話，而且通常會有跨部門成員一起參與。然而，根據國防部長辦公室政策團隊的說法，國務院在九月下旬顯然已經切斷和中國外交部的聯繫，這使得美中之間的局勢更緊繃，也更晦暗不明。

米利將軍與中方通話幾天後，他回報說他的訊息同樣獲得中方的肯定，對方也很感謝他特別打電話說明。總之，我認為我十月二十日傳訊給中方，接著又讓米利將軍在三十日致電中方，都是正確的做法，我們傳達的訊息都是為了促進穩定和避免不必要的衝突。然而，幾個月後有個可靠的消息來源告訴我，川普很不滿我擅自傳訊給中國。

有人推測這件事情讓川普更想把我開除，但我不這麼認為。不過誰知道呢？而且誰在乎啊！謹慎利用一些外交手腕避免戰爭，總比粗枝大葉地引起沒人樂見的衝突要好。這正是為什麼我打從一開始就很努力跟中國國防部長建立交情，而這也是我在選舉期間仍繼續擔任國防部長的部分原因。

♜

經過四年後，我覺得美國面對中國議題的態度和處理方式，都比二〇一六年的一開始好得多，朝野上下對中國終於形成共識。我們的國家——包括大多數政府高層、各類機構和企業等——也都朝著更正確的方向前進，而且是跨黨派的共識。我很驕傲這個趨勢是由國防部率先主導，但我也必須說，後來是因為國防部、國務院、商會、司法部門、國家安全會議等機關的共同努力和協調，並遵循我們制定的戰略，才能讓美國朝野上下持續看清中國政府真正的意圖。畢竟，如果我們無法團結起來處理中國議題，對我們自己的國家和其他西方民主國家，都可能會帶來非常負面的影響。

還好，雖然川普總統不太理睬我們制定的對中戰略，有時甚至做出可能會破壞我們戰略的決定，但這一切並沒有摧毀我們的努力。要在印太地區和盟友及合作夥伴共同努力對抗中國，本來就是個艱鉅的挑戰，總統在任內還不斷打擊我們的歐洲盟友，讓美歐的戰略合作變得更加困難。此外，當川普總統動不動就吹噓自己跟中共領導人私交有多深厚，也讓我們很難對中國採取更強硬的態度。

所幸，總統在任期的最後一年，終於願意在各項政策上硬起來對抗中國。到他任期結束時，我們其實已經取得豐碩的成果，我只可惜沒能從一開始就用與後來一樣強的力道，否則一定能有更大的進展。

美國國務院、國防部以及其他部門，都一再強調對台軍售的重要性，並支持香港的民主運動人士，我們也批評中國在南海和喜瑪拉雅山區不斷侵略他國領土，抨擊他們對中國西部維吾爾族人進行種族滅絕，並揭發他們在美國持續進行經濟間諜活動及竊取智慧財產。然而，如果我們當時能得到白宮和總統的全力支持，這些行動會更加成功。

或許更重要的是，幸好川普在任期最後幾個月對中國愈來愈激烈的言詞抨擊，並未破壞兩黨多年來好不容易形成的中國共識。如果當時有任何一位候選人為了短期選舉利益而與川普唱反調、鼓吹用更友善溫和的方式處理中國議題，那麼我們多年來好不容易建立的共識，可能會瞬間土崩瓦解。

接下來，美國應該要開始重新審視我們的一中政策以及過去支持一中政策的各種聲明——最早可追溯至一九七九年的美中聯合公報——然後修訂我們的政策。自從美國從與中華民國斷交並改與中華人民共和國建交，過去這四十二年裡，兩國的內部情勢、兩國之間的關係以及對外事務，已有巨大的變化，無論是政治、經濟還是外交方面，都與四十二年前非常不同。因此，美國舊有的一中政策，已經被歷史進程和現狀推向淘汰邊緣，無法應對當前局勢，我們未來不該再以它作為制定重要外交政策以及配套戰略的基礎。舉例來說，台灣現在不僅是個蓬勃發展的民主國家，它現在也不再如幾十年前一般聲稱中華民國在法律上擁有整個中國的領土主權。

此外，中國並未努力追求一中政策所倡導的和平目標；相反的，中國持續脅迫和恐嚇台灣以及希望與台灣政府維持友好關係的國家，而且這些在外交、經濟和軍事上的霸凌行動絲毫沒有緩和的跡象。事實上，中國這幾年還持續在台灣周遭展現其不斷成長的軍事力量，而且頻率急遽增加。這正是為什麼我們要和台灣合作，在台海周圍加強並擴大軍事行動。

北京還成功地扭曲了華府的一中政策，讓世界上很多人（包括美國人）都相信美國認同中國擁有台灣的主權，但事實並非如此。美國的一中政策只是「承認海峽兩岸人民認同只有一個中國，而台灣是中國的一部分」，美國在一九八二年發布了所謂的《六項保證》來澄清美國的立場，並進一步安撫台灣政府，但這段歷史中的大部分事實，不是不為人所知，就是被誤解或被遺忘。

在重新審視美國對中國和台灣的政策時，我們也應該審視我們目前面臨的所有問題，然後以嚴謹、理性、合理及可永續進行的方式更新我們的政策。二十一世紀的政策必須更能反映我們的價值觀，比如我們對民主自由和人權的堅定信念，這代表我們必須公平對待台灣以及其民選政府。舉例來說，我們沒有理由不讓台灣成為世界衛生組織的一員（尤其在全球疫情大流行期間），也沒有理由把台灣排除在其他重要國際組織之外。

重新修訂的政策，應該要更準確地反映台灣現在的地位，重申和平解決主權問題的重要性，並迅速爭取世上其他民主國家的支持。但接下來最大的挑戰是要怎麼達成上述目標，卻又不挑起和中國之間的武裝衝突。

雖然最大的挑戰仍未克服，但二〇二〇年十一月我離開國防部時，還是很開心國防部主導了對中戰略的轉變，我的團隊所制定的計畫，也會繼續推動國防部和整個國家前進。即將上任的拜登政府有許多關於中國的論述，都跟我當國防部長時的立場相同，如果這個情況能夠持續，而且拜登政府能以實際行動和充足的年度國防預算，來支持我們現在的對中立場和策略（甚至能採行二〇一八年《國家防衛戰略》的核心原則），我相信無論是國防部還是我們的國家，都能持續進步，因應充滿挑戰的未來。

第20章
美國的戰略優勢

英國前首相邱吉爾曾說過一句名言：「至少有一件事情比跟盟友並肩作戰糟糕——那就是在沒有盟友的情況下孤軍奮戰。」

如果我們在未來還要維持足以威嚇敵人的戰力——還包括有能力與中國作戰並取勝——我們要做的就不只是發展更強大的軍隊，更要鞏固和盟友之間的關係，同時積極尋找新的合作夥伴，這也是我們《國家防衛戰略》的核心宗旨。

美國在全球擁有眾多盟友和合作夥伴，這是中國目前沒有的優勢，所以中國和俄羅斯近年來十分努力對外尋求合作關係，包括中俄兩國之間也積極建立聯繫，目的就是要抵銷美國擁有的優勢。因此，當看到韓國似乎逐漸向中國靠攏，我不免擔心，同時我也很憂心長期與美國友好的東南亞各國，被北京當局提出的經濟和軍事支援所利誘，從親美轉為親中。

在我看來，東亞正在成為世界強權競爭的重心。從北韓到台灣，世界上沒有哪個地區情勢如此複雜，角力如此激烈，競爭國的實力如此強勁，參賽賭注如此之高。這個地區有四個國家擁有核武，有三個國家是世上前幾大經濟體，六個國家擁有世上最大規模或最強戰力的軍隊，還有六個國家掌握最先進科技，而且就算不考慮飛彈射程，這些國家彼此的距離都相當近。若是東亞發生戰爭，就算把戰區限縮在爆發衝突的極小範圍內，仍舊會對全球造成嚴重影響。美日同盟是二戰後太平洋安全框架的關鍵，對維護東亞穩定非常重要。大約有五萬美軍駐紮在日本，這個海島國家也是美國部署最多長期駐外士兵之地。如果把這些美軍的家人以及其他跟著駐紮在此的美國國防部人員算進來，總人數將近十萬。這麼多美軍和國防部人員待在日本的目的，是要透過「迅速應變的能力和高殺傷力的武器來嚇阻敵人侵略……以促進該地區的和平與安全」，讓東亞地區保持自由與開放。[1]

美日雙方在二戰後的關係整體上算是很牢固，就算美國和其他盟國之間的關係明顯變好或變壞，美日關係也很少受到影響。此外，根據美國政府問責署的報告，日本負擔了美軍駐日費用的三十八%，鄰近的韓國則負擔了二萬八千五百名駐韓美軍費用的三十%。[2]然而，韓國的國防預算占他們GDP的二點七%，日本的國防預算卻占不到一%，我認為至少該有二%。所以我常跟日本提到，他們應該增加國防預算，以因應中國日益增長的挑戰，尤其他們在東海帶來的威脅。

幾乎在我整個國防部長的任期內，日本的防衛大臣都是河野太郎，他是自民黨的資深優秀政治家，自一九九六年以來一直擔任眾議院議員。河野出生於日本著名政治世家，在美國喬治城大學拿到學士學位，因此英語說得非常流利，再加上他為人親切又機智風趣，跟他合作一直都非常順利。

河野曾在日本首相安倍晉三的內閣擔任過多個職務，在二〇一九年九月成為防衛大臣前還曾擔任過外務大臣。我們合作的一年多裡共同處理了許多長期影響美中關係的議題，例如美國海軍陸戰隊在沖繩駐紮碰到的各種挑戰，包括將普天間基地從宜野灣遷至島上人口較少的地區，還有日本政府特別出資買下馬毛島（距日本最南端的九州約二十多哩的島嶼）來支援美國航空母艦的軍事訓練。我也很感謝他和日本這麼多年來對駐日美軍多所照顧，我也一再強調我們的駐軍會致力於協助和參與駐地社區的各項事務。

然而，國際問題才是我們面臨的更大挑戰，例如緩和快速惡化的日韓關係、制定應對北韓的政策、強化東南亞國家協會（簡稱東協）的聯盟、建立四方安全對話，以及對抗中國帶來的長期威脅。無論我和河野在東京、華盛頓、曼谷或關島參與國際會議，這些議題我們都盡可能找機會討論。

每當談到北韓，日本都非常擔憂。北韓的導彈可以輕鬆射到日本，北韓也的確曾發射飛彈到日本水域和穿過某個日本島嶼上空，尤其考慮到兩國之間因為一九一〇年至一九四五年日本對朝鮮半島嚴酷的殖民統治所結下的歷史血仇，這看起來更是重大威脅。我一直認為，如果朝鮮半島真的發生戰爭，日本最後一定會以某個理由或某種方式向北韓開火，但有鑑於北韓總是不按牌理出牌，我們也不知道日本會以常規武器，還是以帶有大規模殺傷性武器的飛彈對付北韓。

基於以上原因，美國和北韓進行會談時，都一定會討論到北韓的飛彈問題。光是禁止北韓發展洲際彈道飛彈還不夠，為了南韓和日本的安全，我們必須嚴禁北韓發展各種射程的飛彈。

不只美日韓擔憂北韓的飛彈和核武發展，事實上所有國家都很關切，但日本還有一個特別關注的議題，即北韓從一九七〇年代後期就陸續綁架多位日本公民，後來北韓雖然承認犯下某些案件，但並非全都承認，而日本政府多年來也致力解決這些綁架案。因此每當美日雙方對話，北韓綁架日人案件都會列入優先討論範圍，美國也承諾只要華府和北韓政府對話，也一定把會這個議題列入議程。

此外，日本也大力協助聯合國安理會執行對北韓的制裁，阻礙北韓利用船隻對違禁品進行非法轉運，負責接待支持聯合國活動的其他國家代表。能夠持續壓制北韓，是多國合作的成果，也幸虧有良好的團隊合作，才能迫使任性妄為的北韓不得不一次次回到談判桌上。

最後，還是要談中國。美日雙方都很清楚中國的野心和計畫，也了解我們必須合作對抗中國。中國顯然想稱霸西太平洋並控制海上航道，這本身就會對日本的主權、國安和經濟造成威脅。然而中國如果想稱霸西太平洋，就必須掌控其沿岸外海的第一島鏈——由「日本本島向南穿過琉球群島，再到台灣和菲律賓群島」所形成的一條島鏈。[3]

這條島鏈形成進出中國水域的地理障礙，因此其控制權在戰時便顯得至關重要。中國近年來大力發展海軍，原因之一就是想霸占第一島鏈後方諸多島嶼，以建置一條防衛戰線。雖然大多數國家最常討論中國在南海到處非法宣示主權的惡行惡狀，但日本政府最擔心的卻是中國一直宣稱日本管轄的釣魚臺列嶼屬於中國（釣魚臺列嶼是一組無人居組的群島，位於台灣東北、沖繩以西能源豐富的東海上）。

近年來，包括漁船和海警巡邏艇在內，有愈來愈多中國船隻頻繁進入釣魚臺周圍海域，一再宣示中國對釣魚臺的主權，並測試日本政府的底線。中國在釣魚臺周圍非法捕魚、騷擾日本漁民的現象並不罕見，中國海警船也更頻繁地侵入日本領海。北京當局最近還通過了一條法律，允許中國海警船採取包括使用武力在內的「一切必要措施」，防止外國船隻在中國宣示主權的水域作業。

幸好，日本海警隊通常能成功阻擋中國入侵，但我仍必須以美國國防部長的身分公開強調：根據《美日安保條約》第五條，美國會盡力協防釣魚臺列嶼。同時我們也反對任何國家（也就是中國）單方面企圖改變東海地區的現狀。

基於以上所有原因，河野大臣和安倍政府當時都在思考，如何採取更果斷有效的戰略來對抗不斷壯大的中國，他們思考策略時，會考慮到中國與台灣之間可能發生的各種狀況，以及他們該如何與台灣合作，我認為這也是我們和當地的合作夥伴應更努力的方向。日本曾在二十世紀上半葉占領中國，不過如今中國並非只為了過去的國仇家恨而對日本抱持敵意，中國已躋身世界強國之列，但他們時常無視國際的規則和常態，企圖仗著自己強大的經濟和軍事實力欺負恐嚇他國，最終稱霸亞洲。

我和日本防衛大臣最後一次會面是二〇二〇年八月下旬在關島，不久後安倍首相下台，河野也因內閣改組卸下防衛大臣一職。當時我們討論的幾個具體事項，都確實反映日本政府愈來愈認真看待中國帶來的挑戰和威脅，包括聯合作戰計畫、聯合兵推以及聯合軍演。我們討論了各種能夠提升雙方共通作戰能力的方法，尤其著重於防空、飛彈防禦、情報、監控和偵查能力這幾個層面。

最後，我們還討論了如何克服新冠疫情帶來的挑戰，如何保護我們各自的武裝部隊，以及如何阻止中共試圖以疫情作為對付我們的外交武器。中國政府一直企圖把美國塑造成因為政治體制功能失調而逐漸走向衰落的大國。在他們看來，和中國政府相比，美國政府面對新冠疫情時的各種荒腔走板，正好證明中國共產黨一黨專政的統治模式，比多黨並立的民主政體更優秀、更有效率。原本在太平洋上巡航的羅斯福號航空母艦因為爆發新冠疫情而被迫停駛，正好成為中國打擊美國的最佳事例。同時，他們還向世界各國提供醫療用品和個人防疫裝備，只為了讓更多人相信美國的力量正在衰退。因此，我、河野、以及其他亞洲區域的合作夥伴都同意，我們要盡一切力量反制這類邪惡的認知作戰。

談到東北亞的安全問題，我們還有另一個重要的盟友——大韓民國（簡稱韓國或南韓）。然而，現在愈來愈多人都知道，美韓關係因為白宮的某些言論而變得緊張。在我擔任陸軍部長與國防部長的三年，美韓關係的變化，以及我們在朝鮮半島上面臨的挑戰，都是我特別關心的議題。

美國和韓國同樣面臨來自北韓持續的威脅以及中國長期的戰略挑戰，我深信韓國和我們對北韓的看法一致，但也很擔心韓國會因緊鄰中國及經濟貿易層面的誘因而被中國拉攏。最關鍵的問題是韓國會不會一邊選擇中國當經貿夥伴，一邊又希望和美國繼續合作捍衛國家安全？當然，我們不可能接受這種首鼠兩端的做法，但韓國似乎正朝此方向前進。

對美韓雙方來說，最迫切的威脅來自北韓。在過去二十多年間，北韓積極發展核武和長程飛彈，過去用來威嚇南韓，現在連美國本土都可能受其威脅。因此，我們的首要任務就是執行聯合國安理會的決議，設法簽訂使北韓「全面無核化」的協議，不僅要使北韓無法再發展核武，也要定期稽查北韓的武器軍備。此外，北韓人民在高壓統治下所遭遇的可怕困境，也是我們所有人都不該忽視的議題。

從大局來看，就算北韓問題一夜之間消失，美韓聯盟仍對整個印太地區以及我們應對中國的方式有重大影響。北韓和中國都是美國持續在朝鮮半島駐軍的重要原因。

然而，我們雖已付出很多努力，似乎還是無法解決美韓之間諸多問題。二〇一七年上半年北韓進行了飛彈試射，促使美國在朝鮮半島南部部署終端高空防禦反飛彈系統（又稱薩德反飛彈系統，簡稱薩德系統），以強化現有的飛彈防禦設施。薩德系統能夠探測並攔截對韓國、駐韓美軍或甚至是美國部分地區造成威脅的飛彈。

美國於二〇一六年宣布將在韓國部署薩德系統後，中國政府表現得非常憤怒，他們認為薩德系統的雷達能夠追蹤中國境內的軍事行動，進而威脅到中國的國家安全。由於中國是韓國最大的貿易夥伴，所以北京當局除了用外交手段施壓，也利用經濟政策威脅韓國取消薩德系統的部署。中國政府甚至削減兩國往來航班，並限縮了中國赴韓遊客人數。據說光是對韓國旅遊業的衝擊，就造成韓國數十億美元的損失。4

然而，當時的韓國總統朴槿惠立場堅定，美國也在二〇一七年四月在韓國安裝了第一批薩德系統。後來中韓雙方也開始修補關係，但中國先前的反應已經表明了他們的立場。不過近年來韓國似乎愈來愈親近中國，希望能獲得更多合作機會。我不確定這是事實或只是我自己的感覺？這只是新任韓國總統文在寅政府的刻意操作，還是韓國未來的方向真的開始出現重大改變？我們也是從此時開始擔心，南韓有可能想一邊背靠中國這棵經濟大樹，一邊又要依賴美國捍衛國家安全。但這是不可能的。

二〇一八年，我以陸軍部長的身分到薩德基地視察美軍，發現他們的生活條件非常糟糕，而且在擔任陸軍部長和國防部長期間，多次向韓國國防部反應這個問題都未見改善。我們認為是韓國的國內政治因素以及太過在乎中國所導致的不作為。每一次我追問此事，跟我對話的韓國官員都只是請我再多點耐心，給他們多點時間設法解決。二〇二〇年十月我們在五角大廈的最後一次會議上談到此議題，我不再掩飾憤怒。這問題已經存在三年多了卻不見改善，對方的拖延敷衍已經耗盡了我的耐心。

那天在農恩—盧格會議室裡，我坐在韓國國防部長對面，雙方助理坐在兩側。我非常不客氣，針對駐韓美軍生活條件惡劣的問題發表了幾分鐘的看法，我邊說邊上下打量對面那位面無表情的韓國盟友，我說：「我三年前到基地視察，當時的狀況就很差。你們告訴我，你們已經在努力改善了，請我耐心點。」接著我又說：「隔年我再次提出相同的問題，你們又給我相同的回覆，但情況依舊沒有改善。這不是對待盟友該有的方式，也不是軍方照顧自己人的方式。」為了讓對方更能感同身受，我還問他：

「如果是您自己的兒女在這種環境下生活和工作，您會開心嗎？」此時會議室裡的氣氛愈來愈凝重。

當坐在對面的韓國官員還在努力理解我說的話並思考該如何反應，我繼續談論這個議題。最後我轉向米利將軍：「主席，我希望聯合參謀部評估一下，把薩德從韓國撤出會有什麼影響，並且提出我們美國有什麼其他方法在朝鮮半島外海對抗北韓。我希望你們九十天內跟我回報。」米利將軍邊聽邊點頭，我講完後他迅速且熱切地回答：「好的，部長，沒問題。」這番話如我預期，終於讓韓國官員緊張起來。我鐵青著臉，雙臂交叉在胸前，示意對方的國防部長做出回應。

我的表現讓我們的韓國朋友措手不及，原本他們在聽我談論此事時還能在座位上勉強維持淡定，但我最後說的卻讓他們嚇到不知怎麼回應。也許我不該這麼做——這樣不夠圓滑得體，但我真為我們的駐韓弟兄感到難過，而且我對此事已經追問了好幾年，我認為的確該嚇一嚇韓國政府。他們必須搞清楚，美軍駐韓不只是為了保護美國，同時也在捍衛韓國的領土，他們作為東道國，好歹要善待我們的軍人吧！當時我希望發這頓脾氣，能逼他們好好解決問題。而據後來收到的報告顯示，發這一頓脾氣真的有用。

日韓關係惡化，則是另一個始於二〇一八年並在二〇一九年夏天走向白熱化的重大問題，使我們三方在印太地區共同嚇阻敵人的努力大打折扣。北韓在試射飛彈和發展核武的同時，日韓這兩個長期盟友卻還在為陳年舊怨吵個沒完沒了，這種情況真的很令人沮喪。何況除了北韓以外，中國也開始在東海和其他海域大秀軍事肌肉，甚至連俄羅斯都從日韓的爭執中獲益。韓國國內的政治角力讓韓國政府難以掌控局面（日韓關係不睦，乃源自於一段殘酷又漫長的歷史），也大大減少了美日韓三方更密切合作以提升國家安全的可能性。

二〇一九年八月，韓國宣布不再與日本續簽共享軍事情報的協議。過去日韓兩國有鑑於和北韓之間的緊張情勢不斷升級，便在二〇一六年簽署了《韓日軍事情報保護協定》。這份協議的重點是要促進兩國進行迅速且連貫的情報共享，若發生緊急情況（例如北韓發射彈道飛彈），這份協議更能發揮關鍵作用。

日韓兩國的糾紛起於二〇一八年韓國最高法院的一項裁決，要求日本多家企業必須賠償二十世紀上半葉日據時期被強迫勞動的韓國人。這項裁決激怒了日本，他們認為此事明明幾十年前就解決了，於是日本也不甘示弱，開始對韓國化學物品出口實施管制，同時採取其他行動打擊韓國經濟。兩國糾紛從此不斷升級。如果以更宏觀的角度看這件事，其實日韓兩國已經陷入雙輸的局面，連美國也受到牽連。日韓鬩牆反而讓北韓得利，中國同樣受惠不少。川普總統看到這種情況都會厭煩地搖頭，語帶諷刺地質疑「這些偉大盟友」的價值。

二〇一九年十一月，我再次造訪印太地區。這趟出訪計畫已久，目的是要參加當月在曼谷舉辦的東協國防部長擴大會議。我想藉此機會進一步了解東協夥伴，強化我們的防務關係，並與他們合作制定出印太水域的具體行為準則。我們當時很希望能促成一項協議，加強各項國際法律和規範；東協成員和美國都認為這些國際法規非常重要，然而北京卻想方設法破壞這些規則。中國也出席這場會議，但各國在討論時很少提及中國，當然也沒有公開點名中國動輒違反遊戲規則。就某方面來說，大家不提也無妨，因為所有人都知道中國一直在破壞規則，也知道中國是各國重點關注對象，只是各國的沉默更加證明了他們都受制於中國無聲的武力威脅。

這是我四個月來的第二次亞洲行，同年八月我已經訪問過日本和韓國，當時日韓關係已經惡化到兩國決定中斷情報分享，因此我到兩國首都發表談話時，皆再次強調情報共享的重要性。十一月前往曼谷之前，我先到首爾與韓國國防部長討論一些議題，其中也包括日韓情報共享的協議。在正式工作開始前的早餐時段，負責印太安全事務的助理部長薛瑞福建議我當天見到文在寅總統時，可以用一套新說詞說服對方。薛瑞福認為，要求文在寅對他自己剛做的決定出爾反爾，就算並非不可能，也一定會遭受巨大的政治阻力，因此薛瑞福建議韓國政府不用撤回決議，只要說「暫停執行」該決議即可，這樣不失為能保存顏面，同時又能讓日韓繼續共享情報的做法。我認為很有道理，也覺得提這個建議沒什麼壞處，畢竟當時文在寅的任期已經進入倒數階段，我們要提就要盡快。於是，和文總統會面時我提出了這個方法，而文總統看起來很認真考慮，不過並未當場做出任何承諾。但果然，就在兩國情報共享協議預定失效的前幾個小時，南韓政府宣布日韓情報共享協議的中止在「某些條件下才會執行」。這次經驗也讓我學到，在亞洲國家應該用什麼方法讓對方贊同你的提議。

在首爾的所有會議上，我都提出了軍費分擔的議題。南韓是個富裕的國家，是全球十二大經濟體之一。當然，我們不能因此要他們支付所有駐韓美軍的費用，畢竟我們在朝鮮半島的前瞻部署也事關美國的安全和利益。然而，韓國確實可以負擔更多成本。我的團隊估計在韓國境內與駐韓美軍直接相關的費用，韓國政府只負擔不到三分一（前面提過美國政府問責署估計為三十％），這些成本包括雇用當地勞工支援美軍的生活所需，以及支付美軍在當地的住房費用，這些錢最後其實都會回流到韓國經濟裡，但根據美國駐韓大使的說法，韓國很多人都誤以為這些錢都流向美國國庫。

我認為韓國至少要負擔五十％，這個數字已經遠低於川普總統要求的比例，但基於我們共同面臨的挑戰，我認為五十％算是個公平的起點。美韓的聯盟不該因為經費而出現裂痕，更不該因為錢的問題談不攏而放話結束合作。韓國的GDP為一點六兆美元，每年卻只願意負擔九億兩千四百萬美元的軍費，我相信韓國可以負擔的金額比目前高很多。[5]

二〇二〇年，我們在軍費分擔議題上從未達成最後的協議，韓國政府堅持不讓步。薛瑞福說其中一個原因是韓國覺得美國在談判桌上不老實。經過一年的會談，韓國政府好不容易同意美方要求，增加他們負擔軍費的比例，但沒想到後來卻是川普總統扯我們的後腿，在最後關頭拒絕接受我們好不容易爭取到的談判成果。

另一方面，二〇二〇年四月韓國即將舉行國會選舉，這個時間點文在寅不能在美韓談判上示弱。雖然我理解川普要求韓國每年負擔五十億美元的軍費（大約是原本的四倍）時，讓他們覺得遭到羞辱，但韓國沒發現他們之前提出十三％的微小增幅（每年大約只多負擔一億兩千萬美元），對白宮來說何嘗不也是一種羞辱？這讓一向支持美韓聯盟的我和國務卿龐佩奧（他帶領的國務院主導軍費議題的會談）實在很難找到合理的解決方案。

隨著二〇二〇年軍費分擔協議失效，駐韓美軍到四月一日時已經沒錢支付為國防部工作的九千多名韓國勞工，也無法續簽維持戰備所需的後勤支援合約。但為了繼續提供駐韓美軍及其家庭良好的生活條件，我們必須雇用能提供美軍生活所需、醫療照護、安全保障的勞工，也得維持必要的後勤。因此，我指示美國軍方要支付四千兩百名雇員的薪資，並花費約七千萬美元維持後勤支援。這一大筆意外支出會影響到其他部隊，但我們不能眼睜睜看著自己人在海外駐地陷入困境，而國務院也支持我的決定。

這類議題通常都會讓川普很火大，他常抱怨韓國人「太難搞了」，而且多次要求我們從韓國撤回美軍。就如同他對德國的想法，他也認為韓國根本就是在「敲竹槓」。他動不動就引用貿易失衡的例子，說「韓國要我們買他們的三星電視，還要我們保護他們，哪有這種道理！」我只能一再跟總統解釋，美軍駐韓「不只對韓國很重要，對美國也很重要」。我們必須「密切注意北韓動向」，因為北韓已經發展出足以威脅美國本土的武器，而我們的駐韓美軍能確保北韓不會做任何傻事。

我很高興看到拜登政府在二〇二一年初與韓國簽訂了新的《軍費分擔特別協定》，但我還是相信，我們應該繼續遊說對方進行更公平的軍費分擔。

美軍駐韓不只能協防韓國，還能為更廣大的地區帶來和平穩定，同時也能幫忙穩固日韓聯盟——萬一朝鮮半島發生戰爭，這兩國的合作可能攸關勝負定局。然而，文在寅政府似乎更願意放下分歧與北韓對話，卻不願意跟日本對話——這是個大問題。韓國甚至在二〇一九年的夏秋之交決定中斷和日本的情報共享。當川普談到日韓之間的緊張情勢時，便說南韓根本不在乎自己的國家安全，他還問說：「他們幹嘛跟日本吵架啊？」嗯，這實在是個好問題。

對美日韓三方來說，北韓是最直接的威脅。但對我來說，我們三方在未來幾年該如何合作對抗中國才更重要。我們在日韓的駐軍基地都是部署美軍的絕佳地點，所以當川普說要把美軍完全從韓國撤出時，我感到非常不安。我盡可能用各種方法讓川普打消撤軍念頭，我提醒他，我正在進行一項全球軍力部署調整計畫（我真的有做這個計畫），請他稍安勿躁，但這也只能幫我爭取到一點時間而已。龐佩奧曾經跳出來幫我一起說服總統不要急著撤軍，他說：「總統，你應該把撤回駐韓美軍當作你第二個任期的優先事項。」聽到這裡川普就樂了，他回答：「沒錯，沒錯，第二任期再說。」然後臉上露出柴郡貓的招牌咧嘴笑。然而，要我撤軍是絕對辦不到的。

韓國國內的政治情勢，似乎也開始影響美韓雙方的作戰權力分配。自由派的文在寅總統將於二〇二二年結束任期，但他執意要在任期內掌握所有韓國軍隊的作戰指揮權。自一九五〇年七月以來，當朝鮮半島發生戰事，都是由美國負責指揮所有軍隊，雖然韓國如今的影響力已不可同日而語，但韓國現在要求的是掌握戰事時戰區所有部隊的指揮權。這方法不是不可行，事實上美國也支持，但只有當韓國軍隊完全準備好了才能這麼做。如果韓國軍隊還沒百分百準備好，指揮權就轉移給韓國總統，那絕對會大幅降低我們的聯合作戰效能，進而削弱我們嚇阻北韓的力量。

作戰指揮權轉移到韓國人手上，是文在寅總統想要留下的政績，但無論從戰略或作戰的角度來看，倉促行事沒有好處。早在幾年前我們就講好，指揮權的轉移必須基於特定條件，其首要原則就是必須能加強雙方的聯合防禦能力。第一個條件是韓國軍隊必須具備幾個特定的關鍵作戰能力，其他條件也有類似的要求，並且需要一系列的軍事評估來確認韓國是否都符合條件，但有很多條件韓國目前都還沒有達到。

我擔任國防部長時，至少在韓國總統官邸兼行政辦公室青瓦臺與文在寅總統見過兩次。青瓦臺宏偉華麗，一進去就會看到一道寬闊的木製樓梯，鋪著大紅色地毯，樓梯向上延伸至一個高度後就分成左右兩邊，蜿蜒通往二樓，我們通常都在二樓辦公室會面。青瓦臺與白宮不同，白宮西廂總是可見官員助理在走廊上跑來跑去，但青瓦臺非常寧靜祥和，當我和我的團隊停止對話等著專人引領我們會見總統時，大廳裡安靜得連針掉在地上都聽得到。

我們會見文總統的大會議室木牆上以金色掛毯裝飾，地上鋪著漂亮的米色地毯。房間兩側放置了兩排深色方形木椅，每張木椅都正對著另一側的木椅，相距約二十五呎，如此一來雙方人員坐在椅子上都能清楚看到彼此。我們通常會在自己的位子旁邊站幾分鐘，等待總統到來。這幾分鐘也讓雙方團隊有機會互相問候或是趕快結束剛剛的對話。

文總統悄悄地來到會議室，沒有浩大的排場。他跟在場每個人打招呼後就坐到前面的主位上，位於兩排椅子之間，而我的位子在他的右邊，我們之間還有一張小桌子。文總統給人感覺沉靜謹慎，他也非常聰明，見多識廣，而且積極參與各項政策。在談話期間，有時他會露出短暫的微笑，並且非常自然地展現幽默感。

文在寅於二〇一七年當選總統，他的外交政策和過去同為自由派的前任總統們十分一致，對北韓的態度比對國內政敵還溫和。有一次他談到美國的時候是這麼說的：「我是親美派，但現在韓國的外交策略不是對美國言聽計從，我們應該有權討論美國的要求，也有權拒絕。」[6]在川普總統任內，文在寅的政策行動都反映出韓國對於美國政府的態度，即使談不上「疏遠」，也很明顯不像過去那麼依賴了。

我就作戰指揮權的議題跟他分享美國的看法（坦白說，也是韓國自己軍隊的看法），我跟他說「我們必須繼續遵循過去核准的計畫，只能在特定條件下轉移作戰指揮權」。我試著用溫和圓滑的外交辭令解釋，貿然轉移指揮權的風險太高了，也補充說：「我們的聯合作戰能力是北韓不敢進犯的主要原因，」如果最後真的跟北韓開戰，「我們會需要能力最強的指揮作戰系統以及最優秀的指揮官」才有辦法克敵制勝。

儘管多年來韓國軍隊的戰力有長足進步，但他們還沒準備好接管作戰指揮權。我講這些的時候，文在寅總統總是很專心聽，時不時禮貌性地點點頭，但他即將在二〇二二年中卸任，而且他還有些目標想達成。

二〇二〇年十月，我們在五角大廈和韓國新任國防部長徐旭進行非公開會談時，也談到了作戰指揮權轉移的問題。他是一位非常專業能幹又善盡職責的前任將軍，他提議[redacted]。[redacted]。[redacted]。我跟他說「我個人會盡力支持美韓聯盟，也會致力改善我們的聯合防禦態勢」，但這一切都代表「我們必須遵循過去雙方長期同意的做法」，不能貿然改變。

此外，我們也談了其他問題，而對方的回應讓我得出一個結論：韓國國防部級以上的政治領導人在談戰備和聯合作戰時都講得很好聽，但他們並沒有盡全力做出必須要做的艱難決定，因為他們太害怕國內政治的反對力量了。無論是改善美軍在薩德基地的生活條件，還是同意我們在韓國國內進行實彈訓練，這些部會首長都不敢豁出去支持我們，因此我們面臨了種種會影響戰備能力的挑戰。

這種政治氛圍也阻礙我完成其他目標，例如：我非常希望改變我們在朝鮮半島上的武器配置，以提升我們的戰備狀態和戰鬥能力，像是用第五代F-35戰機取代多架常駐第四代戰機。儘管有人跟我說[redacted]，駐韓美軍四星指揮官艾布蘭將軍也贊成把這樣的先進戰機派遣到韓國，尤其韓國空軍已經有二十架F-35了，我們美軍應該也要有相應的軍備。

艾布蘭雖然很贊同我的想法，但他知道有太多政治和外交方面的阻力，更不用說北韓會有何反應了。但我相信只要同心努力協調，還是可以慢慢克服所有阻礙，來實現這個目標。而且我的提議並非要

F-35戰機常駐於韓國，我是希望讓這些戰機每六個月左右進行一次輪換，飛往不同的美國軍事基地進行部署。這麼做還有個附帶好處：因為不須常駐，所以戰機的機組人員不需要舉家搬遷到國外，他們的家人可以留在美國過比較安穩的生活，包括他們的配偶在美國也比在韓國好找工作。另一個同樣重要的好處是：更多美國空軍中隊將有機會和韓國空軍一起在韓國國內進行飛行演練。我們的陸軍裝甲戰鬥旅就是這麼做的，而且效果很好。

然而，這樣重大的改變並不容易，連艾布蘭將軍都需要時間消化，我相信對文在寅政府來說一定更加困難。儘管如此，艾布蘭將軍還是著手研究各種可能選項，以及執行這些選項的各種方式。他原訂於二〇二〇年十二月初跟我說明他的研究結果，但在原訂日期的幾週前我就突然「被離職」了。

當時美國國內的政治情勢也不利於執行新的F-35輪換駐韓計畫。當川普一再要求從海外撤軍，就像他過去在很多場合都提到要從韓國撤回美軍時，就會有許多人立刻把矛頭對準白宮，大聲批評我們是在背棄韓國盟友，接著就會用盡一切手段阻撓國防部對兵力和軍備配置進行任何調整。然而，我想要做的只是提升戰鬥機中隊的整體戰備狀態，把F-35的先進作戰能力帶到朝鮮半島，同時讓我們空軍家庭有更穩定的生活。此外，我也想實施《國家防衛戰略》中一些新的部署概念。

若要維持朝鮮半島的和平與穩定，要讓那裡的局勢有個可解決的方案，關鍵在於強化美韓聯盟和聯合防禦能力，接著才能借助外交手腕繼續前進。然而，美韓之間有些問題懸而未決，未來的合作就可能有變數。所幸，儘管這些問題尚未解決，但目前的防務合作依然穩健，尤其軍事合作仍舊順利。我始終有信心我們已經準備好「今晚作戰」（我們常這樣說，意思是我們已經準備好隨時作戰），以捍衛我們的價值觀、我們的利益和我們的國家。

此外同樣重要的，是美日韓必須基於我們三方的共同安全利益繼續合作，尤其在面對北韓、中國及其他地區性挑戰時，我們更要緊密進行政策磋商、演習和情報共享。按照這個思路，韓國也應該加入四方安全對話，這樣不僅能擴大我們致力強化的合作組織，也能向很多國家——尤其是中國——表明韓國的地緣政治立場。除了在傳統領域與這些聯盟國家合作，我們也該更積極、更迅速地提升我們在網路和太空領域的競爭力和作戰能力，同時對抗中國在主權爭議地區等灰色地帶的行動。我跟日本防衛大臣和韓國國防部長會面時，都提到了這些重要議題，懇請他們把歷史恩怨留給歷史——如果我們想尋求成功，我們就該聚焦未來。

♜

擔任國防部長將近十八個月裡，我透過出訪、通話以及區域論壇的會外會議，和許多其他印太地區國家建立起重要聯繫。在我離開國防部前，我總共與來自全球六十幾國的合作夥伴舉行超過兩百二十五次會議，不過我們的討論都聚焦於亞洲。在大多數國家我還能會見他們的總統、首相、埃米爾（emir，穆斯林國家的統治者）和國王，與這些元首討論地緣政治、地區威脅和我們的雙邊安全關係。多數國家的國防官員一向都非常希望美國能增加駐軍，也渴望尋求更多合作和聯合演習的機會，並且希望美國能堅定承諾協助他們的國防。當我和這些盟友以及合作夥伴談話時，美國在全球的領導地位和影響力便彰顯無遺，尤其當我和真的遭遇嚴重威脅的夥伴談話時，更能感受到美國的重要。

紐西蘭國防部長羅恩・馬克（Ron Mark）是親美派的前特種部隊軍官，我在二〇一九年八月抵達奧克蘭時，他還用毛利人傳統的碰鼻禮歡迎我，對我來說真是前所未有的體驗。羅恩是個很好的合作夥伴，他跟我討論事情時都非常熱情，這點我很喜歡。新加坡國防部長黃永宏原是一位知名外科醫生，而且非常有幽默感。他是在二〇一一年成為國防部長，而且我跟他談話不久後，就發現他是位十分睿智卓越的政治家。菲律賓國防部長德爾芬・羅倫沙納（Delfin Lorenzan）是一名退役將領，曾於一九七三年至二〇〇四年在軍中服役。他也是我的好夥伴，他曾在一些我就讀過的美國陸軍學校接受訓練，也因為這層校友關係，我們之間很容易就建立起交情，相處得非常愉快。

我在任內除了親自訪問或會見越南、印尼、蒙古、泰國和帛琉的合作夥伴，當然也跟許多其他太平洋島國的國防部長和元首通過電話。我們長期忽視和東南亞諸國及太平洋島國的合作關係，但其實我們之間的聯繫非常重要，因此我們的國防策略有一重點，就是要強化與這些國家的合作關係。

好消息是印太地區的國家大多都跟美國立場一致，但希望美國能出更多力，而且每次對話都有一些共同主題：許多國家都很擔心中國的計畫和野心；不滿中國在軍事、外交和經濟上的欺壓；希望能和美軍更密切、更頻繁地合作，並且通常希望能在他們的國土上合作；真心支持美國政府繼續對抗中國，繼續在印太地區居於主導地位。

不過，令人失望的是這些夥伴由於害怕中國的恐嚇，往往不願公開批評中國的惡行惡狀，也不敢在多邊論壇中挺身向中國抗議。但有時也有明顯的例外，這些國家通常在自己切身相關的短期利益受損時就願意站出來說話，卻很少談論他們從中受益的自由和開放秩序已然面臨的整體威脅。這也說明了為什麼從過去、現在到未來，美國都必須在印太地區承擔起領導的角色。

二〇二〇年六月夏初，澳大利亞、加拿大、紐西蘭、英國和美國所謂的五眼聯盟（Five Eyes）成員舉行了一次虛擬高峰會，討論印太地區當時面臨的諸多挑戰，特別是新冠疫情。我們的討論聚焦於如何最有效地幫助印太地區的其他國家，同時對抗中共持續破壞既有秩序及利用疫情實施負面外交。五國國防部長一起進行虛擬的五眼會議是一項重大進展，就算沒有疫情，這樣的虛擬會議也應該持續舉行。即使無法每季舉行，每半年舉行一次也很好，這樣的會議能確保五眼成員立場維持一致，也能讓我們有更多機會討論並推動應對中國議題的重要措施。

首場五眼聯盟虛擬高峰會是由澳大利亞國防部長琳達・雷諾茲（Linda Reynolds）舉辦。我是在二〇一九年八月初第一次出訪雪梨時見到琳達，她是個非常優秀的國防部長，對所有議題都瞭若指掌，而且她跟澳大利亞外交部長組成了非常棒的團隊。同年，在我們的年度夏季會議期間，我們經常打電話或發訊息給對方，因此最後我們不只是同事還成為了好友，連我們各自的伴侶也都成為朋友。

琳達的虛擬會議構想非常聰明，這個方法讓我們所有人都能聚在一起，而且不用做繁複的日程安排，也不用忍受長途飛行。在首次虛擬會議裡，我們都同意採行一些基本措施來應對新冠疫情和中國，我也提到我們應該繼續在西太平洋實施自由航行演習，尤其中國計畫接下來幾個月在南海舉行大規模海軍軍演，我們就更該努力維持已經進行多年的慣例演習。我們不僅要向五眼聯盟的成員、更要向印太地區所有盟友和合作夥伴表明：美國海軍已經準備就緒，並歡迎盟友和夥伴一起加入行動。

♜

美國一直以來都非常努力發展與印度的友好關係，印度這個全球最大民主國家是我們最重視的盟友之一。多年來，無論是共和黨或民主黨執政，都很積極發展美印雙邊關係，至少早在二〇〇二年到二〇〇四年間我第三次到國防部任職時已是如此，當時我是小布希政府的國防部副助理部長。*

有很多因素可說明美國和印度為什麼應該成為親密夥伴：我們都是世界上重要的民主國家，擁有許多共同的價值觀，都尊重法治，而且美國國內還有人口龐大且擁有高成就的印度僑民。從地緣戰略來看，我們在很多議題上都有共同利益，例如提升能源安全、打擊伊斯蘭激進主義、應對阿富汗的未來，以及最重要的——對抗快速崛起的中國。

但我們兩國在歷史上的關係發展也曾經踩過煞車。一九四七年印度從英國獨立時，許多著名的印度

* 原書註：如前所述，我在國防部的第一份工作是一九九五年至一九九六年在陸軍參謀部擔任戰爭計畫規劃人員。第二次在國防部的工作則是一名國民兵少校，在二〇〇一年為國防部長辦公室特別行動／低強度衝突部門執行週末（和一些工作日）任務。關於我個人生活和職業的更多訊息，請參閱我的網站 markesper.com。

領袖一直和美國保持友好。杜魯門政府也偏愛印度，認為印度是比巴基斯坦更好的長期合作夥伴。但隨著美蘇冷戰局勢升溫，美國很不滿意印度當時的中立立場。於是一九五四年，更親美的巴基斯坦成為美國在中部公約組織（Central Treaty Organization，又稱中東條約組織）下的盟友。結果印度為了抗衡敵對的巴基斯坦與美國結盟後不斷增長的勢力，只能跑去跟蘇聯結盟。後來印度雖在一九六一年與其他國家共同發起不結盟運動，表明在冷戰時期不與美蘇任何一方結盟，但美國有太多人還是對印度的立場存疑。

但甘迺迪總統力排眾議，他的想法與近年來幾位美國總統很相似，他當時就認為印度是我們抗衡中國的戰略夥伴。因此，一九六二年爆發中印邊界衝突時，美國公開支持印度，還為印度軍隊運送武器彈藥和裝備。但一九六三年甘迺迪遇刺身亡後，兩國關係再度降溫近三十年。直到一九九一年，隨著蘇聯解體和冷戰結束，美印關係才開始回溫，讓雙方有機會自然而然地在許多領域展開合作。到了小布希擔任總統期間，美印關係迅速發展；歐巴馬時代兩國關係維持平穩；而在川普執政期間，美印的友好關係則飛躍至一個新高點。

美印關係最實質的新突破，就是我們開啟了兩國外交部長和國防部長的年度二加二會議。第一場二加二會議於二〇一八年七月在印度舉行，我則有幸在二〇一九年十二月及二〇二〇年十月分別於華盛頓和新德里參加第二屆和第三屆會議。

印度國防部長是拉傑納特・辛格（Rajnath Singh），一位非常資深的政治家，在政府任職多年後於二〇一九年五月當上國防部長。辛格雖然嚴肅寡言，實則精明幹練，他也很希望強化美印關係，而且有能力推著他的國防部往這個方向前進。當二〇二〇年中印又在喜馬拉雅山區爆發邊界衝突，一九六二年美印合作抗中的歷史似乎又重現在我們眼前。

二〇一九年十二月，我初次參加美印二加二會議就和辛格完成很多事情。我們兩人在五角大廈裡非常充分地討論，不僅讓兩軍關係取得實質進展，也擴大了美印軍事合作。其實我們在同年十一月已經發起一項新的年度演習，取名為「猛虎凱旋」，提升了三軍的協調能力，也讓我們有機會交換大量知識和專業技能。我們簽訂了《工業安全附件》，核准美印兩國透過安全的國防外交管道，分享關鍵資訊和軍事科技，以促進兩國國防工業的合作。我們還根據我們制定的《國防技術與貿易倡議》完成三項協議，以提升我們合作生產和開發關鍵技術的能力。

辛格在公開談話中特別提到了這些豐碩的成果，當然他也提到印度軍方已經和美國印太指揮部建立起通信聯繫，他也派遣了一名聯絡官到美國位於巴林的海軍總部，並重啟中斷了四年的國防政策小組會議，這些都是相當積極的措施。此外，我們對於捍衛海域有了更強烈的決心，尤其近來中國船艦（特別是潛艦）動不動就出現在印度領海，美印共同捍衛印太海域便顯得更加重要。

辛格還極力要求，兩國的國防工業合作不要只是他們跟美國購買武器，他希望能有更深入的合作，例如高科技的共享及合作生產。他的目標是提升印度自己的國防工業水準，這樣的想法當然合理，而且辛格也不是第一個這樣想的人，但的確存在許多難以克服的挑戰。在過去十五年或是更長時間裡，無論我在國會任職期間，或是二〇〇〇年中期我帶著美國航太工業協會的代表團出訪印度，還是我在國防工業巨頭雷神公司工作期間，我都聽過印度發展國防工業的野心和困境。

雖然這是美印雙方需要持續合作解決的問題，但坦白說，我從來沒有信心能夠做到印度期望的地步。美國政府永遠會盡力保護某些高端技術，而美國的國防企業出於商業利益也是一樣，就算印度是我們最親密的盟友，我們也無法真的將核心知識與技術傾囊相授。

我們和盟國部長級夥伴也在更廣泛的議題上獲得良好進展，包括制定太空探索的新協議、研擬全新的立法官員交流計畫以及更新雙邊貿易協定等。二〇一九年九月四方安全對話在紐約主辦，第一場會議由龐佩奧首先致詞，接著到我發言時，要求四成員國軍隊應該要開始進行聯合軍演，但因為某些原因，印度對於聯合軍演很抗拒。後來我們又私下討論了一些國際議題，內容涉及阿富汗、伊朗，當然也有中國。

在辛格訪美期間，我們在國會圖書館為這位部長和他的代表團舉辦了盛大的晚宴。國家圖書館聽起來不像是可以舉辦這種宴會的地方，但我的團隊籌備得很成功。晚宴本身很棒，但令我們的印度朋友特別驚嘆的則是圖書館的宏偉氣勢和內部豐富的館藏。晚宴結束時，我們帶他們到一個特別館藏區，那裡有好幾本古老的印度書籍，都是以印度文撰寫。辛格和他的團隊很開心地在這個藏書區四處翻閱書籍，他們非常驚訝我的團隊居然將這場聚會辦得如此貼心周到，我也有同感。

二〇二〇年六月上旬，當我強力反對總統援引《反叛亂法》以軍隊鎮壓示威群眾，我便確定我這國防部長幹不到選舉結束了。而同年將於印度舉行的美印二加二會議就訂在十月下旬，這場會議非常重要，我若提早被開除而無法參加，一定會十分遺憾。但出乎意料的是，我最後還是能參加那場會議。

二〇二〇年春天，印、中軍隊在喜馬拉雅山共同邊界的拉達克發生了一系列小規模衝突，該地靠近西藏自治區，歷史上一直存在著兩國領土爭議。新近的摩擦則在同年五月底，中國反對印度在加萬谷修建公路。接著在六月中，雙方軍隊在此爆發嚴重搏鬥，造成二十名印度士兵和至少一名中國軍官死亡，而且雙方都俘虜了數名敵方人員。這是兩國這麼多年來最嚴重的衝突。

這件事顯然是中國趁著全球疫情讓各國焦頭爛額，進一步宣揚其領土主張的行為。中國政府在喜馬拉雅山區及其附近水域，都曾有非法或是過度的主權宣示，和他們在南海上的行為如出一轍。近年來，習主席利用債務外交、經濟誘因、國防安全合作、政治脅迫以及賄賂收買的手段，在全球各地關鍵戰略位置展穩腳跟，範圍已經從非洲、東南亞擴及諸多太平洋島國和南美洲。

印度挺身對抗中國，美國很願意幫忙，所以我很早就聯絡辛格表示我們願意提供援助。一開始印度政府還不太願意接受，但後來我們先從簡單的情報分享開始，幫助對方了解解放軍在中國霸占的山區有何行動。最後，經過雙方部門之間多次通話和互動，我們為印度軍隊提供防寒裝備，幫助他們在喜馬拉雅山惡劣的環境中順利作戰，此外我們也開始討論和加速印度的軍購事宜。

從九月到十月，雖然採取了一系列外交措施，美印二加二會議也即將舉行，但中印邊界的對峙依舊緊張，雙方仍僵持不下。於是印度政府急於在美國訪印期間尋求更多合作。

毫無疑問，此次二加二會議非常成功，這必須歸功於雙方團隊在會議召開前幾個月的努力。我們訪印期間，印度非常熱情款待，這次對話除了標誌著第一個《美印國防關係架構》已經十五週年，進行得也非常順利。我和龐佩奧也有機會參加德里的各種儀典，並會見了印度總理莫迪，與他進一步討論我們在二加二會議中談到的議題。總而言之，這次出訪相當成功。

第三屆美印二加二對話的一項重大成就，就是簽署了《基本交流與合作協議》（BECA），擴大了兩軍之間的情報共享。該協議是美印之間達成的四項重要協議的最後一項，對於兩國戰略關係的發展具關鍵作用。當時印中在喜馬拉雅山區緊張對峙，這項協議顯得特別及時且重要，同時也促進美印之間更廣泛的軍事合作。

此次會議也確認或是敲定了其他幾項計畫，例如建立新的網路和太空對話（一樣是為了對抗中國帶來的威脅），以及與日本、澳大利亞等志同道合的國家一起促進海上安全。

為期兩天的會議結束後有一場露天記者會，我在記者會上明確表示，在全球受困於嚴重疫情期間，美印合作關係比以往任何時候都重要，我們必須一起努力維護世界的安全、穩定、和繁榮。面對中國更頻繁的侵略以及試圖破壞秩序的各種行動，我們兩國會肩並肩共同對抗。

我和龐佩奧積極與印度國防部長和外交部長合作並且完成許多任務，朝著目標衝刺了很長一段距離。中國的霸道和侵略反而加速了美印合作，我們下一步就是要繼續擴大合作，並制定相關的制度和規範。

二〇二〇年七月，美印兩國海軍在印度洋舉行以尼米茲號航艦打擊支隊為主的聯合演習，此次演習非常重要，但更重要的是在我們的強烈建議下，印度終於同意讓澳大利亞參加即將舉行的美印日三國的馬拉巴爾聯合海軍軍演。讓四方安全對話的所有成員參加這次軍演，是中國政府強力反對而印度長期以來也不願意做的事情。然而，此次四國聯合軍演終於舉行，極有助於強化我們之間的合作關係，進而讓我們更有能力在未來繼續維持印太地區的自由和開放。

自一九四七年印度獨立以來，美印關係的歷史弧線到今日似乎終於走上正軌並穩定發展。有很多因素讓我們兩國自然而然成為夥伴，而如今，許多人在幾十年前就預見的中國崛起正在實現，並且對美印兩國都造成威脅。如果中國是美國在二十一世紀面臨的最大戰略挑戰——我相信中國的確是，那麼印度就是我們對抗中國的最重要的戰略盟友。

♜

八月下旬，也就是在印度舉行二加二會議前兩個月，我走訪了夏威夷、關島和帛琉。在夏威夷檀香山，我在亞太安全研究中心談到解放軍戰力不斷增強、中國不斷欺壓其他國家，並試圖破壞基於規則的國際秩序，也談到美國正在採取的應對措施。我在關島時視察了我們在島上的軍事設施、和關島總督會面，並與日本防衛大臣就中國議題進行延長會談。

在帛琉這個具有重要戰略價值的小島國，我會見了他們的總統，討論如何提升雙方的合作並同時對抗中國。我還給斯里蘭卡和孟加拉的元首、北馬里亞納群島的總督以及巴布亞新幾內亞的國防部長打了幾通重要電話。能進行以上這些訪問或通話，都是因為我過去曾出訪這些國家的所在地區。我還曾出訪紐西蘭和蒙古（這也是分別自二〇一二年和二〇一四年以來，美國國防部長首次訪問這兩個國家），也訪問過越南和菲律賓等東南亞諸國。

不過我這次訪問的主要重點是會見印太指揮部指揮官戴維森。我們針對可能與中國發生的衝突研擬了作戰計畫，並且經過好幾個月反覆討論和修改，讓計畫更加完善，這次就是要聽他說明該作戰計畫的最新情況。此外，我也想聽他對未來印太戰區的看法。說明白一點，我想知道，如果到二〇三五年我們想要戰勝已經達成現代化的解放軍，那麼二〇三五年的印太戰區應該有什麼樣的部署？美軍和美國盟友的軍事足跡和戰力又該達到什麼程度？

我們在亞洲的軍事足跡都集中在東北，在東南亞就稀稀落落，這主要源自於二戰遺留下的歷史定位，再加上持續面臨北韓挑戰所造成。印太指揮部也意識到這個問題，但他們不想用自己手上的資源，而是希望政府能拿出更多資源來布局東南亞，讓他們在印太各區擁有更平衡的戰力。為了提升我們在中國周遭的戰力，是可以考慮從鄰近指揮部挪移資源給印太指揮部，但如果要確保此舉不會造成太大影響，那麼能挪動的資源其實也沒多少。因此，我要求印太指揮部在其能力範圍內構思其他方法，例如，考慮將日本或朝鮮半島外的駐軍輪流部署到印太其他地區。我甚至請他們考慮進行常態性的戰區內部兵力調整，然而完全沒有人夠積極、夠創新、或足夠有意願來做出改變。

跟許多組織一樣，國防部裡的人也很難做出改變。改變對很多人來說都是一件可怕的事情，對他們本身、對他們的計畫、或對他們的組織都有可能造成威脅。有些人不願改變則是出於對未知的擔憂或是害怕失敗；有些人則是單純在舒適圈內待得太舒服而不想走出來。在國防部，大家爭取資源時最常說的話就是「這是任務需要」，而拒絕改變最常用的說詞就是「這樣會增加風險」。

沒有人願意冒險做出危及任務或部隊的決定，因為沒人想承擔責任。很多人都還記得在一九九三年摩加迪休之戰發生不久前，當時的國防部長亞斯平（Les Aspin）因拒絕提供駐索馬利亞美軍指揮官要求的戰車、裝甲車和其他軍備而被迫辭職。這場被稱作「黑鷹計畫」的戰鬥導致十八名美國士兵陣亡，數十人受傷。這段歷史至今仍讓國防部的許多人心有餘悸。但在一個資源有限又到處是威脅挑戰的世界裡，我們必須權衡任務需求，做好風險管理，就算有些決定很艱難，但該做的事還是要做。

例如，從二〇一九年到二〇二〇年，我必須處理關島安德森空軍基地轟炸機全年部署所造成的問題。自二〇〇四年以來，原本只是暫時進駐關島的B-1和B-52轟炸機，演變成長年持續駐紮於此，被稱作「轟炸機持續進駐任務」（continuous bomber presence，以下簡稱CBP）。CBP的支持者認為這是「任務需要」，在靠近朝鮮半島的區域擁有戰備能力，才能嚇阻北韓的惡行。而且轟炸機長駐於此，也等於在向盟友保證，如果發生衝突，我們會和他們並肩作戰，也讓我們有更多機會跟這些盟友進行聯合訓練。如果把轟炸機從這個戰區調走，勢必「增加風險」。

CBP的反對派則認為，這個任務對我們轟炸機連隊的戰備狀態、戰機飛行員以及所有提供支援的地勤人員都造成了不良影響。此外，讓數架轟炸機固定駐紮在太平洋一個小島上，並聽從單一指揮部的調派，其實會降低我們全球戰力配置的靈活度。以上這些因素加起來也會增加一定的風險。

我很贊同支持派的論點，但我不能只考慮到某一立場的論點，我必須根據《國家防衛戰略》來通盤考量。我的十大目標就包括實施「兵力動態運用」（Dynamic Force Emplyment），也就是國防部會把戰力優先留給最重要的作戰行動，我們的軍隊必須以極快的速度進行超臨時部署，這樣才能讓我們的行動更靈活、更難以預測，還可以避免消耗太多兵力。而且這樣的做法一樣可以讓盟友及合作夥伴安心，同時可以抗衡強敵。

我也想以兵力動態運用來評估立即反應部隊的戰備情況，這些部隊必須在十天或是更短的時間內做好部署準備。為了達成這個目標，我為這類超臨時部署投入了五億美元的預算。我不確定國防部是否曾經做過如此大膽的嘗試，但我想確保我軍由上至下都能達到最佳戰備狀態。

米利將軍和我為了實行兵力動態運用付出了很多努力。我們想採用陸軍使用的作戰模式，讓其他部隊也能成為第八十二空降師這樣隨時戒備、隨時待命的部隊。但事實上第八十二空降師並非戰時才進行臨時部署，他們平常就會定期集合訓練，其他部隊也都是這麼做。這麼做可以評估部隊的戰備狀態，看看他們是否可以迅速召集所有人力和裝備並及時準備好到目的地部署。正是因為採用這麼高的戰備標準來訓練，我們在二〇二〇年一月才有信心派遣第八十二空降師到中東備戰。

最後，我希望立即反應部隊的概念不僅能運用於戰備測試，還能運用於世界各地的預備訓練和演習。舉例來說，如果非洲指揮部計畫在摩洛哥進行多邊演習，並且希望海軍陸戰連隊一起參加，那就可以安排他們執行立即反應部隊的超臨時任務。這不僅能讓國防部進行更有效的戰備測試，對各個部隊和指揮部來說也是非常好的訓練。

幾個月以來針對CBP的爭論不曾停歇，支持派和反對派都不願妥協。於是我到專門駕駛B-52H轟炸機的第五轟炸連隊駐紮的邁諾特空軍基地視察，視察期間我會在基地裡到處走走，坐進著名的B-52H轟炸機駕駛座艙，也會和飛行員私下聊聊。這是個能聽到事實的地方，所以我和許多飛行員聊CBP、關島任務以及他們的戰備狀況，而他們也誠實告訴我，CBP對整體任務訓練、飛行員和地勤人員的戰備狀態、戰機維護以及所有相關人員的家庭造成了哪些影響。

後來我從機庫直接前往集會大廳，跟被派遣到這個基地的軍官、飛行員、空軍行政人員以及他們的家屬交談。我很喜歡參加這些活動，因為我不只能親自跟他們談我為國防部制定的優先事項——在這裡當然是談我為空軍設定的優先任務——而且能親自回答他們的問題並傾聽他們的想法。

果然，在一個問答環節中，有位妻子開口講述了她丈夫的事：她的丈夫被空軍派往關島長達數月之久，而且駐紮時間還在無止盡地延長，她也訴說了在丈夫離家後她獨自養育孩子的艱難。她的故事令人感同身受，我依稀記得她講話的時候一隻手抱著一個小孩，身邊還依偎著另一個孩子。我有預感當新的募兵期開始時，她丈夫不會選擇繼續在軍中服務了，我們即將失去這名飛官。而且這位妻子在說話的時候，我可以看到許多在場配偶不斷點頭表示認同。

這位妻子的分享令人動容，其實我在自己的服役經歷中也體會到軍人家庭的感受。過去我曾在步兵營一待就是幾個禮拜，那時我的妻子就得在義大利獨自辛苦照顧孩子。軍旅生活艱苦，但我一直認為更艱苦的是軍人家庭的生活。我們在陸軍裡常說「你招人入伍後，還是要讓他們擁有家庭」，而這位妻子的故事鮮活地體現為什麼我們要常說這句話。事實上，我在國防部也聽過資深空軍軍官分享類似的經歷。因此，當我離開邁諾特基地時，就下定決心要立刻解決CBP的問題。

幾天後我回到華盛頓特區，決定終止關島的CBP。印太指揮部對此不太高興，他們又說這樣「會有重大風險」，但我必須權衡各方利弊得失，而我權衡的結果就是結束CBP。雖然我的決定引來一些軍事媒體的唱衰報導，也有不少人因此對印太戰區的未來憂心忡忡，但事實上沒有了CBP，大家的日子還是照過，而且我並不是單純終止關島的CBP而已，事實上我們是以兵力動態運用的計畫接續執行CBP的目標。值得一提的是，結束CBP後，我從來沒有接過任何亞洲國家的國防部長表示擔憂的電話，我在任何與他國國防部長見面的會議上也沒有人對此表示關切。我想這足以說明我的決定是正確的。

在短短幾個月內，我們的轟炸機就飛往歐洲、中東和其他地區執行更多任務，而且太平洋上的行動依舊持續進行。空軍當時承諾，如果CBP取消，他們願意承擔更多任務，他們也的確做到了，我很高興一切進展順利。事實上，在二〇二〇年八月，美國轟炸機連隊在一天內飛越三十個北約國家上空，以表示我們對盟友的支持，這次行動被稱作「聯盟天空」，主角是新編制的轟炸特遣隊（因空軍派遣轟炸機執行兵力動態運用任務，而取了這個名字），這個行動展示了我們的戰略範圍、作戰靈活度、對盟友和伙伴的支持，以及我們的整體作戰能力。

但真正深深打動我的是轟炸機飛行員和地勤人員的反應。結束CBP的幾個月後，我到一處空軍設施視察時，注意到跟我談話的一名飛行員在肩袖上有個標牌，上面只寫了一個日期——二〇二〇年四月十七日（如果我沒記錯的話），我問他那個日期代表什麼，結果他很認真地看著我說：「長官，這是您為我們終止CBP的日期，真的很感謝您。」

在做這類決定時，不僅要權衡不同作戰指揮部的需求，也要權衡今天的需求（作戰指揮部的要求）與未來的需求（軍隊基層的心聲）。我總是希望有更多高階軍官能夠更有勇氣嘗試改變，也希望有更多高階軍官像我一樣學著用宏觀角度看事情，在這方面有些人表現得不錯，有些人則有待加強。但到頭來，權衡各方利弊得失以及做出最後決定，仍是我這個國防部長的責任。

第21章
綏靖大西北

「我要介入……我們必須拿出武力給他們瞧瞧，」川普總統說。時序已經進入二〇二〇年八月，我們竟然還在討論如何處理國內的群眾暴動，令我難以置信。不過這次暴亂地點在奧勒岡州波特蘭市，不是在華府。我們再度來到橢圓形辦公室開會，討論聯邦政府要不要跳過奧勒岡州長的反對意見，直接動用國民兵來鎮暴。這種情況反覆一直出現，簡直就像電影《今天暫時停止》的場景。

六月間，總統才急著要派兵進入國內城市鎮壓群眾運動，現在又來了。整個夏天到初秋，國內各大城市（尤其是波特蘭）群眾抗議運動蜂擁而起，大概快把總統逼瘋了。我們常常在白宮開會討論群眾抗議事件的進展，每一次總統都鬧著要派兵，每一次我們都得勸服他別這樣——在這個立場上，司法部長巴爾是忠誠的好盟友，國土安全部的代理部長沃爾夫也是。

我們彷彿是在幫忙處理總統內心深處的焦慮似的。正如六月間的情況，在總統眼裡，波特蘭的抗議運動是針對他個人權力與聲望的侮辱。總統最常掛在嘴邊的話就是，這些抗議「會讓我們看起來很弱」，會「變成人家的笑柄」，然後下一句台詞肯定是千篇一律的「我們得拿出作為來」。

對我來說，這些抗議事件固然嚴重，處理上卻會耗費大量時間，而且當我在面對更重要的新冠疫情，以及與各國國防部長諮商相關事務的時候，這些群聚抗議會變成一種分心的因素。更別提我還得時時刻刻提防著中國、俄國、伊朗、北韓等國家鬧事。

在此同時，我持續與各作戰指揮部檢討任務、人員與兵力結構，尤其是針對中央指揮部的長期功能，以及我們部署在該區域內的防空武力。看來我們的進步穩定而持續。我們也在修訂新版的印太指揮部對中國作戰計畫。另外，因應疫情的曲速行動不斷更新，以色列與阿拉伯聯合大公國之間的和平協議《亞伯拉罕協議》要加速完成，還有透過視訊會議了解造船業的產能與需求……凡此種種，都是國防部的重要工作。其他關鍵的計畫也在進行中。

舉例來說，八月十日星期一，為了提升國內5G的發展速度，白宮與國防部共同宣布了一項突破性的計畫。先前我們默默規劃了好幾個月，將原先分配給軍事用途的中波段頻譜中一百兆赫（MHZ）頻寬，釋出給產業使用。[1]這個構想已經存在好幾年了，但是商務部、國防部、國家電信暨資訊管理局、白宮等基於各自的立場、目標與職責，一直無法達成共識推動此事。

在國防部，我們都明白釋出中波段頻譜對5G產業具有很多面向的重要性，甚至超越了單純的國防，更牽涉到國家長期經濟發展、在全球科技領域的領導能力，以及保持領先中國的優勢等。在國防部裡面，實際推動這件事的人是參謀首長聯席會議副主席海騰將軍以及國防部首席資訊官戴納·迪西（Dana Deasy）。對很多尖端科技產業來說，5G速度快，遲延現象降低，所以非常重要。例如自動駕駛，就需要5G、人工智慧以及相關系統。迪西率領的小組把原先需要一至二年時間的計畫，壓縮到四個月內就完成了，而且沒有損及國防部的核心權益。表現真好！我實在以這個團隊為榮。雖然這件事無可避免地替國防部帶來一些新的負擔，包含我們必須修改某些程序，將某些軍事訓練轉移到別處進行，以及添購一些新的設備，但這件事是對的。

儘管我們做得這麼漂亮，但二〇二〇年整個秋季，白宮幕僚長米道斯都在強逼國防部把另外一大部分的中波段頻譜，基本上是在未經招標的情況下，釋出給某一家科技廠商，而且合約文字看似獨厚這家與共和黨內權力掮客交情匪淺的廠商。幕僚長希望這件事能在大選之前完成，還數度擺明了這件事背後有川普全力支持。

不管是國防部或其他有利害關係的部會，都不支持這個史無前例、金額高達數十億美元的波段大掠奪。國防部需要更多時間來評估，一旦釋出更多中波段頻譜的話，對日常保衛國土的工作如軍事訓練、演習、裝備測試及作戰方式等，會造成什麼影響。此外，要釋出這些頻譜還會牽涉到大量的工作，包含尋找替代方案，發展新的功能，以及可能會有的國安危機等。

我們同時需要時間來評估那家科技廠商宣稱發展出的「動態分享」獨特方案，該方案看似可以納入許多其他公司，在同一個頻譜上面協同運作與存在。若要驗證這個方案確實可行，將需要極大量的測試與評估。

更重要的是，我們多次表明，國防部並沒有權力釋出頻譜，這是聯邦通訊委員會或者國家電信暨資訊管理局的職責範圍（視申請者為政府機關或非政府機關而定）。但米道斯才不管，死命在那裡催。最後，幸好經過跨部會人員不斷向白宮溝通，加上我們內部流程的運作，終於逼退了這樁可疑的交易。

♜

八月十日，白宮正式宣布了釋出頻譜的計畫。但就在同一天，《華盛頓郵報》刊出了一條新聞，標題是「芝加哥與波特蘭騷亂，抗議活動方興未艾」。[2]前一週，抗議人士洗劫了芝加哥市中心的商店，縱火焚燒波特蘭市警察工會總部，在在使得川普憤怒不已。競選活動到了這個階段，川普正在主打「法律、秩序」口號，群眾抗議事件剛好挑戰了他的競選核心主軸。先前幾天，國土安全部為了降低緊張情勢，宣布將他們的探員從波特蘭市撤出，此舉也確實讓群眾慢慢冷靜下來。那個週末並不好過，到了週一，川普在推特發文：「將近三個月之後，我們終於重新控制波特蘭，應能派遣國民兵進入。市長與州長害得人民生命受威脅，他們該負責。國民兵已待命隨時出動。」

第二天上午八點，川普在橢圓形辦公室召開晨會，商議接下來的對策。我才剛飛到南卡羅來納州，偕同我妻子莉婭在海灘度假，因我已一年多沒休假了。前一天星期一的工作情緒不太好，現在才星期二的一大早，看來又不妙了，我一面準備開會一面自言自語，早知道就留在華府。等我電話連線進去之後，發現巴爾、沃爾夫、米利等人都在。另外還有國土安全部的肯恩・庫奇奈利（Ken Cucinelli），他此時的角色是「執行國土安全部副部長職能的高階官員」。

川普還是很火大，一開口就很嗆，當然這是他一貫的風格，他不是「我提出議題後，就等著聆聽大家高見」的那種人，你也別以為他願意聽你的意見。他劈頭就說：「我要派兵進去了……讓他們瞧瞧什麼才是武力。」巴爾立刻打斷他——這是他職責所在，表示群眾抗議是執法問題，不牽涉軍事行動。身為司法部長的巴爾開了反對的第一槍之後，沃爾夫也發言支持。看來這場會議，應該由這兩人來主導才對。我覺得我身為國防部長，不要講話比較好。幸好我是用電話連線，米利就可憐了，他得待在現場。

巴爾的看法是，「派兵進去，更多城市會跟進」。意思是，群眾抗議與暴動會散播得更廣。我和巴爾以前就討論過這個可能性，而且都相信只要派兵鎮壓，就會誘發更多暴動。巴爾還告訴總統，如果暴亂開始散播，執法機關將沒有足夠資源去處理。川普回答：「國民兵一個小時就把明尼亞波利斯市控制住了。我們要展現武力，我要派兵進去芝加哥。」但巴爾不死心，改從政治角度說服川普：現在這些城市出現暴亂，其實是對民主黨不利。

就這樣持續地一來一往，巴爾建議司法部和國土安全部共同擬定更全面的策略來處理群眾抗議，兩、三個星期之後再回來向總統報告後續。這個策略很好，巴爾可以爭取到更多時間，而且沒人提到國防部這三個字，總統也還沒有針對米利或我提出任何問題。但是川普仍未被說服。

總統步步進逼，說道：「我們這樣看起來很軟弱，很蠢，很可悲……這樣會讓我們形象大傷。」他補充：「大都市暴亂縱火，而我正要選第二任……我們必須拿出作為，要主動出擊……誰敢對你扔石頭，你就開槍打他嘛。」老天爺，現在又要討論開槍射殺平民了是吧？真的傻眼。我放下筆，雙手掩面，搖頭——電話會議就是這麼方便。我原本認為……希望……川普已經斷了「開槍射擊平民」這個念頭，但現在又回到這個話題了。

眼看討論沒有進展，我決定加入發言支持巴爾。開會前我和巴爾沒機會先溝通，不過他的見解非常正確：這次的群眾抗議完全是執法層面就可以解決，絕對無須中央政府動用軍隊或國民兵。如果某個州需要動用國民兵，則該州州長就有權限動用。況且現在動亂的地方並不在華府，若要從某一州徵調國民兵進入其他州，則需要雙邊州長都同意才行——除非中央政府行使《反叛亂法》，但這絕非我們樂見的事。總之，巴爾的見解才值得實施，如果司法部成功，也等於國防部成功。

遇到棘手複雜問題時，正確的做法是花一點時間全面理解問題，然後提出一套解決方案供總統審閱。這樣也可以讓局勢沉澱一下，也讓執法單位可以先行處理眼前的情況。不過這一任總統的風格不同，基本上他會先開槍再瞄準，圍繞在他身邊的很多人也一直在強化這種決策模式。現在，總統既然還沒有下達最後命令，只要有越多人向他表示反對意見，那麼引導他心意的機會更高，因此我決定發言。「總統先生，我附議巴爾的看法，這次的群眾抗議是執法層面可以解決的問題，我建議由司法部長在幾週後提出解決方案。」

我接著說，這些發生動亂的城市各有不同特性，明尼亞波利斯市所屬州長非常支持用兵，加上他跟州國民兵方面很熟，擁有他需要的一切資源。「每個城市的歷史、文化背景、領導風格都不一樣，這些是我們無法從外部改變的。」接著我又說了一些話，大意就是：「如果你派大軍施壓，暴亂會擴及到全國，那接下來幾個月我們都得忙著處理這些事。這樣會對你不利。」整場會議中，米利原本異常安靜，但現在他也發言支持我，提出數據與事實來證明這些騷亂暴動並沒有想像中嚴重。

川普整天都在看電視，導致他看事情的觀點很偏頗，對於外界發生的事情抱持著類似「以管窺天」的狹隘看法。事實上出來搞暴亂的人真的沒那麼多，只是從福斯電視新聞的畫面上看著像發生了許多動亂。重點在於，現在的情況並不是川普口中所說的，「全國到處起火燃燒」——白宮政策高級顧問米勒一直拿這種話來煽惑總統。其實抗議只出現在三個城市：芝加哥、波特蘭、西雅圖，而且在這三個城市走上街頭的人群中，也只有很小一部分做出暴力行為。

儘管有這些事實，米勒還是拼命在旁鼓動川普，很誇張地說「這些大都市快被燒毀了」、「州長和市長已經控制不住情勢了」。米勒的意思是，若要拯救美國免於那些左派反法西斯分子的危害，聯邦政府就必須拿出強硬手段。他一直鼓吹政府應該動用《反叛亂法》。其實我和米利很不想理會米勒，但這個人就是有辦法戳到巴爾的暴怒點。果然，巴爾跳起來怒吼著反駁：「你根本在胡說八道！」接著提到一九九三年德州韋科市的大衛教派慘案，聯邦執法人員與軍方包圍大衛教派的大本營，最後造成二十名探員殉職，超過七十名大衛教派信徒喪命。沒人願意看到這種事情發生，巴爾身為司法部長，更不願意。

眾人繼續討論了一會兒，沃爾夫和庫奇奈利都支持巴爾的看法。波特蘭的情況到目前為止大多是由國土安全部在處理，派出不少探員守護著暴力分子想要進攻的聯邦政府建築。前幾個星期我才和沃爾夫談過，知道他麾下探員已經筋疲力盡，他也很想快點讓情勢降溫。

眼見大家眾口同聲，立場一致，川普終於動搖了，但他還是很不爽。我在電話這頭想像他坐在桌前，兩手抱胸，慢慢搖著頭，臉上表情相當沮喪。他心不甘情不願地說：「好啦，兩到三個星期之後……你交個計畫上來……這個計畫要積極……要納入國民兵。」他好像覺得最後那句國民兵才是重點。這不僅透露出他心裡真正的想法，更代表他不想讓步。

過了九天，八月二十日，我人在科羅拉多州主持北方指揮部與太空指揮部的主官交接典禮。這些典禮的重要性在於告訴所有人，指揮權是無縫交接的，對卸任的指揮官表示敬意，同時歡迎新指揮官上任。這個場合也恰好可以用來強調北方指揮部與太空指揮部對美國國防扮演的重要角色。

我尤其感到驕傲的是太空指揮部於二〇一九年八月成立，以及它在保衛美國所肩負的作戰指揮角色，它可以在太空執行攻擊與防禦的任務，保護我們在太空的國防與商業設備。太空不僅對我們的安全很重要，也對於全球的經濟、科學及人類生活方式同等重要。[3]有鑑於俄羅斯與中國持續武裝太空，以及這兩國認為在未來的衝突中他們可以從太空對美國實施第一擊來削弱我們的能力，太空指揮部在遏止俄、中的太空布局上，具有關鍵功能。國防部在二〇二〇年七月間發布的《國防太空防衛戰略》（Defense Space Strategy）當中，就充分說明了上述事項。

而北方指揮部的職責之一是主導國防部對各部會的支援任務，亦即當國內發生颶風、森林火災、洪水或各種天然災害後，北方指揮部負責部署部隊進入災區協助救災。疫情期間他們也支援全國各地的抗疫工作，例如幫助地方政府興建醫院、運送物資或進行檢驗。二〇二〇年北方指揮部忙壞了，但這一年裡他們成果斐然，理當獲得各界的致敬與注目。

當天上午，我正在檢視等下十點上台的講話稿，助理突然告訴我白宮幕僚長米道斯要跟我談波特蘭的情勢。又是波特蘭？我前晚並沒有聽說有新的狀況，顯然他打電話來是要探詢一下國民兵是否已經準備好了。這到底是怎樣？他們要國民兵準備好應付什麼狀況？我也不記得先前這個星期米道斯有和總統通電話，難道他只是想更新一下資訊？不過更有可能的是總統大概說了什麼，現在米道斯必須來處理。

我的幕僚告訴米道斯我馬上就要上台致詞，於是他立刻打電話給國民兵局新上任的局長霍坎森將軍，這是我後來才知道的。我當時想，米道斯在急什麼？國土安全部說國內局勢，包括波特蘭市，並沒有進一步變化到他們無法處理的地步。就算有，也應該先由司法部出面。沃爾夫和他的團隊很能幹，我由衷欣賞他們。

他們都理解我們所說的「武力梯次」，亦即國防部的軍隊應該是最後才出動。為何米道斯這麼急，急到要直接聯繫國防部？他以前跟我說過，他很尊重指揮體系的順序，但這件事再度說明了他根本就是個心口不一的人。隨著時間逐漸接近十一月三日大選日，我心裡一直在想這些事。

我很幸運，現在是霍坎森將軍主導國民兵局，我們在西點軍校是同班同學，他又高又瘦，身形像長跑選手，在校期間也真的是頂尖長跑高手，畢業後進了陸軍航空隊。他跟我一樣，當兵幾年後就退伍，然後又加入奧勒岡州陸軍國民兵，成為該州國民兵指揮官，在伊拉克和阿富汗都服役過，最後成為北方指揮部的副指揮官。這些資歷對於他在國民兵局非常有用。他非常適合擔任州國民兵局的局長。加上他聰明絕頂，在團隊內與大家合作無間，更重要的是，我知道我可以仰賴他，他會做出正確的抉擇。

當天典禮結束後，我方便通話的時候，米道斯那件事已經過去了，他已不用跟我通話。不過到底發生了什麼事？他跟巴爾通話了嗎？巴爾是否告訴他我們在八月十一日開會的過程，將在未來幾週內由巴爾負責提給總統新的處理方案。還是沃爾夫？沃爾夫的看法也類似。

我永遠沒找到答案。因為後來有個更緊急的伊朗情況，而且國安會也在同步處理（稍後會詳細解說這件事）。不管怎樣，米道斯和伊朗這兩件事同時發生，使我覺得是不是總統又開始了，而且這次如果沒有阻止他的話，後果會很慘。國防部現在再度身陷風暴中心，肩負起踩煞車的角色。

星期二，八月二十五日，我飛到夏威夷參加一系列早已規劃好的活動：紀念二戰結束七十五週年、參與印太地區國防首長線上會議，還有在帛琉及關島的幾項會議。

那天早上我在夏威夷和巴爾通了電話，他說總統又在逼他動用《反叛亂法》，因為「總統想要派國民兵去波特蘭」，但他拒絕了。原來川普說他願意等待以執法為基礎的新策略，不過就是這樣而已。巴爾與司法部的法律顧問群都一致認為，「目前情勢尚無須援引《反叛亂法》加以因應之必要」，我們其他人也是這麼覺得。不過巴爾也擔心，「情勢在有些城市可能失控」，例如威斯康辛的基諾沙市，這幾天暴力衝突持續升高，原因是非裔男子布雷克（Jacob Blake）被警方從背後射殺——當時他正要打開他的車門，車內還有他三個小孩。

如果情勢快速惡化到無法控制的地步，巴爾可不希望屆時他的執法警力不足，因此他問我可否「安排一到二千名國民兵在未來六十天內於國內各處待命出動」。我理解他要求的原因，也有他的道理，但真這樣做的話會有問題。我首先告訴他：「我不希望見到國民兵開始待命，準備隨時進入別州支援。」接著我說：「這樣的話，好像是印證了總統心裡的最壞打算。」而且，這樣還讓國防部在六月一日之後失去了中立的政治立場。

考量目前發生的一切事，我覺得還頗幸運，幸好任何國民兵單位若要展開動員、組織、訓練、取得裝備、進行部署等一連串動作，至少需要二十四小時才能完成。這樣可以讓民選領袖取得時間，讓情勢有機會平靜下來；而這也使我有機會不斷表達「執法警力優先出動解決問題」的看法。但我並沒有跟巴爾提到上述這些，因為我覺得他可能會有不同的看法，他可能不覺得這樣可以擋掉來自總統的「動用現役軍人」要求。他若這樣看，我也無法爭執，但我心裡還是不願意。

我們在電話中又談了一會兒，聽得出他的聲調愈來愈焦急，這讓我不禁覺得，川普應該是在背後持續施壓巴爾，而巴爾並沒有告訴我。若是這樣的話，那又意味著情勢可能比巴爾願意透露的更加接近引用《反叛亂法》的程度了。其實在這整件事情上，巴爾和我的立場一直是相同的，所以最後我讓步了，告訴他：「好吧，那我請米利將軍聯繫國民兵，叫他們做點準備，然後我再把進度跟你回覆。」

當天稍後，參謀首長聯席會議主席米利和州國民兵局的局長霍坎森將軍回電給我說，他們覺得司法部長巴爾要求的幾千名州國民兵，這個數量已經龐大到超過必要程度了，而且他們現在也弄不出這麼多人力來。他們的觀點，證實了和巴爾通話時我心裡的直覺：川普在施壓巴爾。米利和霍坎森兩人建議，他們可以在兩週內調度阿拉巴馬州國民兵一個憲兵連（大約一百五十人），另外亞利桑那州也有一個憲兵連可以待命。這兩州的國民兵指揮官也支持我們，一旦我核可之後，接著只需取得這兩個州的州長同意，就可動用他們的軍力。這雖然和巴爾希望的六十天內數千名國民兵就位待命有點差距，卻可以讓我們應付接下來將舉行的共和黨全國代表大會、八月二十八日的華府大遊行，還有勞動節週末等。而趁著這段時間，米利和霍坎森可以繼續尋找更多可行的方案。於是我核可了憲兵連的計畫，然後打電話給巴爾更新狀況。他也能接受這個方案。

九月四日，我們幾個人與米道斯在白宮碰面，簡報關於在全國動用憲兵的計畫。我、霍坎森將軍和米利在現場，巴爾和沃爾夫則是電話連線，米勒也到場與會。霍坎森將軍把計畫細節告訴大家，大意是在未來六十至九十天內，啟動四個憲兵連（亞利桑納、阿拉巴馬各二個）警戒待命，這樣可以涵蓋總統大選及選後那段時間。每個連底下的單位又區分不同層級的警備狀況，例如輪流由一個排擔任最高警戒，必須在兩小時內出動。這樣在部隊的管理上才不會造成士氣消耗，也不會影響到國民兵平常在職場上的工作。

米道斯對這個計畫很滿意，巴爾和其他人也是。米利將軍和我則謹慎地提到：「雖然採用這個計畫，但考量所需的交通時間及各種因素，一旦下達警戒命令後，還是需要十個小時或者更久，國民兵的最高警戒排才能抵達暴亂的街道上。」我們補充，這也還不包含取得兩個州長同意所需的時間、與在地國民兵單位協調所需的時間等。「所以，」我說：「最重要的是執法的單位，不管是地方、郡、州政府還是中央政府的警力，隨時準備待命，開赴現場處理。我們必須避免把衝突情況軍事化。」說完之後，與會者決定當天下午二點半把這個決定向總統報告。

當天下午在橢圓形辦公室和總統開會時，上午會議的每個人都到了，除了巴爾和沃爾夫不知什麼緣故依舊採用電話連線。我開頭就說：「總統先生，我向您報告我們擬定的州國民兵憲兵單位的部署計畫，能在短時間內立即反應，進駐全國各地，如果地方的州長有需要的話。」我告訴川普，基本上我們會有「四個憲兵連，阿拉巴馬與亞利桑納各二個，警戒待命，直到十一月十五日」。我報告時，總統坐在堅毅桌後面傾身向前，兩手交抱胸前，還一邊點頭，好像同意我說的內容。接著我請米利將軍解釋憲兵連如何輪流採用不同強度的警戒層級，從警戒到部署到抵達現場所需的時間軸，以及其他的關鍵事項等等，整個過程就如上午我們在米道斯辦公室討論的那樣。霍坎森將軍大多坐著沒講話，偶爾應米利的要求補充一些細節。

對話的進展很緩慢，這是和川普開會常見的情況，但總統依舊表達了他急著想把國民兵派進波特蘭的看法。「我們必須派他們進去，」他說：「那裡已經失控了。」他不斷反覆自言自語，說波特蘭的暴亂會讓他看起來「很弱」，還會讓美國在外人眼中「不好看」。他說了好幾次「我們必須硬起來」。

我們一面聽一面回應。我就坐在總統正對面，米利在我左邊，通常就是這樣的座次安排。我們早已習慣坐在橢圓形辦公室裡聽總統講話，但這對霍坎森來說是個新鮮的經驗，他坐在我左邊比較遠的地方，好像有點坐立難安，臉上沒什麼表情。每當總統談到波特蘭情勢危急，必須派兵進入的時候，我都很想回嘴說霍坎森以前就是奧勒岡州的國民兵，在二〇一三至二〇一五年間負責指揮該州的國民兵。不過我不想為了強化我自己論點，就把無辜的霍坎森拖下水。

米利不斷表示：「總統先生，現場參與暴亂的群眾，人數其實沒那麼多，媒體的報導誇大了情勢。」我也順勢接話：「總統先生，如果派兵介入，不僅會使波特蘭市情況迅速惡化，全國的情勢也會變得不利。」我還說：「就讓地方的市長與州長自己去處理，他們在第一線最了解情況，也有資源可以處理。」這些事實川普也表示知道了，但還是繞回去提到「展現力道」，免得「看起來很弱」等語。

這時米勒從房間角落出聲，用一種不祥的腔調開始形容全國「殺戮四起」，各大城市身陷火海，左派反法西斯分子控制了局面，簡直像是世界末日似的。上午我們和米道斯開會的時候，米勒就說美國很可能會變成可怕的地獄，而當時巴爾立刻怒嗆回去。在米勒的眼中，野蠻人已經來侵門踏戶了，我們應該立刻動用軍力。

米利將軍想用數據加以駁斥，但米勒指出，如果像米利將軍說的，暴亂分子「人數不多」的話，那麼軍方「應該可以馬上把局勢平息下來」。米利一聽也火大了，雖然事後其他人說他們聽見米利暴怒著罵回去，我倒是不記得米利的回覆有多嗆辣。但我確實記得會議結束後，米利私下向我感嘆，他剛才開會時應該叫米勒「閉你他媽的嘴！」米利將軍向來有分寸，對於米勒這種愚行只會嫌惡地加以忽略。

不管怎樣，米勒似乎沒聽懂重點，他好像沒辦法明白，如果你對少數人施加不合比例原則的非必要武力，接著就會激起更多人挺身反抗。我覺得，米勒眼中一切都是非黑即白的極端，而且眼光看不到更遠的下一步。他跟川普一樣，碰到任何問題的解決方案都是「拿出巨大軍力直接碾過去」。但這樣只會強化川普的怒氣。

暴力絕不可容忍，這點我當然同意，暴力只會傷害人民，毀損財產，還剝奪了其他人和平抗議的權利。不過我們必須把這兩種人區分開來：絕大部分依照憲法第一修正案踐行和平抗議權利的人，以及少部分的違法分子。川普、米勒等人好像不理解這點，他們想做的不是「採用優勢的警力保護前者，逮捕後者」，而是「動用大軍把兩者統統抓起來」。

川普抓起電話，吩咐助理「立刻幫我接通奧勒岡州長」。電話接通後，總統的口氣倒是很客氣，但依舊極力說服凱特．布朗（Kate Brown）州長應該要「硬起來」——事實上，他聽起來像是在懇求布朗州長似的，「凱特，凱特，你一定要對他們狠一點……你必須把他們抓起來啊，這樣我們才能終結暴力。」他還補充：「我已經把國民兵準備好了。」布朗州長的語氣也很尊敬，表示很感謝總統準備好了國民兵，但說她與總統所處位置各異，且她「對於情勢嚴重性的體會，與總統稍有不同」。兩人的對話出乎意料地很專業：她很技巧地擋掉了他的意見，談了一會兒就掛斷了。

我感到會議也該結束了，因此從椅子上傾身向前，就是那種準備站起來離開的姿態，同時說：「謝謝總統撥空！我們繼續執行計畫。」就這樣，會議宣告結束。老實說我沒把握「派兵」這個話題真的就這樣終止了，可是我很想早點離開總統辦公室，免得米勒又提出什麼怪招翻轉了總統的心意。這陣子我一直在應付這種情況，努力不讓美國城市的街道上出現軍人的身影。但看來這似乎是遲早會發生的吧，尤其是有米勒這種幕僚在背後不斷鼓動。

接著，命運出手了。就在那場九月四日在橢圓形辦公室的會議結束之後，波特蘭從五月底開始的群眾抗議，經過一百多天之後突然逐漸減緩。原因是颳起了強勁的陣風，帶來南方森林大火造成的霧霾，籠罩著奧勒岡、華盛頓兩州全境。波特蘭市內濃厚的煙幕令人難以呼吸，視界受阻，抗議群眾全都待在家裡面。濃煙只持續了幾個星期，卻足以讓緊張情勢降溫，也使執法單位有機會輪休喘口氣，補充所需的裝備。

♜

這一切還在持續發生，但我在國防部裡面的工作步調也沒有慢下來，我還得持續推動我戰略計畫的「內部進攻」部分。國防戰略執行會報也繼續召開，重點放在歐洲、非洲；而國防預算也得不斷討論，重點是加強對高超音速武器與人工智慧的投資，還要優化各軍種的訓練和演習。我們也進行了一連串會議，確立了對未來海軍的規劃建議，同時在月中訪問聖地牙哥的海軍基地，在航艦上待了一天，又檢閱了海軍正在發展的海面無人艦艇。情況看來都很不錯。

時序從九月進入了十月，我們漸漸比較沒那麼擔心川普要派兵鎮壓群眾抗議了，反而開始擔心，十一月三日總統大選那天或者當天之後，萬一狀況不如他預期，他會不會搞出什麼事情來。雖然沒有具體的事項，但以我對川普的了解，加上我也知道他身旁的那一圈死忠分子是什麼脾性，我過去幾個月裡一直在擔心這個。

國防部裡沒人覺得軍方在即將來臨的大選中有什麼角色可以扮演，除了我們一直堅守的網路戰線，以及有些州的國民兵會依照歷史慣例，於大選時協助選務人員的後勤補給。可是從川普的言論來看，他已經預設了一個立場，只要他選輸他就會宣稱選舉有弊。一旦如此，他會下令軍隊介入嗎？媒體報導顯示很多人都擔心這種情況會發生，還有人認為川普會下令軍隊把全國票箱都蒐集起來，或者是叫軍隊監看各州重新計票。我個人覺得比較可能發生的情況是，若選舉結果揭曉出現了暴亂情況，軍隊就會被叫去處理。當然，我個人並未察覺高層正在考慮任何「部署軍隊對付平民」的計畫，不過我知道總統和他身旁的那群人是沒有下限的，所以我們得預先做好準備。

十月二十二日下午，我邀集了全美五十州加上四位來自華府及海外屬地的國民兵指揮官召開電話會議，主題就是即將來到的總統大選。我首先感謝他們及麾下位士兵、空勤人員在這一年的辛勞付出，最近這段時間可能是國民兵近四十年來挑戰最大的時刻了，但國民兵卻表現出高度的專業、專注與各項專精技能，為各州及全國貢獻。

會議開宗明義我就告訴指揮官們，有些國民兵人員按照往例會支援選舉，有些則沒有這個慣例；若國民兵必須支援選舉，他們的付出對於所在各州及該州的選務工作相當重要。我也告訴他們，依法他們必須依從州長的指示行事，而不是聽從我的。如果我不喜歡他們在做的事，或如果州長命令他們做了什麼，我大概也無法直接下令叫他們停止。我必須聯繫州長，指出問題所在，直接與州長溝通。

說完了上述這些，我接著請求州國民兵指揮官們隨時將他們正在做的事回報給國防部知曉，一旦他們即將做出（或上級期待他們去做出）哪些異常事情，如果這個狀況發生的話，國防部才可以隨時掌握狀況。我向他們表達了擔憂，不希望看到大選當天街頭出現穿制服的軍人；我也擔心國民、媒體、民選領袖們會誤判我們軍方的角色。畢竟絕大部分的人不明白——或許也不在意——現役軍人、國民兵、後備部隊之間的差別。事實上穿制服的軍人又分為很多種，但在人民眼中，穿制服的就是軍人。

我也請求每位指揮官隨時把情況告知民選領袖、媒體與社區意見領袖，以免他們誤解了直到大選日之前軍人必須扮演的角色。我希望他們現在就開始做這件事，但同時也很驚喜地知悉，他們很多人早已經在這樣做了。

有兩位州國民兵指揮官將他們麾下網路部隊的動態向我簡報，他們希望維持網路安全，以確保該州選舉的公正。還有幾位把他們負責的大選後勤支援最新情況向我更新，共有十六州要求國民兵單位在大選當日提供支援，還有四州則是由國民兵參與網路安全的維護工作。接著是一個簡短的問答時間，然後我謝謝他們的辛勞和付出，就散會了。

到了十月底，隨著大選之日迫近，焦慮程度直逼天際，到處可見各種「軍方涉入大選」的陰謀論。還有謠言說如果選情對川普不利，白宮可能下令軍隊把選情緊繃的各州選票箱直接沒收，由軍方重新主辦選舉；也有謠傳說政府會凍結憲法，實施部分戒嚴。比較可能成真的猜測，則是不管左派還是右派選輸，激進分子都會走上街頭進行暴力抗議。

那真是一段瘋狂的日子，我完全不敢鬆懈。我親眼見到隨著大選迫在眉梢，民調持續顯示拜登以逼近十個百分點的程度領先，總統在某些白宮人士不斷鼓動之下變得愈來愈暴戾。我也知道，每當情勢緊張，總統的本能反應就是派兵，所以我必須預想各種可能的緊急情況，確保情況將要失控之際——正如六月間的情形——我可以發揮煞車的作用。

米利在我的指示之下早已告知各作戰指揮部，如果他們接到白宮任何人的電話，尤其是下達了異常指令的電話，請立刻告訴我們。這套告知系統過去應付日常事務時運作得很好，所以我可以放心，指揮官們應該都很有警覺。不過隨著大選日逼近，我現在把關注的焦點放在國民兵身上。

十月三十日下午，我請霍坎森及米利兩位將軍私下和我碰面，當天是選前最後一個星期五。我在排行程的時候（國防部裡面很多人都可以取得我的行程），把這場會議的公開主旨定為「更新阿拉巴馬及亞利桑納州國民兵憲兵連的警戒計畫；並將各州國民兵指揮官在大選期間支援該州選務的計畫做最後修訂」。

我們三人坐在我辦公室對面走廊的一個大會議室裡。霍坎森在我左手邊，米利在我右邊長桌的盡頭。與會的還有我的幕僚長及團隊裡另一位成員，他們背靠牆坐在桌邊。這種座次安排，使得這間大會議室顯得非常空曠，有點寂寥，不過現在是個肅穆的時刻。

我們先處理了憲兵連部署的情況，接著我深深吸進一口氣，心想該用什麼適當的詞彙，然後轉向霍坎森，直直看進他的眼睛，採用官階差異而必須拿出的正式語氣問道：「霍坎森將軍……」接著我又基於我和他之間三十八年的友誼，直呼他的名字「丹……」，開始平鋪直敘地把話說出來。這些都是為了強調，我即將說的話是多麼的嚴肅而重要。我對他說，如果未來幾天——大選之前、之中、之後——任何一個時刻，「你接到白宮裡面任何一個人打電話給你，請你接聽電話，聆聽訊息後表示確認收悉，然後，立刻，打電話給我。」還有，我說：「如果你知道任何州的國民兵指揮官或州長碰到相同狀況，也請立刻告訴我。」最後，我請他想出一個適當而技巧的方式，請他轄下的各州國民兵指揮官收到白宮電話後馬上向他報告。他說沒問題，他會去搞定。

我雖然沒有把話講的很白，但我的訊息非常清楚：不管是誰下令，美利堅合眾國的軍隊都不會介入總統大選，而且我會親自跳下來確保這件事。霍坎森聽懂了。我和他在西點軍校大一那年就彼此認識，「責任，榮譽，國家」的校訓，以及守護憲法的誓詞，早已深深銘印在我們的靈魂深處。我知道他是個可以信賴的戰友。

如果白宮想要繞過我去指揮軍隊做出不適當的事，我必須先一步就把因應機制也就是煞車機制部署好。最近這種情況發生得愈來愈頻繁，我必須準備好因應各種狀況。在總統和制服軍人之間的指揮鏈裡面，我是唯一的文職官員，要負責扮演重要的角色。

此外，我整個戰略計畫的重中之重，這也是我最近幾個月願意忍受這麼多鳥事的原因，就是要在現在這個時刻，堅守這個職位，預備好拿出行動。美國民主的精髓在於自由與公正的選舉，讓政權和平轉移。如果這一點消失了，那我們算哪一流的民主呢？我的職責就是要守護開國元勳傳承下來的這份珍貴賜予，這也是我們在憲法面前誓詞的真諦。

如果情況真惡化至此，我是有幾張牌可以打，但首先也最重要的是我清楚體認到，這是我，身為文職的國防部長人選，送經美國參議院同意之後出任國防部長的我，必須拿出決心下達的決定。這不是底下軍事將領的事。米利將軍曾私下告訴我，他在參謀首長聯席會議裡面曾和許多將軍討論後獲得共識：假使他們被迫做出違背職務的事情，他們會當場辭職不幹。我跟他說，我絕不會容忍情勢惡化到這種狀態，我不能容忍讓他們必須放棄自己的立場，尤其是萬一總統下達的命令雖具有合法外觀，實質內容卻是錯誤或不適當的，就真的陷入兩難了。而且不管對整個共和制度、國家組織與軍人肩負的保護社會安定職責，都相當為難——如果軍人被迫選邊站的話。

若白宮真的下達這樣的命令，我第一個反應會是請求晉見總統。我要當面聽他親自對我下達指令，當場理解內容，在可能的情況下提出我的替代方案；如果他不接受，我也要當面表達我的反對立場。如果上述都失敗，那我只能當場辭職以示抗議。

但我不會因為辭職就什麼都不做。接下來我會打一套組合拳，包含致電資深的共和黨國會議員，請求他們去勸服總統；接著我會召開記者會，告知全國發生了什麼事，以及接下來會發生什麼事。我會盡量說清楚，籲請全國人民、中央級民代與政府機關一同介入。這樣做是為了爭取更多時間，以便對總統施壓，要他退讓。

♜

十一月三日大選之日終於到了，又過去了，沒有發生任何需要動用軍隊的情況，謝天謝地。我喜歡這樣想：就算有人想要動用軍隊，也會因為總統和他的幕僚知道我不可能合作，於是打消了這個念頭。

在大選前那段時間裡，常有朋友或親近的幕僚問我怎麼看大選。我一律回答，我希望大選乾淨透明，亦即不要有推翻正確結果的弊案發生，以及選舉人票的差距必須大到足以使大家接受選舉結果，不至於要求重算選票。萬一發生二〇〇〇年總統大選佛州的情況，只有幾百票的差距決定了候選人的勝敗，恐怕就會引起爭議了。

幸好我十一月四日早上起床的時候獲悉大選結果很明確，差距並不是很微小，我也鬆了一口氣。拜登在足夠的州裡面以足夠的差距領先，加上有強烈跡象顯示其他地區的選舉結果也對拜登有利，川普大概沒辦法挑戰選舉結果。全國人民明確表達了他們的意見，而且隨著計票結果，民意愈來愈明確。

話是這麼說，當我聽見有些共和黨的黨工開始指謫大選舞弊、瀆職等，我一點也不意外。川普和他的陣營也是口徑一致，質疑一些地區的計票結果。這些都是過程而已，如果選舉本身是公正的，那對於外界的質疑就應該坦然進行調查。我認為這樣雖然會使大選正式結果延緩公布，但不會太久，也不會改變選舉的終局。

我從沒想到，針對大選結果的挑戰會一波接一波，沒完沒了，整個十一月、十二月、一月都在搞這些事。不但搞到全國上下都覺得尷尬，甚至在全球舞台上，都對於美國的民主、可信度與領導能力造成了損害。

第22章

十月驚奇

時序邁入十月，國防部需要再重新調整五角大廈的政治嗅覺敏感度了。距離大選只剩一個多月，即便民調差距看似在縮小，川普在民調上依然落後拜登。四年一度的選舉一旦進入十月，媒體跟政治名嘴開始猜測是否會有所謂的「十月驚奇」爆出——指的是在選戰最後的衝刺階段，出現影響選民投票意向的重大事件發展。我們很清楚這一點，也意識到總統可能利用國家之名，在他國展開採取軍事行動，以便短時間內籠絡人心。白宮或許能採取類似這種手段幫忙提高川普支持率，但是敵對陣營也可能會製造出別種的「驚奇」來打擊川普選情。

二〇二〇年九月二十七日，《紐約時報》刊出一則報導指出，川普在二〇一六年和二〇一七年期間只繳納聯邦所得稅七百五十美金，先前的十五年則有十年未繳納任何所得稅。部分人士認為這是敵對陣營重傷總統信譽的首次出招[1]。不過，我反而比較擔憂白宮的幕僚藉由動用美國軍方幹出大事，意圖藉此拉升川普支持度，而這類的伎倆違反我的四不原則。我可不想蹚這種政治混水。

基於多次過往的經驗，我的疑慮絕非杞人憂天。如同前一章提到的，最近一次的重大事態發生於一個多月前，事關美國伊朗關係。

伊朗原本為川普政府的當務之急，卻隨著美方與阿富汗於二〇二〇年二月簽訂和平協議、三月新冠肺炎疫情爆發後被擱置一旁。不過，五角大廈和美國中央指揮部對伊朗的態度沒有因此鬆懈。美伊關係依舊緊張，伊拉克政府陷入混沌，駐守當地的美軍去留問題懸之未決，各種地方武裝部隊更是讓局勢詭譎多變。

伊朗當局一直試圖讓局勢穩定下來（這點證明了美國在當地的阻絕策略有發揮功效），但那些地方武裝部隊攻擊美軍的事件依舊頻傳，截至二〇二〇年夏季依舊如此。

七月七日，國家安全顧問歐布萊恩召開會議，由副總統彭斯主持，旨在討論各部門該如何阻止伊朗核武力量持續壯大。白宮幕僚長米道斯、國務院、中央情報局、國家情報總監辦公室、國防部、財政部、商務部等高層人士皆參與會議。會議由歐布萊恩開場，他語帶急迫，聲調高亢，語速飛快，以近乎危言聳聽的方式描述伊朗現況。他對於伊朗的個人評估似乎與其他情報單位有極大出入。歐布萊恩特別關注伊朗的「突破點」，也就是伊朗發展足夠鈾料用以製作核子武器所需的時間。除此之外，還有設計和組裝核子武器的時間。各情報單位有十足把握伊朗距離這兩項目標還有點遠，然而歐布萊恩持相反意見，他認為伊朗離目標已經近在咫尺。各部門輪流報告正在進行以及準備採取的行動，大部分仍聚焦於制裁一事上。財政部、中央情報局和國防部也相繼上台報告。歐布萊恩顯然想要推動[redacted]和軍事行動，彭斯在旁敲邊鼓，有意支持採取某種行動。我反駁道：「何必著急呢？如果中情局對掌握到的情報如此有信心，沒理由非在三個月內行動不可吧。」歐布萊恩在座位上不安地扭了一下，身體向前傾，快速回嘴：「是總統有意採取行動。」果然我沒猜錯。米道斯馬上插話反駁，內容說得很有道理，但又有點啟人疑竇：究竟白宮葫蘆裡在賣什麼藥？為何這兩位幕僚對於川普的意圖有南轅北轍的想法？這場會議的目的為何？我們來回談論別的事務，包含會議的結論和更新不同後續狀況，但後來國防部始終沒有收到特別軍事行動的命令。

六星期後的八月二十日，我在科羅拉多泉主持北方指揮部和太空指揮部的交接儀式，同一時間我收到米道斯的來電，告知波特蘭發生群眾暴動事件。儀式前三十分鐘，參謀首長聯席會議主席米利從華府趕來，要求私下與我會面。

我們進到小房間，裡面堆滿桌子以及辦公用品。米利一身軍禮服，聲音壓低，告知我幾件事的最新狀況，其中最令人不安的是他前一晚接到歐布萊恩的電話。他說歐布萊恩告訴他川普有意幹掉一名在伊朗境外活動的資深伊朗軍官，我和米利關注這個伊朗軍官很久了，也很清楚他在當地製造的禍害。但是為什麼選擇現在動手？有什麼新發展或立即性的威脅嗎？何不召集國家安全團隊一起討論此事？米利說他對來電感到「詫異」，認為「是歐布萊恩慫恿川普這麼做」，以便製造新聞幫助川普選情。米利當時藉故推託掛掉電話，告訴歐布萊恩：「我們需要評估情報後跟中央指揮部討論，然後上呈艾斯培部長。」

電影經常演出白宮幕僚與總統齊聚一堂，幕僚發動三寸不爛之舌，說服總統執行幕僚想出來的「偉大計畫」，沒想到電影情節居然真實上演。但是這項糟糕的提議會導致嚴重後果，難道白宮的幕僚沒人發現嗎？

我跟米利說，為了鄭重起見，我在收到總統的書面命令前不會有任何動作；而如果歐布萊恩又打電話給他，他就照這個說法回覆，倘若我接到來電也是如此。由於這項提議牽涉法律、外交、政治和軍事等複雜層面，更別提可能釀成美伊戰爭，在非必要下我絕不會單方貿然採取行動，而是盡可能先套出問題真相並與我的幕僚商討對策。我需要熟悉各種資訊，聆聽情報評估，了解問題癥結，接著以我心中動用武力的「九大考慮準則」進行衡量。最後，才會跟總統會面，提供我的意見和諫言，以便他權衡不同策略。這是我的職責所在。

雖然多數人對於白宮此時想幹掉伊朗軍官而深感意外，我卻不覺得有什麼好意外的。幾個月前的二月十九日，我造訪北達科他州邁諾特空軍基地，會見負責美國「核三位一體」兩大支柱的空軍弟兄及高層。翌日，我前往內布拉斯加州奧馬哈會見美國戰略指揮部的領導團隊。當晚我回程的航班上，就收到訊息，說歐布萊恩想要求國防部，出手殲滅幾名位於敘利亞西部的恐怖分子。

顯然美國國家安全會議收到某些情資，指出恐怖分子在難民營附近出沒。歐布萊恩要求我們向他的幕僚索取目標人物的位置資訊，快速組織起一個「剷奸除惡」的突襲行動。然而，沒人替這項資訊背書，即便有人背書，我們還得考量多重因素，例如合法性、外交影響、可能造成的平民傷害、對於其他任務的影響等等，更別說影響該地區有各方勢力介入：俄國、敘利亞和土耳其等。對於國安會裡面有些人來說，這些彷彿都是小事情，彷彿上述因素都不足掛齒，任務不必詳加討論或進行跨部門溝通，國防部就能直接派戰機朝特定人士狂轟猛炸一般。這種想法荒謬至極，同時也是我最大的憂慮：如前面所述，如果我遞出辭呈，總統會任命誰來接棒？我的接班人會怎麼做？他們真的會依照上頭指示，毫無顧慮地執行這些瘋狂提議嗎？

我跟米利談過這件事，之後也致電中央情報局局長哈斯佩和國務卿龐佩奧。龐佩奧不知情，哈斯佩則已知情。她詫異的程度不亞於我，此刻正在擬定一封要寄給歐布萊恩的正式反對信函。我也應該跟進，但是當下的我覺得口頭反對就已足夠，直到後來我才將反對意見跟疑慮寫進書面信件裡。為了讓這提議胎死腹中，我要求幕僚不要理會命令。如果國安會有人執意執行提議，那我得先收到總統的命令，並找到與他面談的機會。

歐布萊恩關於幹掉伊朗軍官的來電發生於八月下旬，也是大選前最後一件涉及伊朗的重大事務，因此我和米利一直密切留意後續發展，深怕有任何動靜違反我們的四不原則，而同時伊朗政府採取的自制態度也令人感到欣慰。這個棘手的提議急需被束之高閣。

如今來到了十月，十月二號星期五，總統公開聲明自己與夫人確診感染新冠肺炎。我在北非摩洛哥得知此事，當時我在出差，那是計畫已久、因疫情延後數個月的行程的第四天。我隔天必須離開摩洛哥首都拉巴特，前往科威特，途中在卡達短暫停留。科威特是臨時行程，旨在替總統向已故科威特元首薩巴赫致意。科威特經常扮演區域和事佬的角色，跟美國關係向來友好，境內有幾千名美軍駐紮，因此在該國的國喪時刻造訪並獻上致意，這點相當重要。

我跟副總統彭斯週末保持聯繫，十月四日週日晚間，我們跟總統進行例行通話。他想跟國家安全團隊更新進度，所以他與米道斯（他們兩人在在馬里蘭州華特．里德軍醫院），還有彭斯、龐佩奧、米利以及正在飛返華盛頓路上的我開啟加密通話。

由於總統加入談話需要幾分鐘時間，在等待之餘所有人開始聊起天。我不太確定接通後川普會是什麼聲音，就我看到的新聞報導，我預期川普將以虛弱、氣若游絲的聲音向我們打招呼，說不定偶爾還要喘口氣；他可能頂多提問題，可能不怎麼投入討論。不過白宮新聞團隊依舊可能把他描繪成「總統病中還在辛勤辦公」，拿來昭告天下。

突然間，川普接通了，以沉穩有力的聲音說道：「各位好！」表示他目前「感覺還不錯，夫人跟我一切安好」。他的精神聽起來出乎意料地好，相當投入談話，與平時並無二致，與媒體報導的狀況大相徑庭。其中一名跟著我的記者前一天才在推特上發布川普「不能視事」。我認為這種說法太輕率了，因為她遠在千里之外的摩洛哥，怎麼可能知情川普的現況。

不料川普似乎活潑有力，急著要討論議題。我們依序向總統匯報最新情況一到兩分鐘。我簡述「世界各國的即戰力」，向所有人重申美方立場，並簡述美方目前與中國、俄羅斯、北韓和伊朗的關係。

總統心情不錯，一如往常從一個話題接到另一話題。他接著專注於三項議題——顯然川普對這三者念茲在茲，或許他在軍醫院養病所以有充足時間思考。「我們可以撤出伊拉克了嗎？」美國什麼時候要「遠離非洲？」「美軍什麼時候能撤出阿富汗？」我們輪流陳述意見。

關於伊拉克，我告訴總統，我們已經由幾萬名美軍減至三千名兵力，軍隊比起一年前擁有更佳的防護狀態。美軍駐守伊拉克協助該國跟美方擊敗伊斯蘭國至關重要，但也是為了「對抗伊朗在該國及地區的負面影響」，而後者牽涉長期的戰略考量。我說：「如果我們現在馬上撤出伊拉克，外界會認為美方是被當地軍隊趕跑，進而對該區的盟友及敵人釋出錯誤的訊息。」總統沒有反對，還出乎我意料地說：「我同意，我們不用過於躁進。」

至於非洲，所有人都很清楚川普對於非洲的立場：他想要撤回所有美軍及外交官員，並關閉所有領事館。他不認為美國在非洲設立國務或軍事代表有什麼價值。自從我上任國防部長後，偕同龐佩奧一起和他在這項議題上爭論不下數十次。於是我按照之前的固定說法，推託「我與所有軍事高層正在審視，看看可以在哪些方面空出時間、金錢和人力，重新投入到美國的當務之急上」。美軍的非洲指揮部是頭號受害者，在不影響美國國土安全的情形下，我向總統報告目前做了哪些調整和縮編，包含索馬利亞。這時米利加入談話，更新了關於我們加倍努力尋找並拯救國人傑夫．伍德契（Jeff Woodke）的最新進展——伍德契在西非被恐怖分子挾持。現在回想起來，對於總統任內正在發生的事以及之後的事件，川普當時簡短的回應足以透露事有蹊蹺。

話題終於輪到阿富汗，我和米利都說：「我們正在縮編，美軍到了十一月底將減至四千五百名兵力。」如同夏天討論的結論。龐佩奧負責說明外交進展，而我幫忙他補強：「雖然進度緩慢，但是我方大有進展。」至少一年前我們無法想像能夠在卡達展開和平談判，而且當地也已九個月沒傳出美軍傷亡的消息——先前我還經常需要前往多佛空軍基地迎接因公殉職的同袍忠骸，並給予家屬慰問關心。

關於從阿富汗撤軍的時程表，我照慣例補充：「在進一步調整前，我認為兵力可以暫時停留在四千五百名，以利後續評估。」軍事高層都認為，就安全和實踐目標而言，這樣的兵力適當，但我們得「在十一月評估是否需要進一步刪減更多軍力」。

通話圓滿結束，總統看似認同我們的報告，實則不然。我心底清楚，他仍執意將美軍全軍撤離上述地方，我只是很驚訝他沒向所有人施壓要立即撤離。川普感謝所有人的付出，說明自己想要恢復投入選戰。我們也予以感謝，並祝他早日康復。不知為何，國家安全顧問歐布萊恩突然在通話結束前補上一句：「總統先生我們愛您，祝您早日康復，愛您，愛您。」我當場驚呆。

掛掉電話後，我思忖剛剛的通話內容。距離大選還剩下幾個禮拜，雖然攻擊伊朗或委內瑞拉的聲音變小，但是不代表不會死灰復燃。總統對於伊拉克、阿富汗和非洲的執著並非不尋常，不過以時空背景和利益關係而言，我必須留意此事。究竟他會在上述的地方製造某種豐功偉業來增加支持度、轉身投入造勢活動，或是轉移國人注意力到納稅或新冠肺炎病情以外的事物？誰說的準呢？

六月初學到的教訓告訴我們要保持戒慎，對大選隨機應變。兩大黨在過往執政期間都曾在總統大選的最後衝刺階段做出不尋常的大事。這也是「十月驚奇」一詞的由來。

♜

九月中旬，歐布萊恩告知我川普想要撤出索馬利亞。理由不明，只知道總統執意這麼做。在維持各種前提下——例如不影響索馬利亞士兵的訓練、能持續監控恐怖組織「青年黨」、能隨時保持出擊的能力，以確保伊斯蘭激進分子不會對美國國土造成威脅——我回覆歐布萊恩，我們「已經盡力將東非的兵力減到最低了」。我之前多次跟歐布萊恩和川普解釋過了，但是他們似乎一直沒聽懂。套用川普的形容詞，他將這些國家視為「鳥屎國家」，不認為非洲有美國人駐防的價值，不論是外交或軍事人員[2]。說到底川普就是要美國完全撤出非洲，而根據歐布萊恩的說法，索馬利亞似乎是首要開鍘對象。

駐紮非洲的美軍數量本來就不多，在我走馬上任國防部長時還不到七千名兵力，其中一半人駐紮在吉布地——位於非洲之角、比鄰索馬利亞，人口不到一百萬，占地九千平方哩；該國處於重要的戰略地理位置，還有寬敞的港口坐落於紅海南端。阿拉伯半島，尤其是葉門，就位於對岸。吉布地當地的美軍為非洲指揮部和中央指揮部提供充足的後勤、作戰、指揮和監控等支援。

剩下的美軍分散在非洲各處，北非的美軍不到兩百名，索馬利亞和肯亞則安置了一千四百名美軍以對付青年黨，剩下的美軍在西非負責找尋當地被擄的美國人質，以及支援法國軍隊擊敗活躍於查德、尼日、茅利塔尼亞和布吉納法索的伊斯蘭激進分子。

非洲最大的威脅來自恐怖組織青年黨，一個東非的伊斯蘭聖戰士團體。該組織於二〇〇六年在索馬利亞成立，幾年後與蓋達組織締結聯盟，目的在於控制這片動盪不安的土地，並在非洲宣揚該組織的極端教義。美國與其他國家判定青年黨為恐怖組織。該組織具有相當規模，戰士人數達數千人，控制了索馬利亞多數的鄉村地區，偶爾襲擊都會地區，目標經常是首都摩加迪休。

如果我必須要調撥出時間、金錢、人力來執行《國家防衛戰略》，並將焦點轉移到中國和俄羅斯，那麼非洲是個不錯的起點。五角大廈對於非洲的策略一開始就是秉持「兵力經濟效益」原則，意思是五角大廈願意承擔風險，僅提供美軍達成任務必要的最低資源（人力、兵力和預算）。然而，即使要調整國防部這種大型官僚機構，美軍是否能完成任務仍是必不可少的考量。就像所有其他的指揮部，非洲指揮部的運作乃建立在許多行之有年的政策指令之上，這些政策有如寄生船底的藤壺。有些已經不合時宜，有些相互牴觸，因此有必要進行全盤檢討。

不過，這些指令左右著指揮部的軍隊、裝備和其他資源。因此，在我們檢討、去蕪存菁的過程中，我決定在打擊世界各地恐怖組織的策略上訂定時間和做法等一套標準，適用範圍不只非洲。簡言之，如果某個組織有企圖和手段攻擊美國，那美國將持續施壓。如果該組織有企圖卻沒有手段，那就予以監控，在必要時除掉重要領導人和關鍵人物。如果該組織既沒有企圖也沒有手段，那美國就該中止對該組織的反恐任務。

大家都認同美國可以大幅減少駐紮在西非的兵力，轉由情報單位繼續監控。雖然短時間內我有意持續支援法國軍方航空運輸、空中加油和地面監控等，但往後我想要求法國全額買單，金額約是每年五十至七十億美金。美方與法國軍方固然在當地關係不錯，但也是時候放手讓法國戒掉美方的「暫時」援助了。美方多年來默默提供援助，然而法國的政界領導人卻在其他議題上處處對美國說三道四。

此外，經過策略評估後，我認為法國在西非沒有勝算。儘管付出多年的努力，任務倦怠已經在法國發酵，法國頂多迎來僵局。就我看來，法國已經開始為撤離鋪路，所釋放的訊息也是如此。所以我想，何必等呢？不出所料，二〇二一年夏天，法國宣布中止西非的任務，撤回了大部分軍隊。[3]

至於東非青年黨的威脅，我得到的回饋較不一致。我的評估是青年黨有企圖卻沒有手段攻擊美國，因此美方應該監控即可，日後若有變數再剷除重要領導人和關鍵人物。多數人贊同我的觀點，許多曾派駐當地的軍事人員也常跟我說，在當地維持目前的兵力並不合理。

非洲指揮部當然反對，畢竟此評估會影響指揮部的資源。這是國防部以更宏觀的角度、管理不同指揮部的挑戰之一：大部分的單位埋怨資源不足，有些無法苟同自己在全盤計畫中被分派的任務，有些則會誇大風險評估來為自己的需求辯護。

不論如何，根據非洲指揮部指揮官湯森將軍擬定的策略，我決定要把美軍集中在索馬利亞南方，並且專注打擊青年黨在境外的武裝作戰能力，尤其是想要密謀傷害美國的行為。這麼一來，索馬利亞的美軍除了能降至一千名以下，也能同時訓練索馬利亞的國軍有朝一日獨當一面完成任務。這目前看起來是謹慎負責的一步。等到二〇二一年初索馬利亞的選舉過後，我希望美軍能減至兩百至三百名，不過前提是能與索國的國軍夥伴合作無間。

九月二十一日進行每週例行通話時，我跟龐佩奧談及索馬利亞的事情。不料他並沒有去確認總統對於此事的立場。國防部並非在真空中運作。由於國務院負責領導國家外交政策，國防部有責任確保立場及作為與國家政策方向一致，並支援政策實行。國安會則負責協調這類的決定，但是跨部門高層的常規程序早在數個月前就亮起了紅燈——選情白熱化，國安會高層的開會次數逐漸下滑，歐布萊恩和其他人幾乎都在跑行程。隨著總統全心投入選戰，較為明智的作為或許是讓國安會留守華府瞻前顧後、留意事態走向。

有鑑於華府高層這樣的真空狀態，我向龐佩奧提議，不妨由他、米利、哈斯佩、歐布萊恩和我見面討論，整合不同策略，找到共識後就能跟總統見面，提出建議。畢竟索馬利亞當地也有國務院的人事和資產。龐佩奧表示贊同。我們約定十月八日下午開會。但歐布萊恩無法出席，他在西部跑政治行程，我們邀請副國安顧問博明代表出席。而事情就是這麼巧，國安會也通知了米道斯，他也會出席。

當米道斯出現在螢幕上其中一個視窗時，五角大廈會議室不約而同傳出一陣哀歎，幸好在座的米利、龐佩奧和我都未開啟麥克風（他們兩位剛剛和我開完另一個會）。我原本預估這是一場普通的例會。

但米道斯的加入改變了局勢，會議從原本預計的策略討論變成米道斯的勸說大會。他極力說服我們在大選前全軍撤離索馬利亞，還語帶責難地說國防部「藉故拖延、搪塞總統」。這說來無比諷刺，畢竟我才是這場會議的召集人。這種陳腔濫調我不陌生，在我眼中這個政客總是認為國防部打從一開始就獲得過多資金跟關注，卻無法在短時間內辦到區區小事，將千人以上的部隊以及數百噸的車輛、裝備、武器和其他機密物件撤離第三世界國家。

白宮幕僚長竟還指控我們無視總統撤離索馬利亞的最新命令，但事實上我根本沒收到任何命令。幾週前，我的確從歐布萊恩那第一次聽到這樣的命令。米道斯宣稱我先前八月在夏威夷參加第七十五屆二戰結束紀念會時，他曾代替總統來電告知這件事。然而我的幕僚卻從未告知有來電，米道斯沒再來電或追蹤後續，只意味事情並不重要。更奇怪的是，十月四日（也就是數天前川普染疫在軍醫院、我在中東返回美國的航班上時），我向川普報告非洲現況時，川普跟米道斯對於索馬利亞隻字未提。究竟白宮在搞什麼鬼？

十月八日的會議中，米道斯開門見山地質問兼施壓，為何美國「無法在兩週內完成撤離行動」。如果我們直接丟下一切，跳上飛機直接奔回家，這還不簡單。但是總統不可能同意丟下裝備，我們過去三番兩次早已經從總統口中聽到他的立場。我們不停在這個議題上打轉，就連核心問題都沒觸及到，例如美軍在當地的目的、任務持續的理由、撤離的原因以及撤離當下和之後的狀況等等。

既然這個會議已經變調，不再由充分了解議題的高層主導，我請哈斯佩簡述「青年黨的概況、青年黨與蓋達組織的關係以及索國整體國安概況」。她一如往常表現得十分出色，我暗自希望她的報告能為接下來的討論訂定基調。我請龐佩奧接下去報告。

他簡述了美國在索馬利亞當地的盟友夥伴，他說英國跟法國已經接獲川普有意撤離索馬利亞的風聲，因此相當不滿。他也說：「國務院正在評估撤離行動對非洲聯盟駐索馬利亞特派團（AMISOM）的影響。」這是一個獲得聯合國安全理事會許可的區域和平組織。該組織執行多項任務，例如幫助索馬利亞轉型成為高效率的政體、實施國家安全計畫以訓練索馬利亞國安部隊和促進人道救援的傳送。美國跟AMISOM在當地合作無間，美軍也參與該組織的許多內部工作。

我最後請米利跟所有人報告美軍在索馬利亞的概況。他統整出撤離規模：我們要關閉五個基地，移動四千至五千噸裝備、一百五十多台車輛和超過一千名美軍。這是個大工程。他認為，如果要美方沒有遺留任何重要物品，完成撤離行動，最快也需要七十五天的時間。但是我們還得把國務院的需求列入考量，這是召開會議的目的之一，至少在白宮幕僚長介入之前是如此。

米道斯開始在所有人的報告中找碴，尋找任何他認為時程中不夠積極的部分。國務院說他們「至少需要三十天」的時間完成撤離。在會議開始後不久，剛加進來的歐布萊恩插話，提議與其全面撤離不如「將所有人員及設備往南移至肯亞」。龐佩奧說：「那不符合總統的意思，他要求全面撤離。」龐佩奧說的沒錯。歐布萊恩的提議是想拿軍隊玩自欺欺人的遊戲。這不是解決問題的方法，我們必須回到問題核心，尤其是：我們的目的是什麼？我們想要達成什麼目標？

我比任何人都想把美軍撤回美國。畢竟他們都是國防部的人、資產和資金，而我也想把注意力轉到中國。儘管如此，我仍表示，在這個時間點，以這種速度和方式全面撤離是不合理的。倉促撤離更是糟糕。即便以現在東非縮編的美軍數量，我們仍能向下減少兵力、監控青年黨和在必要時發動反恐行動。

歐布萊恩的提議是最差的方法：導致美軍不但無法在肯亞發揮該有的功能，也無法回家。這麼做唯一的好處是提供白宮拿來自誇的素材，說「川普成功撤離索馬利亞美軍」。這全是政治算計。

歷經一場劍拔弩張的會議後，我們定調於三個選項：全面撤離、維持監控的最低兵力或是增進監控和反恐能力。我們約好幾個禮拜後再次召開會議，並由國安會負責。

不過我再也沒接過國安會的來電，會議也沒發生。我樂於從善如流，經歷這次事件後，我可不想替國安會再次安排高層會議。我很確定白宮又覺得國防部在從中作梗，不過他們大概從沒想過要照照鏡子。雖是如此，我希望大選後，我們能重新針對美軍在索馬利亞的任務和非洲整體概況進行更理性的討論。如果拜登當選，那非洲的美軍問題就交由他的團隊去傷腦筋。

我遭免職後幾週的二〇二〇年十二月四日，我不意外在新聞上看到川普要從索馬利亞撤離所有美軍。總統開除了我這個絆腳石，將身旁的人一一變成川家軍後，終於能為所欲為而不用顧忌結果。但是這個撤離行動只是個掩人耳目的障眼法，如同我跟龐佩奧十月討論出來的結論。後來果然是從索馬利亞撤離七百名美軍，移往肯亞。但這只是一個騙局，無法真正達成總統的期待。這麼做只削弱東非美軍的能力，而國防部也未能成功將心力轉移到中國。[4]

更糟的是，倉促撤離很可能破壞美國與當地盟友及主要合作夥伴的關係。這些關係牽動著索馬利亞的國家安全，進而影響索馬利亞一月的議員選舉和二月的總統大選。這種草率的決策過程絕非任何政策制定、組織和執行該有的方式，卻是典型的川普白宮運作模式。只要蠻橫獨斷的川普隨便下達命令，他身旁的人總是唯唯諾諾，搶著傳令，把爛攤子丟給各單位去處理。

♜

但是我們很快發現，倉促撤離索馬利亞只是序曲。十月七日，也就是討論索馬利亞撤軍事宜會議的前一天，川普在推特上發布阿富汗美軍有望能在聖誕節前回家。先是索馬利亞，現在輪到阿富汗。

二〇二〇年二月簽訂和平協議後的幾個月，美國尚未成功開啟阿富汗的內部談判，卻已陸續將美軍縮編至八千六百名兵力。有些評論者認為，在談判開始前，美國不應該繼續縮減兵力。這評論雖然合理，然而國防部的看法不同。美國不信任塔利班。基於此，我們認為塔利班會無所不用其極找到問題來躲避談判，而我們不想讓他們稱心如意。我們決定先發制人。更何況我也想縮編阿富汗的美軍數量，因此得趁塔利班維持對美和平時趕快縮減兵力。

我們在阿富汗的指揮官米勒將軍、負責政策的國防部次長安德森、美軍中央指揮部指揮官麥肯錫將軍、米利將軍和我，在接下來幾個月內不斷聯繫，更新和平協議執行的最新進展。米勒的重新部署計畫如火如荼展開，而且進度可觀。國務院則負責較為複雜的換囚交易，以及思考如何讓各方開啟阿富汗內部談判。

六月，我們召開跨部門會議，討論如何在十一月底前進一步縮減美軍，讓數字減至四千五百名兵力，並如我之前的想法，維持該數量，觀察局勢後再做決定。由於還有阿富汗的軍隊和聯盟夥伴的支持，軍方認為可以將兵力縮至四千五百名，但是更低的數量有可能對主要任務造成影響，使美軍被迫放棄訓練、顧問和協助的角色，而這對阿富汗和美國都很重要。

我們再次自己開會討論了一下，所有人最終同意停留在四千五百名兵力，不繼續縮減。我收下這場勝利，而為了讓決策結果更周全，我於六月中旬寄了一封正式信件給歐布萊恩，告知會議決定以及重申維持四千五百名軍力的政策，直到情況有所變化。

和平談判直到二〇二〇年九月十二日才有了重大突破，那時塔利班和阿富汗政府終於在卡達首都杜哈開啟談判。此事非同小可，米勒幾天後對我和幕僚團隊更新了狀況。

儘管談判延了近乎七個月才開始，塔利班依然期望所有境外勢力能在二〇二一年五月前撤離阿富汗。塔利班也要求美軍釋放更多塔利班囚犯和取消所有制裁。同時，米勒報告說，針對阿富汗人民的暴力行徑依然隨處可見，塔利班也還沒履行關於蓋達組織的承諾。我們討論了幾個能讓塔利班順利配合的方法，但是除了威脅暫停和平協議或重啟攻擊外，我們其實沒有實質威脅的籌碼。

十月七日，總統發布了一則推特說所有的美軍將能在聖誕節前回家，讓所有人嚇了一跳。他的貼文與幾小時前歐布萊恩發布的類似聲明相互牴觸，虧總統二〇一七年八月還曾信誓旦旦地說「從現在起我們將遵照當地的情況條件擬定策略，而非任意制定的時程表」，或是依據我們考慮和施行和平協議期間所研擬的後續協議。[5]

川普的決策令人遺憾，畢竟阿富汗內部談判雖然緩慢、不穩定又痛苦，但是至少談判仍在進行。此外，自從二〇二〇年二月簽訂和平協議後，就再也沒有出現美軍傷亡的消息。川普這麼做，意味我們將放棄最好且唯一能讓塔利班持續談判的籌碼。這是個策略上的錯誤，不利於我們促成阿富汗政府以及塔利班之間達成一個和平協議，這也勢必讓阿富汗夥伴形成怨懟的心理，損及兩國關係。

這些草率的決策，究竟是白宮一手策畫的十月驚奇，抑或川普二〇二一年一月二十日卸任前的心願？沒人說得準，雖然這些決策不比出兵政策麻煩、沉重，但是本質上依然十分危險、雜亂無章，而且與設立的政策相互牴觸，不僅影響外交信譽，還象徵政府背信忘義、從政策撤退。此外，考慮到時間點，任何明眼人都能看出這些決策是走投無路的政治伎倆，用以美化川普政績和拉攏中間選民。

歐布萊恩在內華達大學拉斯維加斯分校又掀起一起新事件，（他幹嘛跑去那裡？）他說，川普總統上任時，阿富汗有超過一萬名美軍。如今只剩下五千名，到了明年初只會剩兩千五百名。[6]他是認真的嗎？是誰做的決定？總統並沒有下令，顯然國家安全顧問在信口開河，而我認為他這麼做只會讓和平協議及美軍蒙上一層陰霾。

我馬上跟龐佩奧談到這件事，他也很驚訝。他說他「稍晚會打給歐布萊恩確認這件事」。龐佩奧說，他猜測歐布萊恩在跟國家情報總監格雷內爾談過後，決定自己瞎掰出這個聲明。真是愚蠢！顯然選戰團隊的成員現在可以不用知會國務卿或國防部長，自己亂開支票。

川普無疑在新聞上看到了歐布萊恩的言論，決定「加碼」在推特上發布：「我們在聖誕節前一定能將阿富汗勇敢的國軍兄弟姊妹送回家！」彷彿推特正在上演一場喊價拍賣會。

就後勤上而言，我們根本不可能在十二月二十五日前撤離所有美軍和裝備，更別說有執行上的風險，而且整個決策根本就是錯誤的。全面撤離意味著不只撤出四千五百名美軍，還有其他美國政府人員以及數千名美國承包商。我們也有義務協助北約夥伴撤離該國。「我們同進同出」是我們常跟北約夥伴說的話。而距離聖誕節只剩兩個半月。

最後，我們對冒著生命危險幫助我們的阿富汗夥伴也許下了承諾。我們曾承諾許多人，他們將獲得美國居留證和在美國展開新生活的機會。這樣的人可能多達數萬名，而我們連他們的家人也得一起帶走。這將成為浩大的行政和後勤支援工程，一個無法在七十五內完成的任務。總統的推特發文是純粹的政治考量。既然三軍統帥這麼說了，這對國防部、阿富汗的美軍及他們的家人、我們的盟友和阿富汗人民當然造成震盪。以各方面來說，這是衝動魯莽的決策。

我跟團隊幕僚約好兩天後十月九日通話討論情況。通話者有米勒、麥肯錫、米利和安德森。米勒和麥肯錫替我更新情況，就如同我預期的，阿富汗所有人都很意外，或許「詫異」會是更貼切的字眼，對於美國的下一步相當徬徨，也不太確定美方立場。我詢問他們的軍事建議，他們都說兵力應該停留在四千五百名，而在塔利班實現和平協議的內容前不該輕易下修數量。這原本應該是基於條件的計畫，唯有符合條件才能往後推展。米利完全同意，安德森也是。我也是。我請米勒和麥肯錫將評估和建議寫在書面報告裡，米利和安德森也一樣，並在十九日前交給我。

我打算用他們的備忘錄來背書我的決定，並且寫一封書面建議給總統，好讓他知道我對於和平協議、軍事狀態以及阿富汗美軍縮減的想法。在華府，要得到關注的方式就是把想法寫成書面報告，這就是我現在要做的。同時，我請國防部政策辦公室在週末安排一場電話會議，我打算跟北約祕書長史托騰柏格談談目前的狀況。

幾天後，米利跟歐布萊恩在阿富汗一事上起了正面衝突，針對歐布萊恩說美軍一月將縮減至兩千五百名，米利諷刺道：「歐布萊恩跟其他人可以繼續臆測，那是他家的事，我不打算這樣，我要根據我跟總統談話所提到的計畫跟條件進行深入分析。」7

米利說的沒錯，我們當時的確沒有收到要繼續縮減四千五百名美軍的命令，向來的共識是有條件的縮減。我在呈報給國安會的報告中至少鄭重聲明過一次，龐佩奧和我公開跟私下都談過這件事。雖然歐布萊恩想要詭稱政策是我們改的，但事實上他才是未經同意即竄改政策的始作俑者。計畫中的確有提到下一個階段是在新的年初，五月前將美軍縮減至兩千五百名，不過這樣預設的前提是塔利班有履行協議中的承諾。針對此事，目前尚未有正式決定。

十月十六日星期五，在一個公開場合中，歐布萊恩回應米利：「我談到軍隊數量和這類事情時，我只是一名服侍美國總統的幕僚，所以我絕不做臆測這種事。」他又補充：「其他人（米利）有權將我的話解讀為臆測，但是我當時並非在臆測，現在也不是。」8

歐布萊恩公開的回應踩到了米利的底線，我和米利已經多次聽到國家安全顧問和總統在會議中對軍方說三道四，米利這次忍無可忍。即使不算草率魯莽，歐布萊恩的發言聽來也總是懵懂無知、不負責任。

歐布萊恩信口開河，以政治操作的態度在玩弄一個嚴肅的重要議題，他這麼做也等於直接挑戰米利身為參謀首長聯席會議主席的權限，米利怒不可抑實屬合理。以米利的個性來說，他會原地大聲吼回去。我跟他說：「主席，算了吧。媒體現在等著看好戲，看你們兩位為主角會創造什麼火花。我們絕對不能讓總統在這個時間點介入，給予下達撤離阿富汗的命令。」我繼續說，如此一來，我們就沒有轉圜的空間，就讓這件事過去吧，我們就遵照我們收到的最後命令，也就是維持四千五百名兵力直到符合下階段的條件。

這些都是我不想上新聞媒體的原因，我也需要主席跟我一起這麼做。我不停告訴自己和米利，「維持目前的計畫」。米利依然不爽，但是如同我所了解的他，米利最終還是任務優先，放下個人情緒，讓事情落幕。我們秉持四不原則一路挺了過來，而大選就近在咫尺，沒必要為了跟作繭自縛的人爭一口氣而破壞原則。

我獲得所有人的回饋做出決定後，國防部政策辦公室草擬了我在十一月初寄給總統的機密信件。信件有數頁之長，詳細陳述了阿富汗的情況以及現場指揮官的觀點，也透露了塔利班沒有兌現承諾的狀況。他們沒有跟蓋達組織切割，沒有減少暴力行徑，也沒有秉持善意與阿富汗政府談判。我的建議是在塔利班實現承諾之前，美軍保持原訂的數量。畢竟美國和阿富汗夥伴的唯一籌碼是待在阿富汗的美軍，以及為了對抗塔利班，美國可能重啟的軍事攻擊行動。

雖然我很想撤出阿富汗，但是我強調，倉促撤離可能讓我們的軍隊陷入風險，傷害當地盟友和夥伴關係，降低美國國際地位，還會損害在卡達展開的阿富汗內部談判。美國原先出兵阿富汗的目標是要摧毀蓋達組織，確保該國沒辦法再成為窩藏恐怖分子的巢穴，造成美國威脅。

阿富汗政府和塔利班的和平協議是有條件的，並且建立在善意及信任的基礎上，這也是唯一能讓美軍在阿富汗任務畫上句點的方式，除非我們願意再讓美軍多待二十年。沒人想要這種情況。我們需要對策略有耐心，願意做退一步的準備，部署軍力和執行任何讓塔利班配合協議的措施，並幫忙建立阿富汗內部的和平協議，這也意味讓美軍駐防當地，直到新的政策上了軌道。

♜

儘管有這麼多議題要忙，我仍繼續我的「內部進攻」策略，以推動《國家防衛戰略》，使得十月格外忙碌。我必須讓五角大廈專注在國家安全上，而非白宮和大選製造的紛擾。因此，我對不同的指揮部進行內部審核，如網路指揮部、運輸指揮部、印太指揮部以及中央指揮部。在五角大廈與各國友邦開會交涉也在行事曆上。我也舉辦幾場重要公開演說，講述美國針對盟友和夥伴的新策略和海軍的新架構。我們取得顯著進展。

♜

隨著阿富汗美軍縮減爭議的風波逐漸平息，另一個問題又出現了。從二〇二〇年七月下旬開始，我們一直在尋找傑夫．伍德契，他是一名在尼日共和國進行人道救援的美國傳教士，於二〇一六年遭伊斯蘭恐怖分子綁架。

白宮對於中情局和國務院的救援行動不甚滿意，所以要求國防部接手。這不合理，因為不管誰是領導單位，我們三個單位必須合作無間，而軍方通常是漫長過程中最後出場的角色，特別是最後會涉及救援行動的情況下。我們如果要成功就必須相互合作。

另一方面，傑夫是我們的同胞，我不想因為官僚政治葬送救回國人的機會。因此國防部接下了重責大任。我和安德森、米利與非洲指揮部的指揮官湯森將軍召開視訊會議，最終由湯森提供了一份詳細清單。我們逐一完成，等到秋季初，籌備大致就位，團隊也不分晝夜地在尋找伍德契。同時，特種作戰指揮部正在規劃及預演西非可能上演的救援行動。

十月二十五日星期天，我離開華府，與龐佩奧一同出訪計畫已久的印度，參加我先前提到的下一屆二加二會議。回程途中，我將造訪巴林、約旦和以色列。年初因疫情之故，我將這些旅程順延，期間又發生了許多重大事件，所以我認為有必要停留各個首都。

十月二十九日星期四，我在飛回美國的班機上，米利打電話告訴我重大消息：那週的星期二，有個名為飛利浦．華頓（Philipe Nathan Walton）的人在尼日南部自家農場被人擄走，距離奈及內亞國境不遠。綁匪持有武器，相當危險，他們向華頓的父親要求贖金。目前華頓的家人正在跟綁匪談判。

這綁架案會怎麼結束還不清楚，但是多數以悲劇落幕。如果談判破裂，他們可能殺了華頓或是將他交給當地的伊斯蘭恐怖分子換取小額金錢。如果是這樣，那麼局勢會變得對美方不利，華頓可能會面臨跟伍德契一樣的情況。沒人希望看到這種結局。

米利的最新消息是，美方掌握到綁匪藏匿華頓的地方，國安會要求我們待命，以防談判破裂隨時要救人。這很合理。米利也建議我們知會特種作戰指揮部，告訴他們任務和情況的細節，以便他們能事先準備和計畫，我也核准了救援行動調派軍隊的命令。基於過往經驗，我們必須盡可能幫特種部隊爭取時間以利他們充分準備。

我的幕僚長史都華也在線上，我請她確認「政策辦公室有得到來自參謀首長聯席會議和其他跨部門等傳來的相關資訊」，尤其是國務院和聯邦調查局。國安會的常規程序似乎已經在高層徹底瓦解，不過如果這要成為一個經過核准的救援行動，那所有人必須訊息一致、互相協調。此外在動用軍隊前，我想充分探索其他選項。儘管有時可能招來負面結果，白宮對於動用軍事武力似乎毫無顧忌。

我在機上已經待了幾個小時，需要小睡片刻。我們抵達華盛頓特區的時候已經是深夜時分，而我星期五預計也會非常忙碌。我告訴史都華和米利：「有任何狀況就打給我。」米利認為應該不會有事才對。在他看來，距離執行這個任務的時間還有「幾天到一星期不等」（事後證明我們大錯特錯）。說到這，我們結束通話，我也試著睡一下。

隔天十月三十日，我的第一場會議訂在早上七點半，由特種作戰指揮部召開，主要討論他們計畫如何拯救華頓。他們跟非洲指揮部合作，加上數週前才剛計畫過如何拯救伍德契後，他們的行動可說是依樣畫葫蘆、計畫縝密。

在通話開始前，米利得知川普已經核准並在指揮救援任務。這是什麼情況？恰巧的是，川普前一天星期四在北卡羅來納州布拉格堡基地出席頒獎典禮，受獎人是二〇一九年十月突襲伊斯蘭國殘暴首腦巴格達迪的部隊。

美軍特種作戰指揮部指揮官克拉克（Richard D. Clarke）將軍當天也有出席，被問到關於華頓的情形時，他說一旦接獲命令就能馬上出發。最早的動手時機是利用星期五深夜在尼日出任務。由於事情環環相扣，在與美軍特種作戰指揮部的指揮官討論後，川普核准了十月三十日晚間的任務，米道斯確認了命令。最後手段突然變成首選之計，概念構想演變成最終計畫，這樣不甚明智。此外，我發現隨著時間推進，白宮內似乎沒人在追蹤這件事的發展動向。

雖是這麼說，我可無意隨便核准特種作戰指揮部的計畫。總統從來不過問細節，那是我的工作，而當軍隊要承擔生命危險時，細節也變得至關重要。我了解他的企圖。身為國防部長，我有義務確保計畫能成功執行，達成總統目標，符合美國政策，並且將風險降到最低。

我也要確定國務院、司法部和中情局知情並能互相配合。這個任務有需要他們協助出場的地方，而國防部沒人知道他們是否知道總統的決定。我要確保所有單位同步知悉計畫並支持任務內容。畢竟他們有必要知道一些細節。例如我們最擔憂如果綁匪知道美軍要來，他們有可能當場殺死華頓，所有單位必須在排除國務院研擬的非軍事選項前理解這一點。而距離華府下午一點的抉擇時刻只剩幾個小時，到時特種部隊就會就定位到目標區域。

我們也可以擇日執行任務，但是這有一定風險，例如綁匪可能接獲我們計畫資訊、美國失去華頓的消息、綁匪將華頓賣給恐怖分子或是綁匪人數可能增加等。

我們致力將救援行動的風險降到最低，提高成功率並讓所有人安全回家。而如果我的幕僚有任何疑慮或問題，我有職責聯絡總統告知他我們面臨的問題。

我們很快就審核完特種作戰指揮部的計畫。我對這類計畫內容十分熟悉，而其中運用到的基本策略原則也跟我軍事訓練背景所教的並無二致。我特別關注的依然是趕快找到華頓，以防綁匪傷害他或是將他交給恐怖分子。經過幾處修正調整後，我核准了計畫，不過還留有一兩個懸而未解的問題，例如在飛往目標時，我們有拿到許可進入他國領空嗎？

我們在白宮高談闊論美國的夥伴和盟友價值時，總統常以軍事費用貢獻多寡來衡量他們的重要性。這無疑是很重要的指標，但是我們的盟友和夥伴能提供的其中一項優點，是他們願意提供ABO，也就是所謂的「介入（access）、基地（basing）和越界飛行許可（overflight rights）」。有了ABO，我們能在沒有阻礙、延宕和轉移分心的情況下，在世界各地快速將人員、武器或裝備從甲地移動到乙地。有時我們還能在途中加油、維修或休憩。因此獲得盟友的許可，在全球計畫、執行和維持戰鬥任務時至關重要。

反觀在一九八六年四月，雷根總統下令攻擊利比亞以報復美國公民在歐洲遭到恐怖攻擊，那時法國拒絕讓美國軍機越界飛行。法國不肯放行，逼迫美國軍機必須多飛兩千四百英里，繞過歐洲西岸，無形中增加了軍機和駕駛員不必要的壓力，也提高了任務風險。二十四年後，我們眼前的非洲任務也面臨相似的問題，所以我們急需在任務開始前獲得許可。

通話中還有一個待解決的問題，那就是華頓家人和綁匪的談判情況。最好的情況，當然是在沒有任何人員傷亡的狀況下和平解決。與特種作戰指揮部的通話一結束，我致電聯邦調查局局長瑞伊，向他說明事情原委。

透過加密電話，我跟他說：「瑞伊，我即將派出特種部隊去營救他。在我下達命令將部隊成員和人質一併推入險境前，我要知道談判進行得如何了。」

結果瑞伊根本沒追蹤我們的計畫發展，好不令人意外！但基於重要性，我將最新進展告訴了他。他的團隊與華頓家人保持聯繫，而且在幫忙談判。他說：「雙方還在談，但是距離共識還有一段距離。」我問他對於我們的行動計畫有什麼看法。如果談判順利，我不想動用部隊，冒著雙方交火時可能害華頓送命或是部隊成員身亡的風險。瑞伊不太想發表意見，不過說道：「根據我團隊人員的消息，如果這事件在國內發生，我會派出急襲部隊。」這對我來說，算是一種支持立場了吧。我謝謝他，也讚揚他因最近幾個堅守原則立場的事件而跟總統關係陷入緊張。他也回謝我，說了「有朝一日我大概會被開除吧」。而我回應道：「歡迎加入反川俱樂部。」我們兩個都笑了出來，掛上電話。

我接下來打給巴爾，告訴他發生什麼事，並聽聽他的意見。他也沒跟上事件發展。我告知他關於我和聯邦調查局局長的對話。巴爾問：「瑞伊覺得如何？」我重述了我和瑞伊的談話，以及瑞伊認為可以放心執行的觀點。巴爾聽了也說：「我同意，我支持。」這下我得到兩個人的支持了。

同時間，我的幕僚試圖聯絡上歐布萊恩。國安會的人說他人在內華達州跑行程所以沒空。他們接著找尋他的副手博明，結果被告知他人在家裡，卻無法取得加密電話。

我接著試著打給龐佩奧，他正在回程的航班上，所以副國務卿史帝夫．畢根（Steve Biegun）代替龐佩奧，協助排解問題。我認識畢根已有二十餘載，二〇〇〇年代初時我跟他在美國參議院外交委員會共事過，所以我信任他，也相信他會將事情處理得當。我打給他，告知任務以及越界飛行的需求，他說他馬上著手進行。

最後我跟哈斯佩聯絡，她知道大部分的計畫內容，這也是因為特種作戰指揮部和中央情報局關係密切。不過她並不知道總統決定實施救援行動。她感謝我的來電以及對任務和時程的概述，並說如果我們需要，願意提供中情局的協助。

我大約在早上十一點打完所有電話，接著拿起加密電話打給總統，報告最新進度。他正要搭上直升機飛往某個地方，所以由米道斯代接來電。由於那端一直傳來直升機起降的噪音，我其實聽不清楚米道斯的聲音，但還是跟他說明事情的最新發展，告知「我致電過瑞伊、巴爾、哈斯佩和畢根了，所有人都支持執行任務……除了徵求越界飛行許可外，其他已經準備就緒。國務院目前正在著手處理」，而到最後一刻前都可能中止任務。到了決策過程的這個時間點，我不想取消任務，更不想因為要花數小時解決越界飛行許可的問題而讓華頓喪命。

「依據我的指揮官們跟同事給我的建議，我認為我們應該繼續執行任務，」我補充道。「但是任務存在風險，其中最明顯的就是華頓或我們的部隊在執行過程中可能出現人員傷亡。」因此我請米道斯轉告總統，並說我會再來電確認。米道斯確認知道所有事宜後才掛掉電話，跟總統一同搭上海軍陸戰隊一號專機。

過了不久，我收到政策辦公室的消息，說越界飛行的問題已經解決，我們獲得同意了。據說國安會的反恐高級主管巴特爾告訴五角大廈政策部門的代理次長塔塔說，龐佩奧「已經獲得越界許可了」。我們準備就緒，我打給米利，請他轉達美國特種作戰指揮部和非洲指揮部，我已經下令核准任務。「跟他們說我下令可以執行了，」我說。

幾個小時過後，大約下午四點四十五分，我收到壞消息。我們顯然沒有徵得其中一個主要國家的越界飛行許可，而軍機距離該國領空只剩十五哩。我和米利談過後，決定讓軍機在許可的空域內暫時盤旋，直到徵得同意再行下一步。我打電話給國務院了解哪裡出錯，並試圖解決問題。顯然巴特爾跟塔塔說的資訊有誤。龐佩奧未獲得越界許可，或者應該說國務院還在與對方聯繫取得許可。等到一小時過後，龐佩奧跟我通電話時，他仍未收到批准。他也不知道巴特爾哪來的資訊，龐佩奧根本沒跟他講過這件事。

我的幕僚跟我說，在得知消息後，塔塔回電給巴特爾，在電話中大聲斥責他的錯誤訊息。這實在荒謬到令人發噱。塔塔自從被提名國防部主管政策的次長職位後，一直擁有絕佳的團隊精神，卻因為過去幾年針對不同議題偏激的言論遭反對黨撤銷提名。但是川普十分欣賞塔塔，所以派他擔任代理的政策次長。但是他跟巴特爾是兩名公認的川普心腹，卻相互指責叫囂，實在很諷刺。不論如何，塔塔在這事件中並沒有錯。

許可的假消息這件事，留到之後再來追究。我們目前處於尷尬的狀態，軍機為了等到越界許可已經在空中兜圈子一小時了，而如果我們不快做決定，他們即將被迫返回。我們得重新擇日執行任務，也等於任務曝光的機會大幅提升，隨著時間一分一秒過去，華頓遭到移動（或是被殺）的機率也將增加。根據米利收到的即時情報資訊，綁匪正在考慮殺掉華頓或將他交給恐怖組織。

接下來的一小時，我跟國防部總法律顧問保羅·內伊通電話討論，假使沒有獲得越界飛行許可，我們有什麼法律選項。他說最糟的情況是「總統動用美國憲法第二條職權來核准任務，這樣就能在未經對方許可下進入他國領空」。我們來回討論了幾次。我十分肯定川普會同意，但是我想鉅細靡遺地了解問題，以防後續總統要跟我深入探討問題。

當然，總統動用憲法第二條職權讓軍機侵入他國領空，無疑將牽涉國際政治。雖然我也準備好知會總統，但我認為這事應該由龐佩奧對總統起頭。

時間悄悄來到晚間六點，也就是決定繼續執行或取消返回的時刻，我決定致電總統。我請龐佩奧一同加入通話，米利也在線上。白宮戰情室幫我們接通總統時，米道斯接起電話，說：「部長您好，最新情況如何？」我跟他更新了越界飛行許可的紕漏，並說「我們現在必須決定是否繼續或中止任務」。他問：「我們怎麼收到錯誤資訊的？」他顯然對於這項疏失跟我們一樣不爽。

我的幕僚懷疑巴特爾捏造了許可的事情，但是他們也還沒掌握到所有事情真相。我跟米道斯說：「龐佩奧跟我也想知道，但是我們現在的當務之急並非尋找錯誤消息的來源。」

我跟米道斯簡述憲法第二條總統職權的內容以及諸多考量。龐佩奧也簡述了這個做法會牽涉到的國際政治。如果我們最終無法取得許可，動用第二條職權等於是在未經他國許可下入侵他國領空。米利更新了一下當地的情形。隨著時間一分一秒過去，我說：「念在任務攸關一名美國同胞的性命，我建議任務繼續。不過只有總統有權下達命令，我必須親耳聽到他下令才行。」眾人頓時沉默了半晌。

正當米道斯要開始發問時，白宮戰情室插話進來說：「暫停、暫停，副國務卿畢根在線上，他想要加入通話，」並詢問是否能讓畢根加入。我當然同意。畢根帶來最新消息。他整個下午都在處理這個問題，知道我們對於是否繼續執行任務躊躇不前。他來通知我們：「我們得到越界飛行的許可了。」一切終於準備就緒。

謝天謝地！在得知消息後我們結束通話。我告訴米利，立刻轉達特種作戰指揮部和非洲指揮部繼續執行任務。「是的，長官。」他離線傳話去了。我告訴所有人，我會向大家定時更新事態發展。

這項策略任務順利進行。我擔心空軍飛行員被迫在狹小的機艙內多待一小時裡，不停地在空中繞圈子，會影響飛行員的情緒。我自己以往訓練時經歷過這種情形，每件小事一旦累積都可能壓垮一個人的情緒。讓飛行員面對充滿變數的情況和額外的待機時間並不合理，華府沒有第一時間處理好，是我們的失職。我們絕不能重蹈覆轍。塵埃落定後幾天，龐佩奧和我開始著手調查越界許可事件。

當晚的任務成功與否，取決於特種作戰指揮部是否順利完成任務，最後的結局證明滯留空中的時間顯然沒有影響他們的表現。任務圓滿落幕，華頓毫髮無傷、成功獲救，只有一個綁匪喪命，特種作戰部隊成員無人傷亡。多虧勇敢的軍中弟兄傾力相助，我們讓華頓於一天多後跟家人團聚，想必那天對華頓一家意義非凡，對美國軍方而言也是美好的一天。

克拉克將軍之後告訴我，從華頓被綁架直到被釋放，加上中間發生的事，尤其是將部隊從美國送往非洲，「美軍花不到一百小時即完成任務，這是史上最快的人質救援任務。」他說。儘管華府出了紕漏，他們還是成功完成近乎不可能的任務，讓華頓順利回家、與家人團聚。

十月歷經許多跌宕起伏，但是總算沒出什麼意外的亂子。我們在任務圓滿的高潮中為十月畫下句點，但是我們得繼續撐到十一月三日，直到大選落幕為止。我們走一天算一天。我們克服各種難關和問題熬了過來，我告訴自己，只需要再忍受一兩週，我就能從「驚喜連連」的生活中解脫。

第23章 終局

「福斯新聞決策台宣布亞利桑那州由拜登拿下，」資深政治主播拜爾向電視機前的觀眾報導，「這將改變局勢。」他補充。我不敢相信眼前的開票結果，根據我對亞利桑那州選民結構的認知，該州通常只開出支持共和黨的紅色跟深紅選民，但絕不是民主黨的藍色。電視台這麼宣布似乎有點過早。這是爆炸性的新聞，也挑起一個問題：究竟這是唯一例外，還是總統在其他州表現的縮影？「川普一定氣炸了。」我想。

♜

大選日終於到來，我不敢相信我一路挺了過來。早上跟幕僚團隊進行例行會議並更新情報資訊後，我收到關於國內各處安全的最新消息。一切看起來風平浪靜。我最大的擔憂不在今天的選舉，而是政治狂熱者和激進分子可能會拿今天的結果在隔天鬧事。敗選政黨的支持者是否會走上街頭、抗議選舉不公？勝選政黨的支持者會不會故意利用勝選在傷口上撒鹽？街頭是否出現暴力鬥毆、破壞公物、各州相繼發生暴動混亂，以至於川普認為有需要「鎮壓」才不會讓他看起來「沒有魄力」？如果川普再次當選，華府以及過去曾發生抗議活動的主要城市如波特蘭、西雅圖、芝加哥、費城和紐約等，無疑將湧現大批抗議人潮。

我那天提早回家，打算整晚跟莉婭待在電視機前看不同新聞台的報導和分析，做好隨時接電話的準備。白宮當晚籌畫了一場大型開票派對，我收到了邀請函，但不打算參加。我本身不喜歡派對這類的活動，如果要出門放鬆一下，寧願跟一群好朋友聚在一起。就公事來說，我身為國防部長，跟他人保持一點距離較好，尤其接下來幾天若發生暴動，總統又想出動軍隊的話，我更需要維持國防部的中立立場。

提早吃過晚餐後，我在客廳舒適的皮椅上坐了下來，拿起遙控器瀏覽不同電視台，收看我認為有料的政治評論員分析選情。隨著投票截止，開票結果陸續於晚間七點半出爐，選情似乎與許多人預想的相去不遠。川普很快拿下西維吉尼亞、南卡羅來納和阿拉巴馬州，德拉威爾、康乃狄克州和紐澤西州則由拜登拿下。美國南部和中西部似乎都開出紅盤，而曾任副總統的拜登則一舉拿下東北數州。

莉婭那天在客廳進進出出，偶爾跟我一起收看開票。我時不時跟朋友和同事交換訊息、電子郵件或通話，咀嚼消化新出現的報導，思考這場選舉的走向。到了晚間十一點，任何州都還沒出現拉鋸戰，不過有些報導指出佛羅里達州似乎傾向川普。幾分鐘後，福斯新聞宣布陽光之州由川普拿下。此刻白宮應該感到欣喜若狂才對。

大約晚間十一點半，福斯新聞卻宣布亞利桑那州扭轉了選情局勢。對川普跟他的競選團隊來說，這無疑是一記重擊，而且由挺川普的福斯新聞宣布這項結果，簡直是二度傷害。後來有許多報導指出總統怒不可遏。白宮彷彿是火災警報大作，眾人緊急出動，爭相了解發生了什麼事。

我已經過了平常就寢時間卻還醒著，我很清楚十一月四日很可能是疲憊混亂的一天，心裡已經準備好，要應付命運或川普丟來的任何疑難雜症。畢竟到了這個時間點，該來的總是會來的。我無法改變任何事。我只能養精蓄銳面對選後難題。我關掉電視，在午夜十二點前上床，心中祈禱出現一個乾淨明確的結果。

隔天異常平靜，不過也可能是我原本預期很混亂的心理所形成的反差感。拜登在選舉人選票和普選票中領先，但是因為關鍵州如喬治亞和賓夕法尼亞仍激烈拉鋸中，以至於遲遲無法宣布由誰當選。我沒想到整場選舉的勝敗最後在於關鍵的幾州，但是在拜登領先的情況下似乎產生了有益的戰術效果。

我個人預估，如果川普在選舉日贏得連任，那麼反川普的群眾將走上各地街頭抗議。他們忍受了川普四年的執政，想要一吐怨氣讓全國民眾知道，因此一定會發生暴力事件。而川普因為支持者和信心加持，我認為他一定會指示軍隊出動，接著事情會逐漸失控。這雖然是我的臆測，但是直覺是這麼告訴我的。

雖然十一月四日拜登領先，總統大選仍然勝負未定，因此民眾似乎不需要像川普支持者所提議的，衝到街上、扣住投票箱或做出其他舉動。相反的，就像他們應該做的，他們透過各州的行政程序或是走上法庭。說起來雖然奇怪，不過選舉結果似乎澆熄了部分沸騰的情緒，足夠讓兩黨思考下一步。我想除非川普老調重彈，毫無根據地指控民主黨「偷走」選舉，這場選舉應該能成為民眾社交談論的好話題。

♜

十一月三日大選後那幾天，每次電話一響，我都認為是「開鍘電話」來了。畢竟選舉結束了（或許只有川普一人不這麼認為），而我也成為可有可無的存在。白宮和我過去幾個月來一直在不同議題上爭鋒相對，我認為他們至少會想秋後算帳，或單純去除一名麻煩人物也好。一旦把我辭退，他們就能更隨心所欲完成更多卸任前想完成的事。我覺得這些都在他們的考量盤算中。

過去的半年，我們在國防部推動《國家防衛戰略》以及其他重大提議上大有斬獲，想必能影響未來數十年，不過這些成就似乎早已淹沒在白宮的烏煙瘴氣中。對我而言，我個人成就莫過於以下幾件事：我順利撐到了大選之日、不讓軍方涉入政治、實施我的內部攻擊／外部防禦策略，並且未違反四不原則。如果總統想要開除我，那請便吧。我沒有愧對自己，我知道走來的每一步我都努力做正確的事。

在那之前，我想要展現出一切如常的沉穩自信和工作狀態，同時要監視選舉結果所引發的問題挑戰，留意外部安全以及推動我的內部政策。如果總統將我免職，我打算以敬業的姿態，帶著尊嚴以及滿滿的感謝離開國防部。

在國際關係上，我們依然關注伊朗、阿富汗和平協議的落實，以及中國在南海和台灣海峽的動作。就算國防部內我也還有事情要忙：跟各軍種部長開會，跟國會議員通電話，更新每週曲速行動計畫的發展，審核部隊調動提議，以及掌握我們多元和包容性提議的最新情況等。

還有幾件事雖然不在我的行事曆上，但已經暗自發酵好幾個星期甚至幾個月了。後來，媒體都將我在十一月九日被開除的矛頭指向這些事件。

例如十月下旬，身兼美國國家安全局*局長和美國網路指揮部指揮官的仲宗根（Paul Nakasone）將軍來信，講述他跟國家情報總監雷克利夫針對俄羅斯機密資訊公開一事僵持不下，希望我能出面聲援。顯然川普想要將這情報資訊解密後公開，深信這樣能替他討回公道，扭轉民眾的普遍認知，否定二〇一六年總統大選普丁支持川普的事件。這似乎有點荒謬，畢竟都已經是四年前的事了。

仲宗根和我的疑慮，是雷克利夫一旦公開資訊，便有可能讓機密來源及取得方式曝光。這項資訊不光是在國家策略層面十分重要，對於執行層面和美國軍方亦相當重要。資訊公開會損害國家安全，並對軍方造成特定傷害。簡言之，這項資訊因過於敏感而不宜解密，更不該淪為政治用途。收到仲宗根的信後，我指示幕僚馬上寫一封信給雷克利夫，表明我支持國家安全局的立場，反對資訊公開。團隊馬上著手進行，而我也在四十八小時內將信寄給雷克利夫。我後來了解到中情局局長哈斯佩與司法部長巴爾也

* 原書註：美國國家安全局（National Security Agency）是國家級情報單位，隸屬於美國國防部，由國家情報總監授權，專門提供外國通訊情報給軍事單位和國家政策制定者。

都極力反對公開資訊。

仲宗根的反對立場觸怒了不少白宮人士，不過這並非他第一次跟白宮槓上。眾議院彈劾調查聽證會的前一年，眾議院情報委員會委員努內斯（加州共和黨籍）據說多次打給白宮「客訴」仲宗根。至於他到底是跟總統還是總統親信發牢騷不得而知，但是他顯然抱怨這名說話和藹的指揮官大玩政治算計，提供機密資訊給眾議院情報委員會主席希夫（民主黨籍），而資訊內容可能用來對付川普。

希夫當時大概是國會山莊中川普最大的宿敵。他時常上電視批評川普，許多人都認為他將把情報委員會搞得政治化了。身為主席，他決心將二〇一六年大選期間川普的通俄門事件查個水落石出，後來也成為彈劾案中的主要調查者。

然而，這項針對仲宗根的指控令人難以信服。根據我跟白宮特定人士打交道的經驗，我敢推測這是子虛烏有的事情。但是橢圓形辦公室開始響起開除仲宗根的聲音，只因個人的妄自臆測而阻礙他人仕途。這未免太不公平，卻也非新鮮事。

國家安全局和網路指揮部不能沒有仲宗根，國家更不能失去他。他跟其他指揮部的指揮官帶著團隊，在沒有任何外部干擾下，一起走過二〇一八年的期中選舉。少了他，對於軍方機構以及發展我們的網路攻擊和防禦計畫將是一大損失。

我必須盡快掌握來龍去脈，所以在二〇二〇年一月十五日星期三請他來我辦公室一趟。米利穿著迷彩裝，仲宗根則穿著B級制服。仲宗根十分嚴肅，單刀直入解釋二〇一九年十月中，希夫作為情報委員會主席，要求他提供國家安全局掌握的大量「關於二〇一六年大選及通俄門，尤其是美國人員的對話資訊」。

有些人認為這是大海撈針，也有人說這是委員會的例行工作。「經過幾週後，」仲宗根解釋，「我的團隊開始縮小要求的範圍，不僅是更了解他們想要的目標，也是為了減少不必要的工作，」以免造成國家安全局團隊負擔。我問他希夫的要求是否「在此刻各種事態發展狀況之下，看來很不尋常」，如果跟即將到來的彈劾案一起看，那希夫的要求的確有點可疑。不過仲宗根說他的要求「跟之前委員會主席要求的東西無二致」。

過去幾週以來，仲宗根還有另一個擔憂。他在椅子上坐直，說希夫的情報委員會對於蒐集資訊「所需要的時間愈來愈沒耐心」，而且希夫認為仲宗根與國家安全局同樣在操弄政治，因此祭出威脅，說他會「不擇手段取得報告」，包含發傳票、刪減國家安全局的補助以及阻擋國家安全局重新編列預算的請求。任何一項都不是好消息。我說：「我了解，這樣的行為讓你跟國家安全局看起來在搞政治操作。」我補充：「我們不能讓政治干涉情報單位和旗下部門。」米利同意我的看法。

我們三人繼續在這個議題上討論了一會兒，直到我徹底了解來龍去脈。這件事情的錯不在仲宗根，他也沒做出不尋常的事，不過我最後跟他說，他必須在「事情陷入危機前趕快將問題告訴我，好讓我們有更多時間思考對策。如此一來，我們也有更多處理的空間」。仲宗根了解並同意了。

雖然仲宗根所領導的國家安全局和網路指揮部隸屬我的麾下，不過就情報方面，他則是聽命於國家情報總監。我的了解是仲宗根有向代理的國家情報總監反應，但未獲得太多支持或關心——我想大概也不會得到什麼支持。事後證明我的直覺沒錯。

雖然希夫的要求並非異常，但這也不代表這位眾議員不想利用主席職位之便，來索取他在接下來彈劾調查中能用來對付川普的資訊。我們無法證明他是否有這等私心。仲宗根被夾在中間，一邊是他國會的上級——希夫，一邊則是他行政的頂頭上司——正在等待國家情報總監提名獲准的約瑟夫．馬奎爾（Joseph Maguire）。道別時，我感謝他告訴我這個問題，並跟他說：「照你的程序走，做正確的事就行了。我挺你。」我們握手，他跟米利各自離開。

過了不久，我打電話給歐布萊恩，問他是否能召集一個會議，請所有相關人員一起來討論仲宗根跟國家安全局的情況，會議地點設在他的辦公室。歐布萊恩答應並著手處理。除了我們兩個，馬奎爾和艾森柏格也出席了會議。白宮法律顧問西波隆尼本來也要出席，不過關於這件事我在他的辦公室跟他單獨談過話了。

我們在白宮歐布萊恩的辦公室內來回討論了半小時。馬奎爾遲遲不肯下決定，他可能一方面擔心這將影響參議院對他的任命，而他這麼想也沒有錯。如果他告訴仲宗根不要理會希夫的要求，就會得罪民主黨參議員，可能還有部分共和黨員。一方面如果他要求仲宗根提供希夫所需資訊，那麼川普可能隨時撤銷他的提名。因此，馬奎爾不想給仲宗根下指導棋，只告訴仲宗根白宮不想給出資料，於是把燙手山芋丟給了仲宗根。

國安會的司法立場是「任何希夫收到的資訊都可能在彈劾案用來對付總統」。他們的想法當然沒錯，不過我告訴他們，「根據仲宗根所說，他跟他的團隊在資訊中沒看到什麼值得緊張的地方」。國安會的律師理解這點，但是他們想更謹慎一點，不論如何，他們「想及早在聽證會開始前鎖住所有資訊，而且擔心希夫可能有百分之一的機率找到不利總統的東西」。

我說：「我理解你們的立場，但是讓仲宗根陷入兩難，對他不公平。我們不該讓一名軍官單方面承擔如此重大的決策，尤其還具有如此濃厚的政治色彩。這讓仲宗根跟國家安全局都處於尷尬的位置，還讓所有情報單位承擔捲入政治的風險。我們絕不能讓這種事情發生。此外，國家安全局有義務提供自己的國會上級所需資訊。」我接著補充：「我們或許不認同希夫的領導，但這也是沒辦法的事。」我轉向馬奎爾，他是海豹部隊出身的退役海軍上將：「馬奎爾，我知道你能理解。必須由你來下決定，國家安全局聽命於你，不是我，也不是白宮。」

現場一陣死寂。馬奎爾顯然很不自在，在座位上扭動了一下，環顧房間四周想尋找提示。我完全理解他的心情，他是個好人，卻恰巧遇到不太好的局面。我同情他。會議有點超時，所以我說：「這件事必須這兩天決定，不然，我將以『次級長官』（我當場亂掰的頭銜）身分，要求仲宗根提供資訊。」我起身後，又補充說：「這事情必須解決，需要有人支持他。」說到這，我跟所有人握手，離開了歐布萊恩的邊間辦公室。

我回到五角大廈，跟米利談過。我跟他講了白宮的談話，也表明我不希望仲宗根單方面發送資訊給眾議院情報委員會。仲宗根一定會為此遭到解雇。等到週末，變成了馬奎爾握有主導權。米利打電話給仲宗根轉達訊息，並說國家情報代理總監馬奎爾將於接下來二十四至四十八小時內給予指示，也就是我在白宮下的指示。

我後來沒再聽到開除仲宗根的耳語，直到格雷內爾於二〇二〇年二月取代馬奎爾成為新的國家情報代理總監。在一個早春的下午，總統在橢圓形辦公室會議上，單刀直入地跟我提到了這名四星陸軍上將的事。川普以一種特殊口吻提起他，而這種口吻只用來處理他不甚欣賞的人物，他先問：「你對國家安全局的仲—宗—根將軍了解多少？」他一字一字地念出名字，似乎正在回想將軍的名字要怎麼念。「他做得好嗎？你認為呢？」他繼續追問。「他是一名傑出的將軍，」我說：「國家很榮幸有他這樣的人才。」米利也說了幾句好話。川普接著往下看，他一邊講話手上一邊在寫或簽東西，他含糊地說：「我不太確定耶。我聽到他在幫助希夫跟民主黨員……」我懷疑格雷內爾成為國家情報代理總監後，有意肅清國家安全局裡「反川普」的人，因此將大刀揮向仲宗根。

「總統先生，這非事實真相，您收到錯誤的資訊，仲宗根沒有沾鍋政治。」我說。米利也從正面的角度回應了幾句，說明軍事人員有義務保持中立，以這個案例來說，國家安全局局長有義務回應自己國會上級的要求。川普沒繼續追究。彈劾案那時已經告一段落，所以我猜測他應該不至於太糾結這個問題才是。我和米利跟離開了白宮，有信心我們聯手擋下了這個人事風波，不過我們偶爾還是得招架川普拔除其他四星上將的威脅。

美國很幸運沒失去仲宗根，他在國內外各個層級都有傑出的表現，也是軍中數一數二的網路戰爭人才，外加他還有優越的領導能力，以及使命必達的名聲。二〇二〇年八月二十四日，我跟他見面討論如何增進國家的資訊作戰能力。在一系列持續到秋天的會議裡，仲宗根提出重新調整兵力、增加網路戰成員、加強專業教育和訓練，以及在之後的預算裡掌握更大的財金資源等。這些都是不錯的提案，能讓美國的網路攻擊和防禦能力更上層樓，不過卻在五角大廈內部遭受阻擋。

接下來的日子裡，我們慢慢解決不同問題，而我也一一核准他的提案。於此同時，我們繼續推行網路指揮部的「前進防禦」策略，代表我們持續跟網路入侵者互動並在線上將他們擊敗，以便響應政府對於落實安全選舉的努力。能專注於國家安全、做出實質改變、將白宮製造的紛擾拋諸腦後，是令人開心不過的事。我很慶幸能保護仲宗根免於川普個人政治及身旁親信的毒害。

我不知道，我二〇二〇年十月為聲援仲宗根寫給雷克利夫的信，是不是川普開除我的最後一根稻草。或許理由還包括大選前我跟中國軍事領導的祕密來往。不過最大的原因，大概是我堅決反對從阿富汗和索馬利亞倉促撤軍。這純粹是來自川普或其心腹的報復舉動，外加白宮有意在輪替前完成幾項我會反對的事宜。

十一月五日，某新聞網刊登一則報導，指出我已經寫好辭呈，準備遞交總統。[1] 如同許多資深官員，我早在幾個月前已經準備好辭職信草稿。如果有事情違反我的四不原則，造成我不得不請辭時，就能用上。我從來不像報導講的那樣想直接下台，不過我確實意識到，或許在某些情況下我不得不這麼做。我後來也跟記者這麼說：在我腦中，如果我麾下的陸軍、海軍、空軍和海軍陸戰隊不能遇到困難就退縮，那我也沒資格輕易放棄。

如果我要被迫下台，那最後一根稻草也要夠大夠粗才行。前任國防部長馬蒂斯因為強烈反對從敘利亞北方撤軍這種小事而遭到嚴厲圍剿，但抗議歸抗議，國防部最後還是撤軍了。我下定決心繼續照我的計畫走，直到總統開除我為止。這也是許多共和黨和民主黨前輩，以及五角大廈外我所敬重和相信的人士給我的忠告。

然而，我並沒有特別想打包走人。我們還有工作要做，距離完成總統交接還有七十五天，我也想做好交接工作，以確保拜登的團隊能順利接手。這是正確的事，也是五角大廈歷來的傳統。因此，恰巧跟媒體說的相反，我讓白宮知道我無意請辭。

不過報導指出我在「幫忙國會議員研擬草案，好為以南方邦聯將領命名的軍事設施重新命名」。這又是空穴來風的不實報導，不過這種流言可能觸怒川普，因為他是重新命名的頭號反對者。[2]

在這件事情上，總統是站在錯誤的那方。他曾多次詢問我和米利的意見，而我們總是告訴他我們支持軍事設施重新命名。不管旁人告訴他或他聽了什麼，抑或是國會議員向他掛了什麼保證，在我看來，重新命名軍事設施的提案將被納入年度國防授權法案。美國眾議院及參議院兩個軍事委員會都在年度法案中加入了相關條款，而這些舉措也引起了廣大迴響與不分黨派的支持。由於我過去曾在眾議院軍事委員會工作過，我很清楚此事情會如何發展，而根據國會人員和其他成員的說法，我的直覺是對的。顯然總統收到的建議欠佳。

我知道國會在選舉結束後隨即休會，而眾議院軍事委員會早已經開始討論十月國防授權法案的最終樣貌。重新命名一事將交由委員會的主席和高層處理，預計一週後的十一月完成。這麼一來他們能完成法案，並在聖誕節前送交兩院審理。我預期所有人或部分人士會打電話給我詢問相關意見。

我最大的擔憂是國會作為一個政體，有可能在重新命名的條款中打開一道門縫，導致政治涉入軍事的風險，例如保留以左翼右派政治人物命名設施的可能性。我們必須讓政治跟軍事分開，但要這麼做，我必須先將國防部的立場，尤其是高層將領的立場事先傳達給國會知道。事情是這樣辦的。

幾週前，在十月十六日，我與陸軍部長麥卡錫和陸軍參謀長麥康維爾談了一下。陸軍有十個以美國內戰期間南方邦聯將領命名的設施，例如胡德堡、布拉格堡、班寧堡、戈登堡、李堡、A・P・希爾堡、波爾克堡、拉克堡、維吉尼亞國民兵哨所皮克特堡和路易斯安那國民兵的博勒加德營地。兩位將領對於軍事設施重新命名十分焦慮，他們不知道國會在重新命名一事上將提出什麼要求。米利無法出席會議，不過他有一樣的看法。

我告訴兩位將領，我們必須先想清楚兩件事。首先，這些設施需要重新命名的標準是什麼？我們夏季時看到抗議人士推倒林肯和格蘭特的雕像，有些人還去破壞華盛頓和幾位開國元老的雕像。我和五角大廈高層都認為這些人的行為有點過火，而我們不希望軍事設施被捲入這樣的蠢事。第二，要以什麼標準替這些設施重新命名？我請兩位將領回去好好想一下，一週後回報他們的建議。

我知道我在冒險，我知道陸軍裡有人想把這種機密資訊洩漏給媒體。我不能讓這種事情發生，這無疑就像國防部在選擇支持哪一政黨。我也不想破壞總統大選前夕的選情。不過另一方面，這個議題非常重要，尤其川普如果敗選，我們必須要有所準備，才能在十一月三日之後向國會報告。我也得提供總統選項。如果建議要有可信度，他們必須有軍隊將領，尤其是陸軍的背書。我請兩位將軍要小心行事。

身為國防部長，我曾經再三強調國防部維持中立的重要性。這麼做不代表我不了解政治生態、不熟悉政治運作或不懂政治手腕，畢竟我在華府工作了二十幾年，其中就包含了在國會山莊以及總統造勢選舉方面的多年經驗。

這也不代表我沒有與國會交涉以推動行政和國防部的計畫，這全都是文職部長的工作。我只是認為，工作上用來推動不分黨派的國家安全計畫所需要的政治，與本位主義、人身攻擊和政黨鬥爭等政治黑暗面，應該有所區隔，而後者不該染指前者，而正是後者這類有毒的政治氛圍在撕裂美國、造成社會對立。

另一方面，我也是經由政治任命，才被賦予協助總統推行計畫的使命——這我也做到了。然而，我是在宣誓的範圍內盡可能做到這點，我將誓言視為我的最高指導原則，也是我對機構、任務和傳統應負的責任義務。

十一月三日過了，卻沒有關於軍事設施重新命名的新消息。但是從拜登贏得大選，以及民主黨除了眾議院還可能拿下參議院的情況看來，我更擔心重新命名一事會成為政治的禁臠。比起由一黨控制，一個沒有任何政黨過半的國會通常會創造更為優良持久的成就。如果民主黨最後拿下參議院、眾議院還有白宮，我無法想像如果民主黨極左派強行施壓的話，這項議題最後會變成什麼樣貌。

大選日之前，國防部針對該議題的建議已經取得了內部一致的共識，那就是軍方設施如果是以犯下叛國罪、舉兵反抗聯邦政府、參與反叛美國的組織團體或是被美國法庭裁定為重罪犯的人物命名，就該予以除名並重新命名。

軍事單位未來如果要以人物為軍事設施命名，該人物必須符合以下條件：已經離世；曾獲頒銀星勳章或更高的軍事勳章；服役期間替軍方立下汗馬功勞；服役時和退役後皆保持良好操守；以及展現自己軍種美好的價值、特質和傳統。

參謀首長聯席會議主席米利跟我說，其他軍事首長也認同這些標準。我們一致認為提名的過程必須秉持包容原則，而且必須將設施附近的社區一併納入考量。這需要花時間，但是在這種情形下才能樹立起具備理解、透明性和包容性的客觀程序。我跟主席及參議院和眾議院兩軍事委員會分享我訂定的原則，不過那是我離開國防部一週後的事了。

♜

等到十一月第一週結束，我很驚訝我還留在工作崗位上。我收到來自共和黨和民主黨員的讚揚，稱讚我穩健的領導能力，並要求川普讓我留任。我跟我的幕僚長史都華聊過我意外的心情。歷經幾個月的「倒數日子」，我們居然還屹立不搖。誰會知道呢，我想。

有幕僚長的大力協助、妥善管理和沉穩領導，我已經完成了大部分我想完成的事。如果我有機會留任，那麼除了現行計畫外還有什麼要關注的嗎？很顯然，在接下來可能動盪的政府改組期間務必保持專注和機動性，這畢竟會是一段人心浮動、充滿不確定性的時間。同時，我們必須盡快跟拜登的團隊完成交接事宜，以便他們能在二〇二一年一月二十日順利就任。

十一月七日星期六，政治新聞網站《政客》出現了一則標題：「關係緊張但川普仍有望留任艾斯培」[3]。我暗自發笑，從過去的經驗來看，如果是《政客》報導的消息，十之八九是錯的。《政客》上有太多關於國防部不精確、不完整的報導，有些完全是錯誤的消息。

那天恰巧出現了一個凶兆。我不是個迷信的人，但是如此湊巧的意外，讓我不得不暫時放下固執心態。我當天在尋找要穿的衣服時，不小心從矮櫃上把我的西點軍校戒指弄掉了下來。戒指掉到木質地板上，發出響亮的聲音後裂了開來。經過三十五年的佩戴、風霜和無數次的掉落，戒指偏偏在這個時候裂開，讓我覺得有點不尋常。在過去十八個月，許多最艱難黑暗的時刻裡，我總會看著左手的金色戒指，上頭刻著軍校校訓：責任、榮譽、國家。這讓我想起麥克阿瑟將軍曾說過的話，也是從入校菜鳥開始就要銘記在心，隨時被長官抽考都要倒背如流的一段話。

> 責任、榮譽、國家：這三個神聖字眼，將會指引你成為你應該成為、可能成為以及你未來將會成為什麼樣的人。它們將是你永遠不變的信念，能在你挫折時給你勇氣、在你喪志時給你信心、絕望時給你希望。

這三個字眼似乎道盡了我作為川普國防部長的心聲與經歷，以及我如何引領國防部克服重重困難，走過風風雨雨。我彎身撿起碎片時，心裡一個聲音跟我說，遊戲到此為止了。

星期一大清早，我一如往常到五角大廈上班。例行的高層會議早上八點才開始，週末的新聞全部都在報導川普以及幾個州抗議選舉無效的事件。美國聯邦總務署（General Services Administration）卻還不願確認投票結果。沒有總務署的確認，國防部和所有聯邦機構和部門都處於懸滯的狀態。話是這麼說，但我們已經看到了預兆，也開始準備交接事宜。

我們想低調地預先準備，於是邀請國防部的華盛頓總部辦事處，也就是國防部負責交接等事宜的單位，來跟所有人報告他們的計畫、該單位在交接過程中的角色，以及接下來幾天或幾個禮拜預期發生的事等。辦事處的處長屬於高階文官，也因此提供了非常詳細清楚的說明。

當然，白宮對於任何承認拜登當選的言論或動作都相當敏感。有些新聞報導便指出有人員因此被威脅當場開除。所以我們稍微限制了處長能回答的問題。以這麼多人與會的情況下，難保不會有什麼萬一，而讓媒體掌握到消息。

處長講完後，我簡短致詞，強調「我們會繼續遵循律法以及對憲法的誓言。一旦總務署做出確認——假設拜登正式當選，我希望大家全心投入交接工作」。我又補充了一點：「我想要對於每件事秉持透明開放的原則，我也希望這個交接能被公認為有史以來最佳、最敬業的交棒。」我離開後，從十一月中旬到隔年一月期間，五角大廈上演了完全相反的事件，也使得這段敘述事後想起來格外天真諷刺。實在讓人遺憾。

我跟幕僚開完例行會議，九點半回到辦公室跟龐佩奧通了電話。我們討論了索馬利亞撤軍之事，美國在巴格達領事館的安全，交接期間國防部壓制伊朗的措施，阿拉伯聯合大公國的軍售案，阿富汗的下一步計畫，以及如何處置華頓救援任務時出現的紕漏。他跟我都和歐布萊恩談過最後一項議題，但我們不認為問題會被正視處理。

我們之所以會這麼想，是因為前幾週發生了一件涉及國安會的驚人事件。龐佩奧和我發現幾名川普親信在國安會人員的帶領下，偷偷跑到華盛頓特區的英國大使館和裡面的人開會——而且國務院完全不知道這回事。會議上，他們打電話給英國外交部，傳達川普想要在選後執行一系列重大舉措。首先，川普會在聖誕節前將所有美軍撤離阿富汗；第二，所有美軍也將全數撤離伊拉克和敘利亞；第三，美軍全面撤出索馬利亞；最後，川普會跟伊朗重啟談判。不難想像英國政府大概忙得團團轉，試圖理解傳達這些話的人的身分及訊息可信度。

我和龐佩奧也不敢相信。我們怒氣沖天，這些人怎麼可以做出這麼不負責任、不專業的事，糟蹋了我們辛苦建立的策略和行政成果？我們發現被「出賣」後幾天，我和龐佩奧於一天晚上打電話給歐布萊恩，想要問清事情真相。我們把英國人和幕僚告訴我們的事講給他聽。傳給英國的消息在英國外交部和國防部掀起了驚濤駭浪，大浪還因此捲回來襲擊華盛頓。上面提到的計畫都是川普在白宮曾經提過的事，所以很難不相信或忽略。歐布萊恩聲稱他一無所知。

就危機處理而言，我們大家都同意，要告知我們的英國夥伴：雖然美國過去曾提過這些計畫舉措，但是總統遲遲沒有下命令。由龐佩奧負責打頭陣去告知，畢竟是這次牽涉的國外單位是英國外交部。同時，歐布萊恩傳喚幕僚進來，詢問事情真相以及找出罪魁禍首。不過龐佩奧、我和米利都不覺得歐布萊恩有辦法抓到主使者，所以龐佩奧和我說好，稍後把情況向米道斯更新，或許也有必要跟總統報告。

在十一月九日當下，我跟龐佩奧一致認為，我們接下來的首要目標是伊朗和伊拉克。我們擔心在交接期間，尤其接近一月初伊斯蘭革命衛隊少將蘇萊曼尼逝世週年紀念時，巴格達的什葉派部隊會與伊朗聯手作亂。我們觀察這些部隊超過一年了。雖然伊朗提供武器、裝備和資金給他們，他們也願意聽從其指令，但是他們也不盡然每次都聽伊朗的話。

這些部隊磨刀霍霍，總是想著對美國人大開殺戒，形成一股動盪不安的勢力。我們談論了提升巴格達領事館安全的方法，而我對龐佩奧說，我們還在計畫一系列的軍事活動來展示美國的決心和能力，如同媒體之後的報導，包含派遣B-52轟炸機在未來幾個月進入該區域。[4]我們計畫幾週後討論後續。

至於阿富汗，我和龐佩奧都同意，當地尚未達到繼續縮減四千五百名兵力的條件，但是龐佩奧認為總統可能不會認同。我提到我寄給川普的信裡有說明不建議縮減，以及對此我跟龐佩奧意見一致，好讓總統知道國防部和我的立場。

十一月九日午休時間，我閱畢當天的情報報告。大約十二點五十分左右，我的電話響了，是一通來自米道斯的電話。幾分鐘前，我的幕僚長史都華才剛打開一封來自總統人事辦公室的電子郵件。她從椅子上跳起來，在電話鈴響第二聲時衝到我的辦公室，說：「米道斯打給你，我剛收到這封信。總統要開除你！」好的，我說，回望著她。我頓了一秒思考一下。露出微笑，起身，接起電話。

米道斯完全一副公事公辦的口吻。我已經等待這通電話有段時間了。他以沉穩的聲音，帶有北卡羅來納的腔調說：「總統今天下午要開除你。」他補充說米勒（他是誰？）會取代你成為代理國防部長。

白宮幕僚長繼續說：「總統對你很不滿，他認為你不夠挺他。」他補充：「你忠誠度不夠。」我停頓思考了一下，然後以平靜的聲音回應：「那是總統的特權。」不過我也馬上說：「我是向憲法宣誓，不是總統。」對話進行到這裡，我們雙方都掛掉電話。

就這樣結束了。時間是十二點五十四分。總統不久後在推特上發文，我遭解雇的事無疑是板上釘釘。過去的美好時光中，你能跟總統坐下來聊聊、一起敲定離職日，確認接班人已經上手後再行離去。但是這不是川普的作風。他跟他的親信不了解何謂個人領導能力，不了解一個領導人會如何影響整個組織和其內的每個人。在國家剛歷經火藥味十足的激烈選舉，新團隊正要走馬上任的情況下，我不期待這樣的國家領導人能為國家安全帶來什麼正面影響。川普不但不了解，而且滿不在乎。他的眼中只有自己。

這消息令我辦公室的人員震驚不已，有些詫異到說不出話來，有些則替我打抱不平。我們所有人在過去的歲月裡形成了一種緊密關係。我坦然接受了被免職的事實。至少我解脫了，但我比較擔心那些還會繼續留下來的同仁。這一年半走來很辛苦，過去六個月更是無比煎熬。二〇二〇年大概也是史上最狂總統最驚心動魄的一年。

不論是作為個人還是團隊，國防部挺了過來。我為所有同仁的成就感到驕傲，他們也犧牲很多。我認為我們對得起我們的誓言、價值和國家。或許我不見得每次都是對的，但至少每一次我會盡可能做正確的事，任何疏忽紕漏也會成為我的遺憾。另一方面，事後我回想到我的策略的確奏效，我們沒有違反四不原則，軍方也沒捲入選舉。一切都是過去式了。我不用再進來上班，把每一天當成最後一天，並問我自己：我要怎麼執行《國家防衛戰略》，如何讓三軍更精良，如何更有效地保衛人民和守護國家安全？

我之後反思的時間多的是，現在可是在倒數計時。我必須好好思考該怎麼做才能確保交接順利——跟副部長諾奎斯特見面、與米利談談、告知公共事務主管、與我的團隊聚一聚、向同仁道別。我也得讓莉婭知道。我還要確保我帶著尊嚴離開，而我的離去將代表敬業和我對機構及傳統的敬重。

我也準備了給國防部同仁最後的一封信，並請人馬上發送出去。[*1] 這是我最後一個機會能感謝兩百八十萬軍人、國防部同仁獻給國家的服務，以及對我的支持。他們過去十八個月的貢獻跟努力幾乎淹沒於白宮的烏煙瘴氣中。我希望他們知道，儘管面對一個不確定的策略環境、多年來最嚴重的暴動、重大經濟衰退和幾百年來未曾見過的全球疫情，我們仍然一同完成了許多成就。

在我簡短的訊息裡，我告訴他們：「過去十八個月裡，能以第二十七任國防部長的身分與你們共事，一起捍衛家園和信守對憲法的誓言，是我一生的榮幸與殊榮。」我提到大家為「推行《國家防衛戰略》」所達成的進展，以及「照顧軍方人員、其伴侶和家人」，還有實施「重要提議」來增進軍中的包容和多元性。

我在信息中加進一句提醒：「國防部向來以人民和國家為先」，我認為白宮也需要聽到這句重要的話。我也感謝他們保持中立，並「體現軍事專業中最好的價值和操守，展露美國人民欽佩的軍隊品格和氣節。」這也是我從第一天就開始強調的事。

我也寫了最後一封信給總統，請人那天下午送到白宮。[*2] 我希望那封信讀來敬業、有尊嚴，把重點聚焦在國防部和其同仁以及我們的貢獻之上，而不是川普。我想未來也會有時間分享其他事，但現在還不是時候。

我告訴總統：「近年我以國防部長及陸軍部長的身分，盡心盡力履行誓言，捍衛憲法，保衛國家及國家利益，同時防止國防部涉入政治，並努力實踐美國人珍視的價值。」

我簡述了國防部如何透過「促進美軍現代化、提升戰備及殺傷力、強化盟友與夥伴的關係、改革國防部以提升效率」來帶動《國家防衛戰略》的推進。我接著點出過去十八個月達成的無數成就，包含「成立美國太空軍和太空指揮部、重新調整核三位一體的結構、擴充美國網路指揮部人員及資源、改善陸軍戰備及作戰能力，以及為超過五百艘海軍艦艇擘劃新的藍圖願景。」

想到眼前充滿不安的時刻以及接下來兩個多月的交接，我想送給世界一個訊息：「我有信心，國防部對於各種提案的推行，大力提升了美國國土安全，並增進了我們在海外的利益。如果有需要，我們在任何衝突裡定能勝出。」我認為在局勢不安的時刻讓美國的朋友跟敵人知道美國準備萬全、蓄勢待發至關重要。

信中也提到總統開除我的決定：「我秉持對憲法的敬重，盡力服侍國家，欣然接受你要找人取代我的決定。」

信中最後我寫道：「能以一個軍人及國防部長的身分為國家服務，乃是我一生莫大的榮幸。」

*1 原書註：給國防部最後的訊息，請見附錄E。
*2 原書註：二〇二〇年十一月九日給總統的信，請見附錄F。

米利很快就跑來找我。他走進我的房間，關起門。「我他媽的不敢相信他真開除了你！」他說。我們過去曾拿這件事開玩笑，一種黑色幽默，如今卻一語成讖。他忿忿不平，氣惱地說「這完全不合理」、「我無法相信他真的做了」。他來回踱步，威脅要跟進辭職。我們一起打拼了好幾年，他的情緒展現了我們深厚的情誼，但是我站起來跟他說：「你不能這樣。你是唯一剩下挑大梁的人，你必須留下。」這是事實，我們雙方都很清楚，他必須留下才能給予反對意見。「尤其是國家正要進入特別危險的時期。」我說。

「你必須為了國軍、為了制度和國家留下。」但他還是怒氣衝天，不只因為川普開除我，更為他開除我的方式氣憤。我一直告訴他「沒關係」，而且我「從沒期待總統突然變得寬容大量」。我們看過太多這類電影橋段出現在川普解雇的其他人身上。他漸漸接受了眼前事實，於是說：「我真的很遺憾。」我覺得他此刻應該是覺得孤獨無助，總統將我掃地出門，另一名川普親信卻要上任。米利接下來七十五天勢必很辛苦，我能感受他的重擔。

米利想要籌辦一個「拍手歡送會」，這是一種傳統，五角大廈的人從國防部長辦公室外面開始排隊成人龍，一路從二樓到大樓入口的階梯，為最後一次離開五角大廈的部長鼓掌。我參加過前任國防部長沙納漢的拍手歡送會，在他上車離去時對他道最後一次再見。這是同仁多年來不成文卻感性的儀式。

雖然這是所有人的美意，但我們卻不能這麼做。總統人事辦公室已經安插了新人馬，我已經耳聞他們對待其他任命官員及同仁，甚至是軍職人員粗魯無禮的態度。我的幕僚擔心如果同仁出席拍手歡送會，五角大廈內有些川普忠貞分子將會暗地裡把他們列入黑名單。我不想讓好人陷入兩難，只因為參加歡送會而丟飯碗。所以我婉拒了提議，只跟我最親近的辦公室幕僚同事擁抱道別——史都華、安．鮑爾斯（Anne Powers）、愛蜜麗．胡瑪賽蘿（Emily Chumaceiro），接著跟我的資深軍事助理芬頓中將和個人助理海耶中校（Caleb Hyatt）握手道別。我拿起公事包，前往後門，坐進正在等候的車內。時間是兩點三十分。

我們最後一次駛出地下停車場時，我回憶起我在陸軍的軍旅生活，以及在五角大廈的點滴。我先後五度進入五角大廈任職，第一次在一九九五年，二十五年前，我每天早上從北邊停車場穿著軍服走一大段路到陸軍戰爭計畫辦公室。二十五年後，我穿著西裝，從過去十八個月、身後有巨大馬歇爾將軍畫像坐鎮的古老國防部長辦公室，走幾步到等待載我回家的雪佛蘭Suburban大型休旅車上。這趟旅程不虛此行呀。

最後一次駛離五角大廈時，我不禁想起馬歇爾關於領導能力的名言，我也希望自己沒有愧對這句話：

最重要的是人格，也就是具有正直、不自私、致力奉獻的特質，遇到挫折時展現不屈不撓的態度，對所有事物秉持批判精神，以及願意為大眾利益犧牲自我。

後記

就這樣，大整肅行動就此展開。十一月十日，我離開後的隔天，人事異動的大刀開始揮砍開鍘。白宮開除了負責政策的代理國防部次長安德森，這是五角大廈中第三重要的職位。下一個對象是退役海軍中將、美國海軍三棲特戰隊軍官、防衛與情報次長克南，白宮已經多次想要開除他，但每次都被我擋下來。我猜測國防部負責採購的副部長艾倫．洛德（Ellen Lord）也是另一個辭退對象。洛德之前曾任航空和防衛公司的執行長，在五角大廈表現可圈可點。她與他人合作關係良好，但是不知為什麼總是出現在解雇名單上。我從來不知背後原因。當時每次我提出反對意見，都能保住即將遭辭退的人，但是我也得戒慎小心。

我的幕僚長史都華在我去職後幾天後也遭開除，其他幕僚成員也有改組。開除誠實、能幹的好人，似乎是川普團隊的招牌做法，尤其是二〇二〇年。最後一年期間，只要任何人跟白宮人員或是跟白宮核心忠誠分子意見相左，很快就被冠上「絕不挺川」的標籤。

我們都知道政治任命的人員為總統效命。總統有特權可以隨意聘用、開除或調動人員，畢竟他是美國人民選出來的總統。但是白宮似乎習慣在真空環境中做個人決定，而那些下決定的人通常沒有足夠背景、學識跟判斷力下正確決定。說來諷刺也很遺憾，他們對於川普盲從的態度導致許多賢能者被免職，而這些丟了飯碗的人卻能確保川普政府順利運作，並落實政策中良善的部分。

白宮顯然也打算開除其他資深的五角大廈人員，包含諾奎斯特，但參議院多數黨領袖麥康諾私下介入，擋下了整肅行動。然而許多傷害已經造成。諾奎斯特能有幸繼續以國防部副部長的身分替國家和國防部效命，並協助拜登團隊完成交接事宜，已經再好不過了。我有信心他會做正確的事。

這把火也燒向了國防政策委員會及國防事務委員會，雖然我於秋季時曾大力阻擋，不分黨派的顧問團終究也進行了大幅人事改組。白宮不停拔除重要人士，並在剩下的倖存者心裡烙下陰影。所有人都很焦慮，想知道解雇背後的原因，以及白宮川普心腹密謀取代他們的計畫。在這些事件發生的同時，選舉剛落幕，而川普跟他的心腹基於各種浮誇的假設和理由，仍在質疑選舉結果。

時序推移，轉眼十一月結束換十二月登場，白宮提出的方案愈來愈躁進，例如有可靠來源指出白宮計畫（再度）攻擊伊朗並完全撤出阿富汗。

人事異動的消息指出，白宮密謀換掉中情局哈斯佩的副手，聯邦調查局局長瑞伊也很可能遭受相同對待。由於白宮的眼中釘仲宗根是國家安全局和網路指揮部兩個單位的首長，因此白宮有意將兩者分開，這麼一來，白宮就能任命他人擔任國家安全局局長。[1]至於背後動機為何呢？這些依然是未解之謎。

如同其他許多事，這麼多的算計跟密謀根本多此一舉，因為總統有權一聲令下就達到他想要的目標。我對總統的直接命令向來服從到底，不過那也可能是因為我收到的直接命令為數不多。我多數時間花在執行他簽署過的政策以及文件，例如《國家防衛戰略》，歷經了一段縝密的協調過程，最後才獲得他大力讚賞。川普終究是民選的政府領導人。但不知什麼原因，川普總是吝於下達直接命令或直接要求屬下執行某件事。這很像是他不敢承擔下決定的責任，雖然總統終究要為所有事情負責。

川普領導下的執政團隊雖然破綻百出，但是這些缺點遠不及總統獨斷的個人風格、粗魯的行徑，以及在艱困局勢下，白宮任意對待盡心盡力服務國家的人。一個組織的好壞取決於組成的人員，這點不論在軍中執業、在大公司工作、在非營利組織上班或受雇於政府機關都適用。

其實有許多賢能的人在聯邦政府底下的機關部門為川普工作，不過當這些人的價值觀與川普相左、目標與川普不一致，摩擦嫌隙便將由此而生，通常在合作初期就會出現。我就是其中一個案例。然而川普上任後三年，人們早已習慣川普的脾氣和缺點，好人依然想在他的團隊下工作。他們不見得支持他，更多數人是想要貢獻長才給國家。

等到第四年，川普從彈劾案中全身而退後，更多的川普追隨者進入白宮，死心塌地的忠誠和百依百順的態度成了聘用標準，而大部分美國人認為公職人員應該具備的條件，如能力、經驗、相關行政知識、良善正直等，反而成了被掃地出門的致命傷。白宮用這套標準審視所有入閣人員以及所有在職人員，尤其是那些二〇二〇年前遭受川普團隊檢視的人。

新的川普生力軍和取代了馬屁拍得不夠多而被革職者的人改變了團隊運作。你如果沒跟川普在同一陣線，你就會被逐出團隊。總統身旁愈來愈多奉承阿諛的人，這些佞臣盲目完成川普旨意，對川普想法唯唯諾諾，不計後果地執行川普計畫。這點似乎助長了川普囂張的氣焰，也讓他在任期最後幾個月更加肆無忌憚。

國家如同一輛失速列車，一路往山下俯衝，而川普是那司機，他的忠臣負責將油門踩到底，其他白宮幕僚則忙著拆掉煞車、剪斷安全帶。其他後座乘客還負責搧風點火，催促總統開快點。

選後在一個限時禁發的訪談中，我解釋在川普最後半年任期內的領導策略：提升國家安全、防止壞事發生、做我職責該做的事、履行誓言，盡力服從總統以及在大選前不給白宮開除我的理由。我最大的擔憂是「誰是我的接班人」，以及他們有多少時間能造成永久性的破壞？我對記者說：「但願他不是『唯川普是從』的人，還有『天佑美國』。」[2]

十一月九日後，白宮的確在五角大廈和白宮內安插了許多唯唯諾諾的人，不過慶幸的是距離交接也只剩幾個月的時間。上帝救了我們，至少救了我。

川普任內最駭人聽聞的事件，莫過於二〇二一年一月六日國會山莊襲擊事件。川普支持者圍攻國會山莊，試圖擾亂國會認證選舉結果、將政權轉移給新任總統。我做夢沒想過會發生這樣的慘事。

這是國會自一八一二年戰爭以來受到最嚴重的攻擊，也可能是南北戰爭以來對民主最大的傷害。作為多年來在國會工作的一分子，以及曾在國會山莊有實體辦公室的人，我對於電視上看到的情景感到驚訝、痛心、憤怒，而讓人難以接受的是這些煽動叛亂、策動暴力的人正是我們的美國同胞。我以卸除職位的公民身分，在推特上公開譴責這次襲擊事件以及相關參與人士。*1

幾天前，即二〇二一年一月三日，我與其他九名歷任國防部長一同撰寫一篇評論，這是史上第一篇文章呼籲國防部不要捲入選舉紛爭並應該協助轉移政權，如同我在任期間不斷強調的主張。*2我們當時完全沒有料到，三天後一月六日國會山莊會發生那樣的事件。我們只是針對當時川普的死忠者可能在五角大廈耍手段阻礙交接，以及共和黨員在國會山莊裡抗議選舉結果的事情上表達擔憂。

文章內引述了我們對憲法而非對政黨或個人的宣誓，並且提醒讀者「美國軍方不該介入、左右美國選舉結果」。由於我們不確定川普在所剩無幾的日子裡，是否還會因戀棧權力而出現狗急跳牆的舉動，我們想確保國防部的在職同仁了解自己的職責，並且說明國防部任何想要解決選舉爭議的行為，將把國防部「推向危險、不合法、違憲的深淵」。[3]

雖然有些人當時認為這是危言聳聽，但是我們後來發現川普在十二月十八日星期五的白宮會議中花了數小時討論此事。據說包含挺川律師席德妮．鮑爾（Sidney Powell）以及前國家安全顧問麥可．弗林（Michael Flynn）都參加了這場會議，弗林建議川普宣布國家安全緊急事態，鮑爾則指控投票系統被動了手腳，故意對川普不利。

---

*1 原書註：二〇二一年一月六日推特文，請見附錄G。

*2 原書註：《華盛頓郵報》評論，請見附錄H。

前一天的電視訪問中，弗林強烈建議川普頒布戒嚴令，然後他「就能在他一聲令下，沒收每一台投票機器」。前國家安全顧問接著說川普「能調動軍隊前往那些搖擺州，並在當地進行重選作業」。他補充說：「我的意思是這並非第一次，有些人說的好像美國從沒頒布過戒嚴令，但是史上其實有六十四次的紀錄。」[4]這言論聽起來毛骨悚然，卻又是不爭的事實。

在我們聯合聲明的結尾，我和前任國防部長一起呼籲五角大廈的資深官員「遵循美國歷代官員的做法」、「保持美軍的優良傳統和專業態度」以及不插手選舉結果或是阻礙新團隊上任。這是來自十位前任國防部部長的請求與訊息，這群前任官員橫跨三十餘載、不分黨派色彩，在世界上最古老的民主政體閱見多次和平的政權轉移。

♜

二〇二一年一月二十日，拜登以第四十六任總統的身分宣誓就職。川普根本不想出席就職大典，他也是自一八六九年以來，首位現任、身體無恙卻缺席交接典禮的總統。這種毫無風度的表現不僅違反傳統，為民主蒙上陰影，也損害拜登在數百萬美國人心中的正當性。

軍方在這場政權轉移的儀式中扮演了傳統的角色，他們安排士兵列隊和軍事儀隊來歡迎新總統及副總統就職，以及確保誤入歧途的川普鐵粉不會闖入鬧事，破壞一場神聖平和、有秩序的民主交接儀式。

我坐在家裡，仔細、熱切地觀看典禮，為這一切感到高興又鬆一口氣，美國又一次度過難關。我們有了新的三軍統帥，我對於國防部的成就感到驕傲。最重要的是，我對於我們盡到職責、嘗試做正確的事，不捲入政治紛爭和選舉感到無比驕傲。我們實現了當年神聖的誓言。

附錄

附錄A

美國陸軍願景

美國陸軍是史上最具殺傷力、最精良的地面作戰部隊。在過去兩百四十年，美國陸軍在世界各地不同的衝突戰爭及全方位的任務執行中體現了這個特性，成功保衛美國國土及人民。美國士兵的技能和意志力、領導有方的指揮官、精良的武器，以及由正規軍、國民兵、預備役組成的陸軍部隊，加上能順應時勢變化的能力，造就了美國陸軍今日的成就。

在展望未來的同時，美國的勁敵如中國和俄羅斯，對於美國及其盟友如歐洲、中東和印太地區的挑戰將日益加劇。同時，我們可以預期其他國家將利用這些國家的軍武、設備、策略來對付美國，包含來自北韓和伊朗、失敗國家及恐怖分子的威脅。敵國的野心和日新月異的科技，將為美國陸軍於戰場上的優勢帶來威脅和轉變。

鑑於國家資源必須兼顧各發展面向而縮減國防開支，這將迫使美國陸軍權衡利弊，在撙節國防預算的情況下，設法提高效率以便達成國家目標。持續建立和深化盟友關係，將有助於因應不同挑戰。

陸軍的使命及目標始終如一。作為美軍的一分子，陸軍的使命是在全方位的軍事行動中部署兵力進行作戰，提供即戰、迅速、持續的地面優勢，為國家取得勝利。陸軍的使命對美國至關重要，作為一支能夠擊敗敵方地面部隊的軍種，我們能夠無限期拿下並控制土地、資源和人口等敵方最為重視的資源。

鑑於日後的挑戰和威脅，美國陸軍勢必要訂定條理清晰的明確目標，才能在未來保有技高一籌的實力及持續達成目標的能力。因此，美國陸軍的願景如下所述：

> 二〇二八年的美國陸軍，將隨時隨地準備進行部署、投入作戰並在共同的多領域高強度衝突中勝出，取得決定性的勝利，同時威懾他國、保持陸軍進行非常規戰爭的能力。除了出色的指揮官和士兵無與倫比的作戰能力，陸軍將藉由有人及無人駕駛的現代地面載具、戰機、維持系統、武器、充足的綜合武裝編隊，執行建立於現代戰爭準則的作戰策略，來完成此一目標。

為了實現我們的願景，美國陸軍必須在往後幾年達到以下目標：

- **人力**：透過招募與保留能部署、投身作戰、身心強健的優質士兵，將正規軍數量提升至超過五十萬名兵力，國民兵、預備役也應增加兵源。
- **組織**：確保作戰部隊有充足的步兵、裝甲兵、工程兵、砲兵及防空設備。不論軍階層級，所有單位必須具備長期進行空中及地面情報、監控、偵察、電子作戰等能力，以利主導跨領域的戰場。所有單位必須能隨時取得航空、額外的作戰支援以及充足的後勤支援。
- **訓練**：將時間集中於高強度的衝突訓練，尤其在密集都會區、無訊號環境以及持續監控的區域。訓練內容必須嚴格、逼真、反覆操練並富有互動性。持續在戰場尋求創新與變革，並與美國其他軍種部隊、盟友和夥伴組成聯合作戰，將會是陸軍的招牌特色。為了達到這樣的訓練目標，陸軍需要快速擴增合成訓練環境並將模擬計畫導入至連的層級，以提升士兵及部隊殺傷力。

- **裝備**：透過改革目前的尋獲系統和統一現代化活動至單一指揮窗口下，將能使陸軍專注投入在運送武器、戰車、維持系統以及士兵需要的裝備，進而實現部隊現代化。這項現代化策略包含研發、發展自主系統、人工智慧和機器人，以便提升士兵效率及減少部隊對後勤支援的依賴。
- **領導**：培育睿智、想法周全、勇於創新的領導角色，不論長期戰略或短期計策，他們必須熟稔複雜的戰術。我們會建立一個新的人才管理人事系統，充分發揮軍官及士官的知識、技能、行為和偏好。如果這項系統能更有彈性地搭配職業楷模，將能讓陸軍更容易吸引、辨識、培育和安置不同士官長，讓這些角色發揮最大功效。

如果陸軍要在未來實現並保持這些目標，且考慮到日後預算的不確定性，陸軍必須持續評估每項活動，中止效益不彰的計畫並精益求精，找出能挪出時間、金錢、人力並投身回到優先目標的方法。信任和給予屬下必要支持將能促進革新及表現力。

在這些措施中，我們將確保我們的士兵、文職人員及其家屬享有職業上的機會及該有的生活。從上至下，所有成員必須恪守陸軍的承諾和價值。唯有合作無間、團結一致，美國陸軍才能發揮最大力量，而我們信奉的價值和戰士精神，將成為我們面對日後困境的準則和依歸。

自從一七七五年開始，美國陸軍已經證明自己在保衛國家人民、在海外爭取國家利益方面扮演不可或缺的角色。如今依舊如此。隨著威脅與日俱增且變得更加危險複雜，陸軍勢必得持續發揮自己的角色功能。為了完成作戰的使命，持續贏得戰爭勝利，陸軍一定會將上述的願景付諸實現。我們有信心，有了傑出指揮官、適當的集中訓練、充足的資源和持之以恆的努力，陸軍將實現願景、維持部隊傲視全球的作戰能力以及做好守護美國的重要角色。

美國陸軍上將、陸軍參謀長　馬克・A・米利

陸軍部長　馬克・T・艾斯培

APPENDIX A

THE ARMY VISION

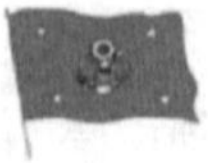

THE ARMY VISION

The United States Army is the most lethal and capable ground combat force in history. It has proven this in multiple conflicts, across a broad spectrum of operations, in various locations around the world, defending the Nation and serving the American people well for over 240 years. The key to this success has been the skill and grit of the American Soldier, the quality of its Leaders, the superiority of its equipment, and the ability of the Army – Regular, National Guard, and Reserve – to adapt to and dominate a complex and continuously changing environment as a member of the Joint Force.

As we look ahead, near-peer competitors such as China and Russia will increasingly challenge the United States and our allies in Europe, the Middle East, and the Indo-Pacific region. At the same time, we should expect these countries' arms, equipment, and tactics to be used against us by others, including threats such as North Korea and Iran, failed states, and terrorist groups. Our adversaries' ambitions and the accelerating pace of technological change will create challenges and opportunities for the Army's battlefield superiority.

Meanwhile, the many demands on the Nation's resources will put downward pressure on the defense budget in the future, forcing the Army to continue making difficult choices about how it spends scarce dollars to meet national objectives and compelling us to become ever more efficient. A continued commitment to strengthening our alliances and building partnerships will help offset these challenges.

The **Army Mission**—our purpose—remains constant: *To deploy, fight, and win our Nation's wars by providing ready, prompt, and sustained land dominance by Army forces across the full spectrum of conflict as part of the Joint Force.* The Army mission is vital to the Nation because we are a Service capable of defeating enemy ground forces and indefinitely seizing and controlling those things an adversary prizes most – its land, its resources, and its population.

Given the threats and challenges ahead, it is imperative the Army have a clear and coherent vision of where we want to be in the coming years so that we retain our overmatch against all potential adversaries and remain capable of accomplishing our Mission in the future. As such, the **Army Vision**—our future end state—is as follows:

> *The Army of 2028 will be ready to deploy, fight, and win decisively against any adversary, anytime and anywhere, in a joint, multi-domain, high-intensity conflict, while simultaneously deterring others and maintaining its ability to conduct irregular warfare. The Army will do this through the employment of modern manned and unmanned ground combat vehicles, aircraft, sustainment systems, and weapons, coupled with robust combined arms formations and tactics based on a modern warfighting doctrine and centered on exceptional Leaders and Soldiers of unmatched lethality.*

To achieve our Vision, the Army must meet the following objectives in the coming years:

- Man. Grow the Regular Army above 500,000 Soldiers, with associated growth in the National Guard and Army Reserve, by recruiting and retaining high quality, physically fit, mentally tough Soldiers who can deploy, fight, and win decisively on any future battlefield.

- Organize. Ensure warfighting formations have sufficient infantry, armor, engineer, artillery, and air defense assets. Units from brigade through corps must also have the ability to conduct sustained ground and air Intelligence, Surveillance, and Reconnaissance; Electronic Warfare; and cyber operations to shape the battlefield across all domains. Aviation, additional combat support, and robust logistical support must be readily available to units.

- Train. Focus training on high-intensity conflict, with emphasis on operating in dense urban terrain, electronically degraded environments, and under constant surveillance. Training must be tough, realistic, iterative, and dynamic. Continuous movement, battlefield innovation, and leverage of combined arms maneuver with the Joint Force, allies, and partners must be its hallmarks. This training will require rapid expansion of our synthetic training environments and deeper distribution of simulations capabilities down to the company level to significantly enhance Soldier and team lethality.

- Equip. Modernize the force by first reforming the current acquisition system and unifying the modernization enterprise under a single command to focus the Army's efforts on delivering the weapons, combat vehicles, sustainment systems, and equipment that Soldiers need when they need it. This modernization includes experimenting with and developing autonomous systems, artificial intelligence, and robotics to make our Soldiers more effective and our units less logistically dependent.

- Lead. Develop smart, thoughtful, and innovative leaders of character who are comfortable with complexity and capable of operating from the tactical to the strategic level. We will build a new talent management-based personnel system that leverages the knowledge, skills, behaviors, and preferences of its officers and noncommissioned officers. This system, when coupled with more flexible career models, will enable the Army to better attract, identify, develop, and place these leaders to optimize outcomes for all.

To achieve and sustain these objectives given the uncertainty of future budgets, the Army must continually assess everything we do, identifying lower value activities to discontinue and ways to improve what we must do, in order to free up time, money, and manpower for our top priorities. Trusting and empowering subordinate leaders will facilitate both reform and greater performance.

In all these efforts, we will ensure that our Soldiers, civilian workforce, and their Families enjoy the professional opportunities and quality of life they deserve. From the top down we must also remain committed to the Army Values. The Army is at its best when we work and fight as one team, and our Army Values, coupled with our Warrior Ethos, will guide and serve us well as we face the challenges ahead.

Since 1775, the United States Army has proven itself absolutely vital to protecting the American people, safeguarding the Nation, and advancing our interests abroad. This fact remains true today. Our ability to do so will be even more critical in the future as threats continue to emerge and evolve, becoming ever more dangerous and more complex. To remain ready to accomplish our Mission of fighting and winning the Nation's wars, the Army must fulfill the future Army Vision outlined herein. We are confident that with the right leadership, the proper focus, sufficient resources, and sustained effort the U.S. Army will achieve our Vision, remain the world's premier fighting force, and serve the Nation well for decades to come.

Mark A. Milley
General, United States Army
Chief of Staff

Mark T. Esper
Secretary of the Army

附錄B

二〇一九年六月二十四日，致國防部同仁的初步訊息[1]

國防部長
五角大廈1000，華盛頓特區20301-1000

給國防部所有同仁的備忘錄
主旨：致國防部同仁的初步訊息

有機會以代理國防部長的身分與各位共事，是我一生的榮幸與驕傲。

自從兩年前以陸軍部長的身分再次加入國防部後，我對於美國軍官及文職官員的精湛能力、敬業態度和付出奉獻深表佩服和信心。

在我們攜手推動國家安全的同時，容我再次重申我們的願景。《國家防衛戰略》是我們的指導原則，而我們所有的活動應該支援該文件內容講述的目標。國防部的優先目標始終如一。我們將透過三個共同補強方案來增加競爭力：

- 提高軍隊殺傷力：威懾敵方侵略的最佳做法就是全面備戰。我們必須持續培養即戰力以防不時之需，並同時針對主要作戰能力進行現代化改革以備未來衝突之需。
- 強化和建立盟友關係：我們世界各地的盟友和夥伴在嚇阻衝突及捍衛民主上有舉足輕重的貢獻。

透過不斷的交涉互動，我們將深化與盟友的關係及共事能力。

- 改革國防部以尋求更佳表現和降低負擔性：我們必須透過改革，挪出時間、空間、金錢以投身優先目標。尋找更精明、更有效率的做事方法，鼓勵團隊勇於創新，並在必要時承擔合理範圍的風險。

鑑於之前在正規軍、國民兵、預備役服役的經驗，我深深了解現役軍人、文職人員及其家屬為保衛家園付出的犧牲。這也是我為何致力於照顧軍方人員家屬，確保他們衣食無虞的原因。

最後，我要特別強調，所有同仁、尤其各級主管，應當奉行承諾，致力彰顯軍事專業中最好的價值和操守，展露美國人民欽佩的軍隊品格和氣節。

我對於世界各地的陸軍、空軍、海軍、海軍陸戰隊和文職人員的付出感到無比驕傲。我希望各位專注眼前任務、堅定不移地追求卓越並做正確的事。所有人齊心協力下，我們便能打造一支眾望所歸、匹配國格的大軍：一支枕戈待旦、威震八方的菁英部隊。

代理國防部長　馬克・T・艾斯培

APPENDIX B

JUNE 24, 2019, INITIAL MESSAGE TO THE DEPARTMENT[1]

SECRETARY OF DEFENSE
1000 DEFENSE PENTAGON
WASHINGTON, DC 20301-1000

6/24/19

MEMORANDUM FOR ALL DEPARTMENT OF DEFENSE EMPLOYEES

SUBJECT: Initial Message to the Department

It is the honor and privilege of a lifetime to serve alongside you as the Acting Secretary of Defense.

Since rejoining the Department nearly two years ago as the Secretary of the Army, my confidence in the incredible skill, professionalism, and commitment of our military and civilian workforce has grown even stronger.

As we continue to advance the Nation's security, let me reaffirm our path forward. The National Defense Strategy remains our guiding document and everything we do should support its stated objectives. The Department's priorities remain unchanged. We will continue to expand the competitive space through three mutually reinforcing lines of effort:

- *Build a More Lethal Force* – The surest way to deter adversary aggression is to fully prepare for war. We must continue to build readiness to fight tonight should the Nation call, while modernizing key capabilities for future conflict.
- *Strengthen Alliances and Attract New Partners* – Our Allies and Partners play an essential role in helping us deter conflict and defend freedom around the world. Through continued engagement we will grow these relationships and deepen our interoperability.
- *Reform the Department for Greater Performance and Affordability* – Reform is the means by which we free up time, money, and manpower to reinvest into our top priorities. Look for smarter, more effective ways to do business, and empower your teams to innovate and take prudent risk where necessary.

Having previously served in the Regular Army, National Guard, and Reserve, I understand well the sacrifices our Service Members, Civilians, and their Families make to protect this great country. This is why I am committed to taking care of Families and ensuring they have the resources they need to thrive.

Lastly, I place great importance on a commitment by all – especially Leaders – to those values and behaviors that represent the best of the military profession and mark the character and integrity of the Armed Forces that the American people admire.

I am proud of the great work our Soldiers, Sailors, Airmen, Marines, and Civilians do each and every day around the world. Stay focused on your mission, remain steadfast in your pursuit of excellence, and always do the right thing. Together, we will remain the most ready and capable military force in the world, which is what our Nation expects and deserves.

Mark T. Esper

Mark T. Esper
Acting

附錄 C

二〇二〇年六月二日，致國防部同仁的訊息——支持民眾權利 1

國防部長
五角大廈 1000，華盛頓特區 20301-1000

給國防部所有同仁的備忘錄
主旨：致國防部同仁的訊息——支持民眾權利

美國軍方向來是我國史上最強大的正義力量。雖然我們常看到美軍在海外的成果及影響，每任總統也不時會調派美軍投入國內任務。在過去的幾個月裡，美軍兄弟姊妹，不管是現役軍人、預備役還是國民兵，不分晝夜投身抗疫工作。不論是協助對抗流行病、颶風災害、森林大火抑或是提供九一一事件後的人身安全，美軍長期致力於支援民眾，而這歷史性的抗疫任務只是最近的一例。

透過這些支援工作，我對於軍中同仁協助國人同胞的付出及努力感到無比驕傲。這週我們原本協助民眾對抗新冠疫情的任務改變了，國民兵必須轉往美國各州，協助保護社區安全、商業機構和宗教場所。

國防部的人員都曾宣誓捍衛美國憲法，我在軍職和文職的生涯中也曾多次舉手宣誓效忠憲法，對於誓詞內容更是深信不疑。部分的誓言要求我們保護民眾的言論和集會結社自由。我相信你我都堅信，心懷不滿、憤懣、想要抒發情緒的民眾擁有被人聽到的權利。但在同時，我們也致力於維護國家律法、保護生命和自由，以免少數人的暴力行徑剝奪守法國民的權利和自由。

我想藉此機會感謝你們運用專業的能力和行動來替所有國人捍衛憲法。此外，在如此艱困的時局中，國防部無數的卓越成就令人動容，像是遣返外國人或是為在異國遭遇困難的美國人提供庇護，運送食物和醫療物資給急需援手的社區，以及保護社區及城市。在各種任務和挑戰中，國防部總是表現出準備周全、隨時待命、樂於服務的態度。

如同我二月說的，有鑑於近來社會氣氛動盪，我希望你們一直記得身為國防部一員的承諾，並不忘保持公務員的中立態度。兩百年來，美國軍方因隨時在側、服務保護民眾而獲得國人的尊敬和肯定。你們對於任務和核心價值不遺餘力的付出，還有對美國民眾的長期支持，會讓這份得來不易的信任更加穩固，提升民眾對我們的信心，以及對國防部滿懷敬意的印象。

馬克．T．艾斯培

APPENDIX C

JUNE 2, 2020, MESSAGE TO THE DEPARTMENT—SUPPORT TO CIVIL AUTHORITIES[1]

SECRETARY OF DEFENSE
1000 DEFENSE PENTAGON
WASHINGTON, DC 20301-1000

JUN - 2 2020

MEMORANDUM FOR ALL DOD PERSONNEL

SUBJECT: Message to the Department – Support to Civil Authorities

The United States military has been the greatest force for good in our Nation's history. While we often see the impact of our efforts overseas, every President has at times deployed military forces for domestic missions as well. In the last few months, for example, America's men and women in uniform – Active Duty, Reserve, and National Guard – have worked day and night across our communities to confront the COVID-19 crisis. This historic mission was just the most recent example of our longstanding support to civilian authorities – from pandemics to hurricanes, and from wildfires to providing security after 9/11.

Throughout these response efforts, I have been incredibly proud of our Service members and their hard work to assist our fellow Americans. This past week, our support to civil authority mission – that had been focused on COVID-19 – changed. Our National Guard are now also being called upon across the country to help protect our communities, businesses, monuments, and places of worship.

Department of Defense personnel have taken an oath to defend the Constitution of the United States. I myself have taken it many times in my military and civilian careers, and believe strongly in it. As part of that oath, we commit to protecting the American people's right to freedom of speech and to peaceful assembly. I, like you, am steadfast in my belief that Americans who are frustrated, angry, and seeking to be heard must be ensured that opportunity. And like you, I am committed to upholding the rule of law and protecting life and liberty, so that the violent actions of a few do not undermine the rights and freedoms of law-abiding citizens.

I appreciate your professionalism and dedication to defending the Constitution for all Americans. Moreover, I am amazed by the countless remarkable accomplishments of the Department of Defense in today's trying times – from repatriating and sheltering Americans who were evacuated from a foreign land, to delivering food and medical supplies to communities in need, and to protecting our cities and communities. In every challenge, and across every mission, the U.S. military has remained ready, capable, and willing to serve.

As I reminded you in February, I ask that you remember at all times our commitment as a Department and as public servants to stay apolitical in these turbulent days. For well over two centuries, the U.S. military has earned the respect of the American people by being there to protect and serve all Americans. Through your steadfast dedication to the mission and our core values, and your enduring support to your fellow Americans, we will safeguard the hard-earned trust and confidence of the public, as our Nation's most respected institution.

Mark T. Esper

附錄D

二〇二〇年六月三日，五角大廈簡報室記者會

國防部長艾斯培：各位早安。

這幾天媒體一直不停在報導，報導有好有壞，關於近來發生的事件以及國防部和其指揮官的角色。我想要花幾分鐘親自回應這些問題，澄清事實並提出我的觀點。

首先，我可以明確地說明尼亞波利斯警察因執法過當，導致佛洛伊德身亡的事件，是令人髮指的罪行。當天在場的警察也應該為他的死負責。我們看過太多次這樣的悲劇。

我能感同身受，在此謹代表國防部向佛洛伊德的家人朋友致上哀悼。

種族歧視確實存在於美國社會，因此所有人都必須盡最大努力意識它、對抗它、消滅它。我向來以身為美國軍方的一分子為榮，在這個機構裡，我們促進包容、擁抱多元並撻伐任何形式的仇恨和歧視。

我們在這議題上經常是領頭羊。當然我們還有進步的空間，而國防部及部隊裡的領導同仁都非常重視這項議題，我們也有毅力跟決心要看到改變發生。國防部每位同仁都曾發誓遵守及捍衛美國憲法。我自己也曾多次舉手宣誓效忠美國憲法，第一次宣誓時我十八歲，剛踏入西點軍校。這部偉大律法中所提到的權利首先寫入了美國憲法第一修正案裡，裡頭保障了人民言論、宗教、新聞、集會以及向政府請願的自由。

美國軍方宣誓要捍衛這些和其他權利，也支持人民和平行使這些權利。這些權利和自由造就了美國成為獨一無二的國家，美軍會義不容辭地為這些權利和自由奮鬥犧牲。

有時，政府和執法人員會要求軍方出面維持法律和秩序，好讓其他國人也能維護權利，免受人身和

財產的侵害。這也是國民兵目前在美國各城市的任務，我們並非自願如此，但這是我們職責所在，因此我們會以最敬業的態度和技術完成任務。

我想起上個星期一探訪國民兵同仁的事情。當晚我看到值勤的弟兄正兢兢業業地守護著我們的紀念碑和聖地。因此，我今天看到國民兵的同仁冒著人身安全的風險在街頭辛苦執勤時，我為他們的敬業精神感到驕傲。

我向來認為在這類情形下，最適合提供當地執法人員必要支援及後援的角色，非國民兵莫屬。我不僅是以國防部長的身分，也是以前士兵和前國民兵的一員這麼說。只有不得已的情況下，才會動用現役部隊執法，而且只限於最緊急、最迫切的狀態。但我們現在並非處於那樣的情況，因此我不支持行使《反叛亂法》。

昨晚媒體刊登一則報導，該篇報導建立於我當天稍早的背景式訪談，主要描述上週一傍晚在拉法葉公園發生的事件。我認為該報導不實，因此我要在此鄭重澄清星期一發生的事情。

川普總統於週一傍晚發表回應後，我知道我們許多同仁將陪同總統，前往拉法葉公園和聖約翰聖公會教堂，查看破壞的情形。但是抵達教堂後要前往的確切地點以及之後的計畫，我並不知情。

我和米利將軍的目的是會見並感謝當晚在公園值勤的國民兵同仁，這也是總統喜歡做的事。但是我們前往和離開教堂的路徑沒機會讓我們這麼做，因此當天稍晚，我去了數個國民兵執勤的地點，花許多時間與他們見面交談。

我也要澄清幾件當晚發生的事情：

首先，國民兵並沒有像報導說的朝人群發射橡膠彈或催淚瓦斯。

第二，國民兵為了自我保護，依照規定要戴頭盔和個人防護用具，而不是為了嚇唬民眾。

第三，軍官將領，包含參謀首長聯席會議主席那天都身穿迷彩服，因為這是他們在指揮中心坐鎮或在街上會見軍隊時該有的服裝儀容。

第四，我們直到昨天才知道那架盤旋於華府街區上的直升機為國民兵所有。接獲情報後不到一小時，我已經請陸軍部長啟動調查，了解事情原委後盡速回報。

很抱歉占用大家的時間。作為結論，我想再次重申我以我們軍方同仁為榮。在過去短短幾個月裡，國民兵協助水災等救災工作，支援國內抗疫行動，目前投身支援執法人員處理街頭示威動亂，在這同時，其他許多海外同仁則兢兢業業、協防敵國對美國的進犯。

最重要的是，我想要向各位及國人保證，國防部、現役軍人、軍職將領、文職官員和我本人，都非常重視我們曾經許下的誓言，因此我們絕對會服膺憲法、效忠誓言以及捍衛憲法所記載的權利自由。

雖然我們偉大的國家正面臨艱困的考驗，不過我相信一切會否極泰來。與其看到街頭暴力，我更希望看到紀念佛洛伊德的和平示威，敦促我們對悲劇事件追責，喚起我們思考美國社會中的種族歧視，進而採取行動，徹底解決問題。

這才是我們軍方所代表的美國價值，也才是我們憧憬、願意犧牲並捍衛到底的美國社會。謝謝。

參謀人員：我們現在回應電話提問。鮑伯．伯恩斯請說。

問：謝謝部長。我想詢問關於部長您剛剛說週一傍晚的事情。您說總統和幕僚離開白宮，如果我沒記錯的話，您說您知道要前往聖約翰聖公會教堂，但是您不知道抵達後會發生什麼事。外界一直拿您參與總統的媒體拍攝活動做文章，請問事後您覺得後悔嗎？

艾斯培部長：我知道我們會前往教堂，但是我不知道有媒體拍攝活動。總統習慣背後跟著一大群媒體。我向來盡力保持中立，不捲入政治場合，但有時事與願違。我的目標是不讓國防部捲入政治、維持中立，這也是我和國防部將領一心一意想要做到的事。

參謀人員：好的，接下來換菲爾．史都華。

問：部長好，外界一直批評您用「戰鬥空間」一詞來形容出現國內民眾抗議的地方。您可能——您會想要收回這個字眼嗎？您不斷提到軍方維持中立立場，但是處理抗議事件本身已經成為與政治掛勾的象徵。您如何看待這件事呢？謝謝。

艾斯培部長：我先回答你第二個問題。這很棘手，對吧？這麼說好了，這件事本來就富有政治色彩，我們也正值選舉季節。每次選舉時間一到，國防部就必須如履薄冰，面對可能出現的挑戰。隨著選舉愈來愈近，這也是我們要持續面對的事。我上任後，不論上級領導人是誰，我始終保持中立來維持不沾鍋的原則。我擔任部長以來不停強化這個原則，新一年開始後我也曾多次提到這件事。但是這將是個長期挑戰。

至於你的第一個問題，你說的沒錯，本週稍早有人引用我的話，說壓制街頭暴力的最佳方法就是全面掌控戰鬥空間。對於你們常跑國防部的記者來說，這個字眼應該不陌生才對。這是我們的日常詞彙，我們還有其他你們記者會懂、多數人卻不懂的詞彙。這是我們軍事這行的行話，常用來描述一個範圍區域內的任務行動。這絕非外界所說，是用來針對人，更非針對美國同胞的用詞。

我在上個週末與明尼蘇達州州長華茲交談時，也用了這個慣用語。我們週五和週六談過幾次，我跟他說明了國防部支援當地的事情。請大家記得，全國國人幾天前才在關注明尼蘇達州的明尼亞波利斯，也就是這起事件的事發地點。

華茲州長也曾是國民兵的一員，我跟其他州長開會時大力讚賞過他處裡這起事件的能力。正是他成功地調度足夠數量的國民兵部隊，真正從搶劫者和其他違法者的手中奪回對街道的控制權，所以我要讚美他。他這樣做是為了讓和平示威得以進行，讓和平示威者可以表達他們的沮喪和憤怒。這就是我鼓勵其他州長考慮的事情。

回想起來，我應該使用不同的措辭，才不至於分散了對於眼前更重要問題的注意力，或者導致一些人暗示我們正在將問題軍事化。

參謀人員：好的，路易．馬丁尼茲。

問：您好，謝謝您的報告。那些批評您用「戰鬥空間」一詞的人，有些是美國德高望重的退休將領，他們認為您用詞不恰當。然後，就您說您知道的拉法葉廣場的情況，您是否知道公園警察會採用如此激烈的手段來鎮壓抗議民眾？對於媒體拍攝活動，你是否提過任何疑慮？

艾斯培：謝謝提問，路易。我並不知道執法單位的計畫。沒人跟我提過，我也沒預期被告知。基於當時情況，我想他們採取了他們認為必要的行動。但是我對他們的計畫內容一無所知，也不知道他們在做什麼。

參謀人員：好的，丹．拉莫西。

問：部長先生您好，謝謝您撥空回答。我了解您想讓國防部跟政治完全切割，但是您足足花了一週的時間才回應您剛剛提到的事，以及今天早上才發表關於佛洛伊德的強烈言論。鑑於有超過二十萬名黑人軍人以及遍及全國的傷痛，為何您這麼晚才回應呢？謝謝。

艾斯培：謝謝丹。

這問題問得很好。你應該有寫過相關報導，如你所說，我盡力讓國防部與政治切割，這其實隨大選步步逼近會更難做到。

你知道嗎？維持中立意味著有時應該要大聲倡議，有時則要沉默以對。就像我前面說的，佛洛伊德的悲劇太常在這個國家上演，而在多數情況下，我們鮮少以國防部的立場提及這些問題。

從過去幾天事件愈演愈烈的發展來看，這顯然成為了國家一戳就爆的敏感議題。而我想要做的是，特別是事情在過去七十二小時急轉直下的狀況下，我認為是時候向國防部同仁發表明確的訊息。

在這樣的背景下，我想要先替國防部擬定一則聲明，而我昨天也這麼做了，你們應該收到也看過了。我認為我寄給同仁的這則訊息，應該能為所有現役人員及國防部文職人員在這件事上定調，給予軍官將領撰寫類似訊息的空間，表達我們義憤填膺的心情、捍衛憲法的決心，以及作為國防部成員去承諾如何消除種族歧視和其他形式的仇恨，還有大致概述國防部的工作。

這就是這週大致的時程表，丹，如果你願意相信，這也是我這麼晚回應的原因，我的顧問團也給了我類似的指示。

參謀人員：再來——再一個電話提問。

問：多名軍官將領其實希望更快回應，有時什麼都不說就是透露一種立場。事後回想，如果回到當時，您會想要更快回應嗎？

艾斯培部長：我們的確有這麼做，米利將軍和我找不同將領談過。多數高層想要跟隨我的立場，所以我透過主席傳話，跟他們說我會先發布訊息、替立場定調，表達我的觀點，然後給他們分享觀點的空間。

不過事發已經一個禮拜，就目前事態急轉直下的情況，也就是經過七十二小時，或應該說九十六小時，我們短時間內被迫消化許多新聞。不過我認為我們以政府機關的角度，公開說明我們的立場，向大眾分享我們的觀點，以及我們如何以機關的角度看待美國的種族歧視非常重要。

從過往至今，美國軍方在這項議題上向來不落人後，我們會繼續保持這個態度，我執掌期間更會如此。

參謀人員：好的，再一個提問。湯姆．褒曼？湯姆沒有，那尼克．錫芬？

問：部長先生，謝謝您撥空說明。我想要問一下另一晚的事情。我知道您說您對計畫毫不知情。我無意冒犯，但是計畫的制定人有總統、司法部長巴爾、內閣部長，還有跟您同樣在指揮中心的人。所以您怎麼可能對計畫或是計畫內容不知情，包括要驅離公園民眾、前往教堂，做那些當時總統做的事？第二，我知道您在調查直升機的事件。您或許不想這麼說，但是您是否同意利用救護直升機來威嚇民眾是失當的行為？謝謝。

艾斯培部長：尼克，你所講的第一件事帶有推測，我建議你去問問司法部，畢竟那是執法行為。我那時尚未抵達指揮所，我在途中被要求折回白宮向總統稟告最新情況。我回到白宮不久，總統就發表了他的評論。

所以這中間其實沒有空檔，我沒有機會預先獲得指示，更沒有預期能事先得知執法部門驅離公園民眾的計畫。那不是軍方的決定，也不是軍方的行動。國民兵在現場支援的是執法部門。

至於你的第二個問題，我只會說這麼多。我們不會再多做評論，因為我已經下令調查了。我要確定我了解來龍去脈：發生什麼事、有誰涉入、上層命令的確切內容、是否牽涉安全議題等。畢竟直升機飛得很低。有許多待釐清的問題。我昨晚跟麥卡錫部長談過，他正在著手調查，等我們掌握所有事實後再來討論。

參謀人員：好的。現在開放現場提問。塔拉？

問：謝謝部長，所以您曾是國民兵成員？

艾斯培部長：沒錯。

問：承接尼克的問題，國民兵利用救護直升機來恫嚇和平示威的群眾，您是否覺得意外？其次，你要求陸軍部長著手調查誰下令直升機——

艾斯培部長：沒錯。

問：請問那架直升機歸司法部管轄嗎？所以才對於直升機的任務至今支吾其詞，因為一架救護直升機被拿來當作攻擊的道具？

艾斯培部長：所以我才說我們需要釐清部分的細節，包括誰指使的、指示是什麼、是不是執法單位下令等。你說直升機是為了恫嚇群眾，但是我收到的訊息是執法單位想以直升機查看一個檢查站，看看是否還有抗議群眾。

這麼一來訊息就有衝突，我不想再繼續胡亂臆測。我認為我們應該先讓陸軍調查，弄清事實後再來討論。

問：但是您有看到影片吧，如果沒看到現場——

艾斯培部長：任何直升機在一個城市空間，卻在那麼低的空中盤旋，連我也覺得很不安全。但是我必須先掌握所有事實真相，我必須知道來龍去脈。如果救護直升機當時是要用來運送重傷患者或是類似的狀況，這樣就不會被認為危險了吧。如果是這樣又是完全不同的情況了。所以我們必須先找出所有真相，將所有目前掌握到的資訊納入考量，待陸軍調查完後回來報告。

問：據您所知，直升機不是執行救護任務？

艾斯培部長：就我的理解，的確不是。我得……不好意思，我得前往白宮了。作為總結，我想要對國防部裡的每位同仁說句話。

就像我昨天寄給同仁的信裡說的，我想藉此機會，感謝你們運用專業的能力和行動，為所有國人捍衛憲法。此外，在如此艱困的時局中，國防部無數的卓越成就令人動容。

像是遣返外國人或是為在異國遭遇困難的美國人提供庇護，運送食物和醫療物資給急需援手的社區，以及保護社區及城市。在各種任務和挑戰中，國防部總是表現出準備周全、隨時待命、樂於服務的態度。

如同我二月說的，我希望你們時刻牢記作為政府部門一員以及公僕的承諾，在這段動盪的日子裡保持中立不受政治影響。兩個世紀以來，美軍因隨時保護服務所有民眾，而贏得全國人民的尊敬。

你們對於任務和核心價值不遺餘力的付出，以及對美國民眾的長期支持，將能保護這份得來不易的信任、提升民眾對我們的信心以及對國防部滿懷敬意的印象。謝謝。

附錄E

二〇二〇年十一月九日，致國防部同仁的最後一封信

國防部長
五角大廈1000，華盛頓特區20301-1000

給國防部所有同仁的備忘錄
主旨：致國防部同仁的最後一封信

過去十八個月裡，能以第二十七任國防部長的身分與你們共事，一起捍衛家園和信守對憲法的誓言，是我一生的榮幸與殊榮。

我們藉由促進美國軍隊現代化、提升戰備及殺傷力、強化盟友與夥伴的關係、改革國防部以提升效率，成功帶動了《國家防衛戰略》的推進。在其他方面我們也大有斬獲，不論是照顧軍方人員、其伴侶和家人，還是實施重要提議來增進軍中的包容和多元性。同時，我們成立了美國太空軍和太空作戰部、重新調整核三位一體的結構、擴充美國網路指揮部人員及資源，以及為海軍擘劃新的藍圖願景。我有信心，國防部對於各種提案的推行，大力提升了美國國土安全，並增進了我們在海外的利益。

鑑於推行過程中遇到的諸多挑戰，例如全球新冠肺炎疫情、美國與伊朗和其同夥在中東的衝突、持續在衝突區域部署美軍、國內示威動亂、中國與俄羅斯對全世界的威脅以及國內緊繃的政局等，國防部締造的成果更顯難能可貴。在任何情況下，國防部向來以國家和人民為先。

二〇一九年六月，在我寫給國防部同仁的第一封信裡，我強調所有同仁，尤其軍官將領應該奉行的承諾，那便是體現軍事專業中最好的價值和操守，展露美國人民欽佩的軍隊品格和氣節。感謝各位同仁恪守承諾、保持中立及不忘效忠憲法的誓言。

雖然在推動美國國家安全上還有裨補闕漏的空間，但是在有限的時間內，我們一起為美軍提升的戰備、作戰能力和專業度，已是有目共睹，也同時讓美軍脫胎換骨，準備迎接新的未來。

我對於國內外陸軍、空軍、海軍、海軍陸戰隊、太空軍官兵和文職人員每日在各自的崗位上恪盡職守、捍衛家園，深感佩服與驕傲。我希望各位專注眼前任務、堅定不移地追求卓越並做正確的事。這些原則能讓我們打造一支眾望所歸、匹配國格的大軍：一支枕戈待旦、威震八方、受人敬重的菁英部隊。

馬克・T・艾斯培

APPENDIX E

NOVEMBER 9, 2020, FINAL MESSAGE TO THE DEPARTMENT

SECRETARY OF DEFENSE
1000 DEFENSE PENTAGON
WASHINGTON, DC 20301-1000

NOV 09 2020

MEMORANDUM FOR ALL DEPARTMENT OF DEFENSE EMPLOYEES

SUBJECT: Final Message to the Department

It is has been the honor and privilege of a lifetime to serve alongside you as the 27th U.S. Secretary of Defense these last eighteen months in defense of our great Nation and adherence to our sworn oath to the Constitution.

Together, we have made solid progress implementing the National Defense Strategy by modernizing the force, improving its readiness, strengthening ties with allies and partners, and reforming the Department to make it more efficient. We have also made major strides in taking care of our military personnel, spouses, and their families, and launched important initiatives to improve diversity, inclusion, and equity in the armed services. At the same time, we stood up the Space Force and Space Command, recapitalized the nuclear triad, expanded the authorities and resources of Cyber Command, and proposed a bold vision for a future Navy. As such, I am confident the Defense Department's progress on all of these initiatives has improved the security of the United States and advanced our interests abroad.

I am particularly proud of these accomplishments in light of the challenges we faced along the way: a global pandemic; confrontations with Iran and its proxies throughout the Middle East; continued deployment of troops into conflict zones; domestic civil unrest; malign behavior globally by Russia and China; and a charged political atmosphere here at home. Through thick and thin, however, we have always put People and Country first.

In my first message to the Department in June 2019, I emphasized the great importance I place on a commitment by all, and especially Leaders, to those values and behaviors that represent the best of the military profession and mark the character and integrity of the Armed Forces the American people respect and admire. I want to thank you all for living up to that standard, for remaining apolitical, and for honoring your oath to the Constitution.

While I step aside knowing that there is much more we could accomplish together to advance America's national security, there is much achieved in the time we had to improve the readiness, capabilities, and professionalism of the joint force, while fundamentally transforming and preparing it for the future.

I will always admire and remain forever proud of the great work our Soldiers, Sailors, Airmen, Marines, Space Professionals, and Civilians do each and every day around the world and here at home to keep America safe. Stay focused on your mission, remain steadfast in your pursuit of excellence, and always do the right thing. Following these imperatives will ensure you remain the most ready, respected, and capable military force in the world, which is what our Nation expects and deserves.

Mark T. Esper

OSD010828-20/CMD013465-20

附錄F

二〇二〇年十一月九日，給總統的信

國防部長
五角大廈1000，華盛頓特區20301-1000

總統先生：

這次能以第二十七任國防部長的身分領導全球頂尖的軍隊、貢獻國家及人民，是我莫大的殊榮。

近年我以國防部長及陸軍部長的身分，盡心盡力履行誓言，捍衛憲法，保衛國家及國家利益，同時防止國防部涉入政治，並努力實踐美國人珍視的價值。

三十八年前，我以軍校生的身分第一次宣誓效忠憲法，之後也曾多次宣誓。我以西點軍校的校訓「責任、榮譽、國家」作為我職業生涯的座右銘。不論戰時還是和平、國內還是海外，我永遠將自己對國家的貢獻置於個人利益之上，而這樣的精神落實於我過去二十一年來擔任過的所有職務，包含現役軍人、預備役、國民兵及多次政府行政和立法機關的公務員。

我很榮幸能有機會在過去幾年與國防部傑出的軍職、文職團隊，以及國內制服部隊的菁英豪傑共事。我們藉由促進美軍現代化、提升戰備及殺傷力、強化盟友與夥伴的關係、改革國防部以提升效率，成功帶動了《國家防衛戰略》的推進。在其他方面我們也大有斬獲，不論是照顧軍方人員、其伴侶和家人，還是實施重要提議來增進軍中的包容和多元性。

同時，我們成立了美國太空軍和太空指揮部、重新調整核三位一體的結構、擴充美國網路指揮部人員及資源、改善陸軍戰備及作戰能力，以及為超過五百艘海軍艦艇擘劃新的藍圖願景。我有信心，國防部對於各種提案的推行，大力提升了美國國土安全，並增進了我們在海外的利益。如果有需要，我們定能在任何衝突裡勝出。

除了上述重大變革外，國防部處理下列議題的方式更是讓我引以為傲：

- 針對新冠肺炎疫情，提供國人民眾即時、全面的抗疫支援服務，同時保護部隊並維持軍隊戰力。
- 深化夥伴及盟友關係、維持國際秩序及規範，展現美國對抗中國挑釁威脅的決心。
- 與北大西洋公約組織成員強化合作，提升盟友戰備、嚇阻俄國的冒險主義、防止伊斯蘭國不會東山再起、在阿富汗開創新的道路。
- 果斷重啟嚇阻伊朗的計畫，防範伊朗進犯以及協助捍衛及安撫區域夥伴。
- 將多名恐怖分子領導人就地正法、專注於海外反恐行動、防範對美國國土威脅。
- 執行「全面防衛檢討」計畫及制度改革，空出更多時間、人力、金錢以投入國防部的優先目標。

我秉持對憲法的敬重，盡力服務國家，欣然接受你要找人取代我的決定。我知道在過去的十八個月內，我們一起為美國軍隊提升的戰備、作戰能力和專業度已是有目共睹，也同時讓美國軍隊脫胎換骨，準備迎接新的未來。

能以一個軍人及國防部長的身分為國家服務，乃是我一生莫大的榮幸，尤其知道美國軍方是一個如此深受人民信任、支持的單位。我對於國內外陸軍、空軍、海軍、海軍陸戰隊、太空軍官兵和文職人員每日在各自的崗位上恪盡職守、捍衛家園，深感佩服與驕傲。

他們全是偉大的愛國者，致力於體現軍事專業中最好的價值和操守，展露美國人民欽佩的軍隊品格和氣節。我想要感謝他們不愧對軍職、實現效忠憲法的承諾，以及他們對我和幕僚團隊的由衷支持。

誠摯的　馬克・T・艾斯培

APPENDIX F

NOVEMBER 9, 2020,
LETTER TO THE PRESIDENT

SECRETARY OF DEFENSE
1000 DEFENSE PENTAGON
WASHINGTON, DC 20301-1000

NOV 0 9 2020

Mr. President,

It has been a distinct honor to once again serve our great nation and fellow citizens, this time as the 27th Secretary of Defense for the world's premier military force.

I have served these last few years as both Secretary of Defense and Secretary of the Army in full faith to my sworn oath to support and defend the Constitution, and to safeguard the country and its interests, while keeping the Department out of politics and abiding by the values Americans hold dear.

I first took this oath thirty-eight years ago as a Cadet at the United States Military Academy, and many times more since then. I have lived my professional life in accordance with the West Point motto of "Duty, Honor, Country" and have put service to Nation above self as a 21-year Active Duty, Reserve, and National Guard Army officer — in both war and peace, at home and abroad — and as a public servant in the Executive and Legislative branches of government on multiple occasions.

I have been privileged to serve with an outstanding team of military and civilian leaders across the Department of Defense, and alongside the best men and women in uniform the nation has to offer these last few years. Together, we have made solid progress implementing the National Defense Strategy by modernizing the force, improving its readiness and lethality, strengthening ties with allies and partners, and reforming the Department to make it more efficient. We have also made major strides in taking care of our military personnel, spouses, and their families, and launched important initiatives to improve diversity, inclusion, and equity in the Armed Services.

At the same time, we stood up the Space Force and Space Command, recapitalized the nuclear triad, expanded the authorities and resources of Cyber Command, launched a readiness and capabilities renaissance in the Army, and proposed a bold vision for a 500+ ship Navy. As such, I am confident the Defense Department's progress on all of these initiatives has improved the security of the United States and advanced our interests abroad, and that we would prevail in any conflict if called upon to do so.

In addition to these major changes that are underway, I am proud of how the Defense Department handled the following issues in particular:

- Provided full and timely support to the American people in response to COVID-19, while protecting the force and maintaining our military readiness;

- Strengthened allies and partners, defended international rules and norms, and demonstrated U.S. commitment to confront China's bad behavior in the Indo-Pacific;

- Worked closely with NATO to improve allied readiness, deter Russian adventurism, ensure the enduring defeat of ISIS, and chart a new path forward in Afghanistan;

- Acted decisively to restore deterrence with Iran, curtail Tehran's malign behavior, and help defend and reassure regional partners;

- Brought multiple terrorist leaders to justice and focused counter-terrorism operations abroad against threats to the homeland; and,

- Conducted a Defense Wide Review process and Service reforms that freed up time, money, and manpower to put back into the Department's top priorities.

I serve the country in deference to the Constitution, so I accept your decision to replace me. I step aside knowing there is much we achieved at the Defense Department over the last eighteen months to protect the nation and improve the readiness, capabilities, and professionalism of the joint force, while fundamentally transforming and preparing the military for the future.

I have never been prouder to serve my country than as a Soldier or Civilian in the Department of Defense, especially knowing that the military has the faith, confidence, and support of the American people. Moreover, I will always admire and remain forever proud of the great work our Soldiers, Sailors, Airmen, Marines, Space Professionals, and Civilians do each and every day around the world and here at home to keep America safe.

They are all great patriots who are committed to those values and behaviors that represent the best of the military profession and mark the character and integrity of the Armed Forces the American people respect and admire. I want to thank them for living up to that standard, for honoring their oath to the Constitution, and for their support to me and my leadership team.

Sincerely,

Mark T. Esper

附錄G

二〇二一年一月六日，關於國會山莊暴動事件的推特發文

今天下午的國會山莊暴動事件令人髮指、有失美國同胞的素質。這絕非生活在世界上最偉大、古老民主政體中的人民該有的行為。許多人受到明顯假資訊及政黨錯誤資訊的煽動，而參與了這次的非法行動。

為了美國民主體制，這事件必須到此為止。我呼籲國會議員今晚完成檢驗各州選舉人團投票結果，確認拜登當選為下一任美國總統。

歷時兩週交接的時間，我有信心美國軍方絕不會涉入政治，徹底信守捍衛憲法的誓言，不愧對人民的信任及支持。

APPENDIX G

JANUARY 6, 2021, TWEETS REGARDING THE ASSAULT ON CAPITOL HILL

This afternoon's assault on the US Capitol was appalling and un-American. This is not how citizens of the world's greatest and oldest democracy behave. The perpetrators who committed this illegal act were inspired by partisan misinformation and patently false claims about the election.

This must end now for the good of the republic. I commend Congressional leaders for meeting tonight to complete their Constitutional task of counting the electoral college votes that will affirm Joe Biden as the next president of the United States.

As this transition plays out over the next two weeks, I am confident the U.S. military will stay out of politics, and remain true to its sworn oath to support and defend the Constitution, and the American people, as the most trusted and respected institution in the country.

附錄 H

二〇二一年一月三日《華盛頓郵報》評論，由十位前國防部長共同執筆

十位前國防部長呼籲：軍方若涉入選舉紛爭則將走向危險境地

這十位執筆者為前國防部長艾希頓．卡特、迪克．錢尼、威廉．科恩、馬克．艾斯培、羅伯特．蓋茲、查克．海格、詹姆斯．馬蒂斯、里昂．潘內達、威廉．佩里、唐納．倫斯斐

我們身為前國防部長，一致認同美國軍隊及國防部富有神聖的義務職責。我們每個人都曾宣誓要服膺和捍衛憲法免於國內外敵人威脅，而非效忠政黨或個人。

美國選舉及和平的政權轉移是美國民主的最大特色。史上除了唯一造成最多美國同胞死亡的悲劇外，從一七八九年到現在，即便走過政黨鬥爭、戰爭、流行病和經濟蕭條，美國和平轉移政權的紀錄不曾中斷，今年更不該是例外。

從一開始的投票程序，計票和審計作業，法院針對不同訴訟進行裁決，州長確認結果，到最後的選舉人團完成投票，質疑選舉結果的時間早已結束，而應該輪到憲法所訂定的最終程序：正式計算各州選舉人團投票結果。

如同資深國防部官員所說：「美國軍方不該介入左右美國選舉結果。」國防部任何想要解決選舉爭端的行為，將把國防部推向危險、不合法、違憲的深淵。任何指使或執行這類措施的文職或軍職官員將要背負責任，包含可能面臨刑事責任，因為這樣的行徑對我們的民主是莫大傷害。

我們都曾歷經過輪替，也就是政權和平轉移中重要的一環。過去國際社會對美國國家安全政策和立場產生疑竇時，政壇就曾多次出現輪替。這也可能是敵國容易利用局勢對國家採取不利行動的時刻。

鑑於這些理由，尤其美國軍隊正在世界各地恪盡職守、執行任務，國防部更該以身作則，更全面公開地配合交接儀式。代理國防部長米勒和他的政治任命官員、軍官和公務員等屬下官員都有義務履行承諾，服膺憲法及遵守先前慣例，全心全意預先為即將上任的行政團隊打點一切。他們不得從事任何政治操作，包含損害選舉結果或阻礙新團隊上任。

我們由衷地呼籲他們遵循美國歷代官員的做法，最佳的做法無疑是保持美軍的優良傳統和專業態度，以及跟從美國民主輪替的光輝歷史。

註釋

本書註釋近二十頁，若全列入紙本書中，將導致篇幅大增。為盡力降低讀者負擔，並兼顧節約用紙的永續環保考量，歡迎讀者來信寄至信箱sacredoath@tvbs.com.tw，註明「索取《一觸即發》原文註釋」，我們當即免費寄奉。檔案格式為PDF。

書中各章節已忠實標示註釋編碼，方便查詢。至於作者在原書中的隨頁註釋，於全球正體中文版中已依實際內容譯出，置於各相關頁面，方便讀者參考。

國家圖書館出版品預行編目資料

一觸即發：一位非常時期美國國防部長的回憶錄/馬克.艾斯培(Mark T. Esper)作；林少予, 陳佳瑜, 陳於勤, 王姿云譯. -- 初版. -- 臺北市：聯利媒體股份有限公司, 2023.07
面； 公分
譯自：A sacred oath : memoirs of a Secretary of Defense during extraordinary times.
ISBN 978-626-97507-0-2(平裝)

1.CST: 艾斯培(Esper, Mark T.) 2.CST: 川普(Trump, Donald, 1946-)
3.CST: 回憶錄 4.CST: 美國

785.28 112008977

一觸即發：一位非常時期美國國防部長的回憶錄

A SACRED OATH Memoirs of a Secretary of Defense During Extraordinary Times

作　　者 馬克・艾斯培（Mark T. Esper）
譯　　者 林少予、陳佳瑜、陳於勤、王姿云
文字編輯 陳以音
封面設計 陳文德
內文構成 6 宅貓

出版策畫 聯利媒體股份有限公司 (TVBS Media Inc.)
地址：114504 台北市內湖區瑞光路 451 號
電話：02-2162-8168
傳真：02-2162-8877
http：//www.tvbs.com.tw
法律顧問 TVBS 法律事務部
策畫執行 TVBS 新聞部副總經理 詹怡宜
TVBS 新聞部副總監 楊樺
印製發行 秀威資訊科技股份有限公司
地址：114504 台北市內湖區瑞光路 76 巷 65 號 1 樓
電話：+886-2-2796-3638
http：//www.showwe.tw
讀者服務信箱：service@showwe.tw
網路訂購 / 秀威網路書店： https://store.showwe.tw

2023 年 07 月 01 日 初版一刷
2023 年 08 月 10 日 初版二刷
定價 平裝新台幣 699 元（如有缺頁或破損，請寄回更換）

ISBN： 978-626-97507-0-2